S.F.
V.

Ernst Klee

Auschwitz, die NS-Medizin und ihre Opfer

S. Fischer

3. Aufl., 10.–11. Tsd.

Lektorat: Walter H. Pehle
Gesetzt aus der Candida von
Stahringer, Ebsdorfergrund
Druck und Einband: Clausen & Bosse, Leck
Printed in Germany
ISBN 3-10-039306-6

Inhalt

Vorwort

Eine Frau wird ins Polizeipräsidium einbestellt. »Es war völlig unmöglich«, vermerkt ein Beamter, »die Zeugin zur Sache zu vernehmen, da sie völlig zusammenhanglose und verwirrte Angaben machte.«

Die Zeugin erzählte, ein Dr. Clauberg habe ihr und anderen Frauen bei seinen Versuchen lebende Meerschweinchen in den Bauch gesetzt. Die Zeugin wird für nervenkrank befunden und nach Hause geschickt.

In der Tat: Viele Opfer wurden ob ihrer Qualen verrückt, ihre Peiniger bauten auf ihren Leiden Karrieren auf.

Die Machthaber des Dritten Reiches boten Medizinern etwas unerhört Verlockendes, in der Welt bis dahin Einmaliges: Statt Meerschweinchen, Laborratten und Versuchskaninchen können sie Menschen massenhaft zu Versuchszwecken benutzen.

Medizin in der Nazi-Zeit: Die menschlichen Versuchsobjekte werden als rassisch, sozial oder ökonomisch minderwertig abqualifiziert, ihr »Verbrauch« für die Forschung als nützlich für die Gesundheit kommender Generationen gerechtfertigt.

Medizin während der Nazi-Zeit bedeutet: Selektion der als unbrauchbar Definierten. Ärztliche Visite im KZ heißt: Selektion in die Gaskammer. An der Rampe in Auschwitz stehen Mediziner.

Die Opfer der Medizinverbrechen: KZ-Häftlinge, Kriegsgefangene, vor allem: Juden und nochmals Juden. Planer, Täter, Komplizen und Mitwisser: die Elite der Medizin. Das erklärt, warum es keinen Bedarf an Aufklärung gab. Bis heute.

Die Medizin während der Nazi-Zeit unterscheidet sich von der Medizin vorher und nachher nur in einem: Forscher dürfen alles, was sie wollen.

Hinweis

In diesem Buch genannte Mediziner
haben nach eigener Aussage niemals gegen
ärztliches Ethos verstoßen.

I Medizin im KZ

Dr. med. Karl Böhmichen mit Gattin, KZ Mauthausen. Nach 1945: Oberarzt in einem Kreislauf-Sanatorium in Hessen.

Die meisten Häftlinge, ob in Auschwitz, ob in Dachau, sterben während der ersten drei Monate.[1]

Unterernährung, schwere körperliche Arbeit von täglich 15 bis 18 Stunden, stundenlanges Appellstehen, fehlender Schlaf, katastrophale hygienische Zustände sowie die menschliche Erniedrigung sind die Ursachen fast aller Krankheiten im KZ (»Vernichtung durch Arbeit«).

Unvorstellbarer Hunger lähmt die Lebenskraft. Eine Häftlingsfrau des Mauthausener Nebenlagers Lenzing (Oberösterreich): »Ich bin einmal von einer Aufseherin derart brutal geschlagen worden, daß ich sie gebeten habe, mich zu töten. Die Ursache ... war, daß ich das Kerngehäuse eines Apfels, den die Aufseherin gegessen und weggeworfen hatte, aufhob und essen wollte.«[2] Der Hunger ist so beherrschend, daß sich in Auschwitz ein Häftling »für ein Stück Brot« einen Goldzahn mit einer Zange herausreißen läßt.[3] In Dachau schlagen sich zwei Professoren um einen fetten Regenwurm.[4]

Aus der Unterernährung entsteht die sogenannte Hungerkrankheit. Sie hat zwei Verlaufsformen: eine »trockene« (die Menschen magern zum Skelett ab) und eine »feuchte« (Gewebe- oder Hungerwassersucht). Flüssigkeit sammelt sich im Gewebe: Zuerst zeigen sich kleinere oder größere Schwellungen

1 Stanislav Zamecnik: Erinnerungen an das »Revier« im Konzentrationslager Dachau, Dachauer Hefte 4, S. 129.

2 Aussage Regina Zuckermann vom 17. 5. 1971. ZSt 419 AR-Z 287/77, Bl. 378.

3 Prof. Jan Olbrycht: Gesundheitswesen im Konzentrationslager Auschwitz, Gutachten in der Gerichtsverhandlung vor dem Obersten Volks-Gerichtshof am 10. 12. 1947 in Krakau, Auschwitz-Verfahren, Bl. 4527.

4 Blaha, Medizin auf schiefer Ebene, S. 96.

(Ödeme) an Augenlidern oder an den Füßen. Schließlich werden, unterschiedlich ausgeprägt, alle Organe befallen.

Häftlinge, die infolge von Hunger und Hoffnungslosigkeit wie lebende Tote aussehen, werden »Muselmänner« genannt.[5] Ihr Organismus hat den gesamten Fettbestand verbraucht und versucht, das Defizit an Kalorien aus den eigenen Eiweißsubstanzen zu decken. Der Sterbeprozeß beginnt, wenn ein Inhaftierter etwa ein Drittel seines Körpergewichts verloren hat. Professor Prenant, Häftlingspfleger in Neuengamme: »Ich bin Professor der Anatomie und konnte das Skelett der Leute an ihnen studieren. Ich habe Fälle gesehen, wo die Haut so nahe auf dem Skelett war, daß ich mich oft fragte, wo die inneren Organe eigentlich sind.«[6]

Der Lebenswille erlöscht zu Lebzeiten. Die »Muselmänner« lassen im Liegen oder im Stehen ihre Notdurft unter sich, verunreinigen Flure, Strohsäcke, alles. Sie werden verprügelt und reagieren nicht mehr. Sie haben sich jeder Hetze und allen Schlägen entzogen.

»Muselmänner« sterben vor einer Schüssel Suppe, auf der Latrine, neben ihren Mithäftlingen auf der Pritsche. Sie sterben ohne Klage, den leeren Blick auf ihre Mithäftlinge gerichtet. Viele leben bis zur Befreiung, sterben danach trotz aller Rettungsversuche.

Franz Blaha[7] in Dachau: »Es waren Skelette, überzogen mit einer grauen, ausgetrockneten Haut ... Bewegt haben sie sich wie Schatten, sie schleppten sich dahin, lehnten sich an und fielen über das kleinste Hindernis. Ihr ›natürlicher Tod‹ erfolgte in der Hypoglykämie [abnorm geringer Zuckergehalt des Blutes]

---

5 Zdzislaw Ryn, Stanislaw Klodzinski: An der Grenze zwischen Leben und Tod. Eine Studie über die Erscheinung des »Muselmanns« im Konzentrationslager, in: Die Auschwitz-Hefte, Band 1, S. 89ff.

6 Aussage Prenant vom 25. 3. 1946 im Neuengamme-Prozeß, ZUV 46, Bd. A 156.

7 Blaha hatte in Prag, Wien, Straßburg und Paris studiert, war 1926 Leitender Arzt des Iglau-Krankenhauses in Mähren geworden. 1939 wird er festgenommen, im April 1941 nach Dachau überstellt. Von 1942 bis zur Befreiung 1945 wird er als Obduzent eingesetzt.

oder im Leberkoma, wenn nicht vorher bei irgendeiner Anstrengung ein Herzkollaps eintrat. Häufig bemerkten wir es auch nicht, daß der Häftling tot war.«[8]

Wer angesichts der Lagerrealitäten verrückt wird, ist so gut wie tot: In Dachau werden Häftlinge mit psychischen Reaktionen in eine vergitterte Zelle in Block 7 gebracht. Ist die Zelle voll, werden die Insassen durch Injektionen getötet. Im Juli 1944 soll Dr. Kahr eine ganze psychiatrische Station liquidiert haben. Selbst Häftlinge, die im Fieber vorübergehend phantasieren, müssen sterben. Blaha: »Als ich auf der Internen Abteilung lag, stellte der Pfleger einen Kranken mit schwerer beiderseitiger Lungenentzündung, welcher phantasierte, zur Strafe auf den Flur und ließ ihn dort so lange stehen, bis er tot zusammenbrach. Generell störte niemand derartige Maßnahmen.«[9]

Organisation der KZs und der medizinischen Versorgung

Die Konzentrationslager[10] (offizielle Abkürzung: KL) unterstehen der Dienststelle »Inspekteur der KL« im SS-Führungshauptamt. Durch Befehl Himmlers vom 3. März 1942 wird sie als

---

8 Blaha, S. 88.

9 Blaha, S. 101.

10 Das erste offizielle Konzentrationslager wird am 22. 3. 1933 in Dachau, vor den Toren Münchens, in Betrieb genommen. Bis Kriegsbeginn entstehen:
Sommer 1936 das KL Sachsenhausen, etwa 25 km nordöstlich Berlins. Sommer 1937 das KL Buchenwald, oberhalb der Stadt Weimar. Mai 1938 das KL Flossenbürg in der bayerischen Oberpfalz. August 1938 (nach dem Anschluß Österreichs) das KL Mauthausen, 20 km nördlich von Linz. März 1939 das KL Ravensbrück, nördlich des Städtchens Fürstenberg an der oberen Havel.
Nach Kriegsbeginn folgen:
Mai 1940 das KL Auschwitz, nahe Kattowitz. Juni 1940 das KL Neuengamme, etwa 30 km östlich von Hamburg (Dezember 1938 als Außenlager von Sachsenhausen gegründet). Mai 1941 das KL Groß-Rosen im Regierungsbezirk Breslau (August 1940 Nebenlager von Sachsenhausen). Mai 1941 das KL Struthof, bekannter unter dem Namen Natzweiler, 50 km südwestlich von Straßburg in den Vogesen. Januar 1942 das

»Amtsgruppe D« in das SS-Wirtschafts-Verwaltungshauptamt (WVHA) eingegliedert (Leiter: Oswald Pohl, zuletzt SS-Obergruppenführer). Die Arbeitskraft der Häftlinge soll wirksamer ausgebeutet werden.

Das Wirtschafts-Verwaltungshauptamt und die Amtsgruppe D (Leitung: SS-Gruppenführer Richard Glücks) residieren in Oranienburg, angrenzend an das KL Sachsenhausen. Das WVHA besteht im wesentlichen aus folgenden Ämtern:

Amt D I	Zentralamt und Adjutantur. Letzter Amtschef: Obersturmbannführer Rudolf Höß.
Amt D II	Arbeitseinsatz der Häftlinge. Amtschef: Standartenführer Gerhard Maurer.
Amt D III	Sanitätswesen und Lagerhygiene. Amtschef: Standartenführer Dr. Enno Lolling.
Amt D IV	Konzentrationslagerverwaltung. Amtschef: Sturmbannführer Willi Burger.

Verantwortlich für jedes KL ist der Lagerkommandant. Ihm zur Seite steht ein Adjutant. Der Verwaltungsführer regelt die wirtschaftlichen Angelegenheiten. Verantwortlich für den Häftlingsbereich ist der Schutzhaftlagerführer. Ihm untersteht ein Rapportführer (zuständig für den Lagerablauf), der wiederum Vorgesetzter der Blockführer ist. Die Blockführer herrschen über einen oder mehrere Häftlingsblocks. Dazu bedienen sie sich Häftlingsfunktionären. Die Wachmannschaften (SS-Totenkopfverbände) haben mit dem internen Lagerbetrieb nichts zu tun, sind nicht einmal berechtigt, das KL zu betreten.

KL Stutthof, 37 km östlich von Danzig (Zivilgefangenenlager ab September 1939).

Bergen-Belsen (Lüneburger Heide) wird im April 1943 als »Aufenthaltslager« für Juden mit doppelter Staatsbürgerschaft eingerichtet, 1944 auch KZ.

Im Februar 1943 wird das Kriegsgefangenenlager (KGL) Lublin in KL Lublin umbenannt. Die Bezeichnung KZ Maidanek hat sich erst in der Literatur nach 1945 eingebürgert. Maidanek ist ein kleiner Ort nahe des KL. In Lublin sind bis zu 20000 Häftlinge inhaftiert. Neben Auschwitz ist Lublin zugleich KZ und Vernichtungslager (mindestens 250000 Tote). Gemordet wird mit Zyklon B.

In allen Konzentrationslagern ist es SS-Angehörigen untersagt, Häftlinge zu mißhandeln. Jeder in Auschwitz eingesetzte SS-Mann muß z.B. eine ehrenwörtliche Verpflichtung unterschreiben, die zu seinen Personalakten genommen wird: »Über Leben und Tod eines Staatsfeindes entscheidet der Führer. Kein Nationalsozialist ist daher berechtigt, Hand an einen Staatsfeind zu legen. Bestraft wird jeder Häftling nur durch den Kommandanten.«[11]

Zur Durchsetzung der Befehle bedient sich die SS der sogenannte Häftlings-Selbstverwaltung. An der Spitze des gesamten Lagers steht der Lagerälteste, verantwortlich für Ruhe und Ordnung. Außerdem gibt es Lagerälteste für Teilbereiche, wie z.B. den Häftlingskrankenbau (HKB). Ihnen untergeordnet sind die Blockältesten, für die Häftlinge eines Wohnblocks zuständig. Die Arbeitskommandos werden von sogenannten Kapos beaufsichtigt, Häftlingen, die selbst nicht arbeiten müssen. Die innere Verwaltung obliegt dem Rapportschreiber. Er leitet die Häftlingsschreibstube (Stärkemeldungen, Karteiführung etc.). Jeder Block hat wiederum einen Blockschreiber.

Die Gliederung eines Konzentrationslagers im Regelfall:

Abt. I Lagerkommandant nebst Adjutant.
Abt. II Verwaltung.
Abt. III Schutzhaftlager.
Abt. IV Sanitätswesen und Lagerhygiene.
Abt. V Politische Abteilung.[12]
Abt. VI Arbeitseinsatz.
Abt. VII Weltanschauung und Erziehung.

---

11 Auschwitz-Urteil gegen Mulka u.a. vom 20.8.1965, 4 Ks 2/63 LG Ffm., S. 52.

12 Die »Politische Abteilung« (PA) ist eine Außenstelle der Gestapo und untersteht dem Lagerkommandanten nicht. Die PA ist zuständig für Einlieferung, Erfassung, Vernehmung und Entlassung von Häftlingen. Sie unterhält ein eigenes Standesamt (vorwiegend zur Beurkundung der Todesfälle). Der Chef der PA und sein Vertreter sind als Gestapobeamte nur dem RSHA bzw. der Gestapoleitstelle (für Auschwitz ist diese in Kattowitz) verantwortlich. Die übrigen Mitarbeiter der PA unterliegen der Disziplinargewalt des Lageradjutanten.

An der Spitze des Ärztlichen Dienstes steht der SS-Standortarzt. Ihm untergeordnet sind Truppenärzte für das SS-Personal (oft auch im Häftlingsbereich eingesetzt) sowie die Lagerärzte.

Die stationäre »Behandlung« von Häftlingen geschieht im Häftlingskrankenbau (HKB). Die Leitung hat ein SS-Arzt (Lagerarzt). Ihm untersteht ein SS-Angehöriger als Sanitätsdienstgrad (SDG). Jeder HKB hat einen eigenen Lagerältesten (Häftling) und jede Wohneinheit einen Blockältesten (Häftling).

Dem HKB ist ein sogenanntes Ambulatorium angeschlossen. Hier herrschen meist kriminelle Häftlinge. Der tschechische Arzt Dr. Franz Blaha über die Zustände in Dachau: »Am meisten besucht war die Ambulanz im Blockteil A. Hier wurde alles behandelt: Von der Krätze bis zur Amputation, welche unter [Kapo] Heiden öffentlich vor den wartenden Kranken ohne irgendeine Narkose ambulant durchgeführt wurde.«[13] Die Mehrheit der Häftlinge meidet nach Möglichkeit die Ambulanz. Sie wollen der Gefahr entgehen, z.B. wegen einer eitrigen Nagelentzündung den ganzen Finger einzubüßen.

Mediziner in den Konzentrationslagern haben folgende Aufgaben:

1. KZ-Ärzte selektieren Arbeitsunfähige zur Tötung.[14]

Der Lubliner Arzt Dr. med. Heinrich Rindfleisch bestimmt z.B. Häftlinge für die Gaskammer, indem er mit dem Finger auf sie zeigt, »ohne ... etwas zu sagen«.[15]

2. KZ-Ärzte überwachen Mißhandlungen und Folter (»Prügelstrafe«).

Dr. Friedrich Entress: »Vor dem Vollzug der Strafe mußte der Lagerarzt die zu bestrafenden Häftlinge auf ihren Gesundheitszustand untersuchen.«[16]

---

13 Blaha, S. 33.

14 Aussage Dr. Heinrich Schmitz vom 6. 2. 1946. Flossenbürg-Prozeß Case No. 000-50-46-3, P-Ex 9.

15 Häftling Dr. Erwin Rona über eine Selektion im Nebenlager Märzbachtal. Aussage vom 22. 4. 1965. ZSt 407 AR-Z 297/60, Bl. 2394.

16 Erklärung Dr. Friedrich Entress. Nürnb. Dok. NI-6190.

3. KZ-Ärzte überwachen die Hinrichtungen.[17]

Dr. Willy Witteler, 1944 Erster Lagerarzt in Dachau: »Unter den bestehenden Vorschriften konnte ohne das Beisein eines Arztes keine Erhängung durchgeführt werden.«[18]

Auch Zahnärzte haben eine spezifische Funktion:

Dr. Percy Treite, KZ-Arzt in Ravensbrück, über die Tätigkeit des Zahnarztes Martin Hellinger bei Erschießungen: »Es war Hellingers Aufgabe, den Opfern die Goldzähne herauszubrechen, nachdem ich den Tod bestätigt hatte.«[19]

4. KZ-Ärzte töten.

Der Dachauer Lagerarzt Dr. Fritz Hintermayer ermordet z.B. noch Ende April 1945 »18 junge Leute, die sichtlich geisteskrank« waren, durch Spritzen: »Unter den Getöteten waren zwei Frauen, die auf der Tragbahre hereingebracht wurden.«[20]

KZ-Ärzte sind Herren über Leben und Tod.

Standortarzt in Mauthausen ist ab Herbst 1941 Dr. Eduard Krebsbach. Er wird »Dr. Spritzbach« genannt, weil unter seiner Leitung das massenhafte »Abspritzen« von Kranken mit Herzinjektionen beginnt. Sein Machtrausch geht so weit, daß er am 22. Mai 1943 einen Wehrmachtsurlauber wegen nächtlicher Ruhestörung vor seinem Haus erschießt.[21]

---

17 Aussage Dr. Heinrich Schmitz, a.a.O.

18 Erklärung Dr. Witteler ohne Datum. 1. Dachauer Prozeß, Bd. 7., Archiv Dachau.

19 Aussage Treite vom 14. 8. 1946, in: FKL Ravensbrück. Eine Gesamtdarstellung. ZSt, April 1972, S. 102.

20 Aussage Emil Mahl, Kapo im Dachauer Krematorium, ohne Datum. 1. Dachauer Prozeß, Bd. 7, Archiv Dachau.

21 Marsalek, Die Geschichte des Konzentrationslagers Mauthausen, S. 174. Bei dem Erschossenen handelt es sich um den Obergefreiten Josef Breitenfellner.
Krebsbach wird wenige Wochen später in das KL Warwara strafversetzt, danach Seuchen-Inspektor für das Baltikum. 1944 taucht er als Betriebsarzt bei einer Kasseler Spinnerei ab, wird verhaftet, verurteilt und 1947 hingerichtet.

»Abspritzen«

Häftlinge, die nicht mehr arbeiten können, durch Mißhandlungen oder Menschenversuche zum Krüppel geworden sind, kommen in Dachau (ab 1941) auf streng isolierte Invalidenblocks. Bei noch einmal herabgesetzter Nahrung ist ihr Schicksal besiegelt. Tausende von Häftlingen aus allen KZs werden 1941–43 unter dem Aktenzeichen »14 f 13« in die Euthanasie-Anstalten in Bernburg, Pirna oder Hartheim transportiert, sterben dort in der Gaskammer.[22]

Am 24. August 1941 läßt Hitler die Ermordung von Kranken und Behinderten (nicht von KZ-Häftlingen) in den Gaskammern der »Euthanasie«-Anstalten stoppen. Massiver Unmut in der Bevölkerung und Gerüchte, auch schwerverletzte Soldaten würden vergast, dürften zu diesem Schritt geführt haben.

Im August 1941 erprobt Lagerarzt Dr. Entress in Auschwitz eine neue Mordmethode. Im Operationsraum auf Block 28 des Stammlagers experimentiert er mit intravenösen Einspritzungen von Wasserstoff.[23] Der polnische Häftling (Mediziner) Wladyslaw Fejkiel: »Diese Experimente ... dienten lediglich dem Zweck, herauszufinden, wie man mit Hilfe dieser Einspritzungen Häftlinge am schnellsten töten kann. Bei den Wasserstoffeinspritzungen trat der Tod erst nach 20 Minuten ein. Das Opfer blieb auch bei Bewußtsein.«[24] Professor Jan Olbrycht: »Am Anfang wurde Wasserstoffsuperoxyd, Benzin, Evipan und Phenol gespritzt ... In der ersten Zeit waren es Injektionen in die Adern, später ins Herz.«[25]

---

22 Die sogenannte Sonderbehandlung 14 f 13 habe ich in meinem Buch »›Euthanasie‹ im NS-Staat«, S. 345ff., ausführlich beschrieben. Kranke oder jüdische KZ-Häftlinge werden in die Vergasungsanstalten geschafft. Die Ermordung von Häftlingen in der Anstalt Hartheim, nahe dem KZ Mauthausen, endet erst 1944.

23 Stanislaw Klodzinski: Phenol, in: Die Auschwitz-Hefte, Bd. I, S. 277ff.

24 Aussage Fejkiel vom 7. 6. 1960, Auschwitz-Verfahren, Bl. 5794.

25 Prof. Jan Olbrycht: Gesundheitswesen im Konzentrationslager Auschwitz, Gutachten in der Gerichtsverhandlung vor dem Obersten Volks-Gerichtshof am 10. 12. 1947 in Krakau, Auschwitz-Verfahren, Bl. 4527.

Entress geht dazu über, Phenol[26] direkt ins Herz zu spritzen. Das Abspritzen der Häftlinge im großen Umfang (im sogenannten Behandlungszimmer des Infektionsblocks 20) beginnt in Auschwitz im September 1941 und dauert bis April 1943. Ermordet werden:

1. Kranke, von denen angenommen wird, daß sie nicht wieder arbeitsfähig werden.
2. Häftlinge, die von der politischen Abteilung zur Liquidierung überstellt werden.
3. Kinder, die als Arbeitskraft wertlos und für das Lagerleben lästig sind.

Das »Abspritzen« der Häftlinge ist Aufgabe der Sanitätsdienstgrade (SDG). Über den SDG Otto Kleingünther (Mauthausen) heißt es: »Bei Herzinjektionen dürfte die Zahl der von ihm getöteten Häftlinge 1000 weit überschreiten. Das einzige, das zu seinen Gunsten gesagt werden könnte, war, daß er nie einen Häftling geschlagen hatte.«[27]

Die Prozedur in Auschwitz hat der ehemalige Tischler Josef Klehr beschrieben: Morgens gegen halb 9 Uhr erscheint Lagerarzt Entress im Block 28 (Aufnahmeblock). SDG Klehr meldet ihm die Neuzugänge, die im Ambulanzraum warten. Beide begeben sich dorthin. Entress sondert die Häftlinge aus, die seiner Ansicht nach zu töten sind. Die Ausgesonderten werden zum Block 20 gebracht und im kleinen Ambulanzzimmer, gleich links neben dem Eingang, einzeln nackt hereingeführt. Klehr: »Der Häftling mußte sich dann auf einen Stuhl setzen. Ich tastete dann den Brustkorb des Häftlings ab, wo die Spritze eingeführt werden sollte und führte dann die Injektionsnadel unmittelbar ins Herz ein ... Der Häftlingspfleger hielt den Häftling nur

26 Es gibt zwei verschiedene Sorten: Roh-Phenol, auch Carbolsäure genannt, wird zu Desinfektionszwecken verwandt, reines Phenol (pharmazeutisches Phenol) ausschließlich zum »Abspritzen«. Der SS-Apotheker Kröhmer (Auschwitz) bestellt Phenol beim SS-Sanitätshauptamt in Berlin mit dem Zusatz »pro Injektione«. Auschwitz-Anklage gegen Baer u.a. vom 16.4.1963, 4 Js 444/59 OStA Ffm., S. 635.

27 Aussage Ernst Martin vom 17.3.1966. ZSt 419 AR 3322/65, Bl. 982.

leicht fest, damit der Häftling, wenn er tot war, nicht vom Stuhl fiel.«[28]

Die Opfer müssen jeweils den einen Arm auf den Nacken, den anderen unter das Schulterblatt legen. Mitunter zieht der Häftlingspfleger dem Opfer auch den linken Arm über den Mund. Das verhindert, daß er schreit, und macht die Herzgegend frei. SS-Arzt Dr. Kremer über den SDG Klehr: »Bei meinem Eintreffen befand sich eine Frau in dem Zimmer. Klehr sagte lächelnd, ich will mir mal einen weißen Mantel anziehen, das sieht dann etwas akademischer aus.«[29]

Josef Klehr (Jahrgang 1904) stammt aus äußerlich geordneten Verhältnissen: Sein Vater ist Erzieher in Wehlau/Oberschlesien. Er selbst besucht die katholische Volksschule, macht eine Lehre als Tischler, wird 1934 in der oberschlesischen Heil- und Pflegeanstalt Leubus Pfleger. Bei der Wehrmacht erhält er eine Ausbildung als Sanitäter. Ab Oktober 1941 ist er Sanitätsdienstgrad (SDG) in Auschwitz. Er tötet nicht nur die vom vorgesetzten KZ-Arzt zur Tötung bestimmten Häftlinge, er mordet im Hochgefühl seiner Macht.

Klehr kommt morgens mit dem Motorrad zum Krankenbau. Ist der Lagerarzt abwesend, muß ihm ein Häftling die Stiefel ausziehen, ein anderer die Füße waschen. Ein dritter hat die Fingernägel zu polieren. Der polnische Medizinstudent Thadeus Paczula: »Er saß in der Mitte des Zimmers, rauchte Pfeife, hatte die Füße im Kübel und ließ manchmal acht Häftlinge um sich herum tanzen, die ihm jeden Wunsch von den Augen abzulesen hatten ... Manchmal kam er auch zu uns in die Schreibstube, setzte sich auf die Schreibtischkante und telefonierte. Dabei ließ er öfter ›einen fahren‹, dreht sich dann herum und fragte: ›Hast

---

28 Aussage Klehr vom 25. 5. 1961, Auschwitz-Verfahren, Bl. 8963. Klehr wird im Auschwitz-Prozeß zu lebenslänglicher Haft verurteilt. Das »Abspritzen« hat der SDG Emil Hantl ganz ähnlich beschrieben (Bl. 8977 ff. des Verfahrens). Hantl wird im Auschwitz-Prozeß zu 3 Jahren, 6 Monaten Haft verurteilt.

29 Aussage Dr. Kremer vom 17. 7. 1958, Auschwitz-Verfahren, Bl. 2152.

du Husten? Laß dich mal durchleuchten!‹ Daraufhin mußte alles natürlich laut lachen, damit er bei guter Laune blieb.«[30]

Der SDG Herbert Scherpe (Jahrgang 1907) aus Gleiwitz soll Anfang 1943 auf Anordnung von Dr. Rohde einige Dutzend polnische Knaben aus Zamocz mit Phenolspritzen töten. Er mordet mindestens 20 der Acht- bis Vierzehnjährigen. Dann weigert er sich, fortzufahren. Scherpe geschieht nichts. Standortarzt Wirths versetzt ihn ins Nebenlager Golleschau.[31]

Die meisten Menschen werden nach Angaben von Augenzeugen von den polnischen Häftlingen Alfred Stössel und Mieczyslaw Panszczyk abgespritzt. Sie sollen 10000 bzw. 12000 ihrer Kameraden mit Spritzen getötet haben.[32] Auch Dr. Leibus Landau soll, in geringerem Umfang, beteiligt gewesen sein.[33] Stanislaw Glowa, als Schreiber im Block 20 des HKB eingesetzt, notiert von Frühjahr 1942 bis Ende 1943 heimlich die Zahl der »abgespritzten« Häftlinge und kommt auf 30000 Ermordete.[34]

Der Medizinstudent Thadeus Paczula, seit Dezember 1940 im Stammlager, erkrankt im Juli 1942 an Phlegmone und wird in den Block 21 eingewiesen. Weil er so schön Fieberkurven malen kann, darf er bleiben und das Totenbuch führen. Paczula berichtet, daß die Lagerärzte überfüllte Stationen dadurch leeren, daß sie sämtliche Häftlinge (»sowohl Schwerkranke als auch Genesende«) nach Birkenau in die Gaskammer transportieren lassen: »Dabei gab es manchmal Großaktionen, bei denen 2 bis 3000 Häftlinge zur Vergasung bestimmt wurden.«[35]

---

30 Aussage Dr. Paczula vom 23. 11. 1960, Auschwitz-Verfahren, Bl. 7064f.

31 Auschwitz-Urteil, S. 659ff.

32 Aussage Wolken vom 8. 7. 1945, Auschwitz-Verfahren, Bl. 8564f. Ebenso Aussage Paczula vom 27. 10. 1959, Auschwitz-Verfahren, Bl. 2570. Panszczyk, der sich laut Paczula selbst rühmt, etwa 13500 Häftlinge »abgespritzt« zu haben, wird bei Kriegsende von Mithäftlingen getötet.

33 Aussage Dr. Stanislaus Klodzinski vom 25. 7. 1962. Auschwitz-Verfahren, Bl. 13117. Ebenso: Aussage Stanislaw Glowa vom 21. 11. 1960. Auschwitz-Verfahren, Bl. 7058. Auschwitz-Urteil, S. 677.

34 Aussage Stanislaw Glowa vom 21. 11. 1960. Auschwitz-Verfahren, Bl. 7053.

35 Aussage Paczula vom 27. 10. 1959. Auschwitz-Verfahren, Bl. 2569.

Krankenrevier und Personal

Die Zustände in den Krankenrevieren sind in allen KZs nahezu gleich. Professor Prenant, als »Häftlingspfleger« in Neuengamme: »Im Block 4 lagen Tbc- und Dysenterie-Kranke und zwar 5–6 in einem Bett ... Jeden Morgen, wenn ich ankam, fand ich 5–6 oder 7 Tote, die mitten unter den Lebenden lagen.«[36] Ein ehemaliger SDG im KL Lublin: »Die Zustände bei den Kranken ... waren menschenunwürdig. Sie lagen auf Holzpritschen übereinander und verkamen in ihrem eigenem Kot. Helfen konnte ich ihnen nicht, da ich von den Ärzten keine Medikamente erhielt«.[37]

In Mauthausen gibt es seit April 1943 ein großes Krankenlager unterhalb des eigentlichen KL. Der (Häftlings-)Arztschreiber des Standortarztes berichtet, daß für 8000 bis 10000 Häftlinge nur 1900 Betten zur Verfügung stehen: »Alles, was in das Krankenlager kam, mußte zu fast 90% annehmen, daß es nur eine kurze Lebensverlängerung war, denn diese kranken Häftlinge bekamen im Jahre 1943 nur die halben Verpflegungsrationen, ab 1944 nur ein Viertel der Verpflegungsrationen und waren daher in einem Zeitraum von 4 bis 6 Wochen zum Tode bestimmt.«[38]

Am schlechtesten (neben den russischen Kriegsgefangenen) werden die Juden behandelt: »Mauthausen war gleich wie Auschwitz dazu bestimmt, daß eingelieferte Juden nur wenige Tage im Lager überlebten. Sie wurden auf jeden Fall sofort in dem Steinbruch zum Steinetragen verwendet, in die Postenkette getrieben oder ... vergast, erschlagen oder sonst umgebracht. Für die Juden war vorgesehen, daß sie von Haus aus keine ärztliche Behandlung erhielten.«[39] Juden werden in Mauthausen erst ab Herbst 1944, bedingt durch den Mangel an Arbeitskräf-

36 Aussage Prenant vom 25. 3. 1946 im Neuengamme-Prozeß. ZUV 46, Bd. A 156.

37 Aussage SDG Rudolf Hofer vom 6. 8. 1968. ZSt 407 AR-Z 297/60, Bl. 4706.

38 Aussage Ernst Martin vom 21. 3. 1966. ZSt 419 AR 3322/65, Bl. 997.

39 Ebd., Bl. 1000.

ten, im Krankenbau behandelt.[40] Die Pflegerin Janina Komenda, wegen Zugehörigkeit zum polnischen Widerstand in Auschwitz: »Bis zum 12. Mai 1943 wurden alle Neugeborenen, die arischen wie die jüdischen, in einem Wassereimer ertränkt oder durch eine Spritze ins Herz ermordet. Nach dem 12. Mai wurden allein die jüdischen Kinder ermordet.«[41]

Damit möglichst viele Häftlinge krepieren, sind bis 1942 in den Krankenrevieren nur medizinische Laien, meist Kriminelle, eingesetzt. Medizinische Instrumente werden nicht gereinigt, damit sich die Krankheitskeime verbreiten.[42] Am Röntgengerät in Dachau stehen Häftlinge, die von Beruf Zimmermann, Mechaniker, Maschinist usw. sind. Erst 1945 wird zum Röntgen ein Fachmann eingesetzt. Wer keine überdimensionalen Schatten aufweist, wird vom Häftlings-»Röntgenologen« nicht als krank anerkannt. Blaha: »Deshalb starben viele ... beim Röntgen.«[43]

Über die Aufnahme ins Krankenrevier entscheidet ein Kapo. Franz Blaha, nach seiner Ankunft in Dachau an Bauchtyphus erkrankt: »Es half kein Zittern vor Fieber, kein Erbrechen und ständiger Durchfall, kein Zusammenbruch im Zimmer und auf der Toilette oder auf dem Appellplatz. Zweimal brachten mich die Kameraden bewußtlos vom Appellplatz zum Revier, aber jedesmal hat uns der allmächtige und gefürchtete Oberkapo vom Revier, Heiden, hinausgeworfen.«[44]

Blaha wird von Kameraden heimlich im Krankenrevier untergebracht. Er kommt auf Block 7 (Epidemie-Block). Schon 1941 liegen hier an Typhus, Krätze, Tbc oder Ruhr Erkrankte zu zweit und mehreren auf einem Strohsack. Viele nur noch Skelette, bewegungsunfähig. Die Toilette ist weit entfernt. Manche sterben auf dem Weg dorthin. Eine unbedeutende Verunreinigung der

40 Vorläufiger Bericht über die »Gesundheitspflege« in Mauthausen, von Prof. Dr. Vratislav Busek, Ms., Mauthausen 1945. ZSt 419 AR 3322/65, Bd. III.

41 Janina Komenda: Frauen im Revier von Birkenau, in: Die Auschwitz-Hefte, Bd. I, S. 190.

42 Blaha, S. 20.

43 Blaha, S. 30.

44 Blaha, S. 20.

Liegestatt oder des Fußbodens durch Erbrechen oder Durchfall gerät zum Todesurteil: »Gewöhnlich wurde er einfach an den Füßen in den Waschraum gezogen, mit kaltem Wasser begossen und nackt auf dem steinernen Fußboden die ganze Nacht liegen gelassen, damit er sich auskühlte und wenn er morgens noch atmete, wurde der Prozeß mit einer Benzin-, Karbol- oder Evipanspritze ins Herz beendet.«[45]

Kapo Heiden, 1940–42 Herrscher über Leben und Tod der Häftlinge in Dachau, soll Fleischer von Beruf gewesen sein, eine Herkulesgestalt, mit robuster Stimme, mehr gefürchtet als die SS-Ärzte: »Der Schrecken, der von ihm ausging, breitete sich lawinenhaft auf die Pfleger und ihre Helfer aus, die sich dann an den Kranken abreagierten.«[46] Blaha über die Krankenversorgung: »Es ist charakteristisch, daß auch in den letzten Jahren, wo auf allen Abteilungen die Ärzte Häftlinge waren, die Aufnahme, Entlassung bzw. das Hinausschmeißen von Häftlingen einzig und allein dem Kapo oder seinem Vertreter, der auch auf diesem Gebiet ein Laie war, oblag.«[47]

Beliebt als Heilmethode ist in Dachau die Erwärmung in einem Kasten mit Glühbirnen (Häftlingsjargon: »Krematorium«). Die Krankheit, gleich ob Infektion oder Herzfehler, soll ausgeschwitzt werden. In der Realität erleiden die Patienten Verbrennungen ersten und zweiten Grades. Ein Oberpfleger, im zivilen Leben Drogerieassistent, bevorzugt die Venenpunktion: Er zapft allen Kranken mit einer nicht sterilen Nadel zwei- bis dreimal wöchentlich Blut ab. Die Heilmethoden sind auch sonst drakonisch: In Dachau werden Magenerkrankungen (Einheitsdiagnose: »Magengeschwür«) chirurgisch gelöst oder auf der Inneren Abteilung mit Hunger behandelt. Darmerkrankungen haben generell die Diagnose »Scheißerei«.[48]

Aus Dachau wie aus Mauthausen sind Krankenunterlagen erhalten, fein säuberlich gezeichnete Fieberkurven in verschiede-

45 Blaha, S. 25.
46 Blaha, S. 24.
47 Blaha, S. 36.
48 Blaha, S. 32.

nen Farben. Doch der Eindruck täuscht: »Die Krankenblätter waren im Revier entschieden wichtiger als der Kranke selbst. Der Schreiber war bei weitem eine wichtigere Persönlichkeit für den Chefarzt als jeder andere. Er mußte die Krankenblätter in musterhafter Ordnung halten ... Solche musterhaften Krankenblätter gab es meist dann, wenn Kranke schon verstorben waren oder aus dem Krankenhaus entlassen wurden. Im ersteren Falle warteten die Schreiber ungeduldig auf die Sezierung.«[49]

Hauptaufgabe der Zahnstationen ist das Herausbrechen der Goldkronen: »Dieses Zahngold wurde bei verstorbenen oder getöteten Häftlingen im Krematorium vor der Verbrennung herausgebrochen. Dabei war immer ein SS-Zahnarzt und ein SDG anwesend.«[50] Die Zahnambulanzen in Dachau wie in Mauthausen werden als relativ gut ausgestattet beschrieben. Aus Mangel an Material werden Zähne (ohne Narkose) gezogen. In Dachau erledigt dies ein professioneller Boxer.[51] In Mauthausen soll Revierkapo Rieger, im Zivilberuf Advokat, mit »sadistischer Freude« Zähne herausgerissen haben.[52]

Im Dachau-Nebenlager Mühldorf führt gegen Kriegsende ein Professor Gins Parodontose-Versuche an über 100 Häftlingen durch.[53] Zuerst werden bakteriologische Tests gemacht, danach bekommen die ausgezehrten Häftlinge Spritzen intravenös und intramuskulär. Versuchsleiter ist Heinrich Gins, Abteilungsleiter am Robert-Koch-Institut, der 1947 sein Werk »Die übertragbare Zahnfleischentzündung (Spirillose)« veröffentlicht. Gins erhält 1948 eine Dozentur an der Freien Universität in Berlin.

Der zahnärztliche Alltag zeigt sich in Ebensee, einem im Salzkammergut gelegenen Nebenlager von Mauthausen: »Zahnbehandlung war im KZ Ebensee praktisch unbekannt. Zwar existierte im Revier ein Zahnbehandlungsraum, doch das Interesse

---

49 Blaha, S. 22.

50 Aussage Ernst Martin vom 17. 3. 1966. ZSt 419 AR 3322/65, Bl. 983.

51 Blaha, S. 32.

52 Vorläufiger Bericht über die »Gesundheitspflege« in Mauthausen, von Prof. Dr. Vratislav Busek, Ms., Mauthausen 1945. ZSt 419 AR 3322/65, Bd. III.

53 Raim, S. 234.

der SS galt ausschließlich den Goldzähnen.«[54] Bei der Ankunft der Häftlinge wird bereits notiert, wer Goldzähne hat. Auch im Dachauer Außenlager Utting wird »ein Verzeichnis aller vorhandenen Goldzähne der lebenden Häftlinge zusammengestellt«.[55]

Häftlinge mit Zahngold leben gefährlich. Blaha: »Sobald jemand mit Goldzähnen erblickt wurde, hatte er einen ›unerwarteten Tod‹ zur Folge ... Oft haben wir monatlich 5 oder mehr Kilogramm Gold abgeführt.«[56] Auch in Mauthausen werden Häftlinge wegen ihrer Goldkronen erschlagen: »Die Goldzähne wurden ihnen herausgerissen und damit Goldschwarzhandel getrieben, besonders zum Zwecke der Herbeischaffung von Alkohol.«[57]

Jedes KZ hat eine Apotheke. Über Apotheker Erich Wasitzky in Mauthausen heißt es beispielsweise: »Alle Medikamente, welche für Herzinjektionen verwendet wurden, wurden von ihm zubereitet ... Wasitzky bestellte außerdem das für die Gaskammern verwendete Zyklon B.«[58] Beliefert werden die KZ-Apotheken vom Hauptsanitätslager der Waffen-SS in Berlin-Lichtenberg (spätere Bezeichnung »Zentralsanitätslager beim Reichsarzt-SS und Polizei«).[59] Laut Blaha ist die Revierapotheke die Zufluchtsstätte von SS-Angehörigen, »um alle möglichen alkoholisch-chemischen Verbindungen und nachher analgetische und morphinistische Präparate zu konsumieren«.[60] Daß SS-Angehörige Heilmittel und Medikamente verschieben, wird aus allen Lagern berichtet.

---

54 Freund, S. 313.

55 Raim, S. 231.

56 Blaha, S. 43.

57 Prof. Vratislav Busek: Vorläufiger Bericht über die »Gesundheitspflege« für die Häftlinge in Mauthausen vom 13. 8. 1945. ZSt 419 AR 3322/65, Bl. 739.

58 Aussage Ernst Martin vom 17. 3. 1966. Ebd., Bl. 980.

59 Es wird zunächst von SS-Gruppenführer Dr. Carl Blumenreuter geleitet, der 1916 »im Kaiser-Wilhelm-Institut als chemischer Sachverständiger für Gaskampf« ausgebildet worden war (Aussage Blumenreuter vom 13. 7. 1965, Bericht Humanversuche ZSt 413 AR 1463/65, Bl. 212), und untersteht der Amtsgruppe D des SS-Führungshauptamtes (Genzken), ab 31. 8. 1943 dem Reichsarzt-SS (Grawitz). Ermittlungsbericht der ZSt über das Hauptsanitätslager der Waffen-SS vom 20. 5. 1970, 413 AR-Z 26/70.

60 Blaha, S. 34.

> »Kaufmann war ... nicht nur der beste Häftlingspfleger, den wir besaßen, sondern auch als Mensch so vorbildlich, daß er oft tagelang sein eigenes Essen und Brot an kranke Häftlinge verteilte und selbst hungerte. Nachdem dieser Sanitäter sich jedes kranken Häftlings besonders annahm, war er von Haus aus dem Schutzhaftlagerführer ein Dorn im Auge und wurde eines Tages, ich glaube, es war 1943, zum Turm gestellt und die Hunde auf ihn gehetzt. Kaufmann erlitt die schwersten Verletzungen, es war aber möglich, ihn ärztlich zu betreuen, ihn im Krankenlager zu verstecken, gesund zu pflegen und ihn sodann in das Nebenlager Linz als Häftlingssanitäter verschwinden zu lassen. Kaufmann hatte auch nach 1945 an den erlittenen Hundebissen weiter schwer zu leiden, so daß ihm ein Bein vollkommen amputiert werden mußte.«
>
> Ernst Martin, Schreiber beim Standortarzt Mauthausen, über Leopold Kaufmann vom Spital der Barmherzigen Brüder in Linz.[61]

Die Arbeit der Häftlingspfleger gilt innerhalb der Lager als eine der leichtesten und v. a. ertragreichsten: Zuerst ißt sich der Pfleger satt, dann essen seine Kameraden, dann die prominenten und protegierten Kranken. Häftlingspfleger bestimmen in Dachau, daß ein Kranker zur Strafe fünf Tage nichts essen und trinken darf, daß die Heilung von Durchfall mit Nahrungsentzug behandelt wird. Verrohte Häftlingspfleger schlagen kranke Mitgefangene, wenn diese vor Schwäche nicht aufstehen oder sich nicht waschen können.[62]

In Dachau werden, anders als in anderen Lagern, Tbc-Kranke nicht automatisch liquidiert, sondern als Häftlinge betrachtet, deren Arbeitskraft möglicherweise noch auszubeuten ist. Die Kranken erhalten auch Lebensmittelzulagen. Bis 1942 gibt es sogar eine Tbc-Versuchsstation.[63] Im Tbc-Bereich herrschen korrupte Pfleger, weil sich SS-Ärzte aus Angst vor Ansteckung kaum hintrauen. Ist kein Spucknapf vorhanden, spucken die Kranken ihren Auswurf in Lumpen oder Papier unter der Decke. Staub, Papier und Abfall werden morgens zusammengekehrt,

61 Aussage Ernst Martin vom 21. 3. 1966. ZSt 419 AR 3322/65, Bl. 991.
62 Blaha, S. 107.
63 Blaha, S. 104.

vorhandene Spucknäpfe im Waschraum zusammen mit den Eßschalen gereinigt, Spritzen höchstens mit Wasser gespült.[64] Erst 1943 übernimmt der Häftlingsarzt Dr. Josef Halaska die Tbc-Station.[65] In Mauthausen werden Tbc-Kranke gleich vergast oder »partienweise durch Herzinjektionen getötet«.[66]

Einer der Häftlings-Pfleger in Dachau ist Walter Neff. Er hat eine Art Autobiographie geschrieben, Titel: »Recht oder Unrecht«.[67] Im Vorwort sagt er ebenso pathetisch wie vieldeutig: »Wen das Schicksal zwang, in der Hölle dem Satan Handlangerdienste zu leisten, wen es zwang, zu richten über Leben und Tod, ohne dazu berufen zu sein ... wird selbst irre an sich und seinen Handlungen.«

Neff ist zunächst Oberpfleger auf der Tuberkulose-Versuchsstation. Seine Darstellung ist nicht in Deckung zu bringen mit anderen Berichten: Neffs Krankenrevier ist das »beste Revier in allen Lagern«, die SS-Ärzte sind gute Menschen, die Häftlingspfleger »seelengute Kerle« und Kapo Heiden, von anderen als Totschläger beschrieben, soll jederzeit bereit gewesen sein, Patienten aufzunehmen.[68]

Neffs Sprache ist besitzanzeigend, Herrschaftssprache: Er verfügt über einen »Patienten-Vorrat«, bezeichnet internierte Mediziner als »meine Häftlingsärzte«.[69] Obgleich Landwirt von Beruf, erklärte er Häftlingen die Röntgenaufnahmen, amputiert auch mal einen Finger.[70] Neff wählt auf Geheiß des SS-Arztes Brachtel Tbc-kranke Häftlinge anhand der Röntgenbilder für den Abtransport in Vergasungsanstalten aus.[71] Neff tötet auch: »Abends um 10 Uhr hört man seine Schreie auch auf den Nach-

64 Blaha, S. 108ff.
65 Blaha, S. 125.
66 Aussage Ernst Martin vom 21. 3. 1966. ZSt 419 AR 3322/65, Bl. 1001.
67 Walter Neff: Recht oder Unrecht. Das komplette Manuskript liegt in der Gedenkstätte Dachau.
68 Ebd, S. 22. Stanislav Zamecnik beschreibt z.B., wie Heiden einen Sterbenden totschlägt, nennt ihn »abartig«. Erinnerungen an das »Revier« im Konzentrationslager Dachau, Dachauer Hefte 4, S. 129.
69 Neff: Recht oder Unrecht, a.a.O., S. 26.
70 Ebd., S. 33.
71 Ebd., S. 35.

barblocks, und die Pfleger kommen zu mir, und wir einigen uns auf eine Evipan-Injektion. ... Der schwerkranke Russe schlief auch sehr schnell ein und ist, wie vorauszusehen war, von dem Schlaf nicht mehr erwacht.« Über einen Ruhrkranken befindet er: »Mein Fall bleibt nicht im Bett ... Ich kann auch nicht riskieren, daß ich eine Ruhr auf meinen Block bekomme. Also 15 Tropfen [Opium] und auch hier am andern Morgen Exitus.«[72]

Übungsoperationen an gesunden Häftlingen

Dr. med. Franz Blaha verschweigt in Dachau zunächst, daß er Arzt ist. Seine Begründung: »Außer goldenen Zähnen und tätowierter Haut«, begehrte Objekte, wie wir noch sehen werden, »war nichts schlimmer als Intellektueller zu sein.«[73] Krank, auf 35 Kilo abgemagert, von Fieberanfällen gequält, kommt er vom Seuchenblock auf die Abteilung zu Dr. Helmut Müllmerstaedt (Blaha schreibt: Mürmelstaedt). Der trifft die Entscheidung – so Blahas Darstellung –, zu Übungszwecken Magen und Gallenblase komplett zu entfernen.

Blaha wird mit Gewalt auf den Operationstisch verfrachtet. Er kämpft dagegen, narkotisiert zu werden. Dann erscheint Chefchirurg Müllmerstaedt. In seiner Not verrät Blaha, selbst Chirurg zu sein und zu wissen, welche Folgen die Operation für ihn habe. Im allgemeinen Tumult entkommt er vom OP-Tisch und hört seinen Operateur noch sagen: »Laßt ihn! Der Hund wird sowieso verrecken.«

Im Sommer 1942 wird Blaha als Häftlingsarzt der chirurgischen Abteilung zugewiesen. Er weigert sich, so seine Darstellung, einen tschechischen Landsmann als Übungsobjekt für die jungen Absolventen der SS-Ärztlichen Akademie in Graz zu operieren, und wird deshalb in die Totenkammer strafversetzt.[74]

72 Ebd., S. 29.
73 Blaha, S. 21.
74 Blaha, S. 42.

Die SS-Akademie in Graz ist die Ausbildungsstätte der SS-Ärzte.[75] Einer von ihnen ist z.B. KZ-Arzt Dr. Lucas (der noch gegen Kriegsende in Ravensbrück Sterilisierungen vornimmt).[76] Dachau ist der Lehrbetrieb der Grazer Abgänger. An einem Tag stehen Magenoperationen nach Billroth I, am zweiten nach Billroth II, am dritten nach einer anderen Methode auf dem Plan. An manchen Tagen werden dagegen Gallenblasen-, Blinddarm- oder Bruchoperationen (letztere beide in Verbindung mit der Sterilisation des Opfers) geübt.[77]

Dr. Wilhelm Jäger, »ein solide und friedlich aussehender Herr, im Zivilleben Zahnarzt«, entwickelt in Dachau den Ehrgeiz, sich zum Chirurgen fortzubilden. Er übt Amputationen von Fingern und Gliedmaßen (ohne irgendeine Indikation). Selbst einfache Eingriffe bei Furunkeln oder Geschwüren haben so verheerende Folgen, daß ihn Chefarzt Waldemar Wolter entfernen läßt. Dr. Kahr, Absolvent der Grazer SS-Akademie, hat anfangs angeblich nicht einmal eine Pinzette benutzen können: »Nach einem Monat machte er schon die allerschwersten Magen- und Darmoperationen.« Bei Dr. Siegbert Ramsauer, so Blaha, sterben OP-Opfer an Blasenspiegelungen. Blaha, der die Leichen obduziert, beschreibt »komplett abgerissene Harnleiter mit Ausblutung in der Bauchhöhle«.[78]

In Auschwitz ist die Sterblichkeit der Operierten ebenfalls sehr hoch, da nur zu Übungszwecken operiert wird. Der polnische Professor Jan Olbrycht: »Das Schicksal dieser Kranken in-

---

75 Kommandeur der SS-Ärztlichen Akademie ist der Dozent für Innere Medizin, Obersturmbannführer Dr. Hans Kaether (sein Adjutant ist eine Zeitlang Dr. Ding, später Buchenwald). Dozent für Geschichte der Medizin ist Josef Gottlieb, SS-Sturmbannführer, Oberstabsarzt der Waffen-SS. Mitglied der SS-Akademie ist weiterhin Walter Pöschl, Assistent an der Geburtshilflichen und Gynäkologischen Klinik Graz. Honorarprofessor an der Grazer Universität wird Ernst Grawitz, Reichsarzt-SS. Angaben nach: Grenzfeste Deutscher Wissenschaft. Über Faschismus und Vergangenheitsbewältigung an der Universität Graz, hg. von der Steirischen Gesellschaft für Kulturpolitik. Wien 1985, S. 62f.

76 Aussage Lucas vom 14. 2. 1962, Auschwitz-Verfahren, Bl. 11536.

77 Blaha, S. 56.

78 Blaha, S. 57.

teressierte sie nicht, im Gegenteil, in vielen Fällen sandten sie die Kranken, die sie operiert hatten, bei der nächsten Ausmusterung in die Gaskammer, nicht selten einige Tage nach der Operation.«[79] Ein berüchtigter Operateur in Mauthausen ist Dr. Hermann Richter. Er fällt bereits in Dachau auf: »Er wollte z.B. den Zwerchfellnerv unterbrechen, aber er fand ihn nicht. Dafür aber fand der Operierte den Tod.«[80]

In Mauthausen erweitert Richter sein medizinisches Wissen durch gewagteste Operationen. Sie gelingen zu 50%, weil Häftlings-Chefarzt Professor Podlaha das Schlimmste verhütet. Richter, offenbar geisteskrank, wird in die Neurologisch-Psychiatrische Beobachtungsstation der Waffen-SS (unterstellt dem SS-Sanitätsamt) in Gießen eingewiesen. Er kehrt nach einer Zwischenstation in Ravensbrück im Herbst 1943 nach Mauthausen zurück. Zu Übungszwecken operiert ebenso Dr. med. Böhmischen in Mauthausen.[81]

Dr. Hermann Kiesewetter soll an Gefangenen Vivisektionen vorgenommen haben, u.a. Schädelöffnungen, »um beobachten zu können, wie das menschliche Gehirn funktioniere«.[82] Kiesewetter war 1938 aus der SS ausgetreten, weil er seine Verlobte (nach den Nazi-Gesetzen »erbkrank«) nicht heiraten durfte. Am 20. Mai 1941 bittet er um Wiederaufnahme in die Schutzstaffel: »Meine Verlobte litt an einer angeborenen Hüftausrenkung (Erbkrankheit), und die Heirat wurde mir von seiten der SS nicht genehmigt. Da ich die Ehe bereits versprochen hatte, reichte ich am 18. 11. 38 ein Gesuch um Entlassung aus der SS-T.V. [SS-Totenkopfverband] ein und wurde am 31.3.39 ... aus der Schutzstaffel auf eigenen Antrag entlassen.«[83]

---

79 Prof. Jan Olbrycht: Gesundheitswesen im Konzentrationslager Auschwitz, Gutachten in der Gerichtsverhandlung vor dem Obersten Volksgerichtshof am 10. 12. 1947 in Krakau, Auschwitz-Verfahren, Bl. 4542.

80 Blaha, S. 57.

81 Aussage Ernst Martin vom 17. 3. 1966. ZSt 419 AR 3322/65, Bl. 979.

82 Konzentrationslager Mauthausen-Gusen. Erinnerungen des Dr. Frantisek Pokorny, o.D. ZSt 419 AR 3322/65, Bd. 3., S. 555f.

83 Antrag Kiesewetter an SS-Führungshauptamt. DC-Unterlagen Kiesewetter. Er soll nach 1945 in Ostberlin leben.

Ein gestandener Mediziner ist Dr. Robert Neumann, von 1935 bis 1940 Direktor des Pathologischen Instituts am Robert-Koch-Krankenhaus und Dozent der Berliner Universität. Eine ehemalige Mitarbeiterin: »Er hatte ein Gerät entwickelt, das er ›Histotom‹ nannte. Damit konnte man in die Leber hineinstoßen und Gewebsstücke entnehmen. Das war nicht ungefährlich, da man damit auch manchmal größere Gefäße traf.«[84] Neumann probiert sein Histotom in Buchenwald aus. Zuerst an Leichen, dann an lebenden Häftlingen. Ein Augenzeuge behauptet: »Fast alle ... behandelten Häftlinge starben zumeist zwei oder drei Tage nach dem Einstich. Ich habe die Leichen im Sezierraum gesehen und Neumann wiederholt bei der Sektion solcher Leichen assistiert.«[85] Es muß nicht eigens betont werden, daß der Beschuldigte dies bestreitet.

Neumann wird Lagerarzt in Auschwitz[86] (»Von einem Camp oder von Häftlingen habe ich damals nichts bemerkt«[87]). Ein Auschwitz-Häftling über Neumann: »Von ihm weiß ich, daß er an Experimenten in Auschwitz und auch in Buchenwald beteiligt war. Ich selbst mußte ihm in Auschwitz mehrmals bei der Sektion von Häftlingsleichen behilflich sein.«[88] Ende 1940 wird Neumann Leiter des Pathologischen Instituts in Schanghai.

Mehrfach beschuldigt, aber in einem der letzten Dachauer Prozesse freigesprochen, ist Dr. Rudolf Brachtel.[89] Brachtel lernte die Technik der Leberpunktion bei Professor Nonnenbruch in Frankfurt am Main.[90] In Dachau studiert er die Pathologie der

---

84 Die Medizinisch-Technische Assistentin Elsbeth Freund. Krankenhaus Moabit, S. 196.

85 Gustav Wegerer am 6. 7. 1948 an die Spruchkammer Darmstadt. Buchenwald-Archiv, Sign. 503-23.

86 Führerstellenbesetzungsplan für den Stab des Inspekteurs der KL in den Konzentrationslagern. BDC SL 19 A.

87 KZ-Gedenkstätte Dachau: Dachauer Prozeß (Buchenwald) Josef Müller, Nr. 000-Buchenw.-5, Dr. Robert Neumann. Archiv Nr. 26820.

88 Aussage Thumm vom 3. 8. 1960. Auschwitz-Verfahren, Bl. 6241.

89 Robert Sigel: Im Interesse der Gerechtigkeit. Die Dachauer Kriegsverbrecherprozesse 1945–1948. Frankfurt am Main/New York 1992, S. 79ff.

90 Bericht ZSt 413 AR-Z 29/68, Bl. 12. Prof. Dr. med. Wilhelm Nonnenbruch wird von Blaha (a. a. O., S. 67) beschuldigt, an Versuchen mit Malaria-

infektiösen Leberentzündung und andere Leberkrankheiten.[91] Es sollen »Serien« von Leberpunktionen[92] gewesen sein, die Brachtel mit einem Trokar durchführt, einem Stichinstrument mit kräftiger, dreikantiger Nadel und einem Röhrchen für Punktionen: »Das hatte besonders im Anfang den Nachteil«, behauptet Blaha, »daß wir eine ganze Reihe katastrophaler Unfälle hatten. So bekamen wir auf dem Seziertisch durchgestochene Mägen und Därme, die in die Bauchhöhle ausgeblutet waren, angestochene oder beschädigte große Gefäße, Kollapse nach Leberverwüstungen u. ä. Aber auch die Glücklichen, die diese sehr unangenehme Kur überstanden, beklagten sich nach jeder Punktion über kollikartige Beschwerden, welche 2–3 Tage dauerten.«[93]

Ein Arzt, der an Sadismus nahezu alle KZ-Ärzte übertrifft, ist Augenzeugen zufolge Dr. med. Aribert Heim. Heim ist am 28. Juni 1914 als Sohn eines Gendarmeriebezirksinspektors in der steierischen Grenzstadt Radkersburg (Österreich) geboren. Er studiert in Graz Medizin, tritt 1935 in die (zu dieser Zeit in Österreich verbotene) NSDAP und in die SA ein.[94] Nach dem »Anschluß« Österreichs am 1. Oktober 1938 erfolgt seine Übernahme in die SS. Im Januar 1940 folgt seine ärztliche Bestallung. Im April 1940 tritt er in die Waffen-SS ein.

Heim ist sozusagen hauptberuflich in der SS (1944 letzte Beförderung zum SS-Hauptsturmführer). Ab dem 10. April 1941 wird er beim Inspekteur der KL geführt, Juni/Juli 1941 als Arzt in Buchenwald. Seine Tätigkeit in Mauthausen ist in seiner Personalakte nicht vermerkt. Seine eigenhändigen Eintragungen

---

Milzen beteiligt gewesen zu sein. Nonnenbruch, von 1929 bis 1939 Professor der Deutschen Universität in Prag, ist von 1939 bis 1945 Professor der Universität Frankfurt am Main, 1950 wird er Wissenschaftlicher Leiter der Weserberglandklinik in Höxter/Westfalen.

91 Blaha, S. 79.

92 Mehrere namentlich genannte »Fälle« sind in dem Bericht der ZSt 413 AR-Z 29/68 beschrieben. Brachtel verteidigt sich mit dem Argument, die Punktion sei aus diagnostischen Gründen notwendig gewesen.

93 Blaha, S. 79.

94 Aribert Heim. DC-Unterlagen.

im Mauthausener Operationsbuch[95] dokumentieren lediglich eine Tätigkeit für Oktober/November 1941. Vermutlich ist er 1941/42 im Lager. Im Winter 1941/42 spielt Heim gleichzeitig beim Wiener Eishockeyclub »Engelmann«. Der Sanitäts-Scharführer Otto Kleingünther: »Es handelte sich um einen bekannten Eishockeyspieler. Ich weiß, daß er sehr oft von Mauthausen aus zu Wettkämpfen weggefahren ist.«[96]

Dr. med. Aribert Heim soll, wie Zeugen bekunden, hundertfach Juden mit Spritzen ins Herz ermordet haben. Er nähert sich seinen Opfern höflich, spricht mit ihnen, wenn sie auf dem Operationstisch liegen. Erkundigt sich sogar nach Angehörigen draußen.[97] Heim soll, zu Übungszwecken, aus Langeweile oder Sadismus Häftlingen Leber, Gedärme, Milz oder das Herz herausgeschnitten haben.

Einem jüdischen Knaben soll er auf dem Operationstisch erklärt haben, er wisse doch, warum er sterben müsse. Die Juden seien schuld am Kriege. Einem anderen soll er gesagt haben: »Schau dir deine Nase an, so was kann der Führer nicht brauchen.«[98]

Heim unterhält sich mit einem Juden über dessen tadelloses Gebiß. Danach soll er ihm den Bauch aufgeschlitzt und ihn getötet haben. Der Kopf wird abgetrennt, ausgekocht und wegen des Gebisses präpariert.[99]

1946 sammeln sich im hessischen Bad Nauheim ehemalige Eishockeyspieler aus dem ostpreußischen Rastenburg, die 1936 zum Olympiakader gehört hatten.[100] Unter ihnen ist Herbert

---

95 Eine Kopie des OP-Buches befindet sich im Archiv Mauthausen (Innenministerium Wien), hat die Signatur H 12/2. Ich habe das Dokument in Wien eingesehen.

96 Aussage Kleingünther vom 12.4.1962. ZSt 419 AR 3322/65, Bd.3, S.764.

97 Aussage des Revierschreibers Kohl vom 28. 10. 1949. Verfahren 8b Vr 1827/59 StA Linz.

98 Mitteilung des Operationsgehilfen Kaufmann vom 1. 7. 1961. Verfahren 2 Js 767/61 StA Wiesbaden.

99 Vernehmung Kleingünther vom 12. 4. 1962. ZSt 419 AR 3322/65, Bd. 3, Bl. 774.

100 Katalog Vau Eff Ell. Eishockey in Bad Nauheim. Hg. von der Gruppe Design. Bad Nauheim 1967 (keine Seitenangaben).

Beck, im Herbst 1938 als Luftwaffensoldat nach Mauer bei Wien versetzt. 1938/39 spielt Beck beim Wiener Eishockey-Club Mödling, wo ihm der baumlange Aribert Heim beim Nachbarclub »Engelmann« auffällt. 1947 treffen sich beide in Nauheim. Aribert Heim spielt die Saison 1947/48 in Nauheim, arbeitet als Assistenzarzt im Bürgerhospital in Friedberg.

Der ehemalige Spieler Dr. med. vet. Ernst Eichler kann sich noch heute an einen »Riesen von einem Mann« erinnern, der als Verteidiger spielte. In Sportberichten der »Frankfurter Rundschau« ist Heim erwähnt. Nur: Ein Foto des Spielers Heim war trotz intensiver Suche nicht aufzutreiben, er fehlt auf allen Mannschaftsfotos.

1949 läßt sich Heim in Mannheim nieder, 1954 im mondänen Baden-Baden. Er eröffnet eine Praxis für Frauenheilkunde und Geburtshilfe. 1958 erwirbt er ein Haus mit 34 Wohnungen in der Berliner Tile-Wardenberg-Straße 28.

Als Heim 1962 verhaftet werden soll, ist er verschwunden. Er existiert fortan nur noch über Mitteilungen an seinen Anwalt in Frankfurt oder seinen Steuerberater in Heidelberg. Heim kassiert die Mieteinnahmen, gibt seine Steuererklärung ab. 1979 verurteilt ihn ein Berliner Gericht in Abwesenheit zu einer hohen Geldstrafe[101], das Haus wird versteigert. Die Mieteinnahmen entfallen.

Die ausgesetzte Belohnung von 250000 Mark ist 1997 noch immer ausgelobt.

---

101 Heim wird von einer Spruchkammer nach dem (nur in Berlin gültigen) »Zweiten Gesetz zum Abschluß der Entnazifizierung« zu einer Sühnemaßnahme von 510000 DM verurteilt. Begründung: Er habe durch Morde im KZ Mauthausen die Herrschaft des Nationalsozialismus im besonderen Maße gefördert.

Die Doktorarbeit des Dr. Hoven

Waldemar Hoven ist am 10. Februar 1903 als Sohn eines Freiburger Oberpostassistenten geboren. Er wendet sich der Landwirtschaft zu, arbeitet in Dänemark, Schweden, in den USA, verdingt sich in Paris.[102] 1925 kehrt er nach Deutschland zurück, hilft im Büro seines Bruders, der in Freiburg ein Sanatorium betreibt. Mit 32 Jahren holt er die Reifeprüfung nach. Der Bruder stirbt, Hoven studiert Medizin, um das Sanatorium übernehmen zu können.[103] In Buchenwald mordet er Insassen dutzendweise, Kogon: »In Buchenwald schlenderte Dr. Hoven einmal, als er eine Reihe von Häftlingen durch Evipannatrium-Spritzen ›umgelegt‹ hatte, eine Zigarette in der Hand, aus dem Operationssaal, fröhlich die Melodie vor sich hin pfeifend: ›Und wieder geht ein schöner Tag zu Ende ...‹«[104]

Unverhüllt heißt es in seinem Lebenslauf, den er 1943 seiner Doktorarbeit beifügt: »Im Anschluß an die Infanterieausbildung wurde ich am 26. Oktober 1939 zum Hilfsarzt, 1940 zum Truppenarzt, 1941 zum 2. Lagerarzt K.L. Buchenwald und 1942 zum Standortarzt der Waffen-SS Weimar ernannt. Seit 1943 bin ich ferner Stellvertretender Leiter der Abteilung für Fleckfieber- und Virusforschung des Hygiene-Instituts der Waffen-SS.«

1943 legt Hoven seine Doktorarbeit vor: »Versuche zur Behandlung der Lungentuberkulose durch Inhalation von Kohlekolloid«, d.h. Kohlenstaub. Der KZ-Arzt versucht den Nachweis, daß Kohlenstaub heilend auf Lungentuberkulose wirke. Tierversuche, so Hoven, seien für seine Problemstellung ungeeignet: »Eine wirkliche Entscheidung über die schwebenden Probleme kann daher nur durch Versuche am Menschen getroffen werden.«[105] Nach einem Vorversuch läßt Hoven die Versuchspersonen

102 Lebenslauf zu seiner Dissertation. Archiv der Albert-Ludwigs-Universität, Freiburg i.Br.
103 Kogon: SS-Staat, S. 352.
104 Kogon: SS-Staat, S. 147.
105 Dissertation Hoven, a.a.O., S. 12.

Ofenruß in feinster Verdünnung inhalieren. Bei den Vorversuchen spricht Hoven noch von »Freiwilligen«, die 33 Menschenobjekte (»Patienten«) der ersten Versuchsserie werden dagegen »herangezogen«.[106] Zehn Häftlinge dienen als Kontrollpersonen, die nicht inhalieren müssen. Wie zu erwarten, »sterben« fünf Versuchsobjekte, drei aus der Inhalations- und zwei aus der Kontrollgruppe. Sie sterben in zeitlichen Abständen, die Hoven erlauben, die Wirkung der Rußpartikel im Abstand von 10 oder 25 Tagen festzustellen. Von den Toten werden genaue Sektionsprotokolle gefertigt.

Es folgen weitere Versuchsreihen mit zweimal drei und einmal zwölf Häftlingen, die eigentlich statistisch nicht auswertbar sind, Hoven aber beweisen: Eine Möglichkeit, Lungentuberkulose zu behandeln, ist die Kolloid(Kohlenstaub)-Therapie. Die Dissertation, von den Häftlingen Kurt Sitte und Gustav Wegerer[107] geschrieben, enthält zahlreiche Tabellen, Lungenaufnahmen, Fotos von herausgeschnittenen Organen.

Die Doktorarbeit des KZ-Arztes Hoven über Menschenversuche wird von der Medizinischen Fakultät in Freiburg im Juli 1943 mit »sehr gut« bewertet.[108] Berichterstatter ist Professor Kurt Ziegler, 1913 berufen und bis zu seinem Tode 1947 Direktor der Poliklinik.[109] Bei der Bewertung der histologischen Vorgänge könne man verschiedener Meinung sein, befindet er, auch sei die Zahl der klinischen Versuche relativ gering, jedoch: »Die Literatur ist treffend eingeführt und verwertet, der Stil ist klar und gut.« Der Biochemiker Professor Josef Kapfhammer (Lehrstuhlinhaber von 1928 bis 1956)[110] vermerkt: »Die Dissertation des Herrn Hoven war mir schon vor ihrer endgültigen Fertigstellung bekannt.« Der Dekan, Hygiene-Professor Hermann Dold[111], Lehrstuhlinhaber von 1936 bis 1952, notiert nur zwei Worte: »Sehr gut.«

106 Dissertation Hoven, a. a. O., S. 28.
107 Kogon: SS-Staat, S. 302.
108 Prüfungsakte Hoven, Archiv der Albert-Ludwigs-Universität.
109 Seidler, S. 217.
110 Seidler, S. 495.
111 Seidler, S. 506.

Gewerbliche Erzeugnisse der Pathologie

Der Dachauer Häftlingsarzt Dr. Blaha wird 1942 in die Leichenkammer strafversetzt. Vom frühen Morgen bis in die Nacht zieht er mit einem Wägelchen durchs ganze Lager, dorthin, wo gerade ein Häftling gestorben ist. Der zweirädrige Wagen hat eine Blechkiste mit einem Leinwanddeckel und faßt zwei bis drei Leichen. »Noch im Jahre 1944«, so Blaha, »hatten wir eine große Fachinspektion von SS-Ärzten aus der Zentrale in Oranienburg, unter denen sich der ehemalige Prager Pathologe Prof. Dr. Sachs[112] befand ... Wir bekamen hierdurch weitere histologische Einrichtungen, z. B. Mikrotome«[113], das sind Präzisionsapparate zur Herstellung sehr dünner Gewebeschnitte.

Blaha beschreibt präzise wie kein anderer die Herstellung und Verwendung von Geschenkartikeln aus Häftlingshäuten: »Jeden Tag hingen, wie beim Wäschetrocknen, Reihen menschlicher Häute auf Leinen vor der Totenkammer. Häute, welche den Toten von der Brust bis zum Rücken abgezogen waren. Diese Häute wurden nachher sehr sorgfältig präpariert und in Handarbeit ein ganz feines Leder daraus gemacht. Alle Angehörigen der SS, einschließlich des Chefarztes, des Hauptarztes Dr. Rascher und des Dr. Kahr, sowie eine Anzahl von Zivilgästen haben Schnittmuster abgegeben, wonach aus dem Leder Sättel, Reithosen, Handschuhe, Taschen, Aktentaschen, Hausschuhe oder Bucheinbände zugeschnitten wurden. Es ist selbstverständlich, daß für diese Zwecke nur unbeschädigte Haut ohne Verletzungen, Geschwüre und Phlegmone, welche im Lager sehr verbreitet waren, verwendet wurde. Es war darum sehr gefährlich, wenn jemand zeigte, daß er noch eine schöne und gesunde Haut oder eine künstliche Tätowierung hatte.«[114]

112 Prof. Dr. med. Hans Sachs, SS-Hauptsturmführer, 1944 Leitender Pathologe beim Reichsarzt SS. Ab 1949 Privatdozent, ab 1951 Professor für Gerichtsmedizin der Universität Münster.

113 Blaha, S. 44.

114 Blaha, S. 43.

Auch in Mauthausen und im Nebenlager Gusen werden Häftlinge mit Tätowierungen getötet, die Häute für Handtaschen, Lampenschirme und Bucheinbände verarbeitet.[115] Im Nebenlager Gusen gibt es ein Pathologisches Museum: »In diesem Museum befand sich ein umfassendes Album, beinhaltend Menschenhaut hinsichtlich von Tätowierungen.«[116] Andere werden ermordet, skelettiert und an die SS-ärztliche Akademie in Graz (angehängt an die Medizinische Klinik) geschickt, weil sie körperliche Mißbildungen haben.

Sogar der Erste Lagerarzt von Sachsenhausen, Dr. med. Heinz Baumkötter, räumt ein: »Ich entsinne mich wohl, in der Pathologie handtellergroße bis handgroße Stücke von Menschenhaut mit Tätowierungen gesehen zu haben.«[117]

In Buchenwald, wo auch menschliche Schrumpfköpfe gefertigt werden, verfaßt 1940 der SS-Untersturmführer und Assistenzarzt Erich Wagner aus Komotau (Sudetengau) die Doktorarbeit »Ein Beitrag zur Tätowierungsfrage«. »Das Material«, schreibt er, »das ich von 800 Tätowierten der verschiedensten Bevölkerungsschichten (Vorbestraften und nicht Vorbestraften) gesammelt habe, entstammt einem großen Gefangenenlager.«[118] Die Arbeit wird an der Universitätsanstalt für gerichtliche Medizin und naturwissenschaftliche Kriminalistik in Jena eingereicht und von Institutsleiter Friedrich Timm mit »sehr gut« bewertet. Der Dekan der Medizinischen Fakultät, der Dermatologe Josef Hänel, schließt sich dem Urteil an.[119]

Objekte »der gewerblichen Erzeugung der Pathologie« sind Schädel, Teile von Skeletten und ganze Skelette, die präpariert, ausgekocht und mit Drähten zusammengesetzt werden. Sie werden an zivile und militärische Dienststellen, aber auch an ein-

115 Aussage Ernst Martin vom 17. 3. 1966. ZSt 419 AR 3322/65, Bl. 976.

116 Konzentrationslager Mauthausen-Gusen. Erinnerungen des Dr. Frantisek Pokorny, o. D. ZSt 419 AR 3322/65, Bd. 3., Bl. 556.

117 Aussage Baumkötter vom 11. 6. 1959. ZSt 406 AR-Z 14/59, Bd. IV., Bl. 779.

118 Wagner-Dissertation, S. 2.

119 Susanne Zimmermann: Berührungspunkte zwischen dem Konzentrationslager Buchenwald und der Medizinischen Fakultät der Universität Jena. In: Meinel/Voswinckel. Stuttgart 1994, S. 58.

zelne SS-Angehörige geliefert. Es ist Mode, auf dem Schreibtisch einen menschlichen Schädel stehen zu haben. Gefragt sind allerdings nur Schädel mit einem tadellosen Gebiß: »Gesunde Gebisse waren also auch für die Häftlinge außerordentlich gefährlich.«[120]

In Dachau werden ab 1943 etwa 12000 Leichen aus Krankenrevier und Versuchsstation seziert.[121] Die Prosektur verbreitet im Lager einen solchen Schrecken, daß die dort arbeitenden Häftlinge in Frieden leben: »Zwischen Haufen von Leichen, die in Särgen oder später ohne Särge vor dem Eingang der Kammer und im Vorraum wie das Holz im Walde aufgeschichtet lagen, waren wir vor den Peinigern am sichersten.«[122] Als psychologische Sperre dient das Eingangsschild »Leichengift – Lebensgefahr! Eintritt strengstens verboten!« So können die Seziergehilfen in aller Ruhe Feindsender hören, politische Zusammenkünfte abhalten, auch Häftlinge verstecken und »organisierte« Lebensmittel kochen. Gegessen wird auf dem (vorher desinfizierten) Seziertisch.

KZ-Ärzte

Die Medizin in den KZs dient nahezu ausschließlich der Ausrottung der Häftlinge. Die militärischen Mißerfolge und menschlichen Verluste im Rußlandfeldzug bedingen jedoch, daß die KZ-Insassen mehr und mehr als Arbeitssklaven gebraucht werden. Der »Arbeitseinsatz« wird wichtiger als die Vernichtung.

Ende März 1942 ergeht erstmals eine Anweisung des SS-WVHA, Amtsgruppe D (Konzentrationslager) an die Lagerkommandanten. Es sei bekannt geworden, daß im Rahmen der »Sonderbehandlung 14 f 13« auch arbeitsfähige Häftlinge der »Sonderbehand-

120 Blaha, S. 44.
121 Blaha, S. 49. Blaha wird 1944 zum Prosektor und Leiter der Pathologie ernannt.
122 Blaha, S. 50.

lung« (in den Euthanasie-Anstalten) zugeführt worden seien. Der (geheime) Rundbrief an die Kommandanten endet: »Um die den Konzentrationslagern gestellten Aufgaben durchführen zu können, muß jede Häftlingskraft dem Lager erhalten werden.«[123]

Vier Wochen später werden die Kommandanten erneut ermahnt, der Reichsführer-SS habe entschieden, daß in Zukunft nur noch geisteskranke Häftlinge »ausgemustert« werden dürfen. Arbeitsunfähige Häftlinge (»Tuberkulosekranke, bettlägerige Krüppel usw.«) seien zu einer Arbeit, »die sie auch im Bett verrichten können«, heranzuziehen. Der Chef des Amtes D, Richard Glücks: »Der Befehl des Reichsführers-SS ist in Zukunft genauestens zu beachten.«[124]

Ab 1942 werden inhaftierte Mediziner, auch Medizinstudenten, als Häftlingsärzte eingesetzt. Sie sollen die medizinische Versorgung, im Sinne der effektiveren Ausbeutung der Häftlinge, verbessern. Die Realität: Ein Häftlingsarzt im Dachauer Nebenlager Türkheim berichtet, er habe während seiner Visiten nichts anderes tun können, als Patienten den Puls zu fühlen, sie zu trösten und manchen eine halbe Tablette zu verabreichen. Er hat nur einige Tabletten Aspirinersatz oder Cardiazol.[125]

Am 26. Dezember 1942 ergeht erneut ein von Glücks unterzeichneter Erlaß:

»In der Anlage wird eine Aufstellung über die laufenden Zu- und Abgänge in sämtlichen Konzentrationslagern zur Kenntnisnahme übersandt. Aus derselben geht hervor, daß von 136000 Zugängen rund 70000 durch Tod ausgefallen sind. Mit einer derartig hohen Todesziffer kann niemals die Zahl der Häftlinge auf die Höhe gebracht werden, wie es der Reichsführer SS befohlen hat. Die 1. Lagerärzte haben sich mit allen ihnen zur Verfügung stehenden Mitteln dafür einzusetzen, daß die Sterblichkeitsziffer in den einzelnen Lagern wesentlich herabgeht.« Der Ukas

123 Rundbrief WVHA, gez. Liebehenschel, vom 26. 3. 1942. Nürnb. Dok. PS-1151.
124 Rundbrief WVHA, gez. Glücks, vom 27. 4. 1943. Nürnb. Dok. 1933-PS.
125 Raim, S. 230.

endet: »Der Reichsführer SS hat befohlen, daß die Sterblichkeit unbedingt geringer werden muß.«[126]

Der Erlaß nimmt die Lagerärzte direkt in die Pflicht. Ausdrücklich heißt es, es sei Aufgabe der Lagerärzte, die Arbeitsfähigkeit möglichst hoch zu halten. Es ändert sich jedoch wenig. Der tschechische Medizinstudent Jan Bendler, als Häftlingsarzt im KZ Ebensee eingesetzt, berichtet wenige Tage nach der Befreiung: »Das Lazarett, Revier genannt, ist dicht beim Krematorium. Das war eine der Hauptaufgaben des Lazaretts: so viele Häftlinge wie möglich, die nicht mehr arbeitsfähig waren und im Lazarett nicht sterben konnten, dahin zu schicken, wohin sie gehörten – in den Himmel.«[127] Ebensee wird am 6. Mai 1945 von den Amerikanern befreit: Von 16650 Häftlingen sind 7566 als Kranke registriert.[128]

Das Häftlingssterben dauert unvermindert bis Kriegsende, wie auch das Beispiel Dachau zeigt: Die letzten Monate von Dachau sind überschattet von einer Fleckfieberepidemie, die fast 20000 Häftlinge das Leben kostet (und bei weiteren 10000 unheilbare Schäden hinterläßt).[129] Die ersten Fleckfieberfälle tauchen im Oktober 1944 auf. Evakuierungstransporte aus anderen Lagern treffen ein, weil die Front immer näher rückt. Der Häftlingsstand steigt, und die Lebensmittelrationen verringern sich entsprechend. Es herrscht unermeßlicher Hunger.

Dachau hat zwei große Sterilisations-Stationen (mit Dampfkessel zur Desinfizierung der Kleider). Dennoch werden die zu Hunderten, dann zu Tausenden eintreffenden Häftlinge nicht umgekleidet, nicht geschoren, nicht geduscht. Man treibt sie einfach in die überfüllten Blocks. Wo früher 100 Personen hausten, sind jetzt bis zu 500 Menschen zusammengepfercht. Wäsche wird kaum noch gewechselt. Vor Weihnachten 1944 sterben bereits Hunderte. Nach Weihnachten erreicht die Epidemie die Zivilarbeiter in den Betrieben, später auch die SS-Kasernen. Al-

126 Bericht Humanversuche ZSt 413 AR 1463/65, Bl. 95f.
127 Freund, S. 287.
128 Ebd., S. 301.
129 Die Darstellung folgt Blaha, S. 135ff.

le sterben offiziell an Grippe, gelegentlich ist auch die Diagnose »Bauchtyphus« erlaubt.

Erst im Januar 1945 grassiert das Fleckfieber offiziell. Quarantäne, Desinfektion etc. werden angeordnet. Fleckfieberimpfstoff wird von der Wehrmacht angefordert. Die Ampullen tragen das Verfallsdatum Juni 1943. Die befohlene Schutzimpfung führt zu einer Ausbreitung der Epidemie, der größte Teil der Geimpften stirbt nach einem sehr heftigen Verlauf des Fleckfiebers. Von 48 Häftlingsärzten sterben 32.

Viele der 1945 gestorbenen Häftlinge hatten all die Jahre überlebt in der Hoffnung, Genugtuung für die erlittenen Qualen zu erleben. Sie sterben, weil KZ-Ärzte sie selbst noch im Zusammenbruch des Nazi-Reiches als Ungeziefer betrachten.

Ich fasse zusammen:

KZ-Ärzte behandeln im Regelfall keine Häftlinge.

Ärztliche Visite im KZ bedeutet: Selektion zur Vernichtung.

Das Urteil darüber, wer ermordet wird, fällt der Lagerarzt.

Er überwacht die Hinrichtungen.

Etliche KZ-Ärzte werden von alliierten Gerichten zum Tode verurteilt und hingerichtet. Rechtzeitig abgetauchte oder begnadigte KZ-Ärzte lassen sich in aller Regel als praktische Ärzte nieder.

Beispiele:

Dr. med. Benno Adolph, KZ-Arzt in Auschwitz, Flossenbürg, Buchenwald, Bergen-Belsen, Neuengamme, übersiedelt 1953 in die DDR, ab 1958 an verschiedenen Kliniken im Westen.

Dr. med. Karl Babor, an Menschenversuchen in Dachau beteiligt, geht als Arzt nach Äthiopien.

Dr. med. Otto Blaschke, KZ-Arzt in Auschwitz, Flossenbürg, Ravensbrück und Mauthausen, wird praktischer Arzt in Ludwigsburg.

Dr. med. Ludwig Blies, 1939/40 KZ-Arzt Buchenwald, wird praktischer Arzt in Offenbach.

Dr. med. Karl Böhmichen, Neuengamme, Mauthausen, Flossenbürg, wird Oberarzt in einem Kreislauf-Sanatorium im Kreis Büdingen.

Dr. med. Rudolf Brachtel, u. a. Malaria-Versuchsstation in Dachau, hat seine Praxis im Landkreis Gießen.

Dr. med. Gerhard Ehrlich, KZ-Arzt Flossenbürg, soll in der »Ostzone« abgetaucht sein.

Dr. Hans Kurt Eisele, von Kogon als Sadist schlechthin charakterisiert,[130] wird sowohl 1945 im Dachau-Hauptprozeß als auch 1947 im Buchenwald-Prozeß zum Tode verurteilt. Er kommt 1952 frei und erhält in München eine Kassenzulassung.[131]

Dr. med. Hermann Kiesewetter, Versuche in Dachau, KZ-Arzt in Mauthausen, soll nach 1945 in Ostberlin leben.

Dr. med. Eduard Klug, KZ-Arzt in Sachsenhausen, wird praktischer Arzt. Ebenso Dr. med. Eduard Kreibich, KZ-Arzt Sachsenhausen. Ebenso Dr. med. Richard Krieger (Sachsenhausen, Mauthausen, Natzweiler). Ebenso Dr. Helmut Müllmerstaed (Dachau). Ebenso Dr. med. Julius Muthig, KZ-Arzt in Dachau und Sachsenhausen.

Professor Dr. med. Robert Neumann (Buchenwald/Auschwitz) wird Wissenschaftlicher Mitarbeiter des Pharmaproduzenten STADA in Tübingen.[132]

Dr. Gustav Ortmann, KZ-Arzt in Sachsenhausen und Dachau, läßt sich in Lahr im Schwarzwald nieder. In seiner Nachbarschaft hat Dr. med. Erich Wagner (Buchenwald) seine Praxis.

Dr. Heinrich Plaza, KZ-Arzt in Buchenwald, Natzweiler und Auschwitz, hat eine Arztpraxis im Landkreis Altötting.

Dr. Sigbert Ramsauer, KZ-Arzt in Dachau und Mauthausen, wird Arzt in Klagenfurt.

Dr. med. Heinrich Rindfleisch, Sachsenhausen und Lublin, wird Chefarzt der Chirurgischen Abteilung des Johanniter-Krankenhauses in Rheinhausen.

Dr. med. Hugo Schmick, KZ Sachsenhausen, hat eine Privatklinik in Bayern.

---

130 Kogon, S. 146.

131 Klee: Persilscheine und falsche Pässe. Frankfurt am Main 1992. S. 126f. Fischer-Tb. 10956.

132 Kürschners Deutscher Gelehrten-Kalender, 1954.

Dr. med. Heinrich Schmidt, u.a. KZ-Arzt in Groß-Rosen, läßt sich in Niedersachsen nieder.

Dr. med. Emil Schmitz, 1941/42 Erster Lagerarzt in Sachsenhausen, wird Wissenschaftlicher Mitarbeiter bei dem Pharmaproduzenten Boehringer.

Anhang: Ärzte[133] in Konzentrationslagern

1 Abraham, Karl. Leiter Zahnstation Buchenwald.
2 Adam, Otto. Sachsenhausen[134], Flossenbürg.
3 Adolph, Benno. Auschwitz, Flossenbürg, Buchenwald, Belsen, Neuengamme.
4 App, Karl. SS-Arzt Dachau.
5 Aus dem Bruch, Kurt. 1943/44 Leiter Zahnstation Mauthausen, danach Natzweiler
6 Baader, Fritz. 1940 Standortarzt Flossenbürg.
7 Babor, Karl. Groß-Rosen, Natzweiler, Dachau.
8 Baumkötter, Heinz. Mauthausen, Natzweiler, Sachsenhausen.[135]
9 Bause, Karl. November 1937 bis Januar 1938 Buchenwald.
10 Becker, Karl. Buchenwald, Dachau.
11 Bender, August. 1938/39 und 1944 Buchenwald.
12 Berger, Arno. Ravensbrück.
13 Bernges, Hermann. Name im OP-Buch Dachau.
14 Blancke, Max. Buchenwald, Dachau, Natzweiler, 1943 Lublin.[136]
15 Blaschke, Otto. 1940/41 Auschwitz, Flossenbürg, Ravensbrück, Mauthausen
16 Blies, Ludwig. 1939/40 Buchenwald.
17 Bodmann, Franz von. 1941/42 Neuengamme, Lublin, Auschwitz.[137]
18 Böhmichen, Karl. Sachsenhausen, Neuengamme, Mauthausen, Flossenbürg.

133 Die Namensnennung sagt nichts über strafbare Handlungen aus. Nicht aufgenommen habe ich Frau Dr. Hertha Leitner, die in Auschwitz Versuche mit Hormoninjektionen durchgeführt haben soll, wobei 4 Häftlinge gestorben sein sollen. Auschwitz-Verfahren, Bl. 5130. Sie hat eine Bescheinigung des Krankenhauses Lainz der Stadt Wien vom 10.4. 1962 vorgelegt, wonach sie von Januar 1938 bis Juli 1945 ununterbrochen (!) in der Klinik gearbeitet und gewohnt hat. Auschwitz-Verfahren, Bl. 12548.

134 Adam: Freispruch Schwurgericht Münster am 19. 2. 1962 (6 Ks 1/61).

135 Baumkötter: 1962 in Münster zu 8 Jahren Freiheitsstrafe verurteilt.

136 Blancke: Tod am 27. 4. 1945 in Burlach, Krs. Landsberg/Lech.

137 Bodmann: Freitod am 25. 5. 1945 in Markt Pongau.

19 Brachtel, Rudolf. Dachau.
20 Brandt, Olf. Zahnstation Mauthausen.
21 Bremmer, Walter. 1941/44 Leiter Zahnstation Buchenwald, Flossenbürg.
22 Bublitz. 1939/40 Zahnstation Buchenwald.
23 Busse, Gustav. 1939/41 Buchenwald.
24 Calligaro, Heinrich. SS-Arzt Dachau.
25 Clauberg, Carl. Sterilisierungsversuche Auschwitz.
26 Coldewey, Georg. Zahnstation Buchenwald.
27 Conrad, Ladislaus. Mauthausen.[138]
28 Dehnel, evtl. Dehmel. Groß-Rosen.
29 Delitz, Hellmut. 1943 Sachsenhausen.
30 Delmotte, Hans. Auschwitz.[139]
31 Dienstbach, Oskar. Sachsenhausen, Mauthausen, Auschwitz.[140]
32 Dietz, Hans. Dachau, Flossenbürg, Oranienburg.
33 Ding-Schuler, Erwin. Buchenwald.
34 Donaubauer, Josef. Dachau.
35 Ehrlich, Gerhard. Flossenbürg.[141]
36 Ehrsam, Ludwig. 1936/40 Sachsenhausen.
37 Eisele, Hans Kurt. Mauthausen, Buchenwald, Natzweiler, Dachau.
38 Eisen, Carl. 2. Lagerarzt Buchenwald.
39 Ellenbeck, Hans-Dieter. Ernährungsphysiologische Versuche Buchenwald.[142]
40 Entress, Friedrich. Groß-Rosen, Auschwitz, Mauthausen.[143]
41 Fahrenkamp, Karl. Standortlazarett Dachau.
42 Finke, Erich. Kältetod-Versuche Dachau.
43 Fischer, Hanns. Zahnarzt Buchenwald.
44 Fischer, Hermann. Ab Oktober 1944 Standortarzt Flossenbürg.
45 Fischer, Horst. 1943/45 Auschwitz.[144]
46 Fischer, Karl Josef. Sachsenhausen, Auschwitz.
47 Flach, Karl. Zahnarzt Dachau.

138 Conrad: Tod am 7. 2. 1944 in Lissjanka.
139 Delmotte hat sich 1945 erschossen.
140 Dienstbach: Tod am 18. 10. 1945 in Kriegsgefangenschaft.
141 Ehrlich: Nach 1945 angeblich in der »Ostzone«.
142 Kogon, S. 188. Ellenbeck soll eine Praxis in Niedersachsen geführt haben.
143 Entress: Am 28. 5. 1947 hingerichtet.
144 Horst Fischer: Am 25. 3. 1966 vom Obersten Gericht der DDR zum Tode verurteilt und im Juli 1966 hingerichtet.

48 Flocken, Erika. Dachau-Nebenlager Mühldorf.[145]
49 Frank, Willi. 1943 Leitender Zahnarzt Auschwitz, 1944 Dachau.[146]
50 Friedl, Herbert. 1940/41 Mauthausen.
51 Frowein, Ernst. 1941/42 Sachsenhausen.[147]
52 Fürstenberg. Auschwitz.
53 Gaberle, Alois. Sachsenhausen.[148]
54 Geiger, Hans-Joachim. Mauthausen, Ende 1944 Flossenbürg.[149]
55 Gerhardt. Truppenarzt Gusen.
56 Gernet, Richard von. Name im OP-Buch Dachau.
57 Geyer. Flossenbürg.
58 Ginsbach. 1941 Standortarzt Auschwitz.
59 Görz, Heinrich. Jugendschutzlager Uckermark.[150]
60 Golla. Name im OP-Buch Dachau.
61 Gräff, Herbert. Buchenwald.
62 Greunuß, Werner. 1944 Buchenwald.[151]
63 Günther. Sachsenhausen.
64 Güssow, Hans-Joachim. Leiter Zahnstation Sachsenhausen.[152]
65 Gudacker, Heinz. 1940 Leiter Pathologie Buchenwald.
66 Haas, Eberhard. 1940 Mauthausen.
67 Haferkamp, Hans. 1942/44 Dachau.

---

145 Erika Flocken wird im Juni 1944 als Ärztin der Organisation Todt eingestellt, nimmt Selektionen im Bereich der Lager Mühldorf vor. Raim, S. 231.
Im KZ-Mühldorf-Hauptverfahren am 13. 5. 1947 zum Tode verurteilt, zu lebenslänglich begnadigt und vorzeitig entlassen. Robert Sigel: Im Interesse der Gerechtigkeit. Die Dachauer Kriegsverbrecherprozesse 1945–1948. Frankfurt am Main/New York 1992, S. 109f.

146 Frank: Mitglied der NSDAP seit 1922, 1927 Diplom-Ingenieur, 1935 Doktor der Zahnmedizin, Sommer 1943 Leitender Zahnarzt in Auschwitz, Rampendienst, ab August 1944 Leitender Zahnarzt in Dachau. Nach 1945 Zahnarzt in Stuttgart. 7 Jahre Haft im Frankfurter Auschwitz-Prozeß 1965.

147 Frohwein: 1946 gestorben.

148 Gaberle: Das LG Münster verurteilt ihn am 19. 2. 1962 (6 Ks 1/61) zu 3 Jahren, 3 Monaten Haft.

149 Geiger: Angeblich praktischer Arzt in Bayern.

150 Görz: 1946 Gastarzt Universitäts-Frauenklinik Marburg, 1950 wissenschaftlicher Mitarbeiter der Asta-Werke. 1972 wegen Ermordung behinderter Kinder in Jeissk (UdSSR) verurteilt.

151 Greunuß: Im Buchenwald-Hauptverfahren 1947 zu lebenslanger Haft verurteilt.

152 Güssow: 1946 im Internierungslager Neuengamme gestorben.

68 Hattler, Josef. 1940 Flossenbürg, Erster Lagerarzt Sachsenhausen.[153]
69 Hausamen, Erich. Zahnarzt Buchenwald.
70 Heidl, Otto. Lagerarzt Stutthof.
71 Heim, Aribert. Mauthausen.
72 Helbling. Zahnarzt Mauthausen.
73 Heller, Joseph. Lagerarzt Kaufering.
74 Hellinger, Martin. Leiter Zahnstation Ravensbrück.[154]
75 Helmersen, Erwin. Auschwitz.[155]
76 Hempel. Sachsenhausen.
77 Henkel, Wilhelm. 1941/43 Leiter Zahnstation Mauthausen.[156]
78 Henrychowski, Rolf. Zahnarzt Dachau.
79 Herrmann, Wolfgang. Sachsenhausen.
80 Herrum. 1940 Groß-Rosen.
81 Hertling, Klaus. Name im OP-Buch Dachau.
82 Heschi, Erwin. Auschwitz.
83 Hintermayer, Fritz. 1944/45 Erster Lagerarzt Dachau.[157]
84 Höhler, Walter. Zahnarzt Mauthausen.
85 Höhne, Rudolf Max. SS-Zahnarzt Kaufering.
86 Hofer, Peter. Dezember 1942 bis Januar 1944 Buchenwald.
87 Hoff, Erich von den. Zahnarzt Gusen.
88 Hofmann. Flossenbürg.
89 Holzlöhner, Ernst. Kältetod-Versuche Dachau.
90 Horstmann, Rudolf. 1943 Sachsenhausen, 1944 Auschwitz.[158]
91 Hoven, Waldemar. Standortarzt Buchenwald.[159]
92 Hübner, Otto. Sektionen Buchenwald.[160]

---

153 Hattler: Tod am 8. 1. 1944 in der UdSSR.

154 Hellinger wird 1947 in Hamburg zu 10 Jahren verurteilt und 1955 entlassen.

155 Helmersen: Am 12. 4. 1949 (in Polen) hingerichtet.

156 Aufstellung des Arztschreibers Martin von 1945 über SS-Zahnärzte, »welche an dem Goldraub [Zahngold] beteiligt waren«. Museum Mauthausen, Innenministerium Wien. Sign. H 9/5. Martin bemerkt zu seiner Auflistung: »Sämtliche obige SS-Ärzte zeichneten sich als Säufer, teilweise Rauschgiftsüchtige, Sadisten, Schläger und Mißhandler von Häftlingen ganz besonders aus.« Henkel wird am 28. 5. 1947 hingerichtet.

157 Hintermayer: Am 29. 5. 1946 in Landsberg hingerichtet.

158 Horstman: Tod 9. 5. 1945.

159 Hoven: Am 2. 6. 1948 in Landsberg hingerichtet.

160 Hübner: Pathologe am Institut für Gerichtliche Medizin in Jena, 1945 mit dem Hirnforscher Prof. Julius Hallervorden im Ausweichquartier des KWI für Hirnforschung in Dillenburg. Eigenes Path. Institut in Celle. Koch, S. 219.

93 Jäger, Ludwig Wilhelm. Dachau, Neuengamme, Auschwitz.[161]
94 Jansen, Erika. Ravensbrück.
95 Jeiken. 1938 Standortarzt Mauthausen.
96 Jencio, Horst. Sanitäts-Abteilung Waffen-SS. Operierte in Dachau.
97 Jobst, Willi. Groß-Rosen, Sachsenhausen, Mauthausen[162]
98 Johannsen, Helmut. 1938/39 Leiter Zahnstation Buchenwald, Sachsenhausen.
99 Jung, Edwin. 1936/39 SS-Arzt in Dachau.
100 Jung, Julius Wilhelm. 1941/42 Sachsenhausen, danach Auschwitz.[163]
101 Kahr, Karl. Dachau.
102 Kaiser, Alfred. 1943 Zahnarzt Buchenwald.
103 Kappe, Julius. Zahnarzt Mauthausen.
104 Karger. Dachau.
105 Karschulin, Othmar. Frühjahr 1942 Buchenwald.[164]
106 Kaschub, Heinz. Auschwitz.
107 Kast, Herrmann. Ravensbrück.[165]
108 Kather, Erich. Psychiater, 1939–1943 Oberarzt Heilanstalt Göttingen, 1943/44 Buchenwald, 1944 Stutthof.
109 Kegler. Flossenbürg.
110 Kiesewetter, Hermann. Dachau, Mauthausen.
111 Kießwetter, Rudolf. Dachau.
112 Kirchert, Werner. Buchenwald, Leitender Arzt beim Inspekteur KL.[166]
113 Kitt, Bruno. Auschwitz, Februar 1945 Neuengamme.[167]
114 Klein, Fritz. Auschwitz, 1944 Neuengamme, Bergen-Belsen.[168]
115 Klimek, Wilhelm. Buchenwald, Mauthausen.
116 Klug, Eduard. Sachsenhausen.[169]
117 Knapp, Karl-Heinz. Mauthausen.[170]
118 Köbrich, Konrad. 1939/41 Buchenwald.

---

161 Jäger: Für tot erklärt.
162 Jobst: Am 28. 5. 1947 in Landsberg hingerichtet.
163 Julius Wilhelm (Willi) Jung: Tod am 2. 10. 1944 in Finnland.
164 Karschulin: Urologe in Bayern.
165 ZSt: FKL Ravensbrück. Eine Gesamtdarstellung, S. 246.
166 Kirchert: 4 1/2 Jahre Zuchthaus. Geschäftsführer eines Chemie-Betriebs in Kiel.
167 Kitt: Am 8. 10. 1946 hingerichtet.
168 Klein: Am 13. 12. 1945 in Hameln hingerichtet.
169 Klug: Angeblich praktischer Arzt in Nordrhein-Westfalen.
170 Knapp: Für tot erklärt.

119 Köhler, Walter. Dezember 1943–April 1944 Leiter Zahnstation Mauthausen[171]
120 Kölsch, Paul. Zahnstation Buchenwald.
121 König, Hans Wilhelm. Auschwitz.
122 König, Rolf. Sektionen Neuengamme.[172]
123 Körber, Georg. 1936/38 Standortarzt Sachsenhausen.[173]
124 Krebsbach, Eduard. Mauthausen.[174]
125 Kreibich, Eduard. Sachsenhausen.[175]
126 Kremer, Johann Paul. Auschwitz.
127 Krieger, Richard. Belsen, Sachsenhausen, Mauthausen, Natzweiler.
128 Krüger, Wilhelm. Standortarzt Mauthausen bis Ende 1941.
129 Kunze, Rudolf. Sachsenhausen.
130 Kurzke, Alfred. Sachsenhausen, 1944 Nebenlager Dora.
131 Kutscha. Name oft im OP-Buch Dachau.
132 Lang. Dachau.
133 Lauck. 1944/45 Assistent von Schilling in Dachau.[176]
134 Laule. Rudolf. 1939/40 Sachsenhausen.[177]
135 Lewe, Viktor. Leiter Pathologie Buchenwald, 1941/42 in Sachsenhausen.
136 Litschel, Gustav. 1938 Erster Lagerarzt Sachsenhausen.[178]
137 Lolling, Enno. 1940/41 Dachau, Chefarzt aller KZs, SS-Standartenführer im SS-Wirtschafts-Verwaltungshauptamt (WVHA).[179]
138 Louis, Herbert. Flossenbürg.
139 Lucas, Franz. Auschwitz, Mauthausen, Stutthof, Ravensbrück, Sachsenhausen.[180]
140 Lückert, Walter. 1943/44 Zahnstation Mauthausen.
141 Maaßen, Karl-Werner. 1937/38 Buchenwald.[181]
142 Mang, Franz. Zahnarzt KZ Kiviöli (Estland).

---

171 Köhler: Am 13. 5. 1946 durch US-Militärgericht zu lebenslänglich verurteilt und am 5. 4. 1950 nach Alsfeld entlassen.
172 König: Freitod 29. 3. 1945.
173 Körber: gestorben am 1. 12. 1956 in Straubing.
174 Krebsbach: Am 28. 5. 1947 hingerichtet.
175 Kreibich: angeblich Arzt in Kiel.
176 Eugene Ost: Über die Malaria-Station des KL Dachau. Bericht vom 23. 3. 1968. ZSt 413 AR 1463/65.
177 Laule: gestorben am 14. 3. 1956 in Gelsenkirchen.
178 Litschel: gestorben Oktober 1945 in Tscheliabinsk.
179 Lolling: Selbsttötung am 27. 5. 1945 in Flensburg.
180 Lucas: Leiter Gynäkologische Abteilung Krankenhaus Elmshorn. 1965 zu 3 Jahren, 3 Monaten Haft im Auschwitz-Prozeß verurteilt.
181 Maaßen: Arzt in Kiel.

143 Mattner, Walter. 1940 Mauthausen.[182]
144 Matz, Karl. 1939 Standortarzt Mauthausen, 1940/41 Neuengamme.[183]
145 Mayr, Hans. Flossenbürg.
146 Meier, Karl. 1940 Sachsenhausen.
147 Meixner, Hans. SS-Arzt in Dachau.
148 Mengele, Josef. Auschwitz.
149 Metzger, Franz. 1940/41 Neuengamme.
150 Meyer, Georg. 1942 Auschwitz-Birkenau.[184]
151 Michaelsen, Wilhelm. Zahnarzt, 1944 Außenkommando Dora.
152 Moensen. Röntgenologe im Frauen-KL Ravensbrück.
153 Mücke, Alfred. Ravensbrück.[185]
154 Müller, Gerhard. Zahnarzt Buchenwald.
155 Müller, Hans. Pathologie Buchenwald.
156 Müllmerstaedt, Helmut. Dachau.[186]
157 Münch, Hans. SS-Hygiene-Institut Auschwitz.[187]
158 Mussner, Hellmuth. Name im OP-Buch Dachau.
159 Muthig, Julius. Dachau, Sachsenhausen.
160 Mutsch. Sachsenhausen.
161 Neubauer. Laut SDG Hantl kurze Zeit Auschwitz.[188]
162 Neumann, Heinz. 1940 Sachsenhausen und Buchenwald.
163 Neumann, Robert. Buchenwald, Auschwitz.
164 Nevermann, Heinrich. 1942 Sachsenhausen.
165 Nommensen, Johannes. Sachsenhausen, Ravensbrück, Dachau.[189]
166 Nordhauss, Herbert. Sachsenhausen.
167 Oberheuser, Hertha. Ravensbrück.
168 Orendi, Benno. Sachsenhausen.[190]
169 Orth. Laut Dr. Snieszko Zigeunerlager Auschwitz, evtl. Heinz.
170 Ortmann, Gustav. Sachsenhausen, Dachau.
171 Osenbrügge, Karl. Zahnarzt Flossenbürg.
172 Ostermaier, Max. 1935 Lagerarzt Dachau.

---

182 Mattner: Arzt in Mürzzuschlag (Österreich).
183 Matz: Arzt in Kiel.
184 Georg Meyer: Arzt in Wien.
185 Mücke: 1950 Arzt im Kreis Gelnhausen.
186 Müllmerstaedt: Arzt in Hamburg.
187 Münch: Nach eigener Aussage 1945 zunächst unter falschem Namen. An Polen ausgeliefert und am 22. 12. 1947 in Krakau freigesprochen. Praktischer Arzt im Allgäu.
188 Aussage Emil Hantl vom 29. 4. 1961. Auschwitz-Verfahren, Bl. 9000.
189 Nommensen: Von Häftlingen als »Typ eines alten Korpsstudenten« beschrieben, amputierte gern.
190 Orendi: Am 17. 9. 1948 in Hameln hingerichtet.

173 Palfner, Gerhard. 1944 Dentist Buchenwald und Dora.
174 Pape, Hermann. Dachau.
175 Pekar, Rudolf. Truppenarzt Ebensee (Nebenlager Mauthausen).[191]
176 Peters, Max. 1939 Sachsenhausen.
177 Pfister. Name im OP-Buch Dachau.
178 Pfitzner, Walter. 1936/37 Sachsenhausen, danach Dachau.[192]
179 Pfleger, Josef. Flossenbürg.
180 Plaettig, Richard. Ravensbrück.
181 Plaza, Heinrich. Buchenwald, Dachau, Natzweiler, Auschwitz.
182 Plötner, Kurt. Dachau.
183 Pongs, Walter. Zahnstation Buchenwald.
184 Pook, Hermann. 1943 Mauthausen, 1944/45 Chef der KZ-Zahnärzte.[193]
185 Popiersch, Max. Auschwitz und Lublin.[194]
186 Precht, Elimar. Natzweiler, Dachau, Leitender Zahnarzt Auschwitz.[195]
187 Preissel, Rolf. Name im OP-Buch Dachau.
188 Pütz, Heinrich. Zahnarzt Flossenbürg.
189 Puhr, Fridolin. Dachau.[196]
190 Rachel, Albert. 1940 Mauthausen.[197]
191 Ramsauer, Siegbert. Dachau, Mauthausen.
192 Rascher, Sigmund. Dachau.
193 Reichelt. Buchenwald.
194 Reutter, Paul. Zahnarzt Buchenwald.
195 Richartz, Johann. Zahnarzt Buchenwald.
196 Richter, Hermann. Mauthausen, Sachsenhausen, Ravensbrück, Groß-Rosen, Mauthausen.[198]
197 Rindfleisch, Heinrich. Groß-Rosen, Sachsenhausen, Ravensbrück, Lublin.
198 Ripps, Karl. 1943/44 SS-Standortlazarett Dachau.
199 Roche. Name 1944 im OP-Buch Dachau.

---

191 Liste der Ärzte, Zahnärzte, Apotheker und S.D.G. im K.L. Mauthausen und seinen Außenlagern vom 29. 9. 1944. Museum Mauthausen, Innenministerium Wien. Sign. H 9/1.
192 Pfitzner: Suizid 14. 6. 1946 in Rotterdam.
193 Pook: Zahnarzt in Holstein.
194 Popiersch: gestorben am 21. 4. 1942 in Lublin.
195 Precht bleibt, was er ist: Zahnarzt.
196 Puhr: Im Dachau-Hauptprozeß am 13. 12. 1945 zum Tode verurteilt, zu einer Haftstrafe begnadigt, Praxis in Mannheim.
197 Rachel: Arztpraxis in Karlsruhe.
198 Richter soll sich 1945 suizidiert haben.

200 Rogge, Ralf. Auschwitz. 1944 Buchenwald.[199]
201 Rohde, Werner. Buchenwald, Auschwitz, Juni 1944 Erster Lagerarzt Natzweiler.[200]
202 Romberg, Wolfgang. Dachau.
203 Roschmann, August. 1940 Lagerarzt Sachsenhausen.
204 Rosenthal, Rolf. Ravensbrück.[201]
205 Rossmann, Otto. Standartenführer, Chefarzt Standortlazarett Dachau.
206 Royer, Hans. Zahnarzt Dachau.
207 Rühl, Helmut. Natzweiler.
208 Sautter, Erich. Zahnarzt Auschwitz.
209 Schatz, Willi. Zahnarzt Auschwitz, danach Neuengamme.[202]
210 Scheidtmann, Theodor. Sachsenhausen.
211 Schiedlauski, Gerhard. U.a. Mauthausen, Sachsenhausen, Ravensbrück, Natzweiler, Buchenwald.[203]
212 Schildbach, Fritz. Lagerarzt Dachau.
213 Schilling, Claus. Dachau.
214 Schlosser, Hans. 1939 Standortarzt Buchenwald.
215 Schmick, Hugo. Sachsenhausen.
216 Schmidt, Heinrich. Groß-Rosen, Buchenwald, Dachau.
217 Schmidt, Karl. Dentist Auschwitz und Groß-Rosen.
218 Schmitt, Adolf. Dachau-Nebenlager Mühldorf.
219 Schmitz, Emil Christian. Sachsenhausen.
220 Schmitz, Heinrich. 1944/45 Vertragsarzt Flossenbürg.[204]
221 Schnabel, Alfred. 1943/44 Standortarzt Flossenbürg.
222 Scholz, Roman. Dentist Buchenwald.
223 Schorsten, Günther. Name im OP-Buch Dachau.
224 Schröder, Richard. Lagerarzt Dachau.
225 Schütz, Heinrich. Dachau.
226 Schultz, Erich. Neuengamme, Sachsenhausen, Dachau.
227 Schumann, Horst. Auschwitz.
228 Schwarz, Hugo. 1940 Lagerarzt Sachsenhausen.
229 Schwela, Siegfried. Lagerarzt Auschwitz.[205]

---

199 Rogge: Arzt in Bremerhaven.
200 Rohde: Am 11. 10. 1946 in Hameln hingerichtet.
201 Rosenthal wird am 3. 5. 1947 hingerichtet.
202 Schatz bleibt Zahnarzt, Freispruch im Frankfurter Auschwitz-Prozeß 1965.
203 Schiedlauski wird am 3. 7. 1947 hingerichtet.
204 Schmitz, wegen seiner sinnlosen Operationen, Amputationen, Abspritzen aus Lust berüchtigt, wird am 26. 11. 1948 in Landsberg gehängt.
205 Schwela soll an der ersten Vergasung mit Cyclon B beteiligt gewesen sein, gestorben am 10. 5. 1942.

230 Seibert, Otto. Flossenbürg.
231 Seifert. Zahnarzt Mauthausen.
232 Siens. Laut Bericht ZSt. Lagerarzt Ravensbrück. Wahrscheinlich Dr. Helmut Sinz, SS-Hauptsturmführer.
233 Silbernagel, Franz. Dachau.
234 Sommer. Lagerarzt Neuengamme.
235 Sonntag, Gerda. Ravensbrück.
236 Sonntag, Walter. Sachsenhausen, Ravensbrück, Dachau, Natzweiler.[206]
237 Sora. Oberarzt der Luftwaffe, KL Melk.
238 Sorge, Hans-Hermann. 1941/42 Lagerarzt Sachsenhausen.
239 Stephan, Werner. 1938 Lagerarzt Buchenwald.
240 Sturm. SS-Arzt in Dachau.
241 Täuber, Karl-Heinz. Zahnarzt Dachau und Auschwitz.
242 Thilo, Heinz. Auschwitz und Groß-Rosen.[207]
243 Thurnher, Viktor. 1940 Lagerarzt Sachsenhausen.
244 Treite, Percy. Ravensbrück.[208]
245 Triendl, Ernst. Name im OP-Buch Dachau.
246 Trommer, Richard. Flossenbürg, Neuengamme, Ravensbrück.[209]
247 Trzebinsky, Alfred. Auschwitz, Lublin, Standortarzt Neuengamme.[210]
248 Uhlenbroock, Kurt. Aug./Sept. 1942 Auschwitz.
249 Vetter, Hellmuth. Dachau, Auschwitz, Gusen.
250 Wagner, Erich. Buchenwald.
251 Walter. Dachau.
252 Weber, Bruno. Leiter SS-Hygiene-Institut Auschwitz.[211]
253 Weide. Lagerarzt Neuengamme.
254 Weitkamp, Ernst. 1940/41 Leiter Zahnstation Mauthausen.
255 Wellen. Dachau.
256 Weyern, Hanno. Leiter homöopathische Abteilung Dachau.
257 Winkelmann, Adolf. Ravensbrück und Sachsenhausen.[212]
258 Witteler, Wilhelm. 1944 Erster Lagerarzt Dachau.[213]

---

206 Sonntag wird am 17. 9. 1948 in Hameln hingerichtet,
207 Thilo stirbt am 13. 5. 1945 in Hohenelbe/CSR.
208 Treite nimmt sich am 9. 4. 1947 (vor der Hinrichtung) das Leben.
209 Trommer ist seit 1945 verschwunden.
210 Trzebinsky wird im Herbst 1946 in Hameln hingerichtet.
211 Weber stirbt am 23. 9. 1956 in Homburg/Saar.
212 Winkelmann, laut Hautval, S. 26, genannt »der Henker«, stirbt am 1. 2. 1947 in Hamburg-Altona.
213 Witteler wird am 13. 12. 1945 im Dachau-Hauptprozeß von einem amerik. Militärgericht zum Tode verurteilt, 1946 zu 20 Jahren Haft revidiert und vorzeitig entlassen.

259 Wirths, Eduard. Standortarzt Auschwitz.
260 Wohlrab, Robert. Dachau.
261 Wolanski, Heinz. Zahnarzt Ravensbrück.
262 Wolf, Helmut. 1937/38 Lagerarzt Buchenwald.
263 Wollenweber, Rolf. Dachau.
264 Wolter, Waldemar. Sachsenhausen, Dachau, Mauthausen.[214]
265 Wuttke, Herbert. Anfang 1941 Lagerarzt Auschwitz.
266 Zahn, Hans. Laut Siggelkow[215] Tbc-Versuche in Sachsenhausen.
267 Zerbes, Otmar Martin. SS-Zahnarzt in Kaufering.

214 Wolter wird am 28. 5. 1947 in Landsberg hingerichtet.
215 SS-Hauptsturmführer Herbert Siggelkow, Apotheker beim Chef des Amtes D III (Lolling), Lagerapotheker in Dachau und Sachsenhausen. Eidesstattl. Erklärung vom 23. 1. 1947, Nürnb. Dok. NO-1579.

II Die Deutsche Forschungsgemeinschaft oder die Aufrüstung der Wissenschaft

Dr. med. Robert Ritter und seine Mitarbeiterin Sophie Erhardt. Unter vielen Medizinverbrechen fördert die Deutsche Forschungsgemeinschaft (DFG) auch die Erfassung der »Zigeuner«, die in Auschwitz endet.

Es gibt zwei Versuche, die Forschung den Bedürfnissen des Staates und der Industrie auf hohem Niveau anzupassen. 1911 wird, unter dem Protektorat Kaiser Wilhelms II., die »Kaiser-Wilhelm-Gesellschaft zur Förderung der Wissenschaften« (KWG) gegründet. Spitzenforscher sollen in Kaiser-Wilhelm-Instituten (KWI) ohne lästige Lehrverpflichtungen arbeiten können.[1] Adolf Harnack, Theologe und langjähriger Präsident der KWG: »Die Wehrkraft und die Wissenschaft sind die beiden Pfeiler der Größe Deutschlands, deren Pflege niemals aufhören oder stillstehen darf.«[2] Die Kaiser-Wilhelm-Institute werden, nachdem sie 1933/34 die jüdischen Kollegen ab- und ausgestoßen haben, in der NS-Zeit keinen größeren Eingriffen ausgesetzt.[3]

Eine besondere Rolle bei Menschenversuchen im Dritten Reich kommt der »Deutschen Forschungsgemeinschaft« (DFG) zu: Sie finanziert sie. Die Gründungssitzung[4] der »Notgemeinschaft der Deutschen Wissenschaft«, so der ursprüngliche Name, findet am 30. Oktober 1920 in Berlin statt.[5] Nach dem verlorenen Krieg soll die darniederliegende Forschung wieder aufgerüstet

1 Deichmann, Biologen unter Hitler, S. 33.

2 Friedrich Glum: Zwischen Wissenschaft, Wirtschaft und Politik. Bonn 1964. Zitiert nach Deichmann, S. 194.

3 Rudolf Vierhaus: Die Kaiser-Wilhelm-Gesellschaft als Beispiel für die außeruniversitären Wissenschaftseinrichtungen im Dritten Reich, in: Acta historica Leopoldina. Halle 1995, Nr. 22, S. 57 ff.

4 Anwesend bei der Gründungsveranstaltung sind Vertreter der Universitäten, Technischen Hochschulen, Akademien der Wissenschaft, der Verband Technisch-Wissenschaftlicher Vereine und die Gesellschaft Deutscher Naturwissenschaftler.

5 Kurt Zierold: Forschungsförderung in drei Epochen. Deutsche Forschungsgemeinschaft. Wiesbaden 1968, S. 8 ff.

werden. Die Verfassung ist autoritär, ganz auf den Präsidenten Friedrich Schmidt-Ott zugeschnitten. Der Jurist hatte sich im Preußischen Kultusministerium vom Assessor bis zum Kultusminister (1917) hochgearbeitet und suchte nach dem Zusammenbruch des Kaiserreiches ein neues Betätigungsfeld. Sein Stellvertreter wird Professor Fritz Haber, Direktor des KWI für Physikalische Chemie und »Vater des Gaskrieges«.[6] Die Finanzmittel der Notgemeinschaft stammen vorwiegend aus der Industrie. Vorsitzender des Stifterverbandes ist Carl Friedrich von Siemens, sein Vertreter Hugo Stinnes.

1933 muß Haber als »Nichtarier« emigrieren. Schmitt-Ott wird 1934 zum Abschied gezwungen. Die »Notgemeinschaft« nennt sich nun »Deutsche Forschungsgemeinschaft«. Schmitt-Otts Nachfolger ist der Präsident der Physikalisch-Technischen Reichsanstalt, Johannes Stark. Starks Frau hatte Hitler während der Festungshaft in Landsberg mit Lebensmittelpaketen versorgt.[7] Der Gatte wird dennoch Ende 1936 von Rudolf Mentzel verdrängt.

Mentzel, ein Draufgänger und Landsknechtstyp, gilt als Günstling des Reichsministers für Wissenschaft, Erziehung und Volksbildung Bernhard Rust. Er hat sich 1933 in Greifswald im Fach Wehrchemie über »Gasschutz« habilitiert. Die Arbeit ist angeblich so kriegswichtig, daß sie die Fakultät nicht zu sehen bekommt. Im November 1933 wird Mentzel Abteilungsleiter am KWI für Physikalische Chemie. Zwei Jahre später ist er Ordinarius für Wehrchemie an der Wehrtechnischen Fakultät der TH Berlin.[8]

Am 16. März 1937 gibt Rust im Amtsblatt des Wissenschaftsministeriums die Gründung eines »Forschungsrates« bekannt, der sich bald »Reichsforschungsrat« (RFR) nennen wird.[9] Die großen

6 Zu Habers Beteiligung bei Einsatz und Entwicklung deutscher Giftgase: Groehler, Der lautlose Tod.

7 Zierold, S. 173f.

8 Neue Deutsche Biographie, hg. von der Historischen Kommission bei der Bayerischen Akademie der Wissenschaften. Berlin 1994, Bd. 17, S. 97.

9 Zierold, S. 215ff.

Aufgaben der Zeit, so Rust, machten eine Ausrichtung bestimmter Wissenschaftszweige notwendig. Was gemeint ist, ergibt sich aus der Besetzung der Stelle des Präsidenten des RFR: Es ist der Ordinarius für Ballistik der Wehrtechnischen Fakultät (TH Berlin), General der Artillerie Karl Becker. Becker, u. a. Mitglied des Senats der Kaiser-Wilhelm-Gesellschaft, ist Chef des Heereswaffenamtes.[10] Die Gründung des Forschungsrates dient der Militarisierung der Forschung und der Aufrüstung der Wehrmacht.

DFG und RFR sind personell identisch.[11] Als Hans Dampf in allen Gassen betätigt sich Rudolf Mentzel. Das Reichserziehungsministerium: »Prof. Dr. Mentzel ist Sachbearbeiter für Naturwissenschaften und Technik im Reichs- und Preuß. Ministerium für Wissenschaft, Erziehung und Volksbildung und steht gleichzeitig als Präsident der Deutschen Forschungsgemeinschaft ... vor. In dieser Eigenschaft ist er Mitglied des Reichsforschungsrates. Mentzel, der während der Kampfzeit Kreisleiter der NSDAP in Göttingen war, ist Inhaber des Goldenen Ehrenzeichens und SS-Sturmbannführer.«[12]

Im Frühjahr 1940 (Becker hat sich am 8. April umgebracht) übernimmt Rust die Funktion des Präsidenten des Reichsforschungsrates. Ein Jahr später wird Mentzel zweiter Vizepräsident der Kaiser-Wilhelm-Gesellschaft:[13] »Durch seine Hände ging praktisch alles, was in der Forschung geschah.«[14]

Im Frühjahr 1942 schlägt der neue Rüstungsminister Speer Reichsmarschall Göring vor, er solle selbst die Präsidentschaft des (in seinen Augen erfolglosen) RFR übernehmen.[15] Am 9. Juni 1942 wird Göring per Führererlaß beauftragt, Rusts Reichsfor-

10 Ebd., S. 217.

11 Der Reichsforschungsrat (RFR) hat keine eigene Verwaltung, ist keine juristische Person, Rechnungs- und Kassenführung, Bestellung von Materialien etc. obliegen weiterhin der Deutschen Forschungsgemeinschaft (DFG).

12 Ein Ehrentag der deutschen Wissenschaft. Die Eröffnung des Reichsforschungsrats am 25. Mai 1937, hg. von der Pressestelle des Reichserziehungsministeriums.

13 Neue Deutsche Biographie, a. a. O., S. 97 f.

14 Aussage Helmut Fischer (RSHA) vom 13. 2. 1968. ZSt 413 AR-Z 501/67.

15 Zierold, S. 240.

schungsrat straffer zu organisieren. Er übernimmt formal den Vorsitz, wird aber de facto von seinem Persönlichen Referenten Görnnert (SA-Oberführer) vertreten.[16]

Dem Präsidenten untersteht ein »Präsidialrat«, dem vorwiegend Minister und Militärs angehören.[17] Die Arbeit erledigt der Geschäftsführende Beirat in Person von Mentzel. 1943 gesellt sich Mentzel SS-Standartenführer Sievers (»Ahnenerbe«) als Stellvertreter hinzu. Das heißt: Himmlers Ahnenerbe (s. Kapitel VIII) bekommt offiziell Zugriff auf die DFG-Gelder. Dem Geschäftsführenden Beirat unterstellt ist wiederum die »Kriegswirtschaftsstelle«, deren Leiter entscheidet, welche Materialien von der Industrie bezogen werden. Dazu vergibt er Dringlichkeitsstufen: S und SS. Leiter dieser Schaltstelle ist (wahrscheinlich bis April 1943) SS-Obersturmbannführer Dr. Hermann Kühn. Er wird abgelöst von dem Chemiker Dr. Georg Graue[18], stellvertretender Leiter des KWI für Physikalische Chemie und Dozentenführer der Kaiser-Wilhelm-Institute in Berlin-Dahlem.[19]

Welche Forschungsaufträge[20] an wen vergeben werden, bestimmen die jeweiligen »Fachspartenleiter«. Ihnen stehen für Spezialgebiete »Forschungsbevollmächtigte« zur Seite.[21] Die

16 Werner Osenberg, ab 1938 Professor für Maschinenbau an der TH Hannover, ab Frühjahr 1944 Leiter des Planungsamtes im RFR, in einer Eidesstattlichen Erklärung vom 6. 12. 1946. Nürnb. Dok. NO-897.

17 Backe (Reichsminister für Ernährung), Backenköhler (Admiral), Brandt (Generalarzt), Bormann (Reichsleiter), Conti (Staatssekretär), Funk (Reichswirtschaftsminister), Himmler, Keitel (Generalfeldmarschall), Körner (Staatssekretär), Leeb (General der Artillerie), Mentzel, Milch (Generalfeldmarschall), Ohnesorge (Reichspostminister), Prof. Osenberg, Rosenberg (Minister für die besetzten Ostgebiete), Rust, Scheel (Reichsstudentenführer), von Krosigk (Reichsfinanzminister), Speer, Vögler (Rüstungsrat), Witzel (Generaladmiral).

18 Bericht ZSt über den RFR, 413 AR-Z 501/67 vom 9. 7. 1970, Bl. 42.

19 Aussage Dr. Helmut Fischer vom 13. 2. 1968. ZSt 413 AR-Z 501/67.

20 Es fällt auf, daß die Luftfahrt fehlt. Göring widersteht allen Versuchen, auch diese Sparte einzubeziehen. Statt dessen gründet er im April 1937 die »Deutsche Akademie für Luftfahrtforschung«. Präsident ist Göring, sein Vizepräsident ist Staatssekretär Milch. Als Kanzler fungiert Ministerialrat Adolf Baeumker. Zierold, S. 222.

21 Als letztes gibt es 1944 das »Planungsamt« unter Prof. Werner Osenberg.

Fachspartenleiter entscheiden selbständig und unterschreiben die Bewilligungsschreiben (die Mentzel mitunterzeichnet).[22]

Fachspartenleiter sind:

Physik: Walther Gerlach[23]
Anorganische Chemie (u.a. Kampfstoffe[24]): Peter Adolf Thiessen[25]
Organische Chemie: Richard Kuhn[26]
Mathematik: Wilhelm Süss
Eisenhaltige Metalle: Max Paschke
Nichteisenhaltige Metalle: Werner Köster
Maschienenbau: Heinz Kiekebusch
Elektrotechnik: Erwin Marx
Medizin: Ferdinand Sauerbruch (Vertreter: Dr. Sergius Breuer)
Veterinärmedizin: (Min. Dir.) Friedrich Müssemeier
Landwirtschaft: Konrad Meyer
Holzforschung: (Oberlandforstmeister) Eberts
Geophysik und Bodenkunde: Karl Beurlen
Biologie: Hermann Weber

Forschungsprojekte

Die von DFG/RFR finanzierten Forschungen werden zwischen 1937 und 1941 »vertraulich« (und verschlüsselt) veröffentlicht.[27] Gefördert wird z.B. Physiologieprofessor Dr. med. Franz

22 Zierold, S. 221.
23 Vizepräsident der DFG von 1951–1961. Zierold, S. 311.
24 Aussage Kurt Blome vom 26. 7. 1967. ZSt 413 AR-Z 501/67.
25 Zierold, sonst sehr verschwiegen, was die Nachkriegskarrieren der DFG-Forscher angeht, hat Thiessens Biographie sehr herausgestellt: Seit 1921 in der SA, Goldenes Parteiabzeichen der NSDAP, 1933 Abteilungsleiter im KWI für physikalische Chemie und Elektrochemie, nach Kriegsende zunächst als Wissenschaftler in der UdSSR (Stalinpreis), danach Leiter des Instituts für Physikalische Chemie der Ostberliner Akademie der Wissenschaften und Leiter des Forschungsrates der DDR, zum »Staatsrat« ernannt. Zierold, S. 224
26 Kuhn: KWI für medizinische Forschung Heidelberg.
27 Überblick über die vom Reichsforschungsrat im ersten Rechnungshalbjahr 1937/38 (1. 4. bis 30. 9.) unterstützten wissenschaftlichen Arbeiten unter Beifügung der von der Deutschen Forschungsgemeinschaft auf den geisteswissenschaftlichen Gebieten geförderten Arbeiten. Als Manuskript gedruckt, vertraulich! I. Heft.

Groebbels von der Hansischen Universität, der die »nächtliche Zugunruhe gekäfigter Zugvögel« erforscht.[28] Professor Heinrich Kalbfleisch, Rudolf-Heß-Krankenhaus, Dresden, untersucht Gehirnerschütterungen an Kaninchen, »denen mittels einer Schuhklopfmaschine in verschiedenem Rhythmus der Schädel verhämmert« wird. Die Tiere werden »nach dem Beklopfen getötet und die Gehirne mikroskopisch untersucht«.[29]

Professor Max de Crinis von der Nervenklinik Köln möchte den »biologischen Nachweis der innersekretorischen Störungen bei Schizophrenie« führen und schreibt dazu: »Der chemische Nachweis toxischer Körper in den Körpersäften ist bisher noch nicht gelungen, der biologische Nachweis jedoch ist möglich, vor allem durch das Studium der Beeinflussung der Metamorphose von Kaulquappen durch das Blut und den Harn Schizophrener.«[30]

Finanziert werden ebenso Studien des Breslauer Professors von Eickstedt[31], Autor des Buches »Rassenkunde und Rassengeschichte der Menschheit«. Eickstedt (Anthropologisches Institut Breslau) interessiert sich 1937 für die »Feststellung von Negrito-Resten in Hinterindien«. Seine Fragestellung lautet: »Klärung der Frage eines Vorkommens von Zwergnegern im Gebiet Chantabun und Pnom-Penh« (Kambodscha).[32] Eickstedts Mitarbeiterin Ilse Schwidetzky hat sich die »Rassenkunde der Altslaven« vorgenommen.[33] 1940/41 bekommt sie Zuschüsse zur »Auswertung schlesischen und südosteuropäischen anthropologischen Materials«.[34] Der Kieler Psychiatrieprofessor Georg

28 Überblick 1938/39 (1. 4. bis 30. 9.), III. Heft, S. 69.

29 Überblick 38/39 (1. 10. 1938 bis 31. 3. 1939), IV. Heft, S. 62f.

30 Überblick 37/38, I. Heft, S. 90.

31 Egon Freiherr von Eickstedt, Professor für Anthropologie und Direktor des Anthropologischen und Ethnologischen Instituts zu Breslau. 1948 Ordinarius für Anthropologie in Mainz, Vorsitzender der 1948 gegründeten »Deutschen Anthropologischen Gesellschaft«, Mithg. der Zeitschrift »Grenzgebiete der Medizin«.

32 Überblick 1937/38 (1. 10. bis 31. 3.), II. Heft, S. 24.

33 Überblick 37/38, I. Heft, S. 57.

34 Überblick Rechnungsjahr 1940/41, S. 37.

Stertz sorgt sich dagegen um die »Erbbiologische Beschaffenheit der Bevölkerung Schleswig-Holsteins«.[35]

Die DFG finanziert auch sonst Arbeiten, in denen Menschen erfaßt (und damit später der Vernichtung preisgegeben) werden. Der Breslauer Psychiatrieprofessor Johannes Lange arbeitet über die Erbbedingheit von Muskelkranken und unternimmt Zwillingsuntersuchungen bei Bettlern und Landstreichern.[36] Das KWI für Genealogie und Demographie (Deutsche Forschungsanstalt für Psychiatrie) in München wird vielfach gefördert: Dr. Klaus Conrad arbeitet an Prognosen über die Erblichkeit der Epilepsie[37], Dr. Heinz Riedel an empirischen Erbprognosen der Psychopathie[38], Dr. Käthe Hell über »Anstalts-Schwachsinnige«[39]. Dr. Adele Juda erfaßt die Erbpathologie von »Hilfsschul-Zwillingen«[40], Dr. Albert Harrasser kämmt die Anstalten Eglfing-Haar und Gabersee auf rassenpsychiatrische Merkmale durch.[41] Dr. Friedrich Stumpfl (Kriminalbiologie, Erbcharakterologie, Psychopathenforschung) ist auf der Jagd nach dem geborenen Verbrecher. 1937/38 unternimmt er familienbiologische Untersuchungen an 60 Sippen in Marienfeld (Banat).[42] Ein Jahr später gibt er als Forschungsprojekte an: »Psychopathenzwillingsforschung«, Charakterologische Familienuntersuchung an 60 Weinbauernsippen sowie »Sittlichkeitsverbrecherzwillinge«.[43]

Eifrig ist auch Prof. Theodor Viernstein von der »Kriminalbiologischen Sammelstelle« in München. Teils alleine, teils mit Mitarbeitern bearbeitet er Themen wie »Unfruchtbarmachung und Kriminalität« oder »Der gefährliche Sittlichkeitsverbrecher« (»Ausgangsmaterial: 114 bayerische und württembergische Ent-

35 Überblick 37/38, I. Heft, S. 89.
36 Überblick 37/38, I. Heft, S. 56f.
37 Überblick 37/38, I. Heft, S. 108f.
38 Überblick 37/38, I. Heft, S. 110.
39 Überblick 37/38, I. Heft, S. 110.
40 Überblick 37/38, I. Heft, S. 110.
41 Überblick 37/38, I. Heft, S. 109.
42 Überblick 37/38, I. Heft, S. 110.
43 Überblick 38/39, III. Heft, S. 97.

mannte«).[44] Gefördert wird weiterhin das »Thüringische Landesamt für Rassewesen, Abteilung Institut für menschliche Erbforschung und Rassenpolitik«. Thema des Projektes: »Die Sippschaft der mongoloiden Idiotie.«[45] Direktor Dr. Eduard Schütt (Berlin) forscht ebenfalls über die Ätiologie des Mongolismus.[46] Auch Alfred Schittenhelm (II. Medizinische Klinik München) ist einschlägig tätig. Er bekommt eine »Kartei der erbkranken Familien, ferner ein einschlägiges Film- und Bildarchiv« finanziert.[47]

MS-Forschung (Georg Schaltenbrand)

Von der Deutsche Forschungsgemeinschaft gefördert wird auch Prof. Georg Otto Schaltenbrand.[48] Er bekommt 1935 eine eigene Neurologische Abteilung an der Medizinischen und Nervenklinik Würzburg, 1937 wird für ihn ein Lehrstuhl für Neurologie geschaffen.[49] Der Stellvertreter des Führers erhebt gegen die

44 Überblick 38/39, III. Heft, S. 100f.

45 Überblick 37/38, I. Heft, S. 87.

46 Überblick 37/38, I. Heft, S. 117.

47 Überblick 38/39, III. Heft, S. 86. Schittenhelm (Jahrgang 1874) lebt nach Kriegsende als emeritierter Professor in Rottach am Tegernsee. Albert Harrasser kommt im Anthropologischen Universitäts-Institut in Frankfurt am Main unter. Adele Juda wird Leiterin eines Kinderheimes bei Innsbruck (Weber, S. 289). Klaus Conrad wird Professor an der Universitäts-Nervenklinik in Göttingen, Friedrich Stumpfl Universitäts-Professor in Innsbruck.

48 Schaltenbrand ist am 26. 11. 1897 in Oberhausen geboren. 1926/27 lernt er im amerikanischen Boston die Technik der Neurochirurgie und arbeitet über die Liquorzirkulation, die Zirkulation der Gehirn-Rückenmarksflüssigkeit. 1928 bildet er sich als Neurologe an der Rockefeller Hochschule in Peking fort. Danach wird er Oberarzt an der Universitäts-Nervenklinik Hamburg bei seinem Lehrer Max Nonne. Schaltenbrand wird 1941 Mitglied der Leopoldina und schlägt später die Kollegen Spatz und Hallervorden als Mitglied vor (Selbstbiographie Schaltenbrands für die Kaiserlich Deutsche Akademie der Naturforscher zu Halle. Archiv Leopoldina. Matrikel-Mappe Nr. 4642).

49 Georges (sic!) Schaltenbrand: Lehrbuch der Neurologie. Die Nervenkrankheiten. Stuttgart 1951, Vorwort.

Ernennung keine Einwendungen.[50] Schaltenbrand, deutschblütig, konfessionslos, Mitglied der NSDAP (1937), des NS-Ärztebundes, Sturmarzt beim NS-Fliegerkorps,[51] gehört ab 1939 dem Beirat der »Gesellschaft Deutscher Neurologen und Psychiater« an. Nach 1945 werden seine Mitarbeiter beteuern, daß er »alles andere als ein Nationalsozialist«[52] gewesen sei und »niemals etwas mit dem Nationalsozialismus gemein«[53] gehabt habe.

Schaltenbrand forscht über die Multiple Sklerose. Er glaubt, einen Virus als Erreger entdeckt zu haben. Zuwendungen für seine MS-Experimente erhält er von der DFG ab 1936. 1937 beantragt er Mittel für den »Neubau einer Affenfarm«.[54] Zuerst impft er Affen mit dem Liquor, d.h. der Gehirn-Rückenmarksflüssigkeit, von akut MS-Kranken. Die erste Patientin heißt Lieschen, ein 16jähriges Mädchen, das an schwerer MS leidet. Die 16jährige wird am 18. Oktober 1936 aufgenommen und stirbt nur elf Tage später an »Atemlähmung«. Wenige Tage vor ihrem Tode bekommt sie Liquor entzogen. Das Nervenwasser wird in den Liquorraum einer Meerkatze gespritzt.[55]

Die Affen reagieren auf die »Übertragungsversuche« unterschiedlich. »Meerkatze A« stirbt 98 Tage nach der Impfung. Meerkatze Christian entwickelt eine Lähmung beider Hinterbeine, wird getötet und seziert. Affe Seppl zeigt eine Schwäche des linken Hinterbeines. Auch Seppl wird zwecks Sezierung getötet.

---

50 Der Reichs- und Preußische Minister für Wissenschaft, Erziehung und Volksbildung: Vorschlag zur Ernennung, Berlin, 13. 1. 1938. BA ZA V 133, S. 421.

51 Akte Schaltenbrand BDC.

52 Aussage Dr. Josef Schorn vom 18. 8. 1948. Ähnlich Dr. med. Franz Stuhlmüller, 1948 Fürsorgearzt in der Psychiatrie in Ansbach, Aussage vom 18. 8. 1948. ZSt, Sammlung Euthanasie.

53 Aussage Dr. Inga Magun vom 24. 8. 1948. ZSt, Sammlung Euthanasie.

54 Parallel zu Schaltenbrand wird Prof. Friedrich Curtius, Erbpathologische Abteilung der Charité, von der DFG gefördert. Er arbeitet über die »Erbbedingtheit der multiplen Sklerose« und hält eine Erklärung »auf Infektionsbasis« für unmöglich. Überblick 37/38, I. Heft, S. 39ff.
Curtius wird nach 1945 Chefarzt am Städtischen Krankenhaus Ost in Lübeck.

55 Georg Schaltenbrand: Die Multiple Sklerose des Menschen. Leipzig 1943, S. 86ff.

Meerkatze Jakob bekommt gelähmte Hinterbeine, läßt unter sich.[56] Meerkatze Lieschen, der Hinterkörper ist gelähmt und zeigt ein großes Druckgeschwür,[57] wird sogar gefilmt. Schaltenbrand: »Unsere Versuche haben uns gelehrt, daß es möglich ist durch zisternale Verimpfung von Multiple Sklerose-Liquor, eine Erkrankung bei Affen zu erzeugen, die in ihrem klinischen Verlauf Ähnlichkeit mit der Multiplen Sklerose des Menschen hat.«[58]

Schaltenbrand versucht nun, Psychiatriepatienten mit Multipler Sklerose anzustecken. Die MS-Versuche finden in der Psychiatrie in Werneck statt (Werneck ist ein Barockschloß, von Balthasar Neumann als Sommersitz der Würzburger Fürstbischöfe erstellt und liegt zwischen Würzburg und Schweinfurt). Nach der Einwilligung von Direktor Dr. Pius Papst und einem Vortrag vor den Oberärzten[59] beginnt Schaltenbrand 1940.[60] Er hofft einerseits, »die Infektion vom Tier auf den Menschen zurückzuübertragen«, behauptet aber andererseits:

»Die Befürchtung, daß tatsächlich eine Multiple Sklerose durch einen solchen Versuch ausgelöst wird, scheint mir nicht größer zu sein als die übliche Mortalität, also wie 1:1000. Trotzdem kann man natürlich nicht einem gesunden Menschen oder auch einem Kranken einen derartigen Versuch zumuten. Ich glaubte aber doch, die Verantwortung tragen zu können, der-

56 Schaltenbrand, ebd. S. 92ff.

57 Schaltenbrand, ebd. S. 153.

58 Schaltenbrand, ebd. S. 152f. Noch 1951 schreibt er: »Der Verfasser stützt sich ... weitgehend auf Parallelen zwischen der multiplen Sklerose und der von ihm als übertragbarer Markscheidenschwund der Affen bezeichneten Krankheit dieser Tiere.« Georges (sic!) Schaltenbrand: Lehrbuch der Neurologie. Die Nervenkrankheiten. Stuttgart 1951, S. 739.

59 Aussage Schaltenbrand vom 18. 6. 1948. ZSt, Sammlung Euthanasie.

60 Schaltenbrand benutzte bereits vor den MS-Versuchen Psychiatriepatienten zu Experimenten: »Die Kranken wurden uns größtenteils von der Würzburger Psychiatrischen Universitätsklinik und der Heil- und Pflegeanstalt Werneck in zuvorkommender Weise zur Verfügung gestellt.« J. Steger und G. Schaltenbrand: Das Myogramm bei der Katatonie. Zeitschrift für die gesamte Neurologie und Psychiatrie, 169. Band, 1940, S. 189.

artige Versuche an Menschen zu machen, die an einer unheilbaren vollkommenen Verblödung leiden.«[61]

Schaltenbrand verimpft Rückenmarksflüssigkeit von Affen, die nach der Impfung mit menschlichem »Multiple-Sklerose-Liquor« erkrankt sind.[62] Die »Impfung von Verblödeten mit Affenliquor«[63] geschieht in die Zisterne, d.h. in den Liquorraum am Hinterkopf. Bei den Werneck-Patienten tritt teilweise eine Pleozystose auf, eine Zellvermehrung des Liquors. Der MS-Forscher folgert, daß es »gelungen ist, den übertragbaren Markscheidenschwund bzw. die Multiple Sklerose in einer abortiven [nicht voll zur Entwicklung kommenden] Form, nämlich als eine chronische Pleozytose zu übertragen«[64].

1943 publiziert Schaltenbrand eine Liste seiner menschlichen Versuchskaninchen. In dieser Aufstellung fehlen zwei sterbenskranke Patienten seiner eigenen Abteilung: Es handelt sich zum einen um eine 57jährige Frau mit Großhirntumor. Sie bekommt frisch entnommenen Liquor des Affen Jakob verimpft. Kurz vor ihrem Tode am 24. Mai 1940 wird sie zur Kontrolle noch einmal lumbalpunktiert.[65] Im zweiten Fall handelt es sich um »einen sehr elenden, 62jährigen Mann« mit Zungenkrebs.[66] Der Todkranke bekommt Liquor eines Patienten mit akuter MS gespritzt. Zwei Wochen später stellen sich Veränderungen an den Wurzeln des Rückenmarkes ein: »Auch diese Beobachtung spricht also in dem Sinne, daß die Übertragung der Multiplen Sklerose vom Menschen auf den Menschen möglich ist.«[67]

61 Schaltenbrand: Die Multiple Sklerose, a.a.O., S. 180.
62 Schaltenbrand, ebd., S. 180.
63 Schaltenbrand, ebd., S. 182.
64 Schaltenbrand, ebd., S. 195.
65 Schaltenbrand, ebd., S. 185ff.
66 Schaltenbrand, ebd., S. 193ff.
67 Schaltenbrand, ebd., S. 195. Schaltenbrand (S. 197) kommt zu dem Ergebnis, daß die Multiple Sklerose »in Form einer meist abortiv verlaufenden Erkrankung auf den Menschen übertragen werden konnte«. Er hat seine Ergebnisse in einer Tabelle »Gesamtergebnisse bei Impfung von Verblödeten« anschaulich gemacht. Bei 13 Personen mit zisternal verimpftem Affenliquor verläuft der Versuch in 7 Fällen negativ, in 1 Falle ist er fraglich, bei 5 Fällen ist er »positiv«. Bei weiteren 7 Versuchs-

Schaltenbrands Experimente enden vorzeitig, da die Psychiatriepatienten im Rahmen der Nazi-Euthanasie abtransportiert und vergast werden. Vom 3. bis 6. Oktober 1940 wird die Heil- und Pflegeanstalt Werneck nahezu vollständig geräumt.[68]

Dank der Hilfe der Archivarin Mokry vom Bundesarchiv gelang es, einige Akten der Schaltenbrand-Opfer ausfindig zu machen. Es sind zeittypische Krankenakten mit den üblichen diskriminierenden Beschreibungen: »Verblödet, ordinär, unsauber«.[69] Eine Akte verrät das Ende des Patienten: Ein Mann (»zu nichts zu gebrauchen«) wird im Oktober 1940 von Werneck in die sächsische Anstalt Großschweidnitz verbracht, von dort am 22. November 1940 »im Sammeltransport verlegt«[70], d.h. in der Mordanstalt Sonnenstein in Pirna vergast. In keiner der Werneck-Akten findet sich ein Hinweis auf die MS-Versuche. Obgleich Schaltenbrands Versuchskaninchen längst vergast sind, bewilligt ihm die DFG im Mai 1941 letztmalig 4200 RM.[71]

1947 wird Schaltenbrand angezeigt und ein Ermittlungsverfahren eingeleitet. Der mit einem Gutachten beauftragte Erlanger Psychiatrieprofessor Werner Leibbrand: »Schaltenbrand hat also vorsätzlich zu Versuchszwecken hilflose Kranke ohne deren Wissen und Einwilligung durch experimentelle Beifügung zusätzlicher schwerer Krankheiten körperlich geschädigt. Er ist in solchem Sinne zu bestrafen. Seine Handlungsweise ist ... ethisch betrachtet ein Verbrechen gegen die Menschheit.«[72] Der mit einem Gerichtsärztlichen Gutachten beauftragte Landgerichtsarzt Dr. Trotter sieht das ganz anders: »Bei keinem der durchgeführten Menschenversuche ist es zu einer durch das Experiment

personen, die Liquor von MS-Kranken zisternal gespritzt bekommen, sind 3 Fälle negativ, 1 fraglich, 3 »positiv«, d.h. sie bekommen eine Pleozystose. Summa summarum: Von 20 Versuchskaninchen reagieren immerhin 8 »positiv«.

68 Thomas Schmelter u.a.: Die Heil- und Pflegeanstalt Werneck während der Zeit des Nationalsozialismus. Werneck 1995.

69 Akte Endres, BA EVZ 1973.

70 Akte Elflein, BA EVZ 1968.

71 DFG-Karteikarte. BDC Berlin.

72 Zitiert nach dem Gerichtsärztlichen Gutachten des Landgerichtsarztes Dr. Trotter vom 5.5.1948. ZSt, Sammlung Euthanasie.

bedingten nachfolgenden Erkrankung gekommen.«[73] Wie auch: Schaltenbrands Versuchskaninchen waren noch während der Versuchsreihe abtransportiert und vergast worden.

Schaltenbrand verteidigt sich, die Menschenversuche hätten zu Heilzwecken der Geisteskranken stattgefunden, er habe angenommen, »daß eine erfolgreiche Übertragung des von mir angenommenen abortiven Verlaufes der M.S. sich günstig auf die Geisteskrankheit auswirken werde«.[74] Dr. med. Josef Schorn, 1948 Leiter der Neurologischen Abteilung der Psychiatrie in Regensburg: »Wenn Schaltenbrand Versuche an lebenden Menschen durchführte, dann tat er das zu Heilzwecken unter Berücksichtigung modernster wissenschaftlicher Methoden.«[75]

Das Obergutachten wird Viktor von Weizsäcker anvertraut. Auch er befindet, daß bei den (vergasten!) Versuchspersonen keine Erkrankung als Folge des Experimentes eingetreten sei. Zisternenpunktionen seien unschädlich, und der äußerst seltene Schaden gehöre zu jenen winzigen Risiken, »die wegen des überwiegenden Nutzens der Maßnahme sowohl von Patienten wie von Ärzten widerspruchslos hingenommen werden. Das ist so wie bei jeder Eisenbahnfahrt.« Schaltenbrand habe die Experimente durchgeführt, weil die MS eine der übelsten Nervenkrankheiten sei und eine bessere, die Krankheitsursache betreffende, Erkenntnis auch eine Bekämpfung verspreche: »Nur wollte er *diese* Versuchspersonen nicht von multipler Sklerose heilen, denn sie hatten keine; sondern *andere* Menschen sollten von *dem* Vorteil haben, was *diesen* nicht schadete. Wenn diese Voraussetzungen zutrafen – Nutzen für andere, kein Schaden für diese – dann sind die Versuche weder strafbar noch sittlich anfechtbar.«[76]

73 Gutachten Dr. Trotter vom 5.5.1948. ZSt, Sammlung Euthanasie.

74 Aussage Schaltenbrand vom 18.6.1948. ZSt, Sammlung Euthanasie.

75 Aussage Schorn vom 18.8.1948. Ähnlich die Aussage der ehemaligen Assistentin Gerta Schibalski vom 3.8.1948. ZSt, Sammlung Euthanasie.

76 Obergutachten Weizsäcker vom 5.10.1948. ZSt, Sammlung Euthanasie. Wie Schaltenbrand seine Forschungsergebnisse während der Nazi-Zeit selbst einschätzte, hat er 1941 zu Papier gebracht: »Dabei ist es uns gelungen, ... den Nachweis zu führen, daß es einen übertragbaren Mark-

Georg Schaltenbrand wird nach dem Krieg Vorsitzender, später Ehrenvorsitzender der Deutschen Gesellschaft für Neurologie.[77] Er gilt als »MS-Papst«. 1953 übernimmt er den Vorsitz des Ärztlichen Beirats der Deutschen Multiplen Sklerose Gesellschaft.

Im Ärztlichen Beirat der MS-Gesellschaft betätigt sich auch der ehemalige Generalarzt Prof. Erwin Gohrbandt, dem wir im Kapitel über die Dachauer Menschenversuche begegnen werden. Weiterhin Prof. Hans Harmsen, Ausmerze-Ideologe schon vor den Nazis. Harmsen 1928: »... das zahlreiche Heer der Geisteskranken, Krüppel, Tauben, Blinden und geborenen Verbrecher, die nur unter großem Kostenaufwand in Asylen, Irrenhäusern und Gefängnissen ernährt und gepflegt werden, ließ den Wunsch aufkommen, die Gesamtheit des Volkes von diesen schädlichen Erbmassen zu befreien.«[78]

Im Ärztlichen Beirat ist auch Prof. Dr. Willibald Scholz, ehemals Leiter der Hirnpathologie des KWI für Genealogie und Demographie (Deutsche Forschungsanstalt für Psychiatrie) in München, wo Gehirne ermordeter Kinder (»Euthanasie«) dutzendweise verarbeitet wurden. Im Ärztlichen Beirat ist ebenso

---

scheidenschwund der Affen gibt, der offensichtlich mit der menschlichen multiplen Sklerose nahe verwandt, wenn nicht identisch ist und daß sich bei Rücküberimpfung auf den Menschen eine abortive Erkrankung auslösen läßt, ebenso wie auch bei Verimpfung von M.S.-Liquor auf den Menschen. Unsere Untersuchungen haben mich zu der Überzeugung geführt, daß die multiple Sklerose eine Viruserkrankung ist.« Selbstbiographie Schaltenbrands für die Kaiserlich Deutsche Akademie der Naturforscher zu Halle. Archiv Leopoldina. Matrikel-Mappe Nr. 4642.

77 Die Zeitschrift »Der Nervenarzt. Organ der Deutschen Gesellschaft für Psychiatrie, Psychotherapie und Nervenheilkunde, Mitteilungsblatt der Deutschen Gesellschaft für Neurologie« würdigt Schaltenbrand noch im Dezember 1996 mit einem Foto auf der Titelseite.

78 Harmsen: Wie entwickelt sich die Eheberatung? Innere Mission, Nr. 23, 1928, S. 249. Zitiert nach Heidrun Kaupen-Haas: Eine deutsche Biographie – der Bevölkerungspolitiker Hand Harmsen, in: Ebbinghaus, S. 41. Harmsen ist nach dem Krieg u. a. Direktor des Hygiene-Instituts in Hamburg, Ordinarius für Sozial-Hygiene an der Universität, Vorsitzender der Deutschen Gesellschaft für Ehe und Familie »Pro Familia« und Vorsitzender der Barlach-Gesellschaft.

Prof. Werner Villinger[79], als Gutachter der Nazi-Euthanasie für die Selektion Behinderter in die Gaskammer zuständig. MS-Patienten als Mediziner empfohlen ist weiterhin Prof. Friedrich Mauz, wie Villinger Gutachter beim Krankenmord. Im Sozial-Beirat der MS-Gesellschaft sitzt Prof. Hans Muthesius. Muthesius, einst Abteilungsleiter für Wohlfahrt und Jugendfürsorge im Reichsinnenministerium, hatte u.a. ein Kinder-KZ in Litzmannstadt (Lodz) angeregt, in dem über 1000 polnische Kinder und Jugendliche hungerten, an Infektionskrankheiten und Schlägen starben.[80]

Der Blick auf Mitglieder der MS-Gesellschaft[81] zeigt, warum Behinderte bis heute gegen soziale Isolation und Ausmerze-Phantasien ankämpfen müssen.

»Zigeunerforschung«

Robert Ritter erfreut sich in besonderem Maße der Förderung der DFG. Ritter, am 14. Mai 1901 als Sohn eines Seeoffiziers in Aachen geboren, genoß eine Ausbildung als Nervenarzt und Jugendpsychiater.[82] 1932 beginnt er als Assistenzarzt an der Tübinger Nervenklinik, 1933 wird er Oberarzt. Ritters Thema ist die »Bastardbiologie«. In einem Vortrag meint er 1935:

79 Vgl. Wolfram Schäfer: Die Karriere des Werner Villinger, in: »Bis endlich der langersehnte Umschwung kam ...«, Von der Verantwortung der Medizin unter dem Nationalsozialismus. Hg. von der Fachschaft Medizin der Philipps-Universität Marburg. Marburg/Schüren 1991, S. 178ff.

80 Ernst Klee: Hans Muthesius – Wie sich eine Nazi-Karriere nach 1945 fortsetzte. Die Zeit, Nr. 38/1990. Muthesius, langjähriger Vorsitzender und Ehrenvorsitzender des Deutschen Vereins für öffentliche und private Fürsorge, dem Zusammenschluß aller öffentlichen und freien Träger sozialer Arbeit, ist nach dem Krieg einer der einflußreichsten Sozialpolitiker der Bundesrepublik.

81 Eine Zusammenstellung der Mediziner der MS-Gesellschaft danke ich Christa Alheit und Michael Tycher.

82 Zu Ritter: Ute Brucker-Boroujerdi/Wolfgang Wippermann: Die »Rassenhygienische und Erbbiologische Forschungsstelle« im Reichsgesundheitsamt, in: Bundesgesundheitsblatt, Sonderheft »Das Reichsgesundheitsamt 1933–1945 – eine Ausstellung«, März 1989, S. 13ff.

»Besonders ungünstig wirkt sich die Vermischung dieser Gauner- und Zigeunernachkommen mit den minderwertigen Elementen der Stadtbevölkerung aus. Die Verbindung der Asozialen mit Schwachsinnigen ergab eine Population von arbeitsscheuen Tagedieben, Prostituierten, verkappten Bettlern, Säufern und Hundefängern.« Ritter weiter: »Es ist beim Studium des Archiv- und Aktenmaterials erschütternd zu erkennen, wie Generation für Generation immer wieder versucht, dieser Plage Herr zu werden.«[83] Robert Ritter gehört zu jenen Forschern, die die Vernichtung eines Teils der Bevölkerung zuerst nahelegen, dann die Grundlagen schaffen und die Ermordung schließlich anderen überlassen.

Im November 1936 übernimmt Ritter die »Rassenhygienische und Bevölkerungsbiologische Forschungsstelle Berlin-Dahlem« des Reichsgesundheitsamtes.[84] 1937 erscheint seine Habilitations-Schrift »Ein Menschenschlag«.[85] Wie eng Forschung und Verfolgung verbunden sind, beschreibt Ritter in einem Brief an Professor Sauerbruch (bei der DFG für die Bewilligung der Medizinprojekte zuständig): »Da die Erfassung sämtlicher Zigeunerbastarde in Deutschland eine sehr schwierige, umständliche und zeitraubende Arbeit ist, war es mir schmerzlich, daß von den erbetenen RM 17000 2000 gestrichen werden mußten.«[86] Hans Reiter, Präsident des Reichsgesundheitsamtes: »Dr. Ritter ist einer von den nicht sehr zahlreichen jungen Gelehrten, die

83 Robert Ritter: Erbbiologische Untersuchungen innerhalb eines Züchtungskreises von Zigeunermischlingen und »asozialen Psychopathen«, in: Bevölkerungsfragen. Bericht des Internationalen Kongresses für Bevölkerungswissenschaft, Berlin, 26. 8. – 1. 9. 1935. Hg. von Hans Harmsen und Franz Lohse. München 1936, S. 714f.

84 Siehe Herbert Heuß: Wissenschaft und Völkermord. Zur Arbeit der »Rassenhygienischen Forschungsstelle« beim Reichsgesundheitsamt, in: Bundesgesundheitsblatt, Sonderheft »Das Reichsgesundheitsamt 1933–1945 – eine Ausstellung«, März 1989, S. 20ff.

85 Robert Ritter: Ein Menschenschlag. Erbärztliche und erbgeschichtliche Untersuchungen über die – durch 10 Geschlechterfolgen erforschten – Nachkommen von »Vagabunden, Gaunern und Räubern«. Leipzig 1937.

86 Brief Ritters vom 13. 5. 1938 an Sauerbruch, abgedruckt in: Bundesgesundheitsblatt, a. a. O., S. 16.

mit fast fanatischem Eifer gänzlich uneigennützig ihrem Forschertrieb folgen.«[87]

Besonders kraß formuliert ist Ritters DFG-Projektbeschreibung »Erbwissenschaftliche Untersuchungen an Kriminellen, Vaganten und Zigeunern«. Sie beginnt mit der Feststellung: »Innerhalb des deutschen Volkskörpers zeugt sich seit Jahrhunderten ein ganzer Schlag von asozialen Psychopathen und Kriminellen fort, dessen Minderwertigkeit in keiner Weise dem Erbstrom der Geisteskranken und Schwachsinnigen nachsteht.« Die Projektbeschreibung endet mit der Drohung: »Die Einzelerfassung des Zehntausende von Individuen umfassenden Materials wird fortgesetzt.«[88]

> »Die Möglichkeit, offen als Anwalt Verfolgter aufzutreten, war uns während des nazistischen Terrorsystems bekanntlich nicht gegeben.«
>
> Robert Ritter, 1947.[89]

Ritter betreibt die Erfassung von Menschen, getarnt als Forschung: »Die laufenden Ermittlungen führten bisher zur Aufdeckung einiger hundert Bastarde, die aus einer Kreuzung zwischen Deutschen und Zigeunern und zum Teil auch zwischen Deutschen, Zigeunern und Juden hervorgegangen waren.« Damit noch nicht genug, fördert die DFG auch das Projekt »Ursachen unüberwindlicher Armut«, das Ritter zusammen mit Dr. M. Betz in einer »Asozialensiedlung« durchführt. Das Ergebnis: Armut ist nicht ökonomisch, »sondern letzten Endes nur auf Grund erbbiologischer Gesetzmäßigkeit« zu erklären.[90]

---

87 Brief Reiters vom 16. 6. 1937 an DFG, ebd., S. 15.

88 Überblick 37/38, I. Heft, a. a. O. S. 118.

89 Ritter: Erläuterungen zu unseren Asozialen- und Zigeunerforschungen. Typoskript vom 20. 5. 1947. Das Dokument danke ich Peter Sandner. Er publiziert eine lesenswerte Arbeit über Sinti und Roma in Frankfurt am Main und ihre Deportation nach Auschwitz (»Frankfurt. Auschwitz.«). Darin finden sich viele unbekannte Hinweise zu Ritter.

90 Überblick 38/39, III. Heft, S. 109. 1940/41 werden die Erfassungsstudien des Tübinger Psychiaters verschleiernd umschrieben: »Arbeiten auf dem Gebiet der Asozialenforschung und Kriminalbiologie.« Überblick Rechnungsjahr 1940/41, S. 35.

1941 wird Ritter Leiter des »Kriminalbiologischen Instituts der Sicherheitspolizei«, das heißt: Sein Institut im Reichsgesundheitsamt wird mit Himmlers Reichskriminalpolizeiamt institutionell verknüpft. Die Gutachten Ritters und seiner Mitarbeiter bilden die Grundlage, »Zigeuner« aus der Wehrmacht zu entlassen, zu sterilisieren, ins KZ zu verschleppen. Die von der DFG finanzierte Forschung endet für Sinti und Roma in Auschwitz.

1943 meldet Ritter der DFG, daß die »Erfassung der Zigeuner und Zigeunerbastarde ... trotz aller kriegsbedingter Erschwerung für das Gebiet des Altreiches und der Ostmark wie vorgesehen im groben beendigt« sei. 21498 Fälle sind, Ritter zufolge, rassenbiologisch geklärt, unter ihnen 9000 »Zigeunermischlinge«, die »in einem besonderen Zigeunerlager im Sudetenland konzentriert« wurden.[91] Ritters geographische Kenntnisse entsprechen seiner Menschenkenntnis: Das »Zigeunerlager« Auschwitz-Birkenau befindet sich in Oberschlesien.

Dr. phil. Dr. med. habil. Ritter setzt sich 1944 aus Berlin ab, bekommt für das Wintersemester 1944/45 eine Lehrermächtigung für Kriminalbiologie an der Universität Tübingen. 1947 bewirbt er sich bei der Stadt Frankfurt am Main.[92] Ritter legt Referenzen (»Persilscheine«) vor, aus denen ersichtlich ist, daß er und seine Mitarbeiterin Justin mehrmals in Dachau gewesen waren und dort 12 bis 15 Geistliche als Zuarbeiter für ihre »Forschung« benutzt hatten. Am 1. Dezember 1947 tritt Ritter eine Stelle als »Stadtarzt« bei der Stadt Frankfurt an.

Ritters Arbeitsgebiet ist die Jugendhilfestelle und die Fürsorgestelle für Gemüts- und Nervenkranke, sein Titel lautet Obermedizinalrat. Bald gibt es Klagen, daß er die Fürsorgestelle nicht einmal pro forma leite, statt dessen privat als Gerichtsgutachter tätig sei. Im März 1948 wird Eva Justin in Ritters Arbeitsbereich als Psychologin eingestellt.

Ritter stirbt am 15. April 1951. Eva Justin arbeitet zunächst in der Jugendfürsorge. 1964 forscht sie im Wohnwagenlager (Volks-

91 Bundesgesundheitsblatt, a.a.O. S. 18.
92 Die folgenden Angaben: Manuskript Peter Sandner, a.a.O.

mund: »Zigeunerlager«) in Frankfurt-Bonames die Bewohner aus. Danach arbeitet sie an der Universitäts-Nervenklinik. Die »Zigeuner-Forscherin« stirbt am 11. September 1966 als Angestellte der Stadt Frankfurt am Main.[93]

Die Anthropologin Sophie Ehrhardt, Ritters Mitarbeiterin ab 1938, war 1942 an das Anthropologische Institut in Tübingen gewechselt. Sie habilitiert sich hier 1949, forscht weiterhin mit Nazi-Akten, wiederum finanziert aus Mitteln der Deutschen Forschungsgemeinschaft.[94] 1956 erscheint eine Arbeit, welche die Handrücken von insgesamt 15152 Personen auswertet.[95] Ehrhardt unterscheidet dabei Deutsche und Ausländer (zu den Ausländern zählen Juden und »Zigeuner«). Das »Zigeunermaterial« stammt ihrer Danksagung zufolge u. a. von Ritters ehemaligem Mitarbeiter Adolf Würth, dem ehemaligen Fachreferenten der DFG für Rassenforschung Prof. Lothar Loeffler und der Anthropologin Ilse Schwidetzky. Zulieferer sind weiterhin Professor Otmar Freiherr von Verschuer, ehemals KWI für Anthropologie, sowie Verschuers Mitarbeiter Kurt Gerhardt und Wolfgang Lehmann.

Die meisten haben Karriere gemacht. Verschuer, von ihm wird noch ausführlich die Rede sein, ist Professor für Genetik in Münster. Kurt Gerhardt, 1951 Erster Assistent Verschuers in Münster, wird 1956 Leiter des Anthropologischen Instituts der Universität Freiburg. Ilse Schwidetzky, einst Assistentin bei Egon Freiherr von Eickstedt, Direktor des Anthropologischen und Ethnologischen Instituts zu Breslau (»Rassen- und Volkskörperuntersuchungen in Schlesien«), ist inzwischen Direktorin des von Eickstedt gegründeten Anthropologischen Instituts der Universität Mainz.

93 Ebd.

94 Heuß, a.a.O., S. 22. Mathias Winter: Die Ermordung von Sinti und Roma. Schwäbisches Tagblatt, Tübingen, 10. 12. 1988.

95 Sophie Ehrhardt: Wirbelmuster in den Interdigitalräumen der Palma beim Menschen, in: Zeitschrift für Morphologie und Anthropologie, Nr. 47/1956, S. 316ff.

Lothar Loeffler ist nicht an einer Universität untergekommen. Seine Stationen: 1927–29 KWI für Anthropologie, 1927–29 Dozent in Kiel, 1934 Professor und Direktor des Rassenbiologischen Universitäts-Instituts in Königsberg, 1942 Lehrstuhl für Erb- und Rassenbiologie in Wien. Der Rassenbiologe, einst per Lehrauftrag für die Ausmerzung Behinderter zuständig, hatte als »freier Mitarbeiter« mit der Berliner Mordzentrale beim Kindermord zusammengearbeitet.[96] Er kommt ausgerechnet am Evangelischen Annastift in Hannover-Kleefeld unter,[97] einer der größten Behindertenanstalten der Diakonie.[98] Loeffler verfaßt in dem Standardwerk »Die Religion in Geschichte und Gegenwart. Handwörterbuch für Theologie und Religionswissenschaft« (RGG) den Artikel über »Euthanasie«. Er ist u.a. Mitglied des Arbeitskreises Strahlenbiologie und der Deutschen Atomkommission.

96 Loeffler bearbeitet »erbbiologische Fragen nach sozialen Gesichtspunkten« anhand der Unterlagen der Mordzentrale (»Reichsausschuß«). Brief Dr. Ernst Wentzler vom 17. 10. 1942 an den »Reichsausschuß zur wissenschaftlichen Erfassung von erb- und anlagebedingten schweren Leiden«. Abgedruckt bei Götz Aly: Reform und Gewissen. »Euthanasie« im Dienst des Fortschritts. Beiträge zur nationalsozialistischen Gesundheits- und Sozialpolitik, Bd. 2, Berlin 1989, S. 66.

97 Verzeichnis der Sachverständigen für anthropologisch-erbbiologische Vaterschaftsgutachten, zusammengestellt von der Deutschen Gesellschaft für Anthropologie, Stand vom 1. 5. 1950, faksimilierter Abdruck in: 100 Jahre deutscher Rassismus. Katalog und Arbeitsbuch. Hg. von der Kölnischen Gesellschaft für Christlich-jüdische Zusammenarbeit. 1988, S. 209.

98 In der größten diakonischen Einrichtung, den v. Bodelschwinghschen Anstalten in Bethel/Bielefeld, wird der langjährige Begleitarzt Hitlers, Hanskarl von Hasselbach, Chefarzt. Der Chirurg war am 20. 4. 1943 (Führergeburtstag) von Hitler zum Professor ernannt und nach Internierung in amerikanischer Haft in Bethel eingestellt worden. Quelle: Ernst Günther Schenck: Patient Hitler: eine medizinische Biographie. Düsseldorf 1989, S. 471.

N-Stoff

In den bis 1941 vertraulich veröffentlichten Forschungsprojekten der DFG tauchen Forscher auf, denen wir später bei Menschenversuchen begegnen werden. So forscht z.B. Privatdozent Clauberg, Frauenkliniken der Universität Königsberg, 1937 über Fragen der Sexualhormone und der Sterilität von Frauen.[99] 1940/41 (Adresse: Frauenkliniken des Knappschaftskrankenhauses Königshütte) bekommt er von der DFG Sachbeihilfen für eine »Untersuchung über Bevölkerungspolitik und Ostproblem«.[100] Er wird dieses »Problem« in Auschwitz angehen. Professor Eugen Haagen, Robert-Koch-Institut, arbeitet 1937/38 über die künstliche Erzeugung von Tumoren.[101] 1940/41 sind es »Arbeiten auf dem Gebiet der Virusforschung«.[102] Sein Arbeitsplatz wird das KZ Natzweiler sein.

In der Pathologie der Universität München forscht 1937 ein Dr. Rascher über Karzinome und Kristalle.[103] Rascher wird in Dachau Karriere machen. Ebenso Dr. Plötner, zu dieser Zeit an der Medizinischen Universitätsklinik Leipzig; sein Thema: »Über die biologische Bedeutung der unverseifbaren Substanz in Blut und Geweben.«[104] Ebenfalls in Dachau werden wir Professor Holzlöhner vom Physiologischen Institut der Universität Kiel begegnen: »Gegenwärtig ist die Wirkung von Narkotika und Kampfgiften auf den Stoffwechsel des Zentralnervensystems Gegenstand der Untersuchung.«[105] Professor Claus Schilling, Robert-Koch-Institut, hat das Thema »Arbeiten über Malariaschutz«. Er verspricht: »Erprobungen an weiterem großen klinischen Material sind eingeleitet.«[106] Sie werden in Dachau stattfinden.

99 Überblick 37/38, I. Heft, S. 91.
100 Überblick Rechnungsjahr 1940/41, S. 31.
101 Überblick 37/38, I. Heft, S. 118f. Siehe auch die folgenden Jahrgänge.
102 Überblick Rechnungsjahr 1940/41, S. 32.
103 Überblick 37/38, I. Heft, S. 96.
104 Überblick 38/39, I. Heft, S. 80.
105 Überblick 37/38, I. Heft, S. 87f.
106 Überblick 37/38, I. Heft, S. 119f.

1940/41, in der letzten Ausgabe des »Überblicks«, die noch »vertraulich« gedruckt wird, gibt es einen eigenen Abschnitt »Wehrmedizin«. Der Göttinger Professor Hermann Rein beschäftigt sich (in Zusammenarbeit mit dem Gießener Professor Helmut Reinwein) mit Grundlagenforschung des »Höhenflugs« und der großen »Beschleunigungen«.[107] Prof. Paul Wels, Pharmakologisches Institut der Universität Greifswald, befaßt sich mit Gelbkreuzschäden (Giftgas), Prof. Wilhelm Richter, Universitäts-Hautklinik Greifswald, erforscht »Die Einwirkung von Lost [Giftgas] auf die menschliche Atmung«.[108]

Die Forschung steht im Dienste der Kriegsführung. Dazu gehört die Entwicklung eines geheimnisumwitterten neuen Kampfstoffes, den Professor Erich Schumann einführen will. Schumann ist Bevollmächtigter für Sprengstoffe im RFR, unter vielen anderen Funktionen auch Leiter der Abteilung Wissenschaft im Reichskriegsministerium und Ordinarius für theoretische und experimentelle Physik in Berlin.[109]

Helmut Fischer, als hauptamtlicher Sachbearbeiter des SD[110] mit der »Beobachtung« der deutschen Wissenschaftler beauftragt: »Prof. Dr. Erich Schumann war nach meiner Auffassung maßgeblich an der Kampfgasentwicklung beteiligt. ... Er war mit Mentzel dick befreundet und hatte allerlei Schlüsselstellungen inne, und zwar beim Oberkommando der Wehrmacht und Heereswaffenamt, ferner beim Erziehungsministerium und bei der Universität Berlin. Schumann hat Hitler mehrmals Vorträge über waffentechnische neue Möglichkeiten gehalten. Schumann hatte auch in Keitel einen Gönner. Erwähnenswert ist noch, daß Keitels Tochter bei Schumann promovierte.«[111]

107 Überblick 38/39 (1. 10. 1938 bis 31. 3. 1939), IV. Heft, S. 52.

108 Überblick Rechnungsjahr 1940/41, S. 38f.

109 Schumanns zahlreiche Funktionen siehe Zierold, S. 191f.

110 Fischer war im Amt III (Sicherheitsdienst – Deutsche Lebensgebiete), Gruppe C (Kultur und Wissenschaft). ZSt 413 AR-Z 501/67, Abschlußbericht Mentzel, S. 9. Erklärung Fischers zum Spruchkammerverfahren Mentzels, 21. 10. 1948. ZSt 413 AR-Z 501/67, Bl. 491.

111 Aussage Helmut Fischer vom 13. 2. 1968. ZSt 413 AR-Z 501/67.

Glaubt man SD-Mann Fischer, hat Schumann zunächst die »Uranbombe« (Atombombe) als Wunderwaffe angepriesen, dann jedoch erkannt, daß diese nicht so einfach zu produzieren war. Deshalb propagiert er ein neues Wundermittel der Waffentechnik, den »N-Stoff«, eine überaus aggressive, chemische Verbindung: »Er führte führenden Persönlichkeiten höchst eindrucksvolle Schauversuche vor, bei denen Wasser, Asbest, Sand verbrannt wurden, und erweckte hochgespannte Hoffnungen auf ein ganz neuartiges Kampfmittel, das alles übertreffen sollte und gegen das es keinen Schutz gab.«[112]

Über den N-Stoff ist wenig zu erfahren. Nur einer kann sich 1947 noch gut erinnern: Dr. Hans Wagner, Chemiker der I.G. Farben. Wagner: »Das unter dem Namen N-Stoff bekannte Produkt ist chemisch Chlortrifluorid ... Dieses Produkt stellt eine Flüssigkeit dar, welche sich bei Berührung mit Sauerstoff der Luft alsbald von selbst entzündet und mit verhältnismäßig heißer Flamme abbrennt. Das Produkt ist auch unter der Bezeichnung C_3 Stoff geführt worden, die jedoch meist nur im Schriftverkehr zwischen der I. G. und dem Heereswaffenamt gebraucht wurde.«[113]

Der I. G.-Chemiker erinnert sich weiterhin, daß der N-Stoff in der Forschungsabteilung des Heereswaffenamtes in Berlin unter Leitung von Ministerialrat Schumann entwickelt worden sei: »Als Sachbearbeiter sind mir auch Oberbaurat Glupe und Baurat Peinert bekannt. Meines Wissens hat die I. G. Leverkusen im anorganischen Laboratorium (Dr. Noack) dieses Produkt versuchsweise ungefähr in den Jahren 1942/43 hergestellt, und zwar auf Anordnung bzw. in Verbindung mit der Abteilung Wa.

112 Erklärung Helmut Fischers vom 21. 10. 1948. ZSt 413 AR-Z 501/67. Fischer zufolge ist der N-Stoff nach zahlreichen Experimenten von Heer und Marine als Kampfstoff für unbrauchbar befunden worden: »Daraufhin bot Schumann den N-Stoff der Waffen-SS an und schien hier Erfolg zu haben, da SS-Gruppenführer Dr. Schwab (Leiter des Technischen Amtes der Waffen-SS) es als Zündmittel glaubte verwenden zu können.« Ähnlich ein Schreiben Fischers vom 12. 5. 1949 an das »Spruchgericht« in Bielefeld »Betr. Fall Rudolf Mentzel«.

113 Eidesstattl. Erkl. Hans Wagner vom 8. 8. 1947. Nürnb. Dok. NI-9582.

Prüf. 9 des Heereswaffenamtes, Ministerialrat von der Linde.«[114] Die Forschungsabteilung des Heereswaffenamtes habe den N-Stoff durchzusetzen versucht. Die Produktion sei in der Fabrikanlage Falkenhagen (zwischen Berlin und Frankfurt/Oder gelegen) etwa gegen Ende 1943 angelaufen: »Da auf Grund von Abmachungen zwischen der I.G. und dem Heereswaffenamt Herr Dr. Ambros die Produktion der in Falkenhagen hergestellten Kampfstoffe speziell betreute, wurde auch die Betriebsführung in der N-Stoff-Anlage des Werkes Falkenhagen der I.G. übertragen.«[115]

Daß Menschenversuche mit N-Stoff stattgefunden haben, ist aktenkundig. Der Reichsarzt-SS Grawitz informiert am 22. November 1944 seinen Vorgesetzten Himmler, daß der Chef des Technischen Amtes im SS-Führungshauptamt, SS-Gruppenführer Schwab, im September gebeten habe, zwei Ärzte abzustellen. Sie sollen als medizinische Sachverständige Versuchen mit N-Stoff beiwohnen, die Schwab auf Weisung des Führers zur Zeit durchführe.[116]

Grawitz ersucht um die Abstellung von fünf Häftlingen, »zur abschließenden Klärung der physiologischen Wirkung des N-Stoffes auf und durch die menschliche Haut«. Am Ende des Briefes sind drei Stellungnahmen zu den geplanten Menschenversuchen wiedergegeben: Der Oberste Kliniker beim Reichsarzt-SS, Professor Karl Gebhard, ist »selbstverständlich« einverstanden. SS-Obergruppenführer Friedrich Panzinger (RKPA): »Vom Standpunkt der Kriminalpolizei werden die dort beabsichtigten Versuche begrüßt.« Der im WVHA für die KZs zuständige SS-Gruppenführer Richard Glücks: »Ich habe hierfür im Kon-

114 Ebd.

115 Ebd. Daß in Falkenhagen eine unterirdische N-Stoff-Anlage für die SS gebaut wird, bestätigt auch Otto Ambros, Erklärung unter Eid vom 1. 5. 1947. Nürnb. Dok. NI-6788.

116 Ein »orientierender« Versuch hatte am 25. 9. 1944 stattgefunden. Anwesend sind Dr. Kurt Plötner aus Dachau und der Leitende Pathologe beim Reichsarzt-SS, Hans Sachs. Von diesem Versuch ist nichts weiter bekannt.

zentrationslager Sachsenhausen 5 zum Tode verurteilte Häftlinge bereitstellen lassen.«[117]

Lagerarzt Heinz Baumkötter mochte sich 1959 nur noch erinnern, daß die Versuche »von auswärtigen Wissenschaftlern durchgeführt wurden«, wobei das Lager Sachsenhausen lediglich den Versuchsraum und die Versuchspersonen zur Verfügung gestellt habe. Er will erst spät hinzugekommen sein: »Ich habe lediglich noch mitbekommen, wie der Rest des Sprühstoffes aus dem Fenster des OP-Saales nach draußen in den Garten gegossen wurde und dabei ein merkwürdiges, dem Knattern eines Maschinengewehrs ähnliches Geräusch erzeugt wurde.« Das Schicksal der Häftlinge ist nicht bekannt, Baumkötter: »Über den Verbleib der Versuchspersonen kann ich Sicheres nicht sagen, nehme jedoch an, daß die Betreffenden exekutiert worden sind.«[118]

Biologische Kriegsforschung

Unter dem Decknamen »Blitzableiter«[119] gibt es seit 1940 eine Arbeitsgemeinschaft für biologische Kriegsführung, gemeint ist die Anwendung von Krankheitserregern und Pflanzenschädlingen als Waffe. Mitarbeiter sind vor allem Angehörige der Heeressanitätsinspektion, der Heeresveterinärinspektion, des Amtes Wehrwissenschaft im Oberkommando der Wehrmacht und der Abteilung Wa. Prüf. 9 im Heereswaffenamt.

Hitler lehnt den Bakterienkrieg ab.[120] Dennoch beschafft Professor Kurt Blome, u. a. Stellvertreter des Reichsgesundheitsführers, Gelder der Deutschen Forschungsgemeinschaft für die biologische Kriegsführung. Zur Tarnung läßt er das Geheimprojekt

117 Grawitz am 22. 11. 1944 an Himmler. DC-Unterlagen Gebhardt.

118 Aussage Heinz Baumkötter vom 19. 5. 1959. ZSt 406 AR-Z 14/59.

119 Vgl. Friedrich Hansen: Biologische Kriegsführung im Dritten Reich. Frankfurt am Main/New York 1993. Deichmann, S. 238 ff.

120 U. a. Deichmann, S. 241.

unter der Bezeichnung »Krebsforschung« laufen.[121] Blome selbst hat diese Tarnung in einer Zeugenaussage auf den Punkt gebracht: »In dieser Eigenschaft, als Bevollmächtigter für die Krebsforschung, wurde ich im Jahre 1943 Bevollmächtigter für die gesamte biologische Kriegsforschung.«[122]

Blome bekommt ein »Institut für Krebsforschung« auf dem Gelände des ehemaligen Klosters Nesselstedt bei Posen errichtet. Am 23. September 1943 notiert der Geschäftsführer des Ahnenerbe, Wolfram Sievers, in seinem Tagebuch: »7.00 [Uhr] Reichsforschungsrat. Verladung der Geräte für das Institut in Nesselstedt (Prof. Blome).«[123] Als Mitarbeiter vorgesehen sind SS-Sturmbannführer Dr. Horst Straßburger und Dr. Karl Gross, der sich zuvor mit Impfversuchen im KL Mauthausen profiliert hatte. Straßburger stirbt am 3. Oktober 1943 in München, Gross kommt dagegen in Nesselstedt zum Einsatz.[124] Nach einer Aussage des Seuchenbevollmächtigten im Reichsforschungsrat, Professor Walter Schreiber, waren auch Schumann dort und Ministerialrat Kurt Stantien.[125] Die Finanzierung läuft unter der RFR-Auftragsnummer Rf 1883/43.[126] Es ist wahrscheinlich, daß in Nesselstedt Menschenversuche an russischen Kriegsgefangenen durchgeführt werden.[127]

---

121 Ebd.

122 Aussage Kurt Blome vom 1. 3. 1950. Verfahren 2 Js 389/49 OStA Hannover.

123 Nürnb. Dok. NO-538.

124 Bericht ZSt über den RFR. 413 AR-Z 501/67 vom 9. 7. 1970, Bl. 26. Im Sievers-Tagebuch (Nürnb. Dok. 3546-PS) steht am 17. 12. 1944: »Sonntag, 17. Dezember in Nesselstädt: Besichtigung der Institutsanlagen und Besprechung mit SS-Stubaf. Dr. Gross ...«

125 Schreiber am 26. 8. 1946 im Nürnberger Hauptkriegsverbrecherprozeß. ZSt 413 AR-Z 501/67.

126 Bericht ZSt über den RFR. 413 AR-Z 501/67 vom 9. 7. 1970, Bl. 20. Zu Stantiens Arbeitsgebiet gehören »Brandmittel und die Abwehr des bakteriologischen Krieges«. Office of U.S. Chief of Councel for War Crimes. Vernehmung No. 799 Dr. Wirth vom 12. 2. 1947. NAW Wolfgang Wirth, M 1019, roll 80, frame 280–334. Das Protokoll hat mir freundlicherweise Friedrich Hansen, Hamburg, zur Verfügung gestellt.

127 Bericht ZSt über den RFR. 413 AR-Z 501/67 vom 9. 7. 1970, Bl. 20.

Oberkriegsarzt Professor Heinrich Kliewe[128] (nach dem Krieg Direktor des Hygiene-Instituts der Universität Mainz) notiert am 23. Februar 1944 in einem Aktenvermerk,[129] die AG »Blitzableiter« habe seit dem 24. September 1943 nicht mehr getagt. Deshalb habe er Blome kontaktiert. Blome lehne die AG »Blitzableiter« mit Recht ab. Sie sei zu langsam, der Kreis der Beteiligten zu groß, die Geheimhaltung nicht gewährleistet, die Einschaltung von Wa. Prüf. 9 ein Hemmnis. Kliewes Kommentar: »Das Waffenamt hat in der Tat bisher nur hemmend auf dem Gebiete gewirkt.«

Generalfeldmarschall Keitel, so Kliewe, habe den Bau bei Posen genehmigt. Die Wehrmacht wolle aber nicht verantwortlich beteiligt werden, »da auch Versuche mit Menschen gemacht würden«. Abwurfversuche mit Kartoffelkäfern hätten günstige Ergebnisse gehabt. Weitere Versuche mit anderen Pflanzenschädlingen seien vorgesehen. Auf humanmedizinischen Gebiete habe Blome bisher keine Versuche gemacht. Sie seien aber notwendig, er werde sie auch durchführen.

Was in Posen bis Kriegsende geschieht, läßt sich aus den Dokumenten allenfalls erahnen. Ein Mann äußert jedoch Schuldgefühle: Reichsgesundheitsführer Dr. Leonardo Conti. Conti erhängt sich im Oktober 1945 in amerikanischer Haft, hinterläßt einen rätselhaften Abschiedsbrief: »Ich scheide aus dem Leben, denn ich habe unter Eid etwas Falsches ausgesagt. Ich war nicht bei Sinnen. Seit Monaten habe ich schwerste Depressionen, Todesideen und Furchtgefühle und Visionen, während ich doch niemals feige war.«[130] Conti schildert, daß ihm Blome bei Posen einmal seine Absicht mitgeteilt habe, Versuche an Menschen zu machen, als das Haus im Umbau war: »Er mußte wissen, was er tut. Ich habe auch nie erfahren, ob er mit Versuchen angefangen hat.«

128 Kliewe untersteht sowohl der Heeres-Sanitätsinspektion wie dem Heereswaffenamt, Abteilung Wa. Prüf. 9.

129 Nürnb. Dok. NO-1309.

130 Nürnb. Dok. NO-3061.

Wenige Monate zuvor, am 29. April 1945, war Generalarzt Walter Schreiber (ab September 1943 Kommandeur der Lehrgruppe C der Militärärztlichen Akademie und Bevollmächtigter für Seuchenbekämpfung im Reichsforschungsrat) in sowjetische Gefangenschaft geraten. Schreiber berichtet den Sowjets von Pestversuchen: »Im Rahmen der Maßnahmen zur forcierten Vorbereitung des bakteriologischen Krieges gegen Rußland wurde ein Institut in der Gegend von Posen errichtet, in dessen Laboratorium Bakterien, darunter auch Pestkulturen wie auch Pflanzenschädlinge, gezüchtet und Versuche ... durchgeführt wurden.«

Schreiber weiter:

»Ende März [1945] besuchte mich Professor Blome in Berlin und erzählte mir, daß er wegen des raschen Vormarsches der Roten Armee sein Institut in Posen habe fluchtartig verlassen müssen. Es sei ihm nicht mehr gelungen, das Institut sprengen zu lassen. Er sei deshalb in Sorge, daß die Einrichtung für Menschenversuche, die das Institut hatte, den Russen unversehrt in die Hände gefallen sei ... Er bat mich, dafür zu sorgen, daß für die Zwischenzeit diese Pestkulturen im bakteriologischen Institut in der Sachsenburg[131] untergebracht werden könnten.«[132]

Im September 1948 wird Schreiber aus sowjetischer Kriegsgefangenschaft in die Ostzone entlassen. Einen Monat später flieht er in den amerikanischen Sektor Berlins. Die Amerikaner bringen ihn nach Oberursel (in das »Intelligenzlager Camp King«).

Schreiber wechselt wieder einmal die Fronten. Am 11. September 1951 trifft er in der Medizinschule der amerikanischen Luftwaffe in Randolph Field, Texas, ein. Dort arbeiten bereits zahlreiche deutsche NS-Forscher, die sich z. B. an Menschenversuchen der Luftwaffe im KZ-Dachau beteiligt hatten. Schreibers Aufenthalt ist jedoch von kurzer Dauer. Anfang Dezember ruft ihn die Zeitung »Boston Globe« wegen seiner NS-Vergangen-

131 Gemeint ist das Pestforschungslaboratorium Sachsenburg in Frankenberg bei Chemnitz.

132 Brief vom 10. 4. 1946 an die Regierung der Sowjetunion. Nürnb. Dok. USSR-510.

heit an (die Informanten sitzen laut Schreiber im Beth-Israel-Hospital). Im Februar 1952 bricht ein Zeitungssturm los. Drei Monate später bietet ihm ein US-Oberst an, nach Argentinien auszuwandern. Schreiber geht, seine Adresse 1962: Mercado Municipal Administracion, S. C. de Barilocke, Rio Negro, Argentinien.[133]

Keine Frage, daß Schreibers Kollege Blome im Nürnberger Ärzteprozeß jeden Menschenversuch bestreitet. Blome wird von den amerikanischen Militärrichtern freigesprochen. Er übernimmt eine Praxis als Facharzt für Haut- und Harnleiden in Dortmund,[134] verkauft diese aber 1951, da ihn das »Army Chemical Corps« für ein Geheimdienstprojekt einkauft. Der amerikanische Konsul in Frankfurt verweigert jedoch die Einreise. Dieses dürfte darin begründet sein, daß just zu jener Zeit Schreiber in den USA für Schlagzeilen sorgt und so die Beschäftigung der anderen Nazi-Forscher gefährdet.

Professor Rudolf Mentzel, der die Bewilligungen von DFG-Geldern für Menschenversuche unterschrieb, bleibt dagegen in Deutschland. Auch er behauptet, von lebensgefährlichen Experimenten an KZ-Häftlingen niemals etwas erfahren zu haben.[135] Ein Blick in das Tagebuch von Wolfram Sievers, Mentzels Stellvertreter im Reichsforschungsrat, stützt diese Behauptung nicht.

Am 8. Juni 1944 notiert er: »Vortrag bei SS-Brif. [Brigadeführer] Prof. Dr. Mentzel, u. a. Aufgabenerteilung für Wissenschaftler im KL.«

Am 11. August 1944 lautet der Eintrag: »SS-Brif. Mentzel und Prof. Blome: Besprechung über geheime Sonderaufgaben.«

Mentzels Besuch in Posen ist ebenfalls festgehalten: »16. Dezember 1944, mit SS-Brif. Prof. Dr. Mentzel nach Nesselstädt: Besichtigung des Gutsbetriebes.«[136]

---

133 Brief Schreibers vom 18. 9. 1962 an ZSt. 409 AR 641/60, Bd. I.

134 Aussage Kurt Blome vom 1. 3. 1950. Verfahren 2 Js 389/49 OStA Hannover.

135 Bericht ZSt über den RFR. 413 AR-Z 501/67 vom 9. 7. 1970, Bl. 31 f.

136 Sievers-Tagebuch: Nürnb. Dok. 3546-PS.

Im Entnazifizierungsverfahren Mentzels treten gleich zwei Entlastungszeugen[137] namens Breuer auf: Dr. med. Sergius Breuer, der Stellvertreter Sauerbruchs als Fachspartenleiter Medizin, sowie Dr. jur. Emil Breuer, ehemals Generalhaushaltsreferent für Hochschulen im Wissenschaftsministerium, ab Mai 1943 zusätzlich mit der Vertretung des Kurators der Universität Straßburg beauftragt. Breuer wird 1945 in Würtemberg-Hohenzollern im Staatssekretariat für Erziehung, Kunst und Wissenschaft eingestellt. 1946 folgt die Ernennung zum Oberregierungsrat, 1948 zum Regierungsdirektor, 1952 die Verabschiedung als Ministerialrat.[138]

Im Entnazifizierungsverfahren wird Mentzel 1949 zu einer Strafe von zweieinhalb Jahren Haft verurteilt, die durch seine Internierung von Mai 1945 bis Januar 1948 als verbüßt gilt. Über seine Nachkriegs-Biographie ist nur zu erfahren: »Es folgten verschiedene Industrietätigkeiten.«[139]

Mentzels Kollege Erich Schumann, ehemals Bevollmächtigter für Sprengstoffphysik im RFR, ist 1951 ebenfalls wieder untergebracht: als Direktor des Helmholtz-Instituts für Tonpsychologie und medizinische Akustik in Berlin.

Die DFG fördert, wie noch zu zeigen ist, Menschenversuche von Natzweiler bis Auschwitz, verteilt Gelder bis zum Untergang der Nazi-Herrschaft. In einem Rundschreiben des Reichsforschungsrats vom 20. März 1945 (gez. Griewank) heißt es, im Überweisungsverkehr sei eine erheblich Verlangsamung eingetreten, so daß »bei der Durchführung kriegswichtiger Forschungsaufgaben Schwierigkeiten entstanden sind. Um diese Mißstände, die zeitbedingt sind und in absehbarer Zeit sicherlich behoben sein dürften, nach Möglichkeit auszuschalten, überweist Ihnen die

137 Bericht ZSt über den RFR. 413 AR-Z 501/67 vom 9. 7. 1970, Bl. 35.

138 So die Aussage Breuers vom 8. 7. 1971. ZSt 413 AR-Z 501/67.

139 Neue Deutsche Biographie, hg. von der Historischen Kommission bei der Bayerischen Akademie der Wissenschaften. Berlin 1994, Bd. 17, S. 98.

Deutsche Forschungsgemeinschaft mit dem heutigen Tage einen Verfügungbetrag von RM 90000,—.«[140]

Dr. Karl Griewank, Privatdozent und Historiker, gehörte der Geschäftsstelle der DFG von 1926 bis 1945 an und war für die Geisteswissenschaften zuständig.[141] Im Januar 1946 schreibt er aus Berlin (Briefkopf: »Deutsche Forschungsgemeinschaft«): »Ich bin zunächst von den hiesigen Behörden beauftragt, die Deutsche Forschungsgemeinschaft im Sinne der alten Notgemeinschaft der Deutschen Wissenschaft weiter zu führen.«[142] Einen personellen Neuanfang wird man dies kaum nennen können.

Die Geschichte der DFG hat der Vizepräsident der Nachkriegsorganisation (»Notgemeinschaft der Deutschen Wissenschaft«) Kurt Zierold 1968 in seinem Buch »Forschungsförderung in drei Epochen« vorgelegt. Im Vorwort behauptet er: »Historische Wahrheit geht über Opportunität.« Zierold beklagt, die Forschungen der drei Wehrmachtsteile und der SS seien unkoordiniert nebeneinander hergelaufen.[143] Er beklagt nicht, was geforscht und an wem geforscht wurde. Ja, er bringt das Kunststück fertig, die Geschichte der DFG zu beschreiben, ohne die finanzierten Verbrechen zu erwähnen.

140 Brief vom 20. 3. 1945 an Reichsführer-SS, Persönlicher Stab, Amt Ahnenerbe. BA NS 21/794.

141 Zierold, S. 44, 180.

142 Brief vom 21. 1. 1946 an Dipl. Ing. Georg Becker, Göttingen. ZSt 413 AR-Z 501/67, Bl. 517.

143 Zierold, S. 269.

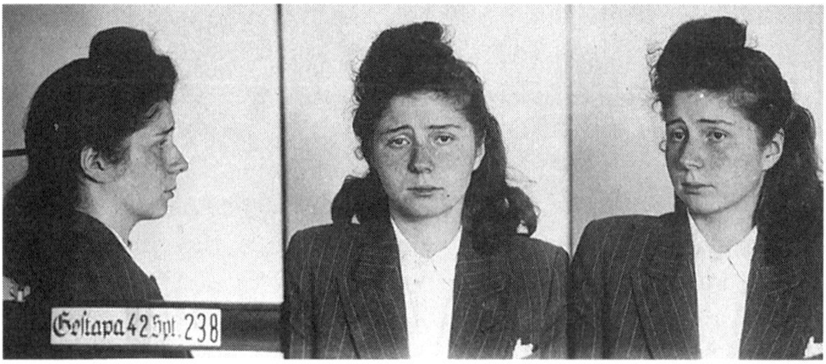
Gestapa 42 Spt. 238

Gestapa 42 Spt. 227
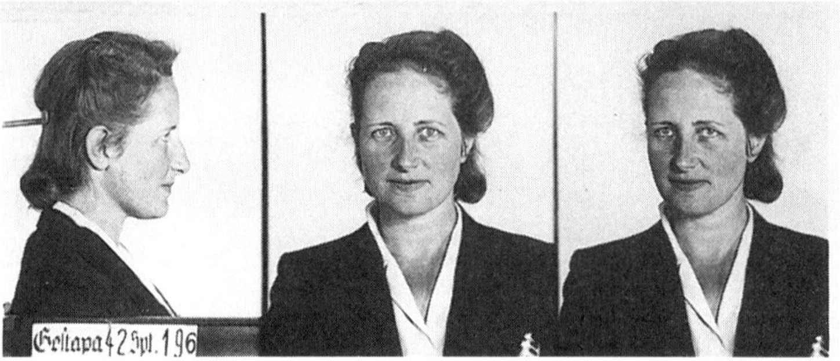
Gestapa 42 Spt. 196

III Die Verarbeitung des deutschen Widerstandes zu Gewebeschnitten

Frauen des deutschen Widerstandes: Elisabeth Schumacher, Cato Bontjes van Beek, Liane Berkowitz – bei der Hinrichtung 38, 22 und 20 Jahre alt. Gestapo-Fotos.

Das Lebensthema von Hermann Rudolf Philipp Stieve[1] ist der Eierstock.

Stieve beginnt seine wissenschaftliche Karriere mit Beobachtungen über die Fortpflanzung des Grottenolms und beschließt sie in seinen letzten Lebensjahren mit »anatomisch-biologischen Untersuchungen über die Fortpflanzungstätigkeit des Rehs, über den Gesang der Vögel und seine Abhängigkeit von den Keimdrüsen, die Paarungszeit des Dachses und die Fortpflanzungsbiologie des Feldhasen«.[2] Auch sein Sohn Robert stellt einschlägige Forschungen an. Er führt den Nachweis, »daß der Unterkiefer des Rehes keine deutlichen Geschlechtsunterschiede erkennen läßt; es ist deshalb auch nicht möglich, das Geschlecht eines Rehes aus dem Verhalten des Unterkiefers zu bestimmen«.[3]

Hermann Stieve habilitiert sich 1918 mit einer Arbeit über die »Entwicklung des Eierstocks der Dohle«. Im selben Jahr arbeitet er über die Oogenese (die Entwicklung des Eies) des Haushuhns. Um Todesangst unter den Hühnern zu erzeugen, stellt er einen Käfig mit einem lebenden Fuchs in den Hühnerstall.[4] Die Hühner werden getötet, damit Stieve die Auswirkung der Todesangst auf die Eierstöcke studieren kann. Er stellt fest, »daß sich auch psychische Faktoren, wie z. B. Angst, auf die mikroskopi-

---

1 Stieve ist am 22. 5. 1886 als Sohn eines Geschichtsprofessors in München geboren.

2 Benno Romeis in einem Nachruf auf Stieve. Jahrbuch der Bayerischen Akademie der Wissenschaften, 1953, S. 174.

3 Hermann Stieve: Neue Forschungen deutscher Anatomen in den Jahren 1933 bis 1942, in: Forschungen und Fortschritte, Nr. 3/4, 1. 2. 1943.

4 Stieve: Der Einfluß des Nervensystems auf Bau und Leistungen der weiblichen Geschlechtsorgane des Menschen. Leipzig 1942, S. 75.

sche Struktur der Eizellen schädigend auswirken«.[5] Prof. Dr. med. vet. Walter Koch: »Er hat damit eine uralte Erfahrung der Landwirtschaft in die wissenschaftliche Literatur eingeführt.«[6]

Stieve wird 1921, im Alter von 34 Jahren, ordentlicher Professor für Anatomie und Direktor des Anatomischen Institutes der Universität in Halle. Drei Jahre später gründet er die »Zeitschrift für mikroskopisch-anatomische Forschung«.

Im April 1931 blickt Stieve auf mehr als 12 Jahre der Erforschung des Baus der Eierstöcke zurück. In einem Brief an den Kurator der Universität beklagt er die Probleme seiner Arbeit: Beobachtungen an menschlichen Eierstöcken stießen auf große Schwierigkeiten, da »es ungemein schwer ist, Eierstöcke von wirklich gesunden Mädchen aufzutreiben; nur einige Unglücksfälle und Verbrechen, die während der letzten Jahre in Halle vorkamen, haben mich in die Lage versetzt, meine Untersuchungen durchzuführen«. Deshalb habe er sich entschlossen, seine Beobachtungen an den Eierstöcken einer dem Menschen nahestehenden Tierart zu vertiefen: »Für meine vergleichenden Untersuchungen wählte ich das Schaf.«

Das Schaf hält Stieve für besonders geeignet, weil seine Eierstöcke nicht allzu groß sind. Zudem ist durch die Tierzüchter die Fortpflanzungstätigkeit genau bekannt. Der Anatom steht mit zwei Schafzüchtereien in Verbindung, die eine in Jerichow, die andere in Königshofen. Die Geldmittel hat er von der »Notgemeinschaft der Deutschen Wissenschaft«, die sich ab 1934 Deutsche Forschungsgemeinschaft nennen wird.

Stieve beabsichtigt, einen Teil der Tiere zu Forschungszwekken zu töten. Dazu müßte er jedoch seine Vorlesungen ausfallen lassen. In seinem Brief an den Kurator der vereinigten Friedrichs-Universität Halle-Wittenberg begründet er sein Vorhaben ausführlich:

»Das Schaf wird im allgemeinen im Alter von 7–8 Monaten geschlechtsreif, wie der Tierzüchter sagt, wird es dann bockig,

5 Romeis, Nachruf auf Stieve, a. a. O. S. 175.

6 Walter Koch: Die Hormonbehandlung psychogener Sterilität bei Tieren, in: Grenzgebiete der Medizin, Heft 1, 1949, S. 8.

d.h. seine Geschlechtsorgane ändern sich so, daß es den Bock zur Befruchtung zuläßt. Dieser Zustand dauert beim Schaf immer nur 16 bis höchstens 24 Stunden. Wird das Schaf in dieser Zeit nicht gedeckt, so läßt es den Bock nicht zu und wird erst nach 21 Tagen wieder bockig. Für meine Untersuchung benötige ich nun unbedingt einige Jungschafe, die zum ersten Mal bockig werden. Einen Teil der Tiere muß ich töten und untersuchen, bevor sie gedeckt wurden, einen Teil der Tiere nachdem sie gedeckt wurden und einen Teil der Tiere, nachdem sie bockig waren, aber nicht gedeckt wurden.

Die Bockzeit tritt im Frühjahr ein und zwar bei den einzelnen Jungschafen einer Herde ziemlich zu gleicher Zeit. Sobald dann die ersten Tiere der Herde bockig sind, muß ich mich an den Ort begeben, wo sich die Herde befindet, um da das für meine Untersuchungen nötige Material selbst zu entnehmen und in entsprechender Weise zu fixieren.

Ich erwarte nun seit mehreren Tagen die Nachricht aus Königshofen, daß dort die Jungtiere bockig werden. Sollte diese Nachricht erst Anfang der nächsten Woche oder später eintreffen, so wäre ich genötigt, meine Vorlesung für 1–2 Tage ausfallen zu lassen.

Entsprechend der Verfügung des Hohen Ministeriums bitte ich daher ergebenst, zu genehmigen, daß ich, falls die Schafe in Königshofen zu Beginn der nächsten Woche bockig werden, gegebenenfalls meine Vorlesungen am 16. und 17. ausfallen lassen darf und erst am 20. mit meinen Vorlesungen beginne. Am 18. und 19. habe ich keine Vorlesung zu halten.«[7]

Am 3. Mai 1933 wird Stieve Rektor der Universität Halle-Wittenberg. Fünf Jahre lang, rühmt ihn die »Saale-Zeitung«,[8] sei er Leiter des Deutschen Hochschulamtes für Leibeserziehungen gewesen und habe in dieser Eigenschaft auch 1927 die akademi-

7 Prof. Hermann Stieve am 8.4.1931 an den Kurator der vereinigten Friedrichs-Universität Halle-Wittenberg. Humboldt-Universität zu Berlin, Archiv. UK PA St 116.

8 Saale-Zeitung, Halle, 4.5.1933.

sche Olympiade in Königsberg durchgeführt. Gerühmt wird auch die rechte Gesinnung: »Gleich nach dem Kriege trat er in die Deutschnationale Volkspartei ein und war für sie auch als Redner tätig ... Seit 1921 ist Professor Stieve Mitglied des Stahlhelm, Bund der Frontsoldaten ... Mehrfach wurde gegen ihn von linksgerichteten Parteien und jüdischen Organisationen Beschwerde geführt.«

Am Reformationsfest 1933 hält Stieve die Festrede zur Umbenennung der Friedrichs-Universität in »Martin-Luther-Universität Halle-Wittenberg«. Stieve über den Reformator: »Wir danken ihm, daß er die deutsche Frau aus der unwürdigen Stellung befreit [hat], die ihr das Mittelalter gab, daß er die Ehe ... wieder zur heiligen, staatserhaltenden Einrichtung erhoben hat, wie sie im alten Deutschland war.«[9]

1935 wechselt Stieve nach Berlin. Er übernimmt das »Anatomische und anatomisch-biologische Institut« der Friedrich-Wilhelms-Universität. Sein Arbeitsaufwand ist groß. Im Wintersemester 1938/39 sind 1254 Studierende für »Leichenzergliederungsübungen« eingetragen. Er unterrichtet sämtliche Fähnriche der Militärärztlichen Akademie (»mehr als 600«) im Fache Anatomie, Histologie und Entwicklungsgeschichte.[10] Ein Student, der ihn in der NS-Zeit erlebt hat: »In seinem schwarzen Samtmantel wirkte er wie ein von der Bühne entsprungener Dr. Faustus.«[11]

Während andere Forscher den »Eierstock von Mäusen« (Mathis 1935), »das Verhalten der Blutgefäße im Eierstock des Kaninchens« (Dabelow 1939), »das Verhalten der Geschlechtsorgane des Hermelins« (Watzka 1940) oder das »Bindegewebe des

9 Hallische Universitätsreden, 60. Hermann Stieve: Luthers Einfluß auf die Entwicklung naturwissenschaftlicher Erkenntnis. Rede gehalten bei der Reformationsfeier der Luther-Universität Halle-Wittenberg am 31. Weinmond 1933.

10 Brief Stieves vom 9. 11. 1938 an den Reichs- und Preußischen Minister für Wissenschaft, Erziehung und Bildung. Humboldt-Universität zu Berlin, Archiv. UK 685, Bl. 89ff.

11 Hans Harald Bräutigam: Tod nach Kalender, in: Die Zeit, Nr. 4/1989.

Amphibieneierstocks« (Keller 1942) untersuchen,[12] bedient sich Stieve der Opfer der Nazi-Justiz, jener Menschen, die mit Angst und Schrecken im Zuchthaus Brandenburg oder in der Berliner Strafanstalt Plötzensee der Hinrichtung durch das Fallbeil entgegensehen.

Stieve 1938 an den Reichs- und Preußischen Minister für Wissenschaft: »Während in früheren Jahren 1–3 Hinrichtungen stattfanden, beträgt die Zahl der Hinrichtungen jetzt ein Vielfaches der genannten Zahlen.« Er sei gern bereit, genaue Zahlenangaben zu machen, wenn er dazu die Genehmigung vom Volksgerichtshof und von der Oberstaatsanwaltschaft erhalte. Der Geheimnisträger des Volksgerichtshofs: »Durch die Hinrichtungen erhält das Anatomische und anatomisch-biologische Institut einen Werkstoff, wie ihn kein anderes Institut der Welt besitzt. Ich bin verpflichtet, diesen Werkstoff entsprechend zu bearbeiten, zu fixieren und aufzubewahren.«[13]

Im selben Jahr veröffentlicht Stieve die 16seitige, populärwissenschaftliche Schrift: »Fruchtbarkeit und Gesundheit der Frau«.[14] Die Broschüre beginnt mit dem NS-Standardsatz: »Höher als das Einzelwesen steht die Art, steht die Rasse.« Beim Lesen stellt sich der Eindruck ein, die Wertigkeit der Frau bemesse sich am Zustand der Eierstöcke. Schlechte Ernährung, so Stieve, sei zu meiden, vor allem Koffein als Keimgift: »Gerade die Tätigkeit der Eierstöcke und damit die Fruchtbarkeit der Frau vermag es in schwerster Weise zu beeinträchtigen.« Die Frau schädigt ihre Fruchtbarkeit aber auch, wenn sie »die Frucht der

---

12 Hermann Stieve: Neue Forschungen deutscher Anatomen in den Jahren 1933 bis 1942, II. Teil, in: Forschungen und Fortschritte, Nr. 5/6, 20. 2. 1943.

13 Brief Stieves vom 9. 11. 1938. Humboldt-Universität zu Berlin, Archiv. UK 685, Bl. 89ff. Stieve: »Für jede einzelne Hinrichtung werden zur Aufbewahrung der anfallenden Präparate Glassachen im Wert von 100,– bis 150,– Reichsmark benötigt. Außerdem werden große Mengen von Chemikalien, besonders Alkohol, verbraucht. Obwohl fast ausschließlich vergällter Alkohol verwendet wird, belaufen sich die Ausgaben für Alkohol schon auf 2393,93 Reichsmark.«

14 Prof. Dr. Dr. Hermann Stieve: Fruchtbarkeit und Gesundheit der Frau, Königsberg 1938.

Liebe lange Zeit genießt und dabei verhindert, daß sie Mutter wird«.

Frauen, findet Stieve, seien in geistiger und körperlicher Hinsicht nicht minderwertiger als der Mann. Einen Beruf sollen sie jedoch nicht ausüben: »In ihrem überanstrengten Körper sind die Keimdrüsen zu stark geschädigt, als daß sie noch gesunde Eier liefern könnten. Es heißt Raubbau am ganzen Volk und seiner Zukunft treiben, wenn die besten Frauen ... in Berufen verwendet werden, die ebensogut und ohne Schädigung des Ganzen vom Mann erfüllt werden, denn die Frauen werden dabei ihrer eigentlichen Bestimmung, Gattin und Mutter zu werden, entzogen.«

Vier Jahre später wird Stieve das Thema noch einmal in einer wissenschaftlichen Arbeit aufgreifen. Es müsse doch auffallen, meint er, wie viele blühende junge Mädchen während des Studiums dahinwelkten und »daß diese Überanstrengung ... nicht ohne Einfluß auf die Keimdrüsentätigkeit bleibt«.[15] Stieve zitiert den Rassenhygieniker Max von Gruber, der das Frauenstudium generell verwarf: »Die gesündesten, begabtesten und tatkräftigsten Frauen aus tüchtigem Stamm in geistigen Leistungen verbrauchen, heißt ebenso unvernünftig handeln, wie wenn man edle Fruchtbäume umhaut, um Brennholz daraus zu machen.«[16]

Stieve steigt in diesen Jahren zu einem berühmten Anatomen auf, weil ihm die Nazi-Justiz massenhaft Leichen liefert.[17] Im Zuchthaus Brandenburg werden mehr als 1700 Menschen hinge-

---

15 Stieve: Der Einfluß des Nervensystems auf Bau und Leistungen der weiblichen Geschlechtsorgane des Menschen. Leipzig 1942, S. 72.

16 Ebd., S. 73.

17 In Posen sitzen der Anatom Hermann Voss und sein Assistent Robert Herrlinger neben der Guillotine, um die Leichen der von der Gestapo hingerichteten Polen auszunehmen. Der »Voss-Herrlinger, Taschenbuch der Anatomie« wird in Deutschland West wie Ost ein Anatomie-Bestseller. Herrlinger, der »Anatom der Milz«, wird als Medizinhistoriker zunächst Professor in Würzburg, dann in Kiel. Voss ist bis 1951 Prosektor in Halle, danach Ordinarius in Jena. Vgl. Das Posener Tagebuch des Anatomen Hermann Voss. Erläutert von Götz Aly, in: Beiträge zur Nationalsozialistischen Gesundheits- und Sozialpolitik, Bd. 4. Berlin 1989, S. 15ff.

richtet, fast alle durch das Fallbeil. In Plötzensee, wo bis zu acht Opfer gleichzeitig erhängt werden, sind es über 2500 Menschen, viele junge Frauen darunter, Körper, die sonst kaum auf den Seziertisch kommen.[18] Stieve dankt der mörderischen Justiz schon bald die Erkenntnis, »daß eigentlich in allen Lehr- und Handbüchern der Geburtshilfe, Anatomie und Histologie der Bau des menschlichen Eierstockes recht unzutreffend beschrieben wird«. Der Grund: »die Beschreibung stützt sich auf Beobachtungen an Eierstöcken älterer Frauen«.[19]

Stieve obsiegt in diesen Jahren über den Gynäkologen Knaus, der in Prag Physiologie und Pathologie der Gebärmutter und der Eierstöcke lehrt. Stieve führt den Nachweis, daß eine Frau nicht nur zwischen dem 11. und 17. Tage des menstruellen Zyklus befruchtet werden kann, sondern zu jeder Zeit zwischen zwei Blutungen und auch während der Menstruation selbst.[20] Dies wissen allerdings schon lange vor Stieve all jene Frauen, die in dieser Zeit unfreiwillig schwanger geworden sind.

Stieve beweist an den Opfern der Nazi-Justiz, was er schon im Tierversuch bewiesen hatte: daß die Keimdrüsen des Menschen durch Angst und Schrecken nachweisbar schwer geschädigt werden und sich zurückbilden. Dies führt beim Mann zum Schwund der Spermienbildung, bei der Frau zu Störungen der Regel. Stieve weist weiterhin nach, daß die Gebärmutter (Uterus) unter dem unmittelbaren Einfluß des Nervensystems steht: Nach aufregenden Ereignissen treten schwere Uterusblutungen auf, nervös bedingte »Schreckblutungen«. Stieve stellt fest, »daß *rein seelische Faktoren* nicht nur ernsthafte Funktionsstörungen, sondern auch schwere *organische Veränderungen an den Keim-*

---

18 Einen guten Überblick bietet Brigitte Oleschinski: Gedenkstätte Plötzensee, hg. von der Gedenkstätte Deutscher Widerstand Berlin. Berlin 1995.

19 Stieve: Der Einfluß des Nervensystems auf Bau und Leistungen der weiblichen Geschlechtsorgane des Menschen. Leipzig 1942, S. 4.

20 Stieve: Ovulation ohne Corpus luteum-Bildung beim Menschen, Medizinische Klinik, Wochenschrift für Klinik und Praxis. 1946, Nr. 20, S. 479.

drüsen selbst, sowie an den keimleitenden Wegen bewirken können«[21].

Der zentrale Leichenverwerter der Nazi-Justiz ist durch den Anfall an Leichen konkurrenzlos. 1941 stellen sich jedoch Transportprobleme ein, da der Leichenwagen der Anatomie unbrauchbar geworden ist. Der Oberpräsident der Provinz Mark Brandenburg bescheidet den Anatomen, er solle Berliner Leichentransport-Institute benutzen. Stieve ruft in der Behörde an, erläutert einem Referenten, daß allein aus dem Zuchthaus Brandenburg-Görden mehrmals fünf bis sechs Leichen auf einmal zu holen gewesen seien. Der ahnungslose Referent: »Sie brauchen mir nicht weiszumachen, daß Sie fast alle Tage eine Leiche abholen müssen und daß Sie in einer Woche gleich mehrere Leichen aus dem Zuchthaus Brandenburg-Görden abzuholen haben.«[22]

Der Universitätskurator verwendet sich beim Reichsminister für Wissenschaft für Stieves Leichenwagen, der »infolge der starken Beanspruchung« nicht mehr tauglich sei: »Z. Zt. kommen die Leichen hauptsächlich aus den Städtischen Pflegeanstalten in Buch und aus den großen Strafanstalten und Zuchthäusern in Berlin und der Provinz Brandenburg.«[23] Ein Jahr später klagt Stieve dem Universitätskurator, daß die bewilligten Gelder nicht ausreichen: Zusätzlich zu den Strafanstalten müssen fast jede Woche Leichen aus der Heil- und Pflegeanstalt Wittstock an der Dosse abgeholt werden, wobei es sich jedesmal um eine Fahrt von etwa 250 km Länge handelt.[24]

Stieve macht reichlich Beute. Im Juli 1944 meldet er im Zentralblatt für Gynäkologie, er habe im letzten Jahr die »Geschlechtsorgane von 123 Frauen genau untersucht«.[25] Eine Seite

---

21 Reichszentrale für wissenschaftliche Berichterstattung. Kurznachrichten. Nr. 1, 1. 7. 1943.

22 Brief Stieves vom 11. 2. 1941 an den Universitätskurator. Archiv Humboldt-Universität zu Berlin. UK 685, Bl. 35ff.

23 Brief des Universitätskurators vom 12. 2. 1941. Ebd., Bl. 31ff.

24 Brief Stieves vom 6. 2. 1942. Ebd., Bl. 7.

25 Stieve: Paracyclische Ovulationen, in: Zentralblatt für Gynäkologie Nr. 7/1944, S. 260.

weiter schreibt er: »In der Zwischenzeit hatte ich Gelegenheit, weitere Frauen, die gesund waren und plötzlich starben, zu untersuchen.«[26] Bald werden die Hingerichteten aus dem Kreis der Hitler-Attentäter vom 20. Juli 1944 hinzukommen.

Am 21. Juli 1944 wendet sich der Heeres-Sanitätsinspekteur an Stieve. Es gebe Berichte, wonach die Fruchtbarkeit der Fronturlauber geringer geworden sei. Die Wehrmachtsärzte führten dies auf die körperlichen und seelischen Belastungen des Fronteinsatzes zurück. Professor August Mayer, Universität Tübingen, halte Sperma-Untersuchungen bei Urlaubern der Feldtruppe für wünschenswert. Der Beratende Pathologe, Professor Edmund Randerath, schlage wiederum vor, bei Sektionsfällen im Armeebereich die Hoden zu entnehmen und an zentraler Stelle zu untersuchen. Stieve solle seinerseits Stellung nehmen und mitteilen, ob er die Untersuchungen im Wehrmachtsauftrag durchführen könne.[27]

Der naheliegende Gedanke, den Soldaten könne angesichts der Kriegslage die Lust am Kinderzeugen vergangen sein, wird nicht ausgesprochen. Stieve sagt zu, die Untersuchungen durchzuführen. Wenige Wochen später meldet Berlin jedoch: »Leider gestattet im Augenblick die militärische Lage nicht, an die Durchführung des Planes zu denken. An den wirklichen Kampffronten – und nur diese kommen dafür in Frage – sind erfolgversprechende Untersuchungen ... z. Zt. nicht möglich.«[28] Das Kriegsende erledigt das Forschungsvorhaben.

Am 23. August 1945 wird Stieve von der sowjetischen Geheimpolizei abgeholt und verhört. Das Leichenbuch, das über die Herkunft der Präparate Auskunft geben würde, ist verschwunden. Stieve überzeugt die Sowjets, daß nicht er als Täter in Frage komme, und wird am Abend wieder freigelassen. Statt seiner wird Verwaltungssekretär Toepler verhaftet. Er ist im Gegensatz zu seinem Chef Mitglied der NSDAP und bleibt in Haft. Monate

26 Ebd., S. 261.
27 Der Heeres-San. Insp. (WiG) am 21. 7. 1944 an Stieve. BA-MA H 20/860/2.
28 Heeres-San. Insp. am 29. 8. 1944 an Stieve. BA-MA H 20/860/2.

später, am 28. Dezember, informiert Stieve Toeplers Sohn, sein Vater sei »nach dem Osten in ein Lager gebracht« worden, es solle ihm gutgehen.[29]

Im September 1946 prahlt Stieve bereits wieder mit seinen Objekten: »Zusammen mit Fräulein Laeschke und Künell habe ich die Nebennieren von 421 gesunden Erwachsenen (188 Frauen, 233 Männern) untersucht ... Sie wurden in den ersten Stunden nach dem Tode seziert.« Etwas weiter im Text präzisiert er die Zeitangabe, wonach »keines der Präparate länger als höchstens drei Stunden nach dem Tode fixiert wurde«.[30]

Im Januar 1947 verteidigt sich Stieve gegenüber dem Präsidenten der Zentralverwaltung für Volksbildung in der Sowjetischen Besatzungszone, er habe »seit dem Jahre 1933 bis zum Zusammenbruch stärksten Widerstand gegen alle Maßnahmen des Nationalsozialismus geleistet« und sei »aus diesem Grunde dauernd bekämpft worden«.[31] Den Widerspruch dieser Aussage will niemand mehr wahrnehmen: daß die Nazis einen Mann angeblich bekämpft und ihn zugleich zum Zeugen ihrer Verbrechen gemacht haben sollen. Wie sehr die Nazis Stieve privilegiert hatten, zeigt ein Erlaß des Reichsjustizministers vom 6. März 1943. Dort heißt es über die Leichen Hingerichteter: »Von der Überlassung der Leichname für Lehr- und Forschungsversuche ist abzusehen.«[32]

Ungeklärt ist bis heute, wie Stieve zu seinen Angaben über das Intimleben der zum Tode Verurteilten gekommen ist.[33] Ein

29 Brief vom 28. 12. 1945, Personalakte St 116, Bl. 379.

30 Stieve: Über Wechselbeziehungen zwischen Keimdrüsen und Nebennierenrinde, in: Das Deutsche Gesundheitswesen, hg. von der Deutschen Zentralverwaltung für das Gesundheitswesen in der sowjetischen Besatzungszone, Heft 18, 15. 9. 1946, S. 537.

31 Brief vom 8. 1. 1947. Personalakte, Bl. 441 ff.

32 Zitiert nach Rundschreiben des SS-WVHA vom 22. 2. 1944 an alle KZ-Kommandanten. Auschwitz-Verfahren, Ordner: Kommandanturbefehle 1943/44.

33 Vgl. Brigitte Oleschinski: Der »Anatom der Gynäkologen«, Hermann Stieve und seine Erkenntnisse über Todesangst und weiblichen Zyklus, in: Beiträge zur Nationalsozialistischen Gesundheits- und Sozialpolitik, Bd. 10, Berlin 1992, S. 211 ff.

Beispiel aus seinen Veröffentlichungen: »Als 5. Fall schildere ich eine 25 Jahre alte, sonst vollkommen gesunde Frau W. Die Blutung war bei ihr erstmalig im Alter von 14 Jahren aufgetreten, von da ab regelmäßig alle 28 Tage ohne Beschwerden. Im Alter von 21 Jahren erkrankte die Frau an Gonorrhoe ... Die Frau war niemals schwanger gewesen, hatte aber seit dem 17. Jahre geschlechtlich verkehrt. 8 Tage, nachdem die Blutung aufgehört hatte, kam sie ins Gefängnis, während der nachfolgenden 54 Tage trat keine weitere Blutung ein.«[34]

Stieve 1947: »Ich betone ausdrücklich, daß ich diese Angaben nur einem Gefängnisarzt und zum Teil auch den Verwandten der betreffenden Frauen verdanke. Ich habe niemals ein Gefängnis betreten und dort eine Frau untersucht.«[35] Nun gibt es einen besonders guten Zeugen: Stieve selbst. In einem 1942 publizierten Werk macht er Angaben, die noch frei sind vom Rechtfertigungsdruck der Nachkriegsjahre: »Ich [!] habe stets [!] die Eierstöcke 10 Minuten bis höchstens – bei den verunglückten Frauen – 3 Stunden nach dem Tode im ganzen fixiert.« Stieve entnimmt aber nicht nur die Eierstöcke, sondern die Gebärmutter im ganzen: »Von jeder Frau wurde des weiteren ein Stück der rechten Milchdrüse fixiert und untersucht. Nur wenn die Organe höchstens 1 Stunde nach dem Tod fixiert wurden, waren sie wirklich einwandfrei erhalten.«[36]

Im Einzelfall läßt sich sogar rekonstruieren, wessen Leichnam Stieve zu Gewebeschnitten verarbeitete. Die 22jährige Cato Bontjes van Beek hatte an der Herstellung eines Flugblattes ge-

---

34 Stieve: Der Einfluß des Nervensystems auf Bau und Leistungen der weiblichen Geschlechtsorgane des Menschen. Leipzig 1942, S. 27.

35 Stieve: Die Nebennierenrinde des Menschen, ihre Geschlechtsunterschiede und Altersveränderungen, ihr Verhalten bei Störungen der Keimdrüsentätigkeit und bei paradoxer Fettsucht, in: Forschungen und Fortschritte, Heft 13/14/15, August 1947, S. 156.

36 Stieve: Der Einfluß des Nervensystems auf Bau und Leistungen der weiblichen Geschlechtsorgane des Menschen. Leipzig 1942, S. 3. Das Kapitel heißt »Werkstoff und Untersuchungsarten«.

gen das Terrorregime mitgearbeitet.[37] Sie wird am 5. August 1943 zusammen mit 15 weiteren deutschen Widerstandskämpfern im Drei-Minuten-Takt im Gefängnis Plötzensee ermordet. Cato Bontjes van Beek stirbt um 19 Uhr 42 unter dem Fallbeil.[38]

Bei Stieve liest sich das so: »Bei einer 22jährigen Frau, die seit dem 14. Lebensjahr menstruiert hatte, blieb die Blutung infolge starker nervöser Erregung aus. Die Frau nahm gut 5 Monate lang etwas, aber nur unbedeutend an Körpergewicht ab, von da an aber bei gleichbleibender Ernährung sehr erheblich zu. Nachdem die Menstruation 11 Monate ausgeblieben war, trat plötzlich im Anschluß an eine Nachricht, die die Frau sehr stark erregte [Todesurteil], eine Schreckblutung ein. Am folgenden Tag starb die Frau plötzlich durch äußere Gewalteinwirkung. Ihr Bauchdeckenfett war 7 bis 8 cm dick, an keinem Organ irgendeine Erkrankung.«[39]

Hermann Stieve wird 1950 in den Beirat der neugegründeten Deutschen Gesellschaft für Sexualforschung gewählt, außerdem ist er im Beirat der 1950 von Hans Giese herausgegebenen Zeitschrift für Sexualforschung.[40]

Am 30. September 1951 unterschreibt Stieve einen sogenannten Einzelvertrag mit dem Staatssekretariat für Hochschulwesen der Deutschen Demokratischen Republik (DDR). Sein Gehalt beträgt 3300 Mark. Hinzu kommen weitere Vergütungen, z.B. für Gastvorlesungen. Außerdem wird ihm »die bevorzugte Versorgung mit wissenschaftlicher Literatur« zugesichert. Zugesichert wird ihm ebenso, daß für Lehr- und Forschungsmateria-

37 Das Gestapo-Album zur Roten Kapelle. Eine Foto-Dokumentation. Hg. in Verbindung mit der Gedenkstätte Deutscher Widerstand von Regina Griebel, Marlies Coburger und Heinrich Scheel. Halle/S. 1992, S. 162f., 304.

38 Ebd., S. 354.

39 Stieve: Über Wechselbeziehungen zwischen Keimdrüsen und Nebennierenrinde, a.a.O., S. 543.

40 Marc Dupont: Sexualwissenschaft im »Dritten Reich«. Eine Inhaltsanalyse medizinischer Zeitschriften. Inaugural-Dissertation zur Erlangung des Doktorgrades der Medizin des Fachbereichs Humanmedizin der Johann Wolfgang Goethe-Universität in Frankfurt am Main, 1996, S. 39.

lien, die nicht in der DDR erhältlich sind, »Westmarkbeträge ... zur Verfügung gestellt werden«. Versprochen werden weiterhin »Ehrende Anerkennungen« sowie Darlehen, Beihilfen, Bau eines Eigenheimes, Versorgung mit Verbrauchs- und Bedarfsgütern.[41]

1952 wird im »Zentralblatt für Gynäkologie« ein Vortrag Stieves über »Umweltbedingte Keimdrüsenschädigungen beim Menschen« veröffentlicht. Der Leser erfährt, daß Stieve »mehrfach« Gelegenheit hatte, »Männer und Frauen zu untersuchen, die langsam verhungert waren. Bei ihnen bilden sich Hoden und Eierstöcke in der gleichen Weise zurück wie unter dem Einfluß starker nervöser Erregung.« Wo sich die »Gelegenheit« geboten hatte, verschweigt er.

Es dürften die Psychiatriepatienten aus Wittstock gewesen sein, die im Rahmen der »Vernichtung lebensunwerten Lebens« zu Tode gehungert worden waren und deren Leichen er hatte abfahren lassen. Noch immer rühmt er sich, vollkommen gesunde Frauen untersucht zu haben, »deren Blutung früher regelmäßig eingetreten war«. Stieve über seine Opfer: »Wegen schwerer Verbrechen waren sie ins Gefängnis gekommen; als Folge der Angst, die sie empfanden, blieb ihnen die Regel längere Zeit aus. Die anatomische Untersuchung zeigte nun, daß in allen diesen Fällen die Eierstöcke sehr stark verändert waren.«[42]

Wegen »schwerer Verbrechen« ins Zuchthaus und unter das Fallbeil gekommen: Frauen, wie Cato Bontjes van Beek, die für ein besseres Deutschland eingetreten und unter größter Geheimhaltung ermordet worden waren. Oder Carl Friedrich Goerdeler, Helmuth James Graf von Moltke, Ullrich von Hassell, Wilhelm Leuschner, Julius Leber, Pater Alfred Delp. Oder der katholische Geistliche Hermann Wehrle, der beim Beichtgespräch von dem Hitler-Attentat erfahren, das Beichtgeheimnis aber nicht gebrochen hatte.[43]

---

41 Einzelvertrag vom 30. 9. 1951, Personalakte, PA St 116, Bl. 463 ff.
42 Zentralblatt für Gynäkologie, 1952, Heft 23, S. 918 ff.
43 Oleschinski, Gedenkstätte Plötzensee, a. a. O., S. 38.

Stieve stirbt am 6. September 1952 an einem Schlaganfall, »mitten im Aufbruch zum deutschen Gynäkologenkongreß, auf dem er die Summe seiner Erfahrungen auf dem Gebiet der Zyklusphysiologie und -pathologie in einem Referat vortragen wollte«.[44] Bei seinem Tode ist er Mitglied der Königlich Schwedischen Akademie der Wissenschaften in Uppsala und Stockholm, der Bayerischen Akademie der Wissenschaften in München, der Deutschen Akademie der Naturforscher in Halle, des Institut International d'Embryologia, Korrespondierendes Mitglied der Deutschen Gesellschaft für Geburtshilfe und Gynäkologie.[45]

Kurz vor Stieves Tod war sein Werk »Der Einfluß des Nervensystems auf Bau und Tätigkeit der Geschlechtsorgane des Menschen« im Zentralblatt für Gynäkologie überschwenglich besprochen worden: »In der vorliegenden Monographie finden wir ein großes Beobachtungsmaterial, das völlig lebensfrisch fixiert und sorgfältigst untersucht werden konnte ... Sehr eindrucksvoll sind die Bilder der eintretenden Hodenathropie [Schwund] unter der Einwirkung von Gefangenschaft und Todesgewißheit.«[46]

Professor Walter Stoeckel, der führende Gynäkologe, in seinem Nachruf auf Stieve: »Er war der revolutionäre Anatom unseres Faches ... ein waidgerechter, die Schönheiten von Wald und Wild freudig genießender Jäger ... Es ist unsere Pflicht und unsere Freude, sehr dankbar an ihn zu denken und sehr stolz darauf zu sein, daß er der Unsere war.«[47] Der Pathologe Robert Rössle: »Als leidenschaftlicher Jäger holte er sich seine Objekte aus manchen Ländern Europas: Was er tötete und was die Ana-

44 Helmut Kraatz bei der Gedächtnisfeier für Stieve im Hörsaal des Anatomischen Instituts in Berlin am 15. 9. 1952. Zentralblatt der Gynäkologie 1952, Heft 49, S. 1923.

45 Personalakte Stieve, a. a. O., Bl. 436.

46 Der Gynäkologe Robert Schröder (Leipzig) im Zentralblatt für Gynäkologie, Heft 41/1952, S. 1642.

47 Zentralblatt für Gynäkologie 1952, Heft 49, S. 1927.

tomie ihm bot, machte er durch Deutung in Wort und Schrift wieder lebendig.«[48]

Der Histologe Professor Benno Romeis (1955/56 Präsident der Deutschen Anatomischen Gesellschaft) rühmt das »einzigartige Untersuchungsgut, wie es in dieser Zahl, Güte und Vollständigkeit noch keinem Forscher zur Verfügung stand«. Er geht auch auf Vorwürfe bezüglich der Herkunft von Stieves einmaligem »Werkstoff« ein: »Die Leichen, die er in die Anatomie bekam und an denen er seine Untersuchungen ausführte, waren Leichen von Unglücksfällen oder von Menschen, die wegen gemeiner Verbrechen ... von regulären Gerichten zum Tode verurteilt waren.«[49] Auch Romeis weiß natürlich, daß in der Nazi-Zeit als gemeines Verbrechen sogar das Abhören von Auslandssendern (»Feindsender«) mit dem Tode bestraft wurde.

Gemeine Verbrecher waren demnach die in Plötzensee hingerichteten Frauen des deutschen Widerstandes.[50] Oder der im Mai 1943 in Plötzensee ermordete Nervenarzt John Rittmeister.[51] Oder Stieves Arzt-Kollege Dr. Georg Groscurth, Dozent für Innere Medizin an der Berliner Universität, der u.a. Juden versteckt und Soldaten kriegverwendungsunfähig geschrieben hatte.[52]

Hermann Stieve, der die Frauen und Männer des deutschen Widerstandes zu Gewebeschnitten verarbeitete, wird post mortem mit der Verleihung der Ehrenmitgliedschaft der Deutschen Gynäkologischen Gesellschaft geehrt.[53]

---

48 Jahrbuch der Deutschen Akademie der Wissenschaften, 1952/53, S. 226.

49 Benno Romeis in einem Nachruf auf Stieve. Jahrbuch der Bayerischen Akademie der Wissenschaften, 1953, S. 176f.

50 Eine Namensliste findet sich in der Dokumentation Gestapo-Album zur Roten Kapelle, S. 351ff.

51 John Rittmeister: Hier brennt doch die Welt. Aufzeichnungen aus dem Gefängnis 1942–1943 u.a. Schriften. Mit einem biographischen Essay von Walter Bräutigam. Hrg. von Christine Teller. Gütersloh 1992.

52 Das Krankenhaus Moabit, S. 227ff.

53 Deutsche Akademie der Naturforscher Leopoldina, Archiv. Matrikel-Mappe Nr. 3466.

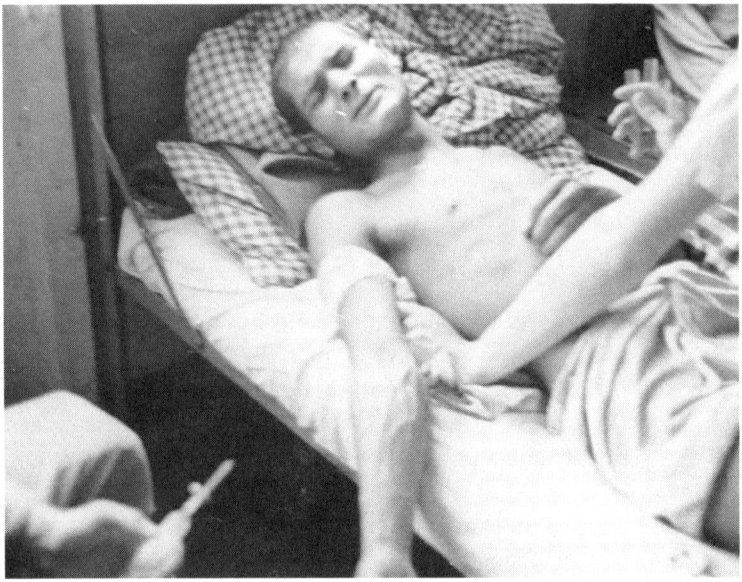

IV Malaria-Versuche, Schädlingsbekämpfung

Ein Häftling in Dachau als Opfer von Medizinversuchen.

Eine der häufigsten Tropenkrankheiten ist die Malaria (mala aria = schlechte Luft). Ihre Verbreitung hängt eng mit Kriegen zusammen. Erreger der Infektionskrankheit sind Einzeller der Gattung Plasmodien. Sie werden durch den Stich der Malariamücke (wissenschaftlicher Name: Anopheles) übertragen. Die Plasmodien setzen sich in den roten Blutkörperchen fest, teilen sich dort, greifen immer neue Blutkörperchen an und zerstören sie.

Die Medizin unterscheidet drei Verlaufsformen: Die Malaria tertiana, mit Fieberanfällen jeden dritten Tag (sie heilt meist aus und ist nicht lebensbedrohlich). Die Malaria quartana mit Fieberanfällen jeden vierten Tag. Die gefürchtetste Form ist die Malaria tropica mit unregelmäßigen Fieberanfällen, Präkoma- oder Komazuständen: »Hier muß bei den schweren zerebralen und kardialen Verlaufsformen die therapeutische Kunst alles aufbieten, um gerade diese Schwersterkrankten aus ihrer Lebensgefahr zu erretten.«[1]

Malaria-Versuche in der Psychiatrie

Das Standardmittel gegen Malaria ist Chinin, ein Alkaloid aus der Rinde des Chinabaumes. In der NS-Zeit stehen außerdem zwei Präparate zur Verfügung: Atebrin sowie Plasmochin, ein synthetisches Malariamittel, beides Präparate von Bayer-Elberfeld.

1 Die Therapie der Malaria, Von Oberstabsarzt Prof. Dr. F. Meythaler, beratender Internist der Armee, in: Münchener Medizinische Wochenschrift, Nr. 38/1942, S. 814.

Zu Malaria-Experimenten werden bevorzugt Geisteskranke verwendet. Es gibt Mediziner, die behaupten oder glauben, daß sich Malaria oder andere Fiebererkrankungen positiv auf psychotische Zustände auswirken. Der berühmteste ist der Wiener Psychiater Julius Wagner Ritter von Jauregg, der herausgefunden haben wollte: »Wenn ein Geisteskranker in dem ersten Halbjahr des Bestehens seiner Geisteskrankheit von einer fieberhaften Infektionserkrankung befallen wird, ist die Wahrscheinlichkeit eine sehr große, daß er dadurch von seiner Psychose geheilt wird.«[2]

Wagner-Jauregg heilt mit künstlich infizierter Malaria keine Psychosen. Aber er entdeckt, daß progessive Paralyse, d.h. Kranke, die als Spätfolge einer Syphilis an »Gehirnerweichung« leiden, durch Ansteckung mit dem Sumpffieber geheilt werden können. Am 14. Juni 1917 verimpft der Wiener Psychiater erstmals das Blut eines »Malarikers« (Tertiana) auf zwei und etwas später auf weitere Paralytiker. Bei der ersten Versuchsreihe stirbt eine Versuchsperson, beim zweiten Versuch sterben drei von vier Patienten, weil Wagner-Jauregg versehentlich das Blut eines Kranken mit Malaria tropica verimpft.[3]

Wagner-Jauregg ist für seine Entdeckung 1927 (als einziger Psychiater) mit dem Nobelpreis gewürdigt worden. Zu Anerkennung und Durchbruch seiner Malariatherapie verhelfen ihm Mediziner, die Menschenversuche durchführen wollen: »Die Bakteriologen und Tropenmediziner waren überhaupt für die Malariatherapie sehr eingenommen, nicht wegen der armen Paralytiker, sondern weil ihnen die Malariatherapie Gelegenheit gab, an Menschen Versuche mit Malariaimpfungen zu machen, ... auch in Deutschland ging die Einführung der Malariatherapie von dem Malarialogen Peter Mühlens in Hamburg aus.«[4]

---

2 Julius Wagner-Jauregg: Malariatherapie, in: Diagnosen. Ärzteerinnerungen aus dem 20. Jahrhundert. Hg. von Barbara und Günter Albrecht. Berlin 1974, S. 205f.

3 Ebd., S. 206ff.

4 Ebd., S. 209.

Bei der Malariatherapie treibt man den Teufel mit dem Beelzebub aus: Die an progressiver Paralyse Erkrankten werden zusätzlich zu Malariakranken gemacht. Sie müssen bis zu 12 schwere Fieberattacken erleiden, ehe ihre Malaria behandelt wird. Als Nebenwirkungen stellen sich z.B. schwere Gelbsucht, Milzzerreißungen, Herzkomplikationen ein. Die Zahl der Todesfälle ist nicht gering.

Wer die »Malariatherapie« einsetzt, muß ständig Mücken oder Malariakranke zur Hand haben, um Paralytiker mit dem Sumpffieber anstecken zu können. Die rheinische Provinzial-Heilanstalt Düsseldorf-Grafenberg (Leitung: Professor Franz Sioli) baut in den zwanziger Jahren eine der größten Mückenzuchten auf. Von Grafenberg aus werden Anopheles-Weibchen per Post an andere Anstalten verschickt. Sioli verwendet die »Malariatherapie« aber nicht allein zur Behandlung der progressiven Paralyse. Hatte man bisher Kanarienvögel oder Reisfinken zu Malariaversuchen verwendet, so benutzt Sioli seine Patienten zur Erprobung neuer Bayer-Präparate. Die Menschenversuche beginnen im März 1925 in Zusammenarbeit mit dem Forschungslaboratorium von Bayer-Elberfeld. Sioli arbeitet dabei eng mit Professor Walter Kikuth zusammen, dem Leiter der wissenschaftlichen Abteilung in Elberfeld.[5]

Dachau als Malaria-Labor

Professor Claus Carl Schilling ist der älteste der Medizintäter, und das aus Leidenschaft. Nach einer Ausbildung am Robert-Koch-Institut wird er 1899 Regierungsarzt in Afrika, zunächst in Togo, dann in Deutsch-Ostafrika. Von 1905 bis zur Emeritierung 1936 ist er Leiter der tropenmedizinischen Abtei-

5 Vondra, S. 25ff. Die Autorin stützt sich auf einen Aufsatz Siolis »Prüfung des Plasmochins bei der Impfmalaria der Paralytiker«, in: Die Naturwissenschaften 14 (1926), Heft 48/49, Sonderdruck, sowie einen Aufsatz Kikuths »Über die chemotherapeutische Wirkung des Atebrin«, in: Deutsche medizinische Wochenschrift 58 (1932), S. 530f.

lung des Robert-Koch-Instituts.[6] Danach forscht er in seinem Privatlabor und in den Wittenauer Heilstätten. Der Reichsforschungsrat fördert seine Arbeiten über Malariaschutz, d.h. mit Minimalinfektionen die Widerstandsfähigkeit gegen Malaria zu erhöhen.[7]

Im Mai 1937 erhält er eine Einladung, am Istituto di Sanita Pubblica in Rom einen Vortrag über »afrikanische Tierseuchen und ihre Beziehung zu den Infektionskrankheiten des Menschen« zu halten.[8] Schilling informiert daraufhin das Auswärtige Amt und das Reichs- und Preußische Innenministerium, daß die Einladung für die engen Beziehungen deutscher und italienischer Wissenschaft von besonderer Bedeutung sei. Der Vortrag findet am 16. Juni 1937 statt.

Da Italien selbst Malariaprobleme hat und in Afrika Kolonialmacht ist, wird Schilling zu Forschungsarbeiten in Italien eingeladen. Ab Juli 1938 versucht er in der Heilanstalt San Nicolo in Siena, Psychiatriepatienten gegen Malaria zu immunisieren. Im Juni 1939 bewegt Schilling den deutschen Botschafter in Rom, dem Auswärtigen Amt mitzuteilen, die Erfindung einer Schutzimpfung gegen Malaria stehe bevor. Man möge dies einer breiten Öffentlichkeit mitteilen. Das um Rat befragte Robert-Koch-Institut rät dringend ab, in einer Pressenotiz den Eindruck zu erwecken, es sei eine Schutzimpfung gegen Malaria entwickelt worden.

Im Herbst 1939 wird Schillings Italien-Mission auf Betreiben der Italiener beendet. Es gelingt Schilling jedoch, den deutschen Staats- und Parteiapparat für sich zu mobilisieren: Im Sommer 1940 ist er wieder im Einsatz, diesmal am Medico provinciale in Florenz. Ab Dezember 1940 erhält er eine reichlich dotierte »Reichsbeihilfe« des Reichsinnenministeriums.

Im Februar 1941 wird ihm erneut die Weiterarbeit untersagt: Versuche am Menschen dürften nur in Italien approbierte Ärzte

---

6 Vondra, S. 91.

7 Überblick 1937/38, S. 119.

8 Die Darstellung folgt Vondra, S. 103 ff. Sie hat Schillings Italien-Versuche ausführlich dargestellt.

vornehmen. Der deutsche Botschafter bedrängt den Staatssekretär im italienischen Gesundheitsministerium derart, daß Schilling weiterhin Immunisierungsversuche vornehmen darf. Diesmal ist es das Ospedale Psichiatrico in Volterra. Schilling arbeitet hier von März bis November 1941. In einem Abschlußbericht wird Schilling später zu dem Ergebnis kommen, er habe »durch eine Kombination von Einspritzungen lebender Malariaerreger mit Chinin bei 2 [!] Personen *eine völlige Immunität* gegen Malariainfektion erzielt«.[9]

Im März 1941 meldet Schilling der Botschaft, in Bulgarien und Griechenland herrsche die Malaria in besonders schwerer Form. Sie werde die deutschen Soldaten nicht verschonen: »Jede Möglichkeit, unsere Soldaten dagegen zu schützen, muß wahrgenommen werden. Meine Untersuchungen haben eine solche Möglichkeit ergeben. Ich halte mich für verpflichtet, die oberste Leitung des deutschen Heeressanitätswesens darauf aufmerksam zu machen.«[10]

Es dauert Monate, bis Schillings Angebot Beachtung findet. Im November 1941 kommt es zu einem Treffen mit Reichsgesundheitsführer Conti in der römischen Botschaft. Danach geht alles ganz schnell: Am 10. Dezember 1941 erteilt Himmler den Befehl, Schilling solle mit Conti die Malariaforschung vorantreiben.[11] Der Malarialoge verläßt Italien umgehend.

Bereits am 20. Januar 1942 berichtet der Reichsarzt-SS (Grawitz) seinem Chef Himmler, Schilling habe im KZ Dachau eine Arbeitsmöglichkeit erhalten und die Arbeit aufgenommen: »Es handelt sich jetzt darum, die Versuche auf breiter Basis am Menschen zu wiederholen.«[12] Ein emeritierter Professor bekommt ein ganzes KZ als Versuchslabor zur Verfügung gestellt. Rose, sein Nachfolger im Amt als Abteilungsleiter im Robert-Koch-In-

9 Schillings Abschlußbericht über die Experimente in Volterra ist auf den 12. 11. 1941 datiert. Vondra, S. 112.

10 Schreiben Schillings vom 5. 3. 1941 an den Botschaftsrat der deutschen Botschaft in Rom. Vondra, S. 113.

11 Das Datum ergibt sich aus einem Schreiben des Reichsarztes-SS Grawitz an Himmler vom 20. 1. 1942. Vondra, S. 114.

12 Grawitz am 20. 1. 1942 an Himmler. Ebd.

stitut, wird nach dem Krieg süffisant anmerken, daß Forscher nach Vollendung des 70. Lebensjahres nicht Probleme lösen, »um die sie sich 40 Jahre erfolglos bemüht hatten«.[13]

Dachau liegt in einer sumpfigen Gegend. Hier halten sich sogar Anopheles-Mücken, Urheber und Träger der Malaria, die sonst nur in tropischen Landstrichen zu finden sind. Zum Fliegenfangen gibt es ein eigenes Häftlingskommando. Die Anopheles-Mücken werden in Netzkäfigen gezüchtet und mit Häftlingsblut gefüttert. Anfangs läßt sich Schilling im Dienstwagen von seiner Dachauer Wohnung abholen und zurückbringen, später muß er mit dem Fahrrad fahren. Eugène Ost, Schillings Schreiber ab September 1942: »Er bezeichnete uns, die wir in seinem Labor arbeiteten, einmal als Gesindel und schien die in Zebra gekleideten Menschen auch als solches zu betrachten.«[14]

Zunächst müssen die Malariaparasiten in den Körper der Häftlinge gebracht werden. Dazu gibt es drei Möglichkeiten:

1. Durch den Stich infizierter Mücken (diese werden in Netzen auf die Innenseite des Unterarmes oder Oberschenkels der Versuchsperson gesetzt).

2. Durch Einführen von Sporozoiten in oder unter die Haut (mit Sporozoiten, die aus der Speicheldrüse der Mücken herauspräpariert werden, bezeichnet man ein Entwicklungsstadium der Sporentierchen nach der Teilung).[15]

3. Durch Injektionen von Krankenblut.

Die beiden zuletzt genannten Wege ermöglichen es Schilling, Malariaparasiten in kleinsten Dosen in den Organismus zu bringen. Die Krankheit soll in abgeschwächter Form ablaufen, um so eine Immunisierung zu erreichen. Schilling infiziert Häftlinge und gibt ihnen vor dem errechneten Fieberausbruch große Do-

---

13 Aussage Rose vom 15. 11. 1956 im Disziplinarstrafverfahren der Bundesdisziplinarkammer gegen Rose (kein Az.). Kopie im Fußgänger-Verfahren, Bl. 178.

14 Bericht Ost vom 23. 3. 1968. ZSt 413 AR 1463/65, Bl. 590. Eugène Ost hat seine Erlebnisse unter dem Titel »Die Malaria-Versuchsstation im Konzentratonslager Dachau« veröffentlicht: Dachauer Hefte, Heft 4/1988, S. 174 ff.

15 Bericht Ost vom 23. 3. 1968. ZSt 413 AR 1463/65, Bl. 590 f.

sen von Neosalvarsan, Chinin, Atebrin, Pyramidon, Aspirin sowie zahlreiche Kombinationen dieser Mittel.[16] Dies soll für einen milden Verlauf der Malariaanfälle sorgen.

Schilling erprobt u. a. das Präparat »2516« der Firma Boehringer im Menschenversuch. Streng vertraulich gutachtet er am 20. November 1944: »Das Krankengut bestand aus 66 erwachsenen Personen, die entweder in Malariagebieten spontan erkrankt und rezidiviert waren; aus psychisch Kranken, welche therapeutisch mit Malaria geimpft wurden; aus Malariakranken, welche sich im Stadium der labilen Infektion (Parasiten im Blute, aber kein Fieber) befanden, endlich aus früheren Malaria-Erkrankten, deren Immunität gegen Superinfektionen geprüft wurden.«[17]

Schillings KZ-Labor wird wie eine Versuchsstation geführt. Tag und Nacht, alle drei Stunden, werden Puls und Temperatur gemessen, in Fiebertabellen eingetragen. Ist die Infektion angegangen, werden täglich Blutausstriche gemacht und untersucht. Alles wird protokolliert. Der Professor erscheint morgens um 9 Uhr, läßt sich die Fieberkurven vorlegen, macht Visite.[18] Nur: Arztschreiber und Pfleger sind Häftlinge, und Schillings Assistenzarzt Dr. Rudolf Brachtel benutzt die Häftlinge zusätzlich als Übungsobjekt für Leberpunktionen.[19]

Dr. Kurt Plötner, von April 1943 bis Juli 1944 Schillings Assistent, geht eigene Wege. Er möchte Malaria durch hohes Fieber bekämpfen. Seine Heilmethode besteht darin, Häftlinge mit künstlich erzeugten Fiebertemperaturen von 40 bis 42 Grad zu behandeln. Was dies für die ausgemergelten, z. T. tuberkulosekranken Häftlinge bedeutet, kann zumindest derjenige erahnen, der einmal hohes Fieber gehabt hat. Im Rahmen der Experimente wird am 8. Juni 1943 der polnische Häftling Wladimir Olesjuk mit Malaria infiziert. Er verfällt in Agonie und stirbt am 20. Juni

16 Bericht ZSt über Ahnenerbe-Versuche, 413 AR-Z 567/67, Bl. 691.
17 Bericht über das Präparat Boehringer 2516. Archiv Dachau.
18 Bericht Ost vom 23. 3. 1968. ZSt 413 AR 1463/65, Bl. 592f.
19 Ebd., Bl. 594.

1943.[20] Schilling erfährt von diesem Todesfall und sagt zu Plötner: »Das kann uns natürlich nicht abhalten, Herr Kollege, die Versuchsreihe fortzusetzen.«[21]

Anfangs benutzt Schilling sogenannte Berufsverbrecher, danach bevorzugt polnische Priester. Am Ende dienen selbst Menschen mit schweren Herzmuskelschäden als Versuchsobjekte.[22]

> »Ich entsinne mich daran, daß bei einer letzten Gruppe, die dem Professor vorgeführt wurde, die meisten Leute nicht mehr auf den Beinen stehen konnten. Der sie begleitende Schreiber entschuldigte sich mit dem Hinweis, alle irgendwie brauchbaren Leute müßten arbeiten. ›Verdammt noch mal, zuerst kommen doch meine Versuche‹, war Schillings Antwort.«
>
> Eugène Ost, Häftling.[23]

Häftlingsarzt Blaha, der in Dachau die Toten seziert: »Der Häftling Bulk erhielt 15 Tage lang Pyramidon in 4 g-Dosen bis zur völligen Zersetzung der Blutkörperchen ... Auf dem Seziertisch hatten wir eine Menge tödlicher Vergiftungen durch Salvarsan, Antipyrin und Pyramidon festgestellt.« Schilling, darauf bedacht, die Sterblichkeit auf seiner Versuchsabteilung gering zu halten, läßt »die Vergifteten einen Tag vor dem Tode eiligst auf die Innere Abteilung überführen«.[24]

Dr. Willy Witteler, 1944 Erster Lagerarzt in Dachau: »Es ist wahr, daß kein Totenschein, der von mir während dieser Zeit ausgestellt wurde, als Todesursache die Malaria angegeben hat. Es wurde nämlich auf Wunsch Dr. Schillings ein jeder Häftling, dessen Zustand hoffnungslos war, in unsere Abteilung für innere Krankheiten gebracht und dann nach seinem Tode wurde als Todesursache Kreislaufstörungen oder Herzschwäche angege-

20 Bericht ZSt über Ahnenerbe-Versuche, 413 AR-Z 567/67, Bl. 692.
21 Bericht Ost vom 23. 3. 1968. ZSt 413 AR 1463/65, Bl. 595.
22 Blaha, Medizin auf schiefer Ebene, S. 70.
23 Bericht Ost vom 23. 3. 1968. ZSt 413 AR 1463/65, Bl. 592.
24 Blaha, S. 68.

ben und in den Totenschein geschrieben und dieser dann von mir unterzeichnet.«[25]

Die Versuche enden am 30. März 1945.[26]

Die Häftlinge Eugène Ost und August Vieweg haben einen Teil der Krankenunterlagen vor der Vernichtung gerettet. Ost, nach 1945 Leiter der Bakteriologischen Abteilung im Staatlichen Institut für Hygiene und öffentliche Gesundheit in Luxemburg, hatte außerdem gegen Kriegsende alle auf Karteikarten enthaltenen Namen abgeschrieben. Er schätzt, daß etwa 1100 Häftlinge als Versuchskaninchen benutzt wurden.[27]

Schilling wird durchgängig als unangenehm, hart, unmenschlich geschildert. Trotz seiner mehr als 70 Jahre schlägt und tritt er Häftlinge. Als er mit 75 Jahren in Dachau vor einem amerikanischen Militärgericht steht,[28] trampelt er vor Wut mit den Füßen, weil seine Aufzeichnungen erhalten geblieben sind: »Verflucht noch mal, diese Karten sollten doch verbrannt werden.«[29] Schillings Verteidigung: »Ich gebe zu, daß bei jenen Versuchen Menschen leiden mußten, am meisten unter seelischer Depression. Aber die Interessen der Wissenschaft, Millionen vor dieser Krankheit zu bewahren und zu retten, standen viel höher.«[30]

»Über einige deutsche Italienliebhaber« heißt eine Schilderung von Kurt Craemer über den jüdischen Maler Rudolf Levy, der bei Matisse studiert hatte und in Florenz lebte (wo ihn die Nazis ermordeten). In Florenz trifft sich ein kleiner Kreis von Kunstliebhabern. Zu ihnen zählen 1941 Professor Schilling und seine Frau. »Wir liebten seine Gesellschaft ... die Fähigkeit zur humansten Gemütlichkeit«, schreibt Craemer. »Am meisten bewegte ihn seine Liebe zur Musik. Er gestand mir, daß er zwischen Bach und Beethoven periodisch hin und her geworfen

25 Erklärung Dr. Witteler o. D., 1, Dachauer Prozeß, Bd. 7. Archiv Dachau. Die meisten Häftlinge sterben an den durch Malaria entstandenen Komplikationen, hauptsächlich tuberkulöser Art.

26 Erklärung Ost vom 20. 10. 1966. ZSt 413 AR 1463/65, Bl. 408.

27 Ebd.

28 Schilling wird am 28. 5. 1946 in Landsberg hingerichtet.

29 Ebd., Bl. 407.

30 Blaha, S. 72.

würde, daß Beethoven ihm manchmal als Anfang allen Übels, Bach dagegen als heiliger Quell erscheine und in anderen Lagen seines Lebens die Sache wiederum genau umgekehrt sei.«[31]

Eines Abends hört Schilling in den Nachrichten der BBC von der Versenkung eines Schiffes, bei der einige hundert Menschen ums Leben gekommen sind. Schilling daraufhin: »Wenn man uns erlauben würde, ebenso viele Menschen sinnvoll zu opfern, wie sie da sinnlos gestorben sind, würde es bald keine Krankheit mehr geben, die nicht besiegt werden könnte.«[32] In Dachau hat er dies ein Jahr später verwirklicht.

Ein Überlebender, der 46jährige polnische Priester Majchrzak, in Dachau u.a. bei der Zucht von Hasen und weißen Mäusen eingesetzt, 1953 über seinen Aufenthalt in der Malariastation: »Dort wurde ich 13mal durch Malaria-infizierte Mücken infiziert, hatte dann Fieber und Schüttelfrost sechs Wochen lang, bekam dann Atebrin und machte danach eine Gelbsucht durch. Dann arbeitete ich von neuem, bekam Typhus und machte außerdem eine Phlegmone an der Hand durch; außerdem litt ich an häufigen Diarrhoen ... Seit der Befreiung leide ich an Rheumatismus, häufig an Hexenschüssen. Meine Leber ist sehr geschwollen, ich habe oft Magenschmerzen, bin sehr nervös geworden, habe häufig Schwindel und gelegentlich, besonders nachts, angsthafte Halluzinationen, hin und wieder Durchfall, bin leicht erkältet und immer müde.«[33]

---

31 Kurt Craemer: Mein Panoptikum, hg. von Rudolf Hagelstange. Hamburg 1965, S. 129.

32 Ebd., S. 130.

33 Gutachten Kaplan vom 14. 4. 1953. Dr. Siegesmund Pierre Kaplan, geb. 1904 in Wilna, 1933 als jüdischer Assistenzarzt am Krankenhaus Moabit in Berlin entlassen. Kaplan geht nach Paris und überlebt die deutsche Besatzung mit falschem Namen im Untergrund. Nach dem Krieg Vertrauensarzt der Deutschen Botschaft in Entschädigungsfällen bei Verfolgten. Kaplan überließ sein Archivmaterial Dr. Christian Pross. Christian Pross: Wiedergutmachung. Der Kleinkrieg gegen die Opfer. Frankfurt am Main 1988, S. 195f.
Ich danke Christian Pross, daß er mir Kaplans Gutachten eine Zeitlang überlassen hat. Der Bestand befindet sich jetzt im Bundesarchiv Berlin.

Der polnische Theologieprofessor Lech Grabowski: »Nach der 7. Injektion traten Vergiftungerscheinungen auf (Anschwellung des Kopfes, der Arme und der Beine); trotzdem wurde die Behandlung mit Neosalvarsan fortgeführt bis zur 9. Injektion. Danach außerordentlich schwere allgemeine Vergiftung, Dermatitis [Hautentzündung] am Kopf, Verlust von Nägeln und Haaren. Etwas später kam hinzu eine Bewegungsunfähigkeit der Arme und Beine.«[34]

Dr. Kaplan, der Vertrauensarzt der Deutschen Botschaft in Paris, hat nach 1945 viele polnische Priester zu begutachten. Es sind Menschen, die noch immer an Malariaattacken leiden, denen die Zähne ausgefallen sind, die nachts mit Angstträumen aufwachen. Der Priester Casimir Borowicz, 1952: »Seit meiner Entlassung litt ich mehrere Male pro Jahr an Fieberanfällen. Die letzten Anfälle hatte ich Anfang dieses Jahres und mußte sie immer mit Chinin bekämpfen ... Ich verliere die Gedanken beim Sprechen. Dadurch ist es mir unmöglich, mein Priesteramt auszuüben.«[35]

1952 bekommt Kaplan ein Gutachten durch das Auswärtige Amt zurück und eine Stellungnahme des (für Entschädigung von NS-Verbrechen zuständigen) Bundesministers der Finanzen. Darin heißt es, die in Entschädigunsfragen kompetenten Mediziner in Deutschland stünden auf dem Standpunkt, »daß die Folgen von Menschenversuchen nach 7 Jahren in der Regel abgeklungen sind und keine Erwerbsminderung mehr bedeuten«.[36] Am 9. März 1956 hat Kaplan den Priester Boleslav Burian zu begutachten, der schon 1952 von ihm untersucht worden war. Kaplans Urteil: »Der Patient ist in der Ausübung seiner beruflichen Tätigkeit erheblich mehr gestört als zum Zeitpunkt der ersten Untersuchung.«[37]

---

34 Gutachten Kaplan vom 31. 7. 1952.

35 Gutachten Kaplan vom 3. 6. 1952.

36 Schreiben der Diplomatischen Vertretung der Bundesrepublik Deutschland, Paris, vom 24. 11. 1952 an Dr. Kaplan. 518 – o4 E Tgb. Nr. 4353/52.

37 Zertifikat btr. Abbé Burian vom 9. 3. 1956.

Das Institut für Wehrhygiene der Luftwaffe

Eine befriedigende Behandlung der Malaria, v. a. eine Verhütung der Rückfälle, gibt es während des Krieges nicht.

An vorderster Malariafront kämpft neben Schilling sein Nachfolger im Amt, Gerhard Rose. Er ist noch an seinem Lebensende der Überzeugung: »Ohne Malariapatienten ... konnte man nicht arbeiten.«[38]

Gerhard August Heinrich Rose ist am 30. November 1896 in Danzig geboren. Er studiert u. a. an der Kaiser-Wilhelm-Akademie für das militärärztliche Bildungswesen in Berlin. 1922 tritt er, nach eigenen Angaben, der NSDAP bei.[39] Er ist Assistent an verschiedenen Instituten, zuletzt (1926–29) an der Chirurgischen Klinik der Universität Heidelberg.[40] Von Juni 1929 bis September 1936 betätigt er sich als Regierungsarzt in China.[41] Der sich abzeichnende Krieg zwischen Japan und China treibt ihn zurück ins Reich.[42]

Im Oktober 1936 tritt Rose die Nachfolge von Professor Claus Schilling als Leiter der tropenmedizinischen Abteilung im Robert-Koch-Institut (RKI) an und erhält den Titel Professor. In sein Arbeitsgebiet gehören Malaria und Parasitologie (für Fleckfieber sind die Kollegen Haagen und Gildemeister zuständig). Rose über seinen Amtsantritt: »Mir war von Schilling bekannt, daß er in Berlin mit 2 Irrenanstalten zusammengearbeitet hatte. Außerdem hat er gesunde Versuchspersonen in Berlin in größerer Anzahl benutzt, von denen ich einen nicht unerheblichen Bruchteil nach seinem Fortgang – selbstverständlich unentgeltlich – be-

38 Interview Rose vom 10. 10. 1985 in Obernkirchen, Vondra S. XI.

39 Ebd., S. XX.

40 Die Darstellung folgt Roses Angaben im Fußgänger-Verfahren.

41 Leiter der Landesanstalt für Gesundheitswesen in Chekiang in Hangchow sowie Berater für das öffentliche Gesundheitswesen beim Innenminister von Chekiang.

42 Rose: Eine Luftwaffen-Sanitätseinheit in einem Landeskrankenhaus und ihre Übergabe im Zeichen des Genfer Roten Kreuzes, in: Wehrmedizinische Monatsschrift, Heft 11/1986, S. 508.

handeln mußte, weil sie an Rückfällen der zu Versuchszwecken erzeugten Malaria litten.«[43]

Malaria-Erkrankungen kommen im Deutschen Reich nur selten und räumlich begrenzt vor. »Infolgedessen«, so die Erinnerung des 87jährigen Rose,[44] »war auch die Möglichkeit für deutsche Forscher, wissenschaftliche Forschung ... zu betreiben, sehr eingeschränkt. Die Chemo-therapeutische Forschung der Industrie mußte sich daher für ihre Arbeiten der ›Vogelmalaria‹ bedienen.«[45]

Rose baut zunächst mit Mitteln der Deutschen Forschungsgemeinschaft eine Mückenzucht auf. Die Methode, Menschen mit dem Blut bereits erkrankter Malariapatienten anzustecken, hat nämlich den Nachteil, mit der Blutübertragung auch weitere Krankheiten (z.B. Syphilis) zu übertragen.[46]

Rose hält einen Tertianastamm in Zusammenarbeit mit der Heilanstalt Wittenau: »Da die Zahl der Kranken, die einer Malariabehandlung bedurften, in Wittenau ziemlich gering war, nahm ich bald Verbindung mit anderen psychiatrischen Kliniken auf. Es entwickelte sich ein reguläres ›Postversandgeschäft‹ mit malariainfizierten Mücken und Einsicht in die anfallenden Krankengeschichten.«[47]

Dokumentarisch belegt sind Malaria-Versuche in der sächsischen Heil- und Pflegeanstalt Arnsdorf (bei Dresden). In Sachsen war schon 1939 für mehr als die Hälfte der Psychiatriepa-

---

43 Aussage Rose vom 15. 11. 1956 im Disziplinarstrafverfahren der Bundesdisziplinarkammer gegen Rose (kein Az.). Kopie im Fußgänger-Verfahren, Bl. 178. Rose ist nicht verurteilt worden, er hat seine Pensionsansprüche als Beamter durchsetzen können. Vondra, S. 90.

44 Rose: Erinnerungen an das »Wehrhygienische Institut« der Luftwaffe in Pfafferode. Ms. 1984. Archiv des Landesfachkrankenhauses Mühlhausen/Pfafferode.

45 Rose, ebd.

46 In der Projektbeschreibung der DFG, III. Heft, 1938/39, heißt es: »Anophelen in der Umgebung Berlins gefangen; außerdem Anophelen von Sioli (Düsseldorf) bezogen ... Erste Generation völlig im Laboratorium gezüchteter Anophelen kopuliert in Gefangenschaft und beginnt reichlich befruchtete Eier abzulegen. Kolonie nimmt zahlenmäßig beträchtlich zu, schon über 500 Stück. Malariainfektionen werden begonnen, sobald Mückenkolonie auf mehr als 2000 Exemplare gebracht ist.«

47 Rose: Eine Luftwaffen-Sanitätseinheit, a.a.O., S. 508.

tienten eine fettarme und fleischlose Sonderkost eingeführt worden, um sie verhungern zu lassen.[48] Die Anstalt Arnsdorf dient 1941 als Zwischenstation für die nahegelegene Vergasungsanstalt Sonnenstein in Pirna, d.h., hier werden Patienten »zwischengelagert«, ehe sie in die Gaskammer kommen. Arnsdorfer Mitarbeiter stellen einen Teil des Personals in Sonnenstein und später in Vernichtungslagern wie Treblinka.[49]

Rose hätte statt in der Psychiatrie lieber im KZ experimentiert: »... ich habe mit dem Prof. Mrugowsky, das war der Hygieniker der Waffen-SS, mit dem habe ich darüber gesprochen, ob die Möglichkeit bestünde, von mir aus Arbeiten in die Konzentrationslager zu verlegen. Und da hat er klar und deutlich ›Nein‹ gesagt: ›In Konzentrationslagern arbeitet schon einer über Malaria, das ist der Professor Schilling, und das ist genug.‹«[50]

Die Malaria-Versuche in Arnsdorf waren in Abstimmung »mit dem Robert-Koch-Institut in Berlin und den I.G. Farbenwerken in Leverkusen und dem Flottenarzt Prof. Dr. Ruge« begonnen worden (seit dem 1. August 1939 arbeitete die technische Assistentin Schwarzfischer aus Leverkusen im Arnsdorfer Labor). Eingesetzt werden die Präparate Atebrin, Plasmochin und Sontochin.[51] Am 23. Juli 1942 findet in Arnsdorf ein Treffen statt, das dank einer ausführlichen Aktennotiz gut dokumentiert ist.[52] Die Teilnehmer sind neben Rose Dr. Anton Mertens, Direktor der I.G. Leverkusen, Dr. Karl König (Wissenschaftliche Abteilung Leverkusen) und Prof. Dr. Walter Kikuth, Leiter der wissenschaftlichen Abteilung bei I.G. Bayer Elberfeld.

48 Heike Bernhardt: Anstaltspsychiatrie und »Euthanasie« in Pommern 1933–1945. Frankfurt am Main 1994, S. 87.

49 Die Vergasungen der Kranken werden zwar im August 1941 gestoppt, die Ermordung mittels Hungerkost und Medikamenten geht jedoch weiter.

50 Interview mit Rose vom 10. 10. 1985, Vondra S. XII.

51 Jahresbericht der Anstalt Arnsdorf über das Jahr 1940 sowie Manuskript »Geschichte der Landesanstalt Arnsdorf«, ohne Jahr (1946?) und Autor (wahrscheinlich vom kommissarischen Anstaltsleiter Dobel). Den Hinweis danke ich Steffen Oeser, der an einer Dissertation über die Geschichte der Heil- und Pflegeanstalt Arnsdorf arbeitet.

52 Nürnb. Dok. NO-1756/57.

Gastgeber ist der Psychiater Professor Wilhelm Sagel, der die Menschenware bereitzustellen hat. Sagel hatte schon früher bei Paralytikern und (!) Schizophrenen die sogenannte Malariatherapie angewandt. Die Medizinalrätin Marianne Meisgeier: »Bei einigen von hundert Fällen sind nach meiner Erfahrung Leberschädigungen eingetreten und Kreislaufstörungen.«[53]

Sagel bietet den Vorteil, daß er nicht nur Paralytiker, sondern auch Schizophrene mit Malariaanfällen traktiert, was die Zahl der Versuchspersonen erheblich vergrößert. In Arnsdorf sind bis Juli 1942 immerhin 110 Patienten durch Mückenstiche infiziert worden. 97 Versuchspersonen erkranken an Malaria (tertiana), 13 (als »Versager« bezeichnet!) erkranken nicht. Vergeblich auch ein Versuch, mittels »Pyrifer« eine Infektion nachträglich zu provozieren: Da »Atebrin in kleinen Dosen auf latente Malariker provokatorische Wirkung auslöst (Prof. Schulemann, Bonn, mit täglich 0,06 gr; Dr. Gürich, Dresden, mit 0,1 gr täglich, mehrere Tage lang)«, soll bei drei »Versagern« versucht werden, mittels Atebrin doch noch eine Infektion auszulösen.

In einer Gruppe von 49 Patienten, die zuerst mit Malaria angesteckt und danach mit »Sontochin-M« behandelt wurden, sind vier gestorben, sieben entlassen und 17 verlegt worden. Bei 15 Personen sind Rückfälle aufgetreten. Die Anwesenden beschließen, »Tropicafälle in Versuch zu nehmen, sobald ein Tropicastamm zur Verfügung steht. Prof. Rose wird ihn beschaffen.«

Die Arnsdorfer Experimente scheitern immer wieder daran, daß infizierte Patienten von der Berliner Euthanasie-Zentrale zwecks Tötung in andere Anstalten verlegt und damit der Beobachtung entzogen werden. Deshalb sucht Rose den für den Krankenmord zuständigen Oberdienstleiter Viktor Brack in der Berliner Kanzlei des Führers auf. Rose erreicht nach eigener Aussage, »daß Patienten, bei denen eine Malariabehandlung im Gange war, von solchen Verlegungen in Zukunft ausgesondert werden sollten«.[54]

Rose, Beratender Hygieniker beim Sanitätsinspekteur der Luft-

53 Aussage Meisgeier vom 3. 5. 1946. Strafakten 1 Ks 58/47 StA Dresden.
54 Rose: Erinnerungen, a. a. O.

waffe, ab 1943 auch Vizepräsident des Robert-Koch-Instituts, bearbeitet nach Aussage seines militärischen Vorgesetzten »alle hygienischen Probleme« der Luftwaffe. So »beaufsichtigt« er z.B. die Menschenversuche des Kollegen Haagen (KZ Natzweiler),[55] besucht ihn auch »wiederholt« in Straßburg.[56] 1944 beginnt für Rose eine neue Experimentierphase. Er zieht in die thüringische Landesheilanstalt Pfafferode.

Die psychiatrische Anstalt Pfafferode liegt vor den Toren der Kreisstadt Mühlhausen (Bezirk Erfurt). Leiter der Einrichtung ist Theodor Steinmeyer, zuvor zum Kindermord im westfälischen Niedersmarsberg eingesetzt, 1942 auch vertretungsweise Direktor der Vergasungsanstalt Bernburg.[57] Der Beginn der Luftwaffenstation in Pfafferode läßt sich aus einem Brief Steinmeyers vom 20. März 1944 entnehmen: »Seit 1. Januar ist bei mir nun eine Forschungsabteilung der Luftwaffe im Aufbau begriffen, die in diesen Tagen ihren Betrieb aufnehmen wird ... Mit den dieserhalb hier tätigen Herren hat sich ein sehr netter gesellschaftlicher Konnex gebildet.«[58] Die »sehr groß aufgezogene Abteilung«, schreibt er ein anderes Mal, sei von Professor Brandt[59] über Ministerialdirigent Linden[60] zu ihm gelegt worden.[61]

55 Eidesstattliche Erklärung Oskar Schröder, Chef des Sanitätswesens der Luftwaffe, vom 25. 10. 1946. Nürnb. Dok. NO 449.

56 Aussage Haagen vom 26. 1. 1965. Verfahren ZSt 413 AR 178/65.

57 Aussage Dr. Gustav Schneider vom 16. 1. 1946, Verfahren 1 Ks 5/48 StA Freiburg/Br. Ein Arbeitszeugnis für eine ehemalige Sekretärin, datiert vom 27. 2. 1942, hat als Briefkopf: Prov.-Obermedizinalrat Dr. Steinmeyer, Direktor der Heilanstalt in Niedermarsberg, z. Zt. kommandiert nach Bernburg. Archiv Zentralkrankenhaus Bremen-Ost. Das Dokument verdanke ich der Aufmerksamkeit der Archivarin Gerda Engelbracht.
Zu Steinmeyer: Gerda Engelbracht: Der tödliche Schatten der Psychiatrie. Die Bremer Nervenklinik 1933–1945. Bremen 1997, S. 71 ff.

58 Steinmeyer am 20. 3. 1944 an Dr. Friedrich Mennecke. Mennecke-Briefe, S. 1014.

59 Karl Brandt, Hitlers Reichskommissar für das Gesundheitswesen.

60 Herbert Linden organisiert im Reichsinnenministerium die Krankenmorde, er ist zu dieser Zeit Reichsbeauftragter für die Heil- und Pflegeanstalten.

61 Brief Steinmeyers vom 7. 2. 1944. Dokumentensammlung Euthanasie, GStA Ffm.

Die Luftwaffenstation Roses ist in einer Mordanstalt untergebracht. Im März 1944 schreibt Steinmeyer seinem Duzfreund und Mordkollegen in der rheinhessischen Anstalt Eichberg, Friedrich Mennecke, es sei »kaum noch die genügende Ernährung der produktiv arbeitenden Kranken sicherzustellen. Die Mortalität der anderen ist ohnehin phantastisch.«[62] In Pfafferode, wo außerdem arbeitsunfähige Ostarbeiter zu Tode gebracht werden, steigt die Sterblichkeit derart, daß noch im November 1944 ein Krematorium gebaut werden soll.[63] Mitte Januar 1945 wird die Berliner Euthanasie-Zentrale in Pfafferode ihr letztes Ausweichquartier beziehen.[64]

In diesem mörderischen Umfeld etablieren sich die Abteilungen »für Fiebertherapie« und »für Gesundheitsschädlinge« der Luftwaffe (personell nahezu identisch mit der Tropenmedizinischen Abteilung des Robert-Koch-Instituts, deren Mitarbeiter zur Luftwaffe eingezogen sind[65]). Das offizielle Aufgabengebiet: Malariatherapie, Malariaprophylaxe, Prüfung neuer Drogen.

Am 24. Januar 1945, sowjetische Panzer stehen bereits an der Oder, wird die Abteilung für Fiebertherapie um eine Abteilung »Gesundheitsschädlinge« (offizielle Aufgabenstellung: »Schädlingsbiologie, DDT-Präparate«) erweitert und in »Institut für Wehrhygiene der Luftwaffe« umbenannt.[66] In einem Geheimpapier heißt es: »Die Abteilung ist z. Zt mit der Bearbeitung vordringlicher Malariafragen voll ausgelastet und bedarf wegen des starken Anfalls von Kranken auch ohne Erweiterung ihrer jetzigen Aufgaben einer Vermehrung der Planstellen, da die Anzahl der Patienten, die unter täglicher Beobachtung der Abtei-

---

62 Steinmeyer am 20. 3. 1944 an Mennecke. Mennecke-Briefe, S. 1015 f.

63 Steinmeyer am 4. 11. 1944 an Mennecke. Mennecke-Briefe, S. 1545 ff.

64 Die Standortfrage im Januar 1945 ist im Verfahren gegen die Euthansie-Funktinäre Hans-Joachim Becker und Robert Lorent geklärt worden. Verfahren Ks 1/69 GStA Ffm.

65 Rose, Eine Luftwaffen-Sanitätseinheit, a. a. O., S. 508.

66 Verfügung Oberkommando d. Lw., Generalstab Gen. Qu., Z.: 11b38 Nr. 392/45 geh. (2 Abt. IIF). Eine Kopie danke ich der Direktion des Landesfachkrankenhauses Mühlhausen/Pfafferode.

lung stehen, z. Zt. auf 350 gestiegen und bis Ende Januar 1945 eine Steigerung der Patientenzahl auf 500 zu erwarten ist.«[67]

Es erscheint wenig glaubhaft, daß die Luftwaffe kurz vor Kriegsende Stellen wegen gestiegener Patientenzahlen oder Malariaprophylaxe vermehrt: In malariaverseuchten Gebieten kämpft die deutsche Wehrmacht längst nicht mehr.

Der Organisationsplan Dienststelle Chef des Sanitätswesens der Luftwaffe enthält die folgenden Angaben[68]:

Institut für Wehrhygiene der Luftwaffe. Leiter: Generalarzt Prof. Dr. Rose. Pfafferode b. Mühlhausen i. Thüringen	1. **Abteilung für Fiebertherapie** Stabsarzt Dr. Blaurock, Stabsarzt Dr. Boventer, Stabsarzt Dr. Krüpe	Malariatherapie, Malariaprophylaxe, Malariadiagnose, Mechanismus der therapeutischen Wirkung, Prüfung neuer Drogen.
	4. **Abteilung für Gesundheitsschädlinge** Regierungsrat Dr. Emmel.	Schädlingsbiologie, DDT Präparate

Gerhard Rose wird im Nürnberger Ärzteprozeß wegen Beteiligung an Fleckfieber-Versuchen in Buchenwald und Natzweiler als Haupt- und Mittäter zu lebenslänglicher Haft verurteilt (die Malaria-Versuche sind nicht erwähnt).[69] 1955 wird er aus Landsberg entlassen. Er ist 59 Jahre alt und betätigt sich fortan als Geschäftsführer einer Glasfabrik. Rose sitzt im Vorstand verschiedener Verbände der Glasindustrie.[70]

---

67 Schreiben Chef des Sanitätswesens d. Lw. Z.: 11b38 Nr. 392/45 geh. (1 I A) vom 19. 1. 1945 an General-Quartiermeister, 2. Abteilung. Eine Kopie danke ich der Direktion des Landesfachkrankenhauses Mühlhausen/Pfafferode.

68 BA-MA RL 4/420.

69 Einstellungsverfügung der OStA Bückeburg vom 12. 10. 1959. Verfahren 2 Js 612/58. Die Begründung u. a.: »Mit einer wesentlich höheren Strafe als 10 Jahre«, die Rose schon in alliierter Haft verbracht hatte, »ist für die Beihilfe ... im Falle Buchenwald nicht zu rechnen.« Die Malariaversuche Roses waren auch hier nicht Gegenstand der Ermittlungen.

70 Prof. Dr. med. Gerhard Rose 75 Jahre alt, in: Zeitschrift für Gesundheitswesen und Desinfektion, 1972, Nr. 64/1, S. 8.

Roses Tätigkeit in Pfafferode wurde nie geklärt. Die Ausweitung des Instituts für Wehrhygiene und die Aufstockung des Personals bei Kriegsende läßt vermuten, daß Rose recht hat, wenn er behauptet, es seien keine Malaria-Versuche vorgenommen worden.[71] Schwerpunkt könnte die »Schädlingsbiologie« gewesen sein. In Pfafferode wird das farblose Kontaktgift DDT (Dichlor-Diphenyl-Trichloräthan) erprobt.

Zu Roses 75. Geburtstag veröffentlicht die Zeitschrift für Gesundheitswesen und Desinfektion einen Jubelartikel, verfaßt von fünf ehemaligen Untergebenen: »Dankbar gedenken wir des Kameraden Rose: unter seiner souveränen sachkundigen Führung können wir an allen Fronten wichtige hygienische Aufgaben erfüllen. In diese Zeit fallen seine Publikationen über DDT, die ersten der Weltliteratur über den Einsatz dieses Präparates in der Seuchenbekämpfung.«[72] Unter den treu ergebenen Gratulanten sind Boventer, Emmel und Krüpe.

Rose stirbt am 13. Januar 1992. In der Todesanzeige heißt es: »Ein bewegtes Leben hat sich vollendet.«[73] Statt Blumen werden Spenden an die Max-Planck-Gesellschaft oder die »Stille Hilfe« erbeten. Das paßt: Die Stille Hilfe[74] hatte sich nicht nur Hilfsleistungen für NS-Verbrecher verschrieben, sie verbog auch Nazi-Greuel bis zur Leugnung.

Roses Mitarbeiter machten nach 1945 Karriere: Dr. Gerhard Blaurock (Hygiene-Institut Köln, Universitäts-Kinderklinik Berlin bei Professor Bessau, Oberarzt der dem RKI angegliederten Abteilung für Infektionskrankheiten auf dem Gelände des Ru-

---

71 Anläßlich seines 90. Geburtstages, »mit Empfehlung von Flottenarzt d.R. Prof. Dr. H. Schadewaldt«, darf Rose 1986 seine Sicht der Dinge in der »Wehrmedizinischen Monatsschrift« verbreiten. Das Institut für Wehrhygiene in Pfafferode sei »eine Abteilung für Fiebertherapie und nicht für Malariaversuche« gewesen. Man habe »in unseren Kranken« Patienten und keine Versuchspersonen gesehen.

72 Professor Dr. med. Gerhard Rose 75 Jahre alt, a.a.O.

73 FAZ vom 16.1.1992.

74 Die Tätigkeit der Stillen Hilfe habe ich in meinen Büchern »Was sie taten – Was sie wurden« und »Persilscheine und falsche Pässe« detailliert beschrieben.

dolf-Virchow-Krankenhauses[75]) arbeitet bis 1983 am Bezirks-Hygiene-Institut in Berlin-Buch. Der ehemalige Abteilungsleiter für Spezielle Mikrobiologie verlebt seinen Ruhestand als Medizinalrat a.D.[76] Ebenfalls in der DDR verbleibt Roses »Malariabekämpfer« Prof. Dr. Wolfdietrich Eichler.[77] Er wird 1949 Professor für Parasitologie in Leipzig, 1954 Leiter der Parasitologischen Abteilung des Bezirks-Hygiene-Institutes in Potsdam (1956 Aufsatz »Malariabekämpfung durch Streuflugzeuge«).

Stabsarzt Dr. med. Karl Boventer wird 1948 Privatdozent an der Medizinischen Akademie Düsseldorf, mit einem Lehrauftrag an der TH Aachen.

Dr. Ludwig Emmel, ehemals Wissenschaftlicher Rat am RKI,[78] veröffentlicht nach dem Krieg »Beiträge zur praktischen Anwendung und zur Wirkungsweise des DDT«. Er wird Leiter des Institutes zu Bekämpfung von Pflanzenschädlingen bei den Farbwerken Hoechst.[79]

Dr. Martin Krüpe (1939/41 RKI, Serologische Abteilung, Mitarbeiter des Laboratoriums für Bluttransfusion der Militärärztlichen Akademie) veröffentlicht ab 1946 Aufsätze über Malariabekämpfung mit DDT. Er habilitiert sich 1955 als Immunologe in Marburg, wird Leiter der Außenstelle Fulda des Hygiene-Instituts der Universität Marburg, 1972 Honorarprofessor und Direktor des Medizinaluntersuchungsamtes in Fulda.[80]

P.S. Einen Tag vor Ablieferung des Buchmanuskriptes erhalte ich ein Dokument: Dr. Krüpe schreibt am 9. Februar 1943 an den Standortarzt von Buchenwald, Waldemar Hoven. Betreff: Forschungsauftrag von Luftwaffen-Inspektion 14. Es geht um »Serumschutzversuche« an Häftlingen: »Für die Auswahl der Serumspender möchte ich noch folgenden Wunsch aussprechen:

---

75 Schreiben Rose vom 25. 7. 1989 an das RKI, eine Kopie hat mir freundlicherweise K. Gerber (RKI) zur Verfügung gestellt.

76 Zur Geschichte der Krankenanstalten in Berlin-Buch von Horst-Peter Wolff und Arno Kalinich. Berlin 1996, S. 265ff.

77 Schreiben Rose vom 25. 7. 1989 an das RKI, a.a.O.

78 Hubenstorf, S. 422.

79 Schreiben Rose vom 25. 7. 1989 an das RKI, a.a.O.

80 Hubenstorf, S. 454f.

1. in Abständen von 14 Tagen auf einmal nicht mehr als 4 Serumproben. 2. nur stichprobenweise von einzelnen Impflingen und zwar von einer Op.Nr. möglichst einer mit und einer ohne Reaktion. Für Ihre Mühewaltung und insbesondere für die übersichtliche Darstellung der Ergebnisse spreche ich Ihnen meinen herzlichsten Dank aus.«[81]

Einer von vielen Wissenschaftlern, die im KZ forschen. An Häftlingen.

81 Brief Stabsarzt Krüpe, Robert-Koch-Institut, an Hoven. Das Dokument danke ich dem Archiv der Gedenkstätte Buchenwald.

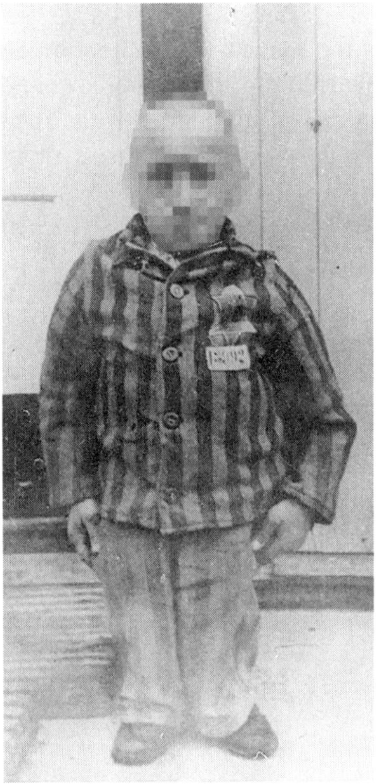

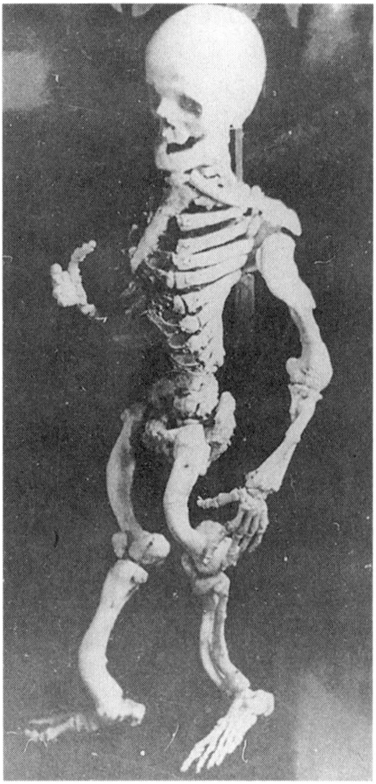

V Menschenversuche der SS

Ein Häftling in Mauthausen-Gusen, ermordet und skelettiert.
(Das Gesicht wurde vom Verlag unkenntlich gemacht.)

Organisation des Gesundheitswesens

Chef des zivilen Sanitätswesen ist Leonardo Conti.[1] Conti hat zwei Hauptfunktionen: Er ist Staatssekretär für das Gesundheitswesen im Innenministerium (Abteilung IV), unterstellt dem Innenminister (bis 1943 Frick, danach Himmler). Zugleich hat er innerhalb der Partei die Funktion eines Reichsgesundheitsführers (unterstellt der Parteikanzlei unter Bormann). Conti unterstehen auch die ärztlichen Standesorganisationen.

Die Wehrmacht – davon wird noch die Rede sein – hat ihr eigenes Sanitätswesen. Sie verfügt während des Krieges, durch die Einberufung der Universitätsprofessoren, über den größten Bestand an namhaften Wissenschaftlern und vergibt zahlreiche Forschungsaufträge an Universitätsinstitute.

Mit der Wehrmacht konkurriert die SS. Sie verfügt über die Versuchsobjekte (KZ-Häftlinge), aber nicht über qualifizierte Mediziner. Mit der SS konkurriert noch einmal das SS-Ahnenerbe, dessen Aufgabe »Wehrforschung« ist und von dem Nichtmediziner Sievers geleitet wird. Das Ahnenerbe untersteht dem Hauptamt Persönlicher Stab des Reichsführers-SS.

Die Schutzstaffeln (SS) der NSDAP haben ihr eigenes Sanitätswesen. Chef des SS-Sanitätsamtes im SS-Führungshauptamt ist

1 Leonardo Conti, am 24. 8. 1900 in Lugano als Sohn eines Postdirektors und einer Hebamme geboren, Beitritt zur NSDAP 1927. 1928/29 Organisation des SA-Sanitätswesens. 1929 Mitbegründer des NS-Ärztebundes, 1930 Eintritt in die SS. 1939 Leitung des öffentlichen Gesundheitsdienstes, Ernennung zum Reichsgesundheitsführer, Reichsärzteführer und Staatssekretär. Zuletzt SS-Obergruppenführer, März 1945 Honorarprofessor in Berlin. Selbstmord am 6. 10. 1945 in US-Haft in Nürnberg: Labisch/Tennstedt, S. 393ff.

seit dem 4. Dezember 1940 Dr. med. Karl Genzken.[2] SS-Leute werden in sogenannten G. u. V. (Gesundheits- und Verwendungs-)Prüfstellen auf ihre Tauglichkeit untersucht. Standorte sind Dachau, Prag und Hohenlychen. Das SS-Sanitätsamt unterhält eigene SS-Lazarette, z.B. in Krakau und Prag (wo sich eine Kriegsblindenschule der Waffen-SS befindet). Daneben gibt es eigene Genesungsheime, z.B. in Winterberg/Sauerland, Bayrischzell, Obersalzberg, Sellin auf Rügen, Bad Nauheim und Karlsbad (dort befindet sich im Sommer 1944 auch eine SS-Lazarettabteilung für Geburtshilfe).[3] In Gießen gibt es eine eigene Neurologisch-psychiatrische Beobachtungsstation der Waffen-SS, sie wird August 1941 ergänzt durch eine Abteilung an der Würzburger Universitäts-Nervenklinik unter Leitung von Professor Werner Heyde.[4] Das SS-Hauptsanitätslager in Berlin sorgt u.a. für die Belieferung der KZs mit Medikamenten und Giften zur Ermordung von Häftlingen.

Verantwortlich für die Medizinversuche innerhalb der SS ist der SS-Obergruppenführer Reichsarzt-SS Prof. Dr. Ernst-Robert Grawitz, der Himmler unmittelbar unterstellt ist.[5]

---

2 Genzken: Von 1912 bis 1919 Sanitätsoffizier der Marine (Stabsarzt), 1926 Beitritt NSDAP (»Goldenes Ehrenzeichen«), 1930 Standartenarzt der SA, November 1933 Eintritt SS. DC-Unterlagen Genzken.

3 Fischer, Bd. 3, S. 2159ff.
Beim »Lebensborn« (vgl. Georg Lilienthal: Der »Lebensborn e.V.«. Ein Instrument nationalsozialistischer Rassenpolitik. Frankfurt am Main 1993, S. 60. Fischer-Tb. 11061) sind vier Mediziner als Beratende Fachärzte: Prof. Josef Becker, Direktor der Universität-Kinderklinik Marburg/Lahn, nach 1945 Gastprofessor in Bonn. Der Frauenarzt und Besitzer einer Privatklinik Dr. Hans Mackenrodt. Prof. Wilhelm Pfannenstiel, Direktor des Hygiene-Instituts der Universität Marburg (nach 1945 in gleicher Funktion). Prof. Ernst Günther Schenck, Ernährungsinspekteur der Waffen-SS.

4 Fischer, Bd. 3, S. 2185.

5 Angehörige der Dienststelle »Reichsarzt SS und Polizei« sind:
Sturmbannführer Dr. Albert Bartels (Zentralinstitut für optimale Menschenerfassung), Obersturmbannführer Prof. Dr. Hermann Barth, Sturmbannführer Dr. Hans Behmenburg, Oberführer Prof. Dr. Hugo Blaschke (Titel: Oberster Zahnarzt, Hitlers Zahnarzt läßt sich nach 1945 in Nürnberg nieder), Brigadeführer Dr. Carl Blumenreuter (Apotheker), Obersturmführer Dr. Otto Boese, Hauptsturmführer Kurt Dietz, Sturmbann-

Im Juli 1942 ordnet Hitler die Zuständigkeiten im Gesundheitswesen. Zu dieser Zeit sind Versuche zur Massensterilisierung der Juden in Planung, hat Himmler die Errichtung seines Instituts für wehrwissenschaftliche Zweckforschung im Ahnenerbe angeordnet, erreichen die Menschenversuche in den KZs ihren ersten Höhepunkt.

»Bevollmächtigter für das Sanitäts- und Gesundheitswesen«, Hitler direkt unterstellt, wird der Chirurg Karl Brandt.[6] Brandt, ab 1939 mit der Organisierung des Massenmordes an Kranken und Behinderten befaßt (»Euthanasie«-Bevollmächtigter), steigt zum mächtigsten Mediziner der NS-Zeit auf.

---

führer Dr. Erwin Ding, Hauptsturmführer Heinz Fritsche, Hauptsturmführer Dr. Barthel Garding, Gruppenführer Prof. Dr. Karl Gebhardt (Oberster Kliniker), Sturmbannführer Dr. Hans Gottlieb, Obersturmbannfüher Hans Grönlund, Sturmbannführer Dr. Herbert Groh, Obersturmführer Dr. med. Dr. phil. Kurt Haack, Obersturmführer Erich Hussmann, Obersturmbannführer Dr. Wilhelm Kessler, Hauptsturmführer Dr. Johannes Krey, Sturmbannführer Dr. Franz Krieglstein, Sturmbannführer Dr. Helmut Kunz, Hauptsturmführer Dr. Walter Michl, Sturmbannführer Christian Mohr, Oberführer Dr. Joachim Mrugowsky (Oberster Hygieniker), Obersturmbannführer Dr. Max Ostermaier, Standartenführer Dr. Johannes Peltret, Standartenführer Dr. Helmuth Poppendick, Standartenführer Dr. Günther Reil, Sturmbannführer Bernhard Rudolphi (Apotheker), Sturmbannführer Dr. Hermann Schlüter, Obersturmführer Dr. Walter Schmidt, Hauptsturmführer Dr. Kurt-Joachim Schnitt, Hauptsturmführer Hubert Schopper, Obersturmführer Otto Sitzberger, Oberführer Prof. Dr. Otto Stahl (Chirurg), Hauptsturmführer Dr. Karl Stenger (Arzt und Zahnarzt), Hauptsturmführer Dr. Gerhard Stridde, Obersturmbannführer Harald Strohschneider, Obersturmbannführer Dr. Karl Thon, Hauptsturmführer Dr. Hans Trischkat, Sturmbannführer Dr. Waldemar Ültzhöffer, Sturmbannführer Prof. Dr. Josef Vonkennel, Obersturmbannführer Dr. Harald Waegner, Sturmbannführer Prof. Eugen Wannemacher, Obersturmbannführer Dr. Ernst Wille, Obersturmführer Dr. Hans Woelke, Untersturmführer Dr. Josef Wörner. ZSt 413 AR 1463/65.

6 Geboren am 8. 1. 1904 als Sohn eines Offiziers in Mülhausen (Elsaß). NSDAP 1932, ab 1934 Begleitarzt Hitlers. Zuletzt SS-Obergruppenführer. Okt. 1944 (auf Betreiben Bormanns und wegen seiner Opposition zu Hitlers Leibarzt Dr. Theo Morell) in Ungnade gefallen. Am 16. 4. 1945 (wegen angeblicher Verbindungen zu alliierten Truppen) von der Gestapo verhaftet und einen Tag später zum Tode verurteilt. Von der Regierung Dönitz am 2. 5. 1945 freigesetzt, am 20. 8. 1947 im Nürnberger Ärzteprozeß als Verantwortlicher der Menschenversuche und der »Euthanasie« zum Tode verurteilt und am 2. 6. 1948 gehängt.

Der Erlaß Hitlers[7] über das Sanitäts- und Gesundheitswesen vom 28. Juli 1942:

»Der personelle und materielle Einsatz auf dem Gebiet des Sanitäts- und Gesundheitswesens erfordert eine einheitliche und planvolle Lenkung. Ich bestimme daher folgendes:

1. Für den Bereich der Wehrmacht beauftrage ich den Heeressanitätsinspekteur als Chef des Wehrmachtssanitätswesens unter Beibehaltung seiner bisherigen Aufgaben mit der Zusammenfassung aller gemeinsamen Aufgaben auf dem Gebiet des Sanitätswesens der Wehrmacht, der Waffen-SS und der Wehrmacht unterstellten oder angeschlossenen Organisationen und Verbände.

Der Chef des Wehrmachtswesens vertritt die Wehrmacht in allen gemeinsamen sanitätsdienstlichen Angelegenheiten der Wehrmachtsteile, der Waffen-SS und der Wehrmacht unterstellten oder angeschlossenen Organisationen und Verbände gegenüber den zivilen Behörden und wahrt die Belange der Wehrmacht bei den gesundheitlichen Maßnahmen der Zivilverwaltungsbehörden.

Für die zusammenfassende Bearbeitung dieser Aufgaben sind ihm zunächst je ein Sanitätsoffizier der Kriegsmarine und der Luftwaffe, dieser mit der Stellung eines Chef des Stabes, zu unterstellen. Grundsätzliche Fragen des Sanitätswesens der Waffen-SS sind im Einvernehmen mit der Sanitätsinspektion der Waffen-SS zu regeln.

2. Für den Bereich des zivilen Gesundheitswesens ist für alle einheitlich zu treffenden Maßnahmen der Staatssekretär im Reichsministerium des Innern und Reichsgesundheitsführer Dr. Conti verantwortlich. Ihm stehen hierfür die zuständigen Abteilungen der Obersten Reichsbehörden und ihre nachgeordneten Dienststellen zur Verfügung.

3. Für Sonderaufgaben und Verhandlungen zum Ausgleich des Bedarfs an Ärzten, Krankenhäusern, Medikamenten usw. zwischen dem militärischen und zivilen Sektor des Sanitäts- und

7 Fischer, Bd. 3, S. 2515 f.

Gesundheitswesens bevollmächtige ich Prof. Dr. med. Karl Brandt, der nur mir persönlich unterstellt ist und von mir unmittelbar Weisungen erhält.

4. Mein Bevollmächtigter für das Sanitäts- und Gesundheitswesen ist über grundsätzliche Vorgänge im Wehrmachtssanitätswesen laufend zu unterrichten. Er ist berechtigt, sich verantwortlich einzuschalten.«

Brandts Kompetenzen werden von Jahr zu Jahr erweitert: Mit Erlaß vom 5. Dezember 1943 wird er beauftragt, das gesamte Sanitäts- und Gesundheitswesen, einschließlich Wissenschaft und Forschung, weisungsgemäß zu steuern. Brandt direkt unterstellt ist ab 1943 das »Amt für medizinische Wissenschaft und Forschung« unter Leitung von Paul Rostock[8] (nach dem Krieg Chefarzt des Versorgungskrankenhauses Bayreuth) und das »Amt für sanitäre Planung und Wirtschaft« unter Leitung von Admiralsoberstabsarzt Alfred Fikentscher (u. a. Zusammenarbeit mit dem Reichswirtschafts- und Rüstungsministerium).[9]

Ein Erlaß vom 25. August 1944 ernennt Brandt zum »Reichskommissar für das Sanitäts- und Gesundheitswesen«. Seine Dienststelle ist Oberste Reichsbehörde und kann allen (mit Aufgaben des Gesundheitswesens befaßten) Dienststellen und Organisationen des Staates, der Partei und der Wehrmacht Weisungen erteilen.

8 Der Arbeitsmediziner Paul Rostock kennt Brandt aus seiner Zeit als Oberarzt in der Klinik »Bergmannsheil« in Bochum, 1933 Universitätklinik für Chirurgie in Berlin, ab 1936 Professor für Chirurgie, 1942 Dekan. Gine Elsner: Arbeitsmedizin im Nationalsozialismus: einige Aspekte und ihre Kontinuität, in: Gine Elsner u. a.: Muß Arbeit krank machen? Für eine andere Arbeitsmedizin. Hamburg 1986.

9 Vgl. Brandts Plan »Organisation des deutschen Gesundheitswesens«, Staatsarchiv Nürnberg, Bestand KV-Prozesse, Fall 1. Nr. B-4.

Sepsis-Versuche

Im November 1941 kommt ein Transport mit 1800 polnischen Geistlichen in Dachau an, einfache Priester, Würdenträger, Universitätsprofessoren. Bei starkem Frost und leichtem Schneetreiben stehen sie mehr als 12 Stunden nackt auf dem Appellplatz. Nackt werden sie durchs Lager in die Baracken getrieben. Barfuß, mit kahlen Köpfen, nur im Hemd, jagt man sie in den Wintermonaten durch das Gelände. Es werden immer weniger. Sie sterben an Lungen- oder Nierenentzündung, an Herzschwäche. Franz Blaha: »Oft haben wir darüber gesprochen, wie viele Tage der kirchliche Kalender wohl haben müßte, um die Namen all dieser Märtyrer und Heiligen aufzuführen ...«[10]

Die Überlebenden werden Opfer eines Streites zwischen Himmler und der Schulmedizin. Es geht um die Wirkung der Sulfonamide,[11] chemisch synthetisierter Mittel (Chemotherapie), die Krankheitserreger (Bakterien, Viren) in ihrem Wachstum hemmen oder vernichten. Die Sulfonamidbehandlung ist 1942 gesicherter Bestandteil der Schulmedizin. Daneben gibt es Verfechter der biochemischen Heilmethode. Die Biochemiker gehen davon aus, daß Krankheiten auf einer Störung der Gewebesalze in den Körperzellen beruhen und durch Zuführung der fehlenden Salze in homöopatischer Verdünnung geheilt werden.

Mitte Juni 1942 wird im Block I des Dachauer Krankenreviers die Stube 3 mit 20 Betten als »Biochemische Versuchsstation« eröffnet. Leiter ist Dr. Heinrich Schütz.[12] Es assistieren ihm Dr.

---

10 Blaha, Medizin auf schiefer Ebene, S. 98.

11 Die Sulfonamide wurden 1935 von Professor Gerhard Domagk entdeckt. Das erste Sulfonamid führt den Handelsnamen Prontosil.

12 Schütz ist am 12. 4. 1906 in Bad Schmiedeberg, Bezirk Halle, geboren. Sein Vater, Mitglied einer altpreußischen Großloge, ist dort Badearzt. 1936 wird Schütz Oberarzt der Inneren Abteilung des Stadtkrankenhauses Zschopauerstraße in Chemnitz. Im selben Jahr tritt er der SS bei, ein Jahr später der NSDAP. Ende 1938 eröffnet Schütz eine Praxis in Chemnitz, zusätzlich ist er mit Verlobungs- und Einstellungsuntersuchungen für die SS beschäftigt. 1940 kommt er zur G. und V. Prüfstelle

Karl Babor (»ein Junge, der den Eindruck erweckte, als könne er keiner Fliege etwas zuleide tun«[13]) sowie der 1. Lagerarzt Waldemar Wolter. Als Oberpfleger arbeitet der Häftling Heinrich Stöhr.[14] Anfangs werden an Phlegmone erkrankte Häftlinge zu den Versuchen benutzt. Die Phlegmone ist in den KZs weit verbreitet. Es handelt sich um eine eitrige Entzündung des Weichteilgewebes. Durch Ausschwemmung der Erreger auf dem Blutwege kommt es zu einer Sepsis (Blutvergiftung), die häufig zum Tod führt.

> »Während der ersten oder zweiten Visite saugte Dr. Schütz aus den Beinen eine große Spritze voll Eiter. Die Beine waren zu dieser Zeit stark geschwollen, vereiterten und faulten. Das Fleisch fiel in Stücken ab ... Ich konnte es vor Schmerzen nicht aushalten. Ich schrie und heulte wie ein Tier.«
>
> Versuchsopfer Ryszar Isydor Szyma.[15]

Am 29. August 1942 berichtet Reichsarzt-SS Grawitz seinem Chef Himmler, bisher seien 40 »Fälle« mit biochemischen Mitteln[16] behandelt worden: »Sämtliche Sepsisfälle kamen ad exitum.« Bemerkenswert sei auch, »daß von allen Schwerkranken nach kurzer Zeit die Einnahme der biochemischen Tabletten

beim SS-Lazarett Dachau (Leiter Stabsarzt Dr. Karl Fahrenkamp). 1941 wird Schütz zur Panzerdivision »Leibstandarte Adolf Hitler« versetzt, im März 1942 im SS-Lazarett Dachau Leiter der Inneren Abteilung (Beförderung zum SS-Sturmbannführer). Urteil des LG München II gegen Schütz vom 20. 11. 1975, 12 Ks 1/72.

13 Stanislav Zamecnik, Erinnerungen an das »Revier« im Konzentrationslager Dachau, Dachauer Hefte 4, Dachau 1988, S. 139.

14 Stöhr hatte wegen illegaler Tätigkeit für die Sozialdemokratische Partei Deutschlands (SPD) zuerst eine Zuchthausstrafe verbüßt und war danach nach Dachau gekommen (bayerischer Landtagsabgeordneter der SPD nach dem Krieg).

15 Aussage Szyma vom 1. 3. 1971, Anklageschrift 12 Js 15/70 StA München II, S. 49.

16 Kalium phosphoricum D 6, Ferrum phosphoricum D 6 und D 12, Silicea D 6, Natrium muriaticum D 6, Calcium phosphoricum D 6, Natrium sulfuricum D 6, Magnesium phosphoricum D 6, Natrium phosphoricum D 6, Clacium fluoratum D 6.

energisch abgelehnt wurde, weil es für sie eine Quälerei bedeutete, alle 5 Min., auch nachts, das Mittel einzunehmen.«[17]

Grawitz verweist auf einen kleineren Versuch in Auschwitz. Drei typische Fälle von Sepsis, die sich aus Zellgewebeentzündungen entwickelt hätten, seien mit Kalium phosphoricum D 4 behandelt worden: »In keinem dieser Fälle konnte ein therapeutischer Einfluß auf den Verlauf der Krankheit beobachtet werden. Alle 3 Fälle endeten tödlich. Die Versuche werden fortgesetzt.«[18]

Am 11. September 1942 findet auf Anregung von Himmlers Adlatus Rudolf Brandt eine Besprechung statt. SS-Standartenführer Theodor Laue klagt, daß die großangelegten Versuche in Dachau dadurch erschwert würden, daß eine ärztliche Betreuung durch einen versierten biochemischen Arzt fehle. Laue schlägt den Magdeburger Arzt Dr. Rudolf Kießwetter[19] vor, der seit 14 Jahren ausschließlich biochemisch behandele.[20] Laue hofft, mittels Kießwetter (»ein kleines nervöses Männchen, das stets in einem gebügelten hellgrauen Anzug auftrat«[21]) einen »Stoßkeil in die Materie der Mineralsalztherapie zu treiben ... Da der Schlüssel zum Schloß nunmehr gefunden ist, nämlich die Mitarbeit eines auf dem Gebiete versierten Arztes, glaube ich, daß der Erfolg nicht ausbleiben wird.«[22] Der Erfolg wird sein, daß Menschen als menschliche Meerschweinchen qualvoll krepieren.

---

17 Häftlingsarzt Blaha: »In vielen Fällen zeigte sich unstillbarer blutiger Durchfall und Erbrechen von Blut. Bei der Sezierung aller Behandelten fanden wir blutige Verätzungen im Darm und in den Magenschleimhäuten und Blutergüsse mit Entzündungen.« Blaha, Bl. 62.

18 Nürnb. Dok. NO-409.

19 Das LG München konnte laut Urteil (S. 21) nicht herausfinden, ob es sich um einen Dr. Kiesewetter oder Kiesswetter gehandelt habe. Ein Blick in den Reichsmedizinalkalender zeigt: In Magdeburg amtiert Rudolf Kießwetter.

20 Kießwetter wird etwa ab Oktober 1942 zu den Versuchen herangezogen. Schütz-Urteil, a. a. O., S. 21.

21 Stanislav Zamecnik, Erinnerungen an das »Revier« im Konzentrationslager Dachau, Dachauer Hefte 4, Dachau 1988, S. 138.

22 Brief Laue vom 12. 9. 1942 an Rudolf Brandt. Nürnb. Dok. NO-408.

Himmler reagiert auf Grawitz' Einwände am 30. September 1942 mit einem groben Brief: Der geradezu typische Satz, den Kranken sei das Einnehmen der Tabletten unangenehm, zeige ihm, wie man wieder einmal eine unangenehme Sache abdrehe. »Ich bin der Überzeugung«, so Himmler, »daß Sie, der Sie selbst den Titel Professor bekommen haben und ihn, wenn ich nicht irre, sehr gern gebrauchen, bei diesen Versuchen die Möglichkeit hätten, Ihren wissenschaftlichen Beitrag zu leisten und das Fundament für diesen Professortitel nachträglich zu legen.«[23]

Grawitz kuscht. Im November 1942 beginnen in Dachau die letzten beiden Phlegmone-Testreihen mit jeweils 20 Personen. Die Versuchspersonen werden vorher auf ihre körperliche Eignung untersucht, Kranke zurückgestellt. Mit Ausnahme des niederländischen Pfarrers Jan Willem Tundermann und des tschechischen Kaplans Jaroslav Zamecznik sind alle Opfer polnische Geistliche.[24]

Eine Gruppe dient zu Versuchen mit Sulfonamiden, die andere Gruppe bekommt biochemische Mittel. Es sind jeweils 20 Häftlinge, die von 1 bis 20 durchnumeriert werden. Zuerst wird die »artificielle Phlegmone« gesetzt, d.h. den Häftlingen wird Eiter

23 Nürnb. Dok. NO-409. Himmler ereifert sich, SS-Standartenführer Laue sei der Überzeugung, Grawitz stehe den biochemischen Mitteln positiv gegenüber, während die SS durch die Versuche alles tue, um diese abzuqualifizieren: »Eine Anzahl Leute vertrauen auf uns in dem Glauben, bei der SS eine Institution zu finden, die sich noch nicht chemischen Trusts gebeugt hat, sondern noch wissenschaftlich forscht.« Himmler weiter: »Der Brief soll Sie nicht veranlassen, daß Sie stundenlang sich die Frage vorlegen, ob ich Sie als Reichsarzt-SS absetzen und ersetzen will. Er hat die einzige Absicht, Sie zu veranlassen, nunmehr nach Jahren Ihren Hauptfehler, Ihre Eitelkeit, abzulegen und wirklich ernsthaft und mit Zivilkurage (sic!) an alle ihre Aufgaben, auch an die unangenehmsten, heranzugehen ...«

24 Ermordet werden bei den November-Versuchen Jan Willem Tundermann, Jaroslav Zameczik sowie Stanislaw Bukowy, Mieczylaw Janecki, Jozef Kocot, Czeslaw Sejbuk, Marian Stopczak, Stanislaw Kolodziej, Marian Konopinski, Ludwik Lesniewicz, Thomas Lis. Kazimierz Majdanski verdankt Häftlingspfleger Franz York und Oberpfleger Heinrich Stöhr das Leben, da sie ihm heimlich Tibatin spritzen (Majdanski wird nach dem Krieg Titularbischof der Diözese Wloclaweck). Anklageschrift 12 Js 15/70, S. 43.

gespritzt (entweder lateinisch als »Pus« oder mit dem Decknamen »Purolin« bezeichnet). Vier Versuchspersonen werden infiziert, bleiben aber als Kontrollobjekte ohne jede Behandlung. Auf der Phlegmonestation in Dachau sollen Ärzte der Pharma-Industrie sowie der Universitäten öfters zu Besuch gewesen sein.[25]

Von einem der Opfer ist die Krankenakte[26] erhalten: Stefan Natorski, ein 33jähriger Kapuziner, wird am 10. November 1942 ins Krankenrevier einbestellt. Am 11. November beginnt für ihn (und weitere 19 Personen) die Versuchsreihe: »Als ich den Operationssaal betrat, bemerkte ich, daß in einer Entfernung von etwa 3 Schritten von der Tür ... ein SS-Offizier im Range eines Sturmbannführers stand. Dieser Offizier hat nicht mal einen Blick auf mich geworfen, obwohl ich meinen Eintritt meldete.«[27] Natorski muß sich ausziehen, hinlegen, bekommt eine Spritze.

In seiner Krankenakte steht:

»11. 11. 42: Unter der Bezeichnung ›Purolin‹ erhält der Patient um 18 Uhr 1 ccm Pus, in dem mikroskopisch zahlreiche Streptococettenketten [sic] nachgewiesen wurden, an der Innenseite des linken Oberschenkels in nächster Nähe des Abduktorenkanals injiziert.«

Jeden zweiten Tag, so Natorski, erscheint ein Dr. Pape und liest die Krankengeschichte. Er spricht nicht mit den Versuchspersonen, sieht auch nicht nach ihren Wunden. Einmal die Woche kommt Pape mit seinem Vorgesetzten Schütz. Nach etwa zwei Wochen bemerkt Natorski eine leichte Besserung. Schütz läßt ihn in den Operationssaal fahren: »Ich habe damals Schütz zum ersten Mal im Arztkittel gesehen. Er näherte sich mir, zog mit einer Spritze den reichlich aus der Wunde fließenden Eiter heraus und dann spritzte er unverzüglich den herausgeholten

---

25 Blaha, Medizin auf schiefer Ebene, a. a. O., S. 59.

26 Die Krankenakte Natorski wird nach Kriegsende in der Wohnung von Grawitz aufgefunden. Nürnb. Dok. NO-994. Das Original liegt in Washington.

27 Aussage Natorski vom 17. 2. 1971, zitiert nach der Anklageschrift 12 Js 15/70, S. 39.

Eiter in eine Vene am rechten Arm. Vor der Einspritzung des Eiters wurde mir die Ader mittels Massage und Zusammendrückens der Hand hervorgeholt.«[28]

Der Eintrag vom 19. November 1942 in der Krankenakte bestätigt die Schilderung: »Eine Punktion an der Innenseite des linken Oberschenkels ergibt 14 ccm rahmigen Eiter, wovon der Patient sofort 3 ccm am rechten Arm i. v. injiziert bekommt.«

Natorski überlebt, da er mit Sulfonamiden behandelt wird. Am 21. November wird in seiner Akte festgehalten: »Der linke Oberschenkel ist in seiner ganzen Circumferenz [Umfang] geschwollen. Im Ätherrausch wird in der Mitte der Innenseite eine Incision [Einschnitt] durchgeführt und mit der Kornzange stumpf vorgegangen. Es entleeren sich ungefähr 250 ccm gelber, rahmiger Eiter.«

Am Ende der Krankengeschichte befindet sich eine Zusammenfassung:

»Im vorliegenden Fall kam es am linken Oberschenkel nach der Purolin-Injektion zur vollen Abscessbildung. Auch am rechten Oberarm bildete sich nach i. v. P-Injektion ein Abscess. Beide Geschwüre wurden eröffnet. Am linken Oberschenkel kam es zu weitgehender Nekrose [Gewebstod], die tief ging. Blutgefäße wurden zerstört. Es gab große Blutungen ... Innerlich erhielt der Pat. größere Dosen Albucid und Tibatin.«

»Die Leiden der Opfer dieser Versuche«, wird das Landgericht München Jahrzehnte später feststellen, »übersteigen das Vorstellungsvermögen.«

Von den beteiligten Ärzten wird Dr. med. Waldemar Wolter hingerichtet.[29] Hermann Pape und Rudolf Kießwetter[30] sind verschwunden. Babor kommt in Addis Abeba (Äthiopien) unter. Laue stirbt 1953. Einer macht dagegen Karriere:

---

28 Aussage Natorski, ebd., S. 41.

29 Wolter, u. a. Lagerarzt in Mauthausen, wird im Mauthausen-Prozeß zum Tode verurteilt und am 28. 5. 1947 in Landsberg gehängt.

30 Mitscherlich schreibt Kiesewetter. Er verwechselt Kießwetter mit Dr. Hermann Kiesewetter (Mauthausen).

Dr. Heinrich Schütz, im September 1944 als Chefarzt an das SS-Lazarett Bad Aussee gewechselt, läßt sich im Sommer 1947 als Facharzt für innere Krankheiten in Essen nieder. Erst 25 Jahre später, Dezember 1972, liegt eine Anklageschrift gegen ihn vor.

Die Anklage enthält ein Kapitel über »Persilscheine«,[31] die zugunsten von Schütz abgegeben wurden.[32] Der Leiter der Augenabteilung im Dachauer SS-Standortlazarett hatte z. B. eidesstattlich versichert, Schütz habe mit der ärztlichen Versorgung des KZ Dachau nichts zu tun gehabt. In einer Vernehmung muß er zugeben, es sei halt so üblich gewesen, daß einer dem anderen »Persilscheine« ausgestellt habe. Eine Zeugin gesteht ein, Schütz überhaupt erst 1945 kennengelernt zu haben. Eine weitere Zeugin vermag ihre eidesstattliche Erklärung nur so zu erklären, daß Dr. Schütz sie darum gebeten habe. Eine medizinisch-technische Assistentin vom SS-Standortlazarett Dachau behauptet, sie könne die Erklärung 1947 nicht getippt haben, da ihre Schreibmaschinenkenntnisse dazu nicht ausgereicht hätten. Ein anderer Schütz-Zeuge meint, die Erklärung sei ihm wohl fertig zur Unterschrift vorgelegt worden.

Ein Gericht in München verurteilt Schütz am 20. November 1975 zu zehn Jahren Haft. Er wird keinen einzigen Tag davon verbüßen, Arztkollegen bescheinigen ihm schwere Krankheit.

Gasbrand-Versuche

An der Front sterben 1942 häufig schußverletzte Soldaten an Infektionen, Gasbrand, auch Gasödem, Gasgangrän oder Gasphlegmone genannt. Es handelt sich um schwere Wund-

31 In den Entnazifizierungsverfahren entwickelte sich ein Gefälligkeitssystem, für NS-Belastete Ehrenerklärungen abzugeben. Der Volksmund nannte sie nach einem bekannten Waschmittel Persilscheine, weil sie die braune Vergangenheit reinwuschen.

32 Anklageschrift 12 Js 15/70, S. 81 ff.

infektionen durch Gasbrandbakterien,[33] besonders bei tiefgehenden Gewebszerreißungen. Das absterbende Gewebe schwillt an, wobei sich knisternde Gasbläschen bilden. Die Haut verfärbt sich bläulichrot bis grünlichgrau. Es kommt zu starken Schmerzen, hohem Fieber, Kreislaufschwäche und zum Tod.

Die Wehrmachtsärzte stehen wegen der Todesfälle in der Kritik, zumal bekannt ist, daß die Alliierten mit Penicillin über ein wirksames Antibiotikum verfügen. Zwischen dem 22. und 25. Mai 1942 (so jedenfalls die Darstellung von Himmlers Leibarzt Gebhardt) diskutieren Himmler, Grawitz, Gebhardt und der Leiter des Reichskriminalpolizeiamtes Arthur Nebe eine Versuchsreihe. »Homöopath« Himmler favorisiert biochemische Mittel und ordnet, wie geschildert, entsprechende Versuche in Dachau an.

Kurz nach dem Treffen, am 27. Mai 1942, findet in Prag ein Attentat auf Reinhard Heydrich, Chef des Reichssicherheitshauptamtes, statt. Eine Handgranate trifft den Wagen. Später stellt sich heraus, daß Teile der Sitzpolsterung in Rippen und Zwerchfell, Partikel der Holzwolle in die Milz eingedrungen sind.[34] Heydrich stirbt am 5. Juni 1942 an Gasbrand.

»Ende 1942 nahm ich teil an einer Sitzung in der Militärärztlichen Akademie in Berlin. Verhandlungspunkt war [die] tödliche Wirkung von Gasbrandserum bei Verwundeten.
Teilnehmer:
Generalarzt Prof. Schreiber, Mil. Ärztliche Akademie, Hygieniker
SS-Oberführer Prof. Mrugowsky, Hygieniker
Oberstarzt Prof. Killian[35], Univ. Prof. in Breslau, Chirurg
ein mir namentlich nicht mehr bekannter Sanitäts-Offizier, der Chirurg war
ich selbst, als Abteilungsleiter am Zentralinstitut für Seuchenbekämpfung, Berlin.

33 Der häufigste Erreger ist der Fraenkel-Bazillus, benannt nach seinem Entdecker Eugen Fraenkel, Pathologe und Bakteriologe.

34 Heinz Höhne: Der Orden unter dem Totenkopf. Die Geschichte der SS. München o. J., S. 459.

35 Prof. Hans Killian, Chirurg, Oberarzt in Freiburg, 1943 Professor in Breslau. 1947 Chefarzt Kreiskrankenhaus Baden-Baden.

Killian und Mrugowsky berichteten über Todesfälle bei verwundeten Soldaten, die Gasödemserum in hohen Dosen (bis zu 1500 ccm) erhalten hätten und Stunden danach aus völligem Wohlbefinden heraus plötzlich verstorben wären, ohne ersichtlichen Grund. Es wurde Verdacht geäußert durch Mrugowsky, daß das in dem Serum enthaltene Phenol durch Summierung der Einzeldosen die tödliche Wirkung hervorgerufen hätte.
Mir wurde von Mrugowsky im Beisein der anderen Herren befohlen, an einem Konz. Lager an einer Euthanasie durch Phenol teilzunehmen und die Wirkung der Injektion genau zu beschreiben, da weder ich noch Mrugowsky bisher selbst Phenoltodesfälle gesehen hatten ... Wenige Tage später bat ich in Buchenwald Dr. Hoven, mich zu benachrichtigen, wenn er mit Phenol eine Euthanasie vornehmen würde. Am nächsten Abend ließ er mich in den Operationssaal am Häftl.-Krankenbau bitten.
Außer ihm selbst und einem Arzt – vermutlich Dr. Plaza – waren noch zwei mir nicht mehr gegenwärtige Häftlingspfleger anwesend. Mit dem Arzt habe ich mich über die Zusammensetzung der Phenolspritze unterhalten, soweit mir erinnerlich, war es unverdünntes Rohphenol, das in 20 ccm Dosen gegeben werden sollte.
Einzeln wurden 4 oder 5 Häftlinge hereingeführt ... Sie setzten sich ganz ruhig, das heißt ohne Anzeichen von Erregung, auf einen Stuhl in der Nähe einer Lichtquelle, ein Häftlingspfleger staute die Armvene und Dr. Hoven injizierte schnell das Phenol. Noch während der Injektion verstarben sie in einem augenblicklichen Totalkrampf ohne Zeichen sonstiger Schmerzempfindung.«

Erklärung Dr. med. Erwin Schuler vom 20. 7. 1945.[36]

Professor Karl Gebhardt, ein Schüler des berühmten Chirurgen Ferdinand Sauerbruch, ist Chefarzt der Heilanstalt Hohenlychen und führt den Titel »Oberster Kliniker beim Reichsarzt-SS«.[37] Er soll Mittel gegen Gasbrand austesten. Als Versuchsort wird Ravensbrück bestimmt. Das Frauen-KZ, am Schwedtsee gelegen, ist nur wenige Kilometer von Hohenlychen entfernt. In direkter

36 Nürnb. Dok. NO-257.

37 Hohenlychen ist eine ehemalige Heilstätte für Lungentuberkulose in der Uckermark. Gebhardt hatte sie 1933 übernommen, zu einem Sportsanatorium und während des Krieges zum Lazarett der Waffen-SS ausgebaut.

Nachbarschaft befindet sich das im Juni 1942 eröffnete Jugendschutzlager Uckermark.[38]

Als Ärzte sind beteiligt: Gebhardts Assistent, SS-Obersturmführer Dr. Fritz Fischer[39], SS-Obersturmführer und Standortarzt Dr. Schiedlausky, SS-Untersturmführer Dr. med. Rosenthal sowie die Lagerärztin Dr. Oberheuser.

Gebhardt beginnt seine Versuche am 20. Juli 1942.[40] In einem Vorversuch will er den »Infektionsmodus« herausfinden. Dazu werden drei Häftlinge benutzt. Es gelingt nicht, ein dem klinischen Gasbrand gleiches Krankheitsbild zu erzeugen.

Es folgt ein Versuch an sechs jugendlichen Häftlingen.[41] Diesmal wird zwar ein klinisch eindeutiger Gasbrand erzeugt, sein Bild entspricht jedoch »dem in der Kriegschirurgie bekannten in keiner Weise«.

Die Wehrmacht ist an den Versuchen offenbar beteiligt. Gebhardt verwendet nämlich in einer Versuchsreihe Marfanilpuder der I.G.Farben, »da dieser von der Heeres-Sanitätsinspektion dringend empfohlen wurde. Der Puder wurde nach dem Verfahren Schmick appliziert.«[42]

---

38 FKL Ravensbrück. Eine Gesamtdarstellung. ZSt April 1972, S. 117.

39 Fischer ist ein ehemaliger Assistent von Professor Berthold Ostertag. Am 8. 5. 1940 hatte Fischer seinem ehemaligen Chef geschrieben, nun lerne er das klinische Geschehen am Krankenbett, einfache Handgriffe und Manipulationen: »weil ich in diesen Dingen nicht so erfahren war, sollte ich schon ausschließlich als Pathologe verwandt werden und zwar bei einer Zentralstelle für die Konzentrationslager. Ich habe mich mit allen Kräften bemüht, diesem Ruf zu entgehen.« Archiv Prof. Jürgen Peiffer, Tübingen.

40 Gebhardt am 29. 8. 1942 an den Reichsarzt-SS: Zwischenbericht über die klinischen Versuche im FKL Ravensbrück. DC-Unterlagen Gebhardt.

41 In der Literatur, auch in staatsanwaltschaftlichen Darstellungen, ist von männlichen Versuchspersonen die Rede, basierend auf Aussagen von Gebhardt und Fischer. Eine Irreführung, denn Gebhardt schreibt: »Eine blieb als Kontrolle unbehandelt, die andere wurde sofort nach der Impfung mit Cataxyn-Wundpuder bestäubt.« Gebhardt am 29. 8. 1942 an den Reichsarzt-SS. Ebd.

42 Der Name Dr. med. Hugo Schmick, zumindest 1940/41 in Hohenlychen, zuvor in Sachsenhausen, erinnert daran, daß auch in diesem KZ Gasbrandversuche stattfinden: Den Versuchspersonen wird der Oberschen-

Nach den Vorversuchen werden 36 Frauen benutzt. Die Bakterienkulturen sind mit Holzteilen oder Glassplittern oder mit beidem versetzt. Ergebnis: Die Entwicklung einer entzündlichen Reaktion bleibt nur dann aus, wenn mit den Bakterien zugleich das Sulfonamid geimpft wird.

In der nächsten Versuchsreihe, an 24 Frauen, werden schlachtfeldähnliche Bedingungen geschaffen: Die Frauen bekommen Wunden bis auf die Knochen geschnitten. Es kommt zu mindestens drei Todesfällen.

Nach den Sulfonamidversuchen werden, Menschen stehen ja beliebig zur Verfügung, Transplantationsversuche und Muskeloperationen vorgenommen. Die Ärzte zertrümmern zu diesem Zweck Frauen die Unterschenkelknochen auf dem Operationstisch. Negativer Höhepunkt dieser Versuchsreihe ist eine Operation Dr. Fritz Fischers. Er operiert einer im KZ wahnsinnig gewordenen Frau das Schulterblatt heraus, packt es ein, fährt damit nach Hohenlychen, wo es von Gebhardt, dem Orthopäden Dr. Richard Schulze[43] und Himmlers Begleitarzt Stumpfegger[44] einem krebskranken Privatpatienten eingesetzt wird.

---

kel in einer Länge von etwa 15–20 cm aufgeschnitten und die Wunden künstlich infiziert. Lagerinsassen, z.B. der tschechische Arzt Dr. Vladimir Raska, beschuldigen den Ersten Lagerarzt Dr. Emil Schmitz (ZSt 406 AR-Z 14/59, S. 37ff.). Der ehemalige Sanitäter Bruno Roehr: »Dr. Schmitz schnitt dem Patienten eine Fleischwunde an der rechten Außenseite des Unterschenkels und hob vom Fußboden des OP ein Stück schmutzige Watte auf und steckte diese in die geschaffene Wunde« (ebd., S. 56). Der ehemalige Häftling Rudolf Wunderlich: »Alle Häftlinge lagen mit hohem Fieber, unerträglichen Schmerzen, stinkenden und eiternden Verbänden ohne jede Krankenpflege da« (ebd., S. 1337 Rückseite). Der ehemalige Krankenpfleger Franz Ballhorn: »Ich habe selbst gesehen, wie die Mehrzahl der Häftlinge in diesem Raum verstorben sind« (ebd., S. 1412).

Wer diese Versuche durchführte, ist strafrechtlich nie geklärt worden. KZ-Arzt Dr. Emil Schmitz, der jede Kenntnis von den Versuchen abstreitet, ist ab 1950 als wissenschaftlicher Mitarbeiter bei dem Pharma-Unternehmen Boehringer – wie Dr. Fritz Fischer.

43 Dr. Richard Schulze, SS-Standartenführer, Verbleib unbekannt.

44 SS-Standartenführer Dr. Ludwig Stumpfegger wird im Oktober 1944 Begleitarzt Hitlers.

Ravensbrück:
Frauen werden die Beine zertrümmert, zerschnitten.

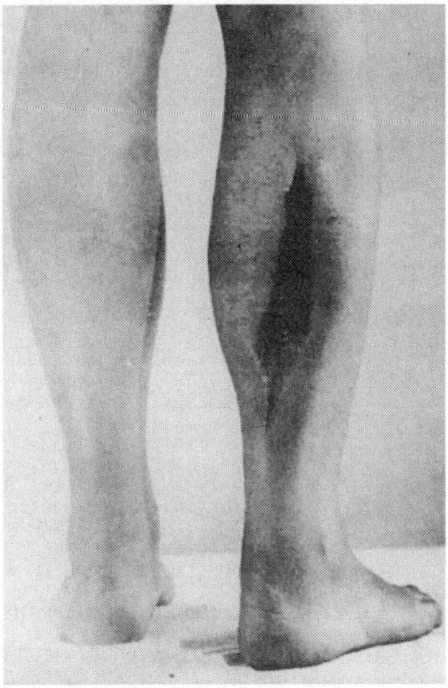

In Ravensbrück wahnsinnig gewordene Frauen werden offenbar auch sonst als chirurgische Ersatzteillager verwendet. Die Häftlingsärztin Zdenka Nedvedona-Nejadla aus Prag behauptet, es seien große Amputationen (»z. B. ein ganzer Arm mit Schlüsselbein und Schulterblatt oder ein Bein mit Hüftknochen«) vorgenommen worden: »Der größte Teil dieser Operationen wurde an geisteskranken Frauen durchgeführt, die unmittelbar nach der Operation mit einer Evipan-Injektion getötet wurden. Die amputierten Glieder wurden unmittelbar danach sorgfältig in sterile Gaze gepackt und nach Hohenlychen transportiert.«[45]

Insgesamt werden 74 polnische Frauen als Versuchskaninchen benutzt. Von diesen, so das Ergebnis einer polnischen Untersuchung,[46] sterben fünf als Ergebnis der Operation, sechs Frauen werden nach Beendigung der Versuche erschossen.

45 Aussage Nedvedona-Nejadla vom 6. 9. 1946. Auszugsweise Übersetzung aus dem Buch »Croix Gammée contra Caducée« von Dr. François Bayle (1950). ZSt 409 AR 641/1960.

46 Bericht Prof. Dr. K. Michejda, Danzig, vom 5. 11. 1946. NO 1492, in: FKL Ravensbrück. Eine Gesamtdarstellung. ZSt April 1972, S. 256f.

Hertha Oberheuser, zum Zeitpunkt der Versuche 31 Jahre alt, ist nach eigener Aussage zur Bekämpfung der Haut- und Geschlechtskrankheiten im Konzentrationslager Ravensbrück eingestellt worden. Zu ihren Aufgaben gehört die Abtreibung bei schwangeren Häftlingsfrauen. Als Motiv, in einem KZ zu arbeiten, gibt sie an: »Ich war Fachärztin für Haut- und Geschlechtskrankheiten, aber ich habe mich schon immer für die Chirurgie interessiert. Es war in Deutschland kaum möglich, als Frau in der Chirurgie anzukommen. Diese Gelegenheit hatte ich erst im Konzentrationslager in Ravensbrück.«[47]

Ihr Verhältnis zu den Häftlingsfrauen hat sie so beschrieben: »Im August 1942 begann bei uns im Revier die sogenannte Kaninchenoperation, ich nenne es *Versuch am lebenden Objekt.*« Es seien Frauen zugewiesen worden, »die als polnische, politische Häftlinge zur Exekution kommen sollten ... Die Frauen wurden uns zur Untersuchung vorgeführt und wir haben nur *gesunde* Frauen zu unseren Versuchszwecken benützt.«

Hertha Oberheusers Aussage klingt durchweg kaltherzig: »Der 1. Versuch, den wir machten, war der Versuch, den Gasbrand durch Bazillen auf die lebenden Frauen zu übertragen ... dazu gehörten Einlegen von Fremdkörpern wie Holz ... Meiner Meinung nach sind nur drei Frauen an den Folgen gestorben. Wir haben als Todesursache Kreislaufstörung festgestellt.«

Oberheuser weiter: »Der 2. Versuch war die sogenannte Knochenneubildung, dies unterstand der speziellen Behandlung von Dr. Stumpfegger. Von den gesunden Unterschenkelknochen wurden Knochenspäne entnommen und wieder an derselben oder an einer anderen Stelle eingesetzt. Mir war die Therapie und Betreuung der sogenannten Kaninchen im Revier 1 überlassen.« Professor Rose, selbst in zahlreiche Versuche verstrickt, wird die Ravensbrücker KZ-Ärztin noch 1985 verteidigen: »Also, das ist ein sehr ordentliches Mädchen und wirklich ein unglückliches Opfer der ganzen Verhältnisse.«[48]

---

47 Statement Oberheuser. Nürnb. Dok. NO-862.
48 Interview Rose vom 10. 10. 1985 in Obernkirchen, Vondra S. XVII.

Halina Piotrowska, geboren am 28. Dezember 1913, wohnhaft in Lublin, ist eines der sogenannten Kaninchen. Sie wird am 4. März 1941, am Namenstag ihrer Mutter, verhaftet. Ihre Mutter sieht sie an diesem Tag zum letzten Mal. Bei der Gestapo wird sie nackt ausgezogen, auf einen Tisch gelegt, mit einem Rohrstock traktiert, schließlich mit dem Kopf gegen die Wand geschleudert. Seit diesem Verhör ist sie schwerhörig und hat Narben an den Schenkeln.

Im Gefängniskeller in Lublin dient ein Eimer als Toilette für 30 bis 40 Frauen, es grassieren Fleck- und Bauchtyphus. Täglich finden Exekutionen statt. Am 23. September 1941 kommt Halina Piotrowska mit einem Frauentransport in Fürstenberg an. Dort müssen sie einige Stunden stehen. Das Lager erreichen sie morgens um sechs Uhr. Wieder müssen sie stundenlang stehen. Wer sich setzen will, wird geschlagen. Die ärztliche Untersuchung führt Dr. Sonntag durch, sie besteht aus Schlägen und Fußtritten.

Fünf bis sechs Frauen teilen sich ein Stockwerksbett. Die Verpflegung besteht manchmal aus Suppe mit verfaulten Kartoffeln, manchmal nur aus Wasser, manchmal gibt es gar nichts. Am 13. Januar 1943 bekommt sie eine Betäubungsspritze: »Ich erwachte mit höllischen Schmerzen am rechten Bein. Das Bein hat fürchterlich ausgesehen: schwarz und blau, als ob es von Schlägen herrühren würde. Es war geschwollen und lag in einer Blutlache.«

1943 wird sie erneut als »Kaninchen« verwendet. Wieder erwacht sie mit fürchterlichen Schmerzen: »meine beiden Beine waren verbunden, aus denen durch den Verband und einer eisernen Schiene Blut floß. Die Schmerzen überstiegen alles, was ein Mensch aushalten kann. Wie sich später herausstellte, war dies eine einleitende Operation für einige weitere Knochen-Operationen, die darauf beruhten, daß Knochengewebe und Knochenmark herausgeschnitten wurde.«

Sechs Wochen lang hat sie über 40 Grad Fieber. Sie überlebt, weil eine Kollegin auf dem Krankenrevier für sie Spritzen stiehlt. Halina Piotrowska nach der Befreiung: »Jetzt haben die

Ärzte unter anderem Abnahme des Beinknochens in einer Länge von 7 cm sowie Knochenmark-Entzündung in beiden Beinen festgestellt.«[49]

Versuche in Hohenlychen

Hohenlychen liegt oberhalb des Städtchens Lychen und des Zensees, umgeben von den Kiefernwäldern der Uckermark. Ich habe Hohenlychen, Ravensbrück und Sachsenhausen an wunderschönen Spätsommertagen besucht.

In Hohenlychen sind mit hoher Wahrscheinlichkeit Menschenversuche gemacht worden. Die Quellen sind jedoch spärlich und die Beteiligten verschwiegen. SS-Sturmbannführer Dr. med. Karl Brunner, Oberarzt und ab 1943 Gebhardts Vertreter in Hohenlychen, beteuert z. B., nur »Tierversuche in der Hundelehr- und Versuchsanstalt« (außerhalb des Konzentrationslagers) durchgeführt zu haben.[50] Auch SS-Sturmbannführer Dr. med. habil. Josef Köstler, Facharzt für Chirurgie in Hohenlychen, versichert, Versuche »ausschließlich an Tieren« gemacht zu haben.[51] Man mag es glauben oder auch nicht, daß sie an Hunden experimentierten, wo doch Ärzten aus Hohenlychen Menschen in beliebiger Zahl zur Verfügung gestanden haben.

Ein Zeuge hat detaillierte Aussagen gemacht: der Ingenieur Walter Jahn, im September 1941 von Sachsenhausen nach Ravensbrück überstellt, wo es neben dem Frauen- ein kleineres Männerlager gibt. Jahn wartet nach eigenen Angaben u. a. die Röntgengeräte in Ravensbrück und in Hohenlychen.

Jahn zufolge werden 1943 in Hohenlychen Häftlinge zu Gehirnversuchen benutzt. Als Operateur nennt er Gebhardt und als

49 Aussage Halina Piotrowska am 11. 10. 1945 in Lublin. ZSt 409 AR 1737/68, Bl. 447 ff.

50 Eidesstattl. Versicherung Brunners vom 14. 3. 1947. ZSt 409 AR 641/1960.

51 Eidesstattl. Versicherung Köstlers vom 27. 2. 1947. ZSt 409 AR 641/1960. Köstler referiert auf der 3. Tagung der Beratenden Militärärzte am 24. Mai 1943 in Berlin zusammen mit Gebhardt über »Ersatzoperationen bei Nervenlähmungen«. Die Moderation der Vorträge obliegt Brunner.

dessen Assistentin Hertha Oberheuser, die im Juni 1943 von Ravensbrück nach Hohenlychen gewechselt ist. Drei bis neun Monate nach den Gehirnoperationen seien die Operierten in leichte Narkose versetzt und die Schädeldecke abgehoben worden: »Prof. Gebhardt besah sich die Vernarbungen und Verschwartungen am Gehirn. Alle Ärzte waren dabei zugegen. Wenn das beendet war, wurde der Patient ... abgespritzt.«[52] Jahn behauptet, er habe anschließend die Gehirne nach Berlin schicken müssen.

Gestützt werden Jahns Behauptungen durch eine Aussage des ehemaligen Generalarztes Walter Schreiber: »Der Leiter der Krankenanstalten in Hohenlychen, der SS-Gruppenführer Professor Gebhardt, ein an sich gottbegnadeter Chirurg, hatte russischen Kriegsgefangenen Schädel operiert, dann die Operierten in bestimmten Abständen getötet, um die pathologischen Veränderungen, das Fortschreiten der Knochenveränderungen auf

---

52 Aussagen Jahn vom 10. 6. und 20. 7. 1960. ZSt 409 AR 641/60, Bd. I.
Vom 16. bis 18. Mai 1944 ist SS-Sturmbannführer (Leibstandarte Adolf Hitler) Karl Mündnich in Hohenlychen (DC-Unterlagen). Mündnich, 1944 an der HNO-Klinik in Königsberg, veröffentlicht im selben Jahr sein Buch »Die Schußverletzungen des Ohres und der seitlichen Schädelbasis«. Dem Buch ist zu entnehmen, daß schwerste Schußverletzungen ohne (notwendige) Operation bleiben, dennoch abheilen, andererseits aber auch »ungünstig« ausgehen (S. 48).
Eine ehemalige Mitarbeiterin erstattete 1990 eine Anzeige, wonach Mündnich u. a. verbrecherische Versuche an Kriegsgefangenen begangen habe (ZSt Ludwigsburg 110 AR 378/90). Ein Ermittlungsverfahren der ZSt im Lande Nordrhein-Westfalen für die Bearbeitung von NS-Massenverbrechen bei der StA Dortmund (45 Js 140/91) wird eingestellt, da Mündnich am 19. 4. 1993 stirbt. Die StA hatte bis dahin keine Anhaltshaltspunkte für ein Fehlverhalten im Sinne der Tatvorwürfe gefunden.
Mündnich, zuletzt SS-Obersturmbannführer, macht nach 1945 Karriere: 1952/53 kommissarischer Leiter der HNO-Universitätklinik in Mainz, 1956 außerplanmäßiger Professor in München, Chefarzt HNO-Klinik Städt. Krankenhaus Ludwigshafen 1960 bis 1962. Ordinarius in Münster. 1965/66 Präsident der Vereinigung westdeutscher HNO-Ärzte und 1970/71 Präsident der Deutschen Gesellschaft für Hals-Nasen-Ohren-Heilkunde, Kopf- und Halschirurgie.

Grund der Trepanation [Schädelöffnung], Operationsfolgen und so weiter studieren zu können.«[53]

Zu was SS-Eliteärzte in Hohenlychen fähig sind, zeigt ein ärztliches Gutachten über eine ehemalige französische Dirigentin aus dem Jahre 1954. Die zum Zeitpunkt der Untersuchung 55jährige Französin war 1940 zum ersten und 1944 zum dritten Mal von der Gestapo verhaftet worden. Im Gefängnis werden ihr Fußnägel herausgerissen, die Brüste aufgeschnitten und in die Wunden Salz gestreut. Die Frau wird zum Tode verurteilt, jedoch nicht hingerichtet.

Am 4. Juli 1944 kommt sie in Ravensbrück an, mit eiternden Wunden und einem gebrochenen Unterkiefer. Sie kann kaum essen, sich kaum auf den Beinen halten. Nach der Ankunft werden ihr innerhalb von drei Stunden drei verschiedene Stoffe verimpft. Dabei kommt es zu einem Zwischenfall: »Professor Gebhardt, wütend, daß ich den Boden beschmutzt hatte, ließ mich zurückholen und verbrannte mir den Damm«, das ist der Teil zwischen After und dem hinteren Ende der Schamspalte. Gebhardt verletzt sie mit einem in Phosphor getauchten Instrument. Die Mißhandelte: »Ich bin nicht die einzige, die dieses schreckliche Schicksal erlitten hatte, es war außer mir noch mindestens 3–4 Frauen geschehen. Im Anschluß daran wurde mir außerdem mit Stiefeln in die Magengrube getreten. Wie später röntgenologisch festgestellt wurde, ist dadurch eine Hernie [Bruch] des Magens entstanden. Im Anschluß an diese Mißhandlung spuckte ich tagelang Blut.«

Im Juli 1945 ist die Unglückliche wieder in Paris. Sie wiegt nur noch 30 kg. Eine Lungen-Tbc stellt sich ein, zusätzlich eine Hirnhautentzündung. Die verbrannte Blase wird operiert und eine Plastik des Dammes gemacht. Im gynäkologischen Gutachten, Februar 1954 in Paris erstellt, heißt es: »Weiter ist der Damm zwischen Scheide und Mastdarm mit einer chemischen Masse verbrannt worden, so daß seit dieser Behandlung die Kot-

---

53 Schreiber am 26. 8. 1946 im Hauptkriegsverbrecherprozeß in Nürnberg, ZSt 413 AR-Z 501/67.

massen durch die Scheide abgegeben worden sind ... Der Damm zwischen Scheide und Mastdarm ist sehr dünn, von Narbengewebe ausgefüllt. Man kann mit dem Finger von der Scheide in den Mastdarm gelangen. Unterhalb des natürlichen Mastdarmausganges besteht ein neuer künstlicher Mastdarmausgang, aber dessen Schlußfähigkeit völlig unzureichend ist ... Die mehrfach erfolgten plastischen Operationen haben kaum eine Besserung erbringen können, und es ist festzustellen, daß die Patientin verstümmelt ist und sich in Bezug auf die Kotentleerung in einem grauenvollen Zustand befindet.«[54]

Menschen, wie Meerschweinchen verbraucht

Wie beliebig Menschen als Versuchsobjekte zur Verfügung gestellt werden, zeigt ein Projekt, das auf einen Vorschlag von Professor Werner Kollath (Hygiene-Institut Universität Rostock) zurückgeht. Der Hygieniker und Bakteriologe hatte auf die »Unmerkliche Bleivergiftung infolge von Aufnahme kleinster Bleimengen« hingewiesen.[55] Himmlers Oberster Hygieniker Mrugowsky entwirft einen Forschungsplan, projektiert auf mindestens vier Jahre:

»Es soll dabei geprüft werden, ob Fruchtbarkeitsstörungen bei außergewerblicher Aufnahme kleinster Bleimengen vorkommen können. Dabei sind die folgenden drei physiologischen Eigenschaften getrennt voneinander zu beurteilen:

a) Störungen der Geschlechtslust (Libido)

b) Störungen der Fähigkeit zu begatten (Potenz)

c) Störungen in der Erzeugung gesunder Kinder (Fruchtbarkeit).«

Mrugowsky entwickelt danach die Versuchsbedingungen:

---

54 Das Gutachten vom 24. 2. 1954 (Dr. H. Hartmann, Paris) über Frau R. V. ist Bestandteil des Gutachtens von Dr. Kaplan.

55 So der Betreff eines Schreibens von Himmlers Persönlichem Referenten R. Brandt an SS-Brigadeführer Dr. Kammler, SS-WVHA, vom 12. 10. 1942. DC Unterlagen Dr. Ding.

»Nach Ablauf einer geeigneten Frist muß für jeden Häftling eine gesunde Frau zur Verfügung gestellt werden, die fruchtbar ist und ihm für die Dauer des gesamten Versuches zugesprochen bleibt. Wenn 100 Häftlinge dem Versuch unterzogen werden, müssen 100 Frauen bereitgestellt werden.«[56]

Für Impfversuche in Mauthausen werden ab Februar 1943 etwa 1000 vom Hunger gezeichnete Häftlinge bereitgestellt. Versuchsleiter Dr. med. Karl Josef Gross[57] vom SS-Hygiene-Institut in Berlin testet dabei Impfstoffe der Behring-Werke gegen Typhus, Paratyphus und Cholera.[58]

Der Impfstoff wird wechselweise in die rechte oder linke Brustseite, zwischen Schlüsselbein und Brustwarze gespritzt. Gross hat einige der Impflinge ohne Gesicht zeichnen lassen, als anonyme Versuchsobjekte. Acht Wochen nach der dritten Impfung sind bei 40 Prozent der Versuchspersonen Depots mit Infiltraten festzustellen. Es kommt zu Abszessen.

Eine Namensliste der Versuchspersonen zeigt, daß zahlreiche Häftlinge sterben.[59] Bei anderen ist als »Abgang« Lazarettbehandlung verzeichnet, u. U. eine Umschreibung für den Tod in der Gaskammer der nahegelegenen Vergasungsanstalt Hartheim. Gross referiert seine Versuchsreihe am 24. Mai 1943 auf der 3. Arbeitstagung der Beratenden Ärzte der Wehrmacht in der Militärärztlichen Akademie. Das Ergebnis: »Über die praktische Auswirkung dieses Impfstoffes im Falle einer Typhusinfektion kann derzeit noch nichts gesagt werden.«[60]

---

56 Forschungsplan Mrugowsky vom 22. 12. 1942. Ebd.

57 Gross praktiziert nach dem Krieg in Linz. Marsalek, S. 178.

58 Die Originalunterlagen sind im BA unter der Signatur NS 4/Mauthausen.

59 BA NS 4/Mauthausen, Bd. 28.

60 Dr. Karl Gross, SS-Sturmbannführer (Hygiene-Institut der Waffen-SS, Berlin): Über die Verträglichkeit eines neuen Adsorbat-Impfstoffes gegen Typhus, Paratyphus – A + B. Referat für die 3. Arbeitstagung der Beratenden Ärzte. Fachgruppe Hygiene und Tropenhygiene. BA NS 4/ Mauthausen, Bd. 28.

Himmler, der für Heilkundler und medizinische Spinner immer ein offenes Ohr hat, versucht noch Ende 1944 der Krebsforschung zum Durchbruch zu verhelfen. Wilhelm Keppler, Staatssekretär im Auswärtigen Amt, dient dem Reichsführer-SS im Oktober 1944 Arthur Imhausen (Witten/Ruhr) an, der Erfinder des synthetischen Speisefettes sei und sich seit langem mit der chemischen Seite medizinischer Probleme beschäftige. Er soll große Erfolge an moribunden Krebskranken erzielt haben:

»Nach Behandlung mit den angewandten Präparaten sind bei verschiedenen Kranken Krebsgeschwulste von fast Handgröße schon nach wenigen Wochen auf Erbsengröße und sogar Größe eines Stecknadelkopfes zurückgegangen. Gleichzeitig trat eine erstaunliche Hebung des Wohlbefindens der Patienten ein, die ... wieder arbeitsfähig wurden.«[61] Imhausen kommt jedoch nicht zum Zuge. Grawitz findet in den KZs keine Krebskranken, die als Versuchsobjekte zur Verfügung gestellt werden könnten.[62] Kein Wunder, wenn schon gesunde Häftlinge nach drei Monaten sterben.

Zu den Spinnern, die bei Himmler und seinem Reichsarzt Gehör finden, zählt der dänische Arzt Carl Peter Jensen. Dieser kommt 1942 ins Reich, nennt sich hier Dr. med. Carl Vaernet und verspricht große Erfolge in der Hormonforschung. Grawitz empfiehlt ihn Himmler im Herbst 1943, Grawitz' Bürochef Poppendick offeriert ihn wiederum dem SS-Wirtschafts-Verwaltungshauptamt (WVHA): »Dr. V. arbeitet seit Kriegsbeginn an einer ›künstlichen Drüse‹. Auf der Grundlage von zahlreichen Versuchen an Tier und Mensch hat V. einen neuartigen Depot-Körper – ›künstliche Drüse‹ – zur Implantation von Medikamenten, insbesondere von Hormon-Depots entwickelt.«[63]

Vaernet hat angeblich eine Kapsel (»künstliche Drüse«) entwickelt, die (z. B. mit Insulin gefüllt) in einen Körperteil operativ

---

61 Keppler am 14. 10. 1944 an Himmler. Nürnb. Dok. NG 2383.
62 Keppler am 15. 1. 1945 an Himmler. Ebd.
63 Aktenvermerk vom 3. 12. 1943 btr. Hormonforschung des Dänen Dr. med. Carl Värnet (sic!), Stab W Dr. Hf/Mi. Archiv Buchenwald 50-3-35.

eingepflanzt werden soll. Für seine Dienste fordert der Däne monatlich 1500 RM (wovon 500 RM in Deutschland ausbezahlt und 1000 RM nach Dänemark überwiesen werden sollen).

Die Sexualhormone spielten in der Forschung von Vaernet nur eine geringe Rolle, heißt es Dezember 1943 in einem Vermerk des WVHA. Doch gerade dies fasziniert Himmler. Er befiehlt, den Dänen zu fördern. Im Gegenzug erklärt sich Vaernet bereit, »die gesamte Produktion der ›künstlichen Drüse‹ auf eine der Dienstaufsicht des RF-SS unterstehenden Gesellschaft (Deutsche Heilmittel G.m.b.H., Prag) zu übertragen«.[64]

Am 7. Februar 1944 findet in Prag eine Besprechung statt. Man kommt zu dem Schluß, Vaernets Versuche in einem Laboratorium im Dachgeschoß der Deutschen Heilmittel GmbH durchzuführen.[65] Der Vertrag wird am 16. Mai 1944 in Prag unterzeichnet. Vaernet erhält monatlich 1500 RM, rückwirkend ab 1. Dezember 1943.[66] Im August 1944 dreht Vaernet seine »künstliche Drüse« dem Reichsarzt-SS Grawitz als hormonelle Wunderwaffe an. Er nennt u. a. zwei kriegswichtige Einsatzmöglichkeiten:

1. Zur »Erhaltung der ungeschwächten Arbeitsfähigkeit, vor allem bei den führenden Männern, die jahrelang ungeheuer psychischen und körperlichen Anstrengungen ausgesetzt waren«. Mit anderen Worten: Vaernet will die »künstliche Drüse« der SS implantieren.

2. Die »künstliche Sexualdrüse«, speziell die »künstliche männliche Sexualdrüse«, kommt zur Steigerung der Geburtenzahl zur Anwendung.[67]

---

64 Ebd.

65 Teilnehmer sind SS-Sturmbannführer Norin, Leiter der Deutschen Heilmittel G.m.b.H. in Prag, SS-Hauptsturmführer Riecks, SS-Sturmbannführer Dr. Behmenburg (Dienststelle des SS-Sanitätszeugmeisters) und Vaernet. Aktennotiz vom 7. 2. 1944, gez. Norin, gez. Riecks. ZSt 413 AR 1463/65, Bd. III, Bl. 482.

66 Vertrag, gezeichnet von Norin, Riecks und Vaernet, vom 16. 5. 1944. ZSt 413 AR 1463/65, Bd. III, Bl. 483 f.

67 Brief Vaernets vom 24. 8. 1944 an Grawitz, Archiv Buchenwald 50-3-35.

Vaernet legt einen Tätigkeitsbericht[68] bei, der mit der freudigen Meldung beginnt: »Die ›künstliche männliche Sexualdrüse‹ ist fertig.«

Die »künstliche weibliche Sexualdrüse« wird für September 1944 versprochen.

Am erfolgreichsten sieht sich der dänische Hormonforscher jedoch als Homosexuellen-Umwandler: In Kopenhagen habe er einen seit frühester Jugend »in Gedanken und im Trieb« homosexuellen Mann mit zwei Implantationen der »künstlichen männlichen Sexualdrüse« geheilt. Drei Monate nach der letzten Einpflanzung habe sich der Mann verlobt, noch einmal drei Monate später »ein normales eheliches Zusammenleben durchgeführt«.[69]

Vaernet implantiert tatsächlich Häftlingen des KZ Buchenwald die »künstliche männliche Sexualdrüse«.[70] Ende Oktober 1944 schreibt er Grawitz: »Die vorläufigen Resultate zeigen, daß die Dosis, die als 3a bezeichnet ist, *die Homosexualität in einen normalen Sexualtrieb verwandelt.* Dosis 2a erweckt aufs neue den Sexualtrieb bei einer vor 7 Jahren kastrierten Person. *Der neuerweckte Sexualtrieb* ist ohne homosexuelle Einschläge.«[71]

Die Häftlinge sind so klug, Vaernet Erfolge vorzugaukeln. Über Häftling Nr. 21686, einen homosexuellen Ordensmann, berichtet Vaernet z. B.: »Früher waren alle seine erotischen Gedanken und Träume auf junge Männer gerichtet, aber jetzt nur noch auf Frauen.« Kurzum: »Mit der Implantation der ›künstlichen männlichen Sexualdrüse‹ hat man ... die gewünschten Resultate erzielt – *eine Umstimmung von homosexuell zum normalen Sexualtrieb.*«[72]

---

68 Vaernet: »Tätigkeitsbericht Nr. 4, bis 24/8 1944« (sic!). Archiv Buchenwald 50-3-35.

69 Ebd.

70 Die Versuche sind ausführlich dokumentiert: Homosexualität in der NS-Zeit. Dokumente einer Diskriminierung und Verfolgung, hg. von Günter Grau. Frankfurt am Main 1993, S. 345 ff. Fischer-Tb. 11254.

71 Vaernet am 30. 10. 1944 an Grawitz (über Pohl). Archiv Buchenwald 50-3-35.

72 Aus dem Bericht des SS-Stubaf. Dr. Vaernet vom 30. 4. 44. Archiv Buchenwald 50-3-35.

Eine Posse. Jedoch: Von etwa 15 Versuchspersonen sind zwei bei Vernaets Experimenten umgekommen.[73] Vaernet flieht nach Argentinien, soll ein Amt im Gesundheitswesen von Buenos Aires bekleidet haben.[74]

»Reichsführer!

1.) Ich darf vermelden, daß inzwischen Prof. W. Fischer[75] seine Versuche über Serum-Verschiedenheiten bei den menschlichen Rassen im Konzentrationslager Sachsenhausen aufgenommen hat. Die ersten Untersuchungen werden an 40 Zigeunern durchgeführt. Im Anschluß daran sollen die Versuche auf Juden ausgedehnt werden.
Über das Ergebnis werde ich jeweils berichten.
2.) Prof. Fischer hat mir einen Sonderdruck über das Ergebnis seiner bisherigen rassen-serologischen Arbeiten übersandt, den ich in der Anlage beifüge. Es ergibt sich daraus, daß Prof. Fischer im Jahre 1938 anhand von Reihenuntersuchungen das Serum von Weißen und Negern miteinander verglichen hat. Er fand in einer der Versuchsserien deutliche Unterschiede quantitativer Art bei Anstellung der Flockungsreaktionen und der Komplementbindungsreaktion.
Stabsarzt Dr. Horneck[76] konnte im vorigen Jahre ähnliche Feststellungen an kriegsgefangenen Negern in Frankreich machen. Infolge seines inzwischen erfolgten Einsatzes an der Ostfront war er jedoch nicht in der Lage, die Versuche fortzusetzen. [...]«

Der Reichsarzt-SS Grawitz am 20. Juli 1942 an Himmler.[77]

Häftlinge werden derart willkürlich als Versuchsobjekte verbraucht, daß SS-Gruppenführer Richard Glücks, im Wirtschafts-Verwaltungshauptamt für die KZs zuständig, am 12. Mai 1944 allen Lagerkommandanten verfügt:

73 Kogon, S. 264.
74 Homosexualität in der NS-Zeit, a. a. O., S. 358.
75 Der Serologe Werner Fischer ist 1932/33 Rockefeller-Stipendiat am National Institute for Medical Research in London, 1933–38 Assistent am Institut für experimentelle Krebsforschung bei dem Rassehygieniker Ernst Rodenwald in Heidelberg, ab 1938 Leiter der serologischen Abteilung im RKI für Infektionskrankheiten, April 1945 gefallen.
76 Stabsarzt Karl Horneck kommt vom Königsberger Anthropologischen Institut.
77 ZSt Humanversuche, KL Ravensbrück.

»Es besteht Veranlassung darauf hinzuweisen, daß in jedem Falle *vor* Abstellung von Häftlingen für Versuchszwecke hier die Genehmigung zur Abstellung einzuholen ist.

Hierbei müssen Zahl, Haftart und bei arischen Häftlingen genaue Personalien, Aktenzeichen des Reichssicherheitshauptamtes und der Grund der Einweisung ins Konzentrationslager angegeben werden.

Ich verbiete hiermit ausdrücklich die Abstellung von Häftlingen zu Versuchen ohne Vorliegen der Genehmigung.«[78]

Wie wenig Glücks ausrichtet, zeigt der Fortgang der Menschenversuche. Kurt Heißmeyer ist nur ein Beispiel, wie leicht es ist, KZ-Häftlinge abgestellt zu bekommen.

Tbc-Versuche

Veröffentlichungen von NS-Medizinern sind in aller Regel in einer neutralen Medizinsprache verfaßt. Eine Ausnahme macht Kurt Heißmeyer.[79] Heißmeyer übernimmt 1938 die Leitung des Augusta-Viktoria-Sanatoriums, ein Haus für lungenkranke Frauen in Hohenlychen. Der Lungenfacharzt ist mit SS-Obergruppenführer August Heißmeyer verwandt, einem Stiefbruder seines Vaters. Der Onkel gehört anfangs zum Stab Himmlers und ist in zweiter Ehe mit der Reichsfrauenführerin Scholz-Klink verheiratet.[80]

78 Abschrift Band XXVIII der Verhandlungsniederschriften über den Prozeß gegen die Hauptkriegsverbrecher vor dem Intern. Militärgerichtshof in Nürnberg. Bericht Humanversuche ZSt 413 AR 1463/65.

79 Heißmeyer, geb. am 26. 12. 1905 als Sohn eines praktischen Arztes in Lamspringe, Kreis Hildesheim. Als Student wird er Mitglied der Marburger Burschenschaft »Arminia«. 1932 promoviert er zum Dr. med., schließt eine Ausbildung als Facharzt für Lungenkrankheiten in Freyburg, Davos, an. 1934 wechselt er nach Hohenlychen. 1937 heiratet er eine Pfarrerstochter.

80 Aussage vom 17. 7. 1964, ZUV 46, Bd. A 154. Es handelt sich um ein Stasi-Verfahren (Der Bundesbeauftragte für die Unterlagen des Staatssicherheitsdienstes der ehemaligen Deutschen Demokratischen Repu-

Heißmeyer will nichts weniger als Robert Koch ablösen, den Begründer der modernen Bakteriologie, der 1882 im Tierversuch den Tuberkelbazillus und zwei Jahre später den Erreger der Cholera entdeckt hatte.[81] Heißmeyer stützt sich auf die Zwillingsforscher Karl Diehl und Otmar Freiherr von Verschuer (KWI für Anthropologie), wonach bei Tbc nicht der Tuberkelbazillus, sondern die krankhaft vererbte Konstitution ausschlaggebend sei.

Robert Koch hat seine Ergebnisse im Tierversuch gewonnen, Tierversuche haben für Heißmeyer jedoch jede wissenschaftliche Berechtigung verloren: »Nach Schaffung der weltanschaulichen Idee von ›Volk und Rasse‹ ist es unvereinbar, die Entstehung der menschlichen Tuberkulose von Tierversuchen abzuleiten, denn dann wird entweder die Mitbeteiligung einer Konstitution beim Zustandekommen einer menschlichen Tuberkulose geleugnet, oder es wird die Konstitution des Tieres der des Menschen gleichgesetzt.«[82]

1943 darf Heißmeyer in der »Zeitschrift für Tuberkulose« den Beitrag »Grundsätzliches über Gegenwarts- und Zukunftsaufgaben der Lungenheilstätte« veröffentlichen. In der Vergangenheit, so Heißmeyer, seien die Heilstätten stark belastet gewesen, ein Krankengut zu pflegen, das »dieser Pflege unwürdig war«. Die Krankenbehandlung dürfe nicht mehr nach dem Organbefund, sondern müsse nach rassischen Gesichtspunkten erfolgen: »In Zukunft darf eine unbegrenzte Kurdauer nur dem Kranken

---

blik). Stasi-Verfahren sind als historische Quelle problematisch, da die Beschuldigten u.U. Taten »gestehen«, die sie nicht begangen haben.

81 Robert Koch (1843–1910), einst Landarzt in Posen, entdeckte 1874 eine Bakterienart als Verursacher des Milzbrandes bei Schafen und wies damit erstmals einen lebenden Mikroorganismus als Ursache einer Infektionskrankheit nach. Koch schuf die wichtigsten Grundlagen der Bakteriologie (Züchtung und Färbung von Bakterien), wurde 1880 als Regierungsrat an das Reichsgesundheitsamt in Berlin berufen, 1885 Professor und Direktor des Hygienischen Instituts der Universität Berlin, 1891 Direktor des für ihn gegründeten Instituts für Infektionskrankheiten. Nobelpreis 1905.

82 Kurt Heißmeyer: Ein Selbstversuch. Ms. 1938. ZUV 46, Bd. 1.

zugesprochen werden, der die Forderungen rassischer Art erfüllt.«[83]

Heißmeyer, ein Duzfreud Gebhardts, nutzt seine Beziehungen. Oswald Pohl, der mächtigste Mann im SS-WVHA, hat in der Nähe ein Gut. Heißmeyer behandelt Pohls Kinder unentgeltlich.[84] Anfang 1944 findet in Hohenlychen eine Besprechung von SS-Medizinern und SS-Führern statt. Abends trifft Heißmeyer Conti und Grawitz im Kasino. Irgendwann reden sie über die Bekämpfung der Tuberkulose. Heißmeyer prahlt, eine Bekämpfung der Krankheit sei nur auf immunbiologischem Wege möglich, im Tierversuch könne man die Probleme schlecht studieren. Grawitz erwidert, man könne doch diesbezügliche Versuche an Häftlingen vornehmen. Die Anwesenden erbieten sich, alle Wege zu ebnen.[85]

Heißmeyer bekommt das KZ Neuengamme zugewiesen. Die Versuche beginnen im Sommer 1944. Zunächst wird ein Teil der Baracke 4 (wegen der vielen Todesfälle »Todesbaracke« genannt) abgetrennt und als »4a« bezeichnet. Heißmeyer begutachtet zunächst etwa 100 Häftlinge auf ihre Tauglichkeit als Versuchsobjekt.[86] Da die Versuchspersonen im Verhältnis gut ernährt werden, melden sich auch Freiwillige, die dem Hungertod entgehen wollen.[87] Zuerst wird als Häftlingsarzt der Pole Dr. Zygmunt Szafranski eingesetzt, der jedoch bald durch drei französische Ärzte (Prof. Florence, Dr. Quenouvill[88], Dr. Billiet) ersetzt wird.

83 Heft 1/1943, S. 34ff.

84 Aussage Heißmeyer vom 17. 7. 1964, ZUV 46, Bd. A 154.

85 Aussage Heißmeyer vom 23. 3. 1964, ZUV 46, Bd. A 154. Heißmeyer bittet Pohl, die Versuche im nahen FKL Ravensbrück vornehmen zu dürfen. Dies wird abgelehnt, da dort schon Gebhardt arbeite.

86 Die Zahl der Versuchspersonen ist nicht bekannt. Standortarzt Dr. Albert Trzebinsky spricht von 40 Russen und Polen (keine Deutschen!). Aussage vom 23. 4. 1946 im Neuengamme-Prozeß. ZUV 46, Bd. 153.

87 Aussage Prof. Marcel Prenant, Häftlingspfleger in Neuengamme, vom 25. 3. 1946 im Hamburger Neuengamme-Prozeß, ZUV 46, Bd. A 156.

88 René Quenouvill ist der erste Häftlingsarzt (November 1943) im KZ Ebensee, er wird Mitte Juni 1944 nach Neuengamme überstellt. Der Häftlingsarzt François Wetterwald: »Er war der Gründer des Hospitals, und wenn wir überhaupt so etwas wie Medizin machen durften, dann dankten wir es ihm, denn mit seiner Einstellung hat er sogar die SS beeinflußt.« Freund, S. 299.

> »Mir war bekannt, daß ich derartige Versuche mit einem virulenten Serum niemals an Menschen vornehmen durfte, aber andererseits wußte ich auch, daß Versuche an Meerschweinchen zwecklos waren, denn in der Natur erkranken diese Tiere nicht an Tuberkulose. Deshalb bin ich mit meinen Versuchen in ein Konzentrationslager gegangen, wo mir Versuchspersonen in genügender Zahl zur Verfügung standen und ich keine Rücksicht zu nehmen brauchte.«
>
> Aussage Kurt Heißmeyer im Stasi-Verhör.[89]

Im Herbst 1944 werden etwa 20 jüdische Kinder, zwischen fünf und zwölf Jahren alt, aus Auschwitz herangeschafft. Der polnische Häftlingspfleger Gerard Pisarski: »Es waren Kinder aus verschiedenen Ländern. Darunter befanden sich auch polnische Kinder. Mit einigen von ihnen habe ich mich unterhalten und konnte so feststellen, daß sie teilweise wußten, daß ihre Eltern umgebracht worden sind ... An den Betten waren Fieberkurven angebracht. Erinnerlich ist mir, daß jedes Kind ein Blechschild mit einer Zahl um den Hals trug ... Weiterhin ist zu sagen, daß parallel zu den Versuchen an den Kindern, Versuche an Meerschweinchen durchgeführt worden sind. Dazu befand sich innerhalb der Umzäunung der Baracke ein Stall. Die Meerschweinchen trugen übrigens die gleiche Nummer wie die Kinder.«[90]

Heißmeyer injiziert seinen Versuchsobjekten virulente Tuberkulose-Bazillen in die linke oder rechte Schulter. Anderen Häftlingen werden in die aufgeritzte Haut Bazillen oder bazillenhaltiges Eigensputum eingerieben. Häftlingsarzt Szafranski: »Das Typische bei den Hautinjektionen war, daß ... besonders in der Achselhöhle erhebliche Schwellungen, Entzündungen und sogar Abszesse [tuberkulöser Art] auftraten. Letztere eiterten häufig.« Der polnische Häftlingsarzt: »Heißmeyer sah in den Häftlingen Versuchsmaterial. Deshalb wurden, wenn Medikamente verabreicht werden durften, dieselben nur gegeben, um die Häftlinge für weitere Experimente brauchbar zu erhalten. Die-

89 Aussage Heißmeyer vom 20. 3. 1964, ZUV 46, Bd. A 154.
90 Aussage Pisarski vom 11. 1. 1965, ZUV 46, Bd. A 156.

sem Ziel diente auch die verhältnismäßig gute Verpflegung, die Versuchspersonen bekamen.«[91]

Einem Teil der Häftlinge wird zur Ansteckung mit Tbc eine Sonde in die Lunge eingeführt. Heißmeyer: »Ich führte jedem Häftling unter Zuhilfenahme des Röntgenapparates eine kontrastgebende Sonde in einen Unterlappen der Lunge ein. Daraufhin spritzte ich das Serum mittels einer üblichen Injektionsspritze durch die Sonde in die Lunge.«[92]

Nach der Infizierung tritt hohes Fieber auf. Um die Häftlinge als Versuchspersonen zu erhalten, werden fiebersenkende Medikamente gegeben. »Sobald sich eine Schwellung der Axillardrüsen zeigte«, so Heißmeyer, »ließ ich durch einen mir nicht mehr erinnerlichen Häftlingsarzt Drüsenexstirpationen vornehmen.«[93] Die Drüsen werden herausgeschnitten, um gewebliche Veränderungen festzustellen. Dies ist Aufgabe des tschechischen Häftlingsarztes Dr. Bogumil Dolik. Die französischen Häftlingsärzte legen die Drüsen anschließend in Flaschen mit Formalin, etikettieren sie mit dem Namen der Versuchsperson und seiner Nummer.[94]

Die Präparate werden zur Untersuchung nach Hohenlychen geschickt. Heißmeyer: »Darunter befanden sich neben Drüsen auch Lungen. Das heißt, in Neuengamme wurden auf meine Weisung hin Versuchspersonen, die verstarben, seziert. Bestimmte Präparate wurden mir nach Hohenlychen geschickt, wo sie ein dort tätiger Pathologe, der mit mir auch schon im Lager Neuengamme war, untersuchte.«[95]

Die Versuchspersonen werden auf KZ-Art umgebracht: »Prof. Heißmeyer kam oft mittwochs von Berlin, um Experimente im Lager zu machen. Für diese Experimente wurden oft Leute extra

---

91 Aussage Dr. Szafranski vom 8. 7. 1964, ZUV 46, Bd. A 156.

92 Aussage Heißmeyer vom 18. 3. 1964, Bd. A 154. Röntgenbilder, die dies belegen, sind erhalten.

93 Aussage Heißmeyer vom 6. 4. 1964, ZUV 46, Bd. A 155. Dazu gibt es zahlreiche Fotos.

94 Aussage des Häftlingspflegers Franczisek Czekalla vom 17. 12. 1945 vor einem engl. Untersuchungsbeamten, ZUV 46, Bd. A 156.

95 Aussage Heißmeyer vom 20. 3. 1964, ZUV 46, Bd. A 154.

aufgehängt ... Z.B. sollten in einer Woche für einen Mittwoch drei Menschen gehängt werden, da Prof. Heißmeyer an diesem Tag erwartet wurde. Da er aber erst am Freitag kam, wurden diese drei Gefangenen erst am Freitag gehängt.«[96] Heißmeyer: »Autopsien, also Sezierungen ... wurden von dem Pathologen Klein aus Hohenlychen ... durchgeführt.«[97]

Das Ende der Kinder ist bekannt[98] und grausig: Kinder, Pfleger und die französischen Ärzte werden zum Nebenlager Bullenhuser Damm gebracht und in der Nacht vom 20. auf den 21. April 1945 ermordet. Standortarzt Dr. Albert Trzebinsky betäubt sie mit Morphiumspritzen, SS-Unterscharführer' Johann Frahm hängt sie auf. Trzebinsky schildert einen Einzelfall: »Frahm nahm den zwölfjährigen Jungen auf den Arm und sagte zu den anderen: ›Er wird jetzt ins Bett gebracht.‹ Er ging mit ihm in einen Raum ... und dort sah ich schon eine Schlinge an einem Haken. In diese Schlinge hängte Frahm den schlafenden Knaben hinein und hängte sich mit seinem Körpergewicht an den Körper des Kindes, damit sich die Schlinge zuzog.«[99]

Im April 1945 vergräbt Heißmeyer Krankenakten und Fotos in einer Zinkblechkiste in Hohenlychen, flüchtet nach Sandersleben zu seinen Eltern. Bis Mai 1946 hilft er in der väterlichen Praxis. Dann zieht er nach Magdeburg, eröffnet eine Praxis und eine Klinik für Lungenkranke. Er betreibt sie bis zu seiner Festnahme 1963.[100]

---

96 Aussage Prenant vom 25. 3. 1946 im Hamburger Neuengamme-Prozeß, ZUV 46, Bd. A 156. Nach der Totenliste von Neuengamme werden am 8. 11. 1944 erhängt: Iwan Tschurkin, 22 Jahre, Tadeusz Weselowski, 44 Jahre, Bronislaw Wolnewicz, 22 Jahre und der ebenfalls 22jährige Stanislaw Nedza, alle Versuchspersonen von Heißmeyer.

97 Aussage Heißmeyer vom 20. 5. 1964, ZUV 46, Bd. A 155. Hans Klein wird Professor am Institut für gerichtliche Medizin der Universität Heidelberg.

98 Günther Schwarberg: Der SS-Arzt und die Kinder vom Bullenhuser Damm. Göttingen 1995.

99 Aussage Trzebinsky vom 23. 4. 46 im Hamburger Neuengamme-Prozeß, ZUV 46, Bd. 153.

100 Aussage Heißmeyer vom 8. 10. 1964, ZUV 46, Bd. A 154. Das Bezirksgericht Magdeburg verurteilt ihn am 30. 6. 1966 zu lebenslanger Haft.

Versuche mit Giftmunition

Anfang 1944 werden in Polen Attentate mit Giftmunition verübt. Die Projektile kommen in das Institut für gerichtliche Medizin und naturwissenschaftliche Kriminalistik in Krakau. Medizinischer Leiter ist Dr. med. Werner Beck, der nach dem Krieg von der polnischen Justiz gesucht werden wird.[101]

Von Krakau wird die Munition in das Kriminaltechnische Institut der Sicherheitspolizei (KTI) im Reichskriminalpolizeiamt gebracht (Leiter: Reichskriminaldirektor und SS-Gruppenführer Nebe, von Juni bis November 1942 Leiter der zum Judenmord eingesetzten Einsatzgruppe B). Leiter der Chemischen Abteilung im KTI ist der Regierungsrat und SS-Sturmbannführer Dr. Albert Widmann. Im September 1941 hatte er, zur Erprobung einer neuen Tötungsmethode, zuerst russische Geisteskranke bei Minsk in die Luft gesprengt, dann in Mogilew Psychiatriepatienten mittels Autoabgasen töten lassen.[102]

Das KTI unterhält eine eigene Werkstatt im KZ Sachsenhausen. Hier werden nach Widmanns Experimenten in Rußland Gaswagen (mobile Gaskammern) an russischen Gefangenen erprobt, die ab Spätherbst 1941 zur Ermordung der Juden im Einsatz sind. Widmann entwickelt auch Blausäure-Ampullen[103] sowie eine Handgranate, die abgesetzte Agenten kampfunfähig machen, aber nicht töten soll: »Diese Handgranate entwickelte m. W. irgendwelche Gase, die betäubend wirkten.«[104] Die Handgranate wird in Sachsenhausen an zwei Häftlingen ausprobiert,

101 Auslieferungsantrag der StA Krakau vom 15. 8. 1946 (Az. I. Ds. spec. 1134/45).

102 Klee, »Euthanasie« im NS-Staat, S. 369f.

103 Aussage Dr. Helmut Hoffmann vom 13. 10. 1958. ZSt 406 AR-Z 189/59, S. 93ff. Hoffmann ist Referatsleiter und Sachverständiger für Brände und Explosionen. Er ist im KZ Sachsenhausen dabei, als russische Häftlinge in einem Gaswagen probeweise vergast werden (Urteil LG Düsseldorf gegen Widmann vom 16. 5. 1961, S. 24). Nach dem Krieg bei den Bayer-Werken in Leverkusen.

104 Aussage Walter Schade, Regierungsrat im KTI, nach 1945 Oberregierungsrat beim Zollkriminalamt, vom 4. 8. 1958. 406 AR-Z 189/59, S. 67ff.

rollt aber zurück und verletzt Widmanns Laboranten Wilhelm Lindacher.[105]

Mit der Giftmunition beschäftigen sich mehrere Stellen. Am 25. März 1944 wird Chefchemiker Widmann vom Reichssicherheitshauptamt, SS-Sturmbannführer Otto Skorzeny, informiert, »daß sich das Heeresgasschutzlaboratorium in Spandau sehr mit solchen Fragen beschäftigt und auch angeblich in der Frage Spezialmunition gearbeitet hat«.[106] Das Wehrmachts-Institut (Wa. Prüf. 9) teilt am 21. April 1944 mit, daß es sich »wahrscheinlich um einen Auszug aus den Knollen einer Aconitum-Art« (Eisenhutgift) handele.[107]

Die Giftmunition wird im KTI nachgebaut und soll im Menschenversuch im Kriminalmedizinischen Institut in Wien getestet werden, das dem KTI untersteht. Als Opfer ist ein Mann namens Bruno Lüdke vorgesehen. Der Chef des Reichskriminalamtes Nebe und sein Abteilungsleiter Widmann fahren Anfang April eigens nach Wien. Leiter der Wiener Einrichtung ist Professor Philipp Schneider, der 1938/39 mit dem »Luftgaupathologen« Dr. Ferdinand Schoen aus Göttingen gekommen ist (Schoen ist mehrmals bei Nebe und beim KTI gewesen).[108] Die Herren aus Berlin sind vergebens angereist: Lüdke dient gerade als Objekt bei Unterdruckkammer-Versuchen (»Einleiten von Sauerstoff in die Arterie«) und wird während der Experimente zu Tode gebracht.[109]

Neue Versuchsopfer müssen gefunden werden. Es sind fünf russische Häftlinge im KZ Sachsenhausen, angeblich zum Tode verurteilt. Am 11. September 1944 steht der Versuch in Sachsenhausen an. Anwesend sind Dr. Ding (Buchenwald), Widmann und Mrugowsky. Die sowjetischen Häftlinge versuchen zunächst, über Zäune und Dächer zu fliehen. Kapos und SS-Wachleute

105 Aussage Widmann vom 9. 1. 1959. Ebd., S. 139.
106 Brief Skorzeny an Widmann. Ebd., S. 872.
107 Brief OKH, Wa. Prüf. 9, an KTI. Ebd., S. 878.
108 Aussage Dr. Ferdinand Schoen vom 27. 5. 1959. Ebd., S. 486 ff. Schoen ist 1959 Dozent für gerichtliche Medizin. Weiterhin arbeitet im Wiener Institut Dr. Anton Rolleder, nach 1945 Nervenarzt in Wien.
109 Aussage Widmann vom 6. 1. 1959. Ebd., S. 121 ff.

schlagen sie zusammen. Die Russen werden ausgezogen, müssen sich mit dem Gesicht nach unten auf den Boden legen. Widmann hält eine Ansprache, daß nur Fleischwunden verursacht werden dürfen (da sonst das Gift nicht zur Wirkung kommt, sondern mit dem Blut ausgeschwemmt wird).[110]

Die Häftlinge werden mit Geschossen vom Kaliber 7,65 mm beschossen. Zweien wird der Oberschenkel glatt durchschlagen. Sie sind als Versuchsobjekte wertlos und werden durch Genickschuß getötet.[111]

Mrugowsky hat das Sterben der drei verbliebenen Versuchspersonen protokolliert:

»Nach 20 bis 25 Minuten traten motorische Unruhe und ein leichter Speichelfluß auf. Beides ging darauf wieder zurück. Nach 40 bis 44 Minuten setzte starker Speichelfluß ein. Die Vergifteten schluckten häufig, später ist der Speichelfluß so stark, daß er durch Hinunterschlucken nicht mehr bewältigt werden kann. Schaumiger Speichel entfließt dem Mund. Dann setzen Würgreiz und Erbrechen ein.

Der Puls war bei zwei Personen nach 58 Minuten nicht mehr zu tasten. Der dritte hatte 76 Pulsschläge. [...] Nach 65 Minuten fehlten bei den 3 Vergifteten die Kniesehnen- und Achillessehnen-Reflexe. Bei Zweien fehlten auch die Bauchdecken-Reflexe. Bei dem dritten waren die oberen Bauchdeckenreflexe noch erhalten, die unteren nicht mehr auslösbar. Nach ungefähr 90 Minuten setzte bei einer Versuchsperson wieder eine tiefe Atmung ein, begleitet von einer zunehmenden motorischen Unruhe. Die Atmung ging dann in eine oberflächejagende über. Gleichzeitig bestand ein starker Brechreiz. Der eine Vergiftete versuchte vergebens zu erbrechen. Um dies zu erreichen, steckte er 4 Finger der Hand bis zu den Grundgelenken tief in den Mund. Trotzdem setzte kein Erbrechen ein. Das Gesicht war dabei errötet.

Die anderen beiden Versuchspersonen zeigten schon früh ein blasses Gesicht. Die übrigen Erscheinungen waren dieselben.

110 Widmann, ebd., S. 127.
111 Ebd., S. 128.

Die motorische Unruhe wuchs später so stark, daß sich die Personen aufbäumten, wieder hinwarfen, die Augen verdrehten, sinnlose Bewegungen mit den Händen und Armen ausführten. Schließlich ließ die Unruhe nach, die Pupillen erweiterten sich maximal, die Verurteilten lagen still da. Bei einem von ihnen Masseter-[Kaumuskel]Krampf und Urinabgang beobachtet. Der Tod trat 121, 123 und 129 Minuten nach Erhalt des Schusses ein.«[112]

Anwesend sind bei diesem Versuch wahrscheinlich zwei Lagerärzte:[113] Der eine ist Dr. med. Otto Adam[114] (er bestreitet dies), der andere (nach eigener Angabe) Dr. med. Alois Gaberle.[115] Gaberle ist auch dabei, als 1944/45 eine Zyankalikapsel im Menschenversuch erprobt wird: »Im Krematorium des Lagers waren an dem betreffenden Tage der Lagerführer, Dr. Lolling, Dr. Baumkötter[116], Dr. Kreibich[117] und außer mir noch etwa 15 weitere Personen versammelt. Auf Geheiß von Dr. Lolling mußte nunmehr ein Häftling eine Zyankaliampulle in den Mund nehmen und zerbeißen. Dies hatte zur Folge, daß der betreffende Häftling auf der Stelle tot umfiel.«[118]

---

112 Bericht Mrugowsky vom 12. 9. 1944 an Widmann. DC-Unterlagen Ding.

113 Aussage August Höhn vom 11. 6. 1956. ZSt 406 AR-Z 189/59, S. 42. SS-Hauptscharführer Otto Böhm, der nach eigener Aussage bei dem Versuch geschossen hat, spricht von der Anwesenheit »mehrerer SS-Ärzte«. Aussage vom 15. 7. 1958, LG Düsseldorf UR I 8/56. Widmann erinnert sich an zwei Ärzte aus dem Lager. Aussage vom 6. 1. 1959. ZSt 406 AR-Z 189/59, S. 126.

114 SS-Hauptsturmführer Adam kommt im Herbst 1944 nach Sachsenhausen und ist bis Kriegsende noch in Dachau und Flossenbürg. Adam wird in einem Sachsenhausen-Prozeß 1962 vom LG Münster freigesprochen. Praktischer Arzt in Hammelburg/Unterfranken.

115 Gaberle, von 1943–1945 Lagerarzt in Sachsenhausen, wird Kassenarzt in Hamburg. Das LG Münster verurteilt ihn 1962 zu 3 Jahren, 3 Monaten Haft.

116 Dr. med. Heinz Baumkötter, Ende 1941 Lagerarzt in Mauthausen, im Sommer 1942 in Natzweiler, ab Oktober 1942 Erster Lagerarzt in Sachsenhausen.

117 Dr. Eduard Kreibich, 1942 nach Oranienburg/Sachsenhausen kommandiert, läßt sich in Kiel nieder.

118 Aussage Gaberle vom 8. 6. 1959. ZSt 406 AR-Z 14/59, S. 767.

Entgiftungs-Versuche

Giften ausgesetzt werden auch die Häftlinge der nächsten Versuchsreihe.

1943 hatte Professor Dr. phil. Ludwig Werner Haase, Abteilungsleiter der Reichsanstalt für Wasser-, Boden- und Lufthygiene in Berlin (sein Chef ist Professor Friedrich Konrich), ein Verfahren zur Entgiftung durch Kampfstoffe verseuchten Trinkwassers entwickelt. Als Wirkstoff dient unterchlorige Säure.

Der Weg vom Forschungsplan zum Menschenversuch läßt sich anhand von Dokumenten rekonstruieren: Am 1. Oktober 1943 informiert Reichsgesundheitsführer Conti den Reichsführer-SS über Haases Erfindung. Er legt einen Bericht Haases bei, den dieser an Professor Brandt gerichtet hat. Am 8. Oktober antwortet Himmlers Adlatus Rudolf Brandt, Conti möge mit Reichsarzt-SS Grawitz Verbindung aufnehmen. Zeitgleich schreibt Himmlers Referent an Grawitz: »Der Reichsführer-SS ist einverstanden, wenn entsprechende Erprobungen in der geeigneten Form im Konzentrationslager durchgeführt werden.«[119]

Die Versuche kommen zunächst stockend in Gang: »Professor Haase war bis jetzt«, so Grawitz am 30. März 1944 an Rudolf Brandt, »mit den wissenschaftlichen Vorarbeiten beschäftigt, so daß die Erprobung am Menschen erst jetzt aktuell geworden ist.« Haases Erfindung wird Ende Sommer 1944 in Zusammenarbeit mit der Wehrmacht »mit begiftetem Wasser in Munsterlager« erprobt.[120]

Am 22. November 1944 verfaßt Haase einen Aktenvermerk: »Es ist ... beabsichtigt, nach Fertigstellung der Vorbereitungen im KL. Neuengamme mit den Versuchen am 30. 11. 44 zu beginnen und die Versuche 14 Tage bis 3 Wochen durchzuführen. Zur laufenden Überwachung der Anlage wird der wissenschaftl. Rat Dr. Jaegers dort die erforderlichen Untersuchungen vornehmen.

119 Sämtlich Dokumente: BA NS 19/3819.

120 Aussage Haase vom 21. 11. 1963. Bericht Humanversuche ZSt 413 AR 1463/65, Bl. 366.

Der Unterzeichnete wird ebenfalls an einigen Tagen eine Kontrolle der Versuche durchführen.«

Federführend für die Versuchsreihe ist beim Reichsarzt-SS Dr. Helmut Poppendick.[121] Er informiert am 20. Dezember 1944 Rudolf Brandt, die Versuche seien in der Zeit vom 3. bis 15. Dezember an 150 Häftlingen durchgeführt worden. Man habe das Wasser mit »Lewisit (amerik. Gelbkreuz) begiftet«. Es sei ungefähr das 100fache der schädlichen Menge dem Wasser zugeführt, der Kampfstoff aber soweit abgebaut worden, daß Schädigungen nicht nachgewiesen wurden: »Allerdings«, so Poppendick, »ist die Menge des mit diesem Wasser aufgenommenen Arsens immer noch so erheblich, daß er unter Umständen über lange Zeiträume doch Schädigungen hervorruft ... Zur Klärung dieser Fragen sollen die Versuche in Neuengamme im Januar noch fortgesetzt werden.«

Am 31. Dezember 1944 benachrichtigt Rudolf Brandt den Kameraden Poppendick: »Der Reichsführer-SS meinte, daß weitere Versuche vielleicht gar nicht erforderlich wären, da ja die Vergiftung des Wassers mit einem derartig hohen Prozentsatz durchgeführt worden ist, wie er wohl in der Praxis nicht vorkommt.«

Poppendick antwortet am 10. Januar 1945, er habe sowohl Professor Haase wie SS-Sturmbannführer Professor Friese, »unserem Kampfstoffsachverständigen, Mitteilung gemacht. Beide ... weisen aber darauf hin, daß sie ergänzende Untersuchungen mit *Stickstofflost* für unumgänglich notwendig halten, da die bisherigen Untersuchungen sich nur auf den gewöhnlichen Lost als Arsen-Kampfstoff beschränkt haben.«

Am 8. Februar 1945 teilt Poppendick Himmlers Referenten Brandt mit, die Untersuchungen mit Stickstofflost verseuchtem Wasser hätten die gleichen günstigen Ergebnisse erbracht wie die Versuche mit gewöhnlichem Lost (Gelbkreuz): »Ein anderes sehr wichtiges Problem ist aber noch offen: Man weiß nämlich

121 Poppendick wird im Nürnberger Ärzteprozeß zu 10 Jahren Haft verurteilt, vorzeitig entlassen und danach Facharzt für innere Krankheiten in Oldenburg.

bis heute nicht, welche Schädigungen Gelbkreuz und verwandte Kampfstoffe im menschlichen Körper machen, wenn der Kampfstoff *innerlich* zur Wirkung kommt. Ebenso ist nicht bekannt, wie groß die Mengen Kampfstoff sind, die innerlich genommen noch vertragen werden und wo die Reizschwelle liegt, die Schädigungen macht.« Haase bitte um die Genehmigung weiterer Versuche: »Mindestens 8 Häftlingen wird je eine Dosis der 8 wichtigsten Kampfstoffe innerlich gegeben, die so groß ist, daß sie wahrscheinlich im schädigenden Bereich liegt ... Da bei den ersten 8 Versuchspersonen mit Schädigungen bzw. Todesfällen gerechnet werden muß, so wären hierfür Häftlinge anzusetzen, die zum Tode verurteilt sind.«

Die knappe Antwort Rudolf Brandts vom 17. Februar 1945: »Lieber Kamerad Poppendieck! Der Reichsführer gibt seine Zustimmung zu der Durchführung der von Herrn Professor Haase vorgeschlagenen Versuche nicht.« Der Reichsführer-SS hat andere Sorgen: Das Dritte Reich wird nicht mehr lange bestehen.

Haase, 1963 von einem Staatsanwalt über die Versuche befragt, gibt sich völlig ahnungslos: »Wie überhaupt eine Verbindung in Bezug auf diese Versuche mit der SS zustande kam, entzieht sich meiner Kenntnis.«[122]

Ernährungs-Versuche

Der Arzt und Chemiker Professor Dr. med. habil. Dr. phil. nat. Ernst-Günther Schenck wird am 3. August 1904 als Sohn eines Privatdozenten in Marburg/Lahn geboren. 1930/31 ist er Assistent an der Heidelberger Ludolf-Krehl-Klinik (Eiweiß-Chemie und Heilpflanzen), 1931–34 Oberassistent am KWI für medizinische Forschung, Abteilung Pathologie. 1933 tritt er der SA, 1934 dem NS-Lehrerbund bei (als Mitglied der Reichsfachschaft Hochschullehrer).[123] 1934 wird Schenck Oberarzt, wiederum an

122 Aussage Haase, a. a. O.
123 DC-Unterlagen Schenck.

der Ludolf-Krehl-Klinik. 1936/37 macht er Selbstversuche mit Fastenkuren und Saftfasten.[124] 1937 tritt Schenck der NSDAP und dem NS-Ärztebund bei.[125]

Von Heidelberg führt der Weg nach Dachau. Schenck: »Ich halte auf Grund meiner langjährigen Erfahrungen, die sich auf die ›Arbeitsgemeinschaft für Heilpflanzenkunde und -beschaffung an der Ludolf-Krehl-Klinik in Heidelberg‹ und seit 1938 in Zusammenhang mit diesen auf die großen Kulturen der ›Deutschen Versuchsanstalt für Ernährung und Verpflegung‹[126] und des dortigen ›Instituts für Ernährung und Heilpflanzenkunde‹ in Dachau erstrecken, die bewußt die Fachgrenzen sprengt und alle Sonderinteressen der Sache unterordnet, für den einzig richtigen Weg, der der Heil- und nicht weniger der Gewürzpflanzenkunde neuen Aufschwung verleihen kann.« Der Satz ist endlos lang, die Botschaft läßt sich kürzer fassen: Dachau beherbergt Europas »größtes Heilpflanzeninstitut«.[127]

1938 wird Schenck Referent für Ernährung beim Hauptamt für Volksgesundheit der NSDAP in München, erfolgt seine Berufung zum Chefarzt der 2. Inneren Abteilung des Krankenhauses München-Schwabing (1943 Ernennung zum außerplanmäßigen Professor für Innere Medizin). 1940 wird er »Ernährungsinspekteur der Waffen-SS«,[128] dem Chef des SS-Wirtschafts-Verwaltungshauptamtes Pohl persönlich unterstellt.[129] 1940 ist Schenck SS-Untersturmführer der Reserve (1944 wird er es zum SS-Standartenführer gebracht haben).

124 Das Fasten. Von Dr. med. E. G. Schenck und Dr. med. H. E. Meyer. Theorie, Geschichte und Praxis der Ernährungsbehandlung, Bd. 1., hg. von E. G. Schenck. Stuttgart—Leipzig 1938.

125 Nach den DC-Unterlagen ist Schenck 1944 im NS-Dozentenbund (NS-DBB) Reichsfachkreisleiter »Volksgesundheit« und Angehöriger des »Führungskreises« des NS-DBB.

126 Ein Kommando der Versuchsanstalt besteht in Ravensbrück. ZSt: FKL Ravensbrück. Eine Gesamtdarstellung, S. 188.

127 E. G. Schenck: Rationalisierung in der Heilpflanzenkunde, in: Die Pharmazeutische Industrie, Heft 1, 1943, S. 5.

128 1944 wird Schenck zusätzlich Inspekteur für Truppenverpflegung und Ernährung der Wehrmacht.

129 Pohl am 9. 8. 1942 an Himmler. Nürnb. Dok. NO-003.

»Der SS-Mann soll für den Kampf Mann gegen Mann nicht nur die besten Waffen erhalten sondern auch die beste Verpflegung! Wer im Endkampf besser ernährt ist, der siegt.«

Oswald Pohl, SS-Obergruppenführer und General der Waffen-SS.[130]

Am 12. August 1942 – in den KZs verhungern Häftlinge und fallen als Zwangsarbeiter aus – schreibt Himmler an SS-Gruppenführer Pohl: »Den Nahrungspfleger beauftrage ich mit der sofortigen Durchführung jeder Art von Ernährungsversuchen in den Konzentrationslagern. Vorschläge für die Versuchsreihe und vierteljährlicher Bericht sind mir vorzulegen.«[131] Von November 1942 bis Januar 1943 begibt sich Schenck auf eine Besichtigungsreise bei Einheiten der Waffen-SS, darunter acht Konzentrations- und Straflager.

Im abschließenden Bericht heißt es über die Häftlingsverpflegung: »Die verabreichten Verpflegungsmittel sind qualitätsmäßig gut ... Die Gemüse- und Kartoffelversorgung der K.L. ist zum größten Teil ausgezeichnet.« Dennoch werden bei 20–30 Prozent der Häftlinge erhebliche »Unterernährungserscheinungen« festgestellt (»Abmagerung, Hungerödeme«). Als Abhilfe schlägt Schenck die Verabreichung von Bierhefe vor: »Weitere Verbesserungsmöglichkeiten, die ohne Beanspruchung der Nahrungsmittel der Zivilbevölkerung ausgenutzt werden könnten, sehe ich z.Zt. nicht.«[132]

130 Pohl: Eiserne Portion der Waffen-SS. BA NL 1329, Bd. 6.

131 Reichsführer! Briefe an und von Himmler. Hg. von Helmut Heiber. München 1970, S. 174.
Pohl ist skeptisch. Am 20. 3. 1943 schreibt er an den Generalkommissar des Führers für das Sanitäts- und Gesundheitswesen, Karl Brandt, man werde von Untersuchungen an Häftlingen in bezug auf die Truppenernährung nichts erwarten können: »weil die Häftlinge in ihrem Ernährungs- und Trainingszustand nicht in Vergleich gesetzt werden können mit der Truppe, selbst wenn diese unterernährt ist ...« ZSt. Versch., Ordner Nr. II, Bild 112–114.

132 Bericht über die Besichtigung der Verpflegungs- und Ernährungsverhältnisse von Einheiten der Waffen-SS in der Zeit vom 6. 11. 42–28. 1. 43. BA NL 1329, Bd. 5.

Anfang 1943 gilt es einen weiteren Mangel zu beheben. Es wird ein Ersatzstoff für Insulin gesucht.[133] Himmlers Adlatus Rudolf Brandt weist Pohl an, »einen geeigneten Mann Ihrer Dienststelle und der des Reichsarztes-SS zu Herrn Prof. Dr. Gerl in Marsch zu setzen«. Gerl sei weitgehend zu unterstützen, »sei es durch ausgedehnte Versuche in den Konzentrationslagern oder sei es bei der Herstellung des Ersatzstoffes«.[134]

Am 5. Juni 1943 kommt die Rückmeldung von Pohl: Schenck habe jetzt mit Prof. Karl Gerl in Hindelang persönlich Fühlung aufgenommen. Die Frage, wie weit man in den KZs Versuche an zuckerkranken Häftlingen durchführen könne, habe Gerl dahingehend beantwortet, daß er ein synthetisches Präparat besitze, das in genügender Menge zur Verfügung stehe.

Zu den Insulin-Versuchen wird es nicht kommen: In sämtlichen Konzentrationslagern des Reiches leben nur (noch) 12–15 Diabetiker, »und diese Zuckerkranken, die mit der allgemeinen Häftlingsverpflegung und ohne Insulin arbeitsfähig sind, stellen keine geeigneten Untersuchungspersonen dar«.[135]

1943 experimentiert das WVHA mit dem im Mycel (Pilzfilm) eines Edelschimmelpilzes enthaltenen Eiweiß (Handelsname Biosyn). Es soll die Ernährungsprobleme in den KZs lösen. Am 16. August 1943 teilt Pohl Rudolf Brandt mit, Himmler habe die »Verfütterung von Biosyn-Vegetabil-Wurst« veranlaßt: »Ursprünglich wollte der Reichsführer-SS, daß diese Eiweißwurst an alle Häftlinge verabreicht würde; da die ganze Angelegenheit aber noch nicht spruchreif ist, habe ich vorsichtigerweise erst einmal die Verfütterung an 100 Häftlinge befohlen.«[136]

Im Sommer 1943 beginnt in Mauthausen ein sechsmonatiger Ernährungsversuch an 450 »gesunden« Häftlingen, die im Steinbruch arbeiten. Erprobt wird:

---

133 Siehe Ulrich Knödler: Eine Studie zum Zusammenbruch der Arzneimittelversorgung der Zivilbevölkerung im Zweiten Weltkrieg, in: Der Wert des Menschen, S. 250ff.

134 Rudolf Brandt an Pohl, 3. (?) Februar 1943. Nürnb. Dok. NO-1619.

135 Pohl am 5. 6. 1943 an R. Brandt. Nürnb. Dok. NO-1619.

136 Pohl am 16. 8. 1943 an R. Brandt. Nürnb. Dok. NO-1010.

Form A – sogenannte »Östliche Kostform«
Form B – Normalkost + Nährhefe
Form C – Normalkost.

Der Häftlings-Arztschreiber Martin über die »Eiweißwurst«:

»Es war diese dem Aussehen und Geruch nach eine Art von Leberstreichwurst. Ich wurde damals erst stutzig, als ich aus der Korrespondenz des SS-Standortarztes erfuhr, daß diese Wurst aus der Lenzinger Zellulose- und Papierfabrik kam. Meine Nachforschungen nun ergaben, daß diese Wurst aus den Abfällen von Abwässern bei der Zellulose-Aufschließung mit Zusatz von einer Leberparfümierung dort erzeugt wurde.« Die Eiweißwurst, so Martin, habe eine Unmenge Zellstoffteilchen enthalten und bei den unterernährten Häftlingen zu Darmerkrankungen geführt, die »zumindest 70 bis 80 % tödlich« verlaufen seien. Martin: »Hunde rührten diese Wurst nicht an ...«[137]

Im Dezember 1943 besuchen Pohl, Schenck und Staatsrat Dr. Walter Schieber[138] (Thüringische Zellwolle AG) eine von dem Chemiker Schieber betriebene Anlage zur Gewinnung von Mycel-Eiweiß in Wilshausen bei Arnsberg (Westfalen). Pohl ist begeistert: »Ich werde dieses Eiweiß ab Anfang Januar in einem Großversuch an 100000 Häftlingen einsetzen, der in Dachau, Buchenwald und Sachsenhausen auf ein Vierteljahr durchgeführt wird.«[139]

Am 27. Januar 1944 findet im Rüstungsministerium in Berlin eine Sitzung statt. Eingeladen haben die Thüringische Zellwolle, die Biosyngesellschaft und die Bionahrgesellschaft. Staatsrat Schieber hält das Eingangsreferat. Weitere Referenten: Schenck, Peukert und Riederle. Es wird ein wissenschaftlicher Ausschuß unter Professor Diemair eingesetzt, ihm gehören an:

Vogel – Dresden
Waldschmidt-Leitz – Prag
Bünger

137 Aussage Ernst Martin vom 21. 3. 1966. ZSt 419 AR 3322/65, Bl. 1013.

138 Schieber ist Vorstandsvorsitzender der Thüringischen Zellwolle AG, ab Februar 1942 Amtschef des Rüstungslieferungsamtes im Ministerium für Bewaffnung und Munition.

139 Pohl am 22. (?) 12. 1943 an Himmler. Nürnb. Dok. NO-1459.

Niklas[140] – München
Nonnenbruch – Frankfurt
Felix – Frankfurt
Schenck – Berlin
Bleyer – München
Kuhn – Heidelberg
Flößner – Berlin

Das Sitzungsprotokoll enthält den Hinweis:

»Der Versuch, der zur Zeit läuft, ist ein Großversuch für 1/4 Jahr in einem KZ-Lager, 100 000 Gefangene erhalten täglich 50 g Mycel.«[141]

Ein Blick auf die Teilnehmer:

Otto Flößner, Direktor der Abteilung Ernährungsphysiologie im Reichsgesundheitsamt, stirbt 1948.

Wilhelm Nonnenbruch, 1939–45 Medizinprofessor und Nierenspezialist in Frankfurt am Main, wird 1950 Wissenschaftlicher Leiter der Weserberglandklinik in Höxter/Westfalen.

Willibald Diemair, Institut für Nahrungsmittelchemie in Frankfurt am Main, nach 1945 ebenda Professor für Lebensmittelchemie.

Kurt Felix, Professor und Direktor des Instituts für vegetative Physiologie der Universität in Frankfurt am Main, nach dem Krieg ebenda Direktor der Institute für vegetative Physiologie und therapeutische Biochemie.

Ernst Waldschmidt-Leitz wird ordentlicher Professor an der Technischen Hochschule München.

Professor Richard Kuhn hat 1938 den Nobelpreis für Chemie (Vitaminforschung) bekommen. Er ist Direktor des Instituts für Chemie am Heidelberger KWI für medizinische Forschung. Kuhn, auch an der Entwicklung des giftigsten aller Nervengifte,

---

140 Dr. Ing. Diplomlandwirt Hans Niklas stirbt am 27. 11. 1944. Professor an der TH München, Lehrstuhl für Agrikulturchemie, Direktor der Hauptversuchsanstalt für Landwirtschaft in Bayern. BA N 1317, Bd. 2. Nachlaß Wilhelm Niklas. Den Hinweis danke ich Gregor Pickro vom BA.

141 Das Sitzungsprotokoll (ohne Datum) befindet sich in den DC-Unterlagen des Buchenwald-Arztes Dr. Ding.

des Soman, beteiligt,[142] wird Direktor des Max-Planck-Instituts für medizische Forschung. Er ist von 1948 bis 1966 Senator der Max-Planck-Gesellschaft, Vizepräsident von 1955 bis 1966, danach Ehrensanator.[143]

Seit Dezember 1943 (bis Ende Juli 1944) läuft in Mauthausen ein Ernährungs-Versuch an Invaliden und Krüppeln, ausgezehrten Häftlingen mit schwersten Hungerzuständen.[144] Insgesamt werden 370 Häftlinge benutzt (150 bekommen die östliche Kostform, jeweils 110 entfallen auf die beiden anderen Gruppen).[145]

Die Häftlinge der Gruppe A müssen acht Monate lang ausschließlich eine dicke Suppe aus geschrotetem Korn essen, »eine Suppe ohne Salz, die ekelhaft und schal schmeckte«.[146] Sie bekommen keinerlei Brot oder Fleisch.[147] Die Kost belastet Kreislauf, Nieren sowie den Verdauungstrakt und führt zu Ödemen.[148] Bereits in der Anfangszeit sterben viele deutsche Häftlinge: »In der ersten Phase der Experimentalperiode fielen sämtliche Schwächlinge weg, bei denen die Todesursache zumeist Tbc, Dickdarmentzündung, sowie andere weniger häufige Erkrankungen waren.«[149] Milos Stransky, der selbst monatelang Schrot essen muß: »Einige haben diese Versuche überlebt, Dank

142 Groehler, S. 267. Der Cheftoxikologe der Wehrmacht, Wolfgang Wirth, nennt Kuhn sogar den Erfinder von Soman. Office of U.S. Chief of Counsel for War Crimes, APO 696-A. Evidence Division, Interrogation Branche. No 799 A, Vernehmung Wirth vom 13. 2. 1947.

143 Vierhaus/vom Brocke, S. 468.

144 Konzentrationslager Mauthausen, den 10. 12. 1944: Bericht über die Ernährungsgruppen im Krankenlager Mauthausen. BA NL/1329, Bd. 15. Die Versuche der Gruppen A und C beginnen am 1. 12. 1943, die Gruppe C läuft (mangels Nährhefe) am 1. 1. 1944 an.

145 Ernährungsbericht Mauthausen, ebd., S. 5.

146 Aussage des Häftlings Dr. med. Raymond Chanel, ohne Datum, Verfahren 24 Js 40/65 (Z) StA Köln.

147 Ernährungsbericht Mauthausen, a. a. O., S. 1.

148 Ebd., S. 15.

149 Ebd., S. 56. Auf S. 59 heißt es: »Von den 21 Mitgliedern der deutschen Gruppe sind bis zum Schluß unseres Experimentes nur 5 verblieben, was einem Ausfall von 67 % [76 %! E. K.] gleichkommt (48 % verstorben, 19 % kamen in sehr schwerem Zustand ins Genesungslager).«

dessen, daß wir insgeheim von Mithäftlingen Verpflegung bekommen haben.«[150]

Die Zahl der Überlebenden[151] beträgt:

in Gruppe B 67%,
in Gruppe A 54%,
in Gruppe C 48%.

Die Zahl der Überlebenden reduziert sich noch einmal, da ein großer Teil der Häftlinge anschließend ins »Genesungslager« überstellt wird.[152] Dies ist im Sprachgebrauch von Mauthausen eine Umschreibung für die Vergasungsanstalt Hartheim. Für den Tod werden die Toten verantwortlich gemacht: Es sei »wenig widerstandsfähiges Versuchsmaterial« gewesen.[153]

Für den 5. Januar 1945 ist in der Militärärztlichen Akademie in Berlin die 11. Tagung der Arbeitsgemeinschaft »Ernährung der Wehrmacht« anberaumt.[154] Schencks Vortrag »Hunger, Unterernährung und Wiederauffütterung« steht an erster Stelle der Referate. Er referiert über Hungerwassersucht (Ödeme) und Eiweißunterernährungszustände, erläutert, daß er »in einer Reihe von Gefangenenlagern Gelegenheit hatte, Zustände dieser Art in erheblicher Anzahl zu sehen und auch zu studieren«.

Schenck berichtet von Mauthausen, ohne das KZ zu nennen. In seinem Redemanuskript steht: »Wir hatten Gelegenheit, im gleichen Lager an Gefangenen, welche infolge ihres sehr elenden Zustandes sofort nach Aufnahme in das Krankenrevier kamen und zu einem erheblichen Prozentsatz an Hungerödemen, Tbc, Ruhr und Furunkulose litten, Versuche zu machen.« Die letzten Worte sind gestrichen und durch »Untersuchungen durchzuführen« ersetzt.[155]

Schenck verfaßt im Februar 1945 einige (geheime) Nachträge. Er schlägt die Streckung des Brotes durch »unverdauliche Bei-

150 Aussage Stransky vom 19. 4. 1977. ZSt 419 AR-Z 61/61, Bl. 960.
151 Ernährungsbericht Mauthausen, a. a. O., S. 8.
152 Ebd., S. 5f.
153 Ernährungsbericht Mauthausen, a. a. O., S. 55.
154 Tagungsprogramm BA NL 1329, Bd. 5, Schencks Exemplar.
155 Ms. »Hunger, Unterernährung und Wiederauffütterung«. BA NL 329, Bd. 5.

mischungen (Sägemehl, Rinde usw.)« vor und will »durch Pervitingaben« die Leistungsfähigkeit der Truppe steigern.[156]

Ein zweites Papier ist überschrieben: »Maßnahmen zur Steigerung der Leistungsfähigkeit von Hungernden«. Schenck: »Ist eine Unterernährung der Truppe und damit ein zunehmender Hungerzustand nicht zu vermeiden, so bietet die Kenntnis der mit diesem einhergehenden seelischen und körperlichen Veränderungen die Möglichkeit, dem Unterernährten bis zum Letzten – freilich unter Abnutzung aller seiner Kräfte und früheren Eintritt schwerer Krankheitserscheinungen bzw. des tödlichen Endes – anzuspannen und die destruktiven Erscheinungen weitgehend auszuschalten oder deren Eintritt hinauszuschieben.«

Schencks Vorschlag: »Der Hungernde neigt zur *Fanatisierung.* Die Truppenführung muß also bewußt versuchen, ihn so zu erregen, daß diese Erregung im Sinne einer Steigerung des Kampfwillens erfolgt ...«[157]

Himmlers Nahrungspfleger hatte schon 1943 Durchhalteprosa verfaßt. Die Beiträge tragen Titel wie »›Einigeln‹ erhält Widerstandskraft und Kampfhärte«[158] oder »Die Erziehung der Ängstlichen«.[159] Schencks letztes Durchhaltestück (»Und Ihr sollt leben!«) stammt aus dem April 1945: »Über die Zonen des Hasses sind wir hinausgelangt in jene Gefilde, in denen Gott uns selbst das Recht gibt, Richter zu sein und das Gericht zu vollziehen ... Solange unser Puls uns treibt, wird die Waffe nicht sinken; es sei denn im Siege.« Nachdem er Ratschläge zum Überleben erteilt hat (Erdgruben bauen, Wildfrüchte sammeln, Teeaufgüsse aus jungen Tannenspitzen aufsetzen), wird Schenck wieder ganz Arzt: »Schlaft viel ... Sorgt für einen geregelten Stuhlgang.«[160]

---

156 Anlage 1: »Maßnahmen zur Steigerung des Sättigungswertes einer Verpflegung«. BA NL 329, Bd. 5.

157 Anlage 2 zu Schencks Referat. Ebd.

158 Die Innere Front. NSK, Pressedienst der NSDAP, 29. 6. 1943.

159 Die Gesundheitsführung »Ziel und Weg«, Monatsschrift des Hauptamtes für Volksgesundheit der NSDAP, des Sachverständigenbeirates und des Nationalsozialistischen Deutschen Ärztebundes, Heft 9/10, Oktober 1944.

160 Manuskript, 2. 4. 1945. BA NL 329, Bd. 2.

Das Ende des Krieges erlebt Schenck in der Berliner Reichskanzlei. Eher zufällig steht er Hitler »einen halben Tag vor seinem Selbstmord« gegenüber[161] (viele Jahre später wird er ein Buch schreiben: »Patient Hitler: eine medizinische Biographie«). Schenck gerät in russische Kriegsgefangenschaft. Er kehrt erst 1955 zurück, mit dem letzten Transport, dem sogenannten Nicht-amnestierten-Transport.

Die letzten 596 Kriegsgefangenen kommen am 13. Dezember 1955 im Lager Friedland an. Himmlers Nahrungspfleger spricht in aller Namen den »Schwur von Friedland«: »Vor dem deutschen Volk und bei den Toten der deutschen und sowjetischen Wehrmacht schwören wir, daß wir nicht gemordet, nicht geschändet und nicht geplündert haben. Wenn wir Leid und Not über andere Menschen gebracht haben, so geschah das nach den Gesetzen des Krieges.«[162]

Schenck mag das subjektiv geglaubt haben, objektiv ist es ein Meineid.

Schenck wird im »Verband der Heimkehrer Deutschlands« Wiedergutmachungsexperte für Hungerschäden. Von 1963 bis 1977 gibt er als Berufstätigkeit an: »wissenschaftl. Tätigkeit in der Pharma-Industrie«.[163] Eines der Unternehmen: »Chemie-Grünenthal«.[164] Schenck gehört zu den wenigen, die nicht an ihren alten Arbeitsplatz zurückkehren: Das Bayerische Staatsministerium für Unterricht und Kultus entläßt ihn 1960 aus dem Beamtenverhältnis.[165]

Drei Jahre später beschließt der Personalausschuß der Landeshauptstadt München die Einleitung eines förmlichen Dienststrafverfahrens. Begründung: Die Experimente an unzureichend ernährten, an Hungerödemen und Furunkulose leidenden Häft-

---

161 E. G. Schenck: Wer das Ende sah – Eine Dank- und Denkschrift. Stockach 1985. Verlag Bavarian Connection.

162 E. G. Schenck: Woina Plenni. 10 Jahre Gefangenschaft in sowjetischen Lagern. Stockach 1986, S. 177.

163 Schenck in einem selbstverfaßten Lebenslauf. BA NL 329, Bd. 1.

164 Einstellungsverfügung der StA Köln vom 21. 6. 1968. Verfahren 24 Js 40/65 (Z).

165 Ebd.

lingen, »erweist den Ernährungsversuch als frivol und offenbart eine Auffassung, die den Menschen wie eine Sache oder ein Versuchskaninchen betrachtet«.[166]

Es folgt ein Ermittlungsverfahren der Justiz. Schenck rechtfertigt sich, die Versuche hätten ernährungsmäßig zu einer Besserstellung der Häftlinge geführt. Sie hätten über 3400 Kalorien erhalten, während der deutschen Bevölkerung nur knapp 2000 Kalorien zustanden.[167]

Das Ermittlungsverfahren wird 1968 eingestellt: In Mauthausen seien zwar 116 von 370 Häftlingen verstorben, doch sei nicht nachzuweisen, daß die Versuche Ursache der Todesfälle waren.[168] Professor Hans-Wilhelm Bansi hat als Gutachter Schenck verteidigt: »Ich glaube nicht, daß man unter den damaligen Bedingungen die von Dr. Schenck getroffenen Maßnahmen als Verstoß gegen seine ärztliche Standespflicht ansehen kann, obwohl er ja nicht das Einverständnis der Häftlinge zur Teilnahme an derartigen Versuchen eingeholt hat.«[169]

Die Nachsicht ist verständlich: Bansi war als Oberstabsarzt, wie wir noch sehen werden, von den I.G. Farben Wuppertal mit Fleckfieber-Präparaten zu Versuchen bedacht worden.[170] 1946 hat er selbst einen Aufsatz über »Die Ödemkrankheit« veröffentlicht und befunden: »Überblickt man ein größeres Krankengut, so fällt auf, daß sich unter den Ödemkranken zahlreiche ... leicht debile und im Kampf um das Leben nicht vollwertige Menschen befinden.«[171]

---

166 Beschluß des Personalausschusses der Landeshauptstadt München vom 10. 12. 1963 zur Einleitung eines förmlichen Dienststrafverfahrens gegen Schenck. ZSt 419 AR 1357/63.

167 Einstellungsverfügung der StA Köln vom 21. 6. 1968. Verfahren 24 Js 40/65 (Z).

168 Ebd.

169 Bansi am 17. 2. 1967 an die StA beim Bayer. Verwaltungsgericht München, Untersuchungsführer in Dienststrafverfahren. Anlage XIII im Verfahren 24 Js 40/65 (Z) StA Köln.

170 Nürnb. Dok. NI-9577, NI-11414, NI-9575. Bansi ist Chefarzt der Inneren Abteilung des Allg. Krankenhauses St. Georg in Hamburg.

171 Medizinische Klinik, 1946, Nr. 14, S. 278.

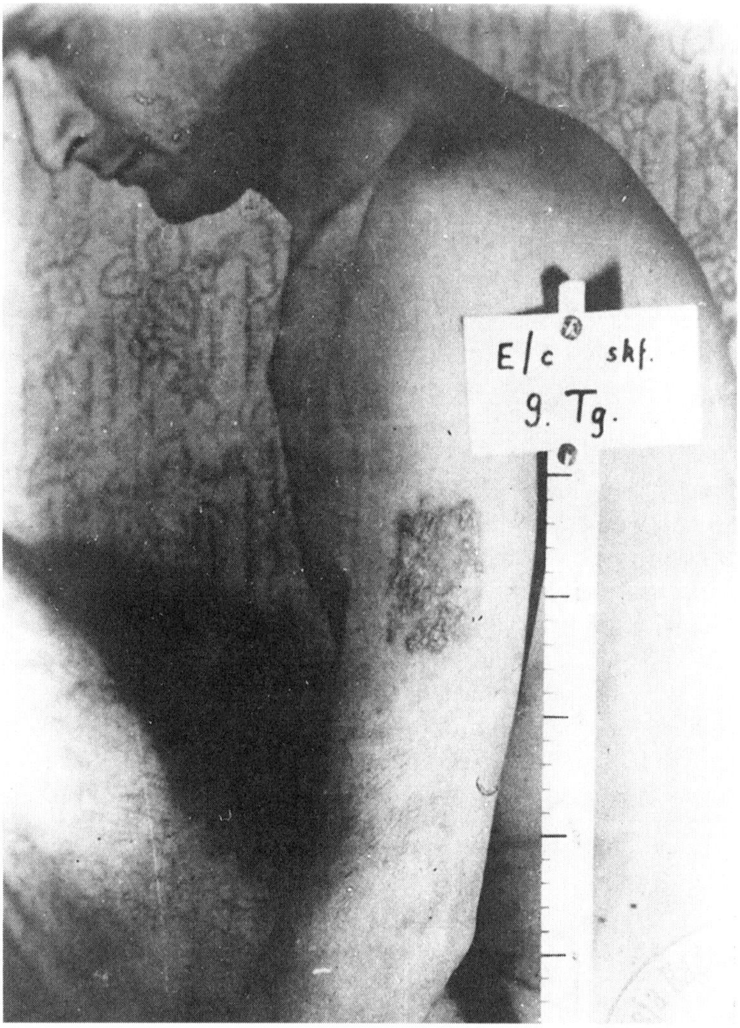
E/c skf.
9. Tg.

VI Menschenversuche der Wehrmacht

Jüdischer Häftling: Opfer von »Deserteur-Versuchen« der Wehrmacht in Auschwitz.

Ranghöchste Stelle der Streitkräfte ist das Oberkommando der Wehrmacht (OKW). Dem OKW unterstehen die Oberkommandos des Heeres (OKH), der Marine (OKM) und der Luftwaffe (OKL). Heer, Marine und Luftwaffe haben jeweils eigene Sanitätsdienste.

An der Spitze aller Gesundheitsdienste steht der Wehrmachts-Sanitätsinspekteur (personell identisch mit dem Heeres-Sanitätsinspekteur). Dies ist seit 1932 Generaloberstabsarzt Professor Anton Waldmann, der im März 1941 stirbt. Waldmanns Nachfolger (in der Doppelfunktion als Heeres- und Wehrmachts-Sanitätsinspekteur) wird sein Vertreter Siegfried Handloser. Er koordiniert und überwacht die Tätigkeit der Gesundheitsdienste aller drei Wehrmachtsteile sowie der Waffen-SS. Ein Erlaß Hitlers vom 28. Juli 1942 schafft Handloser einen neuen Titel: Er wird Chef des Wehrmachts-Sanitätswesens (Chef WSan), sozusagen der Wehrmachts-Gesundheitsführer.

Das Marine-Sanitätswesen kämpft bei Kriegsbeginn dagegen, dem Heeres-Sanitätswesen einverleibt zu werden. Chef des Marine-Sanitätswesens (in Personalunion Chef des Marine-Medizinalamtes im Oberkommando der Kriegsmarine) ist von 1928 bis November 1939 Admiraloberstabsarzt Prof. Siegmund Moosauer, von November 1939 bis Oktober 1943 Prof. Albert Fikentscher, bis Kriegsende Admiralstabsarzt Dr. Erich Greul.[1] Dem Sanitätschef untersteht je ein Sanitätsamt in Kiel (Ostsee) und Wil-

1 Fischer, Bd. 3, S. 1900. Greul hatte zuvor als Flottenarzt die Leitung der Marineärztlichen Akademie in Tübingen.

helmshaven (Nordsee). Beide unterhalten eine Hygienisch-Bakteriologische Abteilung.[2]

1939 hat die Marine keine eigene Ausbildungsstätte für ihre Sanitätsoffiziere. Deshalb wird im Januar 1940 die Marinegruppe aus der Militärärztlichen Akademie (der Wehrmacht) herausgelöst und nach Kiel verlegt. Die »Marineärztliche Akademie« muß jedoch schon im Frühjahr 1941 aus Luftschutzgründen aufs flache Land ausweichen: nach Tübingen.[3] Die Marine ist an Menschenversuchen beteiligt u.a. bei Impfstoffen, den »Seenot«- und »Meerwasser«-Versuchen in Dachau. In Ravensbrück werden »einige Häftlinge von Marineärzten im Beisein von Dr. Lolling durch besondere Gifte getötet, um deren Wirkung zu erproben«. Die Gifte sollen an Einmann-Torpedofahrer und Kampfschwimmer ausgegeben werden.[4]

Die Militärärztliche Akademie

Die Heeres-Sanitätsinspektion hat ihren Sitz in der Bendler Straße in Berlin (nach Bombentreffern am 24. November 1943 Ausweichquartiere in Zehlendorf und Jüterbog). Dem Heeres-Sanitätsinspekteur unterstehen: 1. der Heeresarzt[5] (Versorgung des Feldheeres), 2. die Militärärztliche Akademie (MA), 3. der Hauptsanitätspark, 4. die Beratenden Ärzte.

Die Heeres-Sanitätsinspektion, eine Mammutbehörde, hat verschiedene Abteilungen, z.B. für Personalwesen, Organisation,

2 In Kiel wird die Abteilung von 1931 bis Juni 1940 von Flottenarzt Prof. Heinrich Ruge geleitet. Für Hygiene und Bakteriologie ist in Wilhelmshaven bis Mai 1940 Geschwaderarzt Dr. Friedrich Grunske, danach Geschwaderarzt Johannes Zschucke, danach die Marineoberstabsärzte Erich Bock, Eduard Schütt und Leopold Stutz verantwortlich. Fischer, Bd. 3, S. 1898f.

3 Fischer, Bd. 3, S. 1990.

4 Aussage Rudolf Höß vom 14. 3. 1946. Nürnb. Dok. NO 1210.

5 Von Handloser in Personalunion wahrgenommen. Fischer, Bd. 3, S. 2539.

pharmazeutische und chemische Angelegenheiten sowie die Abteilung für Wissenschaft und Gesundheitsführung (WiG).[6]

Die Militärärztliche Akademie befindet sich in der Scharnhorststr. 35.[7] Die Forschungsinstitute der Militärärztlichen Akademie[8] sind in der »Lehrgruppe C« (Leitung: Prof. Paul Schürmann[9], ab 1. 9. 1943 Prof. Walter Schreiber) zusammengefaßt:

1. **Institut für Allgemeine und Wehrhygiene**
   Leiter: Prof. F. Sartorius
   Vertreter: Rudolf Vierthaler
   Oberkriegsarzt Prof. Heinrich Kliewe
2. **Institut für Tropenmedizin und Tropenhygiene**
   Prof. Ernst Rodenwaldt[10]
   Vertretung: F. Ronnefeldt
3. **Institut für Allgemeine und Wehrphysiologie**
   Leitung: Prof. Otto Ranke
4. **Institut für Physiologische und Wehrchemie**[11]
   Leitung: Dozent Dr. Konrad Lang[12]
5. **Institut für Allgemeine Pharmakologie und Wehrtoxikologie**
   Leitung: Dr. phil. Dr. med. Wolfgang Wirth
   Prof. Ernst Gillert, Prof. Paul Wels, Dr. Kurt Kötzing, Prof. Ludwig Lendle[13], Dr. Heinrich Kruse[14], Hans Netter[15], Prof. Werner Koll.[16]

---

6 Abteilungschef WiG ist anfangs Generalarzt Prof. Hans Müller, ihm folgt ab April 1942 Oberstarzt Prof. Walter Schreiber, ab September 1943 Oberstarzt Prof. Hellmuth Deist. Die Abteilung Wissenschaft ist wiederum untergliedert nach verschiedenen Sparten wie Seuchenbekämpfung, Tropenhygiene, Kriegsgefangenenwesen (Oberstabsarzt Prof. Friedrich Konrich).

7 Sie wird mit Kriegsbeginn von dem 71jährigen reaktivierten Generalarzt Dr. Richard Hamann geleitet.

8 Fischer, Bd. 4, S. 3212ff. und 3234ff.

9 Tod am 2. 7. 1941.

10 Nach 1945: Professor für Hygiene und Bakteriologie, Leiter der geomedizinischen Forschungsstelle der Akademie der Wissenschaften in Heidelberg.

11 Ab Januar 1944 gibt es eine Außenstelle in St. Johann/Tirol (in der Heeres-Gebirgssanitätsschule).

12 Dr. rer. nat. et med. Konrad Lang veröffentlichte in der Zeitschrift »Der deutsche Militärarzt« 1937 »Über den Einfluß des Kampfstoffes ›Lost‹ auf Eiweißkörper«, 1944 Professor in Posen, 1946 in Mainz.

13 Dr. med. Ludwig Lendle: 1936 Professor der Pharmakologie in Münster, 1943 in Leipzig, 1949 in Göttingen.

6. **Institut für Wehrpharmazie und angewandte Chemie**
   Leitung: Oberfeldapotheker Karl Gemeinhardt[17]
7. **Institut für Allgemeine und Wehrpathologie**[18]
   (ab Okt. 1943 nach Gießen ausgelagert)
   Leitung: Prof. Schürmann, ab Herbst 1941 Prof. Arnold Lauche
8. **Institut für Wehrgerichtliche Medizin**
   Dozent Dr. Gerhard Panning, ab 1942 Prof. Viktor Müller-Heß.
9. **Institut für Allgemeine Psychiatrie und Wehrpsychologie**
   Leitung: Prof. Otto Wuth
   Vertretung: Dr. Alfred Christukat
10. **Institut für Geschichte der Wehrmedizin**
    Leitung: Oberstabsarzt Wille.

Hinzu kommt das *Luftfahrtmedizinische Forschungsinstitut* des Reichsluftfahrtministeriums, das in einem Teil der Militärärztlichen Akademie am Spandauer Schiffahrtskanal untergebracht ist. Leitung: Prof. Hubertus Strughold.

Der Lehrgruppe C zugeordnet sind ab Kriegsbeginn die »Beratenden Ärzte«[19] des Heeres-Sanitätsinspekteurs.

Beratender Chirurg: Prof. Werner Wachsmuth (bis Dezember 1942), Prof. Paul Rostock
Beratender Dermatologe: Dr. Heinrich Löhe
Beratender Hygieniker: Prof. Heinz Zeiß
Beratender Internist: Prof. Kurt Gutzeit
Beratender Psychiater: Prof. Otto Wuth
Beratender Pathologe: Prof. Paul Schürmann
1944 Prof. Edmund Randerath

---

14 Heinrich Kruse wird Professor im Bundesgesundheitsamt.

15 Prof. Dr. med. Hans Netter wird Direktor des Universität-Instituts für physiologische Chemie und Physikochemie in Kiel.

16 Prof. Werner Koll wird Geschäftsführender Direktor der Medizin. Forschungsanstalt der Max-Planck-Gesellschaft in Göttingen.

17 Laut Fischer, Bd. 4, S. 3245: Professor an der FU Berlin.

18 Eine Außenstelle zur Erforschung der Kriegsschäden des Zentralnervensystems unter Leitung von OStA Patzig ist im KWI für Hirnforschung in Berlin-Buch untergebracht, April 1944 nach Dillenburg ausgelagert. Fischer, Bd. 4, S. 3202.

19 Beratende Ärzte gibt es ebenso bei den Heeresgruppenärzten, Armeeärzten sowie Korps- bzw. Wehrkreisärzten.

Beratender Gerichtsmediziner: Dr. med. Gerhard Panning, ab 1942 Prof. Viktor Müller-Heß
Beratender Pharmakologe: Prof. Dr. Dr. Wolfgang Wirth[20]
Beratender Wehrphysiologe: Prof. Otto Ranke
Beratender HNO-Arzt: Prof. Karl von Eicken
Beratender Ophthalmologe: Prof. Walter Löhlein
Beratender Tbc-Facharzt: Dozent Dr. Hellmuth Deist
Beratender Röntgenologe: Prof. Robert Janker

Die Beratenden Ärzte übernehmen im Krieg de facto die Aufgaben des »Wissenschaftlichen Senats« der Militärärztlichen Akademie. Die Zusammensetzung des Wissenschaftlichen Senats (ein Kreis von Geheimräten, Generalärzten und Professoren) wird von Hitler am 18. August 1942 angeordnet.[21] Unter Vorsitz von Handloser sind dies 17 ordentliche Mitglieder[22] und 30 außerordentliche Mitglieder.[23]

Wozu Ärzte fähig sind, zeigt sich zu Beginn des Rußlandfeldzugs: Die Wehrmacht erbeutet sowjetische Infanterie-Sprengmunition, die beim Aufschlag wie eine stark verkleinerte Handgranate wirkt. Mit der Untersuchung der Sprengmunition wird der Beratende Gerichtsmediziner der Militärärztlichen Akademie, Stabsarzt Dr. Gerhard Panning, beauftragt. Schießübungen auf Holzbretter und Fleischteile geschlachteter Pferde genügen ihm nicht. Das Armeeoberkommando 6 vermittelt ihn und seinen Sektionsgehilfen Wilhelm Krösche (nach dem Kriege Zahnarzt) an das Sonderkommando 4a, eine Killertruppe, die Ende September 1941 in Babi-Yar bei Kiew 33771 Juden ermorden wird.

20 BA-MA H 20/253.

21 Fischer, Bd. 4, S. 3327 f.

22 Ordentliche Mitglieder sind die Professoren von Bergmann, Karl Brandt, von Eicken, Eugen Fischer, Flury, Hippke, Kittel, Löhlein, Rössle, Sauerbruch, Siebeck, die Generalstabsärzte Haubenreißer, Holm, Hans Wagner, Ziaja sowie Admiraloberstabsarzt Prof. Fikentscher und Staatssekretär Conti.

23 Außerordentliche Mitglieder sind die Professoren Bessau, Bier, Bonhoeffer, Brauer, Bumke, Franz, Frieboes, Frik, Kleine, Konrich, Kreuz, Krückmann, Löhe, Magnus, Martineck, Moosauer, Napp, Otto, Rein, Reiter, Rostock, Rumpel, Schilling, Uhlenhuth, Wirth, Zeiß, Zinn, Generaloberstabsarzt Dr. Käfer, Ministerialdirektor Dr. Frey, Staatssekretär Dr. Gütt.

Im August 1941 läßt Panning in Shitomir auf mindestens sechs russische Kriegsgefangene die Explosivmunition abfeuern. Er bezeichnet jeweils die Körperteile, die getroffen werden sollen. Die Geschosse reißen große Löcher, bereiten den Gefangenen unermeßliche Qualen, bis sie getötet und an Ort und Stelle seziert werden.[24] Panning veröffentlicht Fotos seiner Opfer in der Zeitschrift »Der Deutsche Militärarzt«. Sie zeigen z.B. einen »Brustschuß« mit dem Ausmaß von 16 × 13 cm und den kopflosen Rumpf eines Menschen, Bildunterschrift: »Vollständige Sprengung und Enthirnung bei Schädelschuß«. Pannings Text: »Je länger der Weg durch das Gehirn ist, um so schwerer fällt die *Zertrümmerung des Schädels* aus und so weiter geht die Enthirnung.«[25]

Höhepunkte und Heerschau des Sanitätswesens werden während des Krieges die Arbeitstagungen der Beratenden Ärzte. Die erste Tagung in der Militärärztlichen Akademie ist am 3./4. Januar 1940 mit dem Schwerpunkt »Wundbehandlung«, die zweite am 28. Oktober 1940 über »Prophylaxe und Therapie des Gasödems«, die dritte im Dezember 1940 über Typhus und Ruhr.[26]

Nach dem Einmarsch in Rußland beginnen die »Arbeitstagungen Ost der Beratenden Ärzte«. Die erste Arbeitstagung Ost findet am 18./19. Mai 1942 in Berlin statt.[27] Auf dem Programm stehen Probleme der Amputationstechnik, Hirnschüsse, Wundinfektionen, Fleckfieber, Ruhr und Diphtherie. Der Psychiater Kurt Schneider referiert über die »Behandlung der Psychopathen«, sein Kollege Carl Schneider über die »Behandlung von Kriegsneurotikern«. Der Teilnehmerkreis ist noch klein: sieben Chirurgen, sieben Internisten, fünf Psychiater, sieben Pathologen und 12 Hygieniker, unter ihnen Professor Richard Bieling (Behringwerke).

---

24 Urteil des LG Darmstadt vom 29. 11. 1968 gegen Callsen u.a., Ks 1/67 GStA Ffm., S. 245ff.

25 Der Deutsche Militärarzt. Zeitschrift für die gesamte Wehrmedizin. Heft 1/1942, S. 26.

26 Fischer, Bd. 4, S. 3328f.

27 Programm und Teilnehmerliste: BA-MA H 20/353.

Die zweite Arbeitstagung Ost in Berlin dauert vom 30. November bis zum 3. Dezember 1942. Es ist die erste gemeinsame Tagung von Leitenden Sanitätsoffizieren, Beratenden Ärzten und Fachärzten sämtlicher Wehrmachtsteile, der Waffen-SS und der Wehrmacht angeschlossener Organisationen.[28]

Vom 24. bis 26. Mai 1943 findet in der Militärärztlichen Akademie die »3. Arbeitstagung der Beratenden Ärzte« statt. Neu hinzugekommen sind die Fachärzte für Hals-Nasen-Ohren-Krankheiten (HNO) und Vertreter der Augenheilkunde.[29]

Das Ereignis der Tagung ist der Vortrag »Besondere Versuche über Sulfonamidwirkung«.[30] Es steht am ersten Tag auf dem Programm. Die Einführung übernimmt der Starmediziner der SS, Professor Karl Gebhardt. Sein Mitarbeiter Dr. Fritz Fischer hält den Vortrag. Referiert werden die grausamen Versuche an den Frauen im KZ Ravensbrück.

Im sogenannten Nürnberger Ärzteprozeß wird nach Kriegsende Dr. Fritz Fischer vor einem amerikanischen Militärgericht aussagen, in beiden Reden sei vollkommen klargelegt worden, »daß die Versuche an Häftlingen eines Konzentrationslagers ausgeführt wurden«. Anwesend seien die folgenden Beamten gewesen:

»Dr. Paul Rostock als Vorsitzender der Konferenz; Dr. Siegfried Handloser, der damals Chef des Wehrmachts-Sanitätswesens war und die Einladung zu der Sitzung hatte ergehen lassen; Prof. Karl Brandt, der in der Mitte der Vorderreihe saß; der Reichsgesundheitsführer Leonardo D. Conti, Prof. Dr. Sauerbruch, Dr. Frey, Prof. Heubner. Das Sanitätswesen der Luftwaffe war durch Dr. Hippke vertreten und durch Dr. Oskar Schröder. Das Sanitätswesen der Waffen-SS war durch dessen Chef, Dr. Karl Genzken, vertreten. Außerdem war Dr. Helmut Poppendick, der Stabschef des Reichsarztes-SS und Polizei Grawitz vertreten ... Von keinem dieser Ärzte wurde Kritik an Experimenten ge-

28 BA-MA H 20/481b
29 Fischer, Bd. 4, S. 3335.
30 3. Arbeitstagung der Beratenden Ärzte, Tagungsverlauf (gedrucktes Programm). BA-MA H 20/468.

übt. Dem Vortrag folgte eine Diskussion, woran sich Dr. Frey[31], Prof. Dr. Sauerbruch und Prof. Heubner beteiligten, doch wurde auch ihrerseits keine Kritik laut.«

Diese Passage ist abgedruckt in: »Das Diktat der Menschenverachtung. Eine Dokumentation von Alexander Mitscherlich und Fred Mielke«.[32] Wolfgang Heubner, der führende Pharmakologe seiner Zeit[33], und Ferdinand Sauerbruch[34], Deutschlands berühmtester Chirurg, erwirken per Einstweiliger Verfügung, daß die Passage komplett gestrichen wird. Sie fehlt in allen Nachdrucken.

In den Akten des Rechtsstreites Sauerbruch/Heubner gegen Mitscherlich/Mielke befindet sich die Eidesstattliche Versicherung des Pharmakologie-Professors Ludwig Lendle. Lendle will entlasten. Er enthüllt aber ungewollt, daß die deutsche Medizin-Elite im Mai 1943 die Ravensbrücker Menschenversuche zur Kenntnis genommen, diskutiert und widerspruchslos hingenommen hat.

Lendle bestätigt, daß die Einführung von Gebhardt und der Vortrag Fischers »in einer Vollversammlung aller Teilnehmer« stattgefunden hat: »Nicht richtig ist es dagegen, daß Professor Gebhardt ausgeführt hat, die Versuche seien an Häftlingen vorgenommen worden, zumindest ergab sich aus seinen kurzen Ausführungen nicht mit Eindeutigkeit, daß es sich bei den Versuchspersonen um solche Inhaftierte gehandelt hat, die aus politischen Gründen in Haft gehalten wurden und über deren Leben noch keine endgültige Entscheidung getroffen worden war.«

---

31 Oberfeldarzt Gottfried Frey, Ministerialdirektor in der Gesundheitsabteilung im Preußischen Innneministerium. Hubenstorf, S. 389.

32 Das Diktat der Menschenverachtung. Eine Dokumentation von Alexander Mitscherlich und Fred Mielke. Heidelberg 1947, 83f. Nachdruck in: Der Wert des Menschen, S. 377.

33 Wolfgang Heubner bleibt Direktor des Pharmakologischen Instituts und Ordinarius an der Universität Berlin, 1947 wird er Dekan der Med. Fakultät.

34 Sauerbruch in einer Eidesstattlichen Erklärung vom 14. 6. 1947: »Darunter befand sich eine Mitteilung über Versuche, die an Menschen ausgeführt seien, welche bereits zum Tode verurteilt waren. Keiner von uns hat wohl gehört, daß Experimente an Häftlingen vorgenommen worden sind.« Ganz ähnlich auch eine Erklärung Heubners vom 13. 6. 1947. Archiv Verlag Lambert Schneider, Heidelberg.

Lendle hat nach der Sitzung mit zahlreichen Kollegen gesprochen. Alle sind der Meinung, daß die Versuche medizinisch unnötig seien: »Ferner wurde von allen, mit denen ich sprach, einhellig die Grausamkeit der Versuche hervorgehoben. Nach meiner ... Ansicht wäre es Pflicht aller mehr als 200 Anwesenden gewesen, die Stimme gegen die Versuche zu erheben.« Lendle nimmt Heubner in Schutz, da dieser unter »200 bis 250 Sanitätsoffizieren aller Wehrmachtsteile, der SS und der Polizei« der einzige Zivilist gewesen sei.[35] Auch Sauerbruch (immerhin Generalarzt!) verteidigt Lendle: Er habe »schon aus Gründen des militärischen Taktes an den Maßnahmen der SS-Ärzte keine Kritik üben können«.

Und Lendle selbst? Der Cheftoxikologe der Wehrmacht, Wolfgang Wirth, wird 1947 in einer Vernehmung der Amerikaner gefragt, was er über die Entwicklung des Nervengiftes Soman wisse. Antwort: »Es ist ein Stoff, der wesentlich wirksamer ist ... als das Tabun.« Die nächste Frage lautet, ob er mit dem giftigsten der Giftstoffe in Berlin experimentiert habe? Antwort: »Wir haben in der Militärärztlichen Akademie einen Versuch gemacht, und das war Professor Lendle von Leipzig.«[36]

Die vorab erstellte Teilnehmerliste[37] der Tagung enthält 64 Namen von Medizinern, die (nach Dienstrang gegliedert) speziell für die Sparte Chirurgie gemeldet sind.[38]

---

35 Eidesstattl. Versicherung Lendles vom 18. 6. 1947. Archiv Verlag Lambert Schneider, Heidelberg. Ich danke Lothar Stiehm für die Überlassung der Dokumente.

36 Office of U.S. Chief of Counsel for War Crimes, Vernehmung des Dr. Wirth am 13. 2. 1947, No. 799 A.

37 Die Teilnehmerliste, die ich eingesehen habe, trägt den Eingangsstempel »Abt. Beratender Psychiater beim Heeres-Sanitätsinspekteur, Eing. 22. Mai 1943«. Es ist das Exemplar des Oberstarztes Wuth. Auf dieser Liste sind Namen noch nachträglich hinzugefügt worden. BA-MA H 20/ 468.

38 Unter ihnen Generaloberstabsarzt Johannes Käfer und die Generalärzte Sauerbruch, (Karl) Brandt, Gohrbandt und Penner. Als Oberstärzte sind genannt Bürkle de la Camp sowie die Doktoren Fölsch, Kahn, Krüger, Lehmann sowie Flottenarzt Dozent Dr. Heim.
Oberfeldärzte sind u. a. die Professoren Böhler, Eickhoff, Frey, Hägler, Hueck, Partsch, Peiper, Usadel, Westhues. Es folgen als Oberstabsärzte

Die Dermatologen sind mit 25 Medizinern vertreten, beginnend mit den Oberstärzten Professor Hans Schreus und Professor Heinrich Löhe.[39]

Die Hals-Nasen-Ohrenärzte sind 19 an der Zahl, beginnend mit Professor Karl von Eicken und SS-Brigadeführer Dr. Friedrich Dermietzel.

Die Pathologen stellen 22 Teilnehmer, angeführt von den Oberfeldärzten Borst, Klinge, Koch, Lauche, Neuhaus, Nordmann, Siegmund und Spatz.[40]

Die Psychiater sind mit 21 Teilnehmern vertreten, unter ihnen der Leiter der Massenvernichtung Behinderter, SS-Obersturmbannführer Professor Werner Heyde.[41]

---

die Professoren Axhausen, A. W. Fischer, Heller, Hellner, Killian, Kuntzen, Madlener, Schönbauer. Als Marine-Oberstabsarzt ist Prof. Goetze und als Oberkriegsärzte sind die Professoren Gulecke und Orator angeführt. Es folgen die Stabsärzte mit den Professoren Hammer und Küntscher sowie den Doktoren von Brücke, Brunner (Hohenlychen), Deutsch, Fischer, Letius, von Lüdinghausen, (Hans Robert) Müller, Rehwald, Rücken, Schörcher. Der letzte in der Hierarchie ist Oberarzt Dr. Heißmeyer aus Hohenlychen.

Als SS-Ränge sind aufgeführt die Standartenführer Prof. Dr. Schulze (Hohenlychen) und Dr. Jenici, Obersturmbannführer Dr. Zahel, vormals Lagerarzt in Buchenwald, die Sturmbannführer Prof. Haase (1934 bis 1936 chirurgischer Begleitarzt Hitlers) und Dr. Köstler (Hohenlychen) sowie Hauptsturmführer Dr. Kunze (1941 Chirurg in Sachsenhausen).

39 Es folgen die Oberfeldärzte Prof. Hofmann, Dozent Dr. Vohwinkel, Dr. Überschaer, Geschwaderarzt Dozent Dr. Saltner, die Oberstabsärzte Prof. Funk, Prof. Gottron, SS-Sturmbannführer Prof. Vonkennel. Stabsärzte sind Prof. Pelke, die Doktoren Berg, Brettschneider, Brillinger, Marinestabsarzt Prof. Memmesheimer. Außerdem: SS-Hauptsturmführer Dr. Louis (Flossenbürg), Assistenzarzt Dr. Wawersig, die Professoren Friboes (Charité) und Zieler.

40 Oberstabsärzte sind die Professoren Gruber, Plenge, Randerath, Schleußing, Singer, Staemmler. Es folgen als Oberkriegsärzte die Professoren Büchner und Rössle, als Stabsärzte die Professoren Ostertag und (Otto) Schmidt sowie die Doktoren Karow, Peters, Pietzonka und der Marinestabsarzt Prof. Feller.

41 Oberstärzte sind die Professoren de Crinis und Wuth sowie Dr. Würfler, Oberfeldärzte die Professoren Bostroem, Göring, Luxenburger, Villinger sowie Dr. Fuchs und Dr. Rohde. Es folgen Geschwaderarzt Prof. Pette, als Oberstabsärzte die Professoren Betzendahl und Ewald, als Marine-

Die Tuberkulosefachärzte sind 19 an der Zahl, angeführt von Geschwaderarzt Professor Adolf Bacmeister.[42]

Die Pharmazeuten stellen 33 Teilnehmer, unter ihnen Oberstapotheker Karl Gemeinhardt und SS-Brigadeführer Dr. Carl Blumenreuter.

Die 18 Pharmakologen werden angeführt von drei Oberstärzten, den Professoren Ferdinand Flury, Hans Steidle und Wolfgang Wirth.[43]

Die Hygieniker und Tropenhygieniker sind mit 53 Mann auf der Tagung.[44]

Die Internisten mit 66.[45]

Unter der Rubrik »Sonstige Teilnehmer« sind u. a. aufgeführt: Staatssekretär Conti, Generaloberstabsarzt Prof. Hippke, Admiraloberstabsarzt Prof. Fikentscher, SS-Gruppenführer Grawitz, Prof. Schröder, die Generalstabsärzte Prof. Franz und Hamann,

---

Oberstabsärzte die Professoren Creutzfeldt und Vollborn, als Stabsärzte die Professoren Panse, Thiele, Zillig und Zülch.

42 Oberstarzt ist Dozent Dr. Deist. Oberfeldärzte sind Dr. med. habil. Otto Steinmeyer sowie die Ärzte Eversbusch und Nicol, Oberstabsärzte Prof. Ulrici und Dr. med. habil Roloff sowie die Doktoren Kramer, Kraemer, Lindig. Stabsarzt ist Dr. med. habil. Rickmann, Marine-Stabsärzte sind Prof. Meyer sowie Dr. Lebius. Oberarzt ist Dr. Adelberger. Prof. Julius Kayser-Petersen kommt vom RMI.

43 Weitere Teilnehmer: Flottenarzt Dr. Pflesser. Oberstabsärzte sind die Professoren Eichler, Wels, Zipf. Stabsarzt ist Professor Gremels. Als letzte folgen die Professoren Schulemann, Heubner und Jarisch.

44 Nach der Teilnehmerliste u. a.: Generalarzt Prof. Schreiber, als Oberstärzte die Professoren Muhlert, Rodenwaldt, Rose, Zeiß, als Flottenärzte Dr. Grunske, Prof. Mühlens, Prof. Ruge, Prof. Zschucke, Dr. habil. Hornung. An Professoren nehmen weiterhin teil: Bachmann, Blumenberg, (Karl-Wilhelm) Clauberg, Fischer, Haagen, Habs, von Hattingberg, Hauer, Jahnel, Nauck, Oesterle, Pfannenstiel, Schnell, Schütz, Uhlenhuth, Wagner, Weigmann. Hinzu kommen von der SS z. B. Mrugowsky und Ding.

45 Die Internisten werden rangmäßig angeführt von den Oberstärzten und Professoren Herbst, Horsters, Kalk, Nissen und Uhlenbruck. Ebenso in alphabetischer Reihenfolge die Professoren Anthony, Bader, Beckmann, Berg, von Bergmann, Bremer, Dennig, Eimer, Grafe, Gutzeit, Hantschmann, Hoesslin, Jenke, Katsch, Klingner, Meythaler, Parrisius, Retzlaff, Rühl, (Sturmbannführer) Schenck, Schön, Schöne, Schulten, Siebeck, Stein, Störmer, Strieck, Westphal.

die Doktoren Haubenreißer und Ziaja, Ministerialdirektor Dr. Cropp, Obermedizinalrat Dr. Christiansen, SS-Gruppenführer Dr. Genzken, Oberkriegsarzt Prof. Rein, Oberarzt Dr. Becker-Freyseng, Prof. Strughold.

Es ist natürlich möglich, daß der eine oder andere anhand der Teilnehmerliste genannte Mediziner seine Teilnahme absagen mußte. Aber eines ist deutlich: Die Ravensbrück-Versuche werden der Elite der deutschen Medizin am 24. Mai 1943 zur Kenntnis gebracht. Wer Rang und Namen hat, ist dabei. Die Spitzenvertreter der deutschen Medizin finden die Versuche unnötig und grausam. Aber: Keiner protestiert, keiner tritt von seinem Posten zurück. Im Mai 1943 wird von den Koryphäen des Ärztestandes jegliche ärztliche Ethik verraten. Dies erklärt, warum nach 1945 keinerlei Interesse besteht, Medizinverbrechen von bis dahin unbekanntem Ausmaß aufzuklären.

Die vierte Arbeitstagung Ost findet vom 16. bis 18. Mai 1944, ganz in der Nähe von Ravensbrück, im SS-Lazarett Hohenlychen, statt.[46] Ein symbolhafter Ortswechsel: Die Wehrmachtsmediziner versammeln sich an der Wirkungsstätte Gebhardts, dessen verbrecherischen Versuche sie angeblich verabscheuen.

Die Chirurgen tagen unter Fachgruppenleiter Gebhardt über »Die Beherrschung der Infektion nach Schußverletzungen der Knochen und Gelenke«. Erneut kann Gebhardt seine KZ-Erfahrungen einbringen. Die Hygieniker beraten über »Entwesung und Ungezieferbekämpfung«. Beiträge liefern u.a. die Mediziner Emmel und Krüpe, die für die Luftwaffe an Geisteskranken

46 Leiter der Fachgruppen sind für Augenheilkunde: Oberfeldarzt Prof. Dieter, Chirurgie: SS-Gruppenführer Prof. Gebhardt, Dermatologie: SS-Sturmbannführer Prof. Vonkennel, Gerichtsmedizin: Oberstabsarzt Prof. Müller-Heß, Hygiene: Oberstarzt Prof. Rose, Innere Medizin: Geschwaderarzt Prof. Volhard, HNO: Oberfeldarzt Prof. Hünermann, Pathologie: Oberfeldarzt Prof. Büchner, Pharmakologie: Oberstarzt Prof. Wirth, Pharmazie: Oberstapotheker Dr. Gemeinhardt, Psychiatrie: Oberfeldarzt Prof. Luxenburger, Tbc: Oberfeldarzt Prof. Ulrici, Wehrphysiologie: Oberfeldarzt Prof. Ranke, Zahn- und Kieferkrankheiten: Marineoberstabsarzt Prof. Bichlmayr. BA-MA H 20/349.

in Pfafferode experimentieren. Die Pharmakologen haben das Thema »Spezielle Fragen auf dem Kampfstoffgebiet« (Blausäure, Lost, Vergiftung großer Trinkwasseranlagen).

Versuche zur Erkennung von Deserteuren

Die »5. Arbeitstagung der Berat. Ärzte« (der Zusatz »Ost« ist angesichts der Kriegslage gestrichen) steht für »Ende April« 1945 an. Vier Themen sind vorgesehen: 1. »Wundinfektionen«, 2. »Grippe, Viruspneumonie« (u.a. mit Bieling, Haagen, Rose und Mrugowsky), 3. im Zeichen des Endkampfes: »Beeinflussung der Leistungsfähigkeit«, u.a. mit Schenck (»Mangelernährung«) und Prof. Lehmann (»Leistungssteigerung und Adrenalin«).

Die vierte Gruppe befaßt sich mit den heimlichen Deserteuren: »Mittel und Verfahren zur Vortäuschung von Krankheiten«. »Pharmakologische Bemerkung zum Thema Selbstbeschädigung« hat Oberstarzt Prof. Wirth als Referatstitel, Oberstabsarzt Kliewe dagegen »Feindpropaganda zur Frage der Selbstbeschädigung« (Diskussion: Oberfeldarzt der Luftwaffe Prof. Hünermann). Johannes Heinrich Schultz (Deutsches Institut für psychologische Forschung und Psychotherapie) soll über »Simulation und psychogene Störung« referieren (Diskussion Flottenarzt Prof. Creutzfeldt), Müller-Heß über »Auslösung und Vortäuschung von Hautkrankheiten« und Prof. Löhe über »Auslösung und Täuschung innerer Krankheiten«.[47]

Über Auslösung und Vortäuschung von Krankheiten hatte zuvor ein junger Wehrmachts-Mediziner geforscht – in Auschwitz.

Am 22. August 1944 (»Strahlende Sonne, preußischer Himmel«) erscheint in Block 28 des KZ Auschwitz Standortarzt Wirths mit einem jungen Feldwebel »von angenehmem Aussehen«. Wirths

47 Anschreiben der Lehrgruppe C an »alle Beratenden!« vom 9. 3. 1945 und »Themenliste für die 5. Arbeitstagung der Beratenden Ärzte«. BA-MA H 20/397/1.

erklärt Häftlingspfleger Stern, es sei beabsichtigt, Phlegmone, Abszesse und Furunkel mit neuen Methoden zu behandeln. Er wünsche dies geheimzuhalten, Stern werde deshalb für zwei oder drei Wochen mit den Kranken eingeschlossen. Am nächsten Tag erscheinen Lagerarzt Klein und die ersten 20 Versuchspersonen.[48]

Die Versuche finden in Block 28, Saal 13, statt. Als Versuchskaninchen werden die kräftigsten und gesündesten Häftlinge genommen.[49] Der junge Wehrmachtsarzt sucht sie aus, indem er im Krankenrevier alle Patienten nackt vor ihren Betten antreten läßt.[50] Etwa 40–50 junge (meist ungarische) Juden müssen für drei Versuchsreihen herhalten:[51]

1. Phlegmone-Versuche (24. August bis 15. September 1944).

Die Häftlinge bekommen eine petroleumhaltigen Flüssigkeit in die Wade gespritzt (der 40jährige Tscheche Fraenkel und ein unbekannter 20jähriger polnischer Jude in den Oberschenkel). Einigen wird einmalig ein Verband mit Ichthyolsalbe angelegt. Die Wunden sind anfangs schmutzigrot, später violett mit schwarzen Rändern. Flüssigkeit fließt ab, braun, trübe, schmutzig, riecht nach Petroleum.

Stern: »Die schrecklichen Versuche beginnen genau am 24. August 1944. An diesem Datum werden wir in den ›Versuchsraum‹ eingeschlossen. Man kann sich leicht vorstellen, wie unsere Nächte waren, eingeschlossen zu dreißig in einem kleinen Saal, Betten mit drei Etagen mit ungenügenden sanitären Einrichtungen, mit Kranken, die schrecklich litten und stöhnten.«

In Erinnerung geblieben ist dem Häftlingspfleger der 18jährige Jude Szigetthi aus Budapest, »der sich niemals trotz der furchtbarsten Schmerzen ... beklagte und der auf die Bretter des oberen Bettes die schönsten Kompositionen von Mozart aus dem

---

48 Samuel Stern: Die Schrecken von Auschwitz. Internationaler Suchdienst Arolsen: Pseudo-Medizinische Versuche im KL Auschwitz, Phlegmone-Versuche, 15. 5. 1973. Anlage I.

49 Aussage Simon Jacobs vom 4. 11. 1976. Verfahren 4 Js 331/76 StA Ffm., Bl. 240.

50 Erklärung Simon Jacobs vom 5. 10. 1948. Ebd., Bl. 89a.

51 Aussage Dr. Laszlo Schwarz vom 12. 11. 1976. Ebd., Bl. 288.

Gedächtnis aufschrieb«.[52] Nach acht bis vierzehn Tagen ist die Phlegmone reif und wird mit einem Operationsmesser geöffnet. Eine schwärzliche Flüssigkeit ergießt sich, wird in Gefäßen gesammelt und zur Untersuchung zur Wehrmachts-Sanitätsdienststelle Breslau geschickt. Danach kommen die Versuchskaninchen in Saal II von Block 28.[53]

Bei einer Selektion im Oktober 1944 werden vier der Versuchsobjekte zum Vergasen fortgeschafft: die Häftlinge Edelstein, Wertheimer, Samuel und Szigetthi.[54]

2. *Versuche mit Brandwunden (24. August bis 25. Oktober 1944).*

In einer zweiten Versuchsreihe werden Häftlingen Verbrennungen zweiten und dritten Grades an Waden, Hüften, Armen oder im Nacken beigebracht. Wenige Tage später erfolgt in die verbrannten Stellen ein Einschnitt, die Flüssigkeit wird aufgefangen und zwecks Untersuchung wiederum nach Breslau gebracht. Einige Versuchsopfer werden mit verschiedenen Salben behandelt. Die behandelten Hautstücke werden später herausgeschnitten und wiederum nach Breslau geschickt.

3. *Versuche zur Vortäuschung von Gelbsucht.*

Der Häftling Jacob Groen hat die Verbrennungs-Versuche gerade überstanden, da wird er schon wieder zu Experimenten mit Pikrinsäure benutzt: »Ich bekam es auf meinem Brot in Puderform verabreicht und die Dosis wurde allmählich gesteigert. ... Die verabreichte Pikrinsäure verursachte eine innere Verbrennung meines Mundes und meiner Speiseröhre und hatte außerdem den Verlust der Stimme zur Folge. Außerdem bekam ich am ganzen Körper eine stark gelbe Hautfarbe.«[55]

---

52 Stern, Die Schrecken von Auschwitz, a. a. O.

53 Stern: »Der Saal II war ein ›arischer‹ Saal, denn das Lager hatte auch seine Rassenunterschiede. Wenn sich dort zu viele jüdische Opfer aufhielten, protestierte Dr. Gaca, Volksdeutscher (Pole deutscher Abstammung), Chefarzt vom Block 28, gegen diese Mischung; und die Kranken wurden auf die jüdischen Säle der Blocks 14 und 21 verteilt.«

54 Stern, a. a. O.

55 Erklärung Groen vom 5. 10. 1948. Verfahren 4 Js 331/76, Bl. 89c. Der Urin der an Gelbsucht Erkrankten wird von einem Militärkurier vom Sanitätsdienst Breslau alle zwei Tage abgeholt.

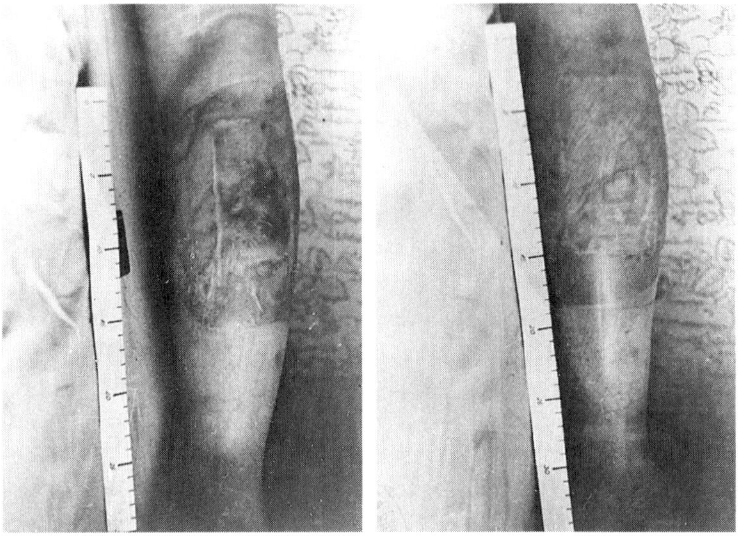

Auschwitz, Block 28: Häftlingen wird im Auftrage der Wehrmacht die Haut verbrannt und anschließend herausgeschnitten.

Wie viele der Versuchskaninchen ums Leben gekommen sind, ist unbekannt. Der ungarische Arzt Dr. Laszlo Schwarz, selbst Versuchsopfer: »Ungefähr die Hälfte dieser Versuchspersonen ist gestorben.« Schwarz über die Motive: »die Versuche wurden gemacht, um eventuellen Kriegsdienstverweigerern auf die Schliche zu kommen«.[56] Der Hautarzt Professor Heinrich Gottron, 1944 Dekan der Medizinischen Fakultät in Breslau, weiß nichts, aber auch gar nichts über Versuche mit Pikrinsäure- und Petroleum-Injektionen: »Es ist aber festzuhalten, daß bei Wehrmachtsangehörigen Selbstbeschädigungen vorgenommen wurden auch mit derartigen oder ähnlichen Injektionen, um sich dem Wehrdienst zu entziehen.«[57] Die Selbstbeschädiger werden,

56 Schreiben Schwarz vom 12. 11. 1976 an die StA Frankfurt am Main, ebd., Bl. 288.

57 Schreiben Gottron, Universitäts-Hautklinik Tübingen, vom 12. 7. 1961 an das Bundesministerium der Finanzen. Ebd., Bl. 282.

so Gottron, in einer Lazarettabteilung in Breslau gesammelt, die dem Stellvertreter der Gerichtsmedizin untersteht.

Der junge Feldwebel, der den Deserteuren auf die Schliche kommen wollte, wird von Überlebenden durchgängig als Brillenträger, groß, blond, schlank, höflich, ja scheu beschrieben. Sogar der Name ist bekannt: »Er hatte eine Wehrmachtsuniform an. ... Eines Tages verließ er das Zimmer und ich habe in seine Militärmütze geschaut. In der Innenseite war der Name Heinz Kaschub verzeichnet.«[58] Nachforschungen und Anzeigen verlaufen dennoch jahrzehntelang ergebnislos.

Versuchsopfer Thomas Bardy bekommt vom Bundesminister der Finanzen (für die Entschädigung von NS-Verbrechen zuständig) diese Antwort: »Medizinische Versuche, wie sie von Ihnen in Ihrer Eingabe geschildert wurden, sind nach amtlichen Unterlagen nicht im Lager Auschwitz ... durchgeführt worden. Die Krankheitserscheinungen, über die Sie heute noch klagen, können daher keine Folgen eines von Ärzten angeordneten und in seinen Ergebnissen verwerteten medizinischen Experiments sein. Es erscheint vielmehr wahrscheinlich, daß es sich in Ihrem Falle um therapeutische Maßnahmen gehandelt hat.«[59]

Heinz Kaschub promoviert am 3. April 1945 an der Friedrich-Schiller-Universität in Jena. Die mündliche Prüfung entfällt wegen der Kriegslage.[60] Seine Doktorarbeit wird nie gefunden. Nach dem Krieg ändert er mehrfach seinen Wohnsitz: 1946 zieht er von Rathenow nach Detmold zu. Es folgen Stationen in Bad Hersfeld, Hannover, Bad Kissingen. 1963 wird er in Frankfurt am Main seßhaft, findet seine Lebensstellung als Leitender Chirurg am Bethanien-Krankenhaus und Durchgangsarzt der Berufsgenossenschaften.[61]

---

58 Aussage Simon Jacobs vom 4. 11. 1976. Ebd., Bl. 237.

59 Bundesfinanzministerium (Gesch. Z.: VI A/4-01472 – B 17/59) am 18. 1. 1961 an Bardy. Abschrift in einem Brief Bardys vom 20. 11. 1976 an die StA Frankfurt am Main Verfahren 4 Js 331/76, Bl. 292.

60 Ebd., Bl. 173.

61 Kaschub stirbt am 4. 5. 1977. Damit erledigt sich ein Ermittlungsverfahren der StA Frankfurt am Main gegen ihn.

Der Sanitätsdienst der Luftwaffe

Der Sanitätsdienst der Luftwaffe ist personell wie institutionell aufwendig organisiert. Die Luftwaffe unterhält zahlreiche Forschungseinrichtungen. Ein Organisationsplan[62] macht den Aufbau deutlich:

Organisationsplan Dienststelle: Chef des San. Wesens d. Lw.
Chef des San. Wesens d. Lw.
Generaloberstabsarzt Prof. Dr. Schröder[63]
Chef des Stabes
Oberstarzt Dr. Kahnt

1. (Organisations-)Abt.: Abt. Chef: Oberstabsarzt Dr. Leinung	2. (Ärztliche-)Abt.: Abt. Chef: Oberstarzt Dr. Mertz	3. Selbständige (Luftschutz-San.) Gruppe. Gruppenleiter: Oberfeldarzt Dr. Uckermark.
Referat 1 IA. Organisation: Oberstabsarzt Dr. Heynen	Referat 2 Ia. Heilfürsorge: Oberstabsarzt Dr. Grimm	Referat 3A. Luftschutz-San. Dienst: Stabsarzt Dr. Look.
Referat 1 IB. Kartei der San. Einheiten. Dienstanweisungen: Oberstabsarzt Dr. Bufe.	Referat 2 IB. Hygiene: Stabsarzt Dr. Atmer	Referat 3B. Gasschutzangelegenheiten: Oberstabsarzt Dr. Holtemeier
Referat 1 IC. Lazarettwesen: Oblt. Dr. Zeitler.	Referat 2 IC. Zahnärztl. Dienst: Oberstabsarzt (Z) Dr. Witt	Referat 3C. Unterricht über L. S. San. Dienst in der Reichsanstalt für Luftschutz: Ass. Arzt Dr. Schalda.
Referat 1 II. San. Flugbereitschaften: Hauptm. Röhm.	Referat 2 IIA. Luftfahrtmedizin: Stabsarzt Dr. Becker-Freyseng	
Referat 1 IIA. Spitzenstellungenbesetzung im San. Dienst. Steuerung der Fachärzte,	Referat 2 IIB. Fliegertauglichkeitsangelegenheiten: Stabsarzt Dr. Keiler	

62 BA-MA RL 4/420.
63 Sanitätsinspekteur der Luftwaffe ist bis zum 31. 12. 1943 Generaloberstabsarzt Prof. Erich Hippke, sein Nachfolger ist Dr. Oskar Schröder.

Personals der freiwilligen Krankenpflege: Oberstabsarzt Dr. Augustinick.

Referat 1 IIB. Ausbildung u. Weiterbildung des San. Unterpersonals Stabsarzt Dr. Hallermann.

Referat 1 IIIA. Chemische pharmazeutische Angelegenheiten: Ministerialrat Schreiber.

Referat 2 IIIA. Ärztliche Berichterstattung: Stabsintendant Langhoff.

Haushaltsangelegenheiten: Oberfeldintendant Quenzel.

dazu: Lehrgruppe W. u. F.[64] mit Beratenden Fachärzten.

Dem Chef des San.Wesens unmittelbar unterstellt (vgl. Anlage):
Ärztliche Akademie der Luftwaffe
Luftfahrtmedizinische Forschungsinstitute.

Die Ärztliche Akademie der Luftwaffe Berlin-Wittenau
Kommandeur: Generalstabsarzt Dr. Schmidt.

A. 3 Lehrgruppen für Studierende;
Lehrgruppe Berlin, Kommandeur zugl. Kdr. d. Akademie.
Lehrgruppe Würzburg, Kommandeur Oberstarzt Prof. Steidle
Lehrgruppe Prag, Kommandeur Oberfeldarzt Dr. Appel.

B. **Lehrgruppe »Wissenschaft und Forschung«**
Kommandeur Oberstarzt Prof. Luxenburger[65]
(In dieser Lehrgruppe sind die »Beratenden Ärzte« des Chefs d. Sanitätswesens zusammengeschlossen.)

Es sind vorhanden »Beratende Fachärzte« für:

Chirurgie .... Generalarzt Prof. Gohrbandt
Hirnchirurgie .... Generalarzt Prof. Tönnis
Kieferchirurgie .... Oberstabsarzt Prof. Hammer
Innere Medizin .... Oberstarzt Prof. Kalk

64 Abkürzung für: »Wissenschaft und Forschung«.

65 Der Psychiater Hans Luxenburger, 1925 Assistent bei Ernst Rüdin, 1928 Habilitation über »psychiatrische Erbbiologie«, Mitarbeiter der Deutschen Forschungsanstalt für Psychiatrie in München, übernimmt nach 1945 einen Lehrauftrag für Heilpädagogik in München.

Luftfahrtmedizin	Oberstarzt Prof. Strughold
Nerven- u. Geisteskrankheiten	Oberstarzt Prof. Luxenburger
Hals-Nasen-Ohrenkrankheiten	Oberstarzt Prof. Hünermann
Augenkrankheiten	Oberstabsarzt Prof. Kyrieleis
Haut- u. Geschlechtskrankheiten	Oberfeldarzt Prof. Schreuss
Frauenkrankheiten	Stabsarzt Dozent Dr. Roemer
Zahnkrankheiten	Oberfeldarzt Prof. Krantz
Hygiene u. Tropenkrankheiten	Generalarzt Prof. Rose
Pharmakologie	Oberstarzt Prof. Steidle[66]
Physiologie	Oberfeldarzt Prof. Rein
Pathologie	Oberstabsarzt Dozent Dr. Rotter
Hirnpathologie	Oberfeldarzt Prof. Spatz
Berater für d. Lazarett- u. Krankenhauswesen	Oberleutnant Dr. Zeitler

C. **Institut für Wehrhygiene** i. Pfafferode b. Mühlhausen i. Th.
Leiter: Generalarzt Prof. Rose
1. Abteilung: Institut f. Fiebertherapie
Abt.Leiter Stabsarzt Dr. Blaurock
4. Abteilung: Institut f. Gesundheitsschädlinge

Ärztlich-wissenschaftliche Institute des Chefs des Sanitätswesens d. Lw.

Name des Instituts Leiter des Instituts	Abteilungen Abteilungsleiter Mitarbeiter	Haupt-Arbeitsgebiete
1. Luftfahrtmedizinisches Forschungsinstitut des Reichsluftfahrtsministeriums in Berlin. Direktor: Oberstarzt Prof. Dr. Stughold. Zuletzt in Göttingen, Physiologisches Institut d. Universität.	**Chefabteilung** Oberstabsarzt Prof. Dr. Schütz[67] (Direktor d. physiol. Instituts d. Universität Münster i./W.) Dr. med. Ingeborg Schmidt, Doz. Dr. phil. Autrum[68], Dr. phil. Denzer, Stabsarzt Dr. Rose, Dr. phil. Suchalla.	Systematik der Höhenwirkung, Sinnesphysiologie, physiologische Optik, Elektrokardiographie, Bibliographie d. Luftfahrtmedizin, vergleichende Physiologie, biologische Isotopenforschung u. Versuchstierzucht.

66 Hans Steidle hat 1948–54 einen Lehrauftrag an der Philosophisch-Theologischen Hochschule Bamberg.

67 Erich Schütz, nach 1945 Direktor des physiologischen Instituts der Universität Münster.

68 Hansjochem Autrum, Zoologe, Spezialgebiet Sinnes- und Nervenphysiologie, 1948 außerplanmäßiger Professor in Göttingen, 1952 Professor in Würzburg, 1958 in München, Direktor des Zoologischen Instituts der Universität München, 1961 Vize-Präsident DFG.

1. **Abteilung für Höhenforschung.** Dozent Dr. U. Luft.	Höhenanpassung.
2. **Abteilung für Histophysiologie** Dozent Dr. Opitz[69], Dozent Dr. Palme.	Sauerstoffversorgung des Gewebes, Höhenfestigkeit, Elektroencephalographie.
3. **Abteilung für Atmungs- u. Kreislaufphysiologie** Oberregierungsmedizinalrat Dr. Clamann.	Meßtechnik, Drucksturzforschung, Sauerstoffvergiftung, Sinnesphysiologie.
4. **Abteilung für Beschleunigungsfragen**. Stabsarzt Dozent Dr. Gauer.	Beschleunigungsforschung.
5. **Abteilung für Versuchsflug u. praktische Fragen**. Stabsarzt Dozent Dr. Becker-Freyseng, Assistenzarzt Dr. K. Schäfer.	Sauerstoffvergiftung, Höhenunfälle, Durst und Durstbekämpfung bei Seenot.
6. **Abteilung für Ernährungsphysiologie.** Stabsarzt Dozent Dr. Hanson[70], Unterarzt Dr. Habild.	Sonderernährung des Fliegers, allgemeine Fragen der Truppenernährung.
7. **Außenabteilung für Gehirnforschung,** Berlin-Buch. Oberfeldarzt Prof. Dr. Spatz[71], Oberarzt Dozent Dr. Noell,	Physiologie u. Pathologie des Zentralnervensystems.

69 Erich Opitz, nach 1945 Ordinarius für Physiologie an der Universität Kiel, danach kurzzeitig in Göttingen.

70 Horst Hanson bekommt einen Lehrstuhl für Physiologische Chemie in Halle.

71 Prof. Hugo Spatz wird Direktor der Neuroanatomischen Abteilung des MPI für Hirnforschung in Gießen.

	Stabsarzt Dr. Noetzel[72], Stabsarzt Dr. Welte[73].	
	8. **Außenabteilung für Luftfahrtphysiologie**. Oberfeldarzt Prof. Dr. Rein, Göttingen. Stabsarzt Prof. Dr. Schödel, Stabsarzt Dozent Dr. Grosse-Brockhof, Stabsarzt Dr. med. habil. Mertens[74], Oberarzt Dozent Dr. Löschcke.[75]	Allgemeine Physiologie der Atmung und des Kreislaufs, Sauerstoffmangel u. Abkühlung.
	9. **Außenabteilung am Helmholtzinstitut für Schwingungsforschung** Brannenburg a. Inn	Experimentelle Luftschutzforschung, Detonationswirkungen (Luftstoß), Staubwirkung.
2. Institut für Luftfahrtmedizin in Hamburg (Februar 1945 aufgelöst). Stabsarzt Dr. Schwarz.	Stabsarzt Dr. Dunker.[76]	Fliegertauglichkeit, Höhenkollaps.
3. Institut für Luftfahrtmedizin in München. Oberfeldarzt Prof. Dr. Weltz.	Stabsarzt Dr. habil. Lutz, Stabsarzt Dr. Wendt, Dr. v. Werz, Dr. Seelkopf.	Allgemeine Erfrierungen (Abkühlungen), Höhenforschung.
	Lehrgang für Höhenanpassung. Stabsarzt Dr. Reichel[77], Stabsarzt Dr. Frank.	Durchführung v. Höhenanpassungslehrgängen auf der Zugspitze.

72 Hugo Noetzel wird Professor und Leiter der Neuropath. Abteilung der Universität Freiburg i. Br.

73 Eduard Welte, 1950 außerplanmäßiger Professor Universität Bonn (Innere Medizin, Neurologie).

74 Otto Mertens wird Dozent für Innere Medizin (Kreislaufphysiologie) der Humboldt-Universität in Ost-Berlin.

75 Hans Löschcke wird Professor für Physiologie in Göttingen.

76 Erich Dunker publiziert u. a. 1944 in der Klinischen Wochenschrift einen Aufsatz über »Kreislaufregulation und Frühkollaps im Sauerstoffmangel«. Er arbeitet nach 1945 am Physiologischen Institut der Universität Hamburg und wird Professor für angewandte Physiologie.

77 Hans Reichel wird Professor für Physiologie in München.

4. Institut für Luftfahrtmedizinische Pathologie, Freiburg i. Br. Oberfeldarzt Prof. Dr. Büchner	Stabsarzt Dozent Dr. Peters, Stabsarzt Dr. Altmann[78], Stabsarzt Dr. Schubothe.[79]	Pathologie des Sauerstoffmangels, der Abkühlung u. der Flugunfälle, allgemeine Wehrpathologie d. Luftwaffe.
5. Sanitäts-Versuchs- u. Lehrabteilung der Luftwaffe, Jüterbog. Kommandeur: Oberstabsarzt Prof. Dr. Knothe.	Stabarzt Dr. habil. Schneider, Stabsarzt Dr. Hanisch, Stabsarzt Dr. Viermetz, Flieger-Ingenieur Böhme.	Durchführen v. Versuchsflügen zu ärztlichen Erprobungen, Mitwirkung bei der Entwicklung fliegerischen Geräts, Begutachtung kriegsgeschädigter Flieger vor Wiedereinsatz.
6. Institut für Wehrhygiene der Luftwaffe, Pfafferode b. Mühlhausen i. Thüringen. Leiter: Generalarzt Prof. Dr. Rose.	1. **Abteilung für Fiebertherapie**. Stabsarzt Dr. Blaurock, Stabsarzt Dr. Boventer, Stabsarzt Dr. Krüpe	Malariatherapie, Malariaprophylaxe, Malariadiagnose, Mechanismus der therapeutischen Wirkung, Prüfung neuer Drogen.
	4. **Abteilung für Gesundheitsschädlinge**. Regierungsrat Dr. Emmel.	Schädlingsbiologie, DDT-Präparate.
2. und 3. Abteilung des Instituts sind noch nicht aufgestellt.		

Fachlich gesteuerte Institute.

7. Institut für Flugmedizin der Deutschen Versuchsanstalt für Luftfahrt, Berlin-Adlershof. Leiter: Flugkapitän Dr. med. habil. Ruff.	Dr. Romberg, Stabsarzt Dr. Freitag, Stabsarzt Dr. Wünsche[80], Oberarzt Dr. Löckle, Dr. Ludwig.	Ärztliche Flugunfallkunde, Fliegertauglichkeit, Beschleunigungs- u. Höhenforschung, Versuchsflüge.

78 Hans-Werner Altmann wird außerplanmäßiger Professor an der Universität Freiburg (Pathologische Anatomie).

79 Helmut Schubothe wird Leiter der Abteilung Immunhämatologie und klinische Immunologie der Universität Freiburg i. Br.

80 Hans-Wolfgang Wünsche, 1952 Privatdozent für Physiologische Anthropologie, Universität München.

8. Medizinisches Institut der Luftforschungsanstalt München. Stabsarzt Dozent Dr. Henschke.	Oberarzt Dr. Keidel	Physiologische Optik, Ziel- u. Visiereinrichtungen.
9. Medizinische Abteilung der Forschungsanstalt »Graf Zeppelin«, Stuttgart-Ruit (früher med. Abteilung d. Erprobungsstelle Rechlin). Oberregierungsmedizinalrat Dr. phil. et med. habil. Benzinger.	Regierungsrat Dozent Dr. phil. Büttner, Dr. phil. Rehmann	Höhenforschung (Drucksturz), Wehrklimatologie, Feuer-Kälteschutz, Wärmeregulation, Psychologie.

Höhentod-Versuche

1996 finde ich im Londoner Imperial War Museum die Arbeitskopie des Films »Der Flug über 10000 Meter mit Sauerstoff«, hergestellt von der Hauptfilmstelle des Reichsluftfahrtministeriums (RLM).[81] Man sieht einen Luftwaffen-Freiwilligen, der sich anschickt, sich in der Unterdruckkammer des Instituts für Flugmedizin der Deutschen Versuchsanstalt für Luftfahrt (DVL) einem Höhenversuch auszusetzen.

Dann werden drei Freiwillige mit Sauerstoffmasken gezeigt. Professor Hubertus Strughold, der Oberste Luftfahrtmediziner, erläutert: »Wir können diese Frage studieren in Unterdruckkammern ... Wir können dasselbe erreichen durch Einatmung sauerstoffarmer Luftgemische aus Stahlflaschen.« Strughold im Originalton:

»Rechts der Mann atmet ein Gemisch, das einer Höhe von 7500 Metern entspricht. Der in der Mitte wird plötzlich auf 9000 Meter versetzt. Und der Mann links mit einem Schlage auf

81 Unter Mitarbeit des Luftfahrtmedizinischen Forschungsinstituts des Reichsluftfahrtministeriums und des Instituts für Flugmedizin der Deutschen Versuchsanstalt für Luftfahrt (DVL), Berlin-Adlershof.

11 000 Meter. Die Stoppuhren sind eingeschaltet. Der Versuch läuft ... Zunächst der Mann auf 11 000 Metern ... Jetzt atmet er bereits stärker. Schon ist er schwer höhenkrank ... Sofortige Frischluft rettet ihn von Bewußtlosigkeit. Das war nach 50 Sekunden.«

Die Luftwaffe versucht, die Belastbarkeit und die Lebensdauer von Fliegern in sauerstoffarmer Luft und niedrigem Druck herauszufinden. Man geht davon aus, daß ein Fallschirmspringer bei Absprung aus 12 000 Metern durch den Sauerstoffmangel schwerste Schädigungen, wahrscheinlich sogar den Tod erleidet. Die Versuche werden nach maximal 53 Sekunden abgebrochen, da schwerste Höhenkrankheit eintritt.[82]

Ein Mediziner, der wegen eines ärztlichen Auswahlkurses zum Münchener Luftgaukommando VII kommandiert ist, beschreibt die Stimmung im Mai 1941: »Während dieses Kurses, bei dem die Höhenflugforschung eine sehr große Rolle spielt, bedingt durch die etwas größere Gipfelhöhe der englischen Jagdflugzeuge, wurde mit großem Bedauern erwähnt, daß leider noch keinerlei Versuche mit Menschenmaterial bei uns angestellt werden konnten, da die Versuche sehr gefährlich sind und sich freiwillig keiner dazu hergibt.«[83] Da bislang schon Versuche stattgefunden haben, kann sich das Bedauern nur auf Experimente beziehen, die Gesundheitsschäden bzw. den Tod der Versuchspersonen einkalkulieren.

Der Briefschreiber ist der Stabsarzt der Luftwaffe Dr. Sigmund Rascher, der Adressat Heinrich Himmler. Rascher, Mitglied der »Lehr- und Forschungsgemeinschaft der SS, Ahnenerbe«, ist mit »Nini« Diehl liiert (Heirat Juli 1941). Diese hat Zugang zu Himmler, und davon profitiert auch Rascher.

In München hat zu dieser Zeit Georg August Weltz[84] einen Forschungsauftrag zur Rettung von Fliegern aus großen Höhen.

82 Rascher: Erster Zwischenbericht über die Unterdruckkammerversuche im KL Dachau. 5. 4. 1942. Nürnb. Dok. PS-1971 A.
83 Rascher am 15. 5. 1941 an Himmler. Nürnb. Dok. 1602-PS.
84 Weltz, von Hause aus Röntgenspezialist, war 1935 als Dozent auf dem Gebiet der Luftfahrtmedizin an die Universität München berufen wor-

Bemühungen, Freiwillige für seine Versuche zu bekommen, sind gescheitert.[85] Rascher öffnet ihm das Tor zum KZ Dachau, fragt bei Himmler an, ob nicht zwei oder drei Berufsverbrecher zu Experimentierzwecken zur Verfügung gestellt werden könnten: »Die Versuche, bei denen selbstverständlich die Versuchspersonen sterben können, würden unter meiner Mitarbeit vor sich gehen ... Ich habe mit dem Vertreter des Luftflottenarztes, der diese Versuche durchführt, absolut vertraulich in diesbezüglicher Richtung gesprochen, und dieser ist ebenfalls der Meinung, daß die in Frage kommenden Probleme nur auf dem Wege des Menschenversuches geklärt werden können (Es können als Versuchsmaterial auch Schwachsinnige Verwendung finden).«[86]

Rudolf Brandt, Himmlers Persönlicher Referent, sagt umgehend die Abstellung von Häftlingen zu.[87] Rascher wird zu Weltz an das Münchener Institut für Luftfahrtmedizin versetzt. Im Juli 1941 bevollmächtigt der Reichsführer-SS Institutsleiter Weltz, dessen Mitarbeiter Heinrich Kottenhof (Stabsarzt der Luftwaffe)[88] sowie Rascher die Versuche durchzuführen.[89] Kottenhof wird jedoch nach Rumänien versetzt. Statt seiner zieht Weltz Experten der Deutschen Versuchsanstalt für Luftfahrt (DVL) bei: Siegfried Ruff, Abteilungsleiter für Luftfahrtmedizin, sowie dessen Assistenten Wolfgang Romberg.

---

den, leitete eine Versuchsabteilung am Physiologischen Institut. Die Versuchsabteilung wird 1941 von der Luftwaffe übernommen, in »Institut für Luftfahrtmedizin« umbenannt. Als Direktor des Instituts untersteht Weltz dem Luftgau Nr. VII, in Wissenschaftsfragen dem Chef des Referats für Luftfahrtmedizin in der Sanitäts-Inspektion der Luftwaffe, Prof. Albert J. Anthony.

85 Auszug aus Rep. 501-Kriegsverbrecherprozesse-Ärzte-Prozeß LXIII A Nr. 142. ZSt Z 8/59.

86 Nürnb. Dok. 1602-PS.

87 Nürnb. Dok. 1582-PS.

88 Office of U.S. Chief of Counsel, APO 124 A, Subsequent Proceedings Division, Interrogation Branch. Summary No. 249 of Interrogation No. 197, Georg August Weltz.

89 Erklärung Rudolf Brandt vom 30.8.1946. Nürnb. Dok. NO-191.

Im Januar oder Februar 1942 treffen sich Weltz, Rascher, Ruff und Romberg im Münchener Institut.[90] Am nächsten Tag fahren sie gemeinsam ins KZ, um die technischen Voraussetzungen für die Experimente zu klären.[91] Im Februar 1942 wird die fahrbare Unterdruckkammer des Instituts für Flugmedizin der DVL[92] zuerst zum Weltz-Institut und von dort nach Dachau gefahren.[93] Am 22. Februar beginnt die erste Versuchsreihe,[94] beginnen aber auch die Machtkämpfe darüber, wem der erhoffte Forscherruhm zukomme.[95]

Rascher, von seiner Erziehung her Anthroposoph (Freie Waldorfschule), ist in der Literatur als Monster der Medizin schlechthin beschrieben worden. Der Dachauer Häftlingsarzt Blaha schildert ihn als maßlos rachsüchtig und sadistisch, aber auch als sehr belesen, gebildet, mit geschliffenem gesellschaftlichen Benehmen.[96] Raschers Gehilfe Neff nennt ihn einen intriganten Verbrecher, schildert ihn aber zugleich als liebenswürdig, Musikliebhaber und amüsanten Plauderer.[97] Bei den Häftlingen sei er beliebt gewesen: »Gar manchen schützte er vor ungerechter Bestrafung oder verschaffte ihnen ein gutes Arbeitskommando.«[98]

---

90 Eidestattl. Erklärung Rombergs vom 1. 11. 1946, Nürnb. Dok. NO-476. Ruff erinnert sich in seiner Erklärung vom 18. 10. 1946 nur an eine »längere Konferenz in Dachau«. Nürnb. Dok. NO-437.

91 Eidestattl. Erklärung Rombergs vom 1. 11. 1946, Nürnb. Dok. NO-476.

92 Ein Foto der Unterdruckkammer findet sich in: S. Ruff–H. Strughold: Grundriß der Luftfahrtmedizin. 3. Auflage neu bearbeitet und erweitert von Siegfried Ruff, Prof. Dr. med. habil., Flugkapitän, Leiter des Instituts für Flugmedizin der Deutschen Versuchsanstalt für Luftfahrt e. V., Bad Godesberg. München 1957, S. 32.

93 Bericht Rombergs vom 25. 1. 1946. Nürnb. Dok. NO-749.

94 Auszug aus Rep. 501-Kriegsverbrecherprozesse-Ärzte-Prozeß LXIII A Nr. 142. ZSt Z 8/59.

95 Am 18. 4. 1942 heißt es in einer Aktennotiz für den Münchener Adjutanten des Reichsführers SS, SS-Obersturmführer Erich Schnitzler, Frau Rascher sei heute auf der Dienststelle gewesen. Oberstabsarzt Weltz bestehe darauf, die volle Verantwortung für die Experimente zu haben. Wenn nicht, müsse ihr Mann das Institut verlassen. Nürnb. Dok. NO-264.

96 Blaha, Medizin auf schiefer Ebene, S. 96.

97 Walter Neff: Der Arzt des Todes, S. 23.

98 Ebd., S. 24.

Der ehemalige Häftling Zamecnik: »Rascher trat mit einer sympathischen Maske auf. Die Art seiner Versuche machte eine gewisse Mitarbeit der Versuchsperson erforderlich. Selbst wenn sie in der Unterdruckkammer nach Luft rangen oder im Eiswasser froren, sollten sie noch ihre Gefühle beschreiben ... Dazu war es notwendig, daß das Opfer glaubte, der Versuch sei keineswegs gefährlich, obgleich hinter der Türe bereits die Bahre zum Fortschaffen der Leiche bereit lag.«[99]

Wie problematisch die Wahrheitsfindung ist, zeigt sich an dem Kronzeugen der Anklage im Nürnberger Ärzteprozeß, Walter Neff. Er ist nicht nur Raschers Erster Gehilfe, er tauscht auch von sich aus Versuchspersonen zum Zwecke der Tötung aus.[100] Neff wird im September 1942 aus der Schutzhaft entlassen, nimmt im Ort Dachau eine Wohnung und bleibt Raschers Gehilfe. In einem Schreiben an Himmler dankt er am 7. Oktober 1942: »Sie geben mir Freiheit und Brot, am tiefsten jedoch macht mich der Glaube an Deutschlands Führung glücklich, der stets unerschüttert in mir war.«[101]

Die Versuchspersonen sind Polen, Russen, Juden. Sie sollen zwischen 20 und 40 Jahre alt, völlig gesund, in gutem Ernährungzustand und in guter körperlicher Verfassung sein.[102] Deshalb bekommen sie vor den Versuchen erhöhte Lebensmittelrationen.[103]

Die Versuchspersonen werden in einer Stahlkammer in einen Fallschirm gehängt. Unter Stampfen der Vakuumpumpen und dem Dröhnen dreier Motoren wird die Luft entzogen. Die Versuchspersonen (VP) werden, mit oder ohne Sauerstoffzufuhr, künstlich in Höhen bis 21 km gebracht. Man läßt sie abstürzen oder aufsteigen. Die Folgen: Krämpfe, Lähmungen, Blindheit, Wahnsinn, Tod.

---

99 Stanislav Zamecnik: Erinnerungen an das »Revier« im Konzentrationslager Dachau, Dachauer Hefte 4, S. 138.
100 Walter Neff: Der Arzt des Todes, S. 39f.
101 Walter Neff: Recht oder Unrecht. Manuskript.
102 Bericht Rombergs vom 25. 1. 1946. Nürnb. Dok. NO-749.
103 Blaha, S. 75.

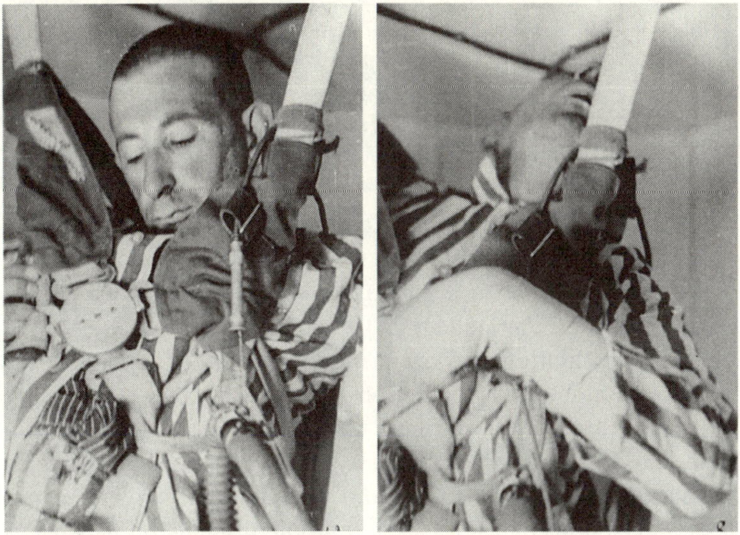

Dachau, Höhentod-Versuche: Luftwaffenärzte testen die Lebensdauer von Menschen in sauerstoffarmer Luft.

Manche Häftlinge werden nach einem überlebten Versuch erneut benutzt. Der Häftlingspfleger Fritz Frühwald erinnert sich z.B. an »den Juden Fischer aus Hamburg, der beim ersten Versuch gelähmt und in meine Stube verlegt wurde und nach einer viertägigen Pflege einem erneuten Versuch unterzogen wurde, woran er sterben mußte«.[104]

Frühwald, der zehn Versuchshäftlinge zu betreuen und die Getöteten zum Sektionsraum zu transportieren hatte, muß im Mai 1942 selbst in die Unterdruckkammer: »Ein mit mir durchgeführter Höhenversuch auf 17600 Meter mit anschließendem Drucksturz führte zur völligen Bewußtlosigkeit, zur Aufnahme als Patient ins Revier und zu 7wöchiger schwerer Krankheit.«[105] Damit hat er noch Glück, denn die meisten werden getötet oder anschließend im Invalidenblock zu Tode gehungert.

---

104 Aussage Frühwald vom 31. 1. 1963. ZSt 419 AR 3322/65.

105 Erlebnisbericht Fritz Frühwald, ohne Datum. LO Med. Versuche, Rascher I, Archiv Dachau.

> »Für die Luftfahrt haben in erster Linie nur die am Menschen gewonnenen Forschungsergebnisse praktischen Wert.«
>
> S. Ruff – H. Strughold: Grundriß der Luftfahrtmedizin.
> 1. Auflage: 1939, 2. Auflage: 1944, 3. Auflage 1957.[106]

Der zum Sezieren eingesetzte Häftlingsarzt Dr. Blaha: »Dr. Rascher bestand darauf, daß wir die frischen, noch warmen Leichen sezierten, manchmal sogar noch atmende Menschen.«[107] Blaha weiter: »Rascher lag daran, daß auf dem Seziertisch der größte Teil der Organe noch in Tätigkeit war.«[108]

Herausgeschnitten werden: Teile des Gehirns (Umgebung der 3. und 4. Kammer), Hypophysen (Hirnanhangsdrüse) und Epiphysen (Zirbeldrüsen), der im Rachen- und Thoraxraum befindliche Teil des Sympathicus-nervus, ein Teil der Leber, Pankreas (Bauchspeicheldrüse), Hoden und Nebenhoden, weiterhin ein Teil des Herzmuskels, die Nieren und die quergestreifte Muskulatur von Gliedmaßen. Blaha: »Da ich mich weigerte, diese Vivisektionen zu machen, besorgte Dr. Rascher für diese Arbeit einen speziellen Prosektor, einen Wiener Mediziner.«[109]

In Dachau haben zahlreiche Mediziner die Versuche und die Leiden der Opfer begafft.[110] Eine ganze Reihe von Forschern (zuerst natürlich vom Institut für Luftfahrtmedizin in München) sind an der Auswertung beteiligt, so zum Beispiel die Pathologen Singer und Hirt.[111] Es ist jedoch anhand der Veröffentlichungen eine Beteiligung kaum nachzuweisen, da die Menschenversuche zur Tarnung z.B. als Tierversuche beschrieben oder sonst verschleiert werden.

---

106 S. Ruff – H. Strughold: Grundriß der Luftfahrtmedizin. 3. Auflage neu bearbeitet und erweitert von Siegfried Ruff, Professor Dr. med. habil., Flugkapitän, Leiter des Institutes für Flugmedizin der Deutschen Versuchsanstalt für Luftfahrt e.V., Bad Godesberg. München 1957, S. 35.

107 Blaha, S. 73

108 Blaha, S. 74.

109 Ebd.

110 Ebd.

111 Report von Prof. Leo Alexander, 1947 im Auftrage der US-Militärregierung, S. 188 und 193. Nürnb. Dok. L-170.

Willibald Scholz, Leiter des Hirnpathologischen Instituts der Deutschen Forschungsanstalt für Psychiatrie (KWI München), bekommt »zur Fortsetzung früherer Arbeiten vom Reichsluftfahrtministerium einen Forschungsauftrag zur Untersuchung des allgemeinen Sauerstoffmangels auf das menschliche Gehirn«. Die Arbeiten erfolgen z. T. »in enger Fühlung mit dem Institut für luftfahrtmedizinische Pathologie in Freiburg« (Büchner).[112] Scholz muß seine Arbeiten wegen diverser Einberufungen zurückstellen[113] und wird sie erst gegen Kriegsende abschließen: »Aus seinen methodologischen Bemerkungen ist abzuleiten, daß ihm Hirnpräparate nach ›Höhentod bei Flugzeugbesatzungen‹ der Luftwaffe zur Verfügung gestanden haben.«[114]

An Büchners Institut in Freiburg ist ein früherer Assistent von Scholz tätig: Gerd Peters.[115] Peters (Spezialgebiet: Hirnpathologie) gehört zu jenen Medizinern, die ein Jahr später in einem großen Kreis von Wissenschaftlern über die Versuche in Dachau konferieren werden. Büchner-Mitarbeiter Hans-Werner Altmann (1953 Professor in Freiburg, 1957 FU Berlin, 1960 Universität Würzburg) veröffentlicht Beiträge über die Funktion und organische Schädigung des Zentralnervensystems der Katze im Unterdruckexperiment (1942) oder zur Leberveränderung bei allgemeinem Sauerstoffmangel (1949).[116]

Stabsarzt Dr. Fritz Roeder, ein Schüler des Göttinger Physiologen Rein[117], forscht am KWI München im Auftrag der Sanitäts-Inspektion der Luftwaffe »Über das chemische Verhalten des Hirnparenchyms und des Liquorsystems bei Sauerstoffmangel«. Die Erläuterung: »Es wurde hier von der praktisch fliegerärztlichen Erfahrung ausgegangen, die zeigt, daß ein großer Teil von Höhenkrankheitserscheinungen eine neurologische Symptoma-

112 XII. Bericht über die Deutsche Forschungsanstalt für Psychiatrie, Kaiser-Wilhelm-Institut in München. Bericht über die Zeit vom 1. April 1941 bis 31. März 1942.

113 XII. Bericht über die Deutsche Forschungsanstalt für Psychiatrie, a. a. O.

114 Weber, S. 269.

115 Ebd.

116 Kürschners Deutscher Gelehrten-Kalender 1961.

117 Weber, S. 268.

tik enthält.«[118] Zusätzlich arbeitet Roeder im Auftrag der Luftwaffe an dem von Weltz geleiteten Luftfahrtmedizinischen Institut in München. Hier führt er »Untersuchungen über die Auswirkung des Sauerstoffmangels auf den Augenhintergrund« durch.[119]

Bemerkenswert, daß es gelungen ist, Rascher zum Alleintäter zu stilisieren. Einer, der dabei mithilft, ist ausgerechnet Alexander Mitscherlich: Am 5. April 1942 schickt Rascher Himmler einen ersten Zwischenbericht »über die Unterdruckkammerversuche im KL Dachau«.[120] Rascher leitet seine Darstellung ein, und dieser Satz fehlt bei Mitscherlich: »Die von mir und [!] Dr. Romberg angestellten Versuche zeigten«. Ergebnis der von Rascher und Romberg gemeinsam durchgeführten Versuche: »Tödlich verliefen ... Dauerversuche in Höhen über 10,5 km«. Weiterhin bemerkt Rascher: »Die extremen, tödlichen Versuche werden an besonders zugeteilten Vp vorgenommen.«

Mitscherlich hat das Dokument, wie er schreibt, »vollständig« abgedruckt. Er läßt aber den Satz weg, der die Beteiligung Rombergs an den tödlichen Versuchen dokumentiert, mehr noch: Bei Mitscherlich ist anstelle von »tödlichen« von »täglichen« Versuchen die Rede.[121]

Das Verhältnis Rascher/Romberg charakterisiert ein Dokument vom 26. Juni 1942. An diesem Tag übermittelt der Reichsgeschäftsführer des Ahnenerbe (Sievers) Himmlers Referenten Rudolf Brandt einen Antrag Raschers, Romberg das Kriegsverdienstkreuz II. Klasse zu verleihen: »Ich befürworte diesen Antrag wärmstens«, so Sievers, »da ich mich persönlich überzeugt habe, in welcher Weise sich Dr. Romberg persönlich bei den Versuchen eingesetzt hat. Ich kam einmal gerade dazu, wie

118 XIII. Bericht über die Deutsche Forschungsanstalt für Psychiatrie, Kaiser-Wilhelm-Institut in München (Bericht über die Zeit vom 1. April 1942 bis 31. März 1943).

119 Weber, S. 270.

120 Rascher: Erster Zwischenbericht über die Unterdruckkammer-Versuche im KL Dachau. Nürnb. Dok. PS-1971 A.

121 Mitscherlich/Mielke, S. 22f.

er selbst bei einem schweren Nierenkolik-Anfall sich nicht abhalten ließ, die Versuche weiterzuführen.«[122]

Ekg-Verzeichnis.[123]

1. Leopold 8. 5. 42. Sink. 15 km liegend.
2. Plaska 8. 5. 42. Abstieg in Sinkgeschwindigkeit aus 15 km liegend ohne O_2 [Sauerstoff]
3. Horn 8. 5. 42. 2 Pervitin[124] Sinkversuch aus 15 km hängend ohne O_2
4. Grzymocicz 30. 4. 42 erschossen.
5. Kracko, Jude, 2. 4. 42. von 10,5 km ansteigend auf 20,5 km
6. Slama, 5. 5. 42.
7. Eder, 42 J. 19. 5. 42.
8. langsamer Aufstieg mit O_2 auf 14 km, im Fallschirm sitzend, 14 km ohne O_2
9. Doboviceck, 10. 4. 42, langsamer Aufstieg auf 9 km ohne O_2
10. 2 Stunden Voratmung mit reinem Sauerstoff, dann Drucksturz von 8–14 km, Abstellen des O_2, 19. 5. 42.
11. 15. 5. 42. Höhenlage 14 km ohne O_2, Russe, 24 Jahre.
12. 17. 5. 42. Fallschirm hängend, 15 km ohne O_2, Aufstieg mit O_2 Russe, 26 Jahre.
13. Schidiwy, 42 J. Höhenlage 12 km ohne O_2, 8. 4. 42.
14. 35 Jahre, 18. 5. 42. Aufstieg bis 8 km, dann Drucksturz auf 15 km mit O_2, dann O_2 weg.
15. 15 km Dauer ohne O_2. im Sitzen hängend, Russe, 26 Jahre. 17. 5. 42.
16. Wagner, 13. 4. 42. Höhenlage 12 km
17. Warring, Jude, 30 Jahre, Höhenlage 12 km sitzend, 3. 4. 42.
18. 15. 5. 42. Höhenlage 14 km im Fallschirm hängend ohne O_2 mongoloider Russe, 19 J.

---

122 Sievers am 26. 6. 1942 an R. Brandt. BA NS 19/1580.

123 Archiv Dachau, 7415. Das Dokument zeigt nicht nur die Art der Versuche, sondern auch, daß überlebende Versuchspersonen hinterher getötet werden. Es enthält rechts oben einen handschriftlichen Vermerk: »Ekg an Dr. Fahrenkamp, 6. Juni 42 (v. Lulu)«. »Lulu«, d. h. Julie Muschler, arbeitet als Raschers Assistentin und lebt im Haushalt Rascher. Wolfgang Benz: Dr. med. Sigmund Rascher. Eine Karriere, in: Dachauer Hefte 4, S. 194.

124 Pervitin ist ein Mittel der Pharma-Firma Temmler. Es gehört zur Gruppe der Weckamine oder Stimulantien und wird in der NS-Zeit zu einem Modemittel, um Leistungen zu steigern. Karl-Heinz Roth: Leistungsmedizin: Das Beispiel Pervitin, in: Ärzte im Nationalsozialismus, hg. von Fridolf Kudlin. Köln 1985, S. 167 ff.
In Ravensbrück gibt es Versuche, die optimale Wachhaltedosis für übermüdete Frontsoldaten herauszufinden.

19. Russe, 25 Jahre, 17. 5. 42. Fallschirm sitzend, Dauer 15 km ohne O_2
20. 15 km im Fallschirm hängend ohne O_2, Russe, 24 J. 17. 5. 42.
21. Pole, 19 J. 9. 5. 42 Erhängen.
22. Russe, 19 J. 16. 5. 42. Fallschirm hängend, Dauer 14 km ohne O_2 nach 10 Min. Höhenkollaps!
23. 9. 4. 42. Aufstieg auf 9 km ohne O_2.
24. standrechtl. erschossen, 29. 4. 42.
25. 21 J. 17. 5. 42. Aufstieg auf 15 km mit O_2 im Fallschirmgurt hängend dann ohne O_2 Kollaps.
26. Erhängen, Pole, 21 J. 6. 5. 42.
27. Gerstack, langsamer Aufstieg 8 km 14. 4. 42.
28. Russe, Erschießung, 24. 4. 42.
29. Böhm, Jude, 28 J. 22. 4. 42. mehrfache Druckstürze, † in 18 km
30. Silberbauer, 48 J. Drucksturz 4–16 km, 19. 5. 42.
31. Strobel 1. langsames Sinken aus 15 km–0 km
    2. Höhenlage 15 km ohne O_2 bis Exitus.
32. Russe Höhensturz 4 km–15 km 3. 4. 42.
33. Wagner, 48 J. 8. 4. 42. Höhenlage 9 km ohne O_2
34. Laumen, 44 J. 19. 5. 42. Drucksturz 4–16 km ohne O_2

34a. Ghurczyk 30. 4. 42 erschossen.

Die Versuche werden am 9. oder 10. Mai 1942 für das »Ahnenerbe« in Dachau gefilmt. Der Zoologe und SS-Sturmbannführer Dr. habil. Ernst Schäfer (Ahnenerbe) wird im Frühjahr 1942 von Sievers und Rascher aufgesucht, um mit seinem »Filmoperateur« Ernst Krause die Versuche in Dachau zu drehen. Zu dritt fahren sie nach Dachau, gehen in die Versuchsbaracke: »Dort standen große Tische und an den Wänden befanden sich Glaskästen mit Alkoholgefäßen, in denen sich menschliche Gehirne befanden.«[125]

Sie gehen zum »Omnibus« mit der Unterdruckkammer. Zwei Häftlingshelfer schaffen ein Versuchsobjekt in die Unterdruckkammer, schnallen den Häftling in fallschirmartigen Gurten fest. Rascher betätigt Hebel, um den Mann »durchfallen zu lassen«, beobachtet durch ein Guckfenster den Fortgang: »Der Mann in der Unterdruckzelle«, so Schäfer, »war inzwischen ohnmächtig

125 Aussage Ernst Schäfer vom 16. 8. 1945. Nürnb. Dok. NO-1686.

geworden und hatte sich auch verunreinigt.« Er wird zu Bewußtsein gebracht und muß auf einem Streifen laufen. Rascher voll Forscherstolz: »Sehen Sie die Gleichgewichtsstörungen!« Am nächsten Tag, so Schäfer, habe sein Mitarbeiter Krause das Experiment filmen sollen: »Ich ... befahl ihm krank zu werden usw., und wir wurden von nun an unbehelligt gelassen.«

Schäfers Aussage erscheint bedingt glaubwürdig. Ein Aktenvermerk (»Das Ahnenerbe, Der Reichsgeschäftsführer«) vom 3. Mai 1942 besagt, daß tatsächlich eine andere Lösung gesucht wird: »Aufgrund meiner gestrigen Besprechung mit SS-Stubaf. Bousset hält es dieser für möglich, daß die Aufnahmen ... mit einer Schmalfilmkamera erfolgen. SS-Stubaf. Bousset hat schon früher im Auftrag der Reichsärztekammer Versuche in der Unterdruckkammer mit einer Schmalfilmkamera aufgenommen.«[126] Obgleich für Bousset am 8. Mai 1942 im Münchener Hotel »Schottenhammel« ein Zimmer reserviert ist, soll sein Mitarbeiter Carl Lorenz gedreht haben, der im Münchener Hotel von Romberg und Rascher abgeholt wird.

Die Versuche enden Mitte/Ende Mai 1942.[127]

Der Film wird anläßlich der Berichterstattung Raschers und Rombergs am 14. Juli Himmler vorgeführt.[128] Am 11. September 1942 sind Rascher und Romberg zu einer Filmvorführung ins Reichsluftfahrtministerium bei Staatssekretär Milch bestellt. Milch erscheint jedoch nicht. So wird mit der Vorführung des Filmes vor etwa 30–40 Personen (u. a. Brühl, Kalk und Benzinger) begonnen und anschließend diskutiert: »Fragen nach dem Ort der

---

126 ZSt 413 AR-Z 17/69. Bousset, 1931 der NSDAP beigetreten, ist Inhaber der Berliner Firma »KIFO« und hat sich auf landwirtschaftliche, biologische und medizinische Lehrfilme spezialisiert. Aussage Hellmut Bousset vom 11. 11. 1970. ZSt 413 AR-Z 17/69.

127 Danach wird Rascher, so Romberg, »für einige Wochen zur DVL nach Berlin kommandiert, wo wir gemeinsam einen Forschungsbericht über ›Versuche zur Rettung aus großen Höhen‹ fertigstellten«. Bericht Rombergs vom 25. 1. 1946, Nürnb. Dok. NO-749.

128 Einstellungsverfügung gegen Bousset vom 15. 6. 1971. ZSt 413 AR-Z 17/69.

Versuche und den Versuchspersonen« stehen dabei im Vordergrund.[129]

Unterdruck-Versuche mit Kindern

Wir wissen nicht, zu welchen Versuchen die Unterdruckkammer im Anschluß an Dachau benutzt wird. Lediglich ein Menschenversuch ist nach und nach durchgesickert. Urheber ist der Zoologe Prof. Dr. phil. Hans Nachtsheim, von 1942 bis 1945 Abteilungsleiter für Experimentelle Erbpathologie am KWI für Anthropologie. Er forscht mit finanzieller Förderung der Deutschen Forschungsgemeinschaft[130] über Epilepsie, genauer: über die Unterscheidung der erblichen und nichterblichen Fallsucht. Angeblich sollen erbliche Epileptiker auf künstlich ausgelöste Krampfanfälle eher reagieren als nichterbliche »Fallsüchtige«.[131]

Nachtsheim experimentiert zunächst an Weißen Wiener Kaninchen. Es ist die einzige Rasse, bei der es ihm gelingt, einen »Epileptikerstamm« (d.h. Tiere »mit Krampfbereitschaft«) zu züchten.[132] Ende 1941 bekommt er von den Siemens-Reiniger-Werken ein Elektroschockgerät geliefert, das eigentlich für E-Schocks

---

129 Romberg: Bericht für die am 11. 9. vorgesehene Berichterstattung bei Herrn Staatssekretär Milch. BA NS 19/1590; ebenso: Nürnb. Dok. L-170.

130 Nachtsheim: Bericht über die im Jahre 1940 mit Unterstützung des Reichsforschungsrates durchgeführten Untersuchungen zur vergleichenden Erbpathologie. BA R 73/13328.

131 Nachtsheim: »Die Ähnlichkeit, ja die Gleichheit des Krankheitsbildes macht aber die Entscheidung, ob erbliche oder nichterbliche Epilepsie vorliegt, bisweilen schwierig. ... In der jüngsten Zeit glauben einige Psychiater (Schönmehl, Langelüddeke, Stiefler, Langsteiner u. a.), in der experimentellen Auslösung von Krampfanfällen durch Kampferstickstoffpräparate eine solche differentialdiagnostische Methode gefunden zu haben. Durch intravenöse Injektion von Cardiazol (Pentamethylentetrazol) lassen sich bei Mensch und Tier epileptische Krampfanfälle auslösen. Es soll nun ein an erblicher Epilepsie leidender Mensch schon auf eine geringere Dosis Cardiazol mit einem Krampf antworten...« Nachtsheim: Krampfbereitschaft und Erbbild des Epileptikers. Gedrucktes Ms. BA R73/13328.

132 Ebd.

an Menschen konstruiert ist. In einem Bericht für die DFG beklagt er den mangelhaften Zustand des Geräts, die Knappheit von Futtermitteln für die Krampf-Kaninchen und die Einberufung seiner Mitarbeiter zur Wehrmacht.[133] 1942 dezimiert eine Seuche die Kaninchenbestände.[134]

1943 arbeitet Nachtsheim mit Dr. Gerhard Ruhenstroth-Bauer vom KWI für Biochemie (Direktor: Professor Adolf Butenandt) zusammen. Statt Weiße Wiener werden Kinder als Versuchskaninchen gesucht. Ruhenstroth-Bauer wird in der Psychiatrie in Brandenburg-Görden fündig: »dort haben wir dann auch durch die Freundlichkeit von Obermedizinalrat Dr. Brockhausen 6 epileptische Kinder (4 genuine, 2 symptomatische Epileptiker) bekommen, mit denen wir am vorigen Freitag in der Unterdruckkammer von Prof. Strugholt Versuche gemacht haben. ... Es ist aber vorerst nicht möglich zu sagen, daß sich Kaninchen und Mensch dem Unterdruck gegenüber verschieden verhalten, denn die von uns geprüften Kinder waren 11–13 Jahre alt, was beim Kaninchen einem Alter von 5–6 Monaten entspricht. 5–6 Monate alte epileptische Kaninchen zeigen indessen im Unterdruck auch nicht mehr die Reaktionsbereitschaft wie 2–3 Monate alte Tiere, die fast stets Anfälle bekamen. Wir müßten noch 5–6 Jahre alte epileptische Kinder prüfen können, was aber im Augenblick nicht möglich ist, da diese Altersklasse in Görden nicht vertreten ist.«[135]

Anfang 1944 veröffentlichen der Stabsarzt der Luftwaffe Ruhenstroth-Bauer und Nachtsheim den Aufsatz: »Die Bedeutung des Sauerstoffmangels für die Auslösung des epileptischen Anfalls«.[136] Sie referieren v.a. die Tierversuche in der Unterdruck-

133 Bericht über die im Jahre 1941 mit Unterstützung des Reichsforschungsrates durchgeführten Untersuchungen. BA R 73/13328.

134 Ebd.

135 Nachtsheim am 20. 9. 1943 an Dr. Gerhard Koch. Faksimilierter Abdruck: Koch, S. 125.

136 Klinische Wochenschrift Heft 1/4, 22. 1. 1944, S. 18ff. Gerd Peters vom Institut für Luftfahrtmedizinische Pathologie des Reichsluftfahrtministeriums in Freiburg/Br. wird für »die histopathologische Untersuchung der eingegangenen Tiere« gedankt.

kammer (»Fast alle diese Jungtiere bekamen bei einem 5–10 Minuten dauernden Aufenthalt in 4000 m Höhe einen typischen epileptischen Anfall«). In einer Einführung begründen Ruhenstroth-Bauer und Nachtsheim ihren Kinderversuch: »Für den am Kranken experimentell arbeitenden Kliniker sind die methodischen Möglichkeiten immer begrenzt, er hat auf das Wohl seiner Patienten Rücksicht zu nehmen. Nur in Ausnahmefällen wird ein Forscher bei einem Kranken einen Versuch im Interesse zukünftiger Patienten wagen, über dessen Ausgang er nichts Sicheres voraussagen kann.«

Ruhenstroth-Bauer wird 1951 Dozent für experimentelle Medizin in Tübingen und 1958 Professor an der Universität München. Hans Nachtsheim – er war nie Mitglied der NSDAP – bleibt 1945 in Berlin, seine erbkranken Kaninchen verspeisen allerdings – mit einer Ausnahme – russische Soldaten.[137] Er fungiert zunächst als Abteilungsleiter des KWI für Anthropologie, wird 1946 Professor für Genetik an der Humboldt-Universität im Ostteil Berlins, wechselt 1949 an die Freie Universität.[138] 1953 wird das Nachtsheim-Institut für vergleichende Erbbiologie und Erbpathologie in Berlin-Dahlem in die Max-Planck-Gesellschaft überführt.[139] 1955 bekommt Nachtsheim das Große Bundesverdienstkreuz, 1958 wird er Mitglied des Bundesgesundheitsrates.

Hans Nachtsheim, der behinderte Kinder als Versuchskaninchen benutzte, sitzt ab 1961 im Wiedergutmachungsausschuß für die Entschädigung von NS-Opfern.[140]

---

137 Koch, S. 213. Verschuers Mitarbeiterin Dr. Karin Magnussen, davon wird im Mengele-Kapitel noch die Rede sein, »rettet« den Karnickelbock »Daniel« zur Weiterzucht.

138 Vierhaus/vom Brocke, S. 895.

139 Vierhaus/vom Brocke, S. 934.

140 Zu Nachtsheim: Deichmann, S. 306ff.

Kältetod-Versuche

Am 20. Mai 1942 schickt Generalfeldmarschall Erhard Milch SS-Obergruppenführer Wolff (»Liebes Wölffchen!«) einen Dankesbrief. Sein Sanitätsinspekteur habe ihm mitgeteilt, die Höhenversuche seien abgeschlossen, nun sei die Durchführung von Versuchen anderer Art, die Seenotfragen betreffen, wichtig: »Diese sind im unmittelbaren Benehmen der Dienststellen vorbereitet: Oberstabsarzt Weltz wird mit ihrer Durchführung beauftragt und Stabsarzt Rascher bis auf weiteres auch hierfür zur Verfügung gestellt unter Beibehaltung seiner Aufgaben innerhalb des Sanitätsdienstes der Luftwaffe.«[141] Es geht nahtlos weiter.

Die neue Versuchsreihe ist wiederum militärisch begründet: Über dem Ärmelkanal sind zahlreiche Flieger abgeschossen worden und im kalten Wasser in kurzer Zeit zu Tode gekommen. Nun sucht die Luftwaffe die Ursachen des Kältetodes beim Menschen herauszufinden.[142] Außerdem soll ein Anzug getestet werden, der Wärmeschutz bietet.

Die Versuche beginnen im August 1942. Die Leitung hat Stabsarzt Prof. Ernst Holzlöhner, Ordinarius für Physiologie in Kiel. Assistiert wird er von Rascher und Stabsarzt Dr. E. Finke. Im letzten Reichsmedizinalkalender (1937) ist nur ein E. Finke aufgeführt: Assistenzarzt Erich Finke, Universitätsklinik Kiel.

Die Versuchspersonen werden in einen Wasserbottich von 2 × 2 × 2 Meter gezwungen, in den immer wieder Eisblöcke geworfen werden. Die Wassertemperaturen schwanken zwischen 2,3 bis 12 Grad. Die Menschen sind nackt oder tragen eine Fliegermontur. Manche Versuche werden in Narkose eingeleitet, andere nicht.

Die Versuchspersonen sind verkabelt: Die Körpertemperaturen werden mit Thermosonden im Magen oder im Mastdarm gemessen. Ein Schlauchstethoskop über der Herzspitze mißt

141 Nürnb. Dok. 343-A-PS.

142 Holzlöhner/Rascher/Finke: Bericht über Abkühlversuche am Menschen vom 10. 10. 1942. Nürnb. Dok. NO-428.

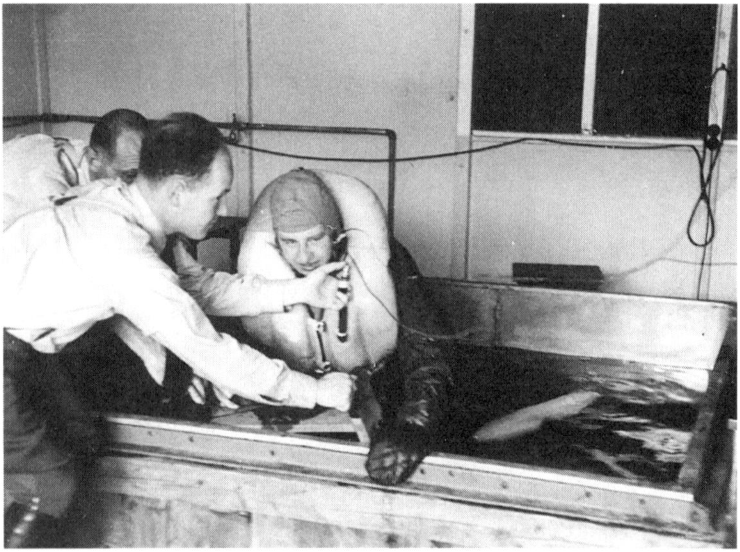

Dachau, Kältetod-Versuche: Luftwaffenärzte testen die Lebensdauer von Menschen in eiskaltem Wasser.

die Herzfrequenz. Bei Übelkeit oder Kollaps werden Mittel zur Stärkung gespritzt. Sinkt die Körpertemperatur um 1 Grad, wird jeweils Blut und mittels eines Katheters Urin abgenommen. Gehirn-Rückenmarksflüssigkeit wird an Kopf und Rückgrat punktiert.

Den Sektionen wohnen Gäste bei: »Ärzte und Professoren aus den verschiedenartigsten Anstalten und Universitäten, und das nicht nur aus München, sondern auch aus Berlin, Bonn, Heidelberg, Köln und Erlangen.«[143]

Nach der Befreiung wird Blaha Überlebende suchen, die im Nürnberger Kriegsverbrecherprozeß aussagen könnten. Er findet einen jungen Slowenen und einen polnischen Geistlichen: »Der erste litt an einer schweren Geisteskrankheit und der zweite war körperlich gänzlich vernichtet.«[144]

143 Blaha, S. 76.
144 Blaha, S. 77.

Die Ergebnisse der Versuchsreihe legen Holzlöhner, Rascher und Finke in einem »Bericht über Abkühlversuche am Menschen« am 10. Oktober 1942 vor.[145] Der Bericht enthält zahlreiche Grafiken, z.B. über Temperatur, Puls und Atmung bei Exitus. Holzlöhner/Rascher/Finke: »Der Rigor [Erstarrung der Muskeln] nahm mit Fortsetzung der Abkühlung zu, hier und da unterbrochen durch klonisch-tonische Zuckungen. Bei noch stärkerer Senkung der K.T. [Körpertemperatur] hörte er plötzlich auf. Diese Fälle endeten tödlich, ohne daß Wiederbelebungsversuche Erfolg hatten.«

Der Tod tritt im allgemeinen nach sechs bis acht Stunden ein, wenn die Körpertemperatur auf 28° bis 25°C abgefallen ist: »Mit dem Nachweis«, so der Abschlußbericht, »daß der Kältetod des Menschen in erster Linie ein Herztod ist, sind auch die wesentlichen Punkte für die Therapie geklärt.«[146]

»Die Vorstellung, daß der Kältetod im Wasser mit oder ohne Beteiligung der Atmung auf einem Versagen des Herzens beruht, bedarf einer Einschränkung. Aus 57 Versuchen fiel einer heraus. Es handelte sich um Überleben einer Abkühlung auf 25,2°, bei einem Aufenthalt von 3 Stunden im Wasser von 5,5°. Die letzten 1 1/2 Stunden hielt sich dabei die Rectaltemperatur unter leichten Schwankungen zwischen 27 und 25° konstant. In dem Versuch trat ebenso, völlig abweichend von der Regel, kein Anstieg des Blutzuckers auf. Am auffälligsten war aber, daß bis zum Versuchsabschluß und nach Abbruch des Versuches das Bewußtsein nicht gestört war. Der Versuchsablauf erinnert an das Verhalten von bestimmten Versuchstieren, die sich bei tiefsten Körpertemperaturen längere Zeit halten können. Niedere Warmblüter, wie zum Beispiel Ratten, können Rectaltemperaturen von 20° mehrere Stunden ertragen.«

»Bericht über Abkühlversuche am Menschen« in Dachau.[147]

Nach Abschluß der Kältetod-Versuche macht Rascher alleine weiter. Am 17. Februar 1943 schickt er Himmler einen Bericht über »Versuche zur Erwärmung unterkühlter Menschen durch

145 Nürnb. Dok. NO-428.
146 Ebd.
147 Ebd.

animalische Wärme«.[148] Gemeint ist die Erwärmung zur Bewußtlosigkeit »abgekühlter« Versuchspersonen durch nackte Häftlingsfrauen. Raschers Versuche werden unter dem Kennwort »Wiedererwärmung Mensch« vom Reichsforschungsrat mit der höchsten Dringlichkeitsstufe gefördert, wozu eine Wehrmachtsauftragsnummer notwendig ist.[149]

Im Begleitschreiben berichtet Rascher von neuen Experimenten: »Bis jetzt habe ich etwa 30 Personen unbekleidet im Freien innerhalb 9–14 Stunden auf 27°–29° abgekühlt.« Rascher schlägt vor, zusammen mit Neff in Auschwitz einen großen Reihenversuch zu starten: »Auschwitz ist für einen derartigen Reihenversuch in jeder Beziehung besser geeignet als Dachau, da es dort kälter ist und durch die Größe des Geländes im Lager selbst weniger Aufsehen erregt wird (die Versuchspersonen brüllen (!), wenn sie sehr frieren).«[150] [Satzzeichen im Original, E. K.]

Holzlöhner referiert die »Unterkühlversuche« mindestens zweimal vor größerem Publikum. Im Oktober 1942 vor Kälteexperten in Nürnberg und am 1. Dezember 1942 auf der 2. Arbeitstagung Ost der Beratenden Ärzte. Sein Vortrag »Verhütung und Behandlung der Unterkühlung« gehört zu jenen Referaten, die (wie schon im Falle Gebhardt/Fischer) alle Tagungsteilnehmer hören. Nach den Tagungen werden die Konkurrenzen der Beteiligten immer deutlicher. Sievers (Ahnenerbe) reklamiert, in Nürnberg sei die Berichterstattung in erster Linie durch den Stabsarzt der Luftwaffe Holzlöhner erfolgt, »der den Menschenversuchen innerlich durchaus ablehnend gegenüberstand, die

---

148 Nürnb. Dok. 400-PS. Rascher schreibt am 28. 4. 1943 an den Kommandanten des KL Sachsenhausen, er habe von einer Versuchsperson heute erfahren, im Oktober/November 1938 seien in Sachsenhausen schon ähnliche Versuche durchgeführt worden. SS-Hauptsturmführer Dr. Samenstrang habe damals Häftlinge in kaltem Wasser ausgekühlt und sie anschließend mit warmen Wasser bzw. heißen Umschlägen wiedererwärmt. Nürnb. Dok. NO-322.

149 Aktenvermerk des Ahnenerbe (Wolff) vom 8. 5. 1944. Nürnb. Dok. NO-656.

150 Nürnb. Dok. 400-PS.

Verdienste der SS-Untersuchungen in Dachau aber für sich in Anspruch zu nehmen bestrebt war«.[151]

Das Ahnenerbe versucht, Rascher aus der Luftwaffe herauszubekommen.[152] Der Forschungsruhm soll dem Ahnenerbe gebühren. Professor Erich Hippke, der Sanitätsinspekteur der Luftwaffe, reagiert auf Vorwürfe, die Luftwaffe behindere Raschers Forschung, in einem Brief an Obergruppenführer Wolff: »... es sind Eitelkeitsfragen der einzelnen Wissenschaftler, von denen jeder *allein* neue Forschungsergebnisse herausbringen will«.[153]

Rascher wird im März 1943 dem Institut für wehrwissenschaftliche Zweckforschung des Ahnenerbe in Dachau unterstellt. Damit beginnt, wie wir noch sehen werden, sein Abstieg.

Die Tagung Seenot / Winternot in Nürnberg

Die Tagung »Ärztliche Fragen bei Seenot und Winternot« findet am 26./27. Oktober 1942 im »Deutschen Hof« in Nürnberg statt. Es ist das Hotel, in dem Hitler bei Reichsparteitagen hofhält. Etwa 90 Elite-Mediziner für Luftfahrtmedizin und Kälteforschung sind nach Nürnberg geladen.

Die Teilnehmer[154]:

1 Anthony, Stabsarzt Prof. Dr., RLM L. In. 14.
2 Aschoff, Unterarzt, Physiolog. Inst. Göttingen.
3 Balke, Stabsarzt, Gebirgs-Sanitätsschule des Heeres, St. Johann in Tirol.
4 Barth, Stabsarzt, Lg. [Luftgau] A. XII/XIII.
5 Becker, Assistenzarzt, Jagdflieger-Schule 4.
6 Becker, Unterarzt, Unterdruck-Kammerzug (mot.) 4.
7 Becker-Freyseng, Oberarzt, RLM. L. In. 14.
8 Bellert, Stabsarzt, Lw. Laz. Nürnberg.

151 Aktenvermerk Sievers vom 6. 11. 1942. BA NS 19/1590.
152 Eidesstattl. Erklärung Rudolf Brandt vom 9. 9. 1946. Nürnb. Dok. NO-242.
153 Schreiben Hippkes vom 6. 3. 1943 an Wolff. Nürnb. Dok. NO-262.
154 Nürnb. Dok. NO-401.

9 Benzinger, Reg. Med. Rat Dr. med. habil. Erprobungsstelle der Lw. Rechlin.
10 Brauch, Oberstabsarzt Prof., Luftflottenarzt 1.
11 Büchner, Prof., Berat. Pathologe RLM. L. In. 14.
12 Büttner, Reg. Rat a. k. Doz. Dr. phil. habil., Erprobungsstelle der Lw. Rechlin.
13 Bader, Sturmbannführer Dr., SS-Standortarzt Nürnberg.
14 Clamann, Oberreg. Med. Rat Dr., L. M. F. I. [Luftfahrtmedizinisches Forschungs-Institut] des RLM.
15 Carow, Oberarzt, Lg. A. Norwegen.
16 Cremer, Oberstabsarzt, Geb.San.Schule des Heeres St. Johann in Tirol.
17 Dennecke, Stabsarzt, Lw.-Lazarett Nürnberg.
18 Denzer, Dr., LMFI des RLM.
19 Deuticke, Prof., Physiolog.chem. Inst. Göttingen.
20 v. Diringshofen, Oberstabsarzt Prof., Fl. U. Stelle [Flieger-Untersuchungsstelle] Frankfurt am Main.
21 Dörfler, Stabsarzt, Lt. San. Offz. b. Seenotdienst West.
22 Finke, Stabarzt, Lw. Lazarett Westerland.
23 Frank, Assistenzarzt, Erprobungsstelle der Lw. Rechlin.
24 Freitag, Oberarzt (Z.), VDL Adlershof.
25 Gauer, Oberarzt Doz. Dr. med. habil. LMFI des RLM.
26 Gohrbandt, Oberstarzt Prof., Berat. Chirurg RLM In. 14.
27 Göbel, Stabsarzt, Fl. U. Stelle Nürnberg.
28 Grüllenberger, Unterarzt, Unterdruck-Kammerzug (mot) 1.
29 Grosse-Brockhoff, Oberarzt Doz. Dr. med. habil., Physiol. Inst. Göttingen.
30 Groth, Generalarzt, Lg. Arzt XII/XIII.
31 Hellmann, Stabsarzt, Res. Laz. Mannheim.
32 Herbst, Oberstabsarzt Prof., Lw. Arzt Mitte.
33 Hildmann, Oberarzt, Geb. San. Schule des Heeres, St. Johann in Tirol.
34 Holzlöhner, Stabsarzt Prof., Sanitäts-Versuchs- und Lehrabt. der Lw. Jüterbog.
35 Hübner, Stabsarzt, Seenotdienstführer 2 Süd.
36 Jarisch, Prof., Pharm. Institut Innsbruck.
37 Kampfhammer, [richtig: Kapfhammer] Prof., Physiol. chem. Institut Freiburg.
38 Kellersmann, Stabsarzt, Unterdruck-Kammerzug (mot) 1.
39 Kloos, Stabsarzt, Luftgau-Pathologe III.
40 Knothe, Stabsarzt Prof., San. Vers.- u. Lehrabt. Jüterbog.
41 König, Oberarzt Prof., Laborzug des OKW.
42 Lehmann, Oberstabsarzt Prof., Prüfstelle auf Höhenwirkung 26.

43 Lepel, Geschwaderarzt Doz. Dr. med. habil., Marinemedizinalamt.
44 Landgraf, Oberstarzt, Lw. Laz. Bayreuth.
45 Linck, Stabsarzt Prof., Militärärztliche Akademie.
46 Lindenberg, Stabsarzt, Lg. Path. XII/XIII.
47 Loos, Oberarzt, Prof., Res. Laz. Innsbruck.
48 Lotze, Stabsarzt Prof., Fl. U. Stelle Berlin-Charité.
49 Luft, Doz. Dr. med. habil., LMFI des RLM.
50 Lutz, Stabsarzt, Inst. für Luftfahrtmedizin München.
51 Markgraf, Marinestabsarzt, San.Amt Wilhelmshaven.
52 Meister, Stabsarzt, Luftflottenarzt 4.
53 Mertz, Oberfeldarzt, Lw. Laz. Nürnberg.
54 Moritz, Oberarzt, U.Kammerzug (mot) 1.
55 Murthum, Obersturmbannführer, Dr., Hygiene-Institut der Waffen-SS.
56 Nagel, Fl. Ing. a. K., RLM.
57 Palme, Dr. med. habil., LMFI des RLM.
58 Peters, Stabsarzt, Doz. Dr. med. habil. Institut für Luftfahrtmedizinische Pathologie, Freiburg.
59 Petersen, Hauptsturmführer, Dr., SS-San. Amt Berlin.
60 Pfleiderer, Oberarzt, Prof., San. Vers. u. Lehrabt. Jüterb.
61 Preuß, Stabsarzt, Prüfstelle auf Höhenwirkung 6 (mot).
62 Precht, Stabsarzt, Seenotdienstführer 5 Nord.
63 Ranke, Oberfeldarzt, Prof., Militärärztliche Akademie.
64 Rascher, Stabsarzt, Luftgau-Sanitäts-Abt. 7, München.
65 Rein, Oberkriegsarzt, Prof., Berat. Physiologe RLM, L. In 14.
66 Romberg, Dr., DVL Adlershof.
67 Rose, Oberfeldarzt, Prof., Ber. Hygieniker RLM L. In 14.
68 Rotter, Stabsarzt, Inst. f. Luftf. med. Pathologie, Freiburg.
69 Ruff, Flugkapitän, Dr. med. habil., DVL Adlershof.
70 Seiler, Oberarzt, Lw. Kdo. Arzt Ost.
71 Schäfer, Unterarzt, San. Vers.- und Lehrabtl. Jüterbog.
72 Seiffert, Oberfeldarzt, Wehrkreishygieniker XIII Nürnberg.
73 Schlaaf, Stabsarzt, Lw. Laz. Bayreuth.
74 Schmidt, Oberstabsarzt, RLM L In. 14.
75 Schödel, Oberarzt, Doz. Dr. med. habil., Physiolog. Inst. Göttingen.
76 Schreiber, Oberstarzt, Dozent, Heeres-Sanitätsinspektion.
77 Schuster, Unterarzt, San. Vers.- u. Lehrabt. Jüterbog.
78 Schütz, Prof., LMFI des RLM.
79 Schwarz, Stabsarzt, Inst. f. Luftfahrtmedizin Hamburg.
80 Schwiegk, Oberarzt, Doz. Dr. med. habil., Militärärztl. Akad.
81 Siegmund, Oberstabsarzt, Prof., Ber. Pathologe, z. Zt. beim Wehrkreisarzt VI.
82 Staudinger, Dr., Inst. für Luftf. med. Pathologie Freiburg.

83 Stolle, Stabsarzt, Luftflottenarzt 3.
84 Strughold, Direktor, Prof. Dr. med et phil., LMFI des RLM.
85 Thauer, Prof., Inst. für animalische Physiologie Frankfurt am Main.
86 Tidow, Marinestabsarzt, Kd. Admiral, Norwegen.
87 Wegner, Polizeioberfeldarzt, Polizei-Präsidium Nürnberg.
88 Weltz, Oberstabsarzt, Doz. Dr. med. habil., Institut für Luftfahrtmedizin München.
89 v. Wertz [Werz], Dr. Institut für Luftfahrtmedizin München.
90 Wetzel, Oberarzt, Dr. med. habil., U. Kammerzug (mot) 1.
91 Wezler, Prof., Inst. für animalische Physiologie Frankfurt am Main.
92 Winkler, Stabsarzt, Seenotbereichskommando XII.
93 Wegner, Oberarzt, Lw. Laz. Nürnberg.
94 v. Witzleben, Ass-Arzt, Lw. San. Staffel Fürth.
95 Zschucke[155], Flottenarzt, Prof., Marinemedizinalamt.

Daß diese Elite-Mediziner Menschenversuche diskutieren, läßt selbst der »für den Dienstgebrauch« gedruckte und zensierte Tagungsbericht erkennen. Holzlöhner: »Es war nun[156] möglich, an Menschen ... Untersuchungen durchzuführen. Die entsprechenden Angaben verdanken wir der Mitarbeit von Stabsarzt Dr. Rascher und Stabsarzt Dr. Finke. Sie beziehen sich auf einen Aufenthalt im Wasser von 2 bis 12° ... Der Rigor ... hört schlagartig auf, wenn der Tod eintritt.«[157]

Die Mediziner erfahren, daß Versuchspersonen zu Tode gebracht wurden. Keiner protestiert laut, keiner tritt aus Protest von seinem Amt zurück. Ein Blick auf die Teilnehmer:

Jürgen Aschoff wird Professor am Max-Planck-Institut für Verhaltensphysiologie in Heidelberg.

Theodor Benzinger kommt in der US-Weltraumforschung unter.

---

155 Der Tropenmediziner Zschucke wird im gedruckten Teilnehmerverzeichnis »Zschocke« geschrieben.

156 Mitscherlich/Mielke, S. 56, haben an dieser Stelle irrtümlich »nur« stehen.

157 Mitteilungen aus dem Gebiet der Luftfahrtmedizin, Hg. vom Inspekteur des Sanitätswesens der Luftwaffe. Tagungsbericht 7/43. Bericht über eine wissenschaftliche Besprechung am 26. und 27. Oktober 1942 in Nürnberg über Ärztliche Fragen bei Seenot und Winternot. Veranstaltet vom Inspekteur des Sanitätswesens der Luftwaffe. Leiter der Besprechung: Stabsarzt Prof. Dr. A. J. Anthony. Nürnb. Dok. NO-401.

Konrad Büttner wird Professor für Bioklimatologie in Seattle/ Washington.

Hans-Dietrich Cremer wird Professor und Direktor des Instituts für Ernährungswissenschaften der Universität Gießen.

Hans-Joachim Deuticke ist nach 1945 Ordinarius in Göttingen und Mitglied des Senats der Deutschen Forschungsgemeinschaft.

Heinz von Diringshofen zieht nach Argentinien (Unterdruckversuche) und kommt später bei dem Flugzeughersteller Messerschmitt unter.[158]

Kreislaufforscher Otto Gauer wird Professor in Durham/USA, 1956 in Gießen (Kerckhoff-Institut der MPG).

Der Chirurg Erwin Gohrbandt veröffentlicht die Tagungsergebnisse recht unverschlüsselt in einer Fachzeitschrift.[159] Er wird Ärztlicher Direktor des Krankenhauses Moabit, Vizepräsident des DRK-Landesverbandes Berlin, Mitglied der Deutschen Olympischen Gesellschaft und Herausgeber des »Zentralblattes für Chirurgie«.

Franz Grosse-Brockhoff wird Professor an der Medizinischen Akademie in Düsseldorf und Klinikdirektor.

Adolf Jarisch wird Vorstand des Pharmakologischen Instituts der Universität Innsbruck.

Rudolf Herbst lehrt an den Universitäten Graz und Wien.

---

158 Mündl. Mitteilung der Tochter am 6. 11. 1995.

159 E. Gohrbandt: Auskühlung, Zentralblatt für Chirurgie, Nr. 44, 30. 10. 1943, S. 1555. Gohrbandt verweist im Literaturverzeichnis auf einen Aufsatz von G. A. Weltz, H. J. Wendt und H. Ruppin (alle aus dem Institut für Luftfahrtmedizin München): Erwärmung nach lebensbedrohlicher Abkühlung. Münchener Medizinische Wochenschrift, Nr. 52, S. 1092ff. In Dachau hatte man den Unterkühlten »Prostituierte« zur »animalischen Erwärmung« beigegeben oder die Versuchspersonen in heiße Bäder gelegt. Genau diese Versuche sind in dem angeführten Aufsatz beschrieben: als Versuche an Ratten und Meerschweinchen. Einmal verlassen die Autoren die Ebene des Tierversuchs: »Wir haben eine sehr große Anzahl unserer Tiere seziert und fanden keine anderen Befunde, als sie in den Sektionsprotokollen von Menschen verzeichnet sind, die den Abkühlungstod starben. Auch Büchner, der sich besonders mit diesen Fragen beschäftigt hat, scheint keine bemerkenswerten Unterschiede gefunden zu haben.«

Karlferdinand Kloos wird Professor für Pathologische Anatomie an der Freien Universität in Berlin.

Werner Knothe wird Chefarzt in Hamburg.

Luftwaffen-Pathologe Richard Lindenberg, Mitarbeiter der Anatomischen Abteilung des KWI für Hirnforschung, geht in die USA.[160]

Prof. Gunter Lehmann, Direktor des KWI für Arbeitsphysiologie in Dortmund, bleibt in gleicher Funktion (Max-Planck-Institut für Arbeitsphysiologie). Zudem Honorarprofessor der TH Hannover.

Franz Palme, Luftfahrtmedizinisches Forschungsinstitut, wird Professor am Institut für Experimentelle Pathologie der Universität Halle.

Otto Ranke wird Professor in Erlangen und Vorsteher des Physiologischen Instituts.

Hermann Rein wird 1946 Rektor der Universität Göttingen und Gründungsmitglied der Max-Planck-Gesellschaft für die britische Zone.[161]

Wolfgang Schoedel wird Direktor der Medizinischen Forschungsanstalt Göttingen, Max-Planck-Gesellschaft.

Erich Schütz bleibt Direktor des Physiologischen Instituts der Universität Münster.

Herbert Schwiegk ist 1948 außerplanmäßiger Professor für Innere Medizin in Heidelberg, 1952 ordentl. Professor in Marburg/Lahn, 1956 in München.

Prof. Herbert Siegmund bleibt Direktor des Pathologischen Instituts der Universität Münster.

Prof. Rudolf Thauer wird 1951 Direktor des Physiologischen Instituts der Universität Gießen und zugleich Direktor des William G. Kerckhoff-Herzforschungsinstituts der MPG in Bad Nauheim.[162]

Robert von Werz (1942: »Sauerstoffmangel als Ursache des Kältetodes«) ist 1950 Privatdozent und 1955 Professor an der Universität München.

160 Vierhaus/vom Brocke, S. 440.
161 Ebd., S. 433.
162 Ebd., S. 933.

Karl Wezler bleibt Professor und Direktor des Universitäts-Institutes für animalische Physiologie in Frankfurt am Main.

Johannes Zschucke wird wissenschaftlicher Leiter des Diagnostischen Instituts Celle.

Eine Reihe von Forschern stammt von der Universität Freiburg:

Dozent Gerd Peters, Institut für Luftfahrtmed. Pathologie (Büchner), wird Professor und Direktor des Universitäts-Institutes für Neuropathologie, Rheinisches Hirnforschungsinstitut und Rheinische Landesklinik für Hirnverletzte in Bonn, danach Leiter des MPI für Psychiatrie in München.

Oberstabsarzt Wolfgang Rotter, ebenfalls vom Institut für Luftfahrtmedizinische Pathologie, wird Professor und Direktor des Pathologischen Universitäts-Institutes in Gießen.

Hansjürgen Staudinger, auch er aus dem Institut für Luftfahrtmedizinische Pathologie, wird Professor in Gießen und Mitglied des Senats der Deutschen Forschungsgemeinschaft.

Josef Kapfhammer bleibt Ordinarius für physikalische Chemie und gehört dem in Freiburg »Reinigungsausschuß« genannten Entnazifizierungsausschuß an,[163] der bis Ende 1949 jeder Ernennung oder Berufung zustimmen muß.[164]

Mitglied des Entnazifizierungsausschusses ist ebenso Prof. Franz Büchner, genannt »der heilige Franz«. Er hatte auf der Nürnberger Tagung über »Pathologie der Unterkühlung« referiert.[165] Büchners Name taucht in mehreren Zusammenhängen

163 Seidler, S. 391.

164 Ebd., S. 404f.

165 Büchner will protestiert haben – im Bett: »Die Aussprache über den Vortrag fand am nächsten Morgen statt. An dieser Aussprache konnte ich nicht teilnehmen, da ich am Abend des Vortages an einem schweren paratyphusartigen Brechdurchfall erkrankte ... Am nächsten Tag besuchte mich Prof. Weltz am Krankenbett. Ich äußerte ihm meine Empörung ...« Eidesstattliche Versicherung Büchners vom 28. 3. 1946. Archiv des Verlags Lambert Schneider, Heidelberg.
In einer zweiten Darstellung behauptet Büchner, er habe nach den beiden Vorträgen Holzlöhner »gestellt und ihm ... die ethische Unmöglichkeit seiner Menschenversuche vorgehalten«. Am nächsten Vormittag habe er den Referenten für Luftfahrtmedizin Becker-Freyseng an sei-

mit Menschenversuchen auf, gleichwohl beteuert er allzeit seine Unschuld. Büchner, im Ständigen Beirat der Zeitschrift für die gesamte Wehrmedizin »Der Deutsche Militärarzt«, Korrespondierendes Mitglied der Deutschen Akademie für Luftfahrtforschung, Leiter des Instituts für Luftfahrtmedizinische Pathologie, »der oberste Arzt für pathologische Zweckforschung der Luftwaffe«,[166] wird Ehrenbürger der Stadt Freiburg.

> »Wir wußten nur einen kleinen Teil und haben geschwiegen. Wir wissen jetzt mehr und dies zugleich mit dem Bewußtsein: hätten wir es gewußt, so hätten wir auch geschwiegen.«
>
> Brief Karl Jaspers vom 9. Mai 1947 an Alexander Mitscherlich.[167]

Büchner gilt als Widerstandskämpfer: Er hatte am 18. November 1941, innerhalb der Reihe »Gesundes Volk«, einen öffentlichen Vortrag gehalten: »Der Eid des Hippokrates. Die Grundgesetze der ärztlichen Ethik.«[168] Büchner veröffentlicht den Vortrag 1945, läßt aber (NS-)zeitgemäße Passagen weg.[169] Büchner selbst hat 1985 die angebliche Originalfassung veröffentlicht.[170] Das Original des Vortrags hat jedoch meines Wissens bis heute kein Historiker gesehen.

---

nem Krankenbett empfangen »und ihm in aller Form die Unmöglichkeit solcher Versuche vorgestellt«. Eidesstattliche Versicherung Büchners vom 23. 4. 1947. Ebd.

166 Eidesstattliche Erklärung Oskar Schröder, ab Januar 1944 Chef des Sanitätswesens der Luftwaffe, vom 25. 10. 1946. Nürnb. Dok. NO-449.

167 Jaspers an Mitscherlich. Archiv Lambert Schneider Verlag, Heidelberg.

168 Karl-Heinz Leven: Hippokrates im 20. Jahrhundert: Ärztliches Selbstbild, Idealbild und Zerrbild, in: Selbstbilder des Arztes im 20. Jahrhundert. Medizinhistorische und medizinethische Aspekte. Hg. von Karl-Heinz Leven und Cay-Rüdiger Prüll. Freiburger Forschungen zur Medizingeschichte, Bd. 16. Freiburg 1994, S. 66.

169 Ebd., S. 70. »Wir haben den Kampf erlebt, mit welchem die marxistischen Parteien dieses Grundgesetz ärztlicher Ethik zu Fall zu bringen suchten, und die Lauheit, mit der in der Zeit ihrer politischen Herrschaft gegen die Abtreibung vorgegangen wurde ... Mit dieser Gesinnung hat der Nationalsozialismus sofort nach der Machtübernahme grundsätzlich gebrochen.«

170 Ebd., S. 66.

Ehrenbürger der Stadt Freibug wird ebenso Paul Uhlenhuth, ein Schüler von Robert Koch.[171] Er verfügte »in Vertretung« am 11. April 1933 den Rausschmiß der jüdischen Kollegen aus der Universität[172] und wollte elf Jahre später an farbigen Kriegsgefangenen forschen: »Sehr geehrter Herr Geheimrat!«, beginnt ein Schreiben des Heeres-Sanitätsinspekteurs vom 5. September 1944, »Ihre Bitte um Durchführung kreuzweiser Immunisierungsversuche in einem Kriegsgefangenenlager wurde dem OKW/Abt. Kriegsgef.Wesen weitergeleitet. Gegen die Durchführung des Versuches bestehen keine Bedenken. Das Oberkommando der Wehrmacht empfahl, daß Sie sich an das Wehrkreiskommando VII in Utting a/Ammersee wenden sollten, da sich z. Zt. etwa 150 schwarze und farbige Kriegsgefangene in München befinden.«[173]

Uhlenhuth ist seit 1950 Ehrenbürger der Stadt Freiburg, Begründung: »für hervorragende Verdienste um die Menschheit«.[174]

Meerwasser-Versuche

Am 16. Februar 1946 fertigt in der Wiener Polizeidirektion ein Mitarbeiter der Staatspolizei einen Bericht: »Betrifft: Versuche mit Meerwasser an Häftlingen im KZ-Dachau«.[175]

Der Beamte: »Die Staatspolizei erhält Kenntnis von einer Äußerung der Gattin des Wiener Univ. Prof. Dr. Wilhelm Beiglböck im Jahre 1944, welche erklärt, daß ihr Gatte bei den von ihm in Dachau durchgeführten Versuchen öfters in Lebensgefahr geraten sei, weil die Häftlinge, an denen die Versuche durchgeführt wurden, Tobsuchts- und Wahnsinnsanfällen verfielen.« Auch

171 Nach dem Ersten Weltkrieg Leiter des Instituts für experimentelle Therapie (E. v. Behring) in Marburg. 1923 bis 1936 Ordinarius für Bakteriologie und Hygiene in Freiburg/Br.

172 Seidler, S. 306f.

173 BA-MA H20/860/2.

174 Seidler, S. 529.

175 Staatspolizei, Ref. 3, gez. Rabofsky. LO Med. Versuche, Meerwasser, Archiv Dachau.

Universitätsprofessor Eppinger und »eine Reihe anderer bekannter Personen von wissenschaftlichem Rang« seien in Beziehung zu den Dachauer Versuchen geraten.

Anlaß der Versuche sind erneut Probleme abgeschossener und im Meerwasser treibender Flieger. Dr. Konrad Schäfer hatte im Auftrag der Sanitätsinspektion der Luftwaffe ein Verfahren entwickelt, das Meerwasser entsalzte, aber aufwendig in der Herstellung war (außerdem werden schwer zu beschaffende Rohstoffe wie Silber benötigt). Stabsingenieur Eduard Berka hatte dagegen im Auftrag des Technischen Amtes der Luftwaffe (für die Ausrüstung der Flugzeuge zuständig) ein Verfahren entwikkelt, das lediglich den Geschmack des Meerwassers verbesserte. Die Versuche hatte Berka angeblich an Soldaten eines Wiener Lazaretts bei Oberstabsarzt Dr. von Sirany durchgeführt.

»Ich machte meine Doktorarbeit über Durstversuche. Ich hatte freiwillige Versuchspersonen ausgesucht, ich selbst habe auch mitgemacht. Ich entsinne mich, eines Tages saß ich mit meinem Doktorvater im Labor, da kam ein Luftwaffenarzt dazu, der in Nordafrika gewesen war. Der sagte: ›Sind Sie verrückt, selber zu hungern und zu dursten, dafür gibt es doch die KZs ...‹«

Ilse Kunze, MTA, später Ärztin am Krankenhaus Berlin-Moabit.[176]

Am 19. Mai 1944 findet im Technischen Amt der Luftwaffe eine Besprechung statt.[177] Der Chef des Sanitätswesens der Luftwaffe ist u.a. durch Stabsarzt Becker-Freyseng und durch Unterarzt Dr. Schäfer vertreten.

Aus dem Protokoll:

»Bei dieser Besprechung referierte Stabsarzt Dr. Becker-Freyseng über die von Oberstarzt Dr. v. Sirany durchgeführten klinischen Versuche mit dem Endergebnis, daß er dieselben nicht für einwandfrei und für die letzte Entscheidung stichhaltig hielt. Chef des Sanitätswesens ist davon überzeugt, daß bei dem Ber-

176 In dem Buch »nicht mißhandeln«, S. 226.

177 Niederschrift über die Besprechung Trinkbarmachung von Meerwasser am 20. 5. 1944, gez. Christensen. Nürnb. Dok. NO-177.

ka-Verfahren nach dem Genuß des Berkatits nach spätestens 6 Tagen gesundheitliche Schäden zu erwarten sind, welche eine dauernde gesundheitliche Schädigung nach sich ziehen und nach Ansicht von Unterarzt Dr. Schäfer nach spätestens 12 Tagen mit tödlichem Ausgang enden wird.

Äußere Erscheinungen sind durch Entwässerung, Durchfall, Krämpfe, Halluzinationen und endlichem Tode zu erwarten.[178] Als Ergebnis der Vorbesprechung kam man dahin überein, neue kurzfristig durchzuführende Versuchsreihen anzusetzen. Zur Festlegung dieser Versuchsreihen soll eine Kommission zusammentreten, welche bei der Besprechung am 20. 5. 44 zusammen mit OKM festgelegt werden soll.

Die Versuchsreihen sollen folgendes umfassen:

1. a) Leute, mit Meerwasser und Berka-Verfahren ernährt
   b) Leute, mit gewöhnlichem Trinkwasser ernährt
   c) Leute, ganz ohne Trinkwasser
   d) Leute, nach dem heutigen Verfahren ernährt
   (0,7 l Trinkwasser für 4 Mann und 4 Tage)

Sämtliche Leute erhalten während der Versuchsdauer nur das für die in Seenot Befindlichen [sic] vorgesehene Seenot-Verpflegung.

Versuchsdauer: Äußerst 6 Tage.

Neben diesen Versuchen soll ein weiterer Versuch laufen, und zwar wie folgt:

2. Leute mit Meerwasser und Berkatit ernährt, als Proviant ebenfalls den vorgesehenen Seenotproviant.

Versuchsdauer: 12 Tage.

Da nach Ansicht des Chefs des Sanitätswesens bei dieser Versuchsreihe mit dauernden gesundheitlichen Schädigungen bzw.

---

178 SS-Standartenführer Schenck, Ernährungsinspekteur der Waffen-SS, in einem Referat am 5. 1. 1945 auf der 11. Tagung der AG »Ernährung der Wehrmacht«: »Auch das Dursten ist als eine Form einseitiger Ernährung aufzufassen, und zwar als die, die am schwersten und nur für kürzeste Zeit (einige Tage) zu ertragen ist, da – wie bekannt – schon ein Verlust von 10% des Körperwassers zum Tode führt ... Vorher können schwere psychotische Erregungszustände auftreten.« BA NL 1329, Bd. 5.

dem Tode der Versuchspersonen zu rechnen ist, sollen als Versuchspersonen Leute genommen werden, welche seitens des Reichsführers SS zur Verfügung gestellt werden.«

Am nächsten Tag, am 20. Mai 1944, werden die auf den Tod der Versuchspersonen angelegten Experimente im größeren Kreis besprochen. Eine Kommission[179] soll die Versuchsreihen festlegen: »Als Versuchsort wurde Dachau bestimmt.« Am 25. Mai 1944 werden die Versuchsreihen endgültig festgelegt.[180] Teilnehmer sind u.a. die Professoren Hans Eppinger, Hans Netter (Direktor des Instituts für physikalische Chemie in Kiel) und Wolfgang Heubner.[181] Eppinger schlägt als Versuchsleiter seinen früheren Oberarzt Wilhelm Beiglböck vor, der bereits 1941 in seiner Klinik versucht hatte, Hepatitis durch Transfusionen auf gesunde Menschen zu übertragen.[182]

Am 7. Juni 1944 schreibt Prof. Oskar Schröder, Nachfolger Hippkes als Chef des Sanitätswesens der Luftwaffe, (über den Reichsarzt-SS) an Himmler: »Sie gaben bereits früher der Luftwaffe die Möglichkeit, dringende ärztlich Fragen im Versuch an Menschen zu klären. Ich stehe heute wieder vor einer Entscheidung, die nach zahlreichen Tier- und auch Menschenversuchen an freiwilligen Versuchspersonen eine endgültige Lösung verlangt ... Benötigt werden 40 gesunde Versuchspersonen, die für 4 Wochen voll zur Verfügung stehen müßten.«[183]

Grawitz holt drei Stellungnahmen ein. SS-Gruppenführer Gebhardt befindet: »sehr richtig, die Luftwaffe in jeder Weise zu unterstützen«. SS-Gruppenführer Glücks meint: »Es sollen nach Möglichkeit Juden ... verwendet werden.« SS-Gruppenführer

---

179 Prof. Eppinger, Becker-Freyseng für den Chef des Sanitätswesens der Luftwaffe, die Stabsingenieure Schickler und Berka für das Technische Amt des RLM, Prof. Orzichowski für das Oberkommando der Marine.

180 Bericht Humanversuche ZSt 413 AR 1463/65.

181 Eidesstattl. Erklärung Prof. Heubners vom 16. 6. 1947. Heubner versichert, nicht gewußt zu haben, daß Häftlinge benutzt werden sollen. Archiv Verlag Lambert Schneider, Heidelberg.

182 Hans Voegt: Zur Aetiologie der Hepatitis epidemica, in: Münchener Medizinische Wochenschrift, 28. 1. 1942, S. 76.

183 Schröder an Himmler. Nürnb. Dok. NO-175.

Nebe rät, »die asozialen Zigeunermischlinge im Konzentrationslager Auschwitz zu verwenden«. Grawitz hat Bedenken, »daß die Zigeuner bei ihrer teilweise andersartigen rassischen Zusammensetzung möglicherweise Versuchsergebnisse bringen, die auf unsere Männer nicht ohne weiteres anzuwenden sind«. Himmlers handschriftlicher Vermerk dazu: »Zigeuner u zur Kontrolle 3 andere.«[184]

Die Versuchspersonen werden Anfang August 1944 von Buchenwald nach Dachau verbracht und Beiglböck übergeben. Einer von ihnen ist Karl Höllenreiner. In einer Eidesstattlichen Erklärung[185] schildert er die Rekrutierung in Buchenwald (»niemals freiwillig«) und die Ankunft in Dachau:

»Ungefähr Anfang August 1944 kam ich und die anderen 39 Zigeuner dieser Gruppe in Dachau an. Zunächst kamen wir nach Block 22, welches der Quarantäne-Block war. Dort waren wir etwa 1 oder 2 Tage, als das SS-Personal kam und sich unsere Gefangenennummern notierte. Nachdem dieses geschehen war, wurden wir in das Hospital des Konzentrationslagers Dachau überführt. Dort wurden wir zunächst gründlich untersucht, einschließlich Röntgen-Untersuchung. Nach dieser Untersuchung wurden wir alle in ein Zimmer gebracht und ein Doktor der Luftwaffe, dessen Namen mir entfallen ist, aber dessen Aussehen ich noch deutlich vor Augen habe, hielt eine Ansprache. Aus dieser Rede habe ich folgenden Wortlaut in Erinnerung: Ihr seid jetzt ausgesucht für Seewasser-Versuche, erst werdet ihr gutes Essen bekommen, wie ihr es noch nie gesehen habt, dann werdet ihr hungern und Seewasser trinken. Ferner sagte er: Wißt ihr überhaupt, was Durst ist? Ihr werdet wahnsinnig werden, ihr werdet denken, daß ihr in einer Wüste seid und werdet

184 Grawitz am 28. 6. 1944 an Himmler. Nürnb. Dok. NO-179. Mitscherlich/Mielke datieren das Schreiben irrtümlich auf den 28. Juli 1944.

185 Höllenreiner, 1914 geboren, war im Mai 1944 von der Gestapo verhaftet, im Juni nach Auschwitz und im Juli 1944 nach Buchenwald verbracht worden. Eidesstattl. Erklärung vom 17. Juni 1947. Nürnb. Dok. NO-3961. Seine Aussage deckt sich in den Tatsachenbehauptungen mit Beiglböcks Bericht über die durchgeführten Versuche. Nürnb. Dok. NO-562.

versuchen, den Sand von der Erde abzulecken. Zu keinem Zeitpunkt hat dieser Doktor der Luftwaffe auch nur eine Andeutung davon gemacht, daß er denkt, daß es sich bei uns um eine Gruppe von Freiwilligen handelt, und er hat auch niemals irgendjemand gefragt, ob er sich freiwillig für derartige Versuche gemeldet hat. Nach dieser ungeheuerlichen Ansprache trat ein Zigeuner hervor, welcher bereits vordem die Kaltwasser-Experimente in Dachau mitgemacht hatte und sagte dem Doktor der Luftwaffe in Gegenwart der ganzen Gruppe, daß er sich weigere, noch einmal solche lebensgefährlichen Versuche durchzumachen, worauf der Doktor der Luftwaffe ihm sagte, wenn er sich nicht sofort fügen würde und täte, was man ihm befehle, werde er ihn erschießen. [...]

In der dritten Woche begannen die eigentlichen Experimente.[186] Wir erhielten überhaupt keine Nahrung mehr und nur Seewasser oder chemisch präpariertes Seewasser zu trinken. Nach meiner Erinnerung war unsere Gruppe von 40 Zigeunern in drei ungefähr gleichstarke Untergruppen aufgeteilt. Gruppe 1 erhielt nur richtiges Seewasser. Gruppe 2 erhielt nur ein chemisch präpariertes Seewasser, welches eine dunkelgelbe Farbe hatte und bestimmt noch viel schlimmer war als reines Seewasser. Gruppe 3 erhielt nur präpariertes Seewasser, welches ungefähr aussah, wie richtiges Trinkwasser. Ich gehörte zu Gruppe 2. Wir mußten täglich 1 Liter Wasser trinken, nach den Grundsätzen der oben beschriebenen Gruppen. In Gruppe 3 haben einige bis zu 3 Liter Wasser an einigen Tagen getrunken. Der Doktor der Luftwaffe war immer anwesend, während das Wasser getrunken wurde. Ich selbst habe das Wasser bald drei Wochen getrunken. Während dieser Experimente hatte ich furchtbare Durstanfälle, fühlte mich sehr krank, verlor stark an Gewicht und zum Schluß bekam ich Fieber und fühlte mich so schwach, daß ich mich nicht mehr auf den Beinen halten konnte. Ein Teil dieser furchtbaren Schwäche, die ich, wie alle anderen fühlten [sic], kam auch durch die stän-

186 Nach Beiglböcks Bericht, der diese Aussage also stützt, ist zunächst die Seenotverpflegung getestet worden.

dige Blutentnahme während der Experimente, welche auch durch diesen Doktor der Luftwaffe durchgeführt wurde.

Zu der Durchführung der Experimente möchte ich noch folgendes hinzufügen: Am Anfang der Experimente ist uns durch den Doktor der Luftwaffe besseres Essen und bessere Arbeitsbedingungen nach dem Abschluß der Experimente versprochen worden, aber es war niemals davon die Rede, daß jemand nach den Experimenten als Belohnung aus dem Konzentrationslager entlassen werden sollte. Ich erinnere mich, daß von dieser Gruppe von 40 Zigeunern einer mit Namen Ernst Mettbach, nach 2 bis 3 Tagen von der weiteren Teilnahme an den Experimenten befreit wurde. Warum dieses geschehen ist, weiß ich nicht.

»Eines Tages trug ich Wasser in die Stube und durch meine Unvorsichtigkeit schüttete ich einiges davon aus. Ich ging her und holte mir einen Lappen und wischte den Boden damit auf. Später, als ich mit der Arbeit fertig war, vergaß ich diesen Lappen in der Stube. Ich ging zurück und erfuhr, daß Leute diesen Lappen vor lauter Durst ausgesogen hatten ... Daraufhin schimpfte mich Professor Beiglböck aus und drohte mir, wenn das noch einmal vorkommen sollte, würde er mich als Versuchskaninchen zu diesen Versuchen verwenden.«

Häftlingspfleger Joseph Vorlicek.[187]

Während der Experimente wurde ständig die Temperatur gemessen, teilweise durch einen französischen Konzentrationslager-Insassen, welcher als Krankenwärter tätig war, und teilweise durch diesen Doktor der Luftwaffe. Ich erinnere mich noch genau einer Szene, wo ein tschechoslowakischer Zigeuner den Doktor der Luftwaffe gebettelt und gebeten hat, daß er unmöglich noch mehr Wasser trinken könnte. Dieser tschechoslowakische Zigeuner wurde daraufhin auf Anordnung von dem Doktor

187 Eidesstattl. Erklärung Vorlicek vom 9. 5. 1947. Nürnb. Dok. NO-3282. Der Häftling Ignaz Bauer, der täglich die »elektrische Muskel- und Nervenerregbarkeit« zu prüfen hatte: »Dieses Durstgefühl war so arg, daß manche Patienten sich nicht scheuten, vom Bodenaufwaschen schmutziges Wasser zu trinken! Einen dieser armen Teufel sah ich auf Knien rutschend vergebens um Wasser bitten.« Eidesstattl. Erklärung Bauer vom 31. 12. 1946. Nürnb. Dok. NO-910.

der Luftwaffe an ein Bett festgebunden, der Doktor der Luftwaffe goß diesem Zigeuner persönlich mittels einer Magenpumpe gewalttätig das Seewasser herunter. Während der Experimente erhielten die meisten Zigeuner Leber- und Rückenmarkpunktionen. Ich selbst habe eine Leberpunktion erhalten und weiß aus meiner eigenen Erfahrung, daß diese Punktionen furchtbar schmerzhaft waren. Noch heute, wenn das Wetter wechselt, fühle ich starke Schmerzen, wo die Leberpunktion durchgeführt wurde. Alle Leber- sowie Rückenmarkpunktionen wurden von dem Doktor der Luftwaffe persönlich durchgeführt. [...]

Auf Befehl des Doktors der Luftwaffe wurden zwei tschechischen Zigeunern, welche sich etwas frisches Wasser beschafft hatten, zur Strafe während der weiteren Durchführung der Experimente ständig auf ihren Betten mit Stricken festgebunden gehalten. Die meisten Zigeuner bekamen Wahnsinnsanfälle während dieser Experimente, welche sowohl am Tage wie in der Nacht auftraten. Einige Zigeuner, speziell Tschechen, bekamen so furchtbare Anfälle, daß sie wie die Hunde bellten. Wenn solche Anfälle in Gegenwart des Doktors der Luftwaffe geschahen, lachte dieser nur ironisch und wenn es ihm zu schlimm wurde, gab er Leberpunktionen, worauf der Betroffene etwas ruhiger wurde. Niemand wurde jemals von den Experimenten befreit, nachdem er einen solchen furchtbaren Anfall mitgemacht hat.

Ungefähr zwischen der ersten und zweiten Woche der Experimente wurden alle Zigeuner auf Tragbahren mit weißen Tüchern überdeckt aus dem Krankenzimmer heraus in den Hof getragen. Hier wurden die nackten Körper fotografiert in der Anwesenheit des Doktors der Luftwaffe, welcher die ironische Bemerkung machte, daß die Leute lachen sollten, damit die Bilder freundlicher aussehen würden. Kurz nach den Aufnahmen wurden uns Nummern auf die Brust tätowiert. Diese Tätowierung wurde von dem Doktor der Luftwaffe persönlich durchgeführt. Er benutzte dazu eine chemische Flüssigkeit, welche entsetzlich brannte. Ich habe die Nummer 23 bekommen, dessen Spuren noch heute auf meiner Brust zu sehen sind. Von anderen Zigeunern, die an den Versuchen teilnahmen, wurde mir erklärt,

Dachau, Meerwasserversuche: Der Tod der Versuchspersonen ist einkalkuliert. Alle werden nackt fotografiert.

daß diese Nummern angebracht wurden, um im Todesfalle die Leichen besser erkennen zu können. [...] Von den ursprünglich 40 hat einer, wie bereits erwähnt, die Versuche nur einige Tage mitgemacht. Drei waren so dem Tode nah, daß man sie am selben Abend auf Tragbahren, mit weißen Tüchern bedeckt, herausgetragen hat. Von diesen drei habe ich niemals wieder etwas gehört.«

Auch diese Versuche sind (im Oktober 1944) in einem Kreis von 20 bis 40 Medizinern diskutiert worden. Dr. Konrad Schäfer: »Beiglböck zeigte der Versammlung eine Reihe von graphischen Darstellungen,[188] welche Urin- und Blutanalysen von Versuchsobjekten darstellten, welche nur Berkatit-Seewasser zu trinken bekamen. Gleichzeitig wurden Fotografien und Filme vorgeführt

188 Vgl. Beiglböck: Bericht über die durchgeführten Versuche. Nürnb. Dok. NO-562.

... Außerdem berichtete Dr. Beiglböck, daß auf Grund dieser Versuche Schwellungen der Leber und Nervenstörungen auftraten. Fieberwahn und geistige Störungen traten ebenfalls auf.«[189]

Im Sommer 1945 bekommt Prof. Ernst Holzlöhner Besuch von Sir Bryan Matthews, Direktor des Luftfahrtmedizinischen Institutes beim Royal Aircraft Establishment in Farnborough. Der Kieler Ordinarius erzählt von Tierversuchen, bei denen leider einige Versuchskaninchen verstorben seien. Matthews reist wieder ab, Holzlöhner fühlt sich jedoch enttarnt und erschießt sich nach dem Besuch.[190] Prof. Hans Eppinger (Standardwerk »Die Leberkrankheiten«) verteidigt sich anfangs: »Meerwasser gilt seit altersher als ein sehr wirksames Medikament; man hat es mit Karlsbader Wasser verglichen ...«[191] Er hält, so darf man vermuten, diesen Zynismus nicht durch, bringt sich am 25. September 1946 um.[192]

Beiglböck wird im Nürnberger Ärzteprozeß 1947 zu 15 Jahren Haft verurteilt, 1951 entlassen und bei Professor Heilmeyer in Freiburg aufgenommen.[193] Ab 1952 ist Beiglböck in Buxtehude, wird Leitender Arzt der Inneren Abteilung des Kreiskrankenhauses. Er stirbt im November 1963 im Alter von 58 Jahren. Im Nachruf der Regionalpresse heißt es: »Obwohl seine Nichtschuld ... durch wissenschaftliche Gutachten, zuletzt durch das höchste Fachgremium in der Bundesrepublik, der Deutschen Gesellschaft für innere Medizin, klar erwiesen und Prof. Beiglböck voll rehabilitiert wurde, wurden noch im vorigen Jahre die-

---

189 Eidesstattl. Erklärung Konrad Schäfer vom 23. 10. 1946. Nürnb. Dok. NO-479.

190 Tom Bower: Verschwörung Paperclip. NS-Wissenschaftler im Dienst der Siegermächte. München 1987, S. 288f. Holzlöhner stirbt am 14. 6. 1945.

191 Erklärung Eppingers vom 10. 8. 1946. Nürnb. Dok. NO-522.

192 Seidler, S. 269.

193 Mitscherlich/Mielke, S. 285, verweisen auf ein Gutachten, das der Deutsche Kongreß für Innere Medizin 1948 in Auftrag gegeben hatte. Die Professoren Curt Oehme (Internist, Heidelberg), Prof. Ludwig Heilmeyer (Internist, Freiburg) und Horst Schön (Pathologe, Göttingen) kommen zu dem Schluß, Fehler seien in der Art der Auswahl der Versuchspersonen und in der Wahl eines KZ als Versuchsort begangen worden, ein Verbrechen sei dies aber nicht.

se Dinge wieder aufgegriffen, indem man einen Vortrag vor der Wiener Ärztekammer zu verhindern suchte.«[194]

Die Amerikaner haben 1945/46 die Zuständigkeiten bei den Luftwaffenversuchen zu klären versucht. Es gibt dazu einen Bericht, der auf einer Befragung Becker-Freysengs[195] beruht: Chef war demnach Hubertus Strughold (der niemals angeklagt wird!), sein Assistent Luft soll in allen Fällen informiert gewesen sein. Hippke und Schröder, in Versuchsfragen keine Experten, seien in Zweifelsfällen von Rein und Strughold beraten worden. Im Falle der Seewasser-Versuche hätten Becker-Freyseng und Anthony die Beratung übernommen. Bei den Unterdruck-Versuchen seien viele um Rat gefragt worden, einschließlich Rein und Strughold. Ab Frühjahr 1944 habe Rostock[196] alle Versuchsvorschläge gesichtet und Prof. Karl Brandt zur Billigung vorgelegt.

Erich Hippke, der Sanitätsinspekteur der Luftwaffe, ist 1945 in Bayern abgetaucht.[197]

Strughold wird vom amerikanischen Geheimdienst zum texanischen Fliegerhorst Randolph in San Antonio gebracht, unter seiner Leitung sollen mindestens 34 Luftwaffenmediziner nach Texas geflogen sein.[198]

---

194 Buxtehuder Tageblatt vom 25. 11. 1963.

195 Office of U.S. Chief of Counsel, APO 124 A, Subsequent Proceedings Division, Interrogation Branch. Summary No. 185 of Interrogation No. 125, Dr. Hermann Becker-Freyseng.

196 Rostock wird im Nürnberger Ärzteprozeß freigesprochen. 1948 ist er Chefarzt des Versehrtenkrankenhauses Possenhofen am Starnberger See, 1953 Chefarzt des Versorgungskrankenhauses in Bayreuth, Tod am 17. 6. 1956 in Bad Tölz.

197 Hippkes Assistent Dr. med. Erwin Lauschner wird 1957 Dezernent für Flugmedizin im Bonner Verteidigungsministerium, danach Chef des Fliegerärztlichen Beratungsstabes beim Oberkommando der NATO-Luftstreitkräfte in Fontainebleau, danach Leiter des Flugmedizinischen Institutes der Luftwaffe in Fürstenfeldbruck, danach Generalarzt und Lehrbeauftragter für »Biophysik der Luft- und Raumfahrt« der TU München. Nach Ende des Militärdienstes wird Lauschner Leiter der medizinischen Forschung der Cyanamid-Lederle-Arzneimittel, danach praktischer Arzt in Fürstenfeldbruck. Deutsches Ärzteblatt. Heft 20, 1986, S. 1467.

198 Bower, a. a. O., S. 285.

Im Nürnberger Ärzteprozeß werden am 20. August 1947 (neben dem bereits erwähnten Beiglböck) zu Haftstrafen verurteilt: Handloser und Schröder zu lebenslänglich, Becker-Freyseng zu 20 Jahren. Freigesprochen werden die Luftwaffenexperten Ruff, Romberg, Schäfer und Weltz. Entsalzungsspezialist Schäfer[199] reist nach dem Nürnberger Freispruch in die USA nach, ebenso Becker-Freyseng.[200]

August Weltz lebt als Professor in München. Wolfgang Romberg praktiziert in Düsseldorf. Siegfried Ruff wird 1952 umhabilitiert nach Bonn und 1954 Direktor des Instituts für Luftfahrtmedizin in Bonn-Bad Godesberg.

Sehr anschaulich ist eine Todesanzeige in der Wochenzeitung »Die Zeit«. Betrauert wird Prof. Dr. med. habil. Ulrich C. Luft, geboren am 25. April 1910, gestorben am 23. November 1991. Folgt man der Traueranzeige, so war der Verstorbene im Dritten Reich lediglich im Akademischen Alpenverein, während seine Berufskarriere erst 1954, im Alter von 44 Jahren, beginnt.

Prof. Dr. med. habil. Ulrich C. Luft
Akademischer Alpenverein, 1934–1991.
Deutsche Nanga Parbat Expeditionen, 1937 und 1938.
Leiter des physiologischen Instituts der Lovelace Foundation, Albuquerque, New Mexico, 1954–1980.
Professor für Physiologie, Universität New Mexico, 1959–1980.
Fellow, American College of Chest Physicians, 1965–1991.
Medical Advisory Council, NASA, 1965–1991.[201]

Hubertus Strughold, 1935 Professor und Leiter des Luftfahrtmedizinischen Forschungsinstitutes des Reichsluftfahrtministeriums geworden, steigt in den USA zum »Vater der Weltraummedizin« auf. Im Oktober 1963 besucht er wissenschaftliche Tagungen in Paris und Rom, wird zusammen mit anderen Wissenschaftlern von Papst Paul VI. empfangen. In München bekommt er die Ehrenmitgliedschaft der Deutschen Gesellschaft für Luft- und

199 Bower, a. a. O., S. 303.
200 Deichmann, S. 353.
201 Die Zeit, 13. 12. 1991.

Raumfahrtmedizin verliehen. Danach besucht er Würzburg, jene Stadt, in der er promoviert und als Professor am Physiologischen Institut der Universität Flugphysiologie gelehrt hatte.

Ein Reporter vom »Schweinfurter Tagblatt« interviewt Strughold und schreibt dann: »Im Jahre 1947 unternahm er eine Urlaubsreise nach den USA und ›blieb hängen‹, wie er uns erzählte. Er fand in Randolph (Texas) eine neue Wirkungsstätte und gründete 1949 zusammen mit Generalarzt Harry Armstrong das erste Department der Weltraummedizin, das er sieben Jahre lang leitete, ehe er Chefwissenschaftler der ›Aerospace Medical Division‹ wurde. Sein Spezialgebiet ist die physiologische Auswertung der physikalischen Bedingungen im Weltraum.«[202]

Nicht minder ahnungslos ist die Deutsche Akademie der Naturforscher, Leopoldina, in Halle. Der Göttinger Prof. Rein hatte am 4. Juli 1941 die Mitgliedschaft Strugholds vorgeschlagen.[203] 1978, zum 80. Geburtstag, gratuliert die Leopoldina: »An Ihrem Jubelgeburtstag können Sie mit einigem Stolz auf Ihre Pionierleistungen ... zurückblicken.«[204]

Versuche an Kriegsgefangenen

Der Zugriff auf KZ-Häftlinge ist dadurch erschwert, daß Himmler die Genehmigung erteilt. So sind Kriegsgefangene – für sie ist die Wehrmacht zuständig – begehrte Versuchsobjekte. Einen Einblick vermittelt ein Schreiben des Reichsministers für Wissenschaft, Erziehung und Volksbildung vom 25. August 1941 an die Unterrichtsverwaltungen der Länder:

»Das Oberkommando der Wehrmacht hat mir mitgeteilt, daß sich in letzter Zeit die Anträge gehäuft haben, in denen mir unterstehende Dienststellen sich unmittelbar an das Oberkommando der Wehrmacht mit dem Wunsch gewandt haben, die in

202 Artikel »Würzburg – Wiege der Luftfahrtmedizin«, Schweinfurter Tagblatt 12. 10. 1963.

203 Vorschlag Rein: Archiv Leopoldina, Matrikel-Mappe Nr. 4660.

204 Glückwunschschreiben vom 6. 6. 1978, gez. H. Bethge. Ebd.

Deutschland und den besetzten Gebieten befindlichen Kriegsgefangenen als Objekt für wissenschaftliche Arbeiten benützen zu dürfen.

Um die wissenschaftliche Arbeit an Kriegsgefangenen auf das Maß des Notwendigen und des für die Verwaltung der Kriegsgefangenenlager Tragbaren zu beschränken, ordne ich im Einvernehmen mit dem Oberkommando der Wehrmacht an: Sämtliche Anträge auf Vornahme wissenschaftlicher Arbeiten an den in Deutschland und den besetzten Gebieten befindlichen Kriegsgefangenen sind mir mit ausführlicher Begründung einzureichen. Das Oberkommando der Wehrmacht wird künftig nur noch solchen Wünschen entsprechen, die von mir befürwortet werden.

Dieser Erlaß wird nicht im Amtsblatt DeutschWissErzieVolksbildg veröffentlicht.«[205]

Der Erlaß unterbindet nicht einmal ausgesprochen exotische Begehren. So unterstützt der Dekan der Medizinischen Fakultät in Straßburg, Stein, die Forschungen des Rassenbiologen Wolfgang Lehmann[206]. Am 16. Juli 1943 schreibt Stein an den Rektor der Reichsuniversität: »Btr.: Untersuchung an indischen Kriegsgefangenen. Ich halte den Versuch rassenkundlicher Untersuchungen an indischen Kriegsgefangenen durchzuführen für sehr wichtig. Es wird auch wohl kaum in Zukunft eine so günstige Untersuchungsgelegenheit geboten werden.«[207] Der Rektor (Prof. Karl Schmidt) befürwortet den Antrag vier Tage später gegenüber dem Reichsminister für Wissenschaft.[208]

Zwei Jahre zuvor hatte das Oberkommando der Wehrmacht das Kolonialinstitut der Hansischen Universität (Hamburg) be-

205 Der Erlaß »Kriegsgefangene als Objekte wissenschaftlicher Arbeiten«, gez. Zschintzsch, hat das Aktenzeichen Z II a 2136, W, V (b). Das mir vorliegende Exemplar wurde vom Minister des Kultus und Unterrichts in Karlsruhe am 15. 9. 1941 an den Rektor der Universität Freiburg »zur Kenntnisnahme und weiteren Bekanntgabe« unter der Nr. A 15341 in Abschrift zugesandt.

206 Nach 1945 Professor in Kiel.

207 Stein an Rektor, BA R 21/794, faksimil. abgedruckt bei Wechsler, S. 181.

208 Rektor Schmidt am 20. 7. 1943 an Reichsminister für Wissenschaft. Wechsler S. 181.

schieden: »In Deutschland befinden sich nur noch im Stalag Luckenwalde 500 Schwarze für tropenmedizinische Studienzwecke. Die Hauptmasse der afrikanischen Kr. Gef. (80000) ist auf Befehl des Führers nach Südfrankreich (Bordeaux) abgeschoben. Da im Hinblick auf den Führerbefehl im Prinzip keine Schwarzen auf deutschem Boden verbleiben und die wenigen für Sonderzwecke genehmigten Farbigen unter keinen Umständen mit dem zivilen Leben in Berührung kommen sollen, wäre zunächst die Unterbringung, Verpflegung usw. sowie ihre Beschäftigung im Institut eingehend mit dem W. Kdo. X. Hamburg zu regeln.« Ein Hindernis zur Abgabe der Afrikaner sieht das Oberkommando nicht: »Es wird um Mitteilung über die Zahl der auszuwählenden Kriegsgefangenen gebeten, ferner, ob die Auswahl in Luckenwalde oder in Bordeaux erfolgen wird.«[209]

Der Anthropologe und SS-Hauptsturmführer Bruno Beger wird vom Reichsgeschäftsführer des Ahnenerbe mehrmals bedrängt, für Professor Wolfgang Abel, Abteilungsleiter am KWI für Anthropologie, anthropologische Forschungen an russischen Kriegsgefangenen auszuwerten.[210] Beger selbst bittet die Wehrmacht, seinem Mitarbeiter Dr. Rudolf Trojan das Betreten bestimmter Lager zwecks Durchführung rassenkundlicher Untersuchungen an Gefangenen »aus Innerasien und dem eurasiatischen Grenzbereich« zu gestatten: »Die in Angriffnahme dieser Aufgabe wird unter dem Titel ›Mongolenforschung‹ bearbeitet und kann gerade jetzt im Kriege ein gutes Stück vorangetrieben werden, stehen uns doch unter den russischen Kriegsgefangenen geeignete Forschungsobjekte zur Verfügung, wie wir sie in Friedenszeiten nicht wieder so einfach und billig erhalten können.«[211] Wenige Tage später reagiert das OKW »mit der Bitte um Angabe, welche Mannschaftslager besucht werden sollen ...

209 Brief vom 25. 1. 1941. Das Dokument danke ich Dr. Marianne Bechhaus-Gerst, Institut für Afrikanistik der Universität Köln.

210 Beger-Urteil, S. 25 (4 Ks 1/70 LG Ffm.). Brief Ahnenerbe an Beger vom 3. 11. 1943. Dokumententeil zum Verfahren.

211 Sven Hedin-Institut für Innerasienforschung, gez. Beger, am 10. 2. 1944 »An die Oberste Stelle für Kriegsgefangene, Torgau«. Dokumententeil zum Verfahren 4 Ks 1/70 LG Ffm (Beger).

Gleichzeitig ist Angabe erwünscht, für welche Zeitdauer der Ausweis erbeten wird.«[212]

Einen Großteil der Menschenversuche an Kriegsgefangenen führen Wehrmachtsärzte durch. So bekommt Stabsarzt Heinrich Berning von der Heeres-Sanitätsinspektion den Geheimauftrag, die »Ödemkrankheit«, die Hungerwassersucht, zu erforschen.[213] Forschungsobjekte sind russische Kriegsgefangene in einer geschlossenen Abteilung des Reserve-Lazaretts Hamburg-Wandsbek. Bernings übergeordneter Mediziner ist der Direktor des Universitätskrankenhauses Hamburg-Eppendorf, Oberfeldarzt Prof. Hans Heinrich Berg, Ordinarius für Innere Medizin.

Die Versuchsreihe dauert von September 1941 bis Juli 1942 und wird am 27. August 1942 mit einem Bericht abgeschlossen.[214] Berning stehen 56 »Kranke« im Alter zwischen 20 und 54 Jahren zur Verfügung, deren Leiden (z. T. bis zum Tode) klinisch beschrieben werden:

»Bei starken Beinödemen kam es vereinzelt zu chronischen, nässenden Ekzemen, aus denen manchmal große Ödemmengen entleert wurden. Der Kranke Nr. 4 bildete auf diese Weise an der Stelle, an der er kürzere Zeit stand, eine deutliche Ödempfütze.« Oder:

»Bei einem schweren allgemeinen Hydrops [Wassersucht] wies der ödematöse Penis eines Russen einen Umfang von 23 cm auf. Das Skrotalödem [Hodensack-Ödem] konnte so hochgradig sein, daß es zu breitbeinigem Gang zwang und der ödematöse Hodensack bei Bewegungen mit den Händen verlagert werden mußte.«[215]

Berning veröffentlicht 1949 sein Standardwerk »Die Dystrophie« [Ernährungsstörung]. Er ist, nach einigen Zwischenstatio-

---

212 Antwort OKW, Abt. Kriegsgef. Allg. (IIb) vom 18. 2. 1944. Ebd.

213 »Die Menschenversuche des Doktor Heinrich Berning« hat Götz Aly ausführlich dargestellt in: Heilen und Vernichten im Mustergau Hamburg. Bevölkerungs- und Gesundheitspolitik im Dritten Reich. Hg. von Angelika Ebbinghaus, Heidrun Kaupen-Haas, Karl-Heinz Roth. Hamburg 1984, S. 184 ff.

214 Heinrich Berning: Über das Ernährungsödem. BA MA H 20/2093.

215 Ebd.

nen, von 1963 bis 1974 ärztlicher Direktor des Hamburger Allgemeinen Krankenhauses Hamburg-Barmbek und internistischer Hauptgutachter des Hamburger Amtes für Wiedergutmachung.[216]

Hepatitis-Versuche

Ein weiterer Mitarbeiter Bergs ist Dr. med. Arnold Dohmen, der in der Hepatitisforschung eine entscheidende Rolle spielen wird. Die Ursache der Hepatitis ist bei Kriegsbeginn ungeklärt.[217] Die Gelbsucht verläuft zwar selten tödlich, schwächt aber die »Wehrkraft«, wie einem Brief des Reichsarztes-SS an Himmler zu entnehmen ist: »Die praktische Bedeutung ... für unsere Truppen vor allem in Süd-Rußland ergibt sich aus der Tatsache, daß sowohl bei uns in der Waffen-SS und Polizei wie auch beim Heer diese Krankheit in den vergangenen Jahren sehr umfangreiche Ausbreitung angenommen hat, so daß Kompanien bis zu 6 Wochen bis zu 60% an Ausfall hatten.«[218]

Oberstabsarzt Friedrich Meythaler, Beratender Internist beim Heer, benutzt für die Hepatitisforschung englische Kriegsgefangene. Am 19. September 1941 schreibt er Kurt Gutzeit, Professor für Innere Medizin in Breslau, jetzt Beratender Internist bei der Heeres-Sanitätsinspektion: »In Kreta habe ich unser ganzes Ikterusproblem organisiert und habe in dem Lazarett [von Stabsarzt] Brunner einen Assistenzarzt darauf angesetzt. Wir haben schon zu meiner Zeit drüben Impfversuche von Mensch zu Mensch (Engländer) unternommen ... Hoffentlich haben die Übertragungsversuche Erfolg, um diesem ganzen Ikterusproblem näher zu kommen.«[219]

216 Aly, a.a.O., S. 186.

217 Eine ausführliche Darstellung bieten Brigitte Leyendecker und Burghard F. Klapp: Deutsche Hepatitisforschung im Zweiten Weltkrieg, in: Der Wert des Menschen, S. 261 ff.

218 Grawitz am 1.6.1943 an Himmler. Nürnb. Dok. NO-010. Abgedruckt bei Mitscherlich/Mielke, S. 128 f.

219 Meythaler an Gutzeit: BA MA H 20/357.

Gutzeits Assistent Hans Voegt unternimmt vom 7. bis 30. Oktober 1941 in Breslau »Übertragungsversuche von Mensch zu Mensch«. Das Ergebnis, nicht geheimgehalten, sondern in der Münchener Medizinischen Wochenschrift veröffentlicht: »Wir haben … bei allen Personen eine mehr oder minder schwere Leberschädigung, die 2 bis 4 Wochen nach der Impfung faßbar war, erzielt.«[220]

Über die organisch gesunden Versuchsopfer wird nichts verlautbart. Aufschluß geben jedoch zwei Briefe. Am 11. Oktober 1941 schreibt Voegt seinem Chef Gutzeit: »Herr Prof. Villinger hat mir erlaubt, an Kranken seiner Klinik Übertragungsversuche vorzunehmen.«[221] Drei Tage später schreibt Oberarzt Fritz Kuhlmann an Gutzeit: »Mit der Nervenklinik haben wir Beziehungen angeknüpft und übertragen mit Einverständnis von Herrn Prof. Villinger ab morgen dort verdächtiges Ikterus-Material.«[222] Die Versuchspersonen sind also psychisch Kranke.

1942 wechselt Dr. med. habil. Arnold Dohmen von der Universitäts-Klinik Hamburg-Eppendorf nach Berlin. Stabarzt Dohmen gehört nun zur Militärärztlichen Akademie, Abteilung Beratender Internist, führt seine Hepatitis-Forschungen jedoch im Laboratorium von Prof. Gildemeister (Robert-Koch-Institut) durch. Dohmen überträgt zunächst Leberpunktat-Material, das Voegt Hepatitiskranken entnimmt, auf Tausende weißer Mäuse und Hühnerembryonen.[223] Am 30. April 1943 wendet sich Dohmen an Prof. Karl Brandt. Er möchte sechs Versuchspersonen mit dem im Tierversuch gewonnenen Material beimpfen.[224] Am 20. Mai

---

220 Hans Voegt: Zur Aetiologie der Hepatitis epidemica, in: Münchener Medizinische Wochenschrift (MMW), Nr. 4, 28. 1. 1942, S. 75ff. Voegts Übertragungsversuche »von Mensch zu Mensch«, schreibt Gutzeit in derselben Wochenschrift, seien auf seine Anregung erfolgt. Gutzeit: Icterus infectiosus, MMW Nr. 9, 27. 2. 1942, S. 188.

221 Voegt-Brief an Gutzeit: BA MA H 20/357. Voegts Aufsatz zufolge beginnen die Übertragungsversuche am 17. Oktober 1941.

222 Kuhlmann am 14. 10. 1941 an Gutzeit. BA MA H 20/357.
Professor Werner Villinger ist der Leiter der Breslauer Psychiatrie und nebenamtlich Gutachter der Berliner Euthanasie-Zentrale.

223 Die Darstellung folgt Leyendecker/Klapp, a. a. O., S. 266f.

224 Tagebuch der Abteilung Beratender Internist beim HSIn, Dienststelle MA, vom 30. 4. 1943, Leyendecker/Klapp, a. a. O., S. 275.

1943 trägt Dohmen seine Pläne Brandt persönlich vor,[225] am 1. Juni konferiert er mit Grawitz.

Am selben Tag schreibt Grawitz an Himmler, der Generalkommissar des Führers (Brandt) sei an ihn herangetreten, bei der Erforschung der Ursachen der ansteckenden Gelbsucht »durch Zur-Verfügung-Stellung von Häftlingsmaterial behilflich zu sein«. Benötigt würden »8 zum Tode verurteilte Häftlinge möglichst jüngeren Alters« im KL Sachsenhausen: »Mit Todesfällen muß gerechnet werden.« Grawitz weiter: »Obwohl Herr Dohmen nicht der Schutzstaffel angehört (er ist SA-Führer und Parteigenosse), würde ich es in diesem Falle im Interesse der Kontinuität der Versuchsreihe und damit der Exaktheit des Ergebnisses ausnahmsweise befürworten.«[226]

Am 16. Juni 1943 genehmigt Himmler »8 zum Tode verurteilte Juden der polnischen Widerstandsbewegung«.[227] Am 23. Juni tritt Dohmen eine viertägige Dienstreise nach Auschwitz an.[228] Im August 1943 werden die Versuchsobjekte von Auschwitz nach Sachsenhausen überstellt. Es sind nicht acht, sondern elf jüdische Kinder und Jugendliche im Alter von 9 bis 19 Jahren, gewiß keine zum Tode verurteilten Widerstandskämpfer.

Was danach passiert, liegt im dunkeln. Gesichert ist lediglich, daß im November 1943 das Robert-Koch-Institut bombardiert und Dohmens Materials großenteils vernichtet wird. Dohmen muß seine Forschung ins Tierhygienische Institut der Universität Gießen verlagern. Am 5. Juni 1944 findet in Breslau eine zentrale Hepatitistagung statt, bei der u.a. eine Zusammenarbeit zwischen der Gutzeit-Gruppe (Voegt, Dohmen) und dem Straßburger Prof. Haagen angebahnt wird. Haagen, der nach eigenem Bekunden bei der Hepatitisforschung mit den Professoren Büch-

225 Bericht Dohmens über die Kommandierung ins Führerhauptquartier am 20. 5. 1943, Leyendecker/Klapp, a. a. O., S. 275.

226 Grawitz am 1. 6. 1943 an Himmler. Nürnb. Dok. NO-010, abgedruckt bei Mitscherlich/Mielke, S. 128.

227 Himmler am 16. 6. 1943 an Grawitz. Nürnb. Dok. NO-011, auszugsweise abgedruckt bei Mitscherlich/Mielke, S. 129.

228 Mitteilung Dohmen an die Lehrgruppe C der MA vom 22. 6. 1943, Leyendecker/Klapp, a. a. O., S. 276.

ner[229], Zukschwert und Kalk zusammenarbeitet,[230] drängt in einem Brief an Oberstarzt Kalk: »Wir müssen also jetzt baldmöglichst daran gehen, die Humanversuche durchzuführen ... Diese müssen allerdings am besten hier in Straßburg oder in der Nähe stattfinden. Könnten Sie von Ihrer Dienststelle aus die nötigen Schritte unternehmen, daß wir die erforderlichen Versuchspersonen bekommen?«[231]

Am 21. August 1944 besucht Gutzeit Dohmen in Gießen. In einem Brief an seinen Mitarbeiter Wilhelm Fähndrich beschreibt er das Treffen: »In Gießen habe ich Dohmen wieder einmal – ich weiß nicht zum wievielten Male – aus seiner tierexperimentellen Lethargie aufzurütteln versucht, damit wir endlich zur letzten Klärung kommen. Komisch, wie schwer der Schritt vom Tier zum Menschen ist, aber schließlich und endlich ist der letztere ja doch die Hauptsache.«[232]

Am 26. August 1944 findet beim Generalkommissar des Führers eine Besprechung über vordringliche Forschungsaufgaben statt. Brandt will die »personellen und materiellen Kräfte auf wirklich entscheidende kriegswichtige Forschungsgebiete beschränken«.[233] Es werden als Forschungsgebiete u.a. Malaria und Hepatitis festgelegt (»Hier muß als Schlußglied der bisherigen Untersuchungsfolge der Menschenversuch ... zur Durchführung kommen«). Im September 1944 erstellt Rostock ein Verzeichnis jener Institute, deren Forschungsvorhaben (in der Endphase des Dritten Reiches) kriegswichtig sind:[234]

---

229 Büchner in einer Eidesst. Vers. vom 24.1.1947: »Meine Zusammenarbeit mit Prof. Haagen ... ergab sich dadurch, daß ich mit Prof. Kalk zusammen systematische Untersuchungen über das mikroskopische Bild der Leber bei Hepatitis epidemica durchgeführt hatte. Aufgrund dieser Untersuchungen ist Prof. Haagen persönlich wissenschaftlich an mich herangetreten, ihm die Lebern seiner Versuchsmäuse zu untersuchen.« Archiv Lambert Schneider Verlag, Heidelberg.

230 Bericht Humanversuche ZSt 413 AR 1463/65, S. 60.

231 Nürnb. Dok. NO-126, zitiert nach ZSt 413 AR 1463/65, S. 60.

232 Gutzeit am 23.8.1944 an Fähndrich. BA MA H 20/365.

233 BA-MA H 20/860/2.

234 Der Beauftragte für Medizinische Wissenschaft und Forschung: Verzeichnis medizinischer Institute, welche Forschungsaufgaben bearbei-

Berlin	
1. Hygien. Inst. d. Univ. (Zeiß)	Fleckfieber, Serumkonservierung
2. KWI für Biochemie (Butenandt) Arbeitsstätte f. Virusforschung	Virusforschung
3. KWI f. Hirnforschung (Spatz[235])	Hirnstromforschung
4. Labor f. Übermikroskopie Siemens u. Halske	Elektronenmikroskopie
5. Chirurgische Univ. Klinik Ziegelstr. (Rostock)	Chemotherapie, Penicillin
6. Robert-Koch-Institut (Gildemeister)	Fleckfieber, Malaria, Chemotherapie
7. Pathol. Inst. d. Charité (Rössle)	Luftkriegsschäden
8. Horst-Wessel-Krankenhaus II. Inn. Abtlg.	Hepatitisforschung
Bonn	
9. Pharmakol. Inst. (Schulemann[236])	Chemotherapie, Ungezieferbekämpfung
Breslau	
10. Mediz. Univ. Klinik (Gutzeit)	Hepatitisforschung
11. Chirurg. Univ. Klinik (Killian)	Penicillin
Celle	
12. Reichsanstalt f. Kleintierzucht	Agar-Agar-Austausch, Versuchstiere
Dortmund	
13. KWI f. Arbeitsphysiologie (Lehmann)	Leistungssteigerung

ten, die in der Forschungsbesprechung vom 26. 8. 1944 in Beelitz als vordringlich bezeichnet wurden. 14. (?) 9. 1944. Nürnb. Dok. NO-692.

235 Prof. Hugo Spatz, Direktor des KWI für Hirnforschung (Berlin) 1937–45, Direktor des Max-Planck-Instituts für Hirnforschung (Gießen) 1948–57, ab 1958 Direktor der Neuroanatomischen Abteilung des MPI für Hirnforschung in Gießen.

236 Prof. Werner Schulemann, Malaria-Untersuchungen im Reservelazarett Bad Oeynhausen, Sondergruppe OKH für Seuchenbekämpfung (Vondra, S. 63f.), nach 1945 weiterhin Direktor des Pharmakologischen Instituts Bonn und Honorarprof. an der Medizinischen Akademie Düsseldorf.

	Frankfurt a/M	
14.	Inst. f. Therapieforschung der Tbc. (Pfaff)	Tuberkuloseforschung
15.	Physiol. Inst. (Wezler)	Kreislaufforschung
16.	Inst. f. Nahrungsmittelchemie (Diemair[237])	Lebensmittelbehandlung Biosynthetisches Eiweiß
17.	Univ. Augenklinik (Thiel[238])	Tuberkulin
18.	Inst. f. exp. Therapie[239] (Prigge, Otto)	Tuberkulose, Heilsera
	Freiburg/Br.	
19.	Hygien. Inst. (Uhlenhuth)	Chemotherapie, Hepatitisforschung, Tuberkulose
20.	Rundfunkwissenschaftl. Inst. (Rödemayer)	Sehprothesen
	Gießen	
21.	Physiol. Institut (Koch[240])	Raumsehen
22.	Pharmakol. Inst. (Hildebrandt[241])	Kampfstoffe
23.	Balneol. Institut (Weber[242])	Kreislaufforschung
	Göttingen	
24.	Physiol. Inst. (Rein)	Sauerstoffmangel
	Greifswald	
25.	Hygien. Inst. (Herzberg[243])	Hepatitisforschung

237 Willibald Diemair wird Professor für Lebensmittelchemie an der Universität Frankfurt am Main.

238 Rudolf Thiel bleibt Professor an der Universitäts-Augenklinik.

239 Die (staatlichen) Institute für experimentelle Therapie in Frankfurt am Main und Marburg wurden gegründet von den Schülern Robert Kochs Paul Ehrlich und Emil von Behring. Mit ihnen verbundene Stiftungsanstalten sind das Georg-Speyer-Haus (1906) und das Ferdinand-Blum-Institut in Frankfurt am Main. Hubenstorf, S. 372. Das Institut für exp. Therapie wird 1947 in Paul-Ehrlich-Institut umbenannt.

240 Eberhard Koch wird Dozent und Oberarzt an der Universität Gießen (Hämatologie, Erbleiden!).

241 Fritz Hildebrandt wird Professor in Gießen, Kerckhoff-Institut in Bad Nauheim.

242 Prof. Arthur Weber wird 1953 emeritiert und Direktor des Balneologischen Universitäts-Instituts in Bad Nauheim (Bäderkunde).

243 Prof. Kurt Herzberg ist bis 1951 in Marburg, danach Direktor des Hygiene-Instituts der Universität und der Stadt Frankfurt am Main.

Heidelberg	
26. KWI f. med. Forschung (Kuhn)	Chemotherapie, Tuberkulose
27. Physikal. Chem. Inst. (Fischbeck[244])	Kampfstoffe
Jena	
28. Hygien. Inst. (Schlossberger[245])	Nährbödenersatzstoffe, Penicillin, Typhus
29. Bakteriol. Labor Fa. Schott u. Gen (Knöll[246])	Penicillin
Kiel	
30. Hygien. Inst. (Bachmann[247])	Hepatitisforschung
31. Inst. f. Virusforschung und exp. Medizin, angegliedert d. Prüf- u. Forschungsanst. f. Milchwirtsch. (Lembke)	Virusforschung
Königsberg	
32. Physiol. Chem. Institut (Ammon[248])	Tuberkulose
Leipzig	
33. Univ. Hautklinik (Vonkennel)	Chemotherapie
34. Med. Univ. Klinik (Bürger[249])	Hepatitisforschung und Kreislaufforschung
Marburg	
35. Pharmakol. Institut (Gremels[250])	Kampfstoffe, Wundschock, Leistungssteigerung

---

244 Prof. Kurt Fischbeck (Chemiker) wird Lehrbeauftragter der TH Darmstadt und wissenschaftlicher Mitarbeiter der DECHEMA.

245 Prof. Hans Schlossberger, nach 1945 Direktor des Hygiene-Instituts Frankfurt am Main.

246 Prof. Hans Knöll, Direktor des Institutes für Mikrobiologie und experimentelle Therapie in Jena.

247 Prof. Werner Bachmann: Medizinisch-Diagnostisches Institut in Kiel.

248 Prof. Robert Ammon wird Direktor des Physikal.-Chem. Universitäts-Instituts in Saarbrücken.

249 Prof. Max Bürger, nach 1945 Ordinarius für Innere Medizin an der Universität Leipzig. 1953 Nationalpreis der DDR.

250 Prof. Dr. med. Hans Gremels, 1938 Ernennung zum Professor und Direktor des Pharmak. Instituts in Marburg, 1939 an der Pharmakologisch-Toxikologischen Abteilung der Lehrgruppe C der Militärärztlichen Akademie. Wegen Erkrankung ab WS 1948/49 bei Vorlesungen vertreten, gest. am 25. 3. 1949.

	Münster	
36.	Hygien. Inst. (Jötten[251])	Chemotherapie der Tbc
37.	Chemisches Inst. (Michel[252])	Eiweißchemie
	Bad Nauheim	
38.	Kerckhoff-Inst. (Schaefer[253])	Tetanus, Kreislauf, Luftkriegsschäden
	Posen	
39.	Physiol. Institut (Monjé[254])	Raumsehgerät
	Prag	
40.	Inst. f. enzym. Chemie (Bernhauer[255])	Penicillin
41.	Chem. Inst. (Waldschmidt-Leitz[256])	Kampfstoffe, Eiweißforschung
	Straßburg	
42.	Hygien. Inst. (Haagen)	Virusforschung, Hepatitisforschung
43.	Med. Poliklinik (Bickenbach)	Kampfstoffe
44.	Anat. Inst. (Hirt)	Kampfstoffe
	Tübingen	
45.	Hygien. Inst. (Stickl)	Chemotherapie, Hepatitisforschung

Dohmen erwacht im September 1944 aus der »tierexperimentellen Lethargie«. Die für ihn in Sachsenhausen deponierten jüdischen Kinder kommen im selben Monat in strenge Isolierung. Erstellt werden z. B. Blutbilder und Harnanalysen. Bruno Meyer, der Blockälteste der (Kranken-)Revierbaracke R II, berichtet, daß

251 Prof. Karl Wilhelm Jötten, Direktor des Hygiene-Instituts, Leiter des Staatsinstituts für Staublungenforschung und Gewerbehygiene in Münster.

252 Dr. phil. habil. Fritz Micheel, 1946 ordentlicher Professor und Direktor des Organ.-chem. Instituts der Universität Münster.

253 Prof. Hans Schaefer, ab 1950 Professor in Heidelberg, Direktor des Physiologischen Universitäts-Institutes. Schaefer veröffentlicht 1986 seine Lebenserinnerungen. Dort steht der Satz: »Der Krieg war 1939 von den Alliierten erklärt worden.« Schaefer: Erkenntnisse und Bekenntnisse eines Wissenschaftlers. Heidelberg 1986, S. 96.

254 Manfred Monjé, zunächst Facharzt für Augenheilkunde, ab 1955 Universitätsprofessor für Angewandte Physiologie in Kiel.

255 Konrad Bernhauer, Professor TH Stuttgart.

256 Prof. Ernst Waldschmidt-Leitz, TH München (»Chemie der Eiweißkörper«).

eine Woche später Stabsarzt Dohmen erscheint: »Ohne Gruß betrat er den Raum, sah die Kinder kaum an …«[257]

Meyer schildert insgesamt sechs Besuche. Einmal bringt Dohmen in Papier verpackte Ampullen mit. Er führt zwei Kindern Duodenalsonden ein. Durch die dünnen Gummischläuche (zur Untersuchung von Magen- und Darmsaft) drückt Dohmen mit einigem Kraftaufwand eine gallertartige Masse in den Darmtrakt. Beim zweiten Versuch wird ein Teil der Masse auf den Boden geschüttet. »Nicht hineintreten!« ruft er aufgeregt, streckt seine Hände abwehrend aus. Meyer: »Für mich beseitigte dieser Zwischenfall die letzten Zweifel darüber, daß Dr. Dohmen diesen völlig gesunden jüdischen Kindern Bakterienkulturen in den Darm praktizierte.«

»Dr. Dohmen entnahm seiner Instrumententasche nun eine schräg angeschliffene Röhrensonde, trat hinter Saul Hornfeld, tastete mit den Fingern seinen Rücken ab, setzte dann die Sonde an und stach sie tief durch die Rückenmuskulatur in die Körperhöhle des Kindes. Saul Hornfeld biß vor Schmerz auf seine kleinen Fäuste. Ich trat schnell vor ihn hin und beschwor ihn mit gepreßter Stimme, tapfer zu bleiben. Tränenblind schaute er mich an, ohne mich zu sehen. Über seine blutleeren Wangen strömten die Tränen. Da stach der Arzt zum zweiten Male zu. Ich warf einen bangen, fragenden Blick zu [Häftlingsarzt] Dr. Oftedal. ›Leberpunktion‹, flüsterte der mir zu. Dann sah ich, wie Dr. Dohmen aus der Sondenröhre eine lange Nadel zog und schnell ein Reagenzglas unter die Sondenöffnung hielt. Schweres, dunkles Blut tropfte in das Glas. Auch einige Stückchen Gewebe – wohl aus der Leber gerissen – schwemmten mit hinein. Jetzt zog der Stabsarzt die Sonde wieder aus dem Rücken des Jungen, warf sie in eine Nierenschale und drückte schnell einen Tupfer auf die Wunde. Dann klebte er ein oder zwei breite Streifen Heftpflaster darüber. Dr. Oftedal und ich hoben Saul Hornfeld vom Verbandstisch und ich brachte ihn zurück zu seinen Leidensgefährten und ins Bett. Da lag dieser kleine Mensch auf dem Strohsack, das Gesicht zur Bretterwand gekehrt und weinte leise vor sich hin.«

Der Blockälteste im Krankenrevier, Bruno Meyer.[258]

257 Bruno Meyer: Der Krankenbau – Versuchs- und Mordstätte, in: Der Appell. Mitteilungsblatt für die ehemaligen Häftlinge und deren Angehörige der Konzentrationslager Sachsenhausen/Oranienburg. Nr. 9/Februar 1987.

258 Meyer, ebd.

Dohmens Laboratorium wird im Dezember 1944 zum zweitenmal von Bomben getroffen. Gutzeits Mitarbeiter Fähndrich meldet am 1. März 1945 seinem Chef aus dem Ausweichquartier in Bad Nauheim: »Herr Dohmen und Herr Vierthaler werden innerhalb der nächsten Tage hier eintreffen.« Und: »In der Abteilung sind wir jetzt mit der gesamten Durchsicht unseres Materials auf auszumerzende Schriftstücke, Briefe, Berichte usw. nahezu fertig.«[259]

Hans Voegt habilitiert sich 1951 in Gießen. Er wird Oberarzt, schließlich 1958 außerplanmäßiger Professor für Innere Medizin.[260] Friedrich Meythaler kommt als Direktor der II. Medizinischen Klinik des Städtischen Krankenhauses Nürnberg unter.[261] Kurt Gutzeit wird Leiter des Sanatoriums Herzoghöhe in Bayreuth, danach Leiter eines Sanatoriums in Bad Wildungen.[262] 1954 gibt er in zweiter Auflage (Erstauflage 1937) zusammen mit Heinrich Teitge[263] das Lehrbuch »Die Gastroskopie« heraus. Arnold Dohmen läßt sich im Kreis Detmold als Facharzt für Innere Krankheiten nieder. Ein Ermittlungsverfahren wird eingestellt. Dohmen behauptete, er habe die Versuche nur zum Schein durchgeführt.[264]

---

259 Fähndrich am 1. 3. 1945 an Gutzeit. BA MA H 20/397/1.

260 Leyendecker/Klapp, a. a. O., S. 274.

261 Leyendecker/Klapp, a. a. O., S. 273.

262 Aussage Haagen vom 26. 1. 1965. Bericht Humanversuche ZSt 413 AR 1463/65.

263 Der SS-Brigadeführer Heinrich Teitge gilt als der »erste SS-Arzt Berlin« (die SS-Karriere Teitges ist beschrieben in dem Buch »nicht mißhandeln. Das Krankenhaus Moabit«, S. 196 ff.). Er bringt es bis zum Hauptabteilungspräsidenten für Gesundheit der Regierung Frank in Polen (Diensttagebuch des deutschen Generalgouvernements, Personenregister). Nach 1945: Chefarzt am Evangelischen Krankenhaus Melle und ärztlicher Direktor der Paracelsus-Klinik in Marl.

264 Einstellungsverfügung durch die Zentralstelle im Lande Nordrhein-Westfalen für die Bearbeitung von nationalsozialistischen Massenverbrechen in Konzentrationslagern vom 27. 2. 1975. 130 (24) Js 46/65 (Z).

Die Gaskammer der Wehrmacht

Giftgas (verharmlosend »Kampfstoff« genannt) ist erstmals im Ersten Weltkrieg eingesetzt worden. Die Experten unterscheiden Augen-, Nasen- und Rachenreizstoffe (Blaukreuzkampfstoffe), lungenschädigende (Grünkreuzgruppe) und hautschädigende Kampfstoffe (Gelbkreuz/Lost) sowie Nervengifte (z. B. Blausäure). Die stärksten Kampfgase werden mit Hilfe von Chlor hergestellt. Zwanzigmal giftiger als Chlor ist Phosgen, der »hinterhältigste und gefürchtetste Kampfstoff des Ersten Weltkrieges«.[265] Farblos, mit einem modrigen Geruch (faulende Äpfel), führt Phosgen zu einem Lungenödem, d. h. es sammelt sich Flüssigkeit in der Lunge. Der Tod tritt durch Lähmung des Atemzentrums ein. Toxikologen sprechen vom »inneren Ertrinken« der Lunge.

Fünfmal giftiger als Phosgen ist das Gelbkreuz, Deckname Lost. Es wird, da es nach Senf riecht, von den Engländern »mustard gas« (Senfgas) und von den Franzosen als »Ypérite« bezeichnet, da es erstmals von der deutschen Armee am 12./13. Juli 1917 bei Ypern verwandt wurde. Die Deutschen nennen es nach den Chemikern Lommel und Steinkopf »Lost«. Die Vergiftung wird zunächst nicht bemerkt. Erst nach zwei bis sechs Stunden bilden sich Schwellungen und Rötungen. Phosgen, das die Haut zersetzt, wird im Ersten Weltkrieg als »Königin der Kampfstoffe« bezeichnet.[266]

Nach dem Ersten Weltkrieg beginnt das Heereswaffenamt 1923 im geheimen erneut mit der Einsatzplanung von chemischen Waffen.[267] Einer der Beteiligten ist der Chemiker Kurt Stantien, ein Experte für Lost.[268] Prof. Ferdinand Flury, Leiter

265 Günther W. Gellermann: Der Krieg, der nicht stattfand. Möglichkeiten, Überlegungen und Entscheidungen der deutschen Obersten Führung zur Verwendung chemischer Kampfstoffe im Zweiten Weltkrieg. Koblenz 1986, S. 22.

266 Gellermann, S. 26.

267 Olaf Groehler hat die Geschichte der Entwicklung deutscher Giftgase von 1914 bis 1945 detailliert beschrieben.

268 Groehler, S. 72.

des Pharmakologischen Instituts der Universität Würzburg, zugleich Mitglied des KWI für physikalische Chemie und Elektrochemie, forscht offiziell über die »Wirksamkeit zur Schädlingsbekämpfung geeigneter Stoffe auf den tierischen und menschlichen Organismus«.[269] Er entscheidet 1939, daß Kohlenmonoxyd beim Massenmord an psychisch Kranken und Behinderten (»Euthanasie«) verwendet wird.[270]

Für Giftgas ist im Heereswaffenamt die Amtsgruppe Prüfung und Entwicklung, speziell die Abteilung 9 (Wa. Prüf. 9), zuständig. Die ersten Lost-Versuche für das OKH finden nach Angaben von Otto Ambros (I. G. Farben) 1938/39 in den Laboratorien in Leverkusen statt.[271] Im Oktober 1939 werden Ambros (Chemischer Ausschuß der I. G.), Fritz ter Meer (Technischer Ausschuß der I. G.) und Dr. Heinrich Hörlein (Direktor Werk Elberfeld) zur Besprechung der Giftgasproduktion (u. a. Lost-Versuche) ins Heereswaffenamt bestellt.[272] 1939 wird im KZ Sachsenhausen das sogenannte Holzmannsche Lost-Heilmittel und ein Präparat »F 1001« von Lagerarzt Dr. Sonntag erprobt. Näheres über die Versuche ist nicht bekannt. Bekannt ist, daß Lagerarzt Dr. Schmick Gelbkreuzversuche (Lost) im Herbst 1939 in Sachsenhausen unternimmt.[273]

»Bei einem Meerschweinchen, das ich 10 Monate lang täglich 2 mal (sonntags 1 mal) bis zum Umfallen und Zuckungen mit Schwefelkohlenstoff vergaste, stieg das Gewicht von 525 g auf 660 g. Der Versuch wurde abgebrochen, weil das Tier keine Schädigung zeigte.«

Dr. Georg Rodenacker, Leitender Arzt der Krankenanstalten der I. G. Farben in Wolfen.[274]

269 Groehler, S. 70.
270 Aussage Werner Heyde vom 26. 10. 1961. Ks 2/63 GStA Ffm.
271 Eidesstattl. Versicherung Otto Ambros vom 1. 5. 1947. Nürnb. Dok. NI-6788.
272 Ebd. Teilnehmer der Wehrmacht sind nach Ambros Oberst Schmidt (»Gasschutzabteilung«), Ministerialrat Zahn und von der Linde.
273 Aktenvermerk ZSt 406 AR-Z 14/59 (Sachsenhausen), Bl. 1210 f.
274 Zentralblatt für Gewerbehygiene, 1931, Bd. 2., S. 17.

SD-Mann Helmut Fischer über die Heeresversuchsstelle Raubkammer: »Soweit ich mich erinnere, fanden die Gasversuche in der Raubkammer/Lüneburger Heide statt. Bei den Kampfgasen in der Abteilung Wa. Prüf. 9 war der Chemiker (Ministerialrat) Stantien ein maßgeblicher Mann. Er hatte sein Labor in der Zitadelle in Berlin-Spandau ... Nach dem Krieg war Stantien bei der Firma Nobel (Sprengstoff) in Troisdorf bei Köln beschäftigt.«[275]

Vorarbeiten laufen in der Militärärztlichen Akademie in Berlin, im »Institut für Pharmakologie und Wehrtoxikologie (Gastherapeutische Abtlg.)«. Leiter der Instituts ist Prof. Dr. phil. et med. Wolfgang Wirth. Der Cheftoxikologe der Wehrmacht, der selbst zwei Lost-Narben[276] hat (angeblich von Selbstversuchen): »... die Versuche der Militärärztlichen Akademie hat in erster Linie Professor Wels gemacht; dieser war Ordinarius in Greifswald für Pharmakologie. Er war während des Krieges bis einschließlich 1943 an mein Institut kommandiert und war dann an sein eigenes Institut nach Greifswald gegangen und hat dort die Versuche fortgesetzt.«[277] Wels arbeitet mit Dr. Fritz Mietzsch von den I. G. Farben Wuppertal zusammen, der »eine Fülle von Substanzen an Wels unmittelbar lieferte«.[278]

Wels arbeitet in Greifswald weiterhin für Wirths Abteilung.[279] Mit »herzlichen Grüßen« (ohne Heil Hitler) schreibt ihm Wirth

---

275 Aussage Helmut Fischer vom 13. 2. 1968. ZSt 413 AR-Z 501/67. Nach Fischer ist Stantien für Lost-Forschung zuständig.

276 Gellermann, a. a. O., S. 81.

277 Office of U. S. Chief of Councel for War Crimes. Vernehmung No. 799 Dr. Wirth vom 12. 2. 1947. NAW Wolfgang Wirth, M 1019, roll 80, frame 280–334. Die Protokolle hat mir freundlicherweise Friedrich Hansen, Hamburg, zur Verfügung gestellt. Die Aussage wird bestätigt durch einen Brief von Wirth vom 12. 6. 1942 an die Lehrgruppe C der Militärärztlichen Akademie, BA-MA H 20/253.

278 Ebd. Nach einem Brief von Mietzsch vom 22. 4. 1943 an Wels, zur Kenntnisnahme an Wirth, geht es um Lost.

279 Wels führt seit Kriegsbeginn kriegswichtige Kampfstoffuntersuchungen an Wirths Institut durch, nimmt aber im Wechsel seine Pflichten (Vorlesungen, Prüfungen) als Leiter des Pharmakologischen Instituts in Greifswald wahr. Ein Herzmuskelschaden behindert ihn. Um die Doppelbelastung zu vermindern, gleichzeitig aber Wels' kriegswichtige Forschungen zu nutzen, stellt Wirth am 12. 6. 1942 bei der Lehrgruppe C

1944 wegen des Stoffes »243«: »Es käme mir gewissermaßen darauf an, die toxische und letale Dosis zu erfahren, um beurteilen zu können, ob den Umsatzprodukten eine Bedeutung als Kampfstoff zukommen könnte.«[280]

Für Experimente steht die Zitadelle Spandau zur Verfügung. Die ehemals preußische Befestigungsanlage dient von 1935 bis 1945 als »Gasschutzlabor«, 450 Spezialisten sollen dort beschäftigt gewesen sein.[281] Das Spandauer Gasschutzlabor untersteht dem Heereswaffenamt. Die Kampfstoff-Forschungsstätte[282] hat verschiedene Institute und Laboratorien sowie mehrere Gas-Versuchskammern. In einem Besuchern nicht zugänglichen Bereich ist heute noch eine der Gas-Versuchskammern zu sehen. Eine Vielzahl an Beobachtungsfenstern, Zuleitungsmöglichkeiten, Vorrichtungen zum Einblasen und Absaugen der Kampfstoffe dokumentieren: Diese Gaskammer war technisch optimal ausgestattet wie keine andere der Nazi-Zeit.

Walter Strelow[283], von 1936 bis Kriegsende beim Amtsgericht Tiergarten als Rechtspfleger für die Anstalten Tegel und Plötzensee eingesetzt, in einer Aussage:

»Aus meiner ... Tätigkeit bei dem Strafgefängnis Plötzensee ist mir ... bekannt, daß an zu Tode Verurteilten, die hingerichtet werden sollten, Versuche mit Giftgasen vorgenommen wurden.«[284] Strehlow: »Meiner Erinnerung nach begannen diese Versuche bald nach Beginn des Krieges.« Er wird hellhörig, als ein zum Tode Verurteilter, der ihn wiederholt mit Bitten angegangen hatte, kurz vor der Hinrichtung verschwindet:

(Forschungsgruppe) der Militärärztlichen Akademie den Antrag »zur Errichtung einer Außenstelle ab 1. 9. 42« unter Leitung von Wels in Greifswald. BA-MA, H 20/253.

280 Brief Wirth am 5. 1. 1944 an Wels, BA-MA H 20/253.

281 Geheimbericht Combined Intelligence Objectives Sub-Committee: Investigation of Chemical Warfare Installations in the Munsterlager Area, including Raubkammer. APO 413. Imperial War Museum, London.

282 Groehler, S. 106.

283 Strelow ist nach 1945 Direktor des Frauengefängnisses Lehrter Straße. Aktenvermerk vom 18. 1. 1968, ZSt 413 AR-Z 501/67.

284 Nürnb. Dok. NG-405.

»Der Verurteilte war eines Tages zum Direktor der Anstalt gerufen worden, der ihm bekannt gab, daß sein Gnadengesuch abgelehnt war und daß seine Hinrichtung in Kürze erfolge. Man gab ihm aber eine Chance zur Freiheit, wenn er sich einem Versuch unterwerfe, der nicht unbedingt tödlich verlaufe. Falls er am Leben bliebe, würde er frei sein, falls er aber mit diesem Experiment nicht einverstanden sei, müsse seine Hinrichtung erfolgen. Dieses Verfahren, das, soweit ich erfahren konnte, nur mit Kriminellen, also nicht mit Politischen, vorgenommen wurde, wiederholte sich auch in den späteren Fällen. Die Verurteilten, die mit dem Versuch einverstanden waren, wurden dann in Begleitung des in Plötzensee tätig gewesenen 1. Hauptwachtmeister Iffländer[285] fortgebracht, der dann am folgenden Tage, manchmal auch mehrere Tage später wieder in der Anstalt auftauchte. In einem Falle kehrte Iffländer erst viele Tage später wieder und zwar mit einem entzündeten Hals. Seine intimsten Freunde hatten von ihm erfahren, daß auch er aus Versehen etwas von dem Gas geschluckt habe.«

Sicher ist: In Spandau sind Giftgas-Versuche gemacht worden.[286] Mit Phosgen, einem Kampfstoff, der die Lunge zerstört. Mit Lost, einem Giftgas, das die Haut zersetzt. Mit den gefährlichsten Nervengiften des Zweiten Weltkriegs, Tabun und Sarin. Der Tod erfolgt durch Ersticken.

Gerhard Schrader[287], Chemiker der I. G. Farben, hatte das Nervengift Tabun 1934 bei der Suche nach einem Pflanzenschutzmittel gefunden. Wirth: »Diese Spezialversuche mit Gelan [Tabun] wurden ausschließlich in Spandau gemacht bei Sextl.«[288]

---

285 Oberverwalter Gustav Iffländer ist 1958 gestorben. Aktenvermerk vom 18. 1. 1968, ZSt 413 AR-Z 501/67.

286 Gebhard Schultz hat die Fakten für die Ausstellung »Sperrgebiet Zitadelle« 1995 zusammengetragen.

287 Gerhard Schrader, seit 1930 im Forschungszentrum der Bayer-Werke, ab 1936 im Forschungslaboratorium Wuppertal-Elberfeld.

288 Office of U.S. Chief of Councel for War Crimes. Vernehmung No. 799 Dr. Wirth vom 12. 2. 1947. NAW Wolfgang Wirth, M 1019, roll 80, frame 280–334.

Theodor Sextl lebt nach 1945 als Universitätsprofessor in Wien. Spezialgebiete: kinetische Gastheorie, Kernphysik.

Die Versuche mit Tabun[289] werden unter vielen Tarnbezeichnungen (z.B. Gelan, Trilon 83, T 83, D 7) durchgeführt. Wolfgang Wirth, auf die Frage, mit wem er sich zuerst von den I.G. Farben über Gelan oder Tabun unterhalten habe: »Entweder war es Dr. Schrader oder Dr. Gross[290]. Ich war einmal in meinem Leben in Elberfeld und zwar zwischen den Jahren 37 und 39. Bei dieser Gelegenheit habe ich mit Schrader gesprochen. Gross hat später dann die Weiterentwicklung übernommen.«[291] Versuche, ein noch tödlicheres Giftgas zu finden, sind damit noch nicht beendet. 1938 erfindet Schrader das viermal giftigere Sarin, das Ambros zufolge »in Zusammenarbeit mit dem Spandauer Gasschutzlaboratorium« entwickelt wird.[292]

Von einem in Spandau beschäftigten Chemotechniker gibt es ein (Nachkriegs-)Gutachten, veröffentlicht in der Reihe »Wehrdienst und Gesundheit«: Der Mann ist zu einem kranken, gänzlich veränderten Menschen geworden, antriebsarm und depressiv.[293] Der Verlust der Vitalkräfte, von Libido und Potenz, sind

289 Produziert wird Tabun ab Sommer 1942 in der Fabrikationsanlage Dyhernfurt, 25 km norwestlich von Breslau, 1 km von der Oder entfernt. Leiter ist der Chemiker Albert Palm, der im Januar 1941 von Ludwigshafen nach Dyhernfurt wechselt (Eidesstattl. Erklärung Palm vom 24. 7. 1947. Nürnb. Dok. NI-9772).
Als Arbeitskräfte dienen KZ-Häftlinge.

290 Prof. Eberhard Gross, Pharmakologe und Toxikologe, Leiter des Gewerbehygienischen Labors in Wuppertal-Elberfeld. Nach dem Krieg Professor für Arbeitsschutz und gewerbliche Vergiftung, Pharmakologisches Universitäts-Institut in Bonn.

291 Office of U.S. Chief of Councel for War Crimes. Vernehmung No. 799 Dr. Wirth vom 12. 2. 1947. NAW Wolfgang Wirth, M 1019, roll 80, frame 280–334.

292 Eidesstattliche Versicherung Ambros vom 1. 5. 1947, Nürnb. Dok. NI-6788. 1944 wird das wiederum dreimal giftigere Soman entdeckt, das 1945 erst im Stadium von Laborversuchen steckt.

293 Psychopathologisch-neurologische Schäden nach Einwirkung synthetischer Gifte, von Dr. med. Ulrich Spiegelberg. Wehrdienst und Gesundheit, Abhandlungen aus Wehrmedizin, Wehrpharmazie und Wehrveterinärwesen, Bd. III, hg. von Oberstarzt Dozent Dr. med. habil. Georg Finger. Darmstadt 1961, S. 35ff.

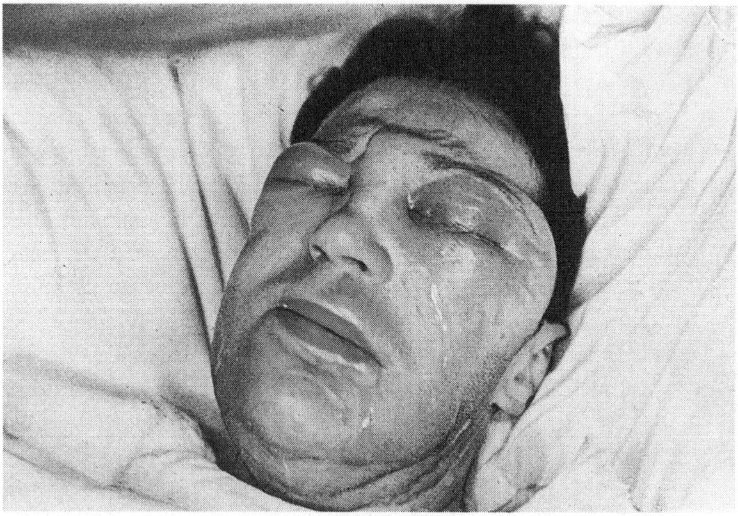

Versuche mit Giftgas. Aus der Bildersammlung »Kampfstoffverletzungen« des Instituts für Pharmakologie und Wehrtoxikologie der Militärärztlichen Akademie.

die Folgeschäden bei den in Spandau und in der Heeresversuchsstelle Munsterlager eingesetzten Giftwerkern: »Am liebsten sind sie allein, oft wird schon die Gegenwart der nächsten Familie, der Frau und der Kinder als kaum erträgliche Belastung empfunden.«[294] Dabei waren nur junge, gesunde, tatkräftige Personen ausgewählt worden: »Für die Güte des angewendeten Ausleseprinzips spricht nicht zuletzt die ... vollkommen gelungene Geheimhaltung während der Krieges.«[295]

Nahezu alle Beweisstücke sind vernichtet (oder von den Alliierten unter Verschluß genommen). Ein Wehrmachtsdokument wurde allerdings übersehen, eine nur für den Dienstgebrauch gedruckte, farbige Bildersammlung aus dem Jahre 1944: »Kampfstoffverletzungen. Bildersammlung zur Klinik und Pathologie der Verletzungen durch chemische Kampfstoffe und durch ande-

294 Ebd. S. 64.
295 Ebd. S. 69.

re militärisch wichtige schädliche Stoffe.«[296] Herausgeber ist das »Institut für Pharmakologie und Wehrtoxikologie der Militärärztlichen Akademie«, Leiter: Oberstarzt Prof. Dr. Dr. Wirth. Er hat auch einen Teil der Farbfotos beigesteuert. Die Bildersammlung (im Einzelfall ist die gestreifte Häftlingskleidung zu erkennen) zeigt u. a. Menschen nach der Einwirkung des Kampfgases Lost, Lunge sowie Atmungsorgane an Kampfstoffen gestorbener Personen. Handloser verfügt zur Bildersammlung: »Eine anderweitige Verwendung der Bilder als zu Vortragszwecken ist nicht zulässig.«

Professor Siegfried Handloser, 1947 im Nürnberger Ärzteprozeß zu lebenslänglicher Haft verurteilt, wird 1954 als Kranker aus dem Kriegsverbrechergefängnis in Landsberg entlassen.[297] Der Chef des Wehrmachts-Sanitätswesens, verantwortlich für die Menschenversuche, stirbt am 3. Juli 1954. Im Nachruf heißt es: »Seine glanzvolle Laufbahn endete ... schuldlos in Elend und tiefem Leid.«[298]

Wolfgang Wirth, der Cheftoxikologe der Wehrmacht, muß sich 1947 Fragen amerikanischer Ermittler stellen. Ein Auszug aus einer Vernehmung, beginnend mit der Frage seines Vernehmers:

»Hörlein gibt zu, daß zu Beginn des Krieges Menschenversuche in Elberfeld gemacht wurden, und zwar an KZ-Insassen, die sich freiwillig gemeldet hatten und die zum Tode verurteilt worden waren und begnadigt wurden, wenn sie sich zu diesen Versuchen meldeten. Es müssen Ihnen doch Berichte über diese

---

296 Das Exemplar, versehen mit einem Stempel »Oberkommando des Heeres, Heeres-Sanitätsinspektion, Bücherei« befindet sich im BA, MA, RHD 43/56.

297 Die Ärztlichen Mitteilungen, Vorläufer des Deutschen Ärzteblattes: »Das Präsidium des Deutschen Ärztetages und die Arbeitsgemeinschaft der Westdeutschen Ärztekammern hatten sich im Oktober erneut an die Bundesregierung gewandt und sie gebeten, bei den zuständigen alliierten Stellen darauf hinzuwirken, daß endlich auch die noch in alliiertem Gewahrsam befindlichen kriegsgefangenen (!) deutschen Ärzte freigegeben werden.« Ärztliche Mitteilungen, 2. 1. 1954, S. 7.

298 Ärztliche Mitteilungen, 1954, Heft 15, S. 510.

Versuche zugegangen sein. Haben Sie nie in der Militärärztlichen Akademie derartige Berichte gesehen?«

»Ich stehe unter Eid, ich kenne keinen solchen Bericht ...«

»Woher haben Sie Ihre Erfahrungen genommen, wie sich diese Gase am Menschen auswirken?«

»Wir haben eine Reihe bedauerlicher Unfälle gehabt und zwar in Spandau, die aber keineswegs tödlich verliefen. Nur in dem Werk Dyhernfurth kamen einige Todesfälle vor.«

An anderer Stelle heißt es:

»Wann wußten Sie das erste Mal, daß in Natzweiler experimentiert wurde an Menschen?«

»Das habe ich im Laufe des ersten Kriegsverbrecherprozesses erfahren. Ich stehe unter Eid, ich möchte das noch einmal erwähnen.«

Eine letzte Passage:

»Wann wußten Sie zum ersten Male, daß Menschen in KZs mit Zyklon-B-Gas vergiftet wurden?«

»Daß sie vergiftet wurden, höre ich in diesem Moment zum ersten Male ...«[299]

Gerhard Schrader wird nach dem Krieg in den Vereinigten Staaten vom US-Army Chemical Corps »abgeschöpft« und kehrt anschließend zu Bayer zurück.[300] Dr. med. h.c. Fritz Mietzsch ist Leiter des pharmazeutischen Forschungslabors Wuppertal-Elberfeld. Die Herren bekommen einen neuen Kollegen: Wolfgang Wirth wird Vorstand des Pharmakologischen Laboratoriums der Farbenfabriken Bayer, Werk Elberfeld, und Professor an der Medizinischen Akademie Düsseldorf.

---

299 Office of U.S. Chief of Councel for War Crimes. Vernehmung No. 799 Dr. Wirth vom 12. 2. 1947. NAW Wolfgang Wirth, M 1019, roll 80, frame 280–334.

300 Groehler, S. 287.

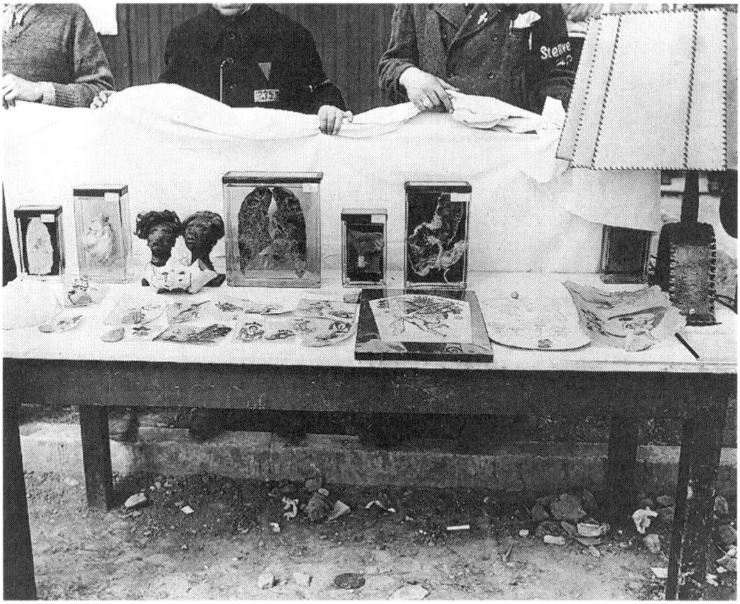

VII KZ Buchenwald: Labor der Pharma-Industrie und der Wehrmacht

Buchenwald nach der Befreiung. Ausgestellt werden menschliche Schrumpfköpfe, Organe, ein Lampenschirm aus Menschenhaut.

Die I. G. Farbenindustrie AG., der größte Chemiekonzern der Welt, besteht dem Namen nach seit 1925.[1] 1929 werden die Marburger Behringwerke[2] (eine gute Adresse für Impfstoffe) übernommen.[3] Der Vertrieb der Behringprodukte erfolgt zentral über die Verkaufsorganisation von Bayer. Die zentrale Verkaufsstelle und die wissenschaftliche Abteilung (durchnumeriert W I bis W V) für Pharmazeutika hat ihren Sitz in Leverkusen.[4]

Ein erstes Dokument über Pharmaversuche in Buchenwald stammt vom 15. November 1939, wenige Wochen nach dem Überfall auf Polen. Es ist eine kurze Mitteilung. Der Absender bedient sich keiner Tarnung: »K. L. Buchenwald«, steht im Briefkopf. Der Lagerarzt benachrichtigt die Behringwerke unter dem Betreff Dysenterie-Impfstoff: »In der heute hier eingegangenen Expreß-Sendung, Packzettel 145635, waren in verschiedenen Kartons Flaschen zerbrochen und ausgelaufen ... Die zerbroche-

1 Zusammenschluß von BASF, Bayer, Hoechst, Agfa, der Chemischen Fabriken vorm. Weiler-ter Meer, Uerdingen und der Chemischen Fabrik Griesheim-Elektron in Frankfurt am Main.

2 Emil (von) Behring (1854–1917), 1889 Assistent bei Robert Koch. 1895 Ernennung zum Professor und Direktor des Hygienischen Instituts in Marburg/Lahn, gilt als Begründer der Serumheilkunde. Er entwickelte Heilseren gegen Diphtherie und Wundstarrkrampf und erarbeitete mit Paul Ehrlich die Voraussetzungen zur industriellen Herstellung in den Farbwerken Meister Lucius & Brüning in Frankfurt-Höchst. Die Farbwerke errichteten ihm ein eigenes Werk, das »Behring-Werk«.

3 Aufsichtsratsvorsitzender ist Heinrich Hörlein, im Aufsichtsrat sitzt Carl Lautenschläger, im Vorstand Wilhelm Mann, alle drei sind wiederum Vorstandsmitglieder der I. G. Farben.

4 Generaldirektor in Leverkusen ist Wilhelm Mann, Leiter der Wissenschaftlichen Abteilung Anton Mertens und Leiter der Abteilung W II (Prüfungsstelle neuer Produkte) Dr. Karl König. Schneider/Stein, S. 10.

nen Flaschen werden mit der leeren Kiste nach dort zurückgesandt. Es wird um Ersatz gebeten.«[5]

Der handelsübliche Ruhrimpfstoff ist schlecht verträglich. Eine Neuentwicklung wird im Großversuch an Häftlingen des KZ Buchenwald getestet.[6] Deutlich wird dies aus einem Schreiben der I. G. Farben vom 2. Januar 1940 an die, so wörtlich, »ärztliche Leitung des Konzentrationslagers«:

»Wir kommen heute auf die bei Ihnen mit unseren Dysenterie-Impfstoffen durchgeführten Impfungen zurück. Wie Ihnen bekannt, wurden von uns 2 verschiedene Präparate für die Impfung zur Verfügung gestellt, und zwar handelt es sich bei der einen Gruppe um Verwendung unseres handelsüblichen Impfstoffes, bei der 2. Gruppe um ein neues von uns herausgebrachtes Präparat ... Wie Sie uns seinerzeit mitteilten, war die Verträglichkeit des neuen Impfstoffes wesentlich besser als die unserer alten Dysenterie-Vaccinen.«[7]

Die Behringwerke bitten, bei der Auswertung behilflich zu sein, indem »Sie uns von jeder Gruppe je 100 Blutproben einsenden«. Einen Monat später heißt es aus Buchenwald: »In der Anlage werden die angeforderten 60 Blutproben übersandt.«[8]

Spätestens im Sommer 1941 sind die I. G. Farben mit Mrugowsky, dem Obersten SS-Hygieniker, im Geschäft. Am 6. Mai 1941 informiert Dr. von Engelhardt (Leverkusen) die Zweigstelle Marburg: »Wir danken Ihnen bestens für die Übersendung der

5 Nürnb. Dok. NI-12176.

6 Schneider/Stein, S. 40.

7 Nürnb. Dok. NI-12176.

8 Schreiben des Lagerarztes K. L. Buchenwald vom 2. 2. 1940 an die Behringwerke, Nürnb. Dok. NI-12176. Auffällig ist die geschäftsmäßige Routine. In einem Brief der Behringwerke vom 18. 2. 1943 (es geht um Gelbfieber-Impfstoffe) an Standortarzt Hoven heißt es: »Wir werden, wie üblich [!], unseren Boten so entsenden, daß er mit dem Zug 12,53 Uhr in Weimar eintrifft und bitten Sie, zu diesem Zeitpunkt den Impfstoff auf dem Bahnhof in Weimar abholen zu lassen. Das Transportgefäß wollen Sie bitte unserem Boten so rechtzeitig wieder zusenden lassen, damit dieser die Rückfahrt nach Marburg um 20,15 Uhr antreten kann.« Ähnlich ein Brief vom 2. 2. 1943. Ich danke dem Archiv der Gedenkstätte Buchenwald für Kopien der Schreiben.

50 Packungen des Marburger Fleckfieber-Impfstoffes nach Otto[9] und Wohlrab und teilen Ihnen mit, daß wir dieselben postwendend an Herrn Dozent Dr. Mrugowsky, Hyg. Institut der Waffen-SS, Berlin, mit der notwendigen Erklärung übersandt haben.«[10]

Mrugowsky antwortet am 24. Juni: »Die erste Lieferung des Fleckfieber-Impfstoffes ... nach Otto und Wohlrab wurde an 14 gesunden Personen ausprobiert. Ein Zwischenbericht ist hier eingegangen, und ich schicke ihn anliegend an Sie weiter.«[11] Von Engelhardt ist zu dieser Zeit in Urlaub. Als er zurückkehrt, drängt er die Marburger, »recht bald zum Abschluß der Versuche zu kommen, denn die Anfragen nach Fleckfieber-Impfstoff mehren sich«.[12]

---

9 Geheimrat Richard Otto (1872–1952), ab 1914 Leiter der Serologischen Abteilung des Robert Koch-Instituts, ab 1935 Leiter des Staatsinstituts für experimentelle Therapie Frankfurt am Main, am 18. 8. 1942 von Hitler zum außerordentlichen Mitglied des wissenschaftlichen Senats des Heeres-Sanitätswesens ernannt. Er entwickelt den Otto-Wohlrab-Impfstoff, der modifiziert als Impfstoff »Behring« in KZ-Versuchen getestet wird. Hubenstorf, S. 447, Anm. 219.
Otto ist ein Studienfreund Roses. Wohlrab: Zum 75. Geburtstag von Prof. Dr. med. Rose, in: Zeitschrift für Gesundheitswesen und Desinfektion, 1972, Nr. 64/1, S. 9.

10 Nürnb. Dok. NI-13582.
Am 12. 5. 1941 schreiben die Behringwerke (gez. Mertens, gez. i. V. Dr. v. Engelhardt) nach Höchst, Prof. Schmidt (Behring) beabsichtige, Mrugowsky »spezifische Substanzen der Typhus- und Ruhr-Bakterien zu seinen Versuchen zur Verfügung zu stellen«. Der Brief enthält die Nachfrage, zu welchem Termin die neuen Typhoraldragees fertig seien, »da wir die Versuche möglichst bei Dr. Mrugowsky fortführen lassen wollen. Wir teilen Ihnen auch mit, daß wir uns vom französischen Typhus-Impfstoff Bilivacin 30 Muster kommen ließen, welche ebenfalls zur Kontrollprüfung an Dr. Mrugowsky weitergegeben wurden.« Nürnb. Dok. NI-13581.

11 Nürnb. Dok. NI-12185. Der Zwischenbericht endet mit dem Satz: »Ein endgültiges Urteil ... kann noch nicht abgegeben werden.«

12 Schreiben vom 22. 7. 1941. Nürnb. Dok. NI-13587.

Ein Bayer-Forscher wird KZ-Arzt

Eine Woche später wird ein Bayer-Mitarbeiter KZ-Arzt in Dachau: SS-Hauptscharführer Dr. Hellmuth Vetter. Er ist am 21. März 1910 im thüringischen Rastenberg geboren. 1914 siedelt die Familie nach Frankfurt am Main über. Vetter studiert an der Johann Wolfgang Goethe-Universität, tritt in die Alte Straßburger Turnerschaft Alsatia ein. Im Sommer 1933 verbringt er ein Semester in Graz, kehrt im Juli nach Frankfurt zurück, tritt im Oktober der SS bei.

Anfang 1934 beginnt Vetter bei Oberarzt Heinrich Guthmann (ab 1938 Direktor der Frankfurter Universitäts-Frauenklinik, ab 1940 Dozentenbundführer) mit seiner Doktorarbeit: »Ich stellte Untersuchungen zur Frage der temporären physiologischen Sterilität der Frau an. Angeregt wurde ich zu diesen Untersuchungen in meiner Grazer Zeit, in der ich die Bekanntschaft von Prof. Knaus gemacht hatte.« Vetter promoviert Ende 1935, arbeitet ab 1936 im Saarbrücker Krankenhaus Rastpfuhl.[13] 1938 wird er bei Bayer eingestellt. Sein Anfangsgehalt beträgt 700 RM, 1944 (zu dieser Zeit testet er I. G.-Präparate in den KZs Auschwitz und Gusen) werden es 1000 RM sein.[14]

Vetter beginnt im KZ Arbeitsdorf (VW), »Stadt des KdF-Wagens« (Wolfsburg).[15] Ende Juli 1941 besucht er seine Kollegen in Leverkusen. Acht Tage später, am 4. August, schreibt er aus Dachau, er fühle sich im KZ wie im Paradies und könne dort neue Präparate ausprobieren. Der Brief wird von zahlreichen Mitarbeitern gelesen und handschriftlich abgezeichnet.

13 Nürnb. Dok. NI-12454 A. Der Lebenslauf Vetters, zu seiner Bewerbung in Leverkusen verfaßt, endet: »Zu sagen ist noch, daß ich der NSDAP als Anwärter angehöre und als SS-Arzt in der San. Staffel I/85 tätig war. Ich bin 27 Jahre alt.«

14 Vetters Personalbogen. Nürnb. Dok. NI-12454 A.

15 Nürnb. Dok. NI-12454.

»Seit dem 29. 7. abends befinde ich mich hier im Süden des Reiches in einem der größten und besteingerichtetsten K.L. Mit der Unterbringung und meiner Tätigkeit bin ich außerordentlich zufrieden. Die meiner Obhut anvertrauten Patienten betragen etwa 150 an der Zahl. Daß ich mich mit Feuereifer in meine neue Aufgabe hineingestürzt habe, werden Sie sich denken können, zumal mir Gelegenheit gegeben ist, auch unsere neuen Präparate praktisch auszuprobieren. Ich bitte bei dieser Gelegenheit Herrn Dr. Bunge, mir das zur Verfügung stehende Prüfungsmaterial beziehungsweise die vorhandenen Unterlagen für sämtliche Sulfonamidpräparate und verwandte Produkte (Eleudron etc.) zuzuleiten. Vorab kann ich schon sagen, daß das Indikationsgebiet insbesondere für Eleudron anscheinend außerordentlich groß ist und die Erfolge, soweit ich bis jetzt diese zu überprüfen in der Lage bin, sehr befriedigend aussehen. Ich hoffe Gelegenheit zu finden, mich in dieses neue Gebiet eingehend einarbeiten zu können – eine Aufgabe, die mir dadurch erleichtert wird, daß ich die interne Station übernahm.
Ja – und sonst ist noch zu sagen, daß ich in einen ausgezeichneten Kameradenkreis hineinkam, daß wir gute Unterkunft und gute Verpflegung haben. Beim Vergleich mit der jetzt hinter mir liegenden Zeit komme ich mir hier wie im Paradies vor. Die ewige Hetze und die unendliche körperliche Anstrengung sind vorbei; die Schwielen an den Händen und Füßen beginnen dünner zu werden. Auch das Wecken morgens um 5 Uhr ist in Wegfall gekommen. Man fühlt sich jedenfalls wieder als Mensch und das ist viel wert.«

Dr. Vetter am 4. August 1941 an seine Kollegen in Leverkusen.[16]

Die Antwort aus Leverkusen: »Lieber Herr Vetter! Aus Ihrem Brief ... ersehe ich, daß Sie in Zukunft reichlich Gelegenheit haben werden, unsere Präparate der Sulfonamidreihe, also die Prontosil-Präparate, die Uliron-Präparate, Sulfapyridin und Eleudron, einer eingehenden Prüfung bei bestimmten Indikationen zu unterziehen.«[17]

Kurz darauf informiert die Wissenschaftliche Abteilung I den KZ-Arzt, man habe 20 Dosen zu 50 g MP-Puder, 10 Gläser zu 250 g MP-Puder, 100 Röhrchen MP-Tabletten, 20 Röhrchen Par-

16 Vetters Brief beginnt mit der Anrede: »Liebe W I er!«. Nürnb. Dok. NI-9402.

17 Brief vom 14. 8. 1941. Nürnb. Dok. NI-9823.

dinon, 10 Flaschen zu 25 ccm einer Prontosil-solubile-Lösung für Inhalationszwecke, 50 Röhrchen zu 20 Tabletten Eleudron, 50 Röhrchen zu 20 Tabletten Sulfapyridin »Bayer«, 10 Kartons mit 5 Suppositorien (Zäpfchen) Sulfapyridin »Bayer« und 10 Kartons mit 5 Suppositorien Eleudron auf den Weg gebracht. Benötige er weitere Mengen, möge er sich direkt vom Pharma-Büro in München beliefern lassen.[18]

Auffällig sind die Mengen von Eleudron und Sulfapyridin »Bayer«. Das Sulfonamid Eleudron soll gegen die (Geschlechtskrankheit) Gonorrhöe helfen, bei Lungenentzündung, Hirnhautentzündung, Abszessen, Furunkeln, Karbunkeln, Dickdarmentzündungen und Infekten der Harnwege. Sulfapyridin ist indiziert bei Lungen- und Hirnhautentzündung[19] und gilt als bestes Mittel gegen Gonorrhöe.[20] Das Sulfonamid Eleudron, »ein Produkt, dessen Priorität ›in Händen der Ciba‹ liegt«,[21] hat gegenüber dem Konkurrenzpräparat Sulfapyridin »Bayer« einen Vorteil: »Nach Eleudron treten nur selten Magenbeschwerden auf, die bei der Sulfapyridin-Medikamention im allgemeinen in 50% der Fälle zur Beobachtung gelangen. Zudem ist die Gefahr der Steinbildung in den Harnwegen nach Eleudron sehr viel geringer als nach Sulfapyridin.«[22]

So werden die Anweisungen an Vetter verständlich: »Wir wären Ihnen dankbar, wenn Sie bei der Behandlung der Pneumonie einen Vergleichsversuch zwischen Sulfapyridin ›Bayer‹ und Eleudron anstellen wollten.« Oder: »In diesem Zusammenhang interessiert es uns auch sehr, welcher therapeutische Wert einer rektalen Darreichung von Sulfapyridin und Eleudron beizumessen ist. Auf Grund der pharmakologischen Nachuntersuchungen der rektalen Resorbierbarkeit beider Präparate muß mit einer

---

18 Brief vom 23. 8. 1941. Nürnb. Dok. NI-9403.

19 Brief vom 14. 8. 1941. Nürnb. Dok. NI-9823.

20 46. Pharmazeutische wissenschaftliche Zentralkonferenz, Leverkusen, vom 7. 5. 1941. Nürnb. Dok. NI-6798, zitiert nach Vondra, S. 169.

21 Ebd.

22 A. König/Dr. Lücker, Leverkusen, am 23. 8. 1941 an Vetter in Dachau. Nürnb. Dok. NI-9403.

schlechten Resorption sowohl von Sulfapyridin wie von Eleudron vom Rektum aus gerechnet werden.«[23] Das KZ als Pharma-Labor.

Fleckfieber-Versuche

Fleckfieber oder Flecktyphus (Typhus exanthematicus) ist eine typische Not- und Hungerkrankheit, deshalb auch Hungertyphus genannt. Die schwere Infektionskrankheit mit hoher Sterblichkeit wird von der Rikettsia[24] Prowazeki, einem den Viren nahestehenden Kleinlebewesen, hervorgerufen. Übertragen wird die Krankheit durch die Laus.

Die Ghettoisierung der jüdischen Bevölkerung und die Zustände in den Kriegsgefangenenlagern in den besetzten Ostgebieten führen zum Ausbruch der Seuche. Zunächst wird das Fleckfieber durch die Vernichtung der Kranken bekämpft.[25] Rudolf Wohlrab vom Staatlichen Institut für Hygiene in Warschau: »In einem großen Teil des Generalgouvernements waren anfangs die Hauptverbreiter des Flecktyphus die aus dem jüdischen Wohnbezirk Warschaus stammenden vagabundierenden Juden. Polizeimaßnahmen und Arbeitslager müssen die unerwünschte Fluktuation Obdachloser unterbinden.«[26]

---

23 Ebd.

24 Die Rickettsien sind Zellparasiten, die in der Regel nur in Gewebekultur oder im angebrüteten Hühnerei kultivierbar sind. Deshalb basieren auch zahlreiche Versuche, einen Fleckfieber-Impfstoff herzustellen, auf Hühnerei-Kulturen. Benannt nach dem amerikanischen Pathologen H. T. Rickets, der sie 1909 entdeckte und ein Jahr später an einer Selbstinfektion gestorben war.

25 Christopher R. Browning: Genozid und Gesundheitswesen. Deutsche Ärzte und polnische Juden 1939–1941, in: Wert des Menschen, S. 316ff.

26 Rudolf Wohlrab: Flecktyphusbekämpfung im Generalgouvernement. Münchener Medizinische Wochenschrift, 29. 5. 1942 (Nr. 22), S. 483ff. Wohlrab, zuvor Assistenzarzt am Chemotherapeutischen Forschungsinstitut Georg Speyer-Haus, Frankfurt am Main, wird von Rose in Warschau besucht. Wohlrab: Zum 75. Geburtstag von Professor Dr. med. Gerhard Rose, in: Zeitschrift für Gesundheitswesen und Desinfektion, 1972, Nr. 64/1, S. 9.

Im Reichsgebiet eingesetzte russische Zwangsarbeiter, aber auch Wehrmachtsurlauber, schleppen im Herbst 1941 Fleckfieber ein. Im Dezember 1941 finden mehrere Treffen zwischen Vertretern der Wehrmacht und der NS-Gesundheitsführung statt. Es wird ein geeigneter Impfstoff gesucht.[27] Das Oberkommando des Heeres betreibt zu dieser Zeit ein »Institut für Fleckfieber- und Virusforschung« in Krakau und eine Zweigstelle in Lemberg.[28] Dort arbeitet der polnische Zoologe Rudolf Weigl, der einen nach ihm benannten Impfstoff entwickelt hat (Weigl war bei Beginn des Krieges in Lemberg verhaftet, auf Betreiben der Wehrmacht aber freigelassen worden).

Weigls Läusefleckfieberimpfstoff ist das einzige erprobte Serum. Ein vertraulicher Bericht der Chemisch-Pharmazeutischen und Sero-Bakteriologischen Abteilung in Höchst besagt: »Chemotherapeutische Heilmittel für echtes Fleckfieber mit spezifischer Wirksamkeit sind bisher unbekannt.«[29] Der Luftwaffen-Hygieniker Gerhard Rose: »Da die Impfstoffe von Otto, Gildemeister und Haagen und die der Behringwerke vollkommen neu waren, lagen überhaupt keine Erfahrungen über ihre Schutzwirkung beim Menschen vor.«[30]

Am 29. Dezember 1941 findet im Dienstzimmer von Ministerialrat Dr. Walter Bieber, Referent für Seuchenbekämpfung im Innenministerium, ein Treffen statt. Anwesend sind die Vertreter

---

27 Oberstabsarzt Scholz datiert ein Treffen mit Reiter (Präsident des Reichsgesundheitsamtes) und Handloser (Heeres-Sanitätsinspekteur) auf den 19. 12. 1942 und ein weiteres auf den nächsten oder übernächsten Tag, Teilnehmer diesmal: Scholz, Handloser, Staatssekretär Conti. Aussage vom 9. 5. 1957 im Disziplinarstrafverfahren der Bundesdisziplinarkammer gegen Rose (kein Az.). Kopie im Fußgänger-Verfahren, Bl. 188.

28 Die Fleckfieber-Institute unterstehen der Militärärztlichen Akademie, diese wiederum der Heeres-Sanitätsinspektion (Abteilung Wissenschaft und Gesundheitsführung, Prof. Schreiber). Aussage Bernhard Schmidt vom 29. 5. 1972, ZSt 412 AR-Z 76/72.

29 Undatierter vertraulicher Bericht von Dr. Julius Weber. Nürnb. Dok. NI-9708.

30 Aussage Rose vom 15. 11. 1956 im Disziplinarstrafverfahren der Bundesdisziplinarkammer gegen Rose (kein Az.). Kopie im Fußgänger-Verfahren, Bl. 166f.

der konkurrierenden Hersteller und der Abnehmer des Impfstoffes: Dr. Buurmann (Vertreter des Generalgouverneurs Frank), Professor Kudicke[31] (Beauftragter für Fleckfieberbekämpfung im Generalgouvernement, Warschau), Oberstabsarzt Dr. Scholz[32] (Vertreter des Sanitäts-Inspekteurs), Professor Gildemeister (Robert Koch-Institut[33]), Direktor Demnitz von den Behringwerken und Direktor Zahn sowie Dr. Neumann aus Leverkusen.

Ministerialrat Bieber beginnt mit einem »Bericht über die Seuchenlage«: Die Wehrmacht benötige bis zum nächsten Herbst 1 Million Impfdosen. Die Fleckfieber-Institute in Krakau (Stabsarzt Dr. Eyer) und in Lemberg (Prof. Weigl) arbeiteten ausschließlich für die Wehrmacht, deckten deren Bedarf aber nicht.[34] Die Fleckfieberstation am Hygienischen Institut in Warschau habe bislang keine nennenswerten Impfstoffmengen produziert.[35]

Nach der Bestandsaufnahme wird die Wirksamkeit der Impfstoffe sowie die Preisfrage diskutiert.[36] Behring-Direktor Demnitz[37]

---

31 Kudicke wird 1946 Honorarprofessor für Hygiene an der Universität Frankfurt am Main

32 Dr. med. Wolfgang Scholz, Oberstabsarzt der Abteilung Wissenschaft und Gesundheitsführung der Heeres-Sanitätsinspektion. Nach 1945 Oberbahnarzt.

33 Das Institut für Infektionskrankheiten »Robert Koch« gehört zum Reichsgesundheitsamt (RGA), das wiederum dem Reichsministerium des Inneren untersteht. Ab 1. 4. 1942 ist das »Robert Koch-Institut, Reichsanstalt zur Bekämpfung übertragbarer Krankheiten«, eine selbständige Einrichtung.

34 Der Weigl-Impfstoff gilt bei der Wehrmacht als der allein zuverlässige. Er hat gegenüber den Dottersackimpfstoffen den Nachteil, daß seine Herstellung sehr aufwendig ist: Die Läuse werden rektal infiziert und mit dem Blut von sogenannten Läusefütterern (Polen!) zwei- bis dreimal täglich ernährt. Hat sich der Fleckfiebererreger im Läusedarm vermehrt, werden die Läusedärme herausgeschnitten, mit dem Gehirn infizierter Meerschweinchen verrührt und zu Impfstoff verarbeitet.

35 Nürnb. Dok. NI-13580.

36 Die Behringwerke geben den Impfstoff ohne Berechnung zu Prüfungszwecken ab, das Robert Koch-Institut stellt 2 RM pro ccm in Rechnung, die Wehrmacht zahlt an die Institute in Krakau und Lemberg 15 RM pro Dosis.

37 Demnitz-Bericht über die Besprechung am 29. 12. 1941. Nürnb. Dok. NI-12183.

muß sich anhören, daß die Wehrmacht[38] und vor allem Gildemeister vom konkurrierenden Robert Koch-Institut den Wert des Behring-Impfstoffes in Frage stellen. Behring ist bei einem bereits projektierten Großversuch nicht einmal eingeplant. Empört protokolliert Demnitz eine Aussage Gildemeisters, wonach mit Mrugowsky ein Versuchsplan mit Weigelschem Impfstoff und Impfstoff des Robert Koch-Institutes abgesprochen sei: »Als wir darum baten, auch den Impfstoff der Behringwerke in diese Prüfung einzubeziehen, bemerkte Prof. Gildemeister, daß er daran kein Interesse habe. Er hat wohl im späteren Verlauf der Unterhaltung eingesehen, daß dieser merkwürdige Standpunkt ... nicht zu halten ist und er empfahl uns, mit Dr. Mrugowsky selbst in Verbindung zu treten, damit auch unser Impfstoff mit in die Prüfung eingeschlossen werden kann.«[39]

Der Versuch, die Behringwerke auszubooten, gelingt nicht. Bayer-Direktor Zahn: »Auf Veranlassung von Ministerialrat Dr. Bieber wird ferner festgelegt, daß in einem vom Robert Koch-Institut mit dem Hygieniker der SS, Dr. Mrugowsky, verabredeten Großversuch sowohl der Weigelsche Impfstoff wie auch der Impfstoff der Behringwerke mit einbezogen werden sollen.« Man bleibt im Geschäft, mehr noch: »Die Behringwerke erhalten von der Regierung des Generalgouvernements den Auftrag, in Lemberg so rasch als möglich ein privatwirtschaftliches Institut zur Herstellung von Fleckfieber-Impfstoff zu errichten.«[40]

38 Demnitz: »Oberstabsarzt Dr. Scholz gab bekannt, daß das Heer jedenfalls bis auf weiteres Eier-Impfstoff zur Durchimpfung der Truppe nicht zulasse.« Verteidigt wird der Impfstoff der Behringwerke dagegen von Kudicke, der, so Demnitz, »zahlreiche Juden im Warschauer Ghetto ... mit unserem Impfstoff schutzgeimpft« habe. Ebd.

39 Ebd.

40 Nürnb. Dok. NI-13580. I.G.-Mitarbeiter Heinrich Neumann (Bayer-Büro Berlin) bricht bereits am 4. 1. 1942 zu einer Reise nach Lemberg auf. In Neumanns »Bericht über die Reise vom 4. 1. bis 15. 1. 1942 nach Berlin, Königsberg, Warschau, Krakau, Lemberg und zurück« resümiert er ein Treffen mit Bieber und Scholz: »Man ist sich bewußt, daß das Fleckfieber noch für längere Zeit im Osten ein akutes Problem sein wird und daß dementsprechend Lemberg eine Zentrale für die Fleckfieberbekämpfung und die wissenschaftliche Forschung auf diesem Gebiet für ganz Europa sein wird.« Bericht vom 15. 1. 1942, Nürnb. Dok. NI-13590.

Nur eine Woche nach dem Treffen im Berliner Innenministerium beginnen Versuche zur Erprobung neuer Fleckfieberpräparate im KZ Buchenwald (Block 49 und Block 44). Ab April 1942 steht Block 46, ein massiver Steinbau, zur Verfügung. Er wird als »Isolierstation« bezeichnet und hat 90 Betten. Der Häftling Alfred Balachowsky: »Dieser Block 46 war völlig abgeschlossen und mit Stacheldraht umgeben. Die Internierten ... kamen niemals heraus. Alle Fenster waren geschlossen und die Scheiben aus Milchglas. Niemand kam in den Block, ohne hierzu berechtigt zu sein.«[41]

Leiter der Versuchsabteilung ist Dr. med. Erwin Ding.[42] Sein Dienstsitz bleibt das SS-Hygiene-Institut in Berlin. In Buchenwald wird er von Lagerarzt Hoven vertreten, dem die Aufgabe zukommt, die Versuchspersonen »nach Prüfung ihrer körperlichen Tauglichkeit für die Schutzimpfung oder die Infektion bereitzustellen. Er hatte in seiner eigenen Vertretung häufig den [KZ-Arzt] Plaza mit der Überwachung des Blocks beauftragt, der im übrigen unter dem Kapo Dietzsch weitgehend selbständig arbeitete.«[43]

Die Fleckfieberversuche beginnen am 5. Januar 1942. Ding versucht, fünf gesunde Häftlinge künstlich mit Fleckfieber anzustecken. Das Serum stammt aus dem Robert-Koch-Institut. Die fünf Versuchspersonen erkranken nicht. Am nächsten Tag werden 135 Häftlinge mit Versuchsstoffen des Heeres-Instituts in Krakau, des Robert-Koch-Instituts (RKI) und der Behringwerke gegen Fleckfieber geimpft. Weitere 10 Häftlinge dienen als Kontrollobjekte und bleiben ungeschützt.

Am 14. Januar schreiben die Behringwerke (Demnitz) an »Lagerarzt« Hoven des »KL Buchenwald bei Weimar«: »Sehr geehrter Obersturmführer! Unter Bezugnahme auf verschiedene Un-

41 Aussage Alfred Balachowsky im Nürnberger Ärzteprozeß, undatierte Abschrift im Fußgänger-Verfahren, Bl. 60.

42 Ding ist am 19. 9. 1912 als Sohn des Kolonialarztes Dr. Carl Freiherr von Schuler in Bitterfeld geboren und 1915 von Heinrich Ding adoptiert worden.

43 Erklärung Dings vom 20. 7. 1945. Nürnb. Dok. NO-257.

terhaltungen unserer Herren mit den Herren des Hyg. Instituts der Waffen SS, Berlin, Knesebeckstrasse 43/44, gestatten wir uns, Ihnen heute gratis per Express für 50 Personen 7 × 25 ccm Fleckfieberimpfstoff (für Versuche) zuzusenden. Dieser Impfstoff ist konzentriert und ist mindestens doppelt so stark wie der Fleckfieberimpfstoff, den das Hyg. Institut der Waffen SS durch den Linksunterzeichneten [Demnitz] bereits erhalten hat. Bekanntlich sollen neben dem konzentrierten Impfstoff, der Ihnen heute zugeht, und dem früher von uns hergestellten Impfstoff noch Versuche mit 2 anderen Impfstoffen durchgeführt werden.«[44]

Am 3. März 1942 werden die insgesamt 145 Häftlinge im »Beisein« (so Dings Stationstagebuch) des Präsidenten des Robert-Koch-Instituts, Professor Eugen Gildemeister[45], mit Fleckfieber infiziert.

Zwei Wochen später besichtigen zwei Experten des RKI, Gildemeister und Rose, die Versuchsstation. Bis auf zwei (infolge einer überstandenen Fleckfiebererkrankung immunisierte) Häftlinge sind alle angesteckten Versuchsobjekte erkrankt. 1985 wird Rose der Doktorandin Vondra über Buchenwald berichten: »ein sehr diszipliniertes, ordentliches Lager, also in keiner Weise von Greueln oder Brutalitäten«.[46] Was die Ansteckung mit Fleckfieber für die Infizierten bedeutet, hat Rose so formuliert: »Behandlung von Fleckfieber gibt es nur in Form der Krankenpflege. Eine ätiologische Behandlung, eine chemotherapeutische Behandlung, war damals nicht bekannt.«[47]

---

44 Brief Behringwerke vom 14. 1. 1942 an »Herrn SS-Obersturmführer Howen« (sic), gez. Demnitz, gez. unleserlich. Das Dokument danke ich dem Archiv der Gedenkstätte Buchenwald.

45 Eugen Gildemeister, geb. 28. 10. 1878, 1913 Abteilungsleiter am Königlichen Hygiene Institut Posen, 1915–35 im Reichsgesundheitsamt (bakteriologisches Laboratorium), ab 1935 Geschäftsführender Direktor und ab 1942 Präsident des Robert-Koch-Instituts und Vizepräsident des Reichsgesundheitsamtes, Tod am 8. 5. 1945.

46 Interview Rose vom 10. 10. 1985 in Obernkirchen, Vondra S. XVI.

47 Ebd., S. XVII.

Am Ende der ersten Versuchsreihe werden fünf Tote registriert: zwei Häftlinge, die mit Behring-Impfstoff geschützt waren, sowie drei der nicht geimpften Kontrollpersonen. Das Versuchsschema wird in der Folge eingehalten: Die Häftlinge werden zunächst gegen Fleckfieber geimpft (oder durch Einnahme von Arzneimitteln »geschützt«) und danach angesteckt. Einige Häftlinge dienen ausschließlich als Kontrollpersonen, d.h., sie werden durch Injektionen mit Frischblut von Fleckfieberkranken infiziert, als Kontrollobjekte jedoch nicht gegen Fleckfieber geimpft. Sie stellen einen hohen Anteil der Toten.

Am schlimmsten ergeht es einer weiteren Gruppe: Drei bis fünf Häftlinge werden pro Monat als sogenannte Passagepersonen künstlich angesteckt, um stets »Frischblut« von Fleckfieberkranken zur Verfügung zu haben. Sie gehen fast alle zugrunde. Insgesamt werden mindestens 1000 Häftlinge als menschliche Meerschweinchen mißbraucht, die Passage-Personen nicht eingerechnet. Mindestens 250 Häftlinge sterben unmittelbar bei den Versuchen.[48] Wer überlebt, behält schwerste gesundheitliche Schäden wie Herzschwäche, Gedächtnisverlust oder Lähmungen. Zwei Beispiele:

Im Dezember 1957 untersucht der Vertrauensarzt der Deutschen Botschaft in Paris, Dr. Kaplan, einen zu dieser Zeit 46jährigen Mann. Er war zu Beginn des Krieges Polizeiinspektor in Marseille gewesen, verhaftet und zuerst in Buchenwald, danach noch einmal in Natzweiler Fleckfieberversuchen unterworfen worden. Er leidet nun an völliger Kraftlosigkeit, Gedächtnisverlust, Tendenz zur Fettsucht, Angstzuständen, Schlaflosigkeit, hartnäckigen Kopfschmerzen, Schwindel, Verlust aller Haare, sexueller Impotenz, die zur Scheidung führte. Die Prognose des Arztes: »Der Patient bedarf dauernder ärztlicher und eventuell psychiatrischer Überwachung ... Eine Wiederherstellung ist nicht zu erwarten.«[49]

48 Einstellungsverfügung der StA Limburg vom 17. 6. 1961 im Fußgänger-Verfahren.

49 Gutachten Dr. Kaplan über Herrn Simon vom 22. 2. 1957.

Ende 1960 sucht die Kriminalpolizei einen ehemaligen Buchenwald-Häftling auf. Der Mann ist zu dieser Zeit knapp 46 Jahre alt, lebt im Altersheim. Der Kriminalbeamte hat Schwierigkeiten, mit Hilfe einer Betreuerin eine Aussage von einer einzigen Seite zu Papier zu bringen. Dort steht zu lesen: »Durch diesen Versuch verlor ich mein Gedächtnis, das Sprechen und Laufen. Erst ein Jahr nach dem Versuch lernte ich wieder langsam das Sprechen und Laufen. Das schlechte Gedächtnis und die epileptischen Anfälle habe ich noch immer.«[50] In Ermittlungsverfahren gegen Ärzte werden, aus strafrechtlichen Gründen, nur die Toten abgehandelt. Was aber den Überlebenden angetan wurde, kommt fast nie zur Sprache.

Die Fleckfieberversuche in Buchenwald sind gut dokumentiert, da Dings Arztschreiber Eugen Kogon bei Kriegsende das Stationstagebuch retten kann. Doch auch der am 13. Oktober 1942 nach Auschwitz versetzte Dr. Vetter[51] experimentiert mit Fleckfiebermitteln[52] (Präparat B 1034). In Höchst denkt man daran, Kriegsgefangene als Versuchsobjekte zu benutzen. In einem Schreiben an das Bayer-Büro in Berlin heißt es: »Weiter wären noch diejenigen Stellen für uns von Interesse, die über die Durchführung derartiger Versuche an Kriegsgefangenen die letzte entscheidende Instanz sind. Wir wären Ihnen für Nachricht dankbar, wenn Sie auch hier entsprechende Beziehungen anbahnen könnten.«[53]

---

50 Vernehmung Buhlick vom 7. 12. 1960. Fußgänger-Verfahren, Bl. 53.

51 Tagebuch des SS-Arztes Dr. Kremer. ZSt AR-Z 37/58 Sonderband Kremer.

52 So schreibt der I. G.-Mitarbeiter Dr. Kupffer (Behring Leverkusen) am 19. 2. 1942 nach Marburg: »Wir bitten Sie, an SS-Untersturmführer Dr. Vetter, Auschwitz O. S. [Oberschlesien] SS-Lager weitere 10 Fläschchen zu 25 ccm Fleckfieber-Impfstoff möglichst umgehend zu senden.« Nürnb. Dok. NI-13593.

53 Schreiben vom 19. 8. 1942, gez. Dr. Bockmühl, gez. ppa. (per procura) Dr. Weber, wahrscheinlich an Dr. Kohlhaas. Nürnb. Dok. NI-11426.
Bockmühl ist Leiter des Pharm. Wissenschaftl. Laboratoriums und nimmt die Auswahl der Chemotherapeutika vor, so Lautenschläger, Erklärung unter Eid vom 2. 5. 1947. Nürnb. Dok. NI-9811.

Stabsarzt Dr. med. A. Kaufmann (vormals Assistenzarzt am Evangelischen Krankenhaus in Köln-Lindenthal) dient von sich aus seine Dienste an. Kaufmann, der eine Fleckfieberbehandlung an »kriegsgefangenen Russen« prüft, fragt beim Forschungsinstitut der I.G. in Wuppertal-Elberfeld an, ob ein Chemotherapeutikum »im Versuchsstadium« verfügbar sei: »Ich wäre gerne bereit, nach Abschluß meiner derzeitigen Beobachtungen (es werden z.Z. noch unbehandelte Fälle zu Vergleichszwecken herangezogen) mich an der Auswertung ... zu beteiligen.« Auf dem Brief ist vermerkt: »Methylenthantabl. zur Verfügung stellen sofort.«[54] Elberfeld kommt die Anfrage sehr gelegen, da man gerade ein Exposé über Methylenblau ausgearbeitet hat, ein Fleckfiebermittel, das Mrugowsky für Versuche geschickt werden soll.[55]

Auch Oberstabsarzt Professor Hans-Wilhelm Bansi wird mit Methylenblau bedacht, da es »immerhin einen ausgesprochenen Effekt bei Fleckfieber erkennen läßt«.[56] Der Wuppertaler Direktor Heinrich Hörlein an Bansi: »Ich werde Herrn Direktor Dr. Mertens in Leverkusen, der die klinische Erprobung der in unseren Laboratorien erarbeiteten Präparate hat, bitten, Ihnen ausreichende Mengen von Methylenblau und Vorschläge für die Anwendung derselben zukommen zu lassen.«[57]

Auch Dozent Dr. med. habil. Richard Haas beteiligt sich an den Pharma-Versuchen. Haas ist Leiter des Behring-Instituts in Lemberg,[58] das am 10. Dezember 1942 mit einem Staatsakt im

---

54 Brief Dr. A. Kaufmann vom 14. 12. 1942. Nürnb. Dok. NI-9579.

55 Schreiben I.G. Elberfeld, Zeichen »Prof. Kth« (Kikuth), vom 23. 12. 1942 an das Pharma-Direktions-Sekr., z.H. v. Herrn Direktor Dr. Mertens, Leverkusen. Nürnb. Dok. NI 9578.

56 Brief Hörlein, I.G. Elberfeld, vom 29. 12. 1942 an Bansi. Nürnb. Dok. NI-9577.

57 Ebd.

58 Lemberg wird am 29. 6. 1941 von deutschen Truppen besetzt. Ein Einsatzkommando erschießt die Professoren der Universität. In Lemberg und Umgebung gibt es zahlreiche Zwangsarbeitslager, darunter das Zentrale Arbeitslager in der Janowskastraße, ein Ort des Grauens. Der Lagerleiter, SS-Untersturmführer Gustav Willhaus, »tötete Menschen, wie ein anderer Häcksel schneidet«. ZSt. 2 AR-Z 294/59, Anklageschrift gegen Röder u.a., S. 273.

Foyer des Schauspielhauses eröffnet worden ist. Die Ansprache hatte Generalgouverneur Hans Frank gehalten, der zugleich Kudicke und Wohlrab (für die Fleckfieberbekämpfung in Polen) mit dem Kriegsverdienstkreuz 1. Klasse auszeichnet. Der stellvertretende Reichsärzteführer Blome versteigt sich in seiner Festrede sogar zu der Ankündigung, Lemberg werde »zur größten Fleckfieberforschungsstätte ... der ganzen Welt«.[59]

Haas gibt Stabsarzt Dozent Dr. Schulze das Präparat »3582« zur Prüfung in den »hiesigen medizinischen Instituten«. Weiterhin stellt er Schulze Präparate »für die Erprobung in einem russischen Gefangenenlager zur Verfügung«. Haas: »Außerdem habe ich hier in Lemberg die Möglichkeit, praktisch jederzeit auf die Versuche selbst Einfluß zu nehmen. Es wäre nun sehr erwünscht, wenn ich noch weitere Versuchsmengen erhalten könnte.«

In Lemberg herrscht zwar wenig Fleckfieber, am Behring-Institut sind aber 20–25 Personen, »die mit Rickettsia pediculi infiziert sind und deren Läuse dauernd sich an diesen Leuten mit pediculi infizieren«. Haas: »An diesen Personen«, es handelt sich offensichtlich um Polen, die als »Läusefütterer« mißbraucht werden, »würde ich nun sehr gern das Präparat erproben.« Der Behringvertreter beendet sein Angebot: »Ich darf noch bemerken, daß aus Elberfeld das Methylenblau als zweites Präparat zur Erprobung angekündigt ist. Sollten Sie irgend welche Wünsche für die klinische Prüfung haben, so bitte ich Sie, mir dieses möglichst umgehend bekannt zu geben.«[60]

Einige Zeit später verfaßt Mrugowsky einen Aktenvermerk: »Herr Dr. Haas vom Fleckfieber-Institut ›Behring‹ in Lemberg, trägt Schwierigkeiten bei der Einstellung von Läusefütterern in

59 Das Diensttagebuch des deutschen Generalgouverneurs in Polen 1939 bis 1945, hg. von Werner Präg und Wolfgang Jacobmeyer. Stuttgart 1975, S. 589.

60 Haas am 12. 2. 1943 an die »Chem. pharmaz. u. serobakt. Abt.« in Höchst. Haas erhält am 19. 3. 1943 50 Flaschen à 100 Gramm des »Kombinationspräparats Rutenol«. Nürnb. Dok. NI-9711.

seinem Institut vor.« 20 Häftlinge sollen in Buchenwald als »Läusefütterer« dienen, um »festzustellen, ob und in welcher Form Personen erkranken. Impfstoff, Läuse und Läusekäfige mit Zubehör liefert Herr Dr. Haas. Der Impfstoff soll Mitte Oktober 1942 eintreffen.«[61]

Am 23. November 1942 schreibt Richard Haas an »SS-Hauptsturmführer Dr. Hoven, Lagerarzt des KL. Buchenwald b. Weimar«: »Sehr geehrter Herr Kollege! Auf Veranlassung von SS-Sturmbannführer Dr. Ding teile ich Ihnen mit, daß Herr Gönnert[62] von unserem Institut mit dem fraglichen Material am 28. 11. 42 hier wegfahren wird und sich voraussichtlich im Laufe des 30. November von Weimar aus bei Ihnen melden wird ... Außerdem wird Herr Gönnert Ihnen für jede Auskunft zur Verfügung stehen. Voraussichtlich werde ich dann 2–3 Tage später Ihnen eine weitere Sendung zugehen lassen, die Herr Oberveterinär Dr. Kubasta überbringen wird.«[63]

In Höchst wird auf das Produkt »Nitroakridinpräparat 3582« (ein ähnliches Präparat erhält den Namen »Rutenol«) gesetzt. Es ist bislang, so Dr. med. Rudolf Fußgänger, Leiter des Chemotherapeutischen Laboratoriums, an drei Fleckfieberkranken der Frankfurter Universitätsklinik bei Professor Nonnenbruch erprobt worden.[64] Das Präparat soll zur Behandlung von Fleckfieber, Wolhynischem Fieber, Bazillen- und Amöbenruhr sowie unspezifischen Darmerkrankungen geeignet sein. Ausdrücklich heißt es: »Kommt es nach 3582 nach längerer Anwendung zu stomachalen [Magen-] Reizerscheinungen, so sind diese durch-

---

61 Undatierter Vermerk Mrugowskys. Archiv Gedenkstätte Buchenwald.

62 Dr. Rudolf Gönnert wird nach dem Krieg Leiter des Chemother. Instituts der Farbenfabriken Bayer, Werk Elberfeld, und Dozent der Tropenmedizin an der Universität Köln.

63 Dozent Dr. med. habil. Dipl. Chem. Richard Haas am 23. 11. 1942 an Hoven. Das Dokument verdanke ich der Gedenkstätte Buchenwald. Die Versuche werden zwar begonnen, aber abgesetzt, da die Käfige undicht sind und die Ausbreitung einer Fleckfieberseuche im Lager befürchtet wird.

64 Aussage Rudolf Fußgänger vom 29. 9. 1960. Fußgänger-Verfahren, Bl. 134.

aus unbedenklich. Vielleicht wird die Gabe von 3582 erbrochen, wonach völliges Wohlbefinden eintritt.«[65]

Am 19. November 1942 reist KZ-Arzt Vetter nach Leverkusen. Das Besprechungsprotokoll hält fest, daß Vetter in Auschwitz das Höchst-Präparat »3582« an zunächst »20 Fällen« ausprobieren wird. Er erhält 1000 Tabletten.[66] Zwei Tage später kündigt Dr. Lücker (Leverkusen) Vetter die Lieferung von 50 Ampullen zu 250 ccm des weiterentwickelten Präparats »Periston« an. Das Mittel soll den Kreislauf stützen und die zerebralen (das Hirn betreffenden) Erscheinungen bei Fleckfieber bessern. Lücker: »Die Prüfungsfragen sind also 1. Konnte der Kreislauf befriedigend gestützt werden und wie lange? 2. Wie war der Einfluß auf cerebrale Erscheinungen (Hirnoedem) im Vergleich zu den sonst üblichen Infusionen von Salz-Lösungen.«[67]

> »Alle Frauen, welche gebärten, ließ er auch mit den Kindern vergasen. Wenn das Kind starb, ließ er auch die Mutter vergasen. Konkret kann ich anführen Selma Haasova, etwa 22 Jahre alt, Verkäuferin aus dem Handelsgeschäft der Teta in Preßburg, eine gesunde, starke Frau, die am Tage nach der Entbindung mit ihrem Kind vergast wurde. Dr. Vetter entließ aus dem Revier das gesamte jüdische Arzt- und Pflegepersonal und bestimmte es zu den schwersten Feldarbeiten ... Dr. Vetter verbot, jüdische Patienten ins Revier aufzunehmen, so daß die jüdischen Häftlinge zur Arbeit ausrücken mußten, auch wenn sie schwer krank waren. Wenn sie nicht mehr die Kraft hatten und im Block blieben, wurden sie vergast.«
>
> Aussage Dr. med. Margita Schwalbova.[68]

Am 2. Dezember 1942 schreibt die »Wissenschaftliche Abteilung Pharma« in Leverkusen an Höchst:

65 Undatierter, vertraulicher Bericht über »Nitroakridinpräparat 3582«, gez. Dr. W. (Weber). Nürnb. Dok. NI-9708.

66 Aktennotiz über die Besprechung mit Herrn Dr. Vetter am 19. 11. 1942. Nürnb. Dok. NI-9408.

67 Brief Lücker vom 21. 11. 1942 an Vetter. Nürnb. Dok. NI-9409.

68 Aussage Schwalbova vom 7. 2. 1967. Mengele-Verfahren, Bd. 26, Bl. 75.

»Betr.: Nitroakridinpräparat 3582

Wir danken Ihnen für die Übersendung des Exposés und möchten Ihnen mitteilen, daß wir die uns zur Verfügung gestellten 1000 Tabletten zur Prüfung des Präparates durch

Herrn SS-Obersturmführer Dr. H. Vetter

bestimmt haben. Herr Dr. Vetter hat, wie schon im vorigen Jahr, eine große Fleckfieberstation in Auschwitz, wo er Gelegenheit zur gründlichen Prüfung neuer Medikamente besitzt.«[69]

Höchst antwortet einen Tag später: »Wir begrüßen es sehr, daß Herr Dr. Vetter sich der Prüfung von 3582 annimmt ... Zur Sache 3582 möchten wir Ihnen auch mitteilen, daß wir an einer befreundeten Klinik nur 2 3582-Fälle beobachtet haben, von denen einer eine Laboratoriumsinfektion war. In beiden Fällen trat auf 3582 prompte Entfieberung ein, doch besagen die Fälle wenig, da keine Kontrollen durchgeführt werden konnten. Wir sind daher recht gespannt, welche Ergebnisse Herr Dr. Vetter erzielen wird.«[70]

Obgleich das Mittel praktisch nicht erprobt ist, mahnt[71] Höchst Anfang Januar 1943 den Chef des Hygiene-Instituts der Waffen-SS, Mrugowsky:

»Im September vorigen Jahres besprachen Sie mit dem Rechtsunterzeichneten die Frage der chemotherapeutischen Fleckfieberbekämpfung durch unser Akridinpräparat 3582. Die von Ihnen für erforderlich gehaltenen Versuchsmengen an Tabletten ließen wir Ihnen damals zugehen. Dürfen wir uns die Anfrage erlauben, ob Sie das Präparat inzwischen bei Fleckfieberkran-

69 Nürnb. Dok. NI-9405.

70 Brief vom 3. 12. 1942, gez. Bockmühl, gez. Weber, an die »Bayer« Gruppe W II, Leverkusen. Nürnb. Dok. NI-11413.

71 In einer Aktennotiz vom 8. 1. 1943, gez. Dr. Bockmühl, gez. Dr. Weber, heißt es: »Standartenführer Dr. Mrugowsky steht als Hauptprüfer für Dysperos und Typhoral von jeher in enger Verbindung. Unser Fleckfieberpräparat hat er in kleineren Mengen schon seit längerem durch Vermittlung von Herrn Prof. Bieling in Händen. Die erste größere Sendung erhielt er im September 42 im Anschluß an eine Besprechung mit dem Rechtsunterzeichneten ... Die Resultate haben wir am 8. 1. angemahnt.« Nürnb. Dok. NI-11415.

ken einsetzen konnten und welche Erfahrungen Sie damit gemacht haben. Bei dieser Gelegenheit möchten wir Ihnen mitteilen, daß die Erfahrungen, die wir an den vereinzelten Fällen machen konnten, die uns hier zufällig zu Gesicht gekommen sind, sehr günstig waren. Sofort nach Einnahme des Mittels trat ein prompter Fieberabfall ein, der die Heilung einleitete.«[72]

Versuche der I.G.Farben Höchst

Am 9. Januar 1943 wird die »Fleckfieber-Versuchsstation« im KZ Buchenwald in »Abteilung für Fleckfieber- und Virusforschung am Hygiene-Institut der Waffen-SS« umbenannt. Einen Tag später beginnen die von Höchst angemahnten Versuche (»Auf Anregung der I.G.Farbenindustrie« notiert Dr. Ding in seinem Stationstagebuch). Erprobt werden »Methylenblau« aus Elberfeld (Kikuth) und das Höchst-Präparat »3582« (»Acridin«). Kapo Dietzsch:

»Die Patienten erbrachen oft 10–12 mal täglich, was auch auf den Krankenkurven vermerkt wurde. Durch dieses Erbrechen wurde der Organismus der Kranken kolossal geschwächt ... Auch ein an sich vollkommen gesunder Mensch wird sich nach 10–12 maligem Erbrechen sehr elend fühlen. Es war nur möglich, Versuche mit einem derart schlecht verträglichen Präparat in einem Konzentrationslager zu machen, da dort die Menschen nicht gefragt wurden, d.h. keinen freien Willen hatten. Dr. Ding wollte die Versuche mit Acridin abstellen. Die I.G. jedoch ... drängte, wie mir Dr. Ding erzählte, darauf, daß diese Versuche nicht abgebrochen werden. Ich erinnere mich, daß Dr. Ding über die schlechten Präparate empört war. Die I.G. entwickelte dann

72 Dr. Bockmühl/Dr. Weber am 8. 1. 1943 an Mrugowsky. Nürnb. Dok. NI-9576. Der Brief enthält noch den Hinweis: »Nach längerer Verabreichung können aber auch dann hin und wieder Reizerscheinungen von seiten des Magens auftreten, die sich in kurzem Erbrechen äußern.«

auf Grund der ungünstigen Versuchsergebnisse im KZ Buchenwald, das Rutenol, das besser verträglich war.«[73]

Am 27. Januar 1943 schreiben Dr. Weber (Höchst) und Dr. König (Leverkusen) wegen des Präparates 3582 an Vetter (Anschrift: SS-Obersturmführer Dr. Vetter, Konzentrationslager Auschwitz/ Oberschlesien): »Nachdem inzwischen unsere Verträglichkeitsversuche in einer befreundeten Irrenklinik ergeben haben, daß auch Tabletten à 0,25 anstandslos stomachal vertragen wurden, sind wir von der Drageeform abgegangen ... Nun haben sich aber insofern Schwierigkeiten ergeben, als unerwartet von einzelnen Seiten Klagen über die Verträglichkeit des Präparates laut wurden, die dazu führten, daß von Überängstlichen [!] die Versuche abgebrochen wurden, auf deren Durchführung wir größten Wert gelegt hätten.«

Inzwischen, so Weber/König, habe man ein Granulat des »3582« hergestellt, das hoffentlich besser verträglich sei: »Wir sind aber insofern in einer peinlichen Lage, als wir bei unseren Versuchspersonen der Irrenklinik, die auch 3582-Tabletten anstandslos vertragen, nicht feststellen können, ob 3582 in Granulat wirklich besser verträglich ist. Selbstverständlich sehen wir ein, daß die Verhältnisse bei Gesunden mit denen von Fleckfieberkranken überhaupt nicht in Parallele gesetzt werden können, glauben aber, daß Versuche an zahlreicheren Versuchspersonen doch Klarheit über die bessere Verträglichkeit des Granulats erbringen können.«

Weber/König bitten den KZ-Arzt, »möglichst umgehend einige Versuchsreihen anzusetzen, die lediglich die Klärung der Verträglichkeitsfrage zum Ziele haben. Wir lassen Ihnen daher weitere 25 Röhrchen Tabletten u. 25 Packungen Granulat zugehen und bitten Sie freundlichst, diese an je 25 Versuchspersonen zu verfüttern und zu registrieren, ob bei Verabfolgung auf nicht geleerten Magen und zusammen mit reichlich Flüssigkeit oder

73 Arthur Dietzsch, Erklärung unter Eid vom 2. 10. 1947. Nürnb. Dok. NI-12184.

Suppe nach einer Anzahl Dosierungen mit Erbrechen zu rechnen ist bezw. welche Prozentsätze der verwendeten Versuchspersonen 6 und mehr Tabletten bezw. Granulat vertragen.«[74]

Mit der »befreundeten Irrenklinik« dürfte die im Rheingau gelegene Landesheilanstalt Eichberg (bei Wiesbaden) gemeint sein. Die »peinliche Lage« könnte dadurch entstanden sein, daß der dortige Direktor Mennecke 1943 zum Militärdienst eingezogen wird. Friedrich Mennecke[75] hatte 1941/42 u.a. zahlreiche KZs bereist, um Häftlinge für die Gaskammern der Euthanasie-Anstalten »auszumustern«. Von seinen Reisen schrieb er seiner Ehefrau Briefe. Präzise hat er darin die Zahl der »Ausgemusterten« festgehalten. Seine Schreiben werden 1945 gefunden und dienen als Belastungsmaterial, als ihm Dezember 1946 der Prozeß gemacht wird.

In Menneckes Briefsammlung befinden sich Bruchteile einer Korrespondenz, die die I.G.Farben in Höchst betreffen. Am 7. November 1939 schreiben die Herren Bockmühl und Weber an Mennecke: »Dürfen wir uns erlauben, uns noch einmal nach dem Stand der Versuche mit Präparat 9736 zu erkundigen. Nachdem die Liquoruntersuchung der ersten Fälle doch recht beachtliche Resultate ergeben hat, legen wir großen Wert darauf, die Versuche fortzusetzen ... Es würde uns nun zunächst daran liegen, nochmals einige Liquorproben nach Behandlung mit 9736 zur Arsenanalyse zu bekommen und danach zur Kontrolle einige unter den gleichen Umständen mit Salvarsan behandelten Fälle.«[76]

Mennecke kann zu dieser Zeit nichts unternehmen, da er als Truppenarzt eingezogen ist. Höchst erfährt davon und schreibt Menneckes vorgesetzter Behörde, schon früher habe man mit Herrn Direktor Wachsmuth und Herrn Dr. Wahlmann auf dem

74 Nürnb. Dok. NI-11417. Der Brief ist gezeichnet von Dr. König (Leverkusen) und Dr. Weber (Höchst) und hat das Diktatzeichen »Dr. W.«, also Weber.

75 Mennecke ist in meinem Buch »›Euthanasie‹ im NS-Staat« ausführlich dargestellt.

76 Mennecke-Briefe. Verfahren 4a Js 13/46, OStA Ffm.

Eichberg zusammengearbeitet: »Die Arbeiten waren dabei so verteilt, daß wir in unseren Laboratorien die chemische und tierexperimentelle Bearbeitung der Probleme übernahmen, während die Herren der Anstalt Eichberg den Heilwert der von uns aufgefundenen Verbindungen in klinischen Versuchen an Menschen [!] zu erweisen hatten.« Adolf Wahlmann, geboren am 10. Dezember 1876, ist erstmals 1906 in der Anstalt gewesen, 1918 zum zweiten Mal: »Dann kam ich auf den Eichberg zurück, wurde Oberarzt und stellv. Direktor und habe auch den damaligen Direktor Wachsmuth schon zwei Jahre vertreten von 1929 bis 1931, weil er schwer krank war.«[77] Menschenversuche auf dem Eichberg werden also schon vor den Nazis ganz selbstverständlich durchgeführt.

Seit dem Frühjahr 1939, so der I.G.-Brief, arbeite man mit Herrn Dr. Mennecke zusammen. Es sei gelungen, »bei einer neuartigen Gruppe chemischer Körper Wirkungen festzustellen, wie sie mit den bisher in der Therapie üblichen Präparaten prinzipiell nicht zu erzielen waren«. Schriftlich könne man mehr nicht mitteilen, da die tropenmedizinische Abteilung der Militärärztlichen Akademie die Wichtigkeit dieser Befunde betone: »Wir erlauben uns daher die Bitte auszusprechen, Herrn Dr. Mennecke die Wiederaufnahme seiner Forschungsarbeit zu ermöglichen.«[78]

Am 1. Februar 1940 stellt die Wehrmacht Mennecke wegen eines Sonderauftrages[79] vom Militärdienst frei.

Nach Kriegsende, im Februar 1946, findet der neue Direktor des Eichberg in Menneckes Amtszimmer zwei Ampullen mit der

---

77 Wahlmann am 24. 2. 1947 im Hadamar-Prozeß. Ebd.

78 I.G.Farben (Diktatzeichen Dr. Weber) am 13. 12. 1939 an den Herrn Oberpräsidenten (Verwaltung des Bezirksverbandes Nassau) in Wiesbaden. Beglaubigte Abschrift, ebd.

79 Der Oberpräsident, gez. Traupel, Landeshauptmann, hatte am 14. 12. 1939 an das Wehrbezirkskommando Wiesbaden einen »Antrag auf Sicherstellung des Assistenzarztes d. Res. Dr. Mennecke« gestellt. Begründung: Mennecke werde »für staatspolitische wichtige Belange, die Erbbiologie betreffen [Euthanasie] und ferner zur Durchführung von Versuchen von den I.G.-Farben« benötigt. Ebd.

Aufschrift »Trockenampullen à 0,25 g, As.-Präparat 9736«.[80] Eine Überprüfung durch die Oberstaatsanwaltschaft in Frankfurt ergibt, daß es ein Arsenobenzol-Präparat, dem Salvarsan verwandt, ist.[81]

Der zu dieser Zeit 50jährige Arzt Dr. Julius Weber ist im Eichberg-Prozeß am 9. Dezember 1946 gehört worden. Er hat Mennecke, von Zeitzeugen als bornierter NS-Bonze beschrieben, als einen offenen, fröhlichen Menschen in Erinnerung, »der nicht wie die SS andere Ziele dabei verfolgt«. Weber vermag sich an die Vorgänge kaum noch zu erinnern, immerhin weiß er: »Wir arbeiteten zwanzig Jahre mit der Anstalt Eichberg, und ich bin in früheren Jahren eigentlich mehr persönlich auf dem Eichberg gewesen und habe mit den leitenden Herren gesprochen.«[82] Schon vorher hatte Menneckes Vorgänger der Justiz mitgeteilt, daß Höchst den Eichberg zur Erprobung »insbesondere von Schlafmitteln, z.B. Prominal, Evipan« genutzt habe.[83]

Der Blick in die Akten des Eichberg-Prozesses zeigt: Für die I.G.Farben in Höchst ist es seit den zwanziger Jahren normal, Präparate an nicht einwilligungsfähigen Menschen zu erproben.

Eugen Kogon, Verfasser des Buches »Der SS-Staat«, hat nach 1945 in seinem Haus I.G.-Besuch bekommen. Danach nimmt er in sein Werk eine Anmerkung auf, die Höchst-Mitarbeiter Dr. Weber und Dr. Fußgänger hätten ihm versichert, von der SS getäuscht worden zu sein. Man habe ihnen gesagt, daß es sich um die Verabreichung »an fleckfieberkranke Soldaten in den Lazaretten der SS-Divisionen handele«. Als sie erkennen mußten, daß die Versuche im KL Buchenwald stattfanden, hätten sie, im

80 Schreiben Dr. Hinsen vom 22. 2. 1946. Ebd.

81 Gutachten Institut für Gerichtliche Chemie und Mikroskopie, Dr. H. Popp, vom 3. 4. 1946. Ebd.
Salvarsan, ein von Paul Ehrlich 1909 in die Chemotherapie eingeführtes, synthetisch hergestelltes Mittel, wird gegen Syphilis und andere Infektionskrankheiten eingesetzt.

82 Öffentliche Sitzung des LG Ffm. vom 9. 12. 1946. Ebd.

83 Brief Dr. Hinsen vom 2. 11. 1946 an den OStA in Frankfurt. Ebd. Wilhelm Hinsen ist Menneckes amtsenthobener Vorgänger und 1945 dessen Nachfolger.

Einvernehmen mit ihrem Chef, Professor Lautenschläger, die Beziehungen abgebrochen.[84]

Die Herren finden Glauben. Anders Waldemar Hoven, Lagerarzt in Buchenwald, der 1947 vergeblich beteuert: »Es dürfte ... in deutschen wissenschaftlichen Kreisen bekannt gewesen sein, daß die SS über nennenswerte Wissenschaftler nicht verfügte. Es ist offensichtlich, daß es sich bei den in den Konzentrationslagern mit I. G.-Präparaten durchgeführten Versuchen nur um das Interesse der I. G. handelte, die mit allen Mitteln bestrebt war, die Wirksamkeit ihrer Präparate festzustellen, bzw. die – ich möchte sagen – Schmutzarbeit in den Konzentrationslagern durch die SS machen zu lassen.«[85] SS-Arzt Hoven ist so wenig

84 Kogon, S. 173.

85 Hoven: Erklärung unter Eid, 3. 10. 1947. Nürnb. Dok. NI-12182.
Neben den Fleckfieberversuchen laufen, offenbar wenig erfolgreich, Versuche mit Ruhr-Impfstoffen. So schreiben Zahn und Dr. Kupffer (Behringwerke), am 2. 4. 1942 an Dr. Kohlhaas (»Bayer«-Büro Berlin): »In Abwesenheit von Herrn Dr. v. Engelhardt haben wir Ihr an ihn gerichtetes Schreiben vom 31. 3. bezüglich die [sic!] Dysperos-Prüfung durch Dr. Mrugowsky zur Kenntnis genommen. Wir möchten Sie nun bitten, die geplante Veröffentlichung von Dr. Mrugowsky nach Möglichkeit zu verhindern, zumal ja die wenigen vorgenommenen Versuche, auch im negativen Sinne, kein eindeutiges Resultat ergeben. Dagegen haben wir auf Anregung von Dr. Mrugowsky Typhoral und Dysperos in Form von Suppositorien zur rektalen Anwendung verarbeiten lassen. Diese Versuche waren ja seinerzeit schon mit Dr. Mrugowsky verabredet, mußten aber wegen seiner Abwesenheit von Berlin verschoben werden. Wir würden es also sehr begrüßen, wenn Dr. Mrugowsky sich entschließen würde, jetzt die geplanten Versuche wieder aufzunehmen. Damit gleichzeitig die Wirkung der oralen Anwendung von Dysperos und Typhoral gegenüber der rektalen verglichen werden kann, lassen wir Ihnen auch Dysperos-Dragees zugehen ...« Nürnb. Dok. NI-13598.
Am 10. 9. 1942 treffen sich Mrugowsky, Dr. Julius Weber (Höchst) und Dr. Kohlhaas, der als Vertreter der Behringwerke auftritt. Die I. G.-Vertreter informieren Mrugowsky, daß sie »in genauer Nachahmung der erbeuteten russischen Dysenterie-Impfstofftabletten ein Präparat hergestellt haben, das wir als Dysenterie-Vaccine R bezeichnen.«
Über das Ergebnis der Verhandlung heißt es: »Dr. Mrugowsky erklärt sich bereit, die 3 Formen der Dysenterie-Vaccine R wie auch die beiden Formen des Dysperos ›P‹ an je 500 Fällen zu prüfen ... Das erforder-

ein bedauernswertes Opfer der I. G. Farben wie die I. G.-Herren die KZs (siehe die Adressierung der Schreiben) für Lazarette hielten.

Zurück in den Februar 1943: In Auschwitz hat Dr. Vetter in einem Versuch an 50 Häftlingen das Höchst-Präparat »3582« erprobt. Ergebnis: Die Tabletten waren in 78 Prozent aller Fälle erbrochen worden, so daß das Präparat »per clysma« (Einlauf) verabreicht werden muß. Doch auch diese Art der Verabreichung wird aufgegeben, »da sich heftige und häufig schmerzhafte Diarrhöen mit etwa 15 Stühlen täglich einstellten«. 12 Prozent der »Kranken« bleiben während der »Behandlungszeit« ohne Bewußtsein, 26 Prozent erlangen das Bewußtsein »während der Kur wieder«. Bei fast allen kommt es zu einer vorübergehenden Schwächung der Sehkraft und besonders des Gehörs. 15 Versuchsobjekte, das sind 30 Prozent, sterben. Das Präparat, so Vetter, senke zwar das Fieber, übe aber »keinen Einfluß auf den entzündlichen Krankheitsprozeß« aus.[86]

»Im ganzen genommen«, so eine Aktennotiz über eine Besprechung mit Vetter am 24. Februar 1943 in Leverkusen, »sieht Dr. Vetter ... das Präparat bei Fleckfieber als wertlos an«.[87]

---

liche Versuchsmaterial soll von Höchst baldmöglichst bereitgestellt werden.«

Nachdem 2500 (!) Versuchsobjekte für diese Versuche ausgehandelt sind, werden noch einmal für »Typhoral P« als Dragees und als Granulat (Körnchen) Menschen bewilligt: »Auch diese beiden Präparate will Dr. M. an je 500 Patienten versuchsweise anwenden.« Niederschrift über die Besprechung mit Dr. Mrugowsky, Berlin, in Gegenwart von Dr. Kohlhaas, Behringwerke, Berlin, am 10. 9. 42. Nürnb. Dok. NI-9701.

Am 21. 9. 1942 schickt Höchst (gez. Dr. Bockmühl, ppa. Dr. Weber) je 1500 Dragees der Präparate Dysenterie-Vaccine R-Tabletten Op. 3 und Op. 4, Dysperos P-Tabletten und Typhoral P-Tabletten an Mrugowsky. Der Brief endet: »Über Fleckfieberpräparat 3582 schreiben wir noch gesondert.« Nürnb. Dok. NI-11432.

86 Auschwitz, den 8. Februar 1943: Bemerkungen über die Behandlung mit Präparat 3582 (I. G. F.) bei Fleckfieber. Nürnb. Dok. NI-12451 A.

87 Aktennotiz (W II) vom 24. 2. 1943. Nürnb. Dok. NI-9410.
Dr. Weber gibt die Aktennotiz am 10. 3. 1943 Dr. Fußgänger zur Kenntnis. Nürnb. Dok. NI-12444.

Drei Tage später schreiben Lautenschläger/Weber (Höchst) an Mrugowsky: »Nachdem ... Ihre Fälle die Tabletten vielfach erbrochen haben und wir ähnliche Reklamationen auch von anderer Seite gehört haben, halten wir es für zweckmäßig, zum mindesten vorläufig das Granulat anzuwenden, und bitten Sie freundlichst, bei Ihren Versuchen das 5 %ige Granulat[88] in den Vordergrund zu stellen.«[89] Weber liefert das Muster eines zehnprozentigen Granulats mit: »Wir hoffen, daß es Ihnen möglich sein wird, dieses 10 %ige Granulat ohne eine zeitraubende Vorprüfung von unserer Seite sogleich am Fleckfieberpatienten einzusetzen.«[90]

Vetters vernichtendes Urteil wird bei Höchst diskutiert. Fußgänger vermerkt hausintern: »Dr. Vetter ist offenbar beeindruckt von der Brechwirkung des Präparats. Er bestätigt aber durchaus die Temperatursenkung und behauptet dann, daß sie die Mortalitätsziffer ungünstig beeinflußt. Anschließend gibt er allerdings zu, daß er nach 3582 eine Mortatiliät von 30 %, bei den unbehandelten Fällen des vergangenen Jahres aber von 34 % beobachtet habe. Wie kann man daher von einer ungünstigen Beeinflussung der Mortalitätsziffer sprechen?«

Die Hausmitteilung endet: »Bei dem völligen Fehlen eines Chemotherapeutikums und der von Kikuth zugegebenen schlechteren Wirksamkeit von Methylenblau im Tierexperiment, werden sich genug andere Prüfer finden lassen, die sich gleichfalls für eine klinische Untersuchung in größerem Rahmen einsetzen.«[91] Wenige Tage später trifft aus Lemberg ein Gutachten

88 Das fünfprozentige Granulat ist dem Brief zufolge an 5 (!) »nicht fieberkranken Kranken« erprobt und »einwandfrei« vertragen worden.

89 Brief vom 27. 2. 1943, gez. Lautenschläger, gez. Weber, Diktatzeichen: »Dr. W.«. Nürnb. Dok. NI-9714.

90 Am 2. 3. 1943 bestätigt der Standortarzt Weimar nach Höchst, »25 Flaschen 10 %igem Akridin-Granulat à 100 g (Präparat 3582)« erhalten zu haben. Nürnb. Dok. NI-9716.

91 Mitteilung an Herrn Dr. Weber vom 16. 3. 1943, Diktatzeichen Dr. F. Nürnb. Dok. NI-12445. Der Vorgang ist einer Anmerkung nach auch Prof. Bieling zur Kenntnis gebracht worden. Am 17. 3. 1943 dankt Höchst (Diktatzeichen Dr. W.) der Zentrale in Leverkusen für die Übermittlung des Vetter-Berichts. Was die Verträglichkeit angehe, werde man in Zu-

(»Betr. Prüfungspräparat 3582«) von Haas ein: »Bezüglich des Heileffektes ist zu sagen, daß eine Beeinflussung des Fieberverlaufes bisher nicht festgestellt werden konnte. Auch sonst konnten sich die behandelnden Ärzte von einer Wirkung des Präparates bisher nicht überzeugen.«[92]

Am 25. März 1943 trifft sich Dr. Weber, bei Höchst für die klinische Prüfung neuer Präparate zuständig,[93] mit dem Buchenwald-Arzt Dr. Ding. Als Ort des Treffens steht in Webers Aktennotiz »Weimar«.[94] Dietzsch, der Kapo der Versuchsstation, behauptet: »Einer der Herren (Dr. Weber) ist Mitte 1943 auf etwa 1/2 Stunde auf Block 46 gewesen. Ich bin während dieser Zeit neben ihm gestanden und habe ihm die großen Kurvenblätter mit den einzelnen Krankengeschichten, die über jeden fleckfieberkanken Häftling geführt wurden, vorgelegt ... Dr. Weber war über die Versuchsergebnisse mit den I.G.-Präparaten sehr deprimiert und zuckte dauernd mit den Achseln. Er hat im Laufe der Unterhaltung Ding-Schuler gegenüber auch zum Ausdruck gebracht: ›Die I.G. will offiziell von den Versuchen an Menschen resp. von einer künstlichen Infektion an Menschen keine Kenntnis haben.‹«[95]

---

kunft die Tabletten am besten wohl nicht mehr ausgeben: »Von einer Rückberufung des bereits an Prüfer verausgabten Tablettenmaterials kann u.E. Abstand genommen werden.« Nürnb. Dok. NI-9411. Eine »Niederschrift über die Besprechung mit Herrn Dr. Mertens am 25. 3. 43« in Leverkusen enthält den Satz: »Die Befunde von Dr. Vetter dürfen nicht überschätzt werden.« Nürnb. Dok. NI-12446.

92 Haas am 21. 3. 1943 an Höchst: »Die schlechte Verträglichkeit des Präparates, vor allen Dingen der Tabletten, brachten mich auf die Vermutung, daß deren etwas dürftige Ernährung der durchweg nicht deutschen Patienten Schuld sein könnte.« Nürnb. Dok. NI-9711.

93 Lautenschläger, Erklärung unter Eid vom 2. 5. 1947. Nürnb. Dok. NI-9811.

94 »Zu 3582. Gespräch mit Dr. Ding, Weimar, am Donnerstag, den 25. 3. 43«, Diktatzeichen Dr. W., Kopie an Herrn Dr. Fußgänger. Nürnb. Dok. NI-9727.

95 Arthur Dietzsch, Erklärung unter Eid vom 2. 10. 1947. Nürnb. Dok. NI-12184. Viele Jahre später hat Dietzsch dies noch einmal bekundet: »Mir ist nur von Dr. Weber bekannt, daß er in Block 46 gewesen ist. Ich habe ihm die Krankengeschichten und die Fieberkurven der Versuchspersonen gezeigt. Aus den von mir gezeigten Unterlagen ging einwandfrei

Ding beginnt die Versuche mit den neuen Höchst-Präparaten »Akridin-Granulat« und »Rutenol« am 11. April mit Experimenten »zur Feststellung des bestmöglichsten Infektionsmodus«. Zuerst erfolgt die Ansteckung von 11 Häftlingen mit Frischblut von Passagepersonen. Drei Häftlinge, denen das Blut in die Vene gespritzt wird, sterben. Die anderen zeigen keine Fleckfieber-Anzeichen. Zwei Tage später, am 13. April, werden 30 Häftlinge infiziert. Von sechs intravenös angesteckten Häftlingen sterben fünf. Wiederum gelingt es nicht, bei den anderen Fleckfieber zu erzeugen.[96] Am selben Tag reist Ding nach Frankfurt, wo ihm Weber im Hotel »Excelsior« am Hauptbahnhof ein Zimmer reserviert hat.[97]

Am 14. April treffen sich Ding, Weber, Fußgänger und Betriebsleiter Lautenschläger in Höchst. Professor Carl Lautenschläger hat über dieses Treffen 1947 ausgesagt, Ding habe ihm etwa 20 Krankenkurven gezeigt, aus denen er ersehen habe, daß »der Krankheitsverlauf meist tödlich war«. Zudem habe Ding die Formulierung »dosierte Infektion« verwendet. Lautenschläger: »Nach der Besprechung mit Dr. Ding war mir durch seine Äußerung ›dosierte Infektion‹ klar, daß Dr. Ding keine klinischen Versuche an fleckfieberkranken Soldaten durchgeführt hatte, sondern an künstlich infizierten Menschen. Von da lehnte ich es ab, das Präparat 3582 weiter an Dr. Ding für Versuche zu liefern.«[98]

Lautenschläger weiter: »Nach meiner Unterredung mit Dr. Ding ließ ich Dr. Julius Weber zu mir kommen. Wir kamen überein, daß wir zu solchen Untersuchungen, wie sie Dr. Ding durchführte, unsere Hand nicht reichen konnten ... Wir bestimmten, daß der Briefwechsel mit Dr. Ding raschestens ausläuft und er kein neues Präparat oder weitere Mengen vom Präparat 3582 er-

---

hervor, daß es sich um Menschenversuche handelte ...« Aussage vom 28. 6. 1960. Fußgänger-Verfahren, Bl. 150.

96 Kurze Zusammenstellung über die Therapieversuche Akridin-Granulat und Rutenol (A-Gr. 2 und R 2) vom 1. 6. 1943. Nürnb. Dok. NI-9742.

97 Mitteilung Webers vom 10. 4. 1943 an Ding. Nürnb. Dok. NI-9735.

98 Lautenschläger, Erklärung unter Eid vom 2. 5. 1947. Nürnb. Dok. NI-9811.

hält.«[99] Ding kann 1947 nicht mehr widersprechen, er hatte sich 1945 selbst gerichtet.

Sehen wir uns die Dokumente an: Ding ist am 14. April 1943 in Höchst. Drei Tage später bedanken sich Lautenschläger und Weber für diesen Besuch bei Mrugowsky. Sie bestätigen eine Absprache mit Ding, das fünf- wie das zehnprozentige Granulat 3582 in einer gemeinsamen Versuchsreihe auszuprobieren.[100] Fünf Tage nach dem angeblichen Bruch mit Ding schreibt Weber an Bieling (Behringwerke): »Im Vordergrund unseres Interesses stehen nun die Versuche von Herrn Dr. Ding, mit deren Abschluß in etwa 4 Wochen zu rechnen ist.«[101]

Zehn Tage nach Dings Höchst-Besuch, am 24. April 1943, beginnt in Buchenwald der Hauptversuch mit den Höchst-Präparaten. Insgesamt werden 39 gesunde Häftlinge mit Fleckfieber angesteckt. 15 Häftlinge bekommen Akridin-Granulat, 15 Rutenol, 10 Versuchspersonen dienen als »Kontrolle« und bleiben ungeschützt.

Vom 24. bis 26. Mai 1943 findet in der Militärärztlichen Akademie in Berlin die »3. Arbeitstagung der Beratenden Ärzte« statt.[102] Am Vormittag des ersten Tages stehen für das Fach »Hygiene und Tropenhygiene« sieben Vorträge über Impfstoffe (Vakzine) auf dem Programm. Mindestens drei der Impfstoff-Experten haben ihre Erfahrungen aus Menschenversuchen an KZ-Häftlingen gewonnen: Haagen (Gelbfieber) in Natzweiler, Gross (Typhus, Paratyphus A und B) in Mauthausen und Dr. Ding in Buchenwald. Sein Thema lautet: »Über das Ergebnis der Prüfung verschiedener Fleckfiebervaccinen gegen das klassische Fleckfieber.«

Die Diskussion der Fleckfieberversuche ist in einem Bericht nachzulesen, der im Blick auf Geheimhaltung zensiert ist.[103] An

---

99 Ebd.

100 Lautenschläger/Weber am 17. 4. 1943 an Mrugowsky. Nürnb. Dok. NI 11424.

101 Weber am 19. 4. 1943 an Bieling. Nürnb. Dok. NI-11425.

102 Gedruckte Fassung des Tagungsverlaufs. BA-MA H 20/468.

103 Bericht über die 3. Arbeitstagung Ost der Beratenden Fachärzte vom 24.–26. Mai 1943 in der Militärärztlichen Akademie Berlin, S. 108ff. Archiv der Gedenkstätte Buchenwald, 30-VII-44.

der Diskussion beteiligen sich Rose, Eyer, Uhlenhuth (»Versuche am Menschen«) und Ruge, der später behaupten wird, von den Menschenversuchen in den KZs erst in russischer Kriegsgefangenschaft erfahren zu haben.

Die Zensur hat einen Passus von Hermann Eyer passieren lassen, der verrät, daß die Teilnehmer[104] wissen, daß die Versuchspersonen künstlich zu Fleckfieberkranken gemacht werden (»Modellversuch am geimpften und dann artifiziell infizierten Menschen«[105]). Mehr noch: Rose protestiert in Berlin sogar gegen die Fleckfieberversuche.

Rose hat tatsächlich widersprochen: Kogon erinnert sich nämlich, »daß sich Dr. Ding-Schuler etwa im Sommer 1943, nachdem er in Berlin eine Fachtagung besucht hatte, recht erregt und nachhaltig (also nicht bloß einmal) über eine Intervention geäußert hat, die auf jener Tagung Herr Prof. Rose zu ungunsten gewisser Buchenwald-Versuche vorgenommen hatte«.[106] Ein hal-

---

104 Als Teilnehmer der Gruppe »Hygiene und Tropenhygiene« ist Generalarzt Schreiber aufgeführt. Als Oberstärzte die Professoren Rodenwaldt, Rose, Zeiß, Dr. habil. Hornung, Dr. Muhlert, Dr. Schad. Als Flottenärzte die Professoren Mühlens, Ruge, Zschucke sowie Dr. Grunske. Als Marinestabsarzt Prof. Nauck. Als Oberfeldärzte die Professoren von Hattingberg, Schütz, Weigmann, Dozent Dr. Bickert sowie die Ärzte Donle, Krey, Ronnefeld, Staudemeier. Als Oberstabsärzte die Professoren Bachmann, Blumenberg, Fischer (wohl Werner Fischer vom RKI), Hauer, Wagner und Walter Schnell. Als Stabsärzte die Professoren Haagen, Habs, Oesterle sowie die Ärzte Atmer, Dombrowski, Drewes, Faust, Finger, Grütter, Linneweh, Schmidt-Burbach, Schroer. Ohne spezielle Funktion: Geh. Rat Prof. Uhlenhuth, Prof. Jahnel, Stadtmedizinalrat Sütterlin sowie Prof. Karl-Wilhelm Clauberg, Leiter des Horst-Wessel-Krankenhauses in Berlin. Als Vertreter der SS: Standartenführer Dr. med. habil. Mrugowsky, Obersturmbannführer Prof. Pfannenstiel, die Sturmbannführer Dr. Ding und Dr. Bludau, die Hauptsturmführer Dr. med. habil. Dötzer, Dr. Schuller.
Teilnehmer ist nach eigener Aussage ebenso (Stabsarzt) Prof. Höring, der im Ärzteprozeß als Zeuge der Verteidigung Roses auftritt (Mitscherlich/Mielke, S. 98f.). Er steht nicht auf der Teilnehmerliste.

105 Ebd., S. 110.

106 Aussage Kogon vom 29. 6. 1957 im Disziplinarstrafverfahren der Bundesdisziplinarkammer gegen Rose (kein Az.). Kopie im Fußgänger-Verfahren, Bl. 205.

bes Jahr nach seinem Protest wird Rose allerdings selber Mrugowsky Proben eines Fleckfieber-Impfstoffes anbieten: »Wären Sie in der Lage, eine derartige Versuchsreihe durchführen zu lassen?«[107]

Nach Dings Rückkehr von der Militärärztlichen Akademie, am 1. Juni 1943, ist ein dreiseitiger Bericht über die Buchenwald-Versuche mit den Höchst-Präparaten fertig.[108] Danach hatten:

a)	bei Akridin-Granulat von 15 Personen	11 Erbrechen) 1 Brechreiz)	80 %
b)	bei Rutenol von 15 Personen	6 Erbrechen) 1 Brechreiz)	46,6 %

Krankheitsmildernde, krankheitsverkürzende oder fieberdrückende Anzeichen konnten in keinem Fall beobachtet werden.
Bei den 39 Personen, welche sich sämtlich in mehr oder weniger herabgesetztem EuKZ. [Ernährungs- und Körperzustand] befanden, wurden folgende Beobachtungen gemacht:

in 30 Fällen		gerötetes Gesicht
" 37	"	gedunsenes Gesicht
" 39	"	Bindehautentzündung
" 9	"	Schüttelfrost
" 38	"	Kopfschmerzen
" 39	"	Exanthem [Hautausschlag]
" 38	"	Exanthem hämorrhagisch [mit Blutungen]
" 33	"	Gelbfärbung der Hände
" 1 Fall		Unterhautphlegmone über dem Kehlkopf
" 8 Fällen		Ohrensausen
" 11	"	Schwerhörigkeit
" 16	"	geschwollene Zunge
" 6	"	Nasenbluten
" 4	"	Sprachstörungen
" 4	"	Ohnmachtsanfälle
" 39	"	Schlaflosigkeit
" 10	"	Muskelzuckungen
" 16	"	Muskelschmerzen
" 2	"	Krämpfe

---

107 Brief vom 2. 12. 1943. NO-1186, zit. n. Mitscherlich/Miehlke, S. 100.

108 Kurze Zusammenstellung über die Therapieversuche Akridin-Granulat und Rutenol (A-Gr. 2 und R 2) vom 1. 6. 1943. Nürnb. Dok. NI-9742.

in	10 Fällen	Händezittern
"	2 "	Lähmungserscheinungen
"	3 "	Exophthalmus [abnormes Hervortreten des Augapfels]
"	10 "	Benommenheit
"	9 "	Apathie
"	36 "	Delirien
"	2 "	katatonischer Stupor [Starre, Stumpfsinn]
"	1 Fall	Gangrän eines Unterschenkels [Brand]
"	39 Fällen	Milzvergrößerung
"	14 "	Milzdruckschmerzhaftigkeit
"	35 "	Subikterus [schwache Gelbsucht]
"	2 "	Erbrechen (Kontrolle)
"	15 "	Verstopfung
"	12 "	Durchfall
"	1 Fall	Darmbluten
"	13 Fällen	Luftröhrenkatarrh
"	15 "	Bronchitis
"	1 Fall	Bronchopneumie
"	1 "	Nierenbeckenentzündung u. Harnröhrenentzdg.
"	1 "	Nierenentzündung
"	2 Fällen	Kreuzschmerzen
"	17 "	Gefühllosigkeit in den Extremitäten

Außerdem wurden folgende Nachkrankheiten beobachtet:

in	1 Fall	Nesselausschlag (?)
"	3 Fällen	Dekubitalgeschwüre [Geschwür durch Wundliegen]
"	3 "	Furunkulose
"	1 Fall	Parotitis [Entzündung der Ohrspeicheldrüse]
"	7 Fällen	Schweißausbrüche
"	5 Fällen	Nachfieber
"	15 Fällen	Ataxie [Störung von Muskelbewegungen]
"	3 Fällen	Schwindelgefühl.

Während der Krankheit ließen
36 Patienten Urin und
11 Patienten Stuhl unter sich.

Die **Sterblichkeit** betrug bei der Kontrolle 55,5 %
bei Akridin-Granulat 53,3 %
bei Rutenol 53,3 %

1. 6. 1943

In einem hausinternen Vermerk, wohl von Fußgänger verfaßt,[109] heißt es: »Um aber das Präparat nicht ganz zurückziehen zu müssen ... empfiehlt es sich, 3582 und seine anderen Verbindungen, zunächst einmal mehr bei Wolh. Fieber einzusetzen ...« Einen Tag später schreiben Lautenschläger und Weber an Mrugowsky: »Wir glauben, in 3582 in jedem Fall ein hochwirksames Arzneimittel in Händen zu haben, das bei wolhynischem Fieber und anderen Indikationen fraglos von Wert sein dürfte, auch wenn das Präparat zur Fleckfieberbekämpfung nicht empfohlen werden kann.«[110]

Pharma-Versuche bis Kriegsende

Im August 1943 wird die Fleckfieberstation in Buchenwald ausgeweitet. Ein neues Gebäude kommt hinzu: Block 50, dessen Umbau am 10. August 1943 beendet ist.[111] Am 16. August zieht Ding von Berlin nach Buchenwald, da das Hygiene-Institut in der Berliner Knesebeckstraße Bombentreffer bekommen hat.[112] Block 50 gilt als Forschungsstation. Hier befindet sich Dings Geschäftszimmer, werden die Akten verwaltet und Fleck-

---

109 Mitteilung an Dr. Weber vom 5. 6. 1943, Diktatzeichen Dr. F. Nürnb. Dok. NI-12448.

110 Brief vom 6. 6. 1943 an Mrugowsky. Nürnb. Dok. NI-9743.
Im September informiert Höchst die Bayer-Zentrale: »Nach mündlichem Bericht von Herrn Dr. Ding ist ... M. [Mrugowsky] der Ansicht, daß 3582 die Erwartungen nicht erfüllt hat und sich eine Fortsetzung der Versuche nicht mehr lohnt, weshalb wir inzwischen allgemein auf Rutenol umgestellt haben.« (Mitteilung vom 13. 9. 1943 an die Bayer-Gruppe W II, gez. von Bockmühl und Weber, Diktatzeichen Dr. W. Nürnb. Dok. NI-9746). Im November bietet Höchst Mrugowsky neue Versuche an. Es handelt sich um einen oralen Impfstoff, der gegen Cholera, Typhus sowie Paratyphus A und B immunisieren soll: »Wir erlauben uns daher«, heißt es aus Höchst, »Ihnen mitzuteilen, daß wir unter der vorläufigen Bezeichnung ›Tetraperos‹ einen peroralen Impfstoff in den Versuch geben möchten ...« Bockmühl/Weber, Diktatzeichen Dr. W., am 11. 11. 1943 an Mrugowsky. Nürnb. Dok. NI-11420.

111 Arbeitsbericht Dings für das Jahr 1943. Nürnb. Dok. NO-571.

112 Schneider/Stein, S. 36.

fieberimpfstoffe aus Mäuse- und Kaninchenlungen nach dem Verfahren von Professor Giroud/Paris hergestellt.[113] Hier arbeiten die Häftlinge Dr. Ludwik Fleck (Lemberg), Dr. Marian Ciepilowski (Polen) und Prof. Alfred Balachowsky (Pasteur-Institut Paris).

Besucher stellen sich ein: Am 26. August der Höhere SS- und Polizeiführer in Kassel, SS-Obergruppenführer Erbprinz zu Waldeck und Pyrmont. Am 3. September 1943 der Chefarzt aller KZs, SS-Obersturmführer Dr. Lolling, und Professor Schenck, Ernährungsinspekteur der Waffen-SS.[114]

Die eigentliche Versuchsstation in Block 46 wird von Ding als »klinische Abteilung« bezeichnet. Beide Blocks tragen die Bezeichnung »Hygiene-Institut der Waffen SS, Abteilung für Fleckfieber- und Virusforschung Weimar-Buchenwald«. Block 46 wie Block 50 liegen innerhalb des Lagerbereichs Buchenwald, jedoch räumlich diametral auseinander.

So negativ die Fleckfieber-Versuche in Buchenwald für Höchst geendet sind, so erfreulich scheint sich die Arbeit des Dr. Vetter anzulassen. Vetter ist zwar inzwischen ins KZ Gusen (einem Nebenlager von Mauthausen) versetzt worden, organisiert aber weiterhin die Versuche in Auschwitz. Am 23. April 1943 hatte er aus Gusen über das (Akridin-)Fleckfieber-Präparat »B 1034« (Bayer) vermeldet: »Zu meiner Freude kann ich Ihnen berichten, daß die neuerlichen Versuche mit B 1034 in Auschwitz wiederum günstige Resultate erbrachten.« Vetter beabsichtigt, nach einem Besuch in Leverkusen zunächst ins KZ Auschwitz zurückkehren, um dort eine neue Versuchsreihe zu starten: »Ich bitte

113 Aussage Alfred Balachowsky im Nürnberger Ärzteprozeß, undatierte Abschrift im Fußgänger-Verfahren, Bl. 57 f.

114 Die Besuche verzeichnet der Arbeitsbericht Dings für das Jahr 1943. NO-571. Schenck war am 29. September 1943 zusammen mit Lolling in Buchenwald (»Ich war dort in meiner Eigenschaft als Ernährunginspekteur«). Schenck behauptet: »Daß Fleckfieberversuche an Menschen durchgeführt wurden oder werden sollten, war mir vollkommen unbekannt.« Aussage Schenck vom 21. 12. 1960. Fußgänger-Verfahren, Bl. 60 f.

Sie auf jeden Fall bereits jetzt, den Versand von 20000 Tabletten à 0,25 Gramm und 5000 Ampullen à 1 Gramm B 1034 nach Auschwitz zu veranlassen.«[115]

Am 20. Mai 1943 trifft Vetter (via Auschwitz angereist) in Leverkusen ein. Er berichtet, »B 1034« sei an 57 Kranken in allen Formen der Verabreichung (intravenös, intramuskulär und oral) erprobt und »vollkommen gut« vertragen worden. Das Fieber werde allerdings »nicht beeinflußt«. Vier »Patienten« seien verstorben. Auch das (Höchster) Nitroakridinpräparat 3582-Granulat, in beschränktem Umfang auch Rutenol, habe er in Gusen bei Leichtkranken (keine Fleckfieberkranken, sondern z. B. bei Grippe) geprüft. Körperlich stabile Patienten vertrügen das Mittel gut, bei allen Patienten, »die in ihrem allgemeinen Kräftezustand reduziert sind, z. B. durch Grippe, wird Präparat 3582-Granulat dagegen schlecht vertragen«.[116] Trotzdem will Vetter in Auschwitz weiter damit experimentieren.[117]

Aus Leverkusen (über Auschwitz) nach Gusen zurückgekehrt, benachrichtigt Vetter Dr. Lücker, drei große Pakete mit (dem Fleckfieberpräparat) »Periston« seien in Auschwitz angekommen: »Gemäß unserer Absprache stehen nunmehr nur noch die erbetenen 1000 Ampullen Präparat B 1034 aus und darüber hinaus Versuchsmengen von ›Rutenol‹ und Präparat 3582 Granulat.« Dankbar wäre er, wenn Lücker SS-Hauptsturmführer Dr. Wirths (Standortarzt Auschwitz) noch je 200 Flaschen à 100 Gramm der beiden letztgenannten Präparate liefern wolle. Vetter kündigt für Auschwitz die folgenden Versuche an: 1. Versuche mit B 1034, 2. mit Rutenol, 3. mit 3582-Granulat, 4. mit Periston allein und später zusammen mit B 1034. Der Brief endet: »Ich hoffe, in absehbarer Zeit über eine genügende Anzahl durchbehandelter Fälle zu verfügen.«[118]

115 Vetter am 23. 4. 1943 an Dr. Mertens. Nürnb. Dok. NI-9413.
116 Aktennotiz vom 22. 5. 1943 über die Besprechung mit SS-Obersturmführer Dr. Vetter am 20. 5. 1943 in Leverkusen. Nürnb. Dok. NI-9417.
117 Die Aktennotiz von der Vetter-Besprechung wird am 7. 6. 1943 Höchst zur Kenntnisnahme geschickt. Nürnb. Dok. NI-9420.
118 Vetter am 29. 5. 1943 an Lücker/Leverkusen. Nürnb. Dok. NI-9418.

Am 13. Dezember 1943 ist Vetter erneut in Leverkusen. Es wird vereinbart, die in Gusen laufenden Verträglichkeitsprüfungen mit »G.« und die in Auschwitz mit »A.« zu bezeichnen. »Aus der Überlegung heraus«, heißt es im Protokoll über den Vetter-Besuch, »daß rein äußerlich gesehen, zwischen dem Zustand eines Fleckfieberkranken und dem eines an Lungentuberkulose leidenden Menschen weitgehende Ähnlichkeit vorhanden ist, wurden Patienten mit Lungen-Tbc. zur Durchführung der Verträglichkeitsversuche herangezogen ...«[119]

Vetter behauptet inzwischen, daß die (als Fleckfiebermittel untauglichen) Präparate »3582« und »Rutenol« günstige Wirkung bei »offener Lungentuberkulose« zeigten. Leverkusen bittet Höchst umgehend, Dr. Vetter (Adresse: »Lagerarzt KLM Gusen«) 250 Packungen zu 100 Gramm 3582-Granulat per Expreßgut zur Absendung zu bringen.[120] In Höchst ist man skeptisch, die gewünschte Menge wird jedoch abgefertigt: »Wenngleich wir über die chemotherapeutische Wirksamkeit von Präparaten bei Tuberkulose mit größter Zurückhaltung gegenüber standen, sollte das Herrn Dr. Vetter doch nicht davon abhalten, im angefangenen Sinn weiterzuarbeiten und Erfahrung zu sammeln.«[121]

Höchst liefert das Granulat am 1. Januar 1944, Adresse: SS-Obersturmführer Dr. Vetter, Lagerarzt KLM, d.h. Konzentrationslager Mauthausen.[122] Weder in Höchst noch in Leverkusen verspricht man sich etwas von den Experimenten: »Den Tuberkulosebefunden von Dr. Vetter«, so das Ergebnis einer Besprechung, »wird keine so große Bedeutung beigemessen. Immerhin sollen die Versuche fortgesetzt werden.«[123] Hauptsache, es wird geforscht: »Falls Herr Dr. Wirths nicht mehr in Auschwitz ist, die

119 Nürnb. Dok. NI-9419.

120 Leverkusen an Höchst am 15. 12. 1943. Nürnb. Dok. NI-9424.

121 Höchst, gez. Bockmühl, gez. Weber (Diktatzeichen Dr. W.) an Leverkusen. Nürnb. Dok. NI-9425.

122 Nürnb. Dok. NI-9427.

123 Niederschrift über die Besprechung mit Dr. Mertens am 28. 1. 1944 in Höchst. Nürnb. Dok. NI-12449.

Versuche aber trotzdem dort fortgesetzt werden können«, erfährt Vetter aus Leverkusen, »müßte wohl der jetzt zuständige Arzt von Ihnen entsprechend eingewiesen werden.«[124]

Vetter und Ding denken im Sommer 1944 daran, ihre im geheimen geführten Forschungen endlich der Fachwelt zu präsentieren. Sie wollen publizieren. Vetter verfaßt ein Manuskript über seine Erfahrungen mit den Fleckfieber-Präparaten »3582« und »Rutenol« bei Tuberkulose. Er bittet Leverkusen, »über seine Versuche mit den Präparaten bei Tbc. gegen jedermann Stillschweigen zu bewahren«, damit nicht ein anderer das Thema aufgreife und ihm evtl. mit einer Publikation zuvorkomme.[125] Die Veröffentlichung würde Höchst wenig Ruhm eintragen: Von 75 »Behandelten« sind 40 gestorben.[126]

So ist es verständlich, daß Höchst Vetters Publikation »im gegenwärtigen Zeitpunkt noch nicht begrüßen« kann. Man will sie ihm angesichts seines Arbeitsaufwandes aber auch nicht verwehren. Die Schilderung von Unverträglichkeitserscheinungen, so Höchst in einem Brief nach Leverkusen, solle jedoch »nicht zu stark in den Vordergrund gestellt werden und vor allem brauche nicht betont zu werden, daß Dr. Vetter seine Patienten eigentlich nur zum Zwecke der Ermittlung der Verträglichkeit einer Behandlung unterworfen hat«.[127]

Am 9. Juli 1944 verfaßt Ding einen kurzgefaßten »Bericht über Akridin«. Darin heißt es: »Eine ins Auge fallende rasche und

---

124 Lücker/König am 17. 4. 1944 an Vetter (»1. Lagerarzt K.L.M. Gusen«). Nürnb. Dok. NI-9426.

125 Mertens/König am 31. 5. 1944 (Btr. Dr. Vetter/Versuche mit Rutenol und Präparat 3582 bei offener Lungen-Tbc). Das Schreiben, wohl an Höchst gerichtet, endet: »Wir bitten auch Sie, diesem Wunsche von Herrn Dr. Vetter stattzugeben und das Thema auch gesprächsweise dritten Personen gegenüber nicht zu berühren.« Nürnb. Dok. NI-9435.

126 Hellmuth Vetter: Erste vorläufige Mitteilung über Versuche zur Behandlung aktiver Lungentuberkulose mit neuartigen Präparaten. Nürnb. Dok. NI-9444.

127 Bockmühl/Weber (Diktatzeichen Dr. W.) am 20. 6. 1944. Nürnb. Dok. NI-9429.

endgültige Entfieberung, wie sie in dem Prospekt der I. G. Farbenindustrie behauptet wird, war in keinem Fall zu beobachten.«[128] Am 11. Juli – an diesem Tag avisiert Höchst Vetter in Gusen neue Versuchsmengen[129] – droht Ding (der sich bald Schuler nennen wird[130]) mit einer Veröffentlichung: »Wie Ihnen bekannt«, schreibt er Lautenschläger, »haben die an 39 fleckfieberkranken Personen durchgeführten Versuche ein negatives Ergebnis gehabt. In der Kontrollreihe von 9 Personen verstarben 5, von den (mit) Acridin-Granulat und Rutenol behandelten 30 Personen 16. Anschließend hat noch Herr Oberstarzt Prof. Bieling[131] die Protokolle des klinisch und experimentell einwandfreien Versuches in Berlin eingesehen.«[132]

Dings Arbeit »Zur Fleckfieberbehandlung mit Acridin-Derivaten« ist am 20. August abgeschlossen. Ergebnis: »Beide Präparate zeigen keinerlei krankheitsmildernde oder fieberverkürzende Wirkung. Die Todesquote ist etwa gleich hoch wie bei den mit diesen Präparaten nicht behandelten Kontrollen.«[133]

---

128 Nürnb. Dok. NI-9751.

129 Bockmühl/Weber am 11. 7. 1944 an SS-Hauptsturmführer Dr. med. Vetter, Lagerarzt KLM/Gusen: »Zur Fortsetzung Ihrer Versuche lassen wir Ihnen 10 × 100 g des 5 %igen Granulates u. 5 × 50 g des 12,5 %igen Granulates zugehen ...« Nürnb. Dok. NI-9437.

130 Ding nimmt den Namen seines leiblichen Vaters an. Die Namensänderung ist am 15. 9. 1944 vom Reichsministerium des Innern genehmigt worden. DC-Unterlagen Ding.

131 Bieling besucht als Beratender Hygieniker der Wehrmacht »mehrmals den Kollegen Mrugowsky«, trifft dort zweimal Dr. Ding: Ding »legte mir Fieberkurven über Versuche vor, die zu einer Prüfung der Wirksamkeit von verschiedenen Fleckfieber-Impfstoffen an Lagerinsassen in Buchenwald von ihm durchgeführt worden waren«. Bieling am 14. 11. 1960 an die StA Limburg. Fußgänger-Verfahren, Bl. 20 ff.

132 Schreiben Dings vom 11. 7. 1944 an Lautenschläger. Fußgänger-Verfahren. Das Dokument wird von Dr. Fußgänger am 9. 10. 1960 als Entlastungsdokument zu den Akten gegeben, da dort der Satz steht: »Bedauerlicherweise habe ich seit unserem letzten Zusammentreffen [im April 1943] in dieser Angelegenheit von Ihnen nichts mehr gehört ...« Welche Hoffnungen Höchst in den Ding-Besuch gesetzt hatte und wie der Abbruch der Versuche zustande kam, ist oben geschildert.

133 Nürnb. Dok. NI-9752.

Höchst beliefert Vetter in Gusen weiterhin mit »Rutenol« und »3582«. Am 7. Dezember 1944, die amerikanischen Truppen stehen schon bei Aachen, bittet Dr. Weber den KZ-Arzt, »uns Ihren voraussichtlichen Bedarf für die nächste Zeit aufzugeben«.[134] Eine Woche später ordert Vetter 450 Flaschen »3582« und 150 Flaschen »Rutenol«.[135]

Am 17. Januar 1945 bricht in München die Gasversorgung zusammen, dringen sowjetische Verbände in Krakau ein. Auschwitz wird überstürzt geräumt, etwa 5000 Kranke bleiben zurück. An diesem Tag unterschreiben Bockmühl[136] und Weber in Höchst einen Brief an »SS-Hauptsturmführer Dr. Vetter, Lagerarzt KLM, Gusen«. Die Herren bitten um Nachricht, ob die avisierten Präparatmengen »3582 P.S.« eingegangen seien. »Ferner wären wir Ihnen dankbar für Nachricht, für wieviel Fälle Sie in den nächsten Monaten Material benötigen, damit wir Sie bevorzugt beliefern können ...«[137]

So angesehen Vetter in Leverkusen und Höchst gewesen sein mag, Häftlingen ist er in schlechter Erinnerung geblieben. Ernst Martin, Häftlingsschreiber beim Standortarzt Mauthausen: »Dr. Vetter sah von Haus einen Häftling überhaupt nur als Versuchsobjekt an. Bei diesen Versuchen haben unzählige Häftlinge ihr Leben lassen müssen. Dr. Vetter ist dafür verantwortlich, daß die Totenzahlen in Gusen oft die Zahlen vom Hauptlager Mauthausen überschritten haben.«[138] Hans Marsalek: »Die SS-Ärzte Dr. Richter und Dr. Vetter mordeten kranke Häftlinge nahezu bis zum letzten Tag der Dauer des Lagers ...«[139]

---

134 Bockmühl/Weber (Diktatzeichen Dr. W.) an Vetter. Nürnb. Dok. NI-9438.

135 Vetter am 14. 12. 1944 an Höchst. Nürnb. Dok. NI-9440.

136 Bockmühl wird von der Frankfurter Universität 1947 mit der Ehrendoktorwürde ausgezeichnet. Medizinische Klinik, 1947, S. 748.

137 Nürnb. Dok. NI-9442.

138 Aussage Martin vom 17. 3. 1966. ZSt 419 AR 3322/65, Bl. 976.

139 Marsalek, S. 179.

30. Oktober 1945

Zeugnis[140]

»Herr Dr. med. Hellmuth Vetter, geboren am 21. März 1910 zu Rastenberg, trat am 17. Februar 1938 als wissenschaftlicher Mitarbeiter in unsere Firma ein. Nach der üblichen Einarbeitungszeit im Rahmen unserer wissenschaftlichen Abteilung betätigte er sich als Sachbearbeiter für das Arbeitsgebiet Hormon- und Organ-Präparate, nachdem er sich bereits in der Frankfurter Universitäts-Frauenklinik u.a. besonders für hormontherapeutische Fragen interessiert hatte. Hiermit oblag ihm nicht nur die wissenschaftliche Betreuung unserer handelsüblichen Hormon- und Organ-Präparate, sondern auch die Bearbeitung der entsprechenden in klinischer Prüfung stehenden Präparate und die damit zusammenhängende Korrespondenz.
Herr Dr. Vetter hat seinen Aufgabenkreis mit guter Sachkenntnis und energisch angefaßt. Er befriedigte uns in seinen Leistungen vollkommen. Auch im geschäftlich-persönlichen Verkehr mit Klinikern und Ärzten fand er unsere ganze Anerkennung.
Am 20. Mai 1941 wurde Herr Dr. Vetter zur Wehrmacht einberufen. Mit Rücksicht auf die völlig veränderten Verhältnisse und die wirtschaftliche Lage unserer Firma haben wir uns mit ihm dahin freundschaftlichst verständigt, daß er zum 31. März 1946 aus unseren Diensten ausscheidet.

»Bayer«
I. G. FARBENINDUSTRIE AKTIENGESELLSCHAFT
gez. Dir. Dr. Mertens Dir. Mentzel

Das Ding-Tagebuch

Ein wichtiges Beweisstück ist das Stationstagebuch des Dr. Ding. Es wird zuerst von Häftlingsschreiber Arthur Gaczinski, ab 1944 von Eugen Kogon nach Dings Angaben geführt. Kogon hat es vor der Vernichtung gerettet und im Herbst 1945 dem amerikanischen Military Intelligence Service in Oberursel

140 Nürnb. Dok. NI-12447. Helmuth Vetter wird am 19. August 1947 von einem amerikanischen Militärgericht zum Tode verurteilt und am 2. Februar 1949 hingerichtet (Fall Nr. 000-50-5-31/Mauthausen, Nürnb. Dok. NI-12453).

übergeben.[141] Die Echtheit des Ding-Tagebuchs ist im Ärzteprozeß heftig bestritten worden. Tatsächlich hat Ding-Schuler den Anfang gegen Kriegsende neu diktiert. Kogon: »Er wollte in keinem, wie auch immer gearteten Fall, etwa als allein Verantwortlicher erscheinen.«[142] So umstritten das Ding-Tagebuch gewesen ist, eines steht heute fest: Die angeführten Versuche haben alle stattgefunden, und alle als Besucher erwähnten Personen waren auch in Buchenwald.

Das Original, mit Ding-Schulers Originalunterschriften, liegt in Washington.[143] Es beginnt mit der Eintragung:

1941/42
Tagebuch
der
Abteilung für Fleckfieber- u. Virusforschung
am Hygiene-Institut der Waffen-SS.[144]

29.12.41:
Besprechung zwischen Heeres-Sanitätsinspekteur, General-Oberstabsarzt Prof. Dr. Handloser, Reichsgesundheitsführer Staatssekretär, SS-Gruppenführer Dr. Conti, Präsident Prof. Reiter vom Reichsgesundheitsamt, Präsident Prof. Gildemeister vom Robert Koch-Institut (Reichsanstalt zur Bekämpfung der ansteckenden Krankheiten) und SS-Standartenführer Doz. Dr. Mrugowsky vom Hygiene Institut der Waffen-SS, Berlin.
Es wird festgestellt, daß die Notwendigkeit vorliegt, die Verträglichkeit und Wirksamkeit von Fleckfieberimpfstoffen aus Hühnereidotter-

141 Aussage Kogon vom 6. 1. 1947 im Nürnberger Ärzteprozeß, Fußgänger-Verfahren.

142 Aussage Kogon vom 29. 6. 1957 im Disziplinarstrafverfahren der Bundesdisziplinarkammer gegen Rose (kein Az.). Kopie im Fußgänger-Verfahren, Bl. 204.

143 Nürnb. Dok. NO-265. National Archives Washington. Ich habe das Dokument 1996 für meinen Film »Ärzte ohne Gewissen«, Erstes Deutsches Fernsehen am 20. 10. 1996, abfilmen lassen.

144 Daß nachträglich eingetragen wurde, beweist die Tatsache, daß das Dokument mit der Eintragung beginnt: »Tagebuch der Abteilung für Fleckfieber- und Virusforschung ...« – diese Bezeichnung existiert erst seit Januar 1943.

säcken zu prüfen. Da der Tierversuch keine ausreichende Wertung zuläßt, müssen die Versuche am Menschen durchgeführt werden.

2. 1. 42:
Zur Prüfung der Fleckfieber-Impfstoffe wird das K. L. Buchenwald gewählt. SS-Hauptsturmführer Dr. Ding wird mit der Durchführung beauftragt.

5. 1. 42: Vorversuch A:
Vorversuch über zweckmäßigste Art einer sicheren Methode zur künstlichen Infektion von Menschen. Dottersackaufschwemmung 1:25 mit einem Rickettsia-Prowazeki-Stamm[145] aus dem Robert Koch-Institut wird intramuskulär und subkutan in Dosis von 1 ccm. an je 5 Versuchspersonen verimpft. Infektion war nicht möglich.

Dr. Ding
SS-Hauptsturmführer

10. 1. 42: Vorversuch B:
Vorversuch zur Feststellung eines sicheren Infektionsmodus:
Es wurden 5 Personen mit 2 oberflächlichen und 2 tieferen Schnitten am Oberarm nach Art der Pockeninvaccination mit Eidotterkultur-Virus (Stamm Rickettsia-Prowazeki, Robert-Koch-Institut) infiziert. Sämtliche Versuchspersonen erkrankten an echtem Fleckfieber. Inkubationszeiten 2–6 Tage.

20. 1. 42:
Vorläufiger Bericht über die Impfreaktionen. Bei laufend angefertigten Blutbildern wird eine starke **neutrophile Linksverschiebung** (Stabkernige) festgestellt.

20. 2. 42:
Krankenblätter und Kurven über die Vorversuche zur Feststellung eines sicheren Infektionsmodus nach Berlin übersandt.

1 Todesfall bei 5 Kranken.

Dr. Ding
SS-Hauptsturmführer

16. 1. 42–1. 2. 42: Fleckfieber-Impfstoff-Versuchsreihe I.
Durchführung von Fleckfieberschutzimpfungen mit folgenden Impfstoffen:
1. 31 Personen mit Weigl-Impfstoff aus Läusedärmen des Instituts für Fleckfieber- und Virusforschung des OKH Krakau,

145 Stanislaus Prowazek, Institut für Schiffs- und Tropenkrankheiten in Hamburg, ist einer der Entdecker des Fleckfiebererregers.

2. 35 Personen mit Impfstoff aus Hühnereidottersackkulturen nach dem Verfahren Cox, Gildemeister und Haagen,
3. 35 Personen mit Impfstoff »Behring normal« (1 Ei aufgeschwemmt auf 450 ccm Impfstoff. Mischung von 70 % Rickettsia mooseri und 30 % Rickettsia Prowazeki),
4. 34 Personen mit »Behring normal« »Behring stark« (1 Ei aufgeschwemmt auf 250 ccm.)
5. 10 Personen zur Kontrolle.

3. 3. 42:
Die vom 6. 1.–1. 2. 1942 schutzgeimpften Personen und die 10 Kontrollen wurden im Beisein von Herrn Präsidenten Prof. Gildemeister mit Kultur-Virus der Rickettsia-Prowazeki infiziert. SS-Hauptsturmführer Dr. Ding infizierte sich selbst dabei (Laborzwischenfall).

17. 3. 42:
Besuch von Prof. Gildemeister und Prof. Rose (Abteilungsleiter für Tropenmedizin am Robert Koch-Institut) in der Versuchsstation. Sämtliche Versuchspersonen sind an Fleckfieber erkrankt, bis auf zwei, bei denen nachträglich festgestellt werden konnte, daß sie bereits im Polizeigefängnis, Berlin, während einer Fleckfieberepidemie erkrankt waren. SS-Hauptsturmführer Dr. Ding ist an Fleckfieber erkrankt und liegt im Lazarett Berlin. SS-Hauptsturmführer Hoven, Standortarzt der Waffen-SS, Weimar überwacht in der Zwischenzeit die Stationen (Block 44 u. 49).

19. 4. 42:
Abschlußbericht über die 1. Fleckfieber-Impfstoff-Versuchsreihe.
Der Steinblock 46 wird für die Zwecke der Fleckfieberversuche zur Verfügung gestellt.
5 Todesfälle (3 bei Kontrolle, 1 bei Behring normal, 1 bei Behring stark).

Dr. Ding
SS-Hauptsturmführer

19. 8. 42–4. 9. 42: Fleckfieber-Impfstoff-Versuchsreihe II.
Durchführung[146] von Fleckfieberschutzimpfungen mit folgenden Impfstoffen:
1. 20 Personen mit Impfstoff nach dem Verfahren von Durand und Giroud (Institut Pasteur, Paris) aus Kaninchenlungen,

146 Nach einer Eidesstattlichen Erklärung von Gustav Steigerwald, zuerst Versuchsperson, dann als Pfleger eingesetzt, sind bei dieser Versuchsreihe 4 Häftlinge von Hoven getötet und seziert worden, »um die Veränderungen von Herz, Leber, Nieren usw., die durch das überstandene Fleckfieber entstanden waren, festzustellen«. Schneider/Stein, S. 29.

2. 20 Personen mit Impfstoff nach dem Verfahren von Combiescu, Zotta und Mitarbeitern aus Hundelungen (Hersteller: Cantacuzino, Bukarest). (Dieser Impfstoff wurde von Herrn Prof. Rose,[147] welcher ihn von Herrn Flottenarzt Prof. Ruge aus Bukarest erhalten hat, zur Verfügung gestellt).

15. 10. 42:
Künstliche Infektion der vom 19. 8.–4. 9. 1942 Schutzgeimpften und der Kontrollen (19 Personen) mit Eidottersack-Virus (Rickettsia Prowazeki).

25. 10. 42:
Die Infektion ist bei allen Versuchspersonen angegangen.

20. 11. 42:
Kontrollblätter und Kurven werden an Berlin abgegeben.
4 Todesfälle bei der Kontrolle.

Dr. Ding
SS-Hauptsturmführer

10. 9. 42–10. 10. 42:
Kommando von SS-Hauptsturmführer Dr. Ding an das Institut Pasteur nach Paris zu Prof. Giroud.

22. 10. 42–5. 11. 42: Fleckfieber-Impfstoff-Versuchsreihe III.
Fleckfieberschutzimpfung an
20 Personen mit Impfstoff nach Giroud, Paris.
(dieser Impfstoff wurde von SS-Hauptsturmführer Dr. Ding nach der Herstellung direkt aus Paris mitgenommen)

30. 11. 42:
Künstliche Infektion mit Hühnereidottersackmaterial vom Robert Koch-Institut der 20 Schutzgeimpften und von 6 Kontrollen. Die Versuchsreihe wird 6 Wochen beobachtet und dann ergebnislos abgebrochen, da in der Kontrollreihe keine Erkrankungen auftreten.

Dr. Ding
SS-Hauptsturmführer

27. 10. 42–8. 11. 42: Fleckfieber-Impfstoff-Versuchsreihe IV.
Schutzimpfung an
20 Personen mit einem Läusedarmimpfstoff nach Weigl,
(übersandt von Doz. Dr. Haas vom Fleckfieberforschungsinstitut »Emil v. Behring« in Lemberg).

147 Mrugowsky hatte am 16. 5. 1942 Rose mitgeteilt: »Der Reichsarzt-SS und Polizei hat die Durchführung der Versuche zur Prüfung von Fleckfieberimpfstoffen genehmigt. Ich darf Sie daher um Übermittlung der Impfstoffe bitten.« Nürnb. Dok. NO-1754.

30.11.42:
Zur Prüfung der Schutzwirkung soll die Infektion mit an Fleckfieber erkrankten Läusen vorgenommen werden. Die Läuse und Käfige müssen sofort verbrannt werden, da sie auf dem Transport undicht geworden sind und eine Verseuchungsgefahr des Lagers Buchenwald darstellen.

3.12.42:
Neu übersandte Läuse werden an 15 Personen (5 immunisierte und 10 Kontrollpersonen) angesetzt. Die Läuse müssen wiederum vernichtet werden, da die Käfige nicht dicht sind.
Es wird Meldung gemacht, daß eine Infektion mit lebenden Fleckfieber-Läusen wegen einer zu großen Gefährdung der Lagerinsassen undurchführbar ist.

4.1.43:
Durch die Läuse-Infektion am 3.12.1942 zeigen 5 Personen kurz dauernde atypische Erkrankungen.
Die Versuchsreihe wird abgeschlossen.

Dr. Ding
SS-Hauptsturmführer

15.–18.12.42:
Kommando von SS-Hauptsturmführer Dr. Ding zur Eröffnung der Fleckfieberforschungsstätte im Generalgouvernement »Emil v. Behring« in Lemberg (Doz. Dr. Haas).[148]

28.–31.12.42:
Diphtherie-Schutzimpfung bei den Ersatz Batl. der Leibstandarte-SS »Adolf Hitler« (etwa 2500 Mann) wegen Ausbruch einer Epidemie.
Besichtigung der Unterkünfte und Beratung des Truppenarztes bei der Bekämpfung der Epidemie.

Dr. Ding
SS-Hauptsturmführer

---

148 Das Nürnb. Dok. NI-13591 enthält ein Protokoll der »Behringwerke, Leverkusen« über eine wissenschaftliche Tagung, die anläßlich der Eröffnung des Behringwerkes Lemberg geplant ist. Das Präsidium hat Prof. Kudicke, als Referenten sind vorgesehen: Prof. Zeiß, Berlin (»Geomedizin des Ostraums«), Gildemeister, Geheimrat Otto, Prof. Rose. Oberstabsarzt Eyer, Prof. Kuhn aus Heidelberg, Mrugowsky, Prof. Schmidt (Marburg), Dr. med. habil. Wohlrab, Dr. Gönnert (Lemberg), Dozent Haas (Lemberg).

1.12.42–20.12.42: Fleckfieber-Impfstoff-Versuchsreihe V.
Zur Feststellung der Schutzwirkung werden 20 Personen mit Impfstoff »EM« der Behringwerke
– Dr. Demnitz –
(Impfstoff, bei dem außer den Dottersäcken auch die Hühnerembryonen zur Verarbeitung kamen) aktiv schutzgeimpft.

Dr. Ding
SS-Sturmbannführer[149]

26.1.43:
Künstliche Infektion mit Eidotter-Virus Op.[Operations-]Nr. 223 und 226 (Rickettsia Prowazeki-Stamm vom Robert Koch-Institut).

9.1.43:
Auf Befehl des Chefs des Sanitätswesens der Waffen-SS, SS-Gruppenführer und Generalleutnant der Waffen-SS Dr. Genzken, wird die bisherige Fleckfieber-Versuchsstation im K.L. Buchenwald zur »Abteilung für Fleckfieber u. Virusforschung«.
Die Leitung der Abteilung übernimmt SS-Sturmbannführer Dr. Ding. Während seiner Abwesenheit beaufsichtigt der Standortarzt der Waffen-SS, Weimar, SS-Hauptsturmführer Hoven die Impfstoffherstellung. Der Chef des Wirtschafts- und Verwaltungshauptamtes, SS-Obergruppenführer und General der Waffen-SS Pohl, gibt den Befehl zum Ausbau eines Steinblocks.
SS-Sturmbannführer Dr. Ding wird gleichzeitig Hauptabteilungsleiter für Sonderaufgaben im Amt XVI (Hygiene) der Amtsgruppe D (Sanitätswesen der Waffen-SS) des SS-Führungshauptamtes.

10.1.43: Therapieversuche Akridin und Methylenblau.
Auf Anregung der I.G.Farbenindustrie A.G. werden als Fleckfiebertherapeutikum geprüft:
a) Präparat 3582 »Akridin« der Chem. Pharm. und Sero-Bakt. Abteilung in Ffm.-**Höchst** – Prof. Lautenschläger und Dr. Weber –
(Therapieversuch A)
b) Methylenblau, im Mäuseversuch erprobt von Prof. Kikuth[150], Elberfeld.
(Therapieversuch M)

---

149 Ding wird am 9.11.1942 zum SS-Sturmbannführer befördert. Dienstlaufbahn Ding-Schuler. DC-Unterlagen.
150 Walter Kikuth wird Direktor des Instituts für Hygiene und Mikrobiologie und Ordinarius an der Medizinischen Akademie in Düsseldorf.

26. 1. 43:
Künstliche Infektion mit Eidotter-Virus Op. Nr. 223 und 226:
20 Personen für Therapieversuch A: Akridin,
20 Personen für Therapieversuch M: Methylenblau,
7 Personen zur Kontrolle.

20. 2. 43:
Auf die Fleckfieber-Infektion vom 26. 1. 1943 zeigen die Kontrollpersonen keine typischen Fleckfiebererkrankungen, auch von den Gruppen
Impfstoff »EM« der Behringwerke
Akridin
Methylenblau
bleiben etwa 1/4 frei; der Rest zeigt mittelschweres Fleckfieber.
Versuchsreihe wird als »negativ« an Hersteller mitgeteilt, da Kontrollen nicht einwandfrei infiziert werden konnten.
1 Todesfall bei Therapieversuch Akridin.

Dr. Ding
SS-Sturmbannführer

10. 1. 43: Gelbfieber-Impfstoff-Prüfungen.
Vom OKH wurden die »Behringwerke Marburg/Lahn«[151], das »Robert Koch-Institut Berlin« und das »Institut für Fleckfieber und Virusforschung des OKH« in Krakau damit beauftragt, Gelbfieberimpfstoff von Beltier und Mitarbeiter herzustellen. Da es sich um *lebendes* Virus handelt, ist sicherheitshalber von jeder Impfstoffcharge eine Prüfung an je 5 Personen durchzuführen.
Gleichzeitig wird *einmalig* zur Feststellung der Beeinträchtigung der Arbeitsfähigkeit, die bereits auf ihre Unschädlichkeit geprüfte Op. Nr. 25 des »Robert Koch-Institutes« an 50 Personen verimpft.
Die Ergebnisse der Gelbfieberimpfstoffprüfungen werden in doppelter Ausfertigung dem Chef des Amtes XVI im SS-Führungshauptamt zugeleitet, der sie an die Hersteller und das OKH, z. Hd. von Herrn Oberstabsarzt Dr. Schmidt (Heeres-Sanitätsinspektion) weiterreicht.

151 Am 5. 1. 1943 schreiben die Behringwerke, »Unser Zeichen Dr. D.« [Demnitz]: »Durch Herrn Oberstarzt Dr. Schreiber sind wir dahingehend informiert, daß jede Op.-Nummer Gelbfieber-Impfstoff vor Abgabe an das Heer am Menschen geprüft sein muß ... Herr Oberstarzt Dr. Schreiber hat uns mitgeteilt, daß die Prüfungen am Menschen in Zukunft durch Ihre Dienststelle erfolgen. Wir werden uns also gestatten, in bestimmten Intervallen Ihnen Proben der einzelnen Op.-Nummern zuzusenden. Wir bitten um Mitteilung, ob wir auch die künftigen Op.-Nummern an Herrn Dr. Hoven nach Buchenwald zu senden haben.« Nürnb. Dok. NO-1305.

Aufstellung der geprüften Op. Nummern

Lfd. Nr.	Hersteller-Firma		
1.	Behring-Werke, Marburg	1, 2, 4.	13. 1.–26. 1. 43.
2.	Robert Koch-Inst., Bln.	28, 30, 37, 38, 39	11. 1.–26. 1. 43.
3.	Robert Koch-Inst., Bln.	46, 47, 48, 49, 50	30. 1.– 8. 2. 43.
4.	Behring-Werke, Marburg	4, 5, 6, 7, 8, 9, 10 11, 12, 13, 14, 15 16, 17, 18, 19, 20 21, 22, 23.	30. 1.– 8. 2. 43.
5.	OKH, Krakau	19, 21, 22, 23, 25	9. 2.–22. 2. 43.
6.	Behring-Werke, Marburg	24, 25, 26, 27, 28 29, 30, 31, 32, 33	11. 2.–22. 2. 43.
7.	Behring-Werke, Marburg	34, 35, 36, 37, 38 39, 40, 41, 42, 43	25. 2.– 7. 3. 43.
8.	OKH, Krakau	28, 29, 30, 32, 34	25. 2.– 7. 3. 43.
9.	Robert Koch-Inst., Bln.	54, 55, 57, 58	25. 2.– 7. 3. 43.
10.	Behring-Werke, Marburg	54, 55, 56, 57, 58 59, 60, 61.	6. 5.–17. 5. 43.

Die Produktion wird auf Grund der militärischen Lage vorläufig eingestellt.[152]

Dr. Ding
SS-Sturmbannführer

[...]

8. 2. 43:
Besuch von Oberstabsarzt Dr. Eyer vom Institut für Fleckfieber- und Virusforschung des OKH Krakau und Oberstabsarzt Dr. Schmidt von der Heeres-Sanitätsinspektion.
[...]

24. 3. 43–20. 4. 43:
Durchführung eines Großversuches an 45 Personen nach dem Schema des Hygiene Instituts der Waffen-SS, von SS-Standartenführer Doz. Dr. Mrugowsky.
Es wurde geimpft an 8 verschiedenen Tagen innerhalb der vier Wochen gegen
Pocken,
Typhus,
Paratyphus A und B,
Cholera,
Fleckfieber,
Diphtherie.

152 Die Reste der Heeresgruppe Afrika hatten am 13. Mai 1943 kapituliert.

Die Verträglichkeit war im allgemeinen gut. Genaues Protokoll und Bericht wurde am 27. 4. 1943 an Amtschef XVI abgegeben.
Es kam teilweise zu starker Arbeitsbeeinträchtigung mit Abgeschlagenheit, Temperatursteigerung und Lymphdrüsenschwellung. Beachtet werden muß, daß Typhus und Pocken nicht auf der gleichen Körperhälfte geimpft werden, da es sonst zu stärksten Lymphdrüsenschwellungen kommt.
Bei dem Diphtherie-Adsorbat-Impfstoff kam es in etwa 20 Fällen zu stärkerer Abszessbildung.
Soweit noch im Lager wurde nach einem Vierteljahr mit Pocken nachgeimpft.

Dr. Ding
SS-Sturmbannführer

31. 3. 43: Therapieversuche »Akridin-Granulat« und »Rutenol«
Zur Durchführung der Therapieversuche »**Akridin-Granulat**« (A.-Gr.) und **Rutenol** (R) werden 40 Personen mit Ei-Rickettsien infiziert.

11. 4. 43:
Es kommt bei mehrwöchentlicher Beobachtung wiederum zu keiner Erkrankung.
Mitteilung an SS-Standartenfüher Doz. Dr. Mrugowsky und Präsident Prof. Gildemeister. Der vor einem Jahr noch virulente Stamm »Matelska« des Robert Koch-Institutes scheint nicht mehr menschenpathogen zu sein. Es muß daher eine neue Art der künstlichen Infektion gefunden werden, die sicher zu einer Fleckfiebererkrankung führt.

Dr. Ding
SS-Sturmbannführer

11. 4. 43: Vorversuch C:
Zur Feststellung eines sicheren Infektionsmodus werden Versuche mit Fleckfieber-Frischblut angestellt. Es wurde wie folgt infiziert:

3	Personen	mit je 2 ccm.	Frischblut	intravenös
2	"	" " 2 ccm.	"	intramuskulär
2	"	" " 2 ccm.	"	subkutan
2	"	nach Skarifikation		
2	"	mittels Impflanzette kutan.		

Die **intravenös** Infizierten erkrankten an typischem schweren Fleckfieber und verstarben infolge Versagens des Kreislaufes. Die übrigen Versuchspersonen klagten nur über geringe Beschwerden, ohne klinisch krank zu werden.

Dr. Ding
SS-Sturmbannführer

13.4.43: Vorversuch D:
Es wurden infiziert:

6 Personen	mit je	2 ccm.	Frischblut	intravenös
6 "	" "	2 ccm.	"	intramuskulär
6 "	" "	2 ccm.	"	subkutan
6 "	nach Skarifikation			
6 "	mittels Impflanzette kutan.			

Die 6 **intravenös** Infizierten erkrankten wieder an sehr schwerem Fleckfieber; 5 verstarben.
Von den 6 **intramuskulär** Infizierten erkrankte eine Person an mittelschwerem Fleckfieber. Die übrigen waren ohne wesentliche klinische Beschwerden.
Der sicherste Infektionsmodus zur Erzeugung von Fleckfieber bei Menschen ist demnach die intravenöse Injektion von 2 ccm. Fleckfieberkranken-Frischblut.

Dr. Ding
SS-Sturmbannführer

13. u. 14.4.43:
Kommando von SS-Sturmbannführer Dr. Ding zu der I.G. Farbenindustrie A.G. Höchst.
Besprechung mit Prof. Lautenschläger, Dr. Weber und Dr. Fussgänger über die Versuchsreihen
»Akridin-Granulat und Rutenol«
im K.L. Buchenwald.
Besuch bei Herrn Geheimrat Otto und Prof. Prigge[153] im Institut für experimentelle Therapie in Frankfurt a/Main.

24.4.43: Therapieversuche Akridin-Granulat (A-Gr.2) u. Rutenol (R)
Zur Durchführung der Therapieversuche Akridin-Granulat und Rutenol werden 30 Personen (je 15) und 9 zur Kontrolle durch intravenöse Injektionen von je 2 ccm. Fleckfieberkranken-Frischblut infiziert.
Sämtliche Versuchspersonen erkrankten an sehr schwerem Fleckfieber.

1.6.43:
Krankenblätter und Kurven fertiggestellt.
Die Versuchsreihe wird abgeschlossen.
21 Todesfälle (8 bei Akridin-Granulat)
(8 bei Rutenol)
(5 bei Kontrolle)

Dr. Ding
SS-Sturmbannführer

153 Prof. Richard Prigge, nach 1945 Direktor des Paul-Ehrlich-Instituts in Frankfurt am Main.

27. 4. 43–1. 5. 43:
Kommando von SS-Sturmbannführer Dr. Ding nach Paris zur Beschaffung von Labormaterial für die »Abteilung für Fleckfieber- und Virusforschung« und das Hygiene Institut.

10. 6. 43: Typhus-Therapieversuch »Otrhomin«
Auf Anregung des Robert Koch-Instituts, Berlin, (Prof. Dr. Lockemann) soll die Wirkung eines neuen Therapeutikums aus der Rhodanreihe – Otrhomin – im Menschenversuch erprobt werden. Zu diesem Zweck wurden am 10. 6. 1943 bezw. 18. 6. 1943 20 Personen der Reihe »Otrhomin« und 20 Personen zur Kontrolle (davon 10 Immunisierte und 10 Nichtimmunisierte) durch je 2 ccm. Typhusbazillenaufschwemmung in phys. Kochsalzlösung, gegeben in Kartoffelsalat, infiziert. Von den 40 Personen erkrankten 7 leicht und 23 mittel schwer. Weiterhin waren 6 ambulante Fälle zu verzeichnen. 4 Personen zeigten keine Krankheitserscheinungen.

28. 7. 43:
Fieberkurven und Krankheitsblätter der Reihe »Otrhomin« fertiggestellt und nach Berlin übersandt.

5. 8. 43:
Fieberkurven und Krankenblätter der Kontrollreihe fertiggestellt und nach Berlin übersandt.

10. 8. 43:
Abgabe der Unterlagen an ROMR Christiansen vom RMI.[154]
Die Versuchsreihe wird abgeschlossen.
1 Todesfall (Kontrolle-Nichtimmunisierte).

Dr. Ding
SS-Sturmbannführer

Fleckfieber-Impfstoff-Versuchsreihe VII.

28. 5. 43–18. 6. 43:
Durchführung von Fleckfieberschutzimpfungen mit folgenden Impfstoffen:

154 Dr. Werner Christiansen, Obermedizinalrat im RMI, Seuchenreferent in der Abteilung Gesundheitswesen und Volkspflege, wird nach 1945 Chefarzt des Bakteriolog. Instituts im Städtischen Krankenhaus Berlin-Moabit. Ein Ermittlungsverfahren der GStA Berlin – 3 P (K) Js 198/60 – wird 1961 eingestellt.

1. 20 Personen mit Impfstoff »Asid«
2. 20 Personen mit Impfstoff »Asid adsorbat« der Anhaltinischen Serumwerke G.m.b.H., Berlin NW 7,
3. 20 Personen mit Impfstoff »Weigl« des Instituts für Fleckfieber- und Virusforschung des OKH, Krakau (Eyer).

27. 8. 43:
Infektion von
20 Personen der Reihe »Asid«
20 Personen der Reihe »Asid adsorbat«
20 Personen der Reihe »Weigl«
10 Personen zur Kontrolle
durch intravenöse Injektion von je 1/4 ccm. Fleckfieberkranken-Frischblut, Stamm Bu II, Passage I.
Sämtliche Versuchspersonen erkrankten an sehr schwerem Fleckfieber.

7. 8. 43:
Fieberkurven und Krankenblätter fertiggestellt.
Die Versuchsreihe wird abgeschlossen.
53 Todesfälle (18 bei »Asid«)
(18 bei »Asid adsorbat«)
(9 bei »Weigl«)
(8 bei Kontrolle).

9. 9. 43:
Fieberkurven und Krankenblätter nach Berlin abgegeben.

Dr. Ding
SS-Sturmbannführer

8. 11. 43–17. 3. 44: Hochimmunisierungsversuche mit Fränkel-Impfstoffen[155]
Nach einem Immunisierungsplan für die Fränkel-Hochimmunisierung der Menschen wurde die Verträglichkeit von Fränkel-Formol-Toxcid (formol. Toxin des Bacterium perfrigens) am Menschen erprobt.

155 Es sind Gasbrand-Versuche mit einem Präparat der Behringwerke: »Gemäß Ihrem Immunisationsvorschlag für die Hochimmunisierung von Menschen mit Fränkel-Impfstoffen wurde zunächst in Abständen von 14 Tagen 3 mal 1 ccm Fränkel-A1.F.T.-Impfstoff subkutan verimpft«, heißt es in einem Brief des SS-Hygiene-Instituts vom 5. 1. 1944 an die I.G. Farben, Abteilung Behringwerke. Nürnb. Dok. NI-10277. Zitiert nach Vondra, S. 168. Kommentar Vondra: »Es versteht sich, daß ... zur Kontrolle der Impfung die Versuchspersonen mit Gasbrand infiziert wurden.« Ebd.

Zunächst wurden in Abständen von je 14 Tagen 3 mal 1 ccm. Fränkel-A1.F.T. (Fränkel-Toxoid, das an Aluminium hydrocyd adsurbiert ist) an 15 Versuchspersonen verimpft.
Nach einer Pause von 14 Tagen wurde mit der Verimpfung von Fränkel-Formol-Toxoid (formol. Toxin des Bac. perfrigens) begonnen, und zwar:

am 20. 12. 43.	1 ccm.	subk.	li. O'Arm
am 26. 12. 43.	2 ccm.	"	re. O'Arm
am 31. 12. 43.	4 ccm.	"	li. O'Arm
am 3. 1. 44.	6 ccm.	"	re. O'Arm
am 6. 1. 44.	9 ccm.	"	re. u. li. Brustseite
am 10. 1. 44.	12 ccm.	"	bd. O'Arme
am 14. 1. 44.	15 ccm.	"	re. u. li. Brustseite

17. 1. 44:
Bericht über die Impfreaktionen fertiggestellt und abgesandt.

Dr. Ding
SS-Sturmbannführer

19. 11. 43–25. 11. 43: Phosphor-Kautschuk-Brandbomben-Versuch.[156]
Zur Erprobung des Präparates »R 17« bei frischen Phosphor-Verbrennungen und von »Echinacinsalbe« und »Echinacin extern« zur Nachbehandlung von Phosphorbrandwunden, sämtlich von den Dr. Madaus-Werken in Radebeul/Dresden, wurde an den nebenstehend genannten Tagen Verbrennungsversuche mit Phosphormasse, welche aus einer bei Leipzig aufgefundenen englischen Brandbombe entnommen wurde, an 5 Versuchspersonen durchgeführt.[157]

5. 1. 44:
Protokolle an den Reichsarzt-SS, mit der Bitte um Weiterleitung an die Dr. Madaus-Werke, übersandt.

Dr. Ding
SS-Sturmbannführer

---

156 In Dings »Arbeitsbericht für das Jahr 1943« (Nürnb. Dok. NO-571) heißt es unter dem Datum 25. 10.–15. 11.: »Kommandierung zu dem ›Deutschen Hygiene-Institut für das Ostland‹ in Riga und anschließend Besprechung bei der Firma Madaus in Dresden ...«

157 Das bekannte pharmazeutische Unternehmen für »Arzneimittel aus Frischpflanzen« (Eigenreklame) ist 1919 von den Brüdern Madaus in Bonn gegründet worden.

PROTOKOLL
zum Gutachten vom 2. Januar 1944
über ein R 17 genanntes Hautmittel gegen Phosphor-Kautschuk Verbrennungen.[158]

Tierversuche:
Zu den Versuchen wurden insgesamt 7 weiße Angora-Kaninchen in normalem EZ [Ernährungszustand] herangezogen. Eines davon, Nr. 31, ist am 3. 12. 43, als es zum Photographieren festgebunden wurde, verendet; die Sektion ergab u. a. eine etwa 2 cm lange Leber-Ruptur [Zerreißung] und reichlich Blutgerinnsel. [...]
Es wurde bei den Kaninchen Nr. 38, 39 und 40 je die rechte Flanke mit dem Gemisch bestrichen und nach 30 Minuten mittels eines in R 17 getauchten Lappens gereinigt. Während des Abwischens zeigte sich Rauchentwicklung; die Tiere bekundeten dabei erheblichen Schmerz.«

30.–31. 12. 43: Sonderversuch an 4 Personen in Sachen Koch/Hoven[159]
Auf Befehl von SS-Gruppenführer Nebe wurde der Versuch in Anwesenheit von Dr. Morgen und Dr. Wehner durchgeführt.

Dr. Ding
SS-Sturmbannführer

158 Nürnb. Dok. NO-579. Das Dokument enthält zahlreiche Fotos schwerster Hautverbrennungen von 6 mal 3 cm. In der Regel wird das explosive Gemisch auf die Haut aufgetragen und dann entzündet.
In diesen Zusammenhang gehören Versuche von Prof. Josef Vonkennel, Beratender Dermatologe beim Reichsarzt-SS, Leiter eines »Forschungsinstituts V«, einer von der SS unterstützten Abteilung an der Dermatologischen Klinik der Universität Leipzig. Er entwickelt »zusammen mit seinem damaligen Assistenten Dr. Kimmig das Versuchspräparat DDS (Diaminodiphenylsulfon), welches auf Anregung Vonkennels in Buchenwald erprobt wurde und Todesopfer forderte.« (Bericht Humanversuche ZSt 413 AR 1463/65, Bl. 21.) Die Häftlinge bekommen durch Giftgas Hautverbrennungen beigebracht und werden anschließend mit Vonkennels Sulfonamid-Präparat behandelt Office of U.S. Chief of Counsel, Apo 124 A, Subsequent Proceedings Division, Interrogation Summary No. 21 of Prof. Mrugowsky vom 25. 7. 1946.
Nach 1945 ist Vonkennel Direktor der Universität-Hautklinik Köln. Ein Verfahren der StA Köln wird eingestellt, da sich Vonkennel am 13. 6. 1963 umbringt. Gegen Josef Kimmig, nun Ordinarius für Dermatologie in Hamburg, wird kein Verfahren eingeleitet.

159 1943 wird Dr. Konrad Morgen, SS-Richter am Hauptamt SS-Gericht, mit der Aufklärung von Korruptionsfällen in der Kommandantur Buchenwald beauftragt. Während der Ermittlungen stirbt unter Vergiftungser-

21. 12. 43–16. 1. 44: Kontrolle von Blutserum-Konserven.
Im Auftrage der Militärärztlichen Akademie, Berlin, wurden an 18 Versuchspersonen 18 Ampullen Blutserum-Konserven auf ihre Verträglichkeit am Menschen geprüft.

17. 1. 44:
Prüfungsprotokolle abgesandt.

Dr. Ding
SS-Sturmbannführer

25. 1. 44–19. 2. 44: Kontrolle von Blutserum-Konserven.
Im Auftrage der Militärärztlichen Akademie, Berlin, wurden an 30 Versuchspersonen 30 weitere Ampullen Blutserum-Konserven auf ihre Verträglichkeit am Menschen geprüft.

22. 2. 44:
Prüfungsprotokolle durch Kurier an Reichsarzt-SS abgesandt.

Dr. Ding
SS-Sturmbannführer

22. 1. 44–31. 1. 44: Impfstoffversuchsreihe »WEIMAR«.
Zur Feststellung der Verträglichkeit und der Schutzwirkung wurden 5 Personen durch dreimalige Impfung mit Fleckfieberimpfstoff »Weimar« (Herst. Hygiene-Institut der Waffen-SS, Abtlg. für Fleckfieber- u. Virusforschung) immunisiert.
Am 22. 1. 44. wurden 0,5 ccm.
" 27. 1. 44. 1,0 ccm.
" 31. 1. 44. 1,0 ccm. subkutan in den linken bezw. rechten Oberarm injiziert.
Zum Vergleich wurden an den obengenannten Tagen
5 Personen mit dem Fleckfieber-Eierkulturimpfstoff »Asid« (Anhaltinische Serumwerke, Berlin) mit 0,5 ccm, 0,5 ccm und 1,0 ccm

---

scheinungen der SS-Hauptscharführer Rudi Köhler, der die Lagerleitung belastet hatte. Nach einer Obduktion vermutet der Gerichtsmediziner Timm aus Jena, eine Gabe von Pervitin und einem Schlafmittel könnten die Todesursache sein. In Gegenwart Morgens wird vier Häftlingen ein solches Gemisch gespritzt. Sie sterben nicht, werden aber anschließend im Krematorium erwürgt (Kogon S. 304ff.). Da fast alle Belastungszeugen nicht mehr leben, gerät Hoven in Verdacht, diese abgespritzt zu haben. Er wird September 1943 verhaftet, von Prof. Werner Heyde auch psychiatrisch begutachtet und März 1945 wieder entlassen. Vernehmung Hoven vom 4. 12. 1946. Nürnb. Dok. NO-429.

und 5 Personen mit dem Fleckfieberimpfstoff »Giroud« (hergestellt vom Pasteur Institut, Paris aus Kaninchenlungen) mit je 1 ccm immunisiert.

25.2.44:
Durch subkutane Injektion von $^1/_{20}$ ccm. Fleckfieberkranken-Frischblut wurden 20 Personen (15 Immunisierte und 5 zur Kontrolle) infiziert.
Spender: G... Nr. 713, 36 Jahre alt (6. Krankheitstag)
Sämtliche Infizierte erkrankten an leichtem bis schwerem Fleckfieber.

5.4.44:
Kurvenblätter und Krankengeschichten fertiggestellt.

25.4.44:
Die Versuchsreihe wird abgeschlossen.
5 Todesfälle (1 Asid)
(1 Weimar)
(3 Kontrolle).

Dr. Ding

Fleckfieber-Impfstoff-Versuchsreihe VIII.

8.3.44–18.3.44:
Auf Anregung von Herrn Oberstarzt der Luftwaffe
Prof. Rose wurde der Impfstoff
»Kopenhagen« (Ipsen'scher – muriner – Impfstoff) hergestellt aus Mäuseleber vom Staatl. Seruminstitut in Kopenhagen
auf seine Schutzwirkung am Menschen geprüft.[160]
20 Personen wurden am 8. 3. 44. mit 0,5 ccm
13. 3. 44. mit 0,5 ccm
und am 18. 3. 44. mit 1,0 ccm
durch intramuskuläre Injektionen in den musculus glutaeus max. schutzgeimpft.
Als Kontrolle und zum Vergleich waren 10 Personen vorgesehen.
Von den 30 Personen schieden 4 **vor** Beginn der künstl. Infektion wegen interkurrenter Erkrankung aus.

160 Der Chefarzt aller KZs, Dr. Enno Lolling, am 24. 2. 1944 an den Obersten Hygieniker der SS: »Die nachgesuchte Genehmigung, an 30 Häftlingen die Schutzwirkung eines dänischen Impfstoffes zu erproben, ist ... erteilt worden, jedoch müssen die Versuche auf Zigeuner beschränkt bleiben. Es werden deshalb 30 geeignete Zigeuner zum Institut für Fleckfieberforschung nach Buchenwald demnächst überstellt.« Fußgänger-Verfahren, Bl. 84.

16. 4. 44:
Die übrigen Versuchspersonen wurden am 16. 4. 1944 durch subkutane Injektion von 1/20 ccm Fleckfieberkranken-Frischblut infiziert.
Spender: W... Nr. 763, 27 Jahre alt (6. KrkhTg.)
Stamm Bu. VII/Passage I.
Es erkrankten
a) bei den Schutzgeimpften von **17** Personen
9 mittelschwer
8 schwer

2. 6. 44:
Die Versuchsreihe wird abgeschlossen.

13. 6. 44:
Kurvenblätter und Krankengeschichten fertiggestellt und nach Berlin übersandt.
6 Todesfälle (3 »Kopenhagen«)
(3 Kontrolle)

Dr. Ding

Blutentnahme zur Gewinnung von Fleckfieber-Rekonvaleszenten-Serum (F. F. R. S.)

26. 5. 44–12. 6. 44:
Zur Gewinnung von F. F. R. S. wurden von 15 Fleckfieber-Rekonvaleszenten zwischen dem 14.–21. Tag nach der Entfieberung 6500 ccm. Blut abgenommen und durch Kurier an das SS-Führungshauptamt, Amtsgruppe D, Amt XVI (Blutkonservierung) – SS-Hauptsturmführer Dr. Ellenbeck – Berlin-Lichterfelde übersandt.

Ding

22. 5. 44–16. 6. 44: Kontrolle von Blutserum-Konserven.
Im Auftrage der Militärärztlichen Akademie, Berlin, wurden an 44 Versuchspersonen 44 Ampullen Blutserumkonserven auf ihre Verträglichkeit am Menschen geprüft.

Ding

19. 6. 44:
Prüfungsprotokolle an den Obersten Hygieniker, beim Reichsarzt-SS und Polizei, Berlin, abgeschickt.

Ding

Fleckfieber-Impfstoff-Versuchsreihe IX.

17. 7. 44–27. 7. 44:
Der in der Abteilung für Fleckfieber- und Virusforschung des Hygiene-Instituts der Waffen-SS, Weimar-Buchenwald, hergestellte Fleckfieberimpfstoff »Weimar« wurde befehlsgemäß auf seine Schutzwirkung am Menschen geprüft.
Dieser Impfstoff ist aus Kaninchenlungen nach dem Verfahren Durand-Giroud hergestellt worden. Es enthält mit 2/00 Formol abgetötetes und aufgeschwemmtes Virus (Rickettsia prowazeki) selbstisolierter Stämme.
20 Personen wurden am 17. 7. 1944
22. 7. 1944
und 27. 7. 1944
mit je 1 ccm. immunisiert. Die Impfungen erfolgten subkutan in den rechten bezw. linken Oberarm.
Zum Vergleich erfolgte gleichzeitig eine Immunisierung von 20 Personen mit dem vom OKH in Krakau nach »Weigl« hergestellten Läuseimpfstoff in vorschriftsmäßiger Weise.
Zur Kontrolle waren weitere 20 Personen vorgesehen.

9. 6. 44:
Die Infektion der 60 Versuchspersonen erfolgte durch subkutane Injektion von je $1/10$ ccm. Fleckfieberkranken-Frischblut in den rechten Oberarm.
Sämtliche Personen erkrankten, und zwar:

a) bei Weimar	9 leicht
	7 leicht bis mittelschwer
	4 mittelschwer
b) bei Weigl	6 leicht bis mittelschwer
	8 mittelschwer
	6 schwer
c) Kontrolle	1 mittelschwer
	19 schwer.

17. 10. 44:
Die Versuchsreihe wird abgeschlossen.

4. 11. 44:
Kurvenblätter und Krankengeschichten fertiggestellt.
24 Todesfälle (5 Weigl)
(19 Kontrolle).

Dr. Schuler

[...]

26. 10. 44:
Sonderversuch laut Anweisung von SS-Oberführer Doz. Dr. Dr. Mrugowsky[161] und RKPA an 6 Personen.
(Bericht darüber mündlich).[162]

Schuler

Therapieversuch mit Fleckfieber-Impfstoff

13. 11. 44:
Auf Befehl des Obersten Hygienikers der Waffen-SS vom 12. 8. 1944 sollte festgestellt werden, ob der Verlauf einer Fleckfiebererkrankung durch intravenöse oder intramuskuläre Injektionen von Fleckfieber-Impfstoff gemildert werden kann.
Für die Versuchsreihe waren 20 Personen vorgesehen, davon 10 zur intravenösen (Reihe A) und 10 zur intramuskulären Injektion (Reihe B), außerdem 5 Personen zur Kontrolle.[163]
Am 13. 11. 1944 wurden die 25 Versuchspersonen durch subkutane Injektion von je $^1/_{10}$ ccm. Fleckfieberkranken-Frischblut infiziert.
Sämtliche Personen erkrankten, und zwar:

bei der Reihe A	10 schwer
bei der Reihe B	1 mittelschwer
	9 schwer
bei der Kontrolle	5 schwer

22. 12. 44:
Die Versuchsreihe wird abgeschlossen.

---

161 SS-Oberführer Mrugowsky, 1944 noch zum Professor ernannt, wird im Nürnberger Ärzteprozeß zum Tode verurteilt und hingerichtet.

162 Am 17. 8. 1944 schreibt Grawitz an Himmler, die Verabreichung großer Serummengen, insbesondere an Gasödemkranke, löse nicht selten schockartige Symptome aus. Es bestehe der Verdacht, daß diese auf den konservierenden Phenolzusatz zurückzuführen seien. Um eine Schädigung der Verwundeten durch phenolhaltige Seren zu vermeiden, sei eine endgültige Klärung der Frage notwendig, »wo die Verträglichkeitsgrenze für Phenol liegt. Diese Frage läßt sich nur am Menschen entscheiden.« Grawitz beantragt eine Versuchsreihe von 20 Personen. BA, NS 19/1591.

163 Im Schreiben vom 17. 8. 1944 hatte Grawitz weiterhin um Klärung der Frage gebeten, »ob die intravenöse Verabreichung eines Fleckfieber-Schutzimpfstoffes zu einer kritischen Entfieberung und schnellen Heilung des Fleckfiebers führt ... Die Frage kann jedoch nur am Menschen entschieden werden.« Grawitz hatte »eine Versuchsreihe von 40 Versuchspersonen« beantragt. BA NS 19/1591.

2. 1. 45:
Kurvenblätter und Krankengeschichten fertiggestellt.
19 Todesfälle (9 Reihe A)
(6 Reihe B)
(4 Kontrolle).

Dr. Schuler

Die Strafverfolgung

Die KZs hatten als Labor der Pharma-Industrie und der Wehrmacht gedient. Häftlinge wurden wie Laborratten zu Tode gequält oder lebenslang geschädigt. Kein Verantwortlicher der Pharma-Industrie wird nach 1945 verurteilt. Prof. Carl Lautenschläger, Vorstandsmitglied der I. G. und Leiter des I. G. Farbenwerkes Höchst seit 1938,[164] sowie die Vorstandsmitglieder Mann und Hörlein, werden im I. G. Farben-Prozeß vom VI. Militärgerichtshof der Vereinigten Staaten am 29. Juli 1948 in diesem Punkt freigesprochen:

»Die Annahme, daß die Angeklagten mit den SS-Ärzten, die diese verbrecherischen Handlungen begingen, unter einer Decke gesteckt haben, wird durch die Tatsache widerlegt, daß die I. G. die Versendung der Medikamente eingestellt hat, sobald der Verdacht eines gesetz- und standeswidrigen Verhaltens der Ärzte auftauchte.«[165] Eine Feststellung, die den in Nürnberg vorliegenden und in diesem Kapitel zitierten Dokumenten widerspricht: Die Versendung der Präparate endete bei Kriegsende.

Heeres-Sanitätsinspektion schickt pünklich zum 25. 2. 43 5 Operationsnummern Gildemeister und Eyer und 10 Operationsnummern Demnitz-Marburg. Erbitte baldige Abgabe der letzten Prüfungsprotokolle.

Fernspruch Dr. Ding an Standortarzt Hoven, Buchenwald.[166]

164 Lautenschläger, Erklärung unter Eid vom 2. 5. 1947. Nürnb. Dok. NI-9811.

165 Urteil vom 29. 7. 1948, zitiert nach dem Einstellungsbeschluß der Staatsanwaltschaft Limburg im sogenannten Fußgänger-Verfahren, Bl. 44.

166 Archiv Gedenkstätte Buchenwald.

Zwölf Jahre später ermittelte die Staatsanwaltschaft Limburg im Falle der Fleckfieberversuche im KZ Buchenwald. Das Verfahren wird am 17. Juli 1961 eingestellt. Es betraf u.a. die Höchst-Mitarbeiter Fußgänger[167], Lautenschläger und Weber[168]. Dem Betriebsleiter der Behringwerke, Prof. Richard Bieling, und dem Marburger Produktionsleiter, Dr. Albert Demnitz, wird bescheinigt, es habe nicht festgestellt werden können, daß sie Impfstoffe »in Kenntnis des Umstandes geliefert haben, daß sie bei verbrecherischen Menschenversuchen Verwendung finden sollten«.

Demnitz wird 1950 Honorarprofessor an der Universität Gießen.

Bieling (Jahrgang 1888) wird 1951 ordentlicher Professor in Wien, Vorsteher des Hygiene Instituts der Universität, 1952 Oberster Sanitätsrat für Österreich, 1954 Landessanitätsrat für Wien, Experte für Viruskrankheiten der Weltgesundheitsorganisation, Präsident der Österreichischen Gesellschaft für Arbeitsmedizin, 1956 Vorsitzender der Österreichischen Gesellschaft für Mikrobiologie und Hygiene.

Über Dr. Richard Haas (Behringinstitut Lemberg) heißt es, ihm sei »bis zum Kriegsende nicht bekannt gewesen, daß sich in Buchenwald ein Konzentrationslager befunden und daß die SS in Konzentrationslagern Menschenversuche durchgeführt habe«.[169] Die Nachkriegskarriere von Haas, der 1942 seine Post ausdrücklich an das »KL. Buchenwald b. Weimar« adressiert hatte: 1950 Leiter der humanmedizinischen Forschung der Behring Werke Marburg, 1955–75 Ordinarius für Mikrobiologie und Hygiene der Universität Freiburg/Br.[170] Präsident der Deutschen Vereinigung zur Bekämpfung der Viruskrankheiten (ursprünglich: zur Bekämpfung von Polio).[171]

---

167 Dr. med. et rer. nat. Rudolf Fußgänger hat nach 1945 bei Höchst dieselbe Funktion wie vor 1945.

168 Dr. Julius Weber ist am 27. 8. 1960 gestorben.

169 Aussage Richard Haas vom 13. 10. 1960: »Ich wußte damals überhaupt nicht, daß in Buchenwald ein der SS unterstehendes KZ war und habe mir keinerlei Gedanken darüber gemacht, weshalb in Buchenwald ein Hygiene-Institut der Waffen-SS seinen Sitz hatte.« Fußgänger-Verfahren.

170 Seidler, S. 461.

171 Mitteilung Prof. Werner Lange (RKI) vom 6. 11. 1996.

Gegen Professor Rose (Robert Koch-Institut) war nicht zu ermitteln, da er schon im Nürnberger Ärzteprozeß wegen der Buchenwald-Versuche verurteilt worden war. Gegen Generalarzt Professor Walter Schreiber (Heeres-Sanitätsinspektion) hegte der Staatsanwalt einen »gewissen Verdacht«, aber Schreiber lebte im fernen Argentinien. Flottenarzt Heinrich Ruge, von April 1941 bis Mai 1943 Beratender Hygieniker beim Luftflottenarzt 4 in Rumänien, nun Professor in Kiel, äußert sich schriftlich: »Von den im KZ durchgeführten Menschenversuchen habe ich erst während meiner Kriegsgefangenschaft in Rußland 1947 oder 1948 Kenntnis erhalten.«[172]

Die Oberstabsärzte Dr. Hermann Eyer (Institut für Fleckfieber- und Virusforschung des OKH in Krakau) und Dr. Bernhard Schmidt (Heeres-Sanitätsinspektion) hatten die Versuchsstation sogar besucht. Der Kapo von Block 46, Arthur Dietzsch: »Es ist zutreffend, daß Dr. Eyer in Begleitung eines anderen Arztes den Block 46 in Buchenwald besucht hat. Ich hatte den Auftrag, ihm die Krankengeschichten und Fieberkurven der Versuchspersonen vorzulegen. Hierüber stellte er an mich einige fachliche Fragen. Insbesondere auch wegen der Strophantin-Dosierung [Herzstärkungsmittel].«[173]

Eyer und Schmidt haben den Buchenwald-Besuch nicht bestritten. Eyer behauptete jedoch, einen verschwundenen polnischen Mitarbeiter in Buchenwald gesucht zu haben. Deshalb habe er die Vorführung eines neuen Verschlusses von Impf-

---

172 Ruge in einer schriftlichen Äußerung vom 7. 10. 1960. Fußgänger-Verfahren, Bl. 163. Kogon sagte in Nürnberg aus, Korrespondenz sei hauptsächlich geführt worden mit Mrugowsky, Genzken, der Militärärztlichen Akademie, dem Fleckfieber-Institut des OKH in Krakau, den Behringwerken, dem Höchster Laboratorium »und mit einigen Ärzten persönlich, zum Beispiel Professor Ruge in Rumänien«. Aussage Kogon vom 6. 1. 1947 im Nürnberger Ärzteprozeß, Fußgänger-Verfahren. Kogon am 29. 6. 1957 im Disziplinarstrafverfahren der Bundesdisziplinarkammer gegen Rose (kein Az.). Kopie im Fußgänger-Verfahren, Bl. 205: »Der Name ›Ruge‹ ist mir aus m. E. von mir geführter Korrespondenz ein vertrauter Begriff ...«

173 Aussage Dietzsch vom 28. 6. 1960. Fußgänger-Verfahren, Bl. 148f.

Ampullen vorgetäuscht.[174] Schmidt behauptete, Eyer eigentlich nur begleitet zu haben.

> »Eines Tages bat mich der Kriminaldirektor Krauss telefonisch, mit zwei Ärzten der Wehrmacht, die auf dem Wege zu mir seien, weitere Absprachen zu treffen, da er dringend abgerufen worden sei. Die Herren hätten um Häftlinge für medizinische Versuche gebeten. Er habe das bereits genehmigt und zwar sollten ihnen vier Juden gestellt werden. Das Gefängnis sei auch noch zu benachrichtigen, denn er habe es bisher nicht erreichen können. Kurz darauf erschienen die beiden Ärzte in meinem Dienstzimmer. Beide waren uniformiert und erklärten, sie kämen vom wissenschaftlichen Institut Krakau der Wehrmacht. Es gehe ihnen um Häftlinge, die ohnehin dem Tode verfallen seien. Sie würden benötigt für medizinische Versuche ...«
>
> Heinrich Hamann, SS-Hauptsturmführer und Kriminalkommissar.[175]

Bernhard Schmidt, Hygieniker der Heeres-Sanitätsinspektion und Gruppenleiter in der Abteilung Wissenschaft und Gesundheitsführung, im Nürnberger Ärzteprozeß[176] unter Eid:

Frage: »Kennen Sie das Institut für Fleckfieber- und Virusforschung in Buchenwald?«

Antwort: »Nein, ich weiß auch nicht, daß [es] ein solches gegeben hat.«

Frage: »Ist Ihnen der Namen Buchenwald einmal in Verbindung mit Fleckfieberforschung oder Fleckfieberfrage aufgetaucht?«

Antwort: »Nein.«

Frage: »Wissen Sie, ob zwischen Krakau, OKH-Institut, und dem Konzentrationslager Buchenwald, Abteilung Versuchsstation für Fleckfieberforschung eine Verbindung bestand?«

Antwort: »Es bestand keine Verbindung.«

---

174 Aussage Eyer vom 21. 10. 1960. Fußgänger-Verfahren.

175 Aussage Hamann vom 1. 12. 1962. Der Vorfall hat sich Hamann zufolge (Aussage vom 23. 3. 1962) in der ersten Hälfte des Jahres 1944 abgespielt. Ob die Juden tatsächlich aus dem Gefängnis Montelupich überstellt wurden, ist ungeklärt. Das Verfahren wurde eingestellt. ZSt 412 AR-Z 76/72.

176 Auszugsweise Abschrift aus dem Sitzungsprotokoll vom 19. 2. 1947. Fußgänger-Verfahren, Bl. 64 ff.

Frage: »Waren Sie aus einem anderen Anlaß einmal in Buchenwald?«

Antwort: »Ja.«

Schmidt erzählt nun, seinen Kollegen Eyer begleitet zu haben, der einer Ärztekommission der SS einen neuen Ampullenverschluß vorführen wollte: »Zweck dieses Besuchs war die Demonstration dieser Ampulle und die Technik der Öffnung und Auflösung des Impfstoffes. Diese Technik wurde von uns den Sanitätsoffizieren der SS vorgeführt ... Dann hat meines Wissens Dr. Ding einige Leute geimpft mit diesem aufgelösten Impfstoff.«

Frage: »Sahen Sie KZ-Häftlinge?«

Antwort: »Wir haben uns dann auch noch mit Hygienikeraugen die Küche angesehen, zwei oder drei Unterkünfte, die Abwasseranlagen. Damit war der Besuch beendet. Beim Hinausgehen sahen wir noch eine große Gruppe von KZ-Häftlingen einmarschieren, die dann mit Gesang und Mundharmonika-Begleitung durch das Lagertor marschierten.«

Frage: »Wie war also der Eindruck, den Sie dort in Buchenwald gewannen?«

Antwort: »Ich hatte den Eindruck, daß es sich um eine große Kaserne handelt, die vom Standpunkt des Hygienikers aus gesehen einen ganz ausgezeichneten sauberen Eindruck machte.«

Schmidt und Eyer besuchen Buchenwald am 8. Februar 1943. Zu dieser Zeit laufen die Gelbfieber-Impfstoff-Prüfungen. Am 9. Februar beginnen die Menschenversuche mit einem Impfstoff des OKH Krakau.

Dr. Bernhard Schmidt wird ordentlicher Professor für Hygiene und Direktor des Hygiene-Instituts der Freien Universität Berlin.

Hermann Eyer wird 1946 Ordinarius für Hygiene in Bonn, 1957 Ordinarius für Hygiene und Medizinische Mikrobiologie der Universität München sowie Direktor des Max von Pettenkofer-Instituts, zudem Vorsitzender der Deutschen Gesellschaft für Hygiene und Mikrobiologie.

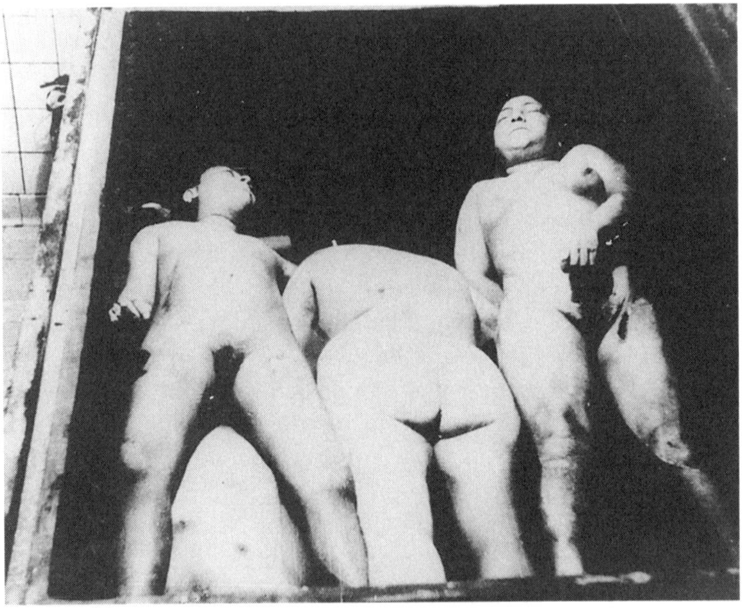

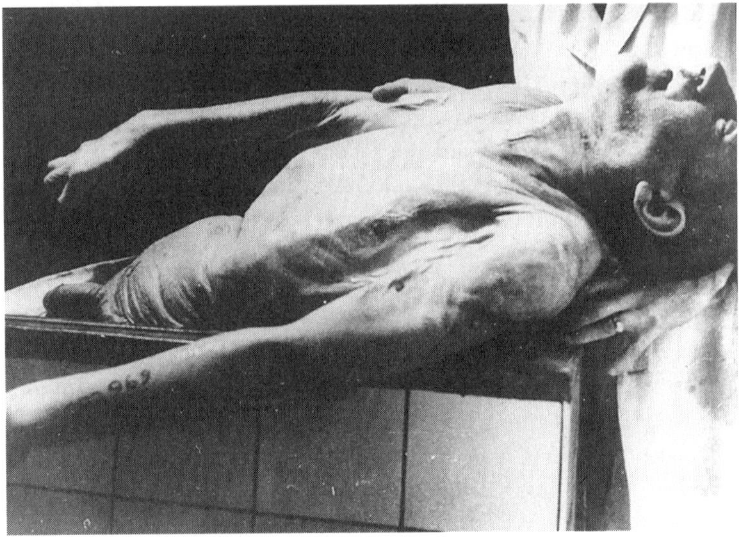

VIII Wehrwissenschaftliche Zweckforschung – Das Ahnenerbe

Die Anatomie in Straßburg. Bild oben: Jüdinnen, für eine Menschensammlung vergast. Bild unten: Ermordeter Jude, Hoden herausgeschnitten.

Das »Ahnenerbe e.V. – Studiengesellschaft für Geistesurgeschichte« wird am 1. Juli 1935 in Berlin gegründet. Initiatoren sind Himmler, der mit Himmler befreundete Marburger Prähistoriker Hermann Wirth sowie Reichsbauernführer Walter Darré, dem die NSDAP das Schlagwort »Blut und Boden« verdankt.

Das Ahnenerbe hat die Aufgabe, »Raum, Geist, Tat und Erbe des nordrassigen Indogermanentums zu erforschen, die Forschungsergebnisse lebendig zu gestalten und dem Volk zu vermitteln«.[1] Präsident ist zunächst Hermann Wirth, sein Sekretär Wolfram Sievers bekommt den Titel Generalsekretär. 1937 wird der Indologe und SS-Sturmbannführer Professor Walther Wüst zum Präsidenten ernannt, Wirth übernimmt eine Stelle als Abteilungsleiter.

Um die Jahreswende 1938/39 ändert sich die Organisationsform. Himmler wird Präsident der »Forschungs- und Lehrgemeinschaft ›Das Ahnenerbe‹«, Wüst übernimmt das neugeschaffene Amt eines Kurators. Sievers rückt zum Reichsgeschäftsführer auf. 1942 wird das Ahnenerbe dem Persönlichen Stab RFSS als Amt angegliedert. Bis August 1943 ist der Sitz in Berlin-Dahlem (Pücklerstr. 16), danach im oberfränkischen Waischenfeld.

Wissenschaftliche Referenten des Kurators sind (nach einem internen Mitarbeiterverzeichnis[2]) Irene Illg und der Historiker Heinz Gollwitzer, der nach 1945 zu einer akademischen Karriere

1 Satzung des Ahnenerbe vom 1. 1. 1939. Nürnb. Dok. NO-303.
2 ZSt 413 AR-Z 17/69, Bl. 99a.

durchstartet.[3] Die personell stärkste Abteilung stellt die »Lehr- und Forschungsstätte für Innerasien und Expeditionen« (Dozent Dr. Ernst Schäfer). Daneben gibt es u.a. Lehr- und Forschungsstätten für klassische Philologie und Altertumskunde (Prof. Franz Dirlmeier), angewandte Geologie (Prof. Josef Wimmer), germanisches Bauwesen (SS-Sturmbannführer Ernst Jäckel) oder Karst- und Höhlenkunde (Prof. Hans Brand). Dozent Dr. habil. Eduard May (ab 1951 Philosophieprofessor und Direktor des Philosophischen Seminars der Freien Universität in Berlin) leitet ein Institut für Insektenforschung (Entomologisches Institut) in Dachau.[4] In Dachau ist auch die Abteilung »R« (Rascher), später »P« (Plötner).

Die Abteilung »R« und »P« in Dachau

Im Konkurrenzkampf mit Wehrmacht und Universitätsinstituten hat das Ahnenerbe einen Vorteil: In der Person Himmlers verfügt man über das Heer der KZ-Häftlinge. Dem steht ein Nachteil gegenüber: Es fehlen qualifizierte Mitarbeiter. Dies drückt sich auch darin aus, daß es nur zwei medizinische Versuchsstationen gibt: die Abteilung »R« (Rascher) in Dachau und »H« (Hirt) in Straßburg.

Rascher ist im März 1943 mühsam der Luftwaffe entwunden worden. Als Dank der SS für seine Menschenversuche soll er habilitiert werden. Rascher will seine Universitätskarriere auf den vom Reichsforschungsrat geförderten Kälteversuchen (»Die Auskühlung des Menschen an der Luft«) aufbauen.[5] Die Habilitationsschrift, die bald einen klangvolleren Titel trägt (»Experimentelle Untersuchungen über die Erscheinungen während der

3 1950 Habilitation, bis 1957 außerplanmäßiger Professor in München, ab 1957 ordentlicher Professor an der Westfälischen Universität in Münster. Aussage Gollwitzer vom 14. 11. 1967. ZSt 413 AR-Z 17/69.

4 Zu May: Deichmann, S. 232ff.

5 Brief Ahnenerbe, gez. Wolff, vom 15. 10. 1943 an Prof. von Diringhofen. DC Unterlagen Gebhardt.

Auskühlung des menschlichen Körpers«) wird niemals zustande kommen: Weder der Marburger SS-Hygieniker Pfannenstiel noch der Frankfurter Professor von Diringshofen, noch die Einflußnahme auf Prof. Mentzel (RFR) oder auf Blome (Stellvertreter des Reichsgesundheitsführers) helfen.

Am 14. Mai 1943 ist Rascher in Hohenlychen bei Gebhardt. Der Oberste Kliniker beim Reichsarzt-SS fährt Rascher an, wie er dazu komme, medizinische Arbeiten direkt an Himmler zu schicken. Außerdem sei seine Abhandlung unwissenschaftlich: Wenn ein Student im 2. Semester mit einer solchen Arbeit käme, würde er ihn hinauswerfen. Kleinlaut fragt Rascher bei Sievers an, wem er denn unterstellt sei: »Dem Reichsführer-SS, dem Ahnenerbe, dem Reichsarzt-SS oder Prof. Dr. Gebhardt?«[6]

Rascher wendet sich einem neuen Projekt zu, der Herstellung des Mittels »Polygal«, sozusagen eine Wunderwaffe bei der Blutstillung. Gefördert wird auch dieses Projekt vom Reichsforschungsrat. Polygal ist ein Gelierstoff zur Bereitung von Marmelade.[7] Als Grundstoffe dienen u. a. ausgelaugte Zuckerrübenschnitzel, Apfelpektin (Pektin ist eine in Pflanzen verbreitete Verbindung, die das Gelieren bewirkt) sowie Dextropur.[8] Der Chemiker Robert Feix, in Dachau als Sonderhäftling mit Privilegien ausgestattet, hat Rascher auf die Idee gebracht, das blutstillende Mittel in Tablettenform herzustellen. Feix, auf Raschers Versuchsstation eingesetzt,[9] kann ab 1944 das Lager frei verlassen und betreten.[10]

Für Raschers Blutstill-Versuche werden, so der Häftling Kazimierz Maliszewski, zwei Häftlinge in der Nähe des Krematoriums erschossen.[11] Raschers Onkel Fritz, selbst praktischer Arzt, besucht seinen Neffen im August 1943 zweimal im KZ Dachau.

6 Brief Raschers vom 17. 5. 1943 an Sievers. DC-Unterlagen Gebhardt.
7 Aussage Kurt Blome vom 26. 7. 1967. ZSt 413 AR-Z 501/67.
8 Institut für wehrwissenschaftl. Zweckforschung, Dachau 3 K, am 1. 2. 1944 an Dr. Graue, RFR. DC Unterlagen Gebhardt.
9 Bericht ZSt über Ahnenerbe-Versuche. ZSt 413 AR-Z 567/67, Bl. 714.
10 Aussage Feix vom 8. 6. 1967. ZSt 413 AR-Z 17/69.
11 Bericht Maliszewski vom 12. 1. 1966. Archiv Dachau 12.192.

Er findet im Schreibtisch einen Bericht über die Erschießung von Häftlingen zum Zwecke der Ausprobierung des angeblichen Blutstillmittels »Polygal 10«.[12] Raschers Onkel erinnert sich vor allem an einen russischen Kommissar:

»Dem Russen wurde durch einen auf einem Stuhl stehenden SS-Mann von rechts oben in die rechte Schulter geschossen. Der Schuß kam in der Nähe der Milz heraus. Es war beschrieben, daß der Russe zusammenzuckte und sich dann auf einen Stuhl setzte und nach etwa 20 Minuten starb. Im Sektionsprokoll wurde beschrieben die Zerreißung der Lungengefäße und der Aorta. Es wurde ferner beschrieben, daß die Zerreißungen durch harte Blutgerinnsel tamponiert waren. Nur so sei die verhältnismäßig lange Lebensdauer nach dem Schuß zu erklären. Nach dem Lesen dieses ersten Protokolls war ich so erschüttert, daß ich die anderen nicht mehr gelesen habe.«[13]

Raschers Stern sinkt. Im Februar/März 1944 wird er vom Reichsarzt-SS Grawitz[14] und dem Chef des WVHA Pohl[15] gedeckelt. Er hatte (zusammen mit dem Dachauer Arzt Hans Haferkamp) die Forschungserkenntnisse im Januar 1944 in der Münchener Medizinischen Wochenschrift veröffentlicht. Dabei begeht er drei Fehler: Er holt keine Druckerlaubnis ein, schreibt entgegen den Geheimhaltungsvorschriften von »Versuchspersonen« und gibt als Adresse »Dachau 3K« an. Im April 1944

---

12 Am 20. Juli 1944 öffnen Sievers und der Rascher-Nachfolger Plötner Raschers Panzerschrank in Dachau. Sie finden zwei lose Blätter: »Berichte über Schussverletzungsversuche mit ›Polygal 10‹«. Übergabeprotokoll anläßlich der Öffnung von Raschers Panzerschrank am 20. 7. 1944 in Dachau, gez. Plötner und Sievers. NS 21/910.

13 Eidesstattl. Erkl. Fritz Rascher vom 31. 12. 1946. Nürnb. Dok. NO-1424.

14 Grawitz am 17. 2. 1944 an Rascher: »Die Veröffentlichung wissenschaftlicher Arbeiten ist an die Erteilung der Druckgenehmigung durch die oberste fachlich vorgesetzte Dienststelle (bei SS-Ärzten der Reichsarzt-SS und Polizei) sowie durch das Oberkommando der Wehrmacht gebunden ... Sie werden um Stellungnahme gebeten, warum Sie die vorgeschriebene Genehmigung zur Veröffentlichung nicht eingeholt haben.« DC Unterlagen Gebhardt.

15 Brief Pohls an Rascher mit Stempel 16. 2. 1944. DC Unterlagen Gebhardt.

steht die Ablösung Raschers und die Etablierung seines Nachfolgers Plötner (Rascher nennt ihn »Blödner«[16]) fest.[17]

Am 26. April 1944 treffen sich Sievers, Grawitz und Poppendick. Im Aktenvermerk über das Treffen heißt es süffisant: »Reichsarzt-SS erklärt, daß eine Verwendung von SS-Hauptsturmführer Dr. Rascher bei SS-Standartenführer Dr. Mrugowsky nicht möglich sei, in dessen Abteilung befänden sich grundsolide Wissenschaftler. Dr. Rascher passe mit seiner allzu großen Vielseitigkeit (entweder Genie oder Hochstapler) dort nicht hinein.« Grawitz schlägt als Einsatzort für Rascher vor: entweder in einem KL oder »als Truppenarzt an der Lapplandfront«.[18]

Zu dieser Zeit zeichnet sich Raschers Ende ab. Ende März ist Ehefrau Nini wegen Kindsentführung verhaftet worden. Sie soll ihre drei Kinder, zu deren Geburt Himmler jeweils gratuliert und mit Geschenken aufgewartet hatte, nicht selbst geboren, sondern entführt haben.[19] Der Reichsführer-SS ist bitter enttäuscht. Im Februar 1945 bringt er Rascher hinter Gitter, sorgt für das Ende von Nini in Ravensbrück und von Rascher in Dachau: Himmlers einstmaliger Günstling wird einen Tag vor der Befreiung des Lagers im sogenannten Bunker der Sonderhäftlinge erschossen. SS-Oberscharführer Bongartz von der politischen Abteilung tötet ihn mit Schüssen in Genick und Bauch.[20] Die Häftlinge Paul Metz und (Mathematikprofessor) Wim Goris kar-

16 Brief Raschers vom 16. 4. 1943 an Wolff, Ahnenerbe. BA NS 19/590

17 Schreiben Reichsführer-SS, Pers. Stab, gez. Berg, SS-Hauptsturmführer, vom 15. 4. 1944 an Grawitz: »SS-Obersturmführer Dr. Brandt ... hat bereits telefonisch mit Ihnen über die Ablösung des SS-Hauptsturmführers Dr. Rascher gesprochen.« ZSt 413 AR 178/61.

18 Aktenvermerk Sievers vom 8. 5. 1944. ZSt 413 AR-Z 17/69.

19 Ob die Version stimmt, kann dahinstehen. Raschers Onkel, der seinen Neffen ansonsten belastet: »Ich schrieb damals nach München [an die Kripo], daß ich diese Angelegenheit für unmöglich halte, da ich Frau Rascher selbst mal schwanger gesehen habe. Ich bin Arzt und habe dieselbe selbst untersucht, diese war vor der Geburt des zweiten Kindes, sie war damals im 6. oder 7. Monat. Ich möchte hierzu noch sagen, daß der erste Sohn seinem Vater sehr ähnlich war, auch in den Angewohnheiten ihm glich.« Eidesstattliche Erklärung Fritz Rascher vom 31. 12. 1946. Nürnb. Dok. NO-1424.

20 Blaha, S. 78.

ren den Leichnam zum Krematorium. Ein alter SS-Mann fragt die beiden auf dem Rückweg, ob sie den Erschossenen gekannt hätten. Sie verneinen. Der SS-Mann: »Das war der Dr. Rascher, das Schwein ist gut verreckt.«[21]

Raschers Nachfolger in Dachau ist Dr. Kurt Plötner, Mitglied der NSDAP und der SS seit 1933 (letzter Dienstrang Sturmbannführer).[22] Der Dozent für Innere Medizin (Universität Leipzig), strebt über das »Ahnenerbe« zum Professorentitel. Im Oktober 1941, zu dieser Zeit Internist des SS-Lazaretts Dachau, dient er Prof. Wüst, Kurator des Ahnenerbe und Rektor der Münchener Universität, seine Dienste schriftlich an: »Meinen Wunsch, an der Universität München die natürliche Heil- und Lebensweise [sic!] klinisch zu vertreten, durfte ich Ihnen am 8. 10. persönlich vortragen ... Ich halte daher eine vorherige Ernennung zum außerordentlichen Professor für eine notwendige Voraussetzung.«[23]

Im April 1942, zu dieser Zeit Chefarzt des SS-Lazaretts Minsk, liegt er Wüst erneut in den Ohren, daß die »Interessensgebiete des Reichsführers in Bezug auf Ernährungsfragen sich am besten vertreten liessen, wenn die damals geplante Stellung an der Universität München geschaffen würde«.[24] Im Februar 1943 meldet er Wüst, er sei nun zu Herrn Professor Schilling, K. L. Dachau, kommandiert: »Nebendienstlich stehe ich der Forschungs- und Lehrgemeinschaft ›Ahnenerbe‹ zur Verfügung.«[25] Plötner hat die Aufgabe, KZ-Häftlinge auf ihre Eignung für Malariaversuche zu untersuchen.[26]

Am 22. Juli 1943 klagt er Wüst, wegen Schillings Malariaarbeiten zu wenig Zeit für die kriegswichtige Zweckforschung des Ahnenerbe zu haben. Sein wichtigstes Projekt: »Es ist mir gelungen, in manchen Fällen Malaria allein mit Fieber zu heilen,

21 Metz: Die Liquidation des Dr. Rascher. KZ-Museum Dachau, Nr. 9190.
22 DC-Unterlagen Plötner.
23 Brief Plötner vom 16. 10. 1941 an Wüst. ZSt 413 AR 391/67, Bl. 976ff.
24 Brief vom 22. 4. 1942 an Wüst. Ebd., Bl. 986.
25 Brief vom 5. 2. 1943. Ebd., Bl. 995.
26 Dies geht aus einem Brief des Ahnenerbe vom 27. 5. 1944 an Plötner hervor. Ebd., Bl. 1036

eine Tatsache, die bei dieser Krankheit völlig neu ist.«[27] In der Deutschen Tropenmedizinischen Zeitschrift veröffentlicht Plötner einen Aufsatz »Über die Ursache der Regelmäßigkeit des Malariafiebers«.[28] Den Beweis versucht Plötner an der Versuchsperson Dolinski (»Dol.«) zu führen. Ein Opfer dieser Versuchsreihe wird der 27jährige polnische Häftling Wladimir Olesjuk, der am 8. Juni 1943 künstlich mit Malaria infiziert wird und nach Fieberattacken am Morgen des 19. Juni 1943 im Koma stirbt.[29]

Im Sommer 1944 wird Plötner Abteilungsleiter des Instituts für wehrwissenschaftliche Zweckforschung, Abt. P (Plötner). Er führt Raschers Versuche mit dem Blutgerinnungsmittel Polygal fort, unternimmt Versuche mit Meskalin[30] und »Sonderstoff-Versuche« mit dem bereits erwähnten N-Stoff. Seine Versuche, Professor zu werden, scheitern am Widerstand des Reichsfachkreisleiters Schenck. Schenck wettert gegen »geistige Kriegsgewinnler«, die schon vor Kriegsende ein Ordinariat erhalten wollten, was vor den »im Felde stehenden Kameraden« nicht zu verantworten sei: »Auch Plötner hat die günstige Gelegenheit, im Institut für wehrwissenschaftliche Zweckforschung sich in aller Ruhe weiter auszubilden und wissenschaftliche Arbeiten zu leisten ... Seine Leistungen sind aber nicht so überragend, daß sie eine bevorzugte Ernennung rechtfertigen.«[31]

Plötner taucht 1945 unter, lebt bis zum Jahre 1952 unter dem Namen »Schmidt« in Norddeutschland. Danach bekommt er eine Assistentenstelle an der Universitätsklinik in Freiburg im Br., 1954 wird von der medizinischen Fakultät seine Ernennung zum außerordentlichen Professor anerkannt. Nun ist er geworden, was er trotz allen Strebens bei den Nazis nicht erreichte: Professor.

---

27 Brief nebst Arbeitsplan Plötners vom 22. 7. 1943. ZSt 413 AR 391/67, Bl. 1003ff.

28 Deutsche Tropenmedizinische Zeitschrift, Heft 7–10, 1944, S. 147ff.

29 Bericht ZSt 413 AR-Z 29/68, Bl. 36ff.

30 Eintragung im Sievers-Tagebuch vom 2. und 6. 10. 1944. ZSt 413 AR 391/67, Bl. 340ff.

31 Schreiben Schenck, Reichsleitung NSDAP, Reichsdozentenführung, Reichsfachkreis Volksgesundheit, vom 27. 2. 1945 an Sievers. Ebd., Bl. 1083f.

August Hirt und die Reichsuniversität Straßburg

Genaugenommen besteht die medizinische Abteilung des Ahnenerbe nur in einer Person: August Hirt. Hirt ist am 29. April 1898 in Mannheim als Sohn eines Schweizer Kaufmanns zur Welt gekommen.[32] Seine akademische Laufbahn beginnt 1921 als Assistent am Anatomischen Institut in Heidelberg. In diesem Jahr erwirbt er auch die deutsche Staatsangehörigkeit. Seine Doktorarbeit schreibt er über das Thema »Sympathisches Nervensystem bei Sauriern«. Er habilitiert sich 1925, wird 1930 außerordentlicher Professor. 1936 kommt er als ordentlicher Professor und Direktor des Anatomischen Instituts nach Greifswald. 1938 wird er Direktor des Anatomischen Instituts in Frankfurt am Main. Aus Greifswald bringt er seine Assistenten Wimmer und Kiesselbach sowie den Laboranten August Mayer mit.[33]

1939 wird Hirt eingezogen, erst im Oktober 1941 freigestellt, um den Lehrstuhl für Anatomie, Histologie und Entwicklungsgeschichte an der Reichsuniversität Straßburg zu übernehmen. Die Reichsuniversität ist eine universitäre Frontstätte. Hier werden Doktorarbeiten verfaßt mit Themen wie »Die Verteilung der Blutgruppen im Elsaß« (Heinz-Joachim Husemann) oder »Über die unterschiedliche Fortpflanzung bei elsässischen Studienlehrern und Berufsschullehrern« (Walther Morgenthaler).[34]

Hirts Spezialthema ist die Funktion der Nierennerven beim Frosch, Untersuchungen an der lebenden Frosch- und Rattenleber[35] sowie die Entwicklung der Intravitalmikroskopie (»mikro-

32 Ein von Hirt verfaßter Lebenslauf befindet sich im Verfahren gegen Beger, Sonderband I, Dokumente. Hessisches Hauptstaatsarchiv Abt. 461 Nr. 34145–34184.

33 Aussage des Oberpräparators Otto Bong vom 17. 1. 1964. ZSt 413 AR-Z 17/69, Bd. VII.
August Mayer, so die Mitarbeiterin Seepe, arbeitet nach dem Krieg am Krebsforschungsinstitut der Universität Heidelberg.

34 Wechsler: Theses de Doctorat en Medecine, S. 84 ff.

35 Verzeichnis der wissenschaftlichen Arbeiten von Prof. Hirt. ZSt. Verschiedenes, Bd. 159, Bl. 250 ff.

skopische Untersuchungen lebender Organe im Fluoreszenzlicht«).[36] Hirt hat dazu eine Art Forschungsplan verfaßt. Er verspricht zukunftsreiche Therapieformen bei Geldbkreuz-Schäden (Lost), auch bei Krebs, will außerdem eine »vollkommen neue mikroskopische Anatomie der lebenden Organe im Fluoreszenzlicht« schreiben.[37]

Hirt konnte 1939 große Erwartungen hegen: Im Januar hatten die I.G.Farben befunden, Hirt habe eine Methodik entwickelt, mit der man die Verteilung von Farbstoffen und bestimmten Heilmitteln fluoreszenzmikroskopisch[38] intravital verfolgen könne.[39] Dies könne ein wichtiges Hilfsmittel für die chemotherapeutische Forschung werden: »Eine Zusammenarbeit mit Hirt scheint erfolgversprechend. Es wird daher beschlossen, Hirt für gemeinsame Arbeiten einen Zuschuß von RM 1500.— pro Quartal zunächst für 1/2 Jahr, zu bewilligen.«[40] Der Kontakt wird halten: Ende Oktober 1942 – Hirt bereitet sich gerade auf eine Menschenversuchsserie mit Lostgas vor – kündigt Dr. Julius We-

36 Undatierter Bericht Hirts (für das Ahnenerbe). Verfahren gegen Beger, Sonderband I, Dokumente. Hessisches Hauptstaatsarchiv Abt. 461 Nr. 34145–34184.

37 Ebd.

38 Mit Fluoreszenzmikroskopen werden Präparate mit ultraviolettem Licht zum Eigenleuchten (Fluoreszieren) im sichtbaren Licht angeregt und betrachtet.

39 In »Forschungen und Fortschritte« (Nr. 3/4, 1. 2. 1943) würdigt Hermann Stieve Hirts Verdienste: »Wurden bisher Zellen und Gewebe in erster Linie in abgestorbenem Zustande zum größten Teil, nachdem sie mit verschiedenen Chemikalien fixiert waren, untersucht, so gelang es Hirt (1938, 1939) und seinen Mitarbeitern jetzt, im Lumineszenz-Mikroskop Gewebe von Kalt- und Warmblütern im lebenden Zustand längere Zeit zu beobachten. Vor allem untersuchte er das Verhalten der Leberzellen und beobachtete in ihnen ›mindestens drei verschiedene Stoffe mit Eigenfluoreszenz, die sich in bezug auf Lage und Verhalten unterschieden‹. Er macht dabei wichtige Mitteilungen über die Gallenkapillaren und Leberzellen. Vor allem lehren seine Untersuchungen auch deutlich, daß die Zellen im lebenden Zustand wirklich so gebaut sind, wie bisher im fixierten Präparat festgestellt wurde ... Auch das Verhalten der Nervenfasern konnte Hirt im lebenden Gewebe im Lumineszenz-Mikroskop beobachten.«

40 »Niederschrift über die 45. Pharm. wiss. u. techn. Zentralkonferenz am Montag, dem 30. Januar 1939, in Leverkusen«. Nürnb. Dok. NI-6797.

ber von den I.G.Farben Höchst seinen Besuch an: »Wir hoffen, daß Sie in Straßburg anwesend sind und sich eine Gelegenheit ergibt, den neuesten Stand der Frage der Aufnahmen für den Nierenfilm zu besprechen.«[41]

Am Institut für Pharmakologie und Wehrtoxikologie der Militärärztlichen Akademie vermochte Hirt dagegen nicht zu beeindrucken. Der Cheftoxikologe der Wehrmacht, Wolfgang Wirth: »Im Jahre 1939 wurde er an mein Institut kommandiert, und zwar auf Grund eines Angebotes von ihm, wonach er auf dem Gebiete Lost oder Phosgen ganz phänomenale Erfolge erzielen könne.« Wirth weiter: »Er war etwa 3 Monate bei uns und dann haben wir uns davon überzeugen können, daß an der Sache nichts ist. Hirt selbst hat Versuche bei uns gemacht und auch welche vorgeführt. Das Ganze entwickelte sich immer mit sehr viel Getöse. Die Sache wurde in Szene gesetzt an Meerschweinchen, Kaninchen und Katzen. Wir haben auch an 2 oder 3 Fähnrichen experimentiert. Dann haben wir um Ablösung gebeten. Wir haben an die Heeresinspektion geschrieben, wir halten nichts von dieser Sache, Hirt war uns nicht sehr sympathisch.«[42]

Der 1939 verschmähte Hirt wird im Dezember 1941 von Himmler geködert, nicht mehr an Ratten und Fröschen experimentieren zu müssen: Der Reichsführer-SS würde, heißt es in einem Brief von Himmlers Persönlichen Referenten Brandt an Sievers, Hirt die Möglichkeit geben, »mit Gefangenen und mit Berufsverbrechern« Versuche anzustellen, »die seine Forschungen fördern könnten«.[43]

Hirt hatte in seiner Frankfurter Zeit versucht, Lostschäden mit Vitamin A zu bekämpfen und angeblich unglaubliche Erfolge erzielt: »Wir haben demnach Ratten mit Vitamin A vorgefüttert und sie anschließend verlostet (Ratten sind gegen Lost sehr

41 Ankündigungsschreiben Webers (für den 4. 11.) vom 30. 10. 1942. Nürnb. Dok. NI-11501.

42 Office of U.S. Chief of Councel for War Crimes. Vernehmung No. 799 Dr. Wirth vom 12. 2. 1947. NAW Wolfgang Wirth, M 1019, roll 80, frame 280–334.

43 Brief Rudolf Brandt vom 4. 12. 1941 an Sievers. DC-Unterlagen Hirt.

empfindlich und sterben mit Sicherheit innerhalb 24–48 Stunden von einer Spur, die man auf dem Rücken anbringt). Es war uns gelungen, die so behandelten Ratten mehrere Wochen am Leben zu erhalten. Die letzte Ratte aus dieser Versuchsreihe lebte noch nach einem Jahr. Die Untersuchung der Organe der nach 8, 14 Tagen getöteten Tiere ergab dann, daß die Leber reichlich Vitamin A gespeichert hatte und von den toxischen Produkten kaum nennenswerte Mengen nachzuweisen waren. Eine Übertragung dieser Versuche auf den Menschen mußte unterbleiben, da die beginnende Frankreich-Offensive mich zu meinem Truppenteil zurückrief, von dem ich erst wieder im Mai 1941 zurückkehrte.«[44]

Anfang Februar unterbreitet Hirt den Vorschlag,[45] eine jüdisch-bolschewistische Schädelsammlung zusammenzumorden: »Nahezu von allen Rassen und Völkern sind umfangreiche Schädelsammlungen vorhanden. Nur von den Juden stehen der Wissenschaft so wenig Schädel zur Verfügung, daß ihre Bearbeitung keine gesicherten Erkenntnisse zuläßt. Der Krieg im Osten bietet uns jetzt Gelegenheit, diesem Mangel abzuhelfen. In den jüdisch-bolschewistischen Kommissaren, die ein widerliches aber charakteristisches Untermenschentum verkörpern, haben wir die Möglichkeit, ein greifbares wissenschaftliches Dokument zu erwerben, indem wir uns ihre Schädel sichern.«

Die Juden, so der Vorschlag, sind durch die Feldpolizei gefangenzusetzen und durch Jungärzte oder Medizinstudenten anthropologisch zu vermessen und zu fotografieren: »Nach dem danach herbeigeführten Tode des Juden, dessen Kopf nicht verletzt werden darf, trennt er den Kopf vom Rumpf und sendet ihn in eine Konservierungsflüssigkeit gebettet in eigens zu diesem

44 Geheimbericht »über die im Auftrag der Wehrmacht ausgeführten Lost-Untersuchungen«, mit einem Begleitbrief von Sievers am 2. 6. 1942 an Rudolf Brandt geschickt. ZSt 9 AR 509/60, Bd. I, Film 495ff.

45 Nach Meinung der GStA Frankfurt am Main stammt der Vorschlag von dem SS-Anthropologen und Duzfreund Hirts, Bruno Beger. Anklage GStA Ffm. vom 8. 5. 1968 gegen Beger u. a., Js 8/66, S. 33ff. Das LG Ffm. kommt im Urteil vom 6. 4. 1971 dagegen zu dem Schluß, Beger habe die wahren Absichten nicht gekannt.

Zwecke geschaffenen und gut verschließbaren Blechbehältern zum Bestimmungsort.«[46]

In den Plan einbezogen wird der Anthropologe Dr. Bruno Beger.[47] Am 10. Dezember 1941 notiert SS-Standartenführer Sievers in seinem Diensttagebuch: »SS-O'Stuf. Dr. Beger: Besprechung eines Vorschlags zur Beschaffung von Judenschädeln zur anthropologischen Untersuchung. Zusammenarbeit mit SS-U'Sturmf. Prof. Dr. Hirt, Straßburg.« Im Sommer 1942 bespricht Sievers erneut die Angelegenheit mit Beger. Diesmal ist aber nicht mehr von Schädeln, sondern von einer »anthropologischen Sammlung Fremdrassiger« die Rede.[48] Der Plan kann zunächst nicht in Angriff genommen werden: In Auschwitz grassiert eine Fleckfieberepidemie.[49]

---

46 Anlage zu einem Brief Sievers vom 9. 2. 42 an Rudolf Brandt, NO-085, zitiert nach: The Struthof Album, Study of the Gassing at Natzweiler-Struthof of 86 Jews whos bodies were constitute a collection of skeletons, Edited by Serge Klarsfeld, New York 1985.

47 Bruno Beger, als Sohn eines Offiziers 1911 geboren, 1934 Beitritt SS, 1937 NSDAP, gibt als Berufsbezeichnung »Hauptamtlicher SS-Führer« an. 1938 zum Persönlichen Stab RFSS versetzt, um an einer Tibetexpedition (1938/39) des SS-Obersturmführers Ernst Schäfer teilzunehmen. Beger promoviert 1940 bei Prof. Hans Günther (»Rasse-Günther«) zum Dr. rer. nat. Im Frühjahr 1941 nimmt er an einer rassekundlichen Untersuchung in Norwegen teil und schlägt danach eine rassenbiologische Bestandsaufnahme des norwegischen Volkes vor. Im Herbst 1942 beim Sonderkommando K (Kaukasus), das infolge der Kriegslage nicht zum Einsatz kommt. Beger plant 1942, zusammen mit Prof. Ludwig Ferdinand Clauß (»Rasse und Seele«) das (1944 in Angriff genommene) Projekt »Rassen im Kampf«. 1943 bei der rassekundlichen Abteilung der Forschungsstätte für Innerasien (Ahnenerbe), Sitz ab Ende Juli 1943 in Schloß Mittersill, Salzburger Land. Urteil des LG Ffm. vom 6. 4. 1971 gegen Beger, 4 Ks 1/70.

48 Ebd., S. 22.

49 Sievers am 28. 10. 1942 an Hirt, zitiert nach der Anklage der GStA Ffm. gegen Beger u. a., Js 8/66, S. 41.

Lost-Versuche

Hirt beginnt seine Vitamin-Lost-Versuche Ende 1941/Anfang 1942. Im Frühjahr 1942 liegt er im Krankenhaus, da er sich bereits in den ersten Wochen einen Lostschaden geholt hat. Himmler sorgt sich um den Starmediziner des Ahnenerbe. Am 27. Februar 1942 schreibt sein Referent Brandt an Sievers: »Vielleicht können Sie Hirt in der nächsten Zeit einmal aufsuchen und ihm noch einmal sagen, daß der Reichsführer SS ihm für seine Versuche alles zur Verfügung stellt, was er benötigt. Zunächst müßte von uns einmal alles getan werden, was dazu beitragen kann, Prof. Dr. Hirt wieder gesund zu machen ... Vielleicht kann auch eine kleine Obstsendung schon wesentlich zu einer Besserung beitragen.«[50] Gesagt, getan: »Der Reichsführer-SS wünscht«, heißt es in einem Brief von Sievers nach Bozen, »daß unser Mitarbeiter SS-Untersturmbannführer Professor Dr. Hirt, der schwer erkrankt ist, eine Obstsendung erhält. Lassen Sie also bitte auf Kosten des ›Ahnenerbe‹ sofort absenden: 2 × 5 kg beste Apfelsinen, 1 × 5 kg beste Äpfel.«[51]

Am 26. Juni 1942 verfaßt Sievers einen vierseitigen Aktenvermerk über eine engere Zusammenarbeit mit Hirt: »Hirts Interessen gehen weit über die eigentlichen Aufgaben eines Anatomen hinaus. Seine Forschungen sind seine Lieblingskinder. Sie gilt es zu fördern.« Sievers plant eine Arbeitsgemeinschaft zwischen dem Anatomischen Institut Hirts, dem Straßburger Institut für Physiologische Chemie (SS-Führer Prof. Hans Dyckerhoff) und dem Entomologischen Institut des Zoologen Eduard May, der seine Insektenforschung in Dachau betreibt. Überhaupt ist an eine Kooperation mit Dachau gedacht. Lagerarzt Dr. Wolter soll dort mit Lostversuchen beginnen: »Es sind verschiedene Typen

50 Brandt am 27. 2. 1942 an Sievers. Nürnb. Dok. NO-090. Ebd., S. 35f.

51 Sievers am 9. 3. 1942 an SS-Obersturmführer Rampf, Bozen. BA NS 21/904. Faksimilierter Abdruck bei Wechsler, S. 197.

auszuwählen, die zunächst mit Vitamin A gefüttert werden, dann erfolgt Lostbehandlung.«[52]

Im Sommer 1942 fehlt es in Straßburg noch an Mitarbeitern und an Versuchstieren. Die Futtermittel müssen aus dem weit entfernten Ravensbrück beschafft werden.[53] Die Tierversuche sind jedoch nur die Vorstufe, Sievers: »So wichtig und unerläßlich die Tierversuche sind, müssen ihnen, als letztlich ausschlaggebend, Menschen-Versuche folgen ... Die Möglichkeit, Lostversuche an Menschen (Häftlingen) durchzuführen, begrüßt er sehr.«[54]

Hirt soll zur Waffen-SS übernommen werden, damit er nicht wieder zur Wehrmacht einberufen werden kann. Sievers: »Ein neuer ärztlicher Einsatz von Hirt scheint nicht angeraten, weil dann die Gefahr besteht, daß die Lungenblutungen wieder einsetzen; sie hängen übrigens mit den Lostversuchen zusammen. Der Assistent[55] von Hirt bekam zur gleichen Zeit Nierenblutungen.« Sievers' Vorschlag: »Die Begründung eines Institutes für wehrwissenschaftliche Zweckforschung im ›Ahnenerbe‹« und die Ernennung Hirts zum Leiter der »Abteilung H (Hirt)« in diesem Institut.[56]

Sievers fügt seinem vierseitigen Aktenvermerk eine geheime Anmerkung bei: »Hirt hat weiter mit Prof. Bickenbach auch *Phosgen-Versuche* mit gleichverblüffenden Erfolgen gemacht. Auf Grund seiner Erfahrungen hat er sie nicht weitergegeben, wie er auch eine Berufung an die Militärärztliche Akademie ablehnte wegen der dort herrschenden Verhältnisse. Den bahnbrechenden Forschern werden aus persönlichem Ehrgeiz, Eitelkeit und im Bestreben, sich mit fremden Federn zu schmücken ...

52 Vermerk Sievers vom 26. 6. 1942. BA, NS 19/1209.

53 Brief Sievers vom 25. 9. 1942 an WVHA. BA NS 21/904, faksimilierter Abdruck bei Wechsler, S. 202.

54 Aktenvermerk Sievers vom 26. 6. 1942. BA NS 19/1209.

55 Gemeint ist Kiesselbach, dessen Lostschaden mehrfach erwähnt wird, z. B. im Aktenvermerk Sievers vom 5. 11. 1942. Auch Wimmer und die Laborantin Schmidt bekommen eine »kleine Lostschädigung«, wie es in einem Brief Hirts vom 14. 10. 1943 an Sievers heißt.

56 Aktenvermerk Sievers vom 26. 6. 1942. BA NS 19/1209.

nur Schwierigkeiten gemacht, aber keine freizügigen Forschungsmöglichkeiten gegeben.«

Am 3. Juli 1942 beruhigt Himmlers Referent Brandt den Reichsgeschäftsführer, die Schwierigkeiten hinsichtlich der Tierversuche könnten »in dem Augenblick als behoben gelten, in dem Hirt sich entschließt, diese Versuche in dem nächstliegenden Konzentrationslager Natzweiler durchzuführen. Ich werde an Glücks entsprechend schreiben, daß dem SS-Hauptsturmführer Hirt für seine Versuche sowohl an Häftlingen als auch an Tieren weitestgehende Unterstützung zu gewähren ist.«[57]

Vier Tage später verfügt der Reichsführer-SS, »ein Institut für wehrwissenschaftliche Zweckforschung zu errichten« und Hirt »in jeder nur möglichen Weise zu unterstützen«.[58] Hirt erhält von Himmler eine monatliche »Forschungsbeihilfe« von 316 DM, die er ordnungsgemäß beim Finanzamt versteuert.[59]

In Straßburg kann trotz kriegsbedingter Unzulänglichkeiten mit großem Aufwand gearbeitet werden. René Wagner, nach eigenen Angaben am 1. Mai 1941 als wissenschaftlicher Zeichner in Hirts Dienste getreten und bis zum Ende dort beschäftigt: »Während der Zeit ... habe ich Dokumente und Originalfotografien gesehen, nach denen sicher ist, daß Hirt, Haagen und Dickerhof[60] Experimente an menschlichen Lebewesen vorgenommen haben. Diese Fotografien zeigten Erfahrungsergebnisse mit Giftgas und ähnlichen Stoffen.«[61]

Zufrieden ist Hirt dennoch nicht. Weder bei der Waffen-SS[62] noch bei der Wehrmacht sieht er sich richtig eingestuft: »Über meine Übernahme in die Waffen-SS freue ich mich«, schreibt er

57 Brief Rudolf Brandt vom 3. 7. 1942 an Sievers. BA NS 19/1209.

58 Verfügung (»Geheim!«) vom 7. 7. 1942. Nürnb. Dok. NO-422.

59 Der Reichsführer-SS, Pers. Stab, Amt »A«, Bescheinigung zwecks Vorlage beim Finanzamt vom 8. 10. 1943. DC-Unterlagen Hirt, Dokument faksimiliert abgedruckt bei Wechsler, S. 193

60 Dr. med. Hans Dyckerhoff ist an der Medizinischen Fakultät Ordentlicher Professor für Physikalische Chemie, forscht über Kampfstoffe.

61 Aussage René Wagner vom 17. 11. 1946. Nürnb. Dok. NO-881.

62 Hirt ist am 16. 10. 1933 in die SS und am 1. 5. 1937 in die NSDAP eingetreten.

Sievers, »ich möchte nur die bescheidene Bitte aussprechen, daß ich dann wenigstens in den mir zustehenden Rang übernommen werde.« Außerdem sei er »schon lange reif zum Oberstabsarzt«, laufe aber immer noch als Oberarzt herum, während seine jungen Assistenten »alle schon Stabsarzt werden oder sind, obwohl sie zum Teil ... nicht im Felde waren«.[63] Himmler sucht Hirt bei Laune zu halten, wie einem Dankschreiben zu entnehmen ist: »Es ist gestern vom RFSS ein Paket mit Weißmehl und einer wohl ehemals größeren Sendung von Eiern angekommen, wobei leider die Eier fast restlos dahin waren. Immerhin konnte ich mir aus den noch auskratzbaren Resten ein Rührei backen ...«[64]

Die Lostversuche laufen schleppend an: In Natzweiler sind Zutritt, Unterkunft und Verpflegung für Hirt und seine Assistenten (Wimmer, Kiesselbach) zu klären. Die menschlichen Versuchskaninchen brauchen Vollkost, d.h. die Ernährung der SS-Wachmannschaften, damit sie als Versuchsobjekte tauglich werden. Die Lagerleitung reagiert bürokratisch: Das Ahnenerbe müsse erst einen Antrag stellen, der Einsatz der Häftlinge bezahlt werden.[65] Schließlich taugt das beim SS-Hauptsänitätslager beschaffte Lost nichts, so daß Wimmer die Versuchsreihe abbrechen muß.[66]

Am 22. Dezember 1942 meldet Hirt: »Der neue Stoff hat nun endlich gefunkt ... Die Bilder sind schon toll.«[67] Am 18. Januar 1943 heißt es: »Unsere L-Versuche in Natzweiler nehmen jetzt doch einen erfreulichen Fortgang. Nachdem wir 3 Todesfälle ... hinter uns haben, geht es nun bei der angewandten Therapie

63 Brief Hirt vom 10. 8. 1942 an Sievers. ZSt. Verschiedenes, Bd. 159.

64 Hirt am 13. 11. 1942 an Sievers.

65 Bericht ZSt über Ahnenerbe-Versuche, 413 AR-Z 567/67, Bl. 674.

66 Aktenvermerk Ahnenerbe (SS-Untersturmführer Wolff) vom 4. 12. 1942 (ZSt 413 AR 1463/65). Nach einem Vermerk des Ahnenerbe vom 12. 12. 1942, Unterschrift unleserlich, wird Stabsarzt Wimmer am 9. 12. 1942 die dritte Lieferung Lost übergeben. Außerdem bittet Hirt um Besorgung eines Ärmelstreifens »Reichsführung-SS«, was bewilligt wird. Hirt fragt weiterhin an, ob er in seinem Bericht an die DFG andeuten kann, »daß er im Auftrag des RFSS Aufgaben durchführt, deren Ergebnisse nicht veröffentlicht werden«. BA NS 21/905.

67 Bericht ZSt über Ahnenerbe-Versuche, 413 AR-Z 567/67, Bl. 675.

gut mit der Heilung vorwärts.«[68] Eine Woche nach der Erfolgsmeldung reist Sievers nach Natzweiler. Beglückt vermerkt er: »Die Versuche haben einen in jeder Hinsicht befriedigenden Verlauf genommen; aber ergeben, daß nunmehr ... Großversuche unerläßlich sind.« Dazu seien erforderlich: »Gasmasken, um Beschädigungen der Augen zu vermeiden, wie sie bei dem ersten Versuch auch bei den Ärzten vorgekommen ... sind.« Und: »240 Häftlinge, 60 Pfleger zum Füttern und Tragen«.[69]

Nach den Querelen mit der KZ-Leitung gibt es neuen Ärger. Am 28. Januar 1943 trifft Sievers in Dachau mit Pohl zusammen. Er will die Großversuche in Natzweiler besprechen, erfährt aber, daß Pohl bereits eingehend unterrichtet ist, »und zwar durch den Inspekteur für das Ernährungswesen der Waffen-SS, SS-Sturmbannführer Professor Dr. Schen[c]k, der in Natzweiler gewesen war«. Sievers warnt Hirt: »Ich kenne Professor Dr. Schen[c]k nicht, aber mir fiel sein außerordentliches Interesse an unseren Versuchen etwas eigenartig auf. Ich würde vorschlagen, daß Sie und auch Dr. Wimmer *allen* gegenüber hinsichtlich der Ergebnisse noch zurückhaltender sind. Sonst passiert es, daß Ihnen andere wieder die Rosinen aus dem Kuchen nehmen.«[70]

Sievers wie Hirt ärgert, daß Schenck die Versuchsabteilung inspizierte, ohne zuvor das Ahnenerbe zu benachrichtigen. Schenck bescheidet Sievers jedoch, er sei vom Reichsführer-SS bevollmächtigt, sich bei allen Dienststellen der Waffen-SS über den Ernährungs- und Gesundheitszustand der SS-Männer wie der Häftlinge zu unterrichten. Kommandeure, Ärzte und Verwaltungsführer hätten ihm in jeder diesbezüglichen Angelegenheit Auskunft zu geben: »Ich habe in Natzweiler gesagt, daß ich alle Lebensmittelanträge, die in Zusammenhang mit den Lostversuchen kommen würden, unterstützen würde, gerade weil

68 Brief Hirt vom 18. 1. 1943 an Sievers. Verfahren gegen Bruno Beger, Sonderband I, Dokumente, Hessisches Hauptstaatsarchiv Abt. 461 Nr. 34145–34184.

69 Aktenvermerk Sievers über »Besuch und Besprechung am 25. 1. 1943 in Natzweiler«. Ebd.

70 Sievers am 18. 2. 1943 an Hirt. BA, NS 21, Bl. 324.

ich sah, daß die Versuche noch unvollständig waren, und weil ich als beratender Internist aus klinischen Gründen noch einige Ergänzungen für notwendig hielt.«[71]

Nach Aussage des Revierkapos Ferdinand Holl[72] hat bei den Versuchen mit dem flüssigen Giftgas Hirt die Aufsicht, während ein »Fliegeroffizier« die Experimente durchführt. Dies dürfte Hirts Oberarzt Karl Wimmer sein. Holl schildert, daß die Häftlinge nackt im Laboratorium antreten müssen und oberhalb des Unterarmes eine Flüssigkeit aufgeschmiert bekommen. Zehn Stunden danach stellen sich am ganzen Körper Brandwunden ein: »Da, wo die Ausdunstungen von diesem Gas hinkamen, war der Körper verbrannt. Blind wurden die Leute zum Teil. Das waren kolossale Schmerzen, so daß es noch kaum auszuhalten war, sich in der Nähe dieser Kranken aufzuhalten. Dann wurden die Kranken jeden Tag fotografiert, und zwar sämtliche wunden Stellen, d.h. sämtliche verbrannten Stellen. Ungefähr am 5./6. Tag hatten wir den ersten Toten.«[73] Danach seien noch sieben Leute gestorben, Eingeweide, Lunge usw. total zerfressen. Wer überlebt, wird in ein anderes Lager verbracht, so daß Todesfälle in der Folgezeit nicht festzustellen sind.

Virusforschung in Natzweiler

Niels Eugen Haagen ist ein anerkannter Forscher. Seine Karriere beginnt als Medizinalpraktikant und Assistent an der Charité. 1926 wird er wissenschaftlicher Assistent im Reichsgesundheitsamt, Bereich Bakteriologie, gründet die Abteilung für Virus- und Geschwulstforschung. 1928 geht er für ein Jahr ans

71 Schenck am 15. 3. 1943 an Sievers. ZSt Versch., Ordn. Nr. 160, Bl 534.

72 Holl, 1935 nach Frankreich emigriert, war 1940 in Bordeaux als Nazigegner verhaftet, nach Buchenwald verschleppt und im März 1941 nach Natzweiler überstellt worden. Eidesstattl. Erkl. Holl vom 3. 11. 1946. Nürnb. Dok. NO-590.

73 Protokoll des Nürnberger Ärzteprozesses, S. 1081, abgedruckt bei Mitscherlich/Mielke, S. 168f.

Rockefeller-Institut in New York. 1929 kehrt er zurück, wird 1930 zum Regierungsrat und außerordentlichen Mitglied der Gesundheitsabteilung der Rockefeller-Stiftung ernannt.

1933 wechselt Haagen ans Robert Koch-Institut, wird 1936 zum Abteilungsleiter und Professor ernannt (nebenamtlich Beratender Hygieniker beim Luftflottenarzt I in Berlin).[74] Die DFG finanziert 1937–39 seine Untersuchungen über »Virustumore« und »Experimentelle Erzeugung von Tumoren«. Haagen ist Mitherausgeber des 1939 publizierten »Handbuchs der Viruskrankheiten«, das erste Standardwerk zu diesem Thema.[75] 1941 – der Massenmord an den Anstaltspatienten (»Euthanasie«) ist voll im Gange – bekommt er von der Marine den Auftrag, vor Einführung eines Gelbfieber-Impfstoffes »eine Verträglichkeitsprüfung an Menschen vorzunehmen«. Es werden Patienten der Anstalt Wittenau »zur Verfügung gestellt«.[76]

Im Oktober 1941 wechselt Haagen als Ordinarius für Hygiene und Bakteriologie (zugleich Direktor des Hygienischen Instituts) an die Reichsuniversität Straßburg. Haagen wird zugleich Oberstabsarzt und Beratender Hygieniker beim Luftflottenarzt Reich. Er beginnt im Mai 1943 (im Auftrag des Chefs des Sanitätswesens der Luftwaffe, finanziert von der DFG[77]) mit Fleckfieberversuchen im Sicherungslager Schirmeck.

74 Zu Haagens RKI-Karriere vgl. Hubenstorf, S. 448 ff.

75 Das Handbuch der Viruskrankheiten publizieren Haagen, Gildemeister und Otto Waldmann 1939. Ebd., S. 451.

76 Protokoll der Hauptverhandlung im Nürnberger Ärzteprozeß, S. 9564 f., ZSt 413 AR-Z 616/67. In einer Aussage vom 28. 8. 1968 (ebd.) erklärt Haagen, die Versuche mit seiner Mitarbeiterin Crodel und Dr. Gräfe durchgeführt zu haben. Auftraggeber der Marine seien möglicherweise die Flottenärzte Caanitz und Zschucke gewesen.
Der Wittenauer Arzt Willi Behrendt (Aussage vom 26. 3. 1968, ZSt 413 AR-Z 616/67) behauptet, der Marinearzt Prof. Ruge sei beteiligt gewesen. Es habe sich um Patienten des festen Hauses Nr. 5 gehandelt, das Dr. Schneider geleitet habe. Dr. med. Dr. jur. Wilhelm Schneider (Aussage vom 10. 2. 1969, ZSt 413 AR-Z 616/67), ab Herbst 1941 Beratender Heerespsychiater, nach 1945 Landesrat und Medizinalrat des Landschaftsverbandes Westfalen-Lippe, hat nach eigenen Angaben von Gelbfieberversuchen nichts gewußt.

77 Bericht Humanversuche ZSt 413 AR 1463/65, S. 55.

Olga Eyer, Haagens elsässische Sekretärin am Hygiene-Institut: »Jedermann wußte, daß Prof. Haagen jede Woche mit seiner Assistentin Brigitte Crodel[78] und mit seinem Assistenten Dr. Gräfe[79] nach Natzweiler ging, um dort seine Flecktyphus-Versuche fortzusetzen. Als wir uns eines Tages gegen die Versuche bei lebenden Menschen in Schirmeck auflehnten, antwortete Gräfe: ›Es werden nur Polen genommen, keine Elsässer, Polen sind keine Menschen.‹«[80]

Haagen hat 1943 einen eigenen Fleckfieber-Impfstoff (mit lebendem Virus) entwickelt. Bei der Rekrutierung des Menschenmaterials im KZ Natzweiler stößt der Luftwaffenarzt aber an Grenzen: »Mit Hirt kam ich in Berührung, als er mich nach meiner Unterredung mit [KZ-Kommandant] Kramer ... daraufhin ansprach, daß ich im KZ Natzweiler als Nichtmitglied der SS nur mit seiner Zustimmung arbeiten könne. Meine gesamte Korrespondenz btr. der Impflinge lief nunmehr über Prof. Hirt.«[81]

Natzweiler ist für das Ahnenerbe und für Hirt reserviert. Hirt, der seinen Einfluß zu vergrößern sucht, bietet Haagen seine Vermittlung an. Sievers benachrichtigt Haagen am 30. September 1943: »Ich bin gern bereit, Ihnen behilflich zu sein, und habe mich deshalb an zuständiger Stelle dafür verwandt, daß Ihnen der gewünschte Personenkreis zur Verfügung gestellt wird.«[82] Wenige Tage später, am 4. Oktober, klagt Haagen seinem Kollegen Rose: »Leider ist es mir nicht möglich gewesen, bisher noch Infektionsversuche an den Geimpften vorzunehmen; ich hatte mich an das Ahnenerbe der SS gewandt, um von dort geeignete Impflinge zu bekommen, bin aber noch ohne Nachricht geblieben ...«[83]

78 Brigitte Crodel wird Haagens Ehefrau.

79 Dr. med. et dent. Helmut Gräfe, zuletzt Obersturmführer und Stabsarzt im RSHA, stirbt am 28. 6. 1952 in Hamburg. Bericht Humanversuche ZSt 413 AR 1463/65, S. 59.

80 Protokoll der Hauptverhandlung im Nürnberger Ärzteprozeß, S. 1475. ZSt 413 AR-Z 616/67.

81 Aussage Haagen vom 26. 1. 1965. ZSt 413 AR 1463/65, Bd. II.

82 Nürnb. Dok. NO-120. Mitscherlich/Mielke, S. 123.

83 Nürnb. Dok. NO-2874. Mitscherlich/Mielke, S. 121.

Am 25. Oktober 1943 läßt das SS-Wirtschafts-Verwaltungs-Hauptamt hundert Häftlinge nach Natzweiler überstellen.[84] Der Transport trifft am 13. November 1943 in Natzweiler ein. Zwei Tage später beschwert sich Haagen bei Hirt, von den 100 zur Verfügung gestellten Häftlingen seien 18 auf dem Transport gestorben. Nur 12 Häftlinge befänden sich in einem Zustand, der sie für Versuche geeignet erscheinen lasse, vorausgesetzt, sie würden zwei, drei Monate aufgefüttert: »Derartige Versuche führen nur dann zu einem brauchbaren Schluß, wenn sie mit einem ernährten und in gutem allgemeinen Kräftezustand befindlichen gesunden Menschenmaterial angestellt werden, wie er dem Körperzustand der Soldaten entspricht.« Mit dem vorliegenden »Häftlingsmaterial« könnten keine brauchbaren Ergebnisse erwartet werden: »Es wird daher gebeten, mir 100 Häftlinge im Alter zwischen 20–40 Jahren zu schicken, die gesund und körperlich so beschaffen sind, daß sie vergleichbares Material liefern.«[85]

Gerhard Rose, Beratender Hygieniker beim Inspekteur des Sanitätswesens der Luftwaffe, besucht Haagen »wiederholt« in Straßburg.[86] Er möchte einen Impfstoff aus Kopenhagen testen. Am 13. Dezember 1943 schreibt er Haagen:

»Ich bitte Sie, bei der Beschaffung der Impflinge für Ihren Versuch von vornherein eine entsprechende Anzahl Impflinge für den Kopenhagener Impfstoff miteinzusetzen. Das hat ohnehin den Vorteil, der sich auch in den Versuchen von Buchenwald gezeigt hat, daß die Prüfung verschiedener Impfstoffe nebeneinander größere Klarheit über die bessere oder schlechtere Wirkung des Impfstoffes gibt als die Prüfung eines Impfstoffes allein.«[87]

Das Ahnenerbe (Briefkopf: Institut für wehrwissenschaftliche Zweckforschung) betätigt sich fortan als Zwischenhändler des

84 Bericht der ZSt über Ahnenerbe-Versuche, 413 AR-Z 567/67, Bl. 688.

85 Brief Haagen vom 15. 11. 1943 an Hirt. Nürnb. Dok. NO-121, Mitscherlich/Mielke, S. 123.

86 Aussage Haagen vom 26. 1. 1965. ZSt 413 AR 1463/65, Bd. II.

87 Nürnb. Dok. NO-122. Mitscherlich/Mielke, S. 124.

Menschenmaterials. Am 19. Mai 1944 schreibt Sievers an Pohl, Haagens Impfstoff könne noch nicht empfohlen werden, weitere Versuche seien notwendig: »Ich bitte Sie deshalb, nach Natzweiler nochmals zu diesem Zweck Impflinge abzustellen. Um möglichst genaue, auch statistisch verwertbare Resultate zu erhalten, müßten diesmal 200 Personen zur Impfung zur Verfügung gestellt werden, wobei wiederum notwendig ist, daß diese sich körperlich in demselben Zustande befinden müssen, wie dieser bei Wehrmachtsangehörigen angetroffen wird.«[88]

Haagen hat 1944 im Auftrag des Sanitätsinspekteurs der Luftwaffe und mit Mitteln der DFG drei Versuchsreihen laufen. Nach den (verschlüsselten) Forschungsberichten Haagens an den RFR sind dies:

1. Epidemische Influenza:

»An etwa 200 Impflingen konnte eine typische Impfreaktion beobachtet werden.«

2. Fleckfieber:

»Die Versuche der Herstellung eines lebenden Fleckfieberimpfstoffes werden fortgesetzt ... Die antiinfektiöse Wirksamkeit des Trockenimpfstoffes wird weiterhin am Menschen geprüft.«

3. Epidemische Gelbsucht:

»Es wurden bei einer größeren Reihe von gelbsuchtkranken Patienten Leberpunktate und Galle auf das Vorkommen eines Virus untersucht. Es ist gelungen, durch Verimpfung von Material solcher Patienten auf Mäuse bisher 3 Virusstämme zu isolieren ...«[89]

Haagen: »Auf dem Gebiet der Hepatitis-Forschung arbeitete ich mit meinen Kollegen, den Professoren Kalk, Zukschwert[90] und Büchner zusammen. Kalk war bis vor kurzem Chefarzt der

88 Sievers am 19. 5. 1944 an Pohl. ZSt 9 AR 509/60 Bd. I., Film 470f.

89 Das Schreiben (Nürnb. Dok. NO-311) ist wohl auf den 12. 1. 1944 zu datieren. Zu diesem Ergebnis kommt ein Bericht der ZSt vom 9. 7. 1970, 413 AR-Z 501/67.

90 Prof. Ludwig Zukschwerdt wird Direktor der Chirurg. Universitäts-Klinik in Hamburg-Eppendorf und Präsident der Gesellschaft für Chirurgie.

medizinischen Abteilung der Städtischen Krankenanstalten in Kassel.«[91]

Skelettsammlung / Hoden

Anfang Juni 1943 treffen in Auschwitz die Ahnenerbe-Mitarbeiter Beger, Fleischhacker[92] und Gabel (Präparator der Lehr- und Forschungsstätte für Innerasien) ein. Der Lagerälteste im Krankenbau Auschwitz:

»Im Sommer 1943 erschien in Auschwitz eine Kommission von drei Mann, und zwar ein Zivilist [Gabel] und zwei uniformierte SS-Führer ... Diese Kommission kämmte den gesamten Lagerbereich durch und wählte etwa 150 Männer und Frauen nach irgendwelchen anthropologischen Gesichtspunkten aus. Von diesen ausgesuchten Häftlingen kamen etwa 30 Frauen in den Block 10, die Männer kamen in den Häftlingskrankenbau von Auschwitz. Hier wurden von allen Häftlingen Gesichtsplastiken angefertigt. Dabei habe ich teilweise selbst zugesehen. Die Arbeiten wurden nach meiner Erinnerung in erster Linie von Prof. Gabel durchgeführt. Dieser erklärte mir damals, es handle sich um völkerkundliche Studien. Nach etwa zwei Wochen wurden etwa 115 besonders charakteristische Häftlinge in ein anderes Lager zu angeblich weiteren Messungen überstellt. Keiner dieser Häftlinge kehrte jemals nach Auschwitz zurück.«[93]

Die Häftlinge, hauptsächlich Griechen, werden von Beger und Fleischhacker (nackt) gefilmt und fotografiert.[94] Gabel nimmt

---

91 Aussage Haagen vom 26. 1. 1965, a. a. O.

92 Hans Fleischhacker, Jahrgang 1912, Kind eines Lehrers. Er studiert Zoologie und Anthropologie, promoviert bei Professor Mollison im Hauptfach Anthropologie zum Dr. phil., danach Assistent an Mollisons Anthropologischer Staatssammlung, an der Ludolf-Krehl-Klinik in Heidelberg und am Rassekundlichen Institut in Tübingen. Fleischhacker tritt 1937 der SS und 1940 der NSDAP bei. Nach dem Krieg Privatdozent an der Universität Frankfurt am Main.

93 Aussage Ludwig Wörl vom 5. 5. 1960. Auschwitz-Verfahren, Bl. 5334f.

94 Urteil LG Ffm. vom 6. 4. 1971 (Beger), 4 Ks 1/70, S. 17, Hautval, S. 49.

etwa 20 Gesichtsabformungen von jüdischen und einigen asiatischen Häftlingen mit nach München. Bruno Beger beendet die Selektion in Auschwitz am 15. Juni 1943 wegen Seuchengefahr. »Insgesamt«, schreibt Sievers am 21. Juni an Adolf Eichmann, »wurden 115 Personen, davon 79 Juden, 2 Polen, 4 Innerasiaten und 30 Jüdinnen bearbeitet ... Zur weiteren Bearbeitung der ausgesuchten Personen ist nunmehr eine sofortige Überweisung an das KL. Natzweiler erforderlich, was mit Rücksicht auf die Seuchengefahr in Auschwitz beschleunigt durchgeführt werden müßte.«[95]

SS-Sturmbannführer Ernst Schäfer[96], Leiter der »Lehr- und Forschungsstätte für Innerasien und Expeditionen«, dankt dem »lieben Bruno« am 24. Juni: »Fein, daß Du auch mongolische Typen für uns herausgreifen konntest.«[97] Beger spezifiziert die Menschenware zwei Tage später: »zwei Usbeken, einen usbekisch-tadschikischen Mischling und einen Tschuwaschen aus der Gegend von Kasan ... Es handelt sich um gute Typen.«[98]

Die Versuchsobjekte bleiben zunächst in Auschwitz in Quarantäne, damit sie kein Fleckfieber in Natzweiler einschleppen. Am 10. Juli 1943 fragt SS-Obersturmführer Wolff[99] per Fern-

95 Schreiben Sievers, Amt Ahnenerbe, Institut f. wehrwissenschaftl. Zweckforschung, vom 21. 6. 1943 an das RSHA, Amt IV B 4, z.Hd. SS-Obersturmbannführer Eichmann, abgedruckt bei: Reimund Schnabel: Macht ohne Moral. Eine Dokumentation über die SS. Frankfurt am Main 1957, S. 366.

96 Zu Schäfer: Deichmann, S. 224 ff.

97 Verfahren gegen Bruno Beger, Sonderband I, Dokumente. Hessisches Hauptstaatsarchiv Abt. 461 Nr. 34145–34184. Schäfer ist nach dem Krieg Kustos für Biologie am Niedersächsischen Landesmuseum in Hannover.

98 Brief Begers vom 24. 6. 1943 an Schäfer, zitiert nach Anklage GStA Ffm. gegen Beger u. a., Js 8/66, S. 57 f.

99 Wolf-Dietrich Wolff, Jahrgang 1913, macht eine kaufmännische Lehre bei einer jüdischen Firma in Berlin, kann die Lehre aber nicht abschließen, da die Firma durch die Nazis die Zulassung zur Lehrlingsausbildung verliert. 1934 wird er RAD-Führer beim Reichsarbeitsdienst (zuletzt Obertruppführer), 1939 Referent beim Ahnenerbe mit dem Dienstgrad eines SS-Oberscharführers. Eintritt in die SS 1939, in die NSDAP 1944. Nach 1945 Leiter der Lochkartenabteilung der Schokoladenfabrik Sprengel.

schreiben in Auschwitz an, wann der Transport nach Natzweiler erfolge.[100] Am 14. Juli klagt Hirt gegenüber dem Ahnenerbe, »daß nach Mitteilung des Lagerkommandanten insofern eine Schwierigkeit aufgetaucht ist, als das Material zur Vergasung nicht vorhanden ist. Ich bitte Sie, bei den diesbezüglichen Stellen zu veranlassen, daß die entsprechenden Stoffe zur Verfügung gestellt werden, da sonst die Sache nicht durchgeführt werden kann.«[101] Am 22. Juli beruhigt Wolff Hirt in Straßburg, bezüglich des »notwendigen Materials« werde er ihn Anfang nächster Woche aufsuchen.[102] Am 30. Juli schickt Wolff ein Telegramm: »Transport Auschwitz-Natzweiler 30. 7. ab. Dr. Beger verständigt.«[103]

Anfang August 1943 nimmt Lagerkommandant Joseph Kramer die Auschwitz-Häftlinge in Empfang und sucht danach Hirt in Straßburg auf: »Er erklärte mir genau, daß diese Personen in der Gaskammer in Struthof getötet werden sollten, mit Hilfe von Erstickungsgas.«[104] Hirt händigt ihm eine Flasche mit Cyanhydrat-Salz aus: »Der Professor gab mir die ungefähre Menge, die ich verwenden sollte, um die Internierten aus Auschwitz ... zu ersticken.«[105]

Am 7. August bricht Beger zu einer Dienstreise nach Natzweiler auf. Er wird vor der Ermordung der Forschungsopfer zu Röntgenaufnahmen und Blutgruppenbestimmungen benötigt.[106] Mindestens 86 Juden werden etwa Mitte August 1943 in ver-

---

100 Fernschreiben Wolff vom 10. 7. 1943. Beger-Anklage, a. a. O., S. 65.

101 Schreiben Hirts vom 14. 7. 1943 an Ahnenerbe, Berlin-Dahlem. BA NS 21/907, faksimilierter Abdruck bei Wechsler, S. 208.

102 Schreiben Wolff vom 22. 7. 1943 an Hirt. Beger-Anklage, a. a. O., S. 66.

103 Telegramm Wolff vom 30. 7. 1943. Ebd., S. 67.

104 Vernehmung Kramer vom 26. 7. 1945, Permanentes Militärgericht des 10. Militärbezirks, Sitz Straßburg. Verfahren gegen Beger, Sonderband I, Dokumente. Hess. Hauptstaatsarchiv Abt. 461 Nr. 34145–34184.

105 Joseph Kramer wird am 13. 12. 1945 hingerichtet, Beger 1971 in Frankfurt am Main wegen Beihilfe zum Mord in 86 Fällen zur Mindeststrafe von drei Jahren Haft verurteilt. Fleischhacker und Wolff werden nicht verurteilt.

106 Beger-Urteil, a. a. O., S. 34.

schiedenen Gruppen mit Blausäuregas ermordet. KZ-Kommandant Kramer schickt zuerst die weiblichen Häftlinge in die Gaskammer und begafft durch ein Fenster den Todeskampf der nackten Frauen. Wenig später läßt er »in zwei oder drei Schichten etwa fünfzig Männer in die Gaskammer führen«.[107] Die Körper werden nach Straßburg geschafft. Henri Henripierre, ein zwangsverpflichteter Institutsgehilfe, notiert sich heimlich die Häftlingsnummern.[108]

Einer der Ermordeten ist Menachem Taffel, geboren am 28. Juli 1900, Geschäftsmann in Berlin, verheiratet mit Klara Schenkel. Die 14jährige Tochter Esther hilft im Hospital der Jüdischen Gemeinde. Am 12. März 1943 werden insgesamt 7752 Juden von Berlin deportiert, treffen am nächsten Tag in Auschwitz ein. Mutter und Tochter kommen sofort in die Gaskammer, der Vater wird ein Vierteljahr später für die Skelettsammlung aussortiert. Menachem Taffel, 43 Jahre alt, als er in der Gaskammer von Natzweiler erstickt, ist auf dem israelitischen Friedhof in Straßbourg-Cronenbourg bestattet.[109]

Sieben Jahre jünger als der ermordete Taffel ist Hirts Assistent Anton Kiesselbach, am 13. Juni 1907 als Sohn eines Volksschullehrers in Kempenich (Eifel) geboren.[110] Er studiert in erster Linie Zoologie, veröffentlicht 1933 eine Arbeit »Modelle zur Entwicklungsgeschichte des Urogenitalapparates der Beutelratte«. 1934 erwirbt er den Dr. phil. mit »Untersuchungen über den Descensus testiculorum bei Didelphis« (Abstieg der Hoden bei Beutelratten). Von Juli bis Dezember 1934 arbeitet er am Deutsch-Italienischen Institut für Meeresbiologie in Rovigno d'Istria, studiert die Ciliatenfauna (Wimpertier-

---

107 Aussage Kramer, a.a.O.

108 Beger-Urteil, a.a.O., S. 62.

109 Dr. med. Roland Knebusch von der Ärzteinitiative Kehl hat die Daten zusammengetragen.

110 Meine Darstellung folgt, sofern nichts anderes angegeben, Prof. Dr. K. A. Rosenbauer: In memoriam Professor Anton Kiesselbach, in: anatomischer anzeiger, Zentralblatt für die gesamte wissenschaftliche Anatomie, Jena 1985, Bd. 160, S. 233 ff.

chen) der Adria. Die Deutsche Forschungsgemeinschaft finanziert dies.[111]

Kiesselbach ist zwei Semester lang Hilfsassistent am Zoologischen Institut der Universität Köln und Führer im Zoologischen Garten. 1935 erhält er eine Assistentenstelle bei Prof. Wetzel am Institut für Entwicklungsmechanik der Universität Greifswald, züchtet weiterhin Ciliaten bei sich zu Hause. Wetzel wird 1937 emeritiert. Hirt übernimmt Wetzels Institut, wechselt jedoch ein Jahr später als Leiter an das Anatomische Institut in Frankfurt. Kiesselbach habilitiert sich 1938, folgt im April 1939 Hirt nach. 1939 veröffentlicht Kiesselbach mit Hirt, Sommer und Wimmer die Arbeit: »Lumineszenz-mikroskopische Untersuchungen an den Mastzellen der lebenden Maus.«[112]

1941 wird Kiesselbach zur Wehrmacht eingezogen. Er bekommt einen Posten als Abteilungsleiter in der Versehrtenbetreuung in Oberhof/Thüringen, ab 1942 ist er vormittags als Truppenarzt im Heimatkraftfahrpark im elsässischen Lingolsheim, nachmittags bei Hirt in Straßburg.[113] Das Vorlesungsverzeichnis 1943/44 bezeichnet ihn als Dozenten und Prosektor. Er gibt Erstsemestern eine anatomisch-physiologische Einführung, veranstaltet mikroskopisch-diagnostische Übungen, eine dreistündige Einführung im Präpariersaal und lehrt montags und donnerstags »Spezielle Embryologie«.[114] Nach eigener Aussage hat er für seine Arbeit bei Hirt »Sonderzuwendungen« erhalten, aber: »An den von Prof. Hirt durchgeführten Lost-Versuchen habe ich nicht mitgewirkt, und zwar auch nicht an den Tierversuchen.«[115]

Bei Kriegsende gerät Kiesselbach, gottgläubig, deutschblütig, Mitglied von NSDAP und SA,[116] in amerikanische Gefangen-

111 Die DFG-Unterlagen sind im Bundesarchiv, R 73/16705.

112 Aussage Kiesselbach vom 23. 6. 1965. ZSt 413 AR-Z 17/69, Bd. VII.

113 Ebd.

114 Reichsuniversität Straßburg: Personal- und Vorlesungsverzeichnis Wintersemester 1943/44.

115 Aussage Kiesselbach vom 23. 6. 1965, a. a. O.

116 DC-Unterlagen Kiesselbach.

schaft. Er arbeitet bis Mai 1947 als Arzt im Kriegsgefangenenlazarett in Augsburg. Danach ist er in Regensburg am Anatomischen Institut, einer Außenstelle der Universität München (1979 wird ihm der Regensburger Oberbürgermeister die »Reichssaalmedaille« verleihen). In den Nachkriegsjahren 1948/49 veröffentlicht Kiesselbach nicht mehr über den Urogenitalapparat der Beutelratte, sondern über »Goethe und der Zwischenkiefer« oder »Goethe als Osteologe«.

1953 verfaßt Kiesselbach einen Aufsatz »Anatomie und Physiologie der Sexualorgane« im »Handbuch der medizinischen Sexualforschung«. Die Arbeit greift u.a. auf Stieves Forschungen während der Nazi-Zeit zurück. »Wie bei der Frau«, formuliert der Hirt-Schüler, »macht sich auch beim Manne der *Einfluß des Nervensystems* auf die Keimdrüsen geltend. So kommt die Samenbildung infolge starker nervöser Erregung (massive Angst, z.B. Erwartung der Hinrichtung bei einem Verbrecher) oft rasch zum Stillstand, oder sie wird mehr oder minder gehemmt.«[117]

1953 bekommt Kiesselbach einen Lehrauftrag für vergleichende Anatomie an der Philosophisch-Theologischen Hochschule in Regensburg. 1955 folgt eine Professur für Biologie. Im selben Jahr erreicht ihn der Ruf als planmäßiger Extraordinarius auf den Lehrstuhl für Topographische Anatomie an der Medizinischen Akademie Düsseldorf. Ab 1961 lehrt er auch »Geschichte der Medizin«. 1962 wird er Ordinarius, 1963/64 ist er Dekan der Medizinischen Fakultät.

1987 erreicht mich ein Brief: »Kiesselbachs Arbeitsgebiet in Straßburg war der menschliche Hoden, dieses war wohl auch das Thema seiner erst 1944/45 angefertigten Doktorarbeit, die verschollen ist. Kiesselbach pflegte in Düsseldorf in seinen Vorlesungen histologische Schnitte von Hoden zu demonstrieren, die keine Spermienbildung zeigten, da diese, wie er sagte, bei

---

117 Anton Kiesselbach: Anatomie und Physiologie der Sexualorgane, in: Hans Giese: Die Sexualität des Menschen. Handbuch der medizinischen Sexualforschung. Stuttgart 1953, S. 48.

Todesangst aufhöre.«[118] Das weitere, so der Briefschreiber, solle ich bei Mitscherlich/Mielke, Seite 177f., nachlesen.

Dort ist eine Zeugenaussage von Henri Henripierre abgedruckt. Er schildert, wie im Sommer 1943 die ersten 30 weiblichen Leichen zur Konservierung kommen, noch warm, die Augen weit offen und blutunterlaufen. Einige Tage später sei »eine zweite Sendung« angeliefert worden, 30 Männer: »Diesen Männern hat man den linken Hoden abgenommen, der ins Labor der Anatomie gesandt wurde.«

Es gibt einen Bericht, der über Henripierres Aussage hinausgeht. Es ist eine Schilderung des Medizinprofessors Christian Champy und eines Dr. Risler von 1945:

»Doktor Risler, der für die französische Staatspolizei tätig war, hat im persönlichen Laboratorium des Doktor Hirt in Straßburg einen Teil von histologischen Präparaten gefunden, den man vergessen zu haben schien. Diese Schnitte enthalten Präparate von Geweben und menschlichen Hautteilen. Dr. Risler konnte feststellen, daß die Assistenten von Dr. Hirt häufig zwischen dem Lager Struthof und Straßburg hin und her fuhren. Er hat in den Behältern des Laboratoriums in Straßburg mehrere Leichen gefunden, deren Rumpf geöffnet worden war, und deren männliche Hoden entfernt worden waren. Dies beweist die Verbindung zwischen den Präparaten und dem betreffenden Lager. Die Präparate waren frisch, der Zustand der Schnitte zeigte, daß sie neueren Datums waren. Die Sammlung enthielt 54 Präparate von männlichen Drüsenteilen oder Gewebeteilen (die Mehrzahl waren Drüsenteile).«

Die Prüfung dieser Schnitte, so der Bericht, »zeigte Veränderungen des Samenkanals etc. ... andere mit gestoppter Spermatogenese«, d.h. der Entwicklung der Spermien. Das Dokument endet: »Zur Ehre der Menschheit sollte man ... glauben, daß es sich um Taten von betrunkenen Kriegsknechten handele, die durch den Kampf gereizt waren, in jedem Falle Bestien, ohne Er-

118 Der Neurophysiologe Henning Schmalbruch (Universität Kopenhagen) in einem Brief vom 11. 5. 1987.

ziehung. Die Tatsache jedoch, daß [sich] ein Intellektueller, ein Arzt, für solche Arbeit hergab, die Monate in Anspruch nahm, und die ihm Zeit genug zum Nachdenken gab, ohne daß er zur Menschlichkeit zurückfand, überschreitet jegliche Vorstellung.«[119]

Anton Kiesselbach stirbt am 27. Juli 1984. Im Nachruf werden aufgezählt: Kuratoriumsmitglied der Nobelpreisträgertagungen in Lindau, Träger der Médaille de Vermeil de la Société Arts, Sciences, Lettres, Paris, Ehrenmitglied der Gemeinnützigen Vereinigung der Präparatoren und Dermoplastiker Deutschlands (BRD). Vor allem wird seine »Feingeistigkeit und Universalbildung« gerühmt, »voll von köstlichem Humor«.[120]

Die Gaskammer für Medizin-Versuche

Die Gaskammer in Natzweiler ist ausschließlich für Medizin-Versuche gebaut worden, für Hirts Judensammlung und die nachfolgenden Giftgasversuche durch Hirt und Bickenbach.

Otto Bickenbach wird im April 1934 in Freiburg als stellvertretender Direktor der Medizinischen Klinik eingesetzt. Die Eignung des knapp 30jährigen Assistenzarztes könnte darin bestehen, daß er zuvor Führer der NS-Dozentenschaft in München gewesen ist: »Zeitzeugen berichten von seiner Amtsführung im Stil eines ›Säuberungskommissars‹, der ... gegen noch verbliebene Mitarbeiter des ›Juden Thannhäuser‹ polemisierte, deren weiteres Verbleiben im Dienst untragbar sei.«[121]

Bickenbach arbeitet über »Pathologie und Therapie der Kampfstofferkrankungen«. Er glaubt, ein Mittel gegen Phosgengas gefunden zu haben: das in Gasmaskenfiltern verwendete Hexamethylentetramin (HMT), im Handel unter dem Namen

119 Beger-Verfahren, 4 Ks 1/70 GStA Ffm., Sonderband Dokumente bei der StA Ffm. Undatierter Bericht »Serie der histologischen Versuche, die in einem Laboratorium eines deutschen Professors gefunden wurden«. Prof. Christian hat ihn am 25. 5. 1945 Oberstleutnant Badin, Abgeordneter zur Ermittlung von Kriegsverbrechen, zu den Akten gegeben.

120 Rosenbauer: In memoriam Professor Anton Kiesselbach, a. a. O.

121 Seidler, S. 340.

»Urotropin« gebräuchlich. Es soll, Bickenbach zufolge, gegen Vergiftungen schützen, sofern es in ausreichender Konzentration im Blut vorhanden ist.[122] Bickenbach läßt über seine Versuche einen Film erstellen und wendet sich an den Kampfstoff-Experten der Wehrmacht, Prof. Wirth, der die angebliche Erfindung jedoch nicht würdigt: »Diese ganze Geschichte erwies sich als unbrauchbar, und deswegen haben wir sie nicht eingeführt.«[123]

Im November 1941 wird Bickenbach Professor an der Reichsuniversität Straßburg und Leiter der medizinischen Poliklinik. Er kommt in Kontakt mit Hirt. Am 17. März 1943 findet im Institut für wehrwissenschaftliche Zweckforschung ein ganztägiges Treffen statt. Es hat »den Zweck, eine Gemeinschaftsforschung herbeizuführen«.[124] Die ausgesuchten Teilnehmer: SS-Hauptsturmführer Hirt, seine Assistenten Karl Wimmer und Anton Kiesselbach, Dr. habil. Eduard May, der Dekan Prof. Dr. Johannes Stein, der Pharmakologe Prof. Dr. Peter Holtz[125], Prof. Dr. Bickenbach sowie seine Mitarbeiter am »Forschungsinstitut«, die Professoren Friedrich Weygand (Chemiker)[126] und Rudolf Fleischmann (Physiker)[127]. Vormittags referieren Hirt »Über fluoreszierende Körper im normalen und kranken Organ« und Wimmer über »Fluoreszenzmikroskopisch nachweisbare Vorgänge des Vitaminstoffwechsels«.[128] Nachmittags stehen eine praktische Demonstration

122 Die Darstellung folgt, bis dahin, dem Urteil des Berufsgerichts für Heilberufe beim VG Köln vom 10. 2. 1966, 1 T 15/62.

123 Office of U.S. Chief of Councel for War Crimes. Vernehmung No. 799 Dr. Wirth vom 12. 2. 1947. NAW Wolfgang Wirth, M 1019, roll 80, frame 280–334.

124 Aktenvermerk des Ahnenerbe. BA NS 21/906.

125 Hirt und Holtz (Leiter des Physiol.-chem. Instituts der Universität Rostock) kennen sich aus Greifswald. 1953 Leiter des Pharmakologischen Instituts der Universität Frankfurt am Main

126 Weygand wird 1948 Professor für Organische Chemie in Heidelberg, 1953 in Tübingen, 1955 TU Berlin, 1958 TH München.

127 Fleischmann wird 1946 Direktor des Physikalischen Staatsinstituts in Hamburg, danach Vorsteher des Phys. Universitäts-Instituts Erlangen.

128 In einem Vermerk des Leitenden OStA beim LG Düsseldorf vom 21. 1. 1965 heißt es dazu: »... die Untersuchungen lostgeschädigter Gewebeteile wurden stets fluoreszenzmikroskopisch vorgenommen«. ZSt 413 AR-Z 17/69, Bd. VII.

im Anatomischen Institut und die »Besichtigung des Phosgenfilms von Prof. Dr. Bickenbach« auf dem Plan.[129]

Im April 1943 wird Stabsarzt Wimmer[130] zum XI. Fliegerkorps versetzt. Hirt ist bestürzt, und Rudolf Brandt[131] klagt Ministerialrat Görnnert, Persönlicher Referent Görings: »Dr. Wimmer hat dem Professor Dr. Hirt für seine kriegswichtigen Gasversuche zur Verfügung gestanden.«[132] Sievers knöpft sich Wimmer in Berlin vor: »Ich legte ihm vor allem klar, daß es unmöglich sei, vor Erledigung der so wichtigen Versuche fahnenflüchtig zu werden. Er sah durchaus ein, daß es persönlich seine Pflicht sei, unter der Zurückstellung geheimster eigener Wünsche in Straßburg auszuharren ...«[133]

Der neue Gas-Spezialist wird Bickenbach, der später behauptet, ihm sei gesagt worden, »daß die Personen, die als Meerschweinchen [sic!] dienen sollten, auf Grund ordentlicher Gerichtsentscheidungen zum Tode verurteilt worden seien«.[134] Am 5. April 1943 schreibt Sievers dem Kommandanten in Natzweiler: »Ich melde Prof. Dr. Bickenbach hiermit bei Ihnen an und bitte, ihm genau so wie SS-Hstuf. Prof. Dr. Hirt seine Arbeiten im KL zu erleichtern. Bei dieser Gelegenheit bitte ich um Mitteilung, ob die G-Zelle bereits fertiggestellt ist und welchen Rauminhalt sie hat. Es sind jetzt Versuche unter Benutzung der G-Zelle durchzuführen. Um die notwendige Menge von K-Stoff zur Verfügung zu stellen, ist aber zuvor wichtig, den Rauminhalt zu kennen.«[135]

---

129 Sievers-Tagebuch (Nürnb. Dok. 3546-PS).

130 Schreiben SS-Führungshauptamt, Amt D, am 28. 8. 1943 an den Reichsführer-SS, Persönlicher Stab. ZSt 9 AR 509/60, Film 468.

131 Rudolf Brandt wird im Nürnberger Ärzteprozeß zum Tode verurteilt und am 2. 6. 1946 hingerichtet.

132 Schreiben Brandt vom 9. 6. 1943 an Görnnert. ZSt 9 AR 509/60, Film 469.

133 Schreiben Sievers vom 19. 6. 1943 an Hirt. ZSt Verschiedenes, Bd. 159. Wimmer wird mit Wirkung vom 1. 8. 1943 wieder zu Hirt kommandiert (ZSt 9 AR 509/60, Film 468).

134 Erklärung Bickenbachs vom 6. 5. 1947 vor dem Militärgerichtshof Straßburg. Nürnb. Dok. NO-3848.

135 Brief Sievers vom 5. 4. 1943 an KL-Kommandant Natzweiler. Sonderband I, Beger-Verfahren, Hess. Hauptstaatsarchiv Wiesbaden.

Am 12. April 1943 meldet Lagerkommandant Kramer militärisch knapp: »Die Kommandantur des K. L. Natzweiler teilt mit, daß die G.-Zelle hier fertiggestellt ist und einen Rauminhalt von 20 cbm. hat.«[136] Fünf Tage später informiert Wolff (Persönlicher Referent von Sievers) Hirt in Straßburg, »daß der Kommandant des KL. Natzweiler in diesen Tagen die Fertigstellung der G-Zelle im KL. Natzweiler meldete. SS-Standartenführer Sievers bittet Sie, Herrn Professor Dr. Bickenbach hiervon in Kenntnis zu setzen und ihm gleichzeitig mitzuteilen, daß die Zelle einen Rauminhalt von 20 cbm hat.«[137]

Bickenbach zögert jedoch, mit den Versuchen zu beginnen. Deshalb schreibt Hirt am 23. April an Sievers: »Ich habe Prof. Bickenbach ... darüber orientiert, daß wir mit den Versuchen in Natzweiler unter meiner Verantwortung beginnen können. Prof. Bickenbach bittet nun zu seiner eigenen Rückendeckung um einen direkten Auftrag an ihn mit einer mir nicht ganz klaren Begründung. Er möchte vor allen Dingen im Falle des Versagens seiner Prophylaxe wohl zur Sicherheit haben, daß er auf Befehl des RFSS den Versuch durchgeführt hat. Das ist in diesem Falle dadurch verständlich, da wir ja aus unseren eigenen Erfahrungen gesehen haben, daß die Übertragung des Tierexperimentes auf den Menschen durchaus nicht immer zu dem gleichen Ergebnis führen muß.«[138]

Im Juni besucht Bickenbach das KZ Natzweiler. Er wählt aus den vorgeführten Häftlingen die Versuchspersonen aus. Jeweils vier kommen in die Gaskammer. Revierkapo Holl hat zu diesen Versuchen im Nürnberger Ärzteprozeß ausgesagt, es seien kleine Ampullen gewesen, die einer der Häftlinge in der Gaskammer habe kaputtschmeißen müssen. Solange er im Lager gewesen sei, seien etwa 150 Personen in Serien von jeweils 30 Häftlingen behandelt worden und von jeder Gruppe jeweils sieben, acht gestorben. Die Überlebenden habe man, wenn sie

136 Natzweiler am 12. 4. 1943 an Ahnenerbe. BA NS 21/906.

137 Verfahren gegen Beger, Sonderband I, Dokumente, Hessisches Hauptstaatsarchiv Abt. 461 Nr. 34145–34184.

138 Ebd.

transportfähig gewesen seien, nach Auschwitz, Belsen oder Lublin verbracht.[139]

Zu Beginn des Jahres 1944 sucht Bickenbach die Firma zu wechseln: »Professor Dr. Bickenbach hat«, so ein Aktenvermerk Sievers vom 17. Februar, »ohne Unterrichtung von Hirt und Prof. Stein sich wegen seiner Phosgen-Untersuchungen an Generalkommissar Prof. Dr. Brandt gewandt, war mit ihm in Natzweiler. Auftrag ist zurückzuziehen – unsererseits Natzweiler zu sperren.«[140]

Bickenbach wird der Zutritt gesperrt. Warum er sich an Brandt gewandt hat, ist nicht ersichtlich. Es kann vermutet werden, daß sich Bickenbach, der dem Generalkommissar des Führers tatsächlich unterstellt wird, dem übergeordneten Hirt entwinden und die Forschungsergebnisse als eigenständigen Erfolg feiern möchte. Wie dem auch sei: Das Ahnenerbe hat den Schlüssel zum KZ. So treffen sich Brandt, Hirt und Bickenbach zu einer Aussprache im April 1944.[141]

Von Juni bis August 1944 dauert die nächste Versuchsreihe. Erhalten ist eine Gasbestellung Hirts: »Zu neuen Versuchen benötigen wir 150 gr techn. reines Lost. Es ist wohl am zweckmäßigsten, wenn der Stoff wieder durch Kurier überbracht wird.«[142] Beteiligt sind Bickenbachs Assistenten Dr. Helmut Rühl und der Elsässer Dr. Friedrich Letz.[143] Wiederum müssen jeweils vier Häftlinge in die Gaskammer. Zwei erhalten Urotropin oral bzw. per Injektion, zwei bleiben »ungeschützt«. Die technische Vorbereitung und Durchführung des Versuchs liegt bei Bickenbach.

139 Protokoll des Nürnberger Ärzteprozesses, S. 1093f., abgedruckt bei Mitscherlich/Mielke, S. 170f.

140 Aktenvermerk Sievers vom 17. 2. 1944. BA NS 19/908, faksimilierter Abdruck bei Wechsler, S. 231.

141 Bericht der ZSt über AE-Versuche, 413 AR-Z 567/67, Bl. 686.

142 Hirt am 26. 6. 1944 an Ahnenerbe. BA NS 21/908, faksimilierter Abdruck bei Wechsler, S. 204.

143 Letz soll von einem französischen Gericht 1947 wegen Zusammenarbeit mit dem Feind zu fünf Jahren Gefängnis verurteilt und danach als Landarzt tätig geworden sein. Bericht der ZSt über AE-Versuche, 413 AR-Z 567/67, Bl. 679.

Bei dieser Versuchsreihe sollen, laut Bickenbach, lediglich 16 Menschen benutzt worden und vier gestorben sein.[144]

Dr. Helmut Rühl kommt bei den Versuchen die Aufgabe zu, die Gaskonzentration in der Kammer zu messen. Rühl hatte 1942 bei Bickenbach famuliert und 1943 sein Staatsexamen mit »sehr gut« bestanden. Er tippt, auf Geheiß Bickenbachs, mehrere Berichte über die Versuche, die für Karl Brandt bestimmt sind. Die Protokolle enthalten Listen mit den Gaskonzentrationen, denen die Häftlinge ausgesetzt sind. In einem von Bickenbach verfaßten Bericht heißt es: »Die Versuchspersonen waren durchweg Menschen mittleren Lebensalters, fast alle in schlechtem Ernährungs- und Kräftezustand.« Bickenbach kommt zu dem Schluß, daß die »Dosis letalis minima« noch nicht mit Sicherheit angegeben werden könne.[145]

Einer der Überlebenden, der damals 21jährige Franz Hauer: »Ich bekam in einem Emaillebecher eine Flüssigkeit zu trinken, die aussah wie klares Wasser, aber süßlich schmeckte.« Der Professor habe ihnen vor dem Eintritt in die Gaskammer gesagt, sie sollten tief einatmen. Danach habe er mehrere Ampullen in den Raum geworfen und die Tür blitzschnell verschlossen. Nach dem Versuch seien sie ins Krematorium[146] gebracht worden. Etwa 5–6 Häftlinge seien gestorben: »Verschiedene Häftlinge spuckten aufgrund ihrer Lungenerkrankung Blut in einen Eimer. Nach meiner Erinnerung starben sie meistens nachts.«[147]

Der damals 23jährige Willy Herzberg beobachtet bei der Ankunft am Vergasungsgebäude, daß vier Häftlinge herausgebracht werden: »Sie hatten braunen Schaum vor dem Mund stehen, der auch aus den Ohren und den Nasenlöchern kam.« Herzberg über den Fortgang: »Nachdem wir in die Gaskammer geführt worden waren, stand der Professor im Eingang und hatte

144 Urteil des Berufsgerichts für Heilberufe beim VG Köln vom 10. 2. 1966, 1 T 15/62.

145 Anklageschrift Rühl vom 29. 6. 1983, StA Köln, 130 Js 10/80 (Z), S. 12ff.

146 Im KZ Natzweiler ist – heute noch zu sehen – das Krankenrevier in derselben Baracke wie das Krematorium.

147 Aussage Hauer vom 29. 5. 1981. ZSt 419 AR-Z 90/80.

zwei Glasampullen, die aussahen wie Dr. Oetkers Aromafläschchen. Der Professor ermunterte uns nochmals, uns forsch zu bewegen, fest einzuatmen ... Dann schmiß er die beiden Fläschchen gegen die Wand und schmiß sofort die Türe zu.« Die Tür sei kaum zu gewesen, da habe der Professor schon gefragt, ob die Ampullen zerbrochen seien: »Ca. 10 Minuten nach Versuchsbeginn hörte ich ein dumpfes Klatschen, so wie man beide Hände hohl aufeinander schlägt. Dieses Geräusch kam von den zerplatzenden Lungen der beiden Häftlinge, die danach umfielen und den von mir bereits beschriebenen Schaum vor Mund, Nase und Ohren hatten.«[148]

Das Hauptlager Natzweiler muß im September 1944 evakuiert werden. Am 25. September wird Straßburg von der US-Luftwaffe angegriffen, Hirts Haus von einer Bombe getroffen, Frau und Sohn sterben. Bickenbach ist noch immer in Brandts Diensten: »Zu Ihrer Information«, schreibt Sievers[149] am 11. November 1944 an Hauptsturmführer Berg[150], Persönlicher Stab des RFSS, »Prof. Bickenbach führt im Auftrag von Generalkommissar SS-Gruppenführer Prof. Dr. Brandt einen Kampfstoffauftrag durch.«[151]

Am 23. November befreit die US-Armee die Stadt. An diesem Tag befindet sich Hirt mit seiner Tochter in Heidelberg. Im Straßburger Institut liegen noch die Leichen in Bottichen. Wimmer[152] und Kiesselbach müssen zur Wehrmacht.[153] Die Reichsuniversität ist nach Tübingen verlagert, Hirt führt die Geschäfte des Dekans der medizinischen Fakultät.[154]

Im Februar 1945 versteckt sich Hirt in der »Tiroler Hütte«, eine halbe Stunde Fußweg vom Waldbauernhof Karlisgut am

---

148 Aussage Herzberg vom 1. 7. 1981. ZSt 419 AR-Z 90/80.

149 Sievers wird im Nürnberger Ärzteprozeß zum Tode verurteilt und am 2. 6. 1948 hingerichtet.

150 SS-Hauptsturmführer Gustav Berg wird nach 1945 Rechtsanwalt.

151 Brief Sievers vom 11. 11. 1944 an Berg. ZSt 413 AR 178/61.

152 Karl Wimmer stirbt am 13. 10. 1946 in Rendsburg.

153 Brief Ahnenerbe, Verwaltung, vom 19. 2. 1945 Pers. Stab RFSS, zu Hdn. SS-Sturmbannführer Mohr. ZSt, Verschiedenes, Bd. 161.

154 Brief Ahnenerbe, Der Reichsgeschäftsführer, vom 21. 2. 1945 an SS-Standartenführer Dr. Brandt. ZSt, Verschiedenes, Bd. 151.

Schluchsee entfernt. Im April operiert er die 11jährige Tochter des Waldbauern an einem Abszeß. Als Dank darf er bleiben. Nach Kriegsende sagt er dem Bauern, was über die KZs berichtet werde, stimme alles nicht. Er sei mal in einem KZ gewesen, es habe dort »wunderbare Duschräume« gegeben. Hirt bittet, ihm eine Pistole zu besorgen. Das Aufschneiden der Pulsadern mit einem Taschenmesser sei zu grausam.[155] Am 2. Juni 1945 richtet sich Hirt selbst.[156]

Die Strafverfolgung

Haagen hat sein Institut rechtzeitig ins thüringische Saalfeld/Saale verlegt. Er gerät im April 1945 in amerikanische Gefangenschaft, wird im Juni entlassen. Die Sowjetische Militäradministration bietet ihm an, ein Institut für Virus- und Geschwulstforschung im ehemaligen KWI für Hirnforschung in Berlin-Buch aufzubauen.[157] Haagen akzeptiert, wird aber bei einem Besuch im US-Sektor in Zehlendorf verhaftet. Es folgt ein Auftritt als Zeuge im Nürnberger Ärzteprozeß, ehe er im Januar 1947 an die Franzosen ausgeliefert wird.

Bickenbach wird wenig später, am 17. März 1947, verhaftet und in französische Untersuchungshaft genommen. Er verteidigt sich, beim ersten Versuch sei eine einzige Person erkrankt, niemand gestorben.[158] Beim zweiten Experiment seien vier Personen gestorben: »Ich schreibe die Ursache dieser Todesfälle dem fehlerhaften physiologischen Zustand dieser Personen zu.« Den Anflug eines Schuldbekenntnisses relativiert er sofort: »Ich gebe zu, daß die Experimente an menschlichem Material der ärzt-

155 Bericht Wiesel (Sohn des Waldbauern) vom 19. 12. 1980. Archiv Ärzteinitiative Kehl. Wiesel datiert Hirts Tod irrtümlich in den Juli 1945.

156 Bericht der ZSt über AE-Versuche, 413 AR-Z 567/67, Bl. 715.

157 Die Darstellung folgt Hubenstorf, S. 452.

158 Bickenbach in einer Aussage vom 16. 3. 1965. Ergänzend fügt er noch hinzu, »daß die Versuchspersonen der zweiten Reihe zum großen Teile Zigeuner waren«. Bericht Humanversuche ZSt 413 AR 1463/65.

lichen Ethik zuwiderlaufen. Ich verfolgte sie trotzdem, und vor allem, weil ich mir der Schrecken des Gaskrieges bewußt war.«[159]

Haagen und Bickenbach werden am 24. Dezember 1952 von einem Militärgericht in Metz wegen »Verbrechens der Anwendung gesundheitsschädlicher Substanzen und Giftmord« zu lebenslänglicher Zwangsarbeit verurteilt. Ein Pariser Militärgericht kassiert das Urteil im Januar 1954. Im Mai 1954 wird vor einem Militärgericht in Lyon mit »wohlwollender Sachlichkeit« erneut verhandelt.[160] Dennoch lautet die Strafe: 20 Jahre Zwangsarbeit. Kommentar der »Ärztliche Mitteilungen«, Vorläufer des Deutschen Ärzteblattes:

»Neben den Opfern der Phosgenversuche hat die Wissenschaft in Lyon neue Opfer gefordert. Und auch ist vielleicht bezeichnend, daß Haagen und Bickenbach in einer Verhandlungspause den Vertretern der deutschen Ärzteschaft, die als Beobachter gemeinsam von der Arbeitsgemeinschaft der Westdeutschen Ärztekammern und der Deutschen Gesellschaft für innere Medizin nach Lyon entsandt waren, von der großen Sorge sprachen, ein negativer Ausgang des Prozesses könne eine abschreckende Wirkung auf manchen Forscher haben.« Das Ärzteblatt weiter: »Haagen und Bickenbach haben beide betont, daß sie voll einstehen für das, was ihnen vorgeworfen wird, und daß sie auch heute noch nicht anders handeln würden ... Sie wünschen nicht, daß durch ihr Schicksal andere Wissenschaftler entmutigt werden.«[161]

Beide kommen im Herbst 1955 frei. Haagen findet Unterschlupf bei der Bundesforschungsanstalt für Viruskrankheiten der Tiere in Tübingen. Er wird, kaum aus der Haft entlassen, schon wieder von der Deutschen Forschungsgemeinschaft geför-

159 Erklärung Bickenbachs vom 6. 5. 1947 vor dem Militärgerichtshof Straßburg. Nürnb. Dok. NO-3848.

160 Deutsche Wissenschaftler vor dem Militärgericht in Lyon. Ärztliche Mitteilungen, Heft 11, 1954 (1. 6. 1954), S. 362ff., gez. dke.

161 Ebd., S. 364.

dert.[162] 1965/66 siedelt er nach Berlin über und arbeitet an einem Handbuch »Viruskrankheiten des Menschen«.[163]

Bickenbach beantragt 1962 zu seiner Rehabilitierung die Eröffnung eines berufsgerichtlichen Verfahrens. Die Verhandlung vor einem Verwaltungsrichter und zwei Ärzten als nichtrichterlichen Beisitzern dauert nur einen Tag. Danach kommen sie zu dem Urteil, bei der ersten, von Bickenbach alleine durchgeführten Versuchsreihe im KZ Natzweiler hätten sämtliche Häftlinge freiwillig teilgenommen und »jederzeit« die Möglichkeit gehabt, »ihre Beteiligung daran zu unterbrechen und den Versuchsraum [gemeint ist die Gaskammer] zu verlassen«. Bickenbach habe diese Versuche sofort abgebrochen, als er bei 3 der 24 Versuchspersonen »geringe bronchitische Reaktionen« feststellte. Alle seien alsbald als »gesund und arbeitsfähig entlassen« worden.

Die zweite Versuchsreihe, so Bickenbachs »Richter«, sei dagegen verbrecherisch gewesen. Bickenbach habe sich entschieden geweigert, teilzunehmen, aber schließlich teilgenommen, um möglichst viele Häftlinge zu retten.[164] Vier Häftlinge seien jedoch gestorben. Danach folgt ein Satz, den man mehrmals lesen

162 Haagens Arbeit (zusammen mit seiner ehemaligen Assistentin, nun Ehefrau Haagen-Crodel) »Über das Vorkommen sogenannter cytopathogener Effekte in ›normalen‹ Zellkulturen« wird in der »Zeitschrift für Hygiene«, Bd. 144, Bl. 181 ff. (1957) veröffentlicht. Der Aufsatz enthält den Hinweis: »Die vorliegenden Untersuchungen wurden mit Unterstützung der Deutschen Forschungsgemeinschaft ausgeführt.«

163 Hubenstorf, S. 452.

164 Im Bericht der ZSt 413 AR-Z 567/67, Bl. 685 f. (Ahnenerbe), heißt es: »Es ist indessen unwahrscheinlich, daß er sich weigerte, um das Leben einiger Häftlinge zu schonen, nachdem er bereits bedenkenlos experimentiert und viele Todesfälle verursacht hatte. Vermutlich gab es für seine Weigerung einen anderen Grund: Die tödliche Wirkung des Phosgen tritt erst ungefähr zehn Stunden nach der Einwirkung auf, d.h. nach einer Zeit, in der bei einem Versuch das Blut der geschützten Häftlinge das Hexamethylentetramin bereits ausgeschieden hätte, so daß dann auch diese Personen vergiftet worden wären. In einem solchen Fall hätte man das Hexamethylentetramin als gänzlich wirkunglos angesehen und Bickenbachs Vorschläge endgültig abgelehnt.«

muß: »Diese tatsächlichen Feststellungen beruhen ... in erster Linie auf den eigenen Angaben des Antragstellers.«[165]

Als Zeugen der untadeligen Haltung Bickenbachs werden aus den Akten angeführt:

Volrad Deneke, Chefredakteur des Ärzteblattes,

Prof. Dr. Hans Heinrich Berg, Präsident der Deutschen Gesellschaft für innere Medizin,

Professor Hans Neuffer, Präsident des Deutschen Ärztetages,

Obermedizinalrat Dr. Helmut Rühl, Bickenbachs Assistent in Natzweiler,[166]

der Seelsorger Bickenbachs, Dr. Hans Stempel aus Speyer, Kirchenpräsident der pfälzischen Kirche, Vorstandsmitglied der »Stillen Hilfe«, einer Nazitäter-Hilfsorganisation.[167]

Die rechtliche Würdigung des Berufsgerichts für Heilberufe vom 10. Februar 1966: »Ihm ist weder ein strafrechtlich relevantes Verhalten noch ein Verstoß gegen die ärztlichen Berufspflichten vorzuwerfen.« Bickenbach habe »seine ärztlichen Berufspflichten getreu dem hippokratischen Eid nicht verletzt«. Das abschließende Urteil: »Es wird festgestellt, daß der Antragsteller durch die Beteiligung an diesen Versuchen seine ärztlichen Berufspflichten nicht verletzt hat.«[168]

---

165 Im Bericht der ZSt 413 AR-Z 567/67, Bl. 680 (Ahnenerbe), heißt es dazu: »Das Urteil ist nur auf wenige Dokumente gestützt; die im Bundesarchiv lagernden Akten des ›Ahnenerbe‹ sowie die Protokolle der Hauptverhandlung im Nürnberger ›Ärzteprozeß‹ sind vom Gericht nicht verwertet worden.«

166 Rühl wird 1946 Stadtarzt in Bochum, ist 1947/48 auf Betreiben der Franzosen in britischer Auslieferungshaft, taucht vor der Überstellung jedoch unter. Seit Anfang der sechziger Jahre ist Rühl Amtsarzt beim Oberkreisdirektor des Siegkreises, wird 1983 als Leitender Medizinaldirektor pensioniert. Der lückenhafte Lebenslauf (was macht Rühl zwischen 1948 und 1960?) entstammt der Anklageschrift der StA Köln gegen Rühl vom 29. 6. 1983, a. a. O.

167 Ausführlich dargestellt in meinem Buch »Persilscheine und falsche Pässe«.

168 Sämtliche Zitate aus dem Urteil des Berufsgerichts für Heilberufe beim VG Köln vom 10. 2. 1966, 1 T 15/62.

Die überzeugendste Aussage, die ich gelesen habe, stammt von Rudolf Guttenberger, am 16. Dezember 1921 im Kreis Künzelsau geboren. Guttenberger wird im März 1943 mit seinen Eltern und fünf Geschwistern festgenommen: »Der einzige Grund für unsere Festnahme war die Zugehörigkeit zur Rasse der Zigeuner.«[169] Die Familie wird nach Birkenau verschleppt, bleibt kurz zusammen. Im April 1943 kommt Rudolf Guttenberger ins Stammlager Auschwitz. Ende des Jahres wird ihm angekündigt, nach Natzweiler verlegt zu werden. Zu diesem Zeitpunkt sind seine Eltern und die kleineren Geschwister bereits ermordet: »Für den Transport nach Natzweiler wurden 100 kräftige Zigeuner ausgesucht. An die Zahl hundert kann ich mich genau erinnern.«

In Natzweiler werden sie Versuchen unterworfen: »Wir hatten lange Fieber, acht Tage. Danach wurden wir geimpft. Dann ging das Fieber. Daran starb ein Häftling.« Guttenberger kommt in ein Gipswerk nach Neckarelz. Mit seinem Cousin Albert Eckstein versucht er zu fliehen. Die Flucht wird verraten. Beide sollen in Natzweiler gehängt werden. Sie stehen schon auf dem Richtplatz, der Galgen ist aufgebaut. Da erscheint Kommandant Kramer, fragt: »Wollt ihr noch einen Dienst tun für euer Vaterland?«

Sie kommen zur Schreibstube. Dort warten bereits acht Häftlinge, beglückwünschen die beiden und teilen ihnen mit, es gehe in ein Freiheitslager.

Die Häftlinge besteigen einen Kastenwagen. Nur einer teilt die Freude nicht, Zuckero Rebstock[170]: Er weint bitterlich, da er von seinem Kapo erfahren hat, daß Gasversuche gemacht werden. Die anderen wollen es nicht glauben. Der Wagen hält nach wenigen Kilometern. Draußen stehen SS-Leute mit Hunden. Die Tür wird aufgerissen. Es heißt: »Vier Mann raus!« Die Tür schließt sich wieder. Beim zweiten Mal ist Guttenberger dabei.

---

169 Die folgende Darstellung basiert auf der Aussage von Rudolf Guttenberger vom 4. 6. 1981. ZSt 419 AR-Z 90/80.

170 In der Anklageschrift gegen Rühl wird der Name mit Zirko Rebstock, geb. am 28. 5. 1907, gestorben am 16. 6. 1944, angegeben. ZSt 419 AR-Z 90/80.

Ein Professor stellt sich vor, im Arztkittel. Er hat fünf oder sechs Mann in Zivil dabei, auch Ärzte. Einen bezeichnet er als seinen Assistenzarzt. Der ist noch jung, etwa 1,70 m groß, schlank, blond, »sympathisches Aussehen«.

Guttenberger steht vor einem Tisch, auf dem ärztliche Instrumente liegen, Spritzen, Trinkbecher, einige Flaschen. Der Professor sagt, sie brauchten keine Angst zu haben, es werde niemand sterben, er mache Gasversuche. Er verspricht gute SS-Verpflegung für danach. Dann wendet er sich an Guttenberger: »Sind Sie Herr Guttenberger?« Der ist zunächst perplex, mit Namen angesprochen zu werden, merkt aber, daß der Professor eine Liste mit den Häftlingsnummern vor sich hat.

Der erste der Vierergruppe bekommt eine Spritze, der zweite etwas zu trinken, der dritte wird nach dem Versuch eine Spritze erhalten. Der vierte bleibt ungeschützt: Rudolf Guttenberger. Der Professor diktiert Angaben über die einzelnen Häftlinge. Dann geht es zur Gaskammer. Die Häftlinge sollen im Kreis gehen. Der Professor wirft zwei Ampullen[171] auf den Betonboden und schließt schnell die Tür. Guttenberger erkennt, daß nur eine Ampulle zerbrochen ist, schiebt die zweite in eine Ecke nahe der Tür.

Nach zwei, drei Minuten setzt ein schrecklicher Hustenreiz ein, die Brust schmerzt. Die Ärzte beobachten ihre Versuchsopfer durch ein Fenster in der Wand. Der Professor fragt insgesamt dreimal durch die Tür, ob tatsächlich beide Ampullen zerbrochen seien. Guttenberger bejaht jedesmal.

Die Versuchszeit ist zu Ende. Ein Ventilator, oben an der Decke in einem Schacht, wird eingeschaltet. Der Professor öffnet die Gaskammertür einen Spalt, so daß ein kräftiger Durchzug entsteht, das Gas nach oben abzieht. Guttenberger zertritt schnell die zweite Ampulle, atmet dadurch noch einmal eine größere Menge Gas ein. Der Professor schaut Guttenberger fragend an. Doch der sieht ihm unerschrocken ins Gesicht.

---

171 Die Zahl der Ampullen differiert von Versuch zu Versuch.

Die Häftlinge verlassen die Gaskammer, werden nicht mehr untersucht. Sie kommen ins Krankenrevier im Krematorium. Jeden Tag erscheint der Professor mit seinem Stab. Der Assistent erläutert anhand der Unterlagen, wer welches Gegenmittel erhalten hat.

Rebstock stirbt noch in der Gaskammer, Guttenbergers Cousin drei Tage später: »Eckstein hat während dieser drei Tage schrecklich gelitten. Er hustete rosarotes Blut, je länger es dauerte, kamen Lungenfetzen aus dem Mund. Bis zum Schluß war er bei Bewußtsein. Wir durften keinen Tropfen trinken; der Wasserhahn war abgestellt. Eckstein starb in meinen Armen.«[172]

172 Der Anklageschrift gegen Rühl zufolge ist Eckstein, geb. am 2. 2. 1924, am 18. 6. 1944 gestorben.

IX Auschwitz

Selektion an der sogenannten Rampe in Auschwitz-Birkenau. Bild oben: Die Kolonne am Zaun marschiert in Richtung der Krematorien. Bild unten: Ankunft eines Transports mit Blick auf das Lagertor.

Die Stadt Auschwitz (Oswiecim) liegt in einer Niederung am Ostrand der mährischen Pforte. Oswiecim ist etwa 30 km von Kattowitz und 60 km von Krakau entfernt. 1939 hat der Ort etwa 12000 Einwohner. Am 18./19. April 1940 besichtigt eine Kommission unter Führung von Rudolf Höß ein Kasernengelände außerhalb der Stadt. Ende April wird Höß Kommandant des geplanten Lagers.[1]

Zuerst wird die Bevölkerung aus der Umgebung der Kasernen vertrieben. Danach müssen die Bauern der angrenzenden Dörfer, z.B. aus Brzezinka (Birkenau), Haus und Hof verlassen. Der entvölkerte Landstreifen wird zum Sperrgebiet erklärt. Das Sperrgebiet umfaßt 40 Quadratkilometer.

Der Aufbau des Lagers beginnt mit 200 zwangsrekrutierten Juden aus Oswiecim. Am 20. Mai treffen 30 Häftlinge (Berufsverbrecher) aus Sachsenhausen ein. Sie werden als Funktionshäftlinge eingesetzt. Der erste Häftlingstransport mit 700 Polen erreicht Auschwitz am 14. Juni 1940. Jan Pilecki, Ingenieur beim Rundfunk in Warschau, trifft am 20. Juni 1940 ein: »Es war ein ungeschriebenes Gesetz, daß die Juden nicht lange leben sollten ... Die Juden wurden totgeschlagen, in die Postenkette gejagt oder sonstwie umgebracht.«[2]

1940 baut die Erfurter Firma Topf & Söhne einen alten Bunker am Rande des Stammlagers zum Krematorium um. Im Herbst 1941 wird dort eine Gaskammer installiert.[3]

---

1 Die Darstellung folgt Anklageschrift und Urteil im Auschwitz-Prozeß gegen Mulka u. a., 4 Ks 2/63 LG Ffm.

2 Aussage Pilecki vom 20. 10. 1959. Auschwitz-Verfahren, Bl. 2512.

3 Aussage Schlachter vom 16. 11. 1961. Ebd., Bl. 10541.

Der Geselligkeit der Bewacher dient in Auschwitz das Führerheim. Hier essen die SS-Führer, werden Feiern und Kameradschaftsabende abgehalten, auch die Lagerlieferanten sind eingeladen. Das ehemalige Bahnhofshotel heißt nun »Haus der Waffen-SS« (»Es war eine Art Kasino für die SS und die Angehörigen der I.G.Farben«[4]). Bedient wird von Ordonnanzen, ab 1944 durch »asoziale Häftlinge, also vermutlich Dirnen«.[5] Außerdem gibt es das SS-Erholungsheim »Solahütte«.

Für Weltanschauung (»Truppenbetreuung«) ist Kurt Knittel zuständig.[6] Er organisiert die Aufführung von Schwänken (»Gestörte Hochzeitsnacht«) und Schulungsabende mit Themen wie »Die Vergeltung« oder »Das Reich in Gefahr«. Wegen seiner salbungsvollen Stimme hat er den Spitznamen »Truppen-Jesus«.[7] Knittel wird nach 1945 eine deutsche Karriere starten: als Regierungsschulrat ist er im Oberschulamt Karlsruhe u.a. für das Hilfs- und Sonderschulwesen zuständig. Nebenamtlich sitzt er im Schulfunkbeirat des Süddeutschen Rundfunks, betätigt sich als Geschäftsführer der Volksbühne, als Leiter der Jugendbühne und ist Mitglied des Verwaltungsrates der Badener Hochschule für Musik.

Am 1. März 1941 besucht Himmler erstmals Auschwitz. Er befiehlt die Erweiterung des Stammlagers und den Bau eines weiteren Lagers bei Brzezinka, 3 km entfernt. Ab Frühjahr 1941 werden Häftlinge zur Errichtung eines Buna-Werkes (synthetischer Gummi) der I.G.-Farbenindustrie abgestellt, das 7 km vom Stammlager entfernt ist. Leitender Bauingenieur der I.G. Farben ist Max Faust. Das »Lager Buna« wird später »Lager Monowitz« genannt.

---

4 Aussage der Köchin Mauer vom 22. 2. 1960. Ebd., Bl. 4390.

5 Aussage Erich Rönisch vom 2. 2. 1961. Ebd., Bl. 7792ff. Rönisch ist Leiter sämtlicher Truppenbetreuungseinrichtungen in Auschwitz (Führerheim, Haus der Waffen-SS, sämtlicher Kantinen, auch der Nebenlager).

6 Die Angaben beruhen auf den Aussagen Knittels vom 12. und 16. 9. 1960. Ebd., Bl. 6466ff.

7 Aussage des ehem. Untersturmführers Kühler vom 16. 3. 1961. Ebd., Bl. 8126.

Der Ausbau von Birkenau beginnt im Oktober 1941. Die Häftlinge (mit Ausnahme des Frauenkonzentrationslagers) werden in Pferdestallbaracken untergebracht, langgestreckte Bretterbehausungen, ohne Fenster, nur einige schmale Klappen am Dach. Der Fußboden besteht aus Lehm, bei Regen stehen die Häftlinge im Wasser. Die Baracken sind Brutstätten für Flöhe und Läuse.

Zum Lagerbereich gehören zwei Bauernhäuser, die 1942 zu Vergasungsstätten umgebaut werden. 1943 werden die »Krematorien« I–IV gebaut, in denen die SS die Menschen vergast und anschließend verbrennt. 1944 bekommt das Lager einen eigenen Bahnanschluß, eine Rampe mit drei Schienensträngen. In Birkenau sind etwa 100 000 Häftlinge interniert, im Stammlager etwa 18 000.

Die Ankunft in Auschwitz hat Dr. Aron Bejlin beschrieben.[8] Er trifft mit einem Transport von etwa 5000 Juden ein. Sie werden aus den Waggons gepeitscht. Dr. Rohde selektiert, pfeift dabei eine Arie aus Verdis Rigoletto. Je 250 Frauen und Männer bleiben stehen, die anderen müssen ins Krematorium. Nun geht es zur »Sauna«, wie in Auschwitz das Bad genannt wird. Sie werden mit eiskaltem Wasser geduscht. Nackt müssen sie über Schnee zu einer Baracke. Dort werden Karteikarten angelegt, Dr. Bejlin bekommt die Nummer 100736 tätowiert. Nackt geht es weiter zur Bekleidungskammer, danach zum Quarantäneblock. Sie werden mit den Worten übergeben: »250 Figuren von einem RSHA-Transport aus Bialystok.«

Im Quarantäneblock gibt es dreistöckige Pritschen. Jeder Teil bietet höchstens 8 Menschen Platz, 17 müssen einen Platz finden. Wer seine Notdurft verrichten will und die Pritsche verläßt, kommt nicht mehr hinein, muß auf dem Boden schlafen. Die ersten erfrieren in der ersten Nacht. Nach einer Woche lebt nur noch die Hälfte, gestorben an Flecktyphus oder Lungenentzündung. Wer über 38° Fieber hat, wird von Lagerarzt Rohde oder

8 Bejlin war Leiter des Infektionskrankenhauses in Bialystok. Sein Transport kommt am Morgen des 6. 2. 1943 in Auschwitz an.

Häftlingsarzt Senkteller[9] aufgeschrieben und verschwindet. Bejlin: »Das nannte man in der Lagersprache Epidemiebekämpfung (Vernichtung der Bakterien samt der menschlichen Bakterienträger).«[10]

Die jüdische Krankenschwesternschülerin Judith Sternberg aus Breslau beschreibt, warum Häftlinge so schnell nach der Einlieferung sterben.[11] Juden aus dem deutschen Herrschaftsgebiet haben bereits viele Jahre Verfolgung hinter sich: erfaßt, mit Judenstern gezeichnet, aus Beruf und Wohnung vertrieben, zur Abgabe der Wertsachen gezwungen, die Bankkonten beschlagnahmt. Sie sind aus der Sozialgemeinschaft ausgeschlossen, dürfen die öffentlichen Verkehrsmittel und Parkanlagen nicht mehr benützen, werden in Geschäften nicht mehr bedient, ihre Synagogen sind zerstört. Jeder kann sie bespucken, mit Steinen bewerfen, prügeln, erschlagen. Sie sind Erniedrigungen und Gewalt ohne Beistand ausgesetzt.

So kommen sie an. Umstellt von einer Meute SS-Leuten, die sie zusammenknüppeln, schreien: »Heraus, ihr Hunde!« Familien werden getrennt, Kinder, Kranke, Alte auf Lastwagen geworfen. Der Himmel blutrot, Flammen schlagen aus den Krematorien. Wer zu den Lebenden selektiert ist, bekommt alles abgenommen, Papiere, Amulette mit dem Bild eines geliebten Menschen, Kleider. Die Haare werden geschoren, eine Nummer wird eintätowiert (»Jetzt seid ihr nur noch dreckige Nummern, sonst nichts«). Daß auch die Neuen »durch den Kamin« gehen

---

9 Häftling Werner Jacob über den polnischen Arzt Dr. Roman Senkteller: »Bei der Strafkompanie haben in unregelmäßigen Abständen auch Selektionen stattgefunden. Diese wurden meiner Erinnerung nach von SS-Ärzten durchgeführt. Es half ihnen dabei der polnische Häftlingsarzt Dr. Zenteler. Dieser hatte fast so viel zu sagen wie die SS-Ärzte.« Aussage vom 23. 8. 1962. Auschwitz-Verf., Bl. 13337.

10 Aussage Bejlin vom 28. 8. 1962. Verfahren 4 Js 1031/61 OStA Ffm., Bl. 13358ff.

11 Judith Sternberg: In der Hölle von Auschwitz, Ms., Auschwitzverfahren, Bl. 3958ff. Sie kommt Ende Februar 1942 mit ihrer Familie nach Birkenau.

werden, wird ihnen gesagt. Judith Sternberg: »Nun verstand ich erst, was ist, als Mensch zu leben und behandelt zu werden.«[12]

Die Neuankömmlinge werden mit verlausten Kleidungsstücken ausgestattet, Holzpantinen als Schuhwerk. Auf den Wegen liegen Leichen, lebende Skelette torkeln auf sie zu, unfähig, sich zu äußern. Verzweifelte laufen in den elektrisch geladenen Zaun, zuckend sterben sie, hängen wie die Fliegen am Fliegenfänger. Die Unterkunft, eine Stallbaracke mit dreistöckigen Kojen, einfache Holzbretter, zehn bis zwölf Frauen haben eine Zudecke. Um vier Uhr heißt es aufstehen. Die Stehappelle dauern drei und mehr Stunden, in Hitze, Hagel, Eis oder Schnee. Abgebaute Menschen werden von SS-Leuten zusammengeschlagen, getreten, erschossen, und die eigenen Leute, vor allem, wenn sie Kapo geworden sind, unterscheiden sich in der Brutalität wenig oder gar nicht.

Die Ernährung in Auschwitz, so der SS-Arzt Münch, ist so katastrophal, daß nach drei bis sechs Monaten jeder Häftling zum »Muselmann« (lebenden Skelett) wird, sofern er nicht einen Weg findet, zusätzliche Nahrung zu organisieren. 1942 schreiben im Stammlager Auschwitz sieben Häftlinge Tag und Nacht ausschließlich Todesmeldungen.[13] Krankenschwester Sternberg: »Ich gebe zu, daß ich sehr oft das Brot von den Verstorbenen hervorgezogen habe, um es zu essen, auch wenn die Toten schon die ganze Nacht darauf gelegen haben. Denn der Hunger war so groß, daß wir im Stande waren, auch Schmutz zu essen. Wer es nicht selbst erlebt hat, wird nie ermessen können, was Hunger bedeutet, und wie weh es tut.«[14] Die Auschwitz-Realität heißt: »Dem einen sein Tod ist dem anderen sein Brot.«[15]

Der polnische Mediziner Wladyslaw Fejkiel kommt im Oktober 1940 nach Auschwitz, wird u. a. beim Straßenbau eingesetzt: »Da ich keine Bekannten hatte, die mir helfen konnten, bin ich in dieser Zeit körperlich sehr heruntergekommen und wog zuletzt

12 Ebd., Bl. 3966.
13 Urteil im Auschwitz-Prozeß gegen Mulka u. a., 4 Ks 2/63 LG Ffm, S. 50.
14 Judith Sternberg, a. a. O., Bl. 3982.
15 Ebd., Bl. 3992.

nur noch 39 kg. Im Januar oder Februar 1941 kam ich aufgrund meines körperlichen Zustandes als sogenannter Muselmann in den Krankenbau. Hier wurde ich als Fäkalienträger beschäftigt.« Fejkiels Fazit: »Ein Lagerführer hat einmal gesagt, daß ein Häftling unter den obwaltenden Umständen nur drei Monate leben kann, wer länger lebt, sei ein Dieb. Ich kann nach meinen eigenen Erfahrungen nur sagen, daß das stimmt.«[16]

Fejkiel: »Anfangs gab es überhaupt keine ärztliche Pflege. In dem Block 21 befand sich nur ein SS-Arztzimmer und ein kleiner Operationsraum. Wer schwer krank war, mußte ohne ärztliche Hilfe sterben.«[17] Professor Jan Olbrycht: »Erst Ende 1941 ... organisierte der SS-Arzt Dr. Entress, der Chirurgie lernen wollte, für das Häftlingskrankenhaus einen Operationssaal. Die Ausstattung war primitiv, und erst später versahen sich die Häftlinge mit den entsprechenden Instrumenten, die aus den Beständen der ermordeten jüdischen Transporte stammten.«[18]

Hungerödeme und Hungerdurchfälle stellen sich in größerem Umfang in Auschwitz erstmals im Winter 1940/41 ein. Zu dieser Zeit wird der Block 28 als Krankenblock aufgemacht. Fejkiel über die »Behandlung« der »Muselmänner«: »Eine Abteilung hatte die Erlaubnis, sich tagsüber auf den Boden zu legen, die andere Abteilung mußte stehen und auch auf den Appell gehen. Die Häftlinge, die sogenannte stehende Schonung hatten, mußten den ganzen Tag über deutsche Militärlieder singen.«[19]

1942 kommt Block 21 als chirurgische Abteilung hinzu.[20] Fejkiel: »Standortarzt Dr. Wirths hat im Jahre 1943 verschiedene Verbesserungen eingeführt. Er hat unter anderem Häftlingsärzte eingeführt ... und er hat auch dafür gesorgt, daß die kriminellen Kapos und Pfleger aus den Krankenblöcken herauskamen. Man

---

16 Aussage Fejkiel vom 7. 6. 1960. Auschwitz-Verfahren, Bl. 5791 ff.

17 Ebd., Bl. 5792.

18 Prof. Jan Olbrycht: Gesundheitswesen im Konzentrationslager Auschwitz, Gutachten in der Gerichtsverhandlung vor dem Obersten Volks-Gerichtshof am 10. 12. 1947 in Krakau, Auschwitz-Verfahren, Bl. 4531.

19 Aussage Fejkiel vom 7. 6. 1960. Ebd., Bl. 5793.

20 Ebd.

muß objektiv sagen, daß er die Position der Häftlingsärzte gestärkt hat.«[21]

Der relative Wandel hat seinen Hintergrund in den bereits erwähnten Erlassen des SS-Wirtschafts-Verwaltungshauptamtes, Häftlinge nicht einfach zu beseitigen, sondern ihre Arbeitskraft bis zum letzten auszupressen. Der Mangel an Rohstoff Mensch macht sich bemerkbar. Irena Biala, ab Ende 1943 Häftlingsärztin im »Durchfallblock« des Frauenlagers Birkenau: »Die Schwerkranken wurden seitdem nicht mehr ›abgespritzt‹, Schwerkranke arischer Herkunft wurden nicht mehr selektiert, neugeborene Kinder arischer Herkunft wurden nicht mehr ertränkt.«[22]

Im Frauenlager Birkenau gibt es in den Krankenblocks erst ab Sommer 1943 Wasser. Die Häftlingsärztin Ella Lingens, die als Haupttodesursachen Schmutz, Hunger und Epidemien nennt: »Ich habe es erlebt, daß in dem Krankenrevier, das im Winter 1943/44 aus 12 Krankenblocks bestand, von 10000 kranken Frauen täglich bis zu 350 Frauen gestorben sind. Die verstorbenen Frauen wurden tagsüber zwischen dem Block, in dem ich arbeitete, und einem anderen Block aufgeschichtet ... In diesem einen Winter sind allein 37 Häftlingsärztinnen gestorben.« Zu dieser Zeit muß Ella Lingens als einzige Ärztin bis zu 800 Kranke versorgen, die in dreistöckigen Kojen liegen, auf Säcken aus geflochtenem Papier, jede vierte an Durchfall erkrankt, ihre Notdurft unter sich lassend. Ella Lingens: »Die offizielle Medikamentenversorgung war praktisch gleich Null ... Alles andere mußte von den Häftlingsfrauen selbst auf illegalem Weg organisiert werden. Diese Medikamente stammten wohl fast ausschließlich von Vergasungstransporten.«[23]

---

21 Ebd., Bl. 5794.

22 Irena Bialowna: Aus der Geschichte des Reviers im Frauenlager in Birkenau, in: Die Auschwitz-Hefte, Bd. I, S. 173ff.

23 Aussage Lingens vom 19. 9. 1960. Auschwitz-Verfahren, Bl. 6548ff.

Seuchenbekämpfung

Im Mai 1943 wird in Raijsko, fünf Kilometer vom Stammlager entfernt, die »Hygienisch-Bakteriologische Untersuchungsstelle der Waffen-SS und Polizei Süd-Ost, Auschwitz, Oberschlesien« in Betrieb genommen. Leiter ist Dr. med. Bruno Weber (SS-Obersturmführer), stets von seinem Hund begleitet. Weber ist ein Mann »von tadelloser Eleganz, hochmütigem Wesen und kühler Ironie«. Webers Vertreter wird Dr. med. Hans Münch, von Häftlingen als »relativ freundlich« beschrieben.[24]

Das »Hygiene-Institut« ist von Standortarzt Wirths angeregt worden, nachdem die Fleckfieber-, Typhus- und Ruhrepidemien auch das SS-Personal gefährdeten. Münch über die bis dahin übliche Seuchenbekämpfung: »Sobald bekannt wurde, daß in neuen Blocks Typhus oder eine andere Seuche ausgebrochen war, wurden sämtliche Insassen dieses Blocks vergast, das Gebäude wurde mit Chlorkalk oder ähnlichen unzureichenden Mitteln desinfiziert und wieder neu belegt.«[25] Die Häftlingsärztin Odett Abadi: »es ist vorgekommen, daß der ganze Block der Krätzigen auf einmal geleert wurde wie auch der Infektionskranken«.[26]

Charakteristisch für die Krankenbehandlung ist die Bekämpfung der Typhusepidemie 1942. Im September 1942 liegen im Block 20 (normale Belegstärke etwa 400–500 Kranke) rund 1000 Kranke. Sie werden allesamt vergast. Fejkiel: »Es wurden nicht nur die kranken Häftlinge vergast, sondern auch die in diesem Krankenbau befindlichen kranken Häftlingsärzte, darunter auch solche, die Rekonvaleszenten waren.«[27]

Die russische Ärztin Alpatowa über eine Fleckfieberepidemie Ende 1943: »Die Läuse krochen überall umher, auf dem Boden,

---

24 Marc Klein, Professor für Biologie der Universität Straßburg, in: Léon Poliakov/Joseph Wulf: Das Dritte Reich und die Juden. Wiesbaden 1989, S. 257.

25 Aussage Münch vom 16. 3. 1960. Auschwitz-Verfahren, Bl. 4606.

26 Aussage Abadi vom 9. 6. 1972. Mengele-Verfahren, Bd. 10, Bl. 101.

27 Aussage Fejkiel vom 7. 6. 1960. Auschwitz-Verfahren, Bl. 5794.

auf den Betten, auf den Wänden, auf den Menschen, sie knirschten unter den Füßen ... Die Sterblichkeit war erschreckend. Am 31. Dezember starben innerhalb von 24 Stunden 960 Menschen, das war die höchste Sterblichkeitsziffer während der ganzen Epidemie. Medikamente gab es keine.«[28]

Barbara Kaminska-Sadowska, Pflegerin im Krankenbau des Frauenlagers, berichtet, daß selbst die sogenannte Entlausung als eine Form der Massentötung benutzt wird: »Sie bestand darin, daß sämtliche Kranken sehr früh morgens den Block verließen und nackt, ohne Rücksicht auf die Lufttemperatur, auf das Alter oder den Gesundheitszustand, in die Sauna gingen. Nach einer Dusche ... verließen die Kranken die Sauna und warteten draußen vor dem Block bis zum Abend auf die Desinfizierung des Blocks. Nach so einer Entlausung starb ca. die Hälfte der kranken Frauen vor dem Eingang zum Block.«[29]

Im Frühsommer 1944 meldet das Hygiene-Institut anläßlich einer Besichtigung durch den Chefarzt aller KZs Lolling, daß Auschwitz seuchenfrei sei.

Zu den Aufgaben des Instituts gehören Laboruntersuchungen für SS- und Polizeikrankenhäuser, Auschwitz und Nebenlager, ebenso die Prüfung von Präparaten und die Entwicklung einer vereinfachten Methode zur Blutgruppenbestimmung. Die Arbeit wird ausschließlich von Häftlingen gemacht: Universitätsprofessoren, Chemikern, Bakteriologen, Serologen, Pharmakologen, Biologen sowie Mitarbeitern aus dem Weigl-Institut in Lemberg (Dr. Ludwik Fleck, Dr. Resuch Umschweif, Dr. Jakub Seemann, Dr. Owsiej Abramowicz).

Rajsko ist alles andere als ein normales Laboratorium. Der griechische Häftlings-Chemiker Elie Arditi: »Es kam vor, daß ich einen abgeschnittenen Menschenkopf erhielt.«[30] In einem Zimmer stehen große Glasbehälter. In ihnen befinden sich »Köpfe

---

28 Brief Dr. Ljubow Alpatowa vom 21. 1. 1961. Ebd., Bl. 8797.

29 Aussage Kaminska-Sadowska vom 18. 6. 1973. Mengele-Verfahren, Bd. 29, Bl. 121 f. Ähnlich die Aussage von Magdalena Gasiorska. Verfahren 50 Js 9200/79 StA Ffm.

30 Aussage Elie Arditi vom 14. 12. 1973. Mengele-Verfahren, Bd. 21, Bl. 68.

von Zigeunerkindern, deren Gesichter von Wasserkrebs (Noma) entstellt waren. Die geöffneten Augen dieser Kinder sahen durch das Formalin und das Glas der Gefäße auf die Häftlinge herab.«[31] Die Kinderköpfe, so der Hilfspfleger Kazimierz Czelny, stammen von Dr. Josef Mengele und sind für »ein Institut in Berlin« bestimmt.[32]

Die Art und Weise, wie das Hygiene-Institut seine Bakterienzucht betreibt, entsetzt sogar SS-Oberscharführers Erich Mussfeld, und der ist gewiß nicht zart besaitet: Mussfeld hatte in Majdanek die Leichenverbrennungen geleitet und beaufsichtigt in Auschwitz die Sonderkommandos an den Krematorien II und III (»In diesen Krematorien wurden in jede Verbrennungskammer drei Leichen von Erwachsenen gelegt. Kinderleichen galten als Zugabe«). Im Juli 1944 sieht Mussfeld, wie SS-Hauptscharführer Otto Moll etwa 20 Juden erschießt:

»In dem Gelände, in dem das Massaker stattfand, befand sich mit einem Kraftfahrzeug der SDG Zabel mit einem Häftlingsarzt. Dieser Häftlingsarzt schnitt aus den Oberschenkeln der Leichen, nachdem er zuvor die Stellen, die er entnehmen wollte, enthäutet hatte, Muskelteile heraus. Das Menschenfleisch wurde in Eimer gepackt, und dann fuhr Zabel mit dem Häftlingsarzt nach Rajsko zurück.« Ein Kapo gibt dem erstaunten Mussfeld die Auskunft, die Körperteile würden für Bakterien im Hygienischen Institut in Rajsko entnommen.[33]

Der Häftling Filip Müller behauptet, SS-Ärzte, »meistens Hauptsturmführer Kitt und Obersturmführer Weber« hätten vor Hinrichtungen im Krematorium eine Art Fleischbeschau vorgenommen:

»Vor den Hinrichtungen befühlten die beiden Ärzte wie Viehhändler die Schenkel und Waden der noch lebenden Männer und Frauen, um sich ›die besten Stücke‹ auszusuchen. Nach der

---

31 Der ehemalige Mitarbeiter Mieczyslaw Kieta: Das Hygiene-Institut der Waffen-SS und Polizei in Auschwitz. Die Auschwitz-Hefte, Bd. I, S. 213 ff.

32 Aussage Kazimierz Czelny vom 30. 10. 1972. Mengele-Verfahren, Bd. 13, Bl. 3.

33 Aussage Mussfeld vom 19. 8. 1947. Mengele-Verfahren, Bd. 41, Bl. 6 f.

Erschießung wurden die Opfer auf einen Tisch gelegt. Dann schnitten die Ärzte Stücke von noch warmem Fleisch aus den Schenkeln und Waden heraus und warfen es in bereitstehende Behälter. Die Muskeln der gerade Erschossenen bewegten sich noch und konvulsierten, rüttelten in den Eimern und versetzten diese in ruckartige Bewegungen.«[34]

Schenkel und Bauchfleisch werden oft von ermordeten Frauen genommen und in der Nährbodenküche in Rajsko zu einer konzentrierten Brühe gekocht (»Menschenbouillon« steht auf den Gefäßen). Erkaltet dient die Brühe als Nährböden für die Bakterienzucht des Bakteriologischen Labors.[35]

Ärzte in Auschwitz

Die Hoffnung, von Ärzten menschlich behandelt zu werden, ist gering. Dr. Werner Rohde werden von einer Schreiberin im Häftlingskrankenbau (HKB) allein deshalb menschliche Reaktionen bescheinigt, weil er angesichts der Lagerrealitäten »stark getrunken hat«.[36]

Dr. Fritz Klein (Jahrgang 1888) ist ein kleiner, dicker Herr aus Rumänien.[37] Er spricht schlecht Deutsch,[38] aber perfekt Ungarisch.[39] Anfangs zeigt er menschliche Umgangsformen: »Dr. Klein, ein älterer Mensch, machte in den ersten Tagen den Eindruck, selbst nicht genau zu wissen, wo er sich befand. Als er in den Block kam, stellte er sich mir mit Handschlag vor und erklärte, der Zustand des Blockes sei furchtbar, er wolle sich zumindest für die älteren Kranken um einen Platz unter menschlicheren Bedingungen kümmern.« Die menschliche Regung muß vom be-

34 Filip Müller: Sonderbehandlung. Drei Jahre in den Krematorien und Gaskammern in Auschwitz, in: Die Auschwitz-Hefte, Bd. 1, S. 216.

35 Kieta: Das Hygiene-Institut der Waffen-SS, a. a. O., S. 216.

36 Bericht Isabella Sosnowska vom 12. 9. 1960. Auschwitz-Verfahren, Bl. 6524.

37 Aussage Dr. Stanislaus Klodzinksi vom 25. 7. 1962. Ebd., Bl. 13126.

38 Aussage Dr. Lucas vom 14. 2. 1962. Ebd., Bl. 11544.

39 Aussage Schwalbova vom 3. 10. 1961. Ebd., Bl. 10958.

gleitenden SS-Unterführer gemeldet worden sein, »denn schon am nächsten Tag verhielt sich der Arzt im SS-Sinne richtig und nahm dann auch an den Selektionen teil«.[40]

Die Häftlingsärztin Margita Schwalbova bescheinigt Klein »ein zuvorkommendes Benehmen«, dennoch nimmt er »unzählige und rücksichtslose Selektionen im Revier unter den Patienten vor«.[41] Die Häftlingsärztin Ella Lingens: »Zu Dr. Klein, mit dem ich reden konnte, habe ich einmal gesagt, wie er das mit dem Hippokratischen Eid vereinbaren könne. Er antwortete mir darauf: ›Aus Achtung vor dem menschlichen Leben schneide ich einen vereiterten Blinddarm heraus, die Juden sind der vereiterte Blinddarm am Körper Europas.‹«[42] So selektiert er einen 14jährigen jüdischen Waisenjungen mit einem Nackenkarbunkel für die Gaskammer. Der Häftlingsarzt Erwin Valentin: »Auf die brüllende Klage des Jungen, daß er doch bald gesund sei und noch leben wolle, erklärte Klein dem Jungen, daß er nicht in den Kamin ginge, sondern in einen anderen Krankenbau, wo es sehr schön sei.«[43]

Dr. Rudolf Horstmann, zuvor Lagerarzt in Sachsenhausen, wird Ende 1944 nach Auschwitz delegiert. Häftlingsarzt Wolken: »Er war außerordentlich medizinisch interessiert, ließ sich bei der Visite die einzelnen Fälle vorstellen und bestimmte einzelne Fälle, eine vollkommen neue Einführung, zur Vorstellung bei der wöchentlichen Ärztebesprechung. Zu diesen Besprechungen wurden auch die Ärzte und Ärztinnen aus den anderen Lagerabschnitten eingeladen, und zwar Häftlingsärzte.«[44] Der gegen Kriegsende so menschliche Arzt wird von niemandem sonst erwähnt.

Manche Ärzte sind nur kurze Zeit in Auschwitz. So Dr. Erwin Heschi (September 1941 bis April 1942) oder Dr. Georg Meyer,

---

40 Irena Bialowna: Aus der Geschichte des Reviers im Frauenlager in Birkenau. Die Auschwitz-Hefte, Bd. I, S. 178.

41 Aussage Schwalbova vom 7. 2. 1967. Mengele-Verfahren, Bd. 26, Bl. 76.

42 Aussage Lingens vom 19. 9. 1960. Auschwitz-Verfahren, Bl. 6557.

43 Aussage Dr. Valentin vom 13. 4. 1959. Ebd., Bl. 849.

44 Aussage Dr. Wolken vom 14. 11. 1960. Ebd., Bl. 6950.

von der tschechischen Häftlingsärztin Schwalbova bezichtigt, im Sommer und Herbst 1942 Häftlinge ins Gas selektiert zu haben.[45] Manche werden kaum erwähnt wie Dr. Otto Blaschke, 1940/41 in Auschwitz und danach in weiteren KZs eingesetzt, oder der von Blaschke als Lagerarzt benannte Dr. Herbert Wuttke aus Wien.[46] Von vielen ist nicht einmal der Name bekannt.

Bekannt geworden ist dagegen Prof. Dr. med. et phil. Johann Paul Kremer, außerplanmäßiger Professor und Direktor des Anatomischen Instituts der Universität Münster. Er hatte sich Hoffnungen gemacht, in Münster einen Lehrstuhl für Vererbungslehre zu erhalten. Als Mitglied der SS (zuletzt SS-Obersturmführer) wird er nur in den Semesterferien zu Kurzeinsätzen herangezogen, z.B. einmal im SS-Lazarett Dachau. Vom 30. August bis 18. November 1942 ist er zur Vertretung von Dr. Kitt nach Auschwitz abgeordnet. Der polnische Häftlingsarzt Dr. Klodzinski: »Kremer war im Gegensatz zu dem Lagerarzt Dr. Entress zu den Häftlingsärzten und -Pflegern niemals brutal.«[47]

Kremer ist bei der Exekution der Prügelstrafe, bei Erschießungen, der Tötung durch Spritzen anwesend und selektiert vierzehnmal an der Rampe. In seinem Tagebuch[48] verbirgt er sein Entsetzen nicht. Über seine erste Selektion am 2. September 1942 schreibt er: »Im Vergleich hierzu erscheint mir das Dantesche Inferno fast wie eine Komödie.« Am 5. September notiert er über die Selektionen: »Wegen der dabei abfallenden Sonderverpflegung, bestehend aus einem fünftel Liter Schnaps, 5 Zigaretten, 100 g Wurst und Brot, drängen sich die Männer zu solchen Aktionen.«

---

45 Aussage Schwalbova vom 3. 10. 1961. Ebd., Bl. 10960. Auch Dr. Kremer nennt Meyer als Arzt bei Selektionen: Protokoll in polnischer Haft vom 18. 7. 1947. Ebd., Bl. 9062.

46 Aussage Dr. Otto Blaschke vom 8. 3. 1961. Ebd., Bl. 8062ff. Dr. Wuttke wird wahrscheinlich Anfang 1941 als Lagerarzt nach Auschwitz kommandiert. Nach dem Krieg Arzt in Essen.

47 Aussage Klodzinski vom 20. 12. 1959. Auschwitz-Verfahren, Bl. 3946.

48 Abgedruckt in: »Schöne Zeiten«. Judenmord aus der Sicht der Täter und Gaffer, hg. von Ernst Klee, Willi Dreßen, Volker Rieß. Frankfurt am Main 1988, S. 231 ff.

Dagegen stehen Kremers Bemerkungen über die ausgezeichnete Verpflegung im Führerheim. Am 20. September 1942 vermerkt er: »Mittags gabs Schweinebraten, abends gebackene Schleie.« Am 23. September hält er fest: »Abends um 20 Uhr Abendessen mit Obergruppenführer Pohl im Führerheim, ein wahres Festessen. Es gab gebackenen Hecht, soviel jeder wünschte, echten Bohnenkaffee, ausgezeichnetes Bier und belegte Brötchen.«

Kremer hatte sich mit einer Arbeit »Über die Veränderungen des Muskelgewebes im Hungerzustande« habilitiert. In Auschwitz mangelt es nicht an Anschauungsmaterial. Er schneidet ermordeten Häftlingen Leber und Bauchspeicheldrüse heraus, um die Veränderungen im menschlichen Körper durch Hunger zu untersuchen. Der Anatom am 10. Oktober 1942: »Lebendfrisches Material von Leber, Milz und Pankreas entnommen und fixiert.«

Kremer schildert die Ermordung von Häftlingen im Block 28: »Dort wurde der Kranke noch zu Lebzeiten auf den Sektionstisch gelegt. Ich trat an den Tisch heran und frug den Kranken um verschiedene sachliche Einzelheiten für meine Forschungen aus, so zum Beispiel über sein Körpergewicht vor der Inhaftierung ... Nach Einholung dieser Informationen trat der Sanitäter an den Kranken heran und tötete den Kranken durch Verabreichung einer Einspritzung in die Herzgegend.«[49]

Es besteht der Verdacht, daß Kranke gezielt für Kremers Forschung getötet werden. So kommt eines Tages der Sanitätsdienstgrad (SDG) Klehr im Auftrage Kremers zu dem polnischen Häftlingsarzt Fejkiel, um sich einen vollständig und einen etwas weniger verhungerten Häftling zeigen zu lassen. Die beiden Häftlinge werden am nächsten Tag mit Phenol getötet.[50]

---

49 Aussage Kremer vom 30. 7. 1947. ZSt 402 AR-Z 37/58, Sonderband Kremer.

50 Urteil Oberstes Polnisches Volkstribunal in Krakau vom 22. 12. 1947, S. 135f. Kremer wird am 22. 12. 1947 vom Obersten Polnischen Volkstribunal in Krakau zum Tode verurteilt, zu lebenslänglich begnadigt und Januar 1958 entlassen. 1960 verurteilt ihn das LG Münster zu zehn Jahren Haft, die er wegen der polnischen Inhaftierung nicht verbüßen muß.

Die Anwesenheit von Dr. med. Kurt Uhlenbroock in Auschwitz ist lediglich durch Kremers Tagebuch bekannt geworden. Kremer schildert nämlich, von »Standortarzt Hauptsturmführer Uhlenbrock« zur Begrüßung einen streng geheimen Instruktionsbefehl bekommen zu haben. Uhlenbroock, ursprünglich Polizeiarzt, ist zur Seuchenbekämpfung am 17. August 1942 nach Auschwitz beordert worden, bleibt bis zum 6. September.[51]

Bald 20 Jahre später, am 14. November 1960, wird Uhlenbroock in Hamburg vernommen. Er hat zu dieser Zeit eine Privatpraxis, arbeitet zusätzlich für das Evangelische Krankenhaus Hirschpark in Blankenese und das Rote-Kreuz-Krankenhaus Helenen-Stift. Eine seiner Patientinnen ist die Ehefrau des ehemaligen KZ-Adjutanten Robert Mulka, mit dessen Sohn unternimmt er Segelpartien.[52] Uhlenbroock begegnet den Ermittlungsbeamten mit einem Argument, das sie bisher von keinem KZ-Arzt gehört haben: »Ich selbst war als SS-Häftling in Auschwitz ...«[53]

Dies kann nicht einmal Robert Mulka bestätigen: »Ich weiß mit Sicherheit, daß Dr. U. in Auschwitz als Arzt Dienst gemacht hat.«[54] Statt Mulka erbietet sich ein anderer Entlastungszeuge: Dr. Eduard Wildhagen, 1936 als Geschäftsführender Vizepräsident des Reichsforschungsrates entlassen, Berufsangabe nun: Verleger und wissenschaftlicher Mitarbeiter des Springer Verlages.[55] Wildhagen will wissen, daß Uhlenbroock in Auschwitz inhaftiert gewesen ist,[56] und legt gleich ein Leumundszeugnis für seine eigene Person bei: ausgestellt von Dr. Ing. Werner Hagert, von 1941 bis 1945 Sachbearbeiter für Wissenschaftsfragen in der Kanzlei des Führers, nun Farbwerke Hoechst AG.[57]

Der polnische Häftlingsarzt Tadeusz Paczula[58] beschuldigt Uhlenbroock, für die Liquidierung von etwa 900 Häftlingen der

51 Aktenvermerk Auschwitz-Verfahren, Bl. 9469ff.
52 Aussage Uhlenbroock vom 14. 11. 1960. Ebd., Bl. 6997ff.
53 Aussage Uhlenbroock vom 17. 11. 1960. Ebd., Bl. 7003.
54 Aussage Mulka vom 15. 11. 1960. Ebd., Bl. 6988.
55 Aussage Wildhagen vom 3. 1. 1962. Ebd., Bl. 11036.
56 Brief Wildhagen an Uhlenbroock vom 19. 12. 1960. Ebd., Bl. 10763.
57 Schreiben Hagert vom 6. 3. 1957 zur Person Wildhagen. Ebd., Bl. 10769f.
58 Aussage Paczula vom 2. 6. 1970. Ebd., Bl. 805.

Typhusstation verantwortlich zu sein. Am 14. November 1960 wird der Beschuldigte bei der Staatsanwaltschaft in Hamburg vernommen. Er beruft sich auf verschiedene Dokumente, die seiner Entlastung dienen könnten, sich aber in seiner Wohnung befänden. Zwei Kripobeamte und ein Staatsanwalt begleiten ihn. Sie sehen zu, wie er im Schlafzimmer eine braune Lederaktentasche greift, sich ins Badezimmer begibt, der Tasche ein Schreiben entnimmt, zusammenknüllt und in der linken Hand versteckt. Das Schreiben wird ihm abgenommen. Es ist ein Gesuch um einen vierwöchigen Erholungsurlaub, datiert: K. L. Auschwitz, 21. 9. 1942.[59]

Der erste Standortarzt in Auschwitz ist Dr. Popiersch. Er wird Anfang 1942 nach Lublin versetzt und stirbt dort. Danach folgen 1942 die Ärzte Dienstbach, Schwela, Krebsbach und Franz von Bodmann (er soll der Erfinder der Phenolspritzen sein[60] und selbst Häftlinge abgespritzt haben).[61] Für eine Übergangszeit wird der bereits erwähnte Dr. Uhlenbroock eingesetzt, ein kleiner Mann mit Hornbrille und strammem Auftreten.[62] Danach kommt Wirths, von Edward Pys, einem der ersten Auschwitzhäftlinge, als »stets anständig« beschrieben.[63] Hermann Langbein, Schreiber im Häftlingskrankenbau (HKB), nennt Wirths einen Mann, der »primär versuchte, die Häftlinge den Interessen der Rüstungsindustrie dienstbar zu machen«.[64]

Eduard Wirths wird allgemein als Argumenten zugänglich beschrieben. Die Beurteilung würde weniger günstig ausfallen, wären seine Krebsversuche bekannt geworden. Von einigen Frauen fand ich Unterlagen, ein Beispiel:

---

59 Aktenvermerk und Durchsuchungsprotokoll vom 14. 11. 1960. Ebd., Bl. 7003f. Ein Ermittlungsverfahren gegen Uhlenbroock wird mangels Beweises eingestellt.

60 Aussage Paczula vom 27. 10. 1959. Ebd., Bl. 2568.

61 Aussage Schwalbova vom 21. 9. 1961. Ebd., Bl. 10937.

62 Aussage Anton Wilhelmy vom 12. 10. 1962. Ebd., Bl. 13724. Er war nach eigener Aussage die »rechte Hand« des Standortarztes in Verwaltungsangelegenheiten.

63 Aussage Pys vom 23. 10. 1959. Auschwitz-Verfahren, Bl. 2466.

64 Aussage Langbein vom 18. 6. 1962. Ebd., Bl. 12703.

Eine französische Jüdin (Häftlingsnummer 50388) kommt Ende Juli 1943 in Auschwitz an: »Beim Verlassen des Zuges wurden von Dr. Wirths 75 Frauen in gutem Gesundheitszustand ausgesucht und zur Vornahme von Experimenten in den Block 10 gebracht. Es wurden nur verheiratete Frauen von 25–35 Jahren ausgewählt ... Bald darauf wurde ich von Dr. Samuel, der unter Dr. Wirths arbeitete, in Vollnarkose operiert. Die Operation wurde durch die Scheide, ohne Eröffnung der Bauchhöhle vorgenommen. Über die genaue Bedeutung dieser Operation kann ich nichts sagen. Drei Tage später machte ich eine außerordentlich starke und lebensgefährliche Blutung durch ...«[65]

In Auschwitz sind Versuche zur Krebs-Früherkennung gemacht worden. Der Bruder des Standortarztes, der Frauenarzt Helmut Wirths, arbeitet im Jahre 1943 in der Städtischen Frauenklinik in Hamburg-Altona. Direktor der Klinik (und Lehrbeauftragter an der Medizinischen Fakultät) ist Professor Hans Hinselmann[67], der Begründer der Kolposkopie, einer bis heute gebräuchlichen Methode zur Erkennung des Gebärmutterkrebses. Dabei wird das Kolposkop in die Scheide eingeführt, um Scheidenschleimhaut und einen Teil des Gebärmutterhalses untersuchen zu können. In Auschwitz werden allerdings den Frauen am Gebärmutterhals größere Gewebestücke herausgeschnitten.

Helmut Wirths besucht seinen Bruder im Jahre 1943 in Auschwitz und wird von der Häftlingsärztin Hautval beschuldigt, »Initiator der Versuche« zu sein.[68] Er wird von Lagerkommandant Höß zum Kaffee empfangen. Der Altonaer Frauenarzt be-

65 Im Gutachten Dr. Kaplans vom 23. 3. 1953 wird die nicht therapierbare Verstümmelung deutlich: »Der zweimal durchgeführte Versuch, die Fistel chirurgisch zu schließen und eine plastische Operation der Scheide vorzunehmen, ist gescheitert und hat durch die neu entstandenen Narben wahrscheinlich die Situation verschlimmert.«

67 Prof. Dr. med. Dr. med. h.c. Hinselmann wird im Dezember 1946 von einem britischen Militärgericht zu drei Jahren Gefängnis verurteilt, weil er, auf Bitten der Gestapo und unter Umgehung eines Verfahrens vor dem Erbgesundheitsgericht, eine unbekannte Zahl »Zigeunerinnen« sterilisiert hatte. Busche, S. 425.

68 Hautval, S. 45f.

sichtigt z.B. das kleine Krematorium im Stammlager und ist im Versuchsblock (Block 10). Helmut Wirths über seinen Bruder: »Ich weiß, daß er durch Dr. Hinselmann ein Kolposkop nach Auschwitz bekam ... Die ... Präparate wurden nach Altona an das Labor unserer Klinik geschickt und dort von Dr. Hinselmann untersucht.«[69]

Die Auschwitz-Altona-Verbindung und die Zusammenarbeit mit Hinselmann belegt ein Brief des Standortarztes Eduard Wirths an seine Frau vom 19. Dezember 1944: »Ich bin nur gespannt, ob Hinselmann die Berufung nach Jena bekommt; Clauberg habe ich Astel[70] nicht genannt, er erscheint mir der Stelle gar so unwürdig, kommt aus dem Saufen usw. halt nicht mehr heraus.«[71]

Einen Arzt hatte ich lange unter der Rubrik »Verbleib unbekannt« stehen: Dr. Hans-Wilhelm König, am 13. Mai 1912 in Stuttgart geboren. Er absolviert 1938 neun Monate lang eine Ausbildungszeit als Medizinalpraktikant an der Universitätsklinik in Göttingen. Im Juli 1938 heiratet er Dagmar Kalling, eine »schwedische Gräfin« mit schulterlangem Haar, wie Zeitzeugen nach dem Krieg behaupten.[72] Sie werden drei Kinder haben: Ulf-Ingomar, Sven und Heid-Ingegard.

Im November 1939 wird König Hilfsarzt beim Staatlichen Gesundheitsamt in Höxter. Im Januar 1941 zieht die Familie auf Gut Maygadessen in Godelheim, Kreis Höxter. Die Medizinische Fakultät der Georg-August-Universität zu Göttingen verleiht König am 30. März 1943 den Grad eines Doktors. Die Dissertation »Der Einfluß intravenöser Injektionen von Verdauungssäften auf den Blutstatus von Kaninchen unter besonderer Berücksichtigung der perniciösen Anämie« (Mangelkrankheit) wird mit »sehr gut« be-

69 Aussage Helmut Wirths vom 2.4.1962. Auschwitz-Verfahren, Bl. 12030ff.
70 Prof. Dr. Karl Astel, Staatsrat im Thüringischen Innenministerium, Suizid 1945.
71 Auszüge der Wirths-Briefe. Auschwitz-Verfahren, Bl. 12035.
72 Die Darstellug stützt sich auf Aktenvermerke des Verfahrens 4 Js 1173/62 OStA Ffm.

wertet. Königs Prüfer ist der Göttinger Internist Rudolf Schoen, der auch den Bericht über die Dissertation mitunterzeichnet. Der zweite Unterzeichner ist Hans Wolf, Professor für Innere Medizin.

König ist Häftlingen in Erinnerung geblieben. Die russische Ärztin Alexandra Ladejschtschikowa: »König war groß, hager, trug einen Kneifer. Während der Visite hatte er immer Handschuhe an. Die Handschuhe waren gewöhnlich schwarz.«[73] Ihre Kollegin Bialowna: »Dr. König war groß, sehr hager und nervös, trotzdem beobachtete ich gerade bei ihm gewisse menschliche Regungen.«[74] Ein Häftlingsarzt: »Er machte den Eindruck eines Gymnasiallehrers.«[75]

König selektiert, Augenzeugen zufolge, häufig an der Rampe. Die Pflegerin Joffe (Birkenau) berichtet, im Sommer 1944 sei das Gerücht umgegangen, daß nicht mehr vergast werde. Daraufhin hätten sich viele Häftlinge krank gemeldet. Mitten in der Nacht seien Mengele und König erschienen, hätten den Kranken befohlen, die Baracke zu verlassen. Die Häftlinge schreien, man solle sie am Leben lassen: »Man trieb aber die Menschen nackt und halbnackt aus den Krankenrevieren, die SS-Leute schlugen die wehrlosen Menschen so lange mit ihren Gummiknüppeln, bis sie alle auf den Lastautos waren. Diese Aktion führten Dr. Mengele und Dr. König, sowie eine Reihe von SS-Leuten durch.«[76] Im Spätsommer 1944 kommt König als Lagerarzt nach Monowitz.

»Dr. König hat zu keiner Zeit einen Häftling untersucht oder mit seinen Händen berührt.«

Häftlingsarzt Dr. Stephan Budziaszek.[77]

Ehefrau Dagmar erlebt das Kriegsende auf Gut Maygadessen. Auf einer maschinengeschriebenen Karte zeigt sie 1945 das Ab-

73 Aussage Ladejschtschikowa vom 28. 6. 1973. Mengele-Verfahren, Bd. 18, Bl. 140.

74 Irena Bialowna: Aus der Geschichte des Reviers im Frauenlager in Birkenau, Die Auschwitz-Hefte, Bd. I, S. 178.

75 Aussage Budziaszek vom 29. 5. 1968. Verfahren 4 Js 1173/62 OStA Ffm.

76 Aussage Ester Joffe vom 9. 5. 1960. Auschwitz-Verfahren, Bl. 5979.

77 Aussage Budziaszek vom 29. 5. 1968. Verfahren 4 Js 1173/62 OStA Ffm.

leben ihres Mannes an. Eine Nachbarin erlebt sie bedrückt, sie habe aber nie geweint. Ende des Jahres kehrt die vermeintliche Witwe mit den Kindern nach Schweden zurück.

König nimmt unter dem Namen »Dr. med. Ernst Peltz« im niedersächsischen Flecken Holtorf (über Twistringen), Gemeinde Colnrade, Quartier. Colnrade hat etwa 1500 Einwohner. Am 18. April 1946 wird er vom Staatlichen Gesundheitsamt des Kreises Grafschaft Hoya (Dr. Sieg) der Kassenärztlichen Vereinigung, Bezirksstelle Verden, empfohlen: Peltz führe derzeit für das Gesundheitsamt öffentliche Schutzimpfungen durch. Er mache einen ordentlichen Eindruck: »Es ist mir unverständlich, warum Kollege Pel[t]z bisher nicht einer Niederlassungsgenehmigung nachgekommen ist.«[78]

»Dr. Peltz« muß einen Lebenslauf, Approbations- und Promotionsurkunde und eine politische Unbedenklichkeitsbescheinigung der britischen Besatzungsmacht vorlegen. Die Briten suchen keinen Dr. Peltz (geboren in Neudeck/Oberschlesien, promoviert in Breslau, vormals Assistenzarzt in Rybnik) und erteilen ihre Genehmigung.

Anfang 1948 geht bei der Ärztekammer Niedersachsen eine Beschwerde der Vermieterin, einer alten Dame, ein. Peltz sei nach Kriegsende als Flüchtling zugewiesen worden. Er benutze drei Zimmer und zahle für die Räume jeweils 10 Mark, zusätzlich 2 Mark Kostgeld pro Tag. Besonders ärgerlich: Er verwendet das Wohnzimmer als Warteraum. Die Ärztekammer belehrt Peltz, daß der Mietpreis zu niedrig sei.

Dr. Peltz wird 1955 selbst Hausbesitzer, später kommt noch ein Haus hinzu, zwei Reitpferde dokumentieren Wohlstand. 1956/57 reisen während der Ferien erstmals seine Kinder zum Reiten an, nennen ihn Onkel Arvid. Einmal sollen sie von ihrer Mutter abgeholt worden sein. Die Kinder ecken durch arrogantes Benehmen an, grüßen angeblich nicht einmal. Ihre Ähnlichkeit mit »Dr. Peltz« fällt im Ort auf.

78 Angaben, die sich auf seine ärztliche Tätigkeit beziehen, stammen aus der Personalakte Peltz, Ärztekammer Verden.

Über den zugereisten Landarzt kursieren Gerüchte. Bei einem Fest des Reitervereins Lerchenhausen kommt es zwischen Dr. Peltz und Besuchern zu einer Auseinandersetzung. Peltz wird vorgeworfen, kein Arzt zu sein. Er reagiert mit Schweigen.

Schließlich wird das Gesundheitsamt im Dezember 1959 mit einem Schreiben an die Ärztekammer Verden aktiv. Angefragt werden Personalien, Bestallungs- und Promotionsurkunde: »Ich muß endgültig dem Gerücht nachgehen«, so der Amtsarzt, »ob es sich bei P. um einen approbierten Arzt handelt oder nicht. Ein solches Gerücht will bis zum heutigen Tage nicht verstummen. Direkte Anfragen von uns an ihn blieben leider bisher unbeantwortet.«

»Dr. Peltz« hat von seiner Promotionsurkunde nur ein maschinengeschriebenes Exemplar ohne amtlichen Briefkopf. Das Original, behauptet er, sei »in den Kriegswirren abhanden gekommen«. Die Ärztekammer fordert ihn auf, bei der Universität Göttingen, wo er unter seinem richtigen Namen promoviert hatte, eine Ersatzurkunde zu beantragen. Alles wird irgendwie geregelt: Im Februar 1962 übersendet die Ärztekammer Peltz drei beglaubigte Abschriften der Urkunde.[79]

Im April 1962 schließt »Dr. Peltz« seine Praxis aus »gesundheitlichen« Gründen, begibt sich auf Reisen. Zusammen mit seiner Sprechstundenhilfe verschwindet er, auf immer. Also doch: Verbleib unbekannt.

Die Hauptaufgabe der Ärzte in Auschwitz – dies wird ein Thema des Kapitels über Josef Mengele sein – ist die Selektion von Menschen für die Gaskammer (die an der Rampe ins Gas

---

79 Die OStA Ffm. befragte auf der Suche nach »Dr. Peltz« auch Prof. Martin Staemmler, ehemals Direktor des Pathologischen Instituts der Universität Breslau. Der Pathologe, von 1938 bis 1943 Rektor der Universität, hält die vorgelegte Promotionsurkunde nach Art und Form für in Ordnung (Verfahren 4 Js 1173/62 OStA Ffm., Aktenvermerk vom 7. 12. 1966). Staemmler, Autor des Standardwerkes »Rassenpflege im völkischen Staat«, ist von 1950 bis 1960 Direktor des Pathologisch-bakteriol. Instituts der Städt. Krankenanstalten Aachen, ab 1960 Leiter der Pathologischen Abteilung der Firma Chemie Grünenthal (Labisch/ Tennstedt, S. 502).

Selektierten werden im übrigen namentlich nicht erfaßt). Die Vorschriften über Selektionen besagen, daß jeweils zwei Ärzte bei Ankunft eines Transportes Dienst haben. Der eine hat Rampendienst, der andere beaufsichtigt Vergasung und Krematoriumsbetrieb.[80]

»Bis zum Frühjahr 1944«, so Dr. Hans Münch, »wurden sämtliche Selektionen nur von den Lagerärzten durchgeführt, bzw. geleitet.« Dies ändert sich, weil immer mehr Massentransporte (aus Ungarn) eintreffen. Zudem sind die Außenlager erheblich erweitert worden, die Auschwitz-Ärzte deshalb oft tagelang auswärts tätig. Nach Beschwerden der »überlasteten« Mediziner werden neue Lagerärzte eingestellt, und zwar, so Münch, »nach meiner Erinnerung Dr. Thilo und Dr. Klein. Selbst diese Verstärkung war durchaus ungenügend und die Arbeit drohte den Lagerärzten über den Kopf zu wachsen ... Um diesen akuten Ärztemangel zu beseitigen, sah sich Standortarzt Dr. Wirths im Frühjahr 1944 genötigt, auch die anderen im Lagerbereich tätigen Sanitätsführer (Zahnärzte[81], Apotheker) zum Selektionsdienst einzuteilen.«[82]

Münch, der organisatorisch dem Hygiene-Institut der Waffen-SS in Berlin (Mrugowsky) untersteht, weigert sich mit Erfolg, an Selektionen teilzunehmen. Dr. Hans Delmotte, sein junger Kollege aus dem Hygiene-Institut Rajsko, ist nach der ersten Selektion völlig gebrochen. Weinkrämpfe und Brechanfälle stellen sich ein. Am nächsten Tag geht er zum Kommandanten, will nicht mehr mitmachen. Kommandant, Standortarzt und schließlich Mengele reden auf ihn ein. Mengele sagt ihm, der Truppen-

80 Aussage Münch vom 16. 3. 1960. Auschwitz-Verfahren, Bl. 4609.

81 Die jüdische Dentistin Fenny Herrmann über den Leitenden Zahnarzt Dr. Willi Frank: »Er hat sich sowohl mir als auch den anderen Zahnärztinnen gegenüber immer sehr anständig benommen und uns regelrecht als Kolleginnen behandelt.« Aussage vom 30. 9. 1959. Auschwitz-Verfahren, Bl. 2316.
Frank hat sich dennoch an der Selektion von mindestens 6000 Menschen beteiligt. Auschwitz-Urteil vom 20. 8. 1965, S. 516.

82 Aussage Münch vom 16. 3. 1960. Auschwitz-Verfahren, Bl. 4609. Ähnlich die Aussage des Zahntechnikers Friedrich Ontl vom 6. 9. 1960. Ebd., Bl. 6440 ff.

arzt müsse an der Front ebenfalls selektieren, denn er entscheide über die Reihenfolge der notwendigen Operationen und damit über Leben und Tod der Verwundeten. Zuletzt wird Delmottes junge Frau nach Auschwitz geholt, ihrem Mann die richtige Weltanschauung nahezubringen: Delmotte selektiert.[83]

Häufig an Selektionen beteiligt ist der Apotheker Dr. Victor Capesius, ehemals Repräsentant der I. G. Farben in Rumänien. Im Juni 1944 trifft in Birkenau ein Transport aus Klausenburg[84] ein. Unter den 2500 Menschen, die in Viehwaggons eingepfercht sind, befindet sich der Textilfabrikant Josef Glück mit seiner Familie und Albert Ehrenfeld, Direktor der Medikamentenfirma Royal AG.[85] Zu ihrem Erstaunen erkennen sie an der Rampe Capesius, jetzt Lagerapotheker in Auschwitz. Ehrenfeld: »Ich konnte es zunächst gar nicht glauben, daß ich Capesius in einer SS-Uniform in Auschwitz begegnete. Zu unserem Transport gehörten noch eine größere Anzahl von Ärzten und Apothekern. Alle haben Capesius erkannt, weil er mit ihnen in Klausenburg in geschäftlicher Verbindung gestanden hatte.«[86]

Ärzte in Auschwitz: Der zur Selektion eingeteilte Arzt fährt in der Regel mit einem Sanka (Sanitätskraftwagen) nach Birkenau. Der Wagen ist deutlich mit einem Roten Kreuz gekennzeichnet: »Hinter jedem Transport von Menschen, die in die Gaskammern getrieben wurden, fuhr ein Sanitätsauto mit den Zeichen des Roten Kreuzes, in dem der diensthabende SS-Arzt zur Gaskammer gebracht wurde. Auch das für die Menschenvernichtung verwendete Cyklon wurde mit einem Fahrzeug des Roten Kreuzes befördert.«[87]

83 Aussage Münch vom 16. 3. 1960. Auschwitz-Verfahren, Bl. 4610.

84 Klausenburg, die zweitgrößte Stadt Rumäniens, die Hauptstadt Siebenbürgens, gehörte für die Dauer des Zweiten Weltkriegs zu Ungarn.

85 Aussage Josef Glück vom 16. 10. 1961. Auschwitz-Verfahren, Bl. 10284 ff.

86 Aussage Albert Ehrenfeld vom 2. 7. 1962. Ebd., Bl. 12892 ff.

87 Aussage SS-Oberscharführer Erich Mussfeld vom 19. 8. 1947. Mengele-Verfahren, Bd. 41, Bl. 8. Ähnlich die Aussage des Kapos im SS-Revier Ignany Golik vom 14. 10. 1959. Auschwitz-Verfahren, Bl. 2396.

Auch an der Gaskammer haben die Ärzte das Sagen: Der Arzt gibt das Zeichen, daß die »Desinfektoren« die Vergasung einleiten. Die Gaskammer wird erst wieder geöffnet, wenn der Arzt das Zeichen gibt.[88]

> Auschwitz, den 12. August 1942
> **S o n d e r b e f e h l**
>
> Ein heute mit leichten Vergiftungserscheinungen durch Blausäure aufgetretener Krankheitsfall gibt Veranlassung, allen an Vergasungen Beteiligten und allen übrigen SS-Angehörigen bekanntzugeben, daß insbesondere beim Öffnen der vergasten Räume von SS-Angehörigen ohne Maske wenigstens 5 Stunden hindurch ein Abstand von 15 Metern von der Kammer gewahrt werden muß. [...]
>
> Höß, SS-Obersturmbannführer und Kommandant.[89]

Das Lager der I. G. Farben in Monowitz

Im Januar 1941 besichtigt Verwaltungsrat Dr. Ambros das Gelände von Auschwitz. Er findet die Lage für geeignet, hier chemische Fabriken anzusiedeln. Am 18. Februar 1941 befiehlt Göring die Aussiedlung aller Juden der Stadt. Ihre Wohnungen beziehen Mitarbeiter, die beim Bau der Buna-Werke beschäftigt sind.

Am 27. März 1941 konferiert Höß mit den I. G.-Ingenieuren Faust, Murr und Dr. Dürrfeld. Es wird beschlossen, zunächst 1000 Häftlinge zur Verfügung zu stellen. Vereinbart wird eine Arbeitszeit von 9 Stunden im Winter und 10 bis 11 Stunden im Sommer. Die I. G. entrichten an die Kommandantur täglich 4 RM pro Facharbeiter, 3 RM pro Hilfsarbeiter.[90]

Monowitz ist ein Arbeitslager. Deshalb kommt es, so der jüdische Rechtsanwalt Franz Unikower, »nicht so oft zu Übergriffen der SS wie beispielsweise im Stammlager Auschwitz I oder in

88 Auschwitz-Urteil vom 20. 8. 1965, S. 504, basierend auf der Aussage von Oswald Kaduk in der Hauptverhandlung.
89 Ordner Kommandanturbefehle, Auschwitz-Verfahren.
90 Anklageschrift gegen Baer u. a. der OStA beim LG Ffm. vom 16. 4. 1963, Bl. 294.

Birkenau«. Unikower, im März 1943 im Güterzug aus Breslau gekommen: »Die Arbeitsbedingungen waren sehr hart, und die Ernährung war viel zu knapp. Von den rund 400 Arbeitsfähigen meines Transportes lebten Ende 1943 nur noch etwa 80 Mann.«[91]

In Monowitz wird die perfekte Ausbeutung der Arbeitskraft Mensch praktiziert: Die Arbeitssklaven haben die Wahl, gleich ins Gas geschickt zu werden oder sich zu Tode zu schuften.

Anfangs müssen die Häftlinge täglich die 7 km vom Stammlager nach Monowitz und wieder zurück marschieren. Der Amtskommissar von Auschwitz, Heinrich Gutsche: »Dabei konnte ich beobachten, daß die Häftlinge beim Rückmarsch ins Lager ihre am Arbeitsplatz ums Leben gekommenen Kameraden mittrugen.«[92] Ab Oktober 1942 werden die Häftlinge nahe am Werk untergebracht.

Die I. G.-Sklaven werden mißhandelt, während der Arbeit von SS-Leuten totgeschlagen.[93] Die Leichen liegen auf dem Appellplatz. Ein Häftling über öffentliche Hinrichtungen: »Zu diesem Zweck mußte das gesamte Lager blockweise auf dem Appellplatz antreten. Das geschah meistens am Sonnabend, nachmittags, nach dem Einrücken von der Arbeit.«[94]

SS-Lagerärzte gibt es in Monowitz nur im Nebenamt. Sie erscheinen meist einmal wöchentlich,[95] zur Selektion. Der erste SS-Arzt ist Dr. Hellmuth Vetter. Sein Nachfolger wird im März 1943 Dr. Friedrich Entress. Entress, 1914 in Posen geboren, hat sein Staatsexamen 1939 gemacht und den Doktortitel per »Verordnung in Bezug auf Deutsche aus dem Ostgebiet« bekommen.[96]

---

91 Aussage Unikower vom 4. 8. 1959. Auschwitz-Verfahren, Bl. 1704 ff.

92 Aussage Heinrich Gutsche vom 8. 2. 1961. Ebd., Bl. 7824. Gutsche wird 1942 abgelöst und von einem Sondergericht in Kattowitz zu zwei Jahren Zuchthaus verurteilt.

93 Aussage Hans Frankenthal vom 12. 9. 1962. Auschwitz-Verfahren, Bl. 13527.

94 Aussage Karl Hoche vom 12. 4. 1960. Ebd., Bl. 5832.

95 Aussage des SDG Neubert vom 21. 7. 1971. Verf. 4 Js 798/64 OStA Ffm., Bl. 1263.

96 Erklärung Friedrich Entress, Nürnb. Dok. NI-6190. Entress ist als Mitglied des Selbstschutzes Posen zur Waffen-SS eingezogen worden und hat seine KZ-Karriere in Groß-Rosen begonnen.

»Der Häftlingsumsatz in Monowitz«, so Entress, »war sehr groß.« Die verlangte Leistung sei mit den Lebens- und Ernährungsbedingungen nicht in Einklang zu bringen gewesen, obgleich die I. G. Farben nur gesunde Arbeiter zugewiesen bekommen hätten. Auch die zusätzlich ausgegebene »Bunasuppe« ändert nichts: »Trotzdem war eine Anzahl der Todesfälle in Monowitz auf die schlechte Ernährung zurückzuführen.«

Im Frühjahr 1943 – zu dieser Zeit gibt es drei Krankenblocks – haben Entress und Standortarzt Wirths eine Besprechung mit Chefingenieur Walther Dürrfeld und Oberingenieur Max Faust in der Bauleitungsbaracke der I. G. Farben. Dürrfeld drängt, so Entress, den Krankenbau in Monowitz möglichst klein zu halten: »Die Anzahl der in Monowitz vorhandenen Krankenblocks im Verhältnis zur Belegung des gesamten KL Monowitz ergab praktisch, daß nicht mehr als etwa 5 % der Häftlinge Aufnahme finden konnten. Es wurden Tabellen über den Krankenstand geführt. Wenn der Krankenstand über die genannten 5 % anstieg, mußte der Lagerarzt Selektionen vornehmen.«[97]

Entress weiter: »In Monowitz war der Prozentsatz an Phlegmonekranken groß. Der Grund hierfür war die mangelhafte Fußbekleidung. Die Häftlinge trugen Holzschuhe und hatten vielfach, da das I. G. Werksgelände sehr ausgedehnt war, täglich 8–10 km zu Fuß zurückzulegen. Man kann sagen, daß in manchen Fällen das Tragen von Holzschuhen einem Todesurteil für den betreffenden Häftling gleichkam ... Die I. G. hat sich um diese zusammengebrochenen Häftlinge nicht gekümmert, sondern sie den Häftlingskommandos überlassen.«[98]

Als Nachfolger von Entress wird 1943 Dr. Horst Fischer nebenbei mit der (Sonder-)Behandlung der I. G.-Sklaven betraut. Der SS-Arzt ist nach eigener Aussage im November 1942 nach Auschwitz gekommen, um seine chirurgische Ausbildung zu vervollkommnen. Statt im OP steht er zunächst an der Rampe. Fischer wird von Häftlingen nicht durchweg negativ beschrie-

97 Erklärung Friedrich Entress. Nürnb. Dok. NI-6190.
98 Ebd.

ben, einer meint sogar, er sei »der menschlichste von allen mir bekannten Lagerärzten« gewesen.[99] Fischer gesteht 1963 im Stasi-Verhör, »daß unter den Bedingungen in Monowitz die Lebenserwartung der zur Arbeit eingesetzten Häftlinge im Normalfall 3 bis 4 Monate nicht überschreiten konnte. Das ergab sich sowohl aus dem geforderten Arbeitspensum als auch aus der völlig unzureichenden Ernährung.«[100] Fischer wird 1944 von Dr. König abgelöst.

Kranke Häftlinge, die im Häftlingskrankenbau (HKB) aufgenommen werden wollen, melden sich in der Ambulanz. Als Entress Lagerarzt ist, bekommt er Krankenkarten, sogenannte »Arzt-Vormelder«, mit der Diagnose vorgelegt. Entress entscheidet also aufgrund dieser Karte. Sein Nachfolger Fischer übernimmt die Regelung, läßt sich dann jedoch jeden Kranken nackt vorführen. Die Entscheidung über Leben oder Tod fällt er nach Augenschein. Ab Frühjahr 1944 soll Häftlings-Chefarzt Budziaszek de facto über die Aufnahme entschieden haben.[101]

Häftlinge dürfen nur zwei (später drei) Wochen im Krankenhaus sein. Wer danach nicht zur Arbeit geht, kommt nach Birkenau ins Gas.[102] Oszkar Betlen, Hilfspfleger im HKB und Schreiber in der Häftlingsschreibstube Monowitz:

»Die Regel war, daß Häftlinge, die nach 14 Tagen nicht genesen waren, in die Gaskammer kamen. Es wurden hier auch völlig sinnlose Maßnahmen getroffen. Junge Häftlinge, die beispielsweise an Lungenentzündung erkrankt waren und nach 14 Tagen noch nicht völlig genesen waren, wurden in die Gaskammer geschickt, obwohl sie bei einem längeren Aufenthalt im HKB mit Sicherheit wieder arbeitsfähig geworden wären. Ich habe bei einem Abtransport der Selektierten beobachtet, daß

99 Aussage Oskar Betlen vom 20. 1. 1966. Verfahren 4 Js 798/64 OStA Ffm, Bl. 34.

100 Aussage Horst Fischer vom 22. 2. 1963 vor dem Stadtbezirksgericht Mitte, Berlin, Kopie im Verfahren 4 Js 789/64 OStA Ffm., Bl. 1417 ff.

101 Aussage des Häftlingsarztes Dr. Antoni Makowski vom 6. 6. 1970. Verfahren 4 Js 798/64 OStA Ffm., Bl. 788 f.

102 Trials of War Criminals before the Nuernberg Military Tribunals, Volume VII. Washington 1953, S. 200.

auf die Lastkraftwagen, die sie nach Birkenau zu verbringen hatten, zunächst bereits verstorbene Häftlinge gelegt wurden, die Selektierten mußten sich dann auf die Leichen legen, und so fuhr man Tote und noch Lebende nach Birkenau. Die Fleckfieberkranken wurden in der Regel nach Birkenau abtransportiert. Dies geschah offensichtlich aus der Erwägung, keine Fleckfieberkranke in Monowitz zu dulden, um durch Neuerkrankungen den Arbeitsprozeß bei der I. G.-Farbenindustrie nicht zu stören.«[103]

Selektionskriterien in Monowitz sind: Schwere Eiterungen, Unfälle mit Knochenbrüchen, Tbc-Verdacht (ja: Verdacht), Hungerödeme, das Fehlen von Fettgewebe in den Gesäßbacken. »Entschieden wurde«, so ein Schreiber des HKB, »nach dem Hinterteil.«[104] Der französische Häftlingsarzt Dr. Simon Lubicz: »Im allgemeinen fand die Vorselektion in einem Krankensaal statt, der überbelegt war, da in ihm 3-Etagen-Betten standen mit manchmal 2 Kranken pro Platz. Diese kamen nackt in den Saal. Man ließ sie vor Dr. Budziaszek treten, der sie schnell untersuchte, sich besonders für die Hinterteile interessierte. Dies ist tatsächlich der letzte Körperteil, an dem Fett bleibt. Wenn das Gesäß völlig eingefallen war, hatte man es ohne Zweifel mit einem Sterbenden zu tun.«[105]

In Monowitz sind Lagerselektionen relativ selten: »Im Abstand von 3–6 Monaten«, so ein Häftling, »wurde das Lager blockweise durchgekämmt, um Häftlinge zur Vergasung zu bestimmen. Dazu erschienen ein bis zwei SS-Ärzte. Der Block mußte antreten, und die Häftlinge mußten entkleidet an den SS-Ärzten langsam vorbeigehen.«[106] Die Selektion findet vor dem Abmarsch zur Arbeit statt.[107]

---

103 Aussage Oszkar Betlen vom 18. 9. 1962. Auschwitz-Verfahren, Bl. 13588 f.

104 Aussage Artur Posanski vom 16. 2. 1966. Verfahren 4 Js 798/64 OStA Ffm., Bl. 47.

105 Aussage Lubicz vom 4. 11. 1970. Verfahren 4 Js 798/64 OStA Ffm., Bl. 934.

106 Aussage Karl Hoche vom 12. 4. 1960. Auschwitz-Verfahren, Bl. 5832.

107 Aussage Dr. Rudolf Vitek vom 8. 2. 1967. Mengele-Verfahren, Bd. 26, Bl. 109.

Die Häftlinge werden von einem Häftlingsarzt (vor-) selektiert, auf eine Liste geschrieben, dem Krankenbau überstellt und dort von einem SS-Arzt, dem SDG oder dem Häftlingsarzt endgültig selektiert. Wenn Dr. Fischer erscheint, hat sein SDG Neubert bereits die Krankenzettel der Opfer im Büro geordnet.[108] Fischer besieht sich die Kranken, danach wird eine »Überstellungsliste« der Politischen Abteilung geschickt, die wiederum überprüft, ob bestimmte Häftlinge auch vergast werden dürfen.

Der SS-Sanitäter Neubert will im übrigen das Wort »Selektion« nicht gekannt haben. Neubert (später bei der Bundeswehr[109]): »Dieser Ausdruck ist mir erst im Laufe der gegen mich geführten gerichtlichen Voruntersuchung bekannt und erklärt worden. Damals lief das alles unter der Bezeichnung ›Visite‹.«[110]

Der polnische Häftlingsarzt Budziaszek (selbst belastet) über eine Selektion im gesamten Lager: »Da sich nämlich unter den Häftlingen herumgesprochen hatte, daß die Aufnahme in den Krankenbau und ein längerer Aufenthalt dort die Gefahr des Selektiertwerdens mit sich brachte, scheuten sie sich, um ihre Aufnahme im Krankenbau nachzusuchen. Dies hatte zur Folge, daß sich bei den Arbeitskommandos kranke Häftlinge mitschleppten. Daraufhin hat ein SS-Arzt eine Lagerselektion angeordnet. Die Häftlinge mußten nackt antreten.«[111] Der SDG Gerhard Neubert: »Es gab in Monowitz eine Reihe von Häftlingen, die sich nicht in den Krankenbau hatten einweisen lassen, andererseits aber auch nicht zur Arbeit gingen. Darüber hat sich die I.G. beschwert. Jedenfalls habe ich gehört, daß sich die I.G. beschwert hatte.«[112]

Die Evakuierung von Monowitz im Januar 1945 überleben nur wenige. Im Fußmarsch müssen die Häftlinge bis Gleiwitz laufen,

108 Aussage Horst Fischer, a.a.O., Bl. 1425.
109 Aussage Neubert vom 21.3.1962. Auschwitz-Verfahren, Bl. 11941.
110 Aussage Georg Neubert vom 21.7.1971. Ebd., Bl. 1267.
111 Aussage Budziaszek vom 3.5.1969. Verfahren 4 Js 798/64 OStA Ffm., Bl. 1462.
112 Aussage Neubert vom 5.6.1962. Auschwitz-Verfahren, Bl. 12622.

wer nicht mehr kann, wird erschossen. Von Gleiwitz geht es zwei Wochen mit offenen Güterwaggons nach Nordhausen. Ein Häftling: »Von Monowitz waren ca. 10000 Häftlinge abtransportiert worden. Bei der Ankunft in Nordhausen waren noch etwa 1500 am Leben ... In manchen Eisenbahnwaggons waren mehr Tote als Lebende. Die noch Lebenden saßen teilweise auf den Leichen.«[113]

Häftlingsärzte als Täter und Opfer

Gegen einen Häftlingsarzt liegen extrem viele Vorwürfe vor. Der Häftling Frankental: »Es war in Monowitz ein Häftlingsarzt, der unter uns jüdischen Häftlingen besonders gefürchtet war. Er war genau so schlimm wie die SS-Ärzte.«[114] Gemeint ist der polnische Mediziner Dr. Stephan Budziaszek, Blockältester und zugleich (Häftlings-) Chefarzt des Häftlingskrankenbaus (HKB). Budziaszek war vor dem Einmarsch deutscher Truppen Assistenzarzt an der Universität in Krakau gewesen. Nach seiner Verhaftung durch die Gestapo kommt er am 10. Februar 1942 nach Auschwitz, am 20. Juni 1943 nach Monowitz.[115] Er wird als mittelgroß, dunkelhaarig, korpulent beschrieben[116] und ist 30 Jahre alt, als er seine Stelle als (Häftlings-) Chefarzt in Monowitz antritt.

Der französische Medizinprofessor Robert Waitz, in Monowitz in der Ambulanz des HKB eingesetzt, über eine Vor-Selektion, die Budziaszek zusammen mit dem SDG Neubert im Herbst 1944 durchführt: »Es kam vor, daß Neubert und Budziaszek eine derartig hohe Zahl von Häftlingen dem [SS-]Arzt präsentierten, daß dieser gar nicht alle ihm vorgestellten Häftlinge annehmen konnte. Ich weiß noch, daß Dr. Fischer einmal zu Budziaszek

---

113 Aussage Max Kaufmann vom 7. 6. 1962. Ebd., Bl. 12634.
114 Aussage Frankental vom 13. 9. 1962. Ebd., Bl. 13515.
115 Aussage Budziaszek vom 3. 5. 1960. Verfahren 4 Js 798/64 OStA Ffm., Bl. 5284.
116 Aussage Henryk Machala vom 30. 9. 1964. Ebd., Bl. 167.

sagte, ihm seien 600 Häftlinge für die Gaskammer vorgestellt worden, er benötige aber nur 300. Budziaszek bedrängte aber den SS-Arzt Dr. Fischer, alle 600 Häftlinge anzunehmen. Dieser hat jedoch dem Drängen Budziaszeks nicht nachgegeben.«[117]

Budziaszek, der jeden zweiten Sonnabend Konzerte des Lagerorchesters für die Kranken organisiert,[118] wird höchst unterschiedlich beschrieben. Klar ist, daß er gute Beziehungen zur SS hat.[119] Er darf z.B. als einziger sein Haar lang tragen.[120] Der Psychiater Zenon Drohocki, der seinen zehn Jahre jüngeren Chef heftig verteidigt: »Man muß zugeben, daß Budziaszek einen gemeinen Charakter hatte.«[121] Der polnische Universitätsprofessor Mieczyslaw Maneli, der in Monowitz zuerst im Straßenbau und dann als »Stubendienst« im HKB arbeiten muß, nennt Budziaszek keinen Engel, aber auch keinen Verbrecher: »Allerdings ist er keine Person, mit der ich gesellschaftlich verkehren möchte.«[122]

Anfänglich soll Budziaszek bei Operationen anderer Chirurgen assistiert, dann aber selbst Operationen vorgenommen haben: »Bei Kranken mit Magen- und Zwölffingerdarmgeschwüren führte Dr. Budziaszek die Operation der Magenresektion [Entfernung] durch, nicht ausgeschlossen, um ebenfalls chirurgische Erfahrungen zu sammeln.«[123] Ein Häftlingsmediziner: »Budziaszek war ein junger Arzt, und ich entnahm aus seinen Fragen und Äußerungen, daß er die Medizin nicht gut beherrschte.«[124]

---

117 Aussage Prof. Robert Waitz vom 26.6.1962. Ebd., Bl.12793. Ähnlich der ungarische Häftling Betlen in einer Aussage vom 18.9.1962, Bl. 13590f.

118 Czeslaw Jaworski: Erinnerungen an Auschwitz, 1962. Budziaszeks Anwalt hat Passagen des Buches übersetzen lassen. Verfahren 4 Js 498/64 OStA Ffm., Bl. 7.

119 Zenon Drohocki am 22.6.1968 in einem Brief an das LG Ffm., Verfahren 4 Js 789/64 OStA Ffm. Im Verfahren befinden sich weitere ähnliche Aussagen.

120 Aussage Alfred Nakache vom 3.6.1971. Ebd., Bl. 1215ff.

121 Aussage Zenon Drohocki vom 26.5.1970. Ebd., Bl. 737.

122 Aussage Maneli vom 15.7.1971. Ebd., Bl. 1320.

123 Aussage Dr. Antoni Makowski vom 23.5.1970. Ebd., Bl. 818ff.

124 Aussage Dr. Rudolf Diem vom 1.7.1970. Ebd., Bl. 835.

Budziaszek soll riskante Operationen wie Schädelöffnungen[125] praktiziert haben (er wird 1948 mit einem Thema »aus dem Gebiet der Gehirnchirurgie« in der Bundesrepublik promovieren[126]). Ein Pfleger behauptet, Budziaszek habe Operationen durchgeführt, »die nicht der Hilfe der Häftlinge, sondern seiner eigenen Fortbildung dienten«.[127] Ein polnischer Arzt: »Dr. Budziaszek hat in seinem Bestreben, seine chirurgischen Fähigkeiten zu vertiefen, gute Bedingungen für die Durchführung der Eingriffe geschaffen«,[128] d.h. einen für Auschwitz sehr guten Operationssaal und eine gute Ausstattung mit Instrumenten. Unter Budziaszeks Leitung bekommt das Krankenhaus Klosetts und Baderäume sowie eine Desinfektionskammer zur Bekämpfung der Läuseplage (Fleckfieber).[129]

Budziaszek wird von jüdischen Häftlingen als polnischer Nationalist und Antisemit geschildert. Er soll sogar grundsätzlich nur Juden für die Gaskammer bestimmt haben (in Monowitz sind 9 von 10 Zwangsarbeitern Juden, sie sind die untersten in der Lagerhierarchie). In mehreren Aussagen wird ihm vorgeworfen, in seinem Selektionseifer SS-Arzt Fischer und den SDG Neubert übertroffen,[130] ja sogar eigenmächtig Selektionen durchgeführt zu haben.[131] Typisch seien Äußerungen gewesen: »Muselmann, das wird nichts mehr, du kommst zur Schonung nach Auschwitz.«[132]

---

125 Czeslaw Jaworski: Erinnerungen an Auschwitz, a.a.O., Bl. 5. Waitz spricht von mehrfachen ärztlichen Kunstfehlern. So sei z.B. der elsässische Häftling Schwarz, mit schweren Schädelverletzungen eingeliefert, von Budziaszek so falsch operiert worden, daß dieser »wegen der unerträglichen Qualen mit Strophantin ad exitum gebracht« wird. Aussage Waitz vom 2. 7. 1969. Verfahren 4 Js 798/64 OStA Ffm., Bl. 432.

126 Aussage Budziaszek vom 3. 5. 1960. Ebd., Bl. 1457.

127 Aussage Jehuda Majmon vom 30. 5. 1969. Ebd., Bl. 402.

128 Aussage Dr. Antoni Makowski vom 23. 5. 1970. Ebd., Bl. 818ff.

129 Aussage Dr. Bronislaw Rutkowski vom 26. 9. 1966. Ebd., Bl. 15. Ähnlich Dr. Antoni Makowski, Aussage vom 14. 9. 1966. Ebd., Bl. 148.

130 Im Einstellungsbeschluß des LG Ffm. vom 30. 12. 1974. Verfahren 4 Js 789/64, Bl. 1774ff., sind entsprechende Zeugenaussagen aufgeführt.

131 Aussage Curt Posener vom 10. 10. 1968. Ebd., Bl. 3113.

132 Aussage des Tierarztes Gustav Kahnt vom 8. 9. 1970. Ebd., Bl. 855. Vera Alexander berichtet, bei einer Erkrankung habe ihr Lagerapotheker Capesius gesagt, »er sei bereit, mich gleich in seinem Wagen ins

Ella Lingens, eine besonders zurückhaltende Augenzeugin, erinnert sich, im Frühjahr oder Sommer 1944 habe es geheißen, die Häftlingsärztinnen im Frauenlager Birkenau hielten viele Frauen im Revier zurück, die in Wahrheit arbeiten könnten. Zu ihrer Unterstützung solle ein männlicher (Häftlings-)Kollege kommen. Dieser Mann, wohlgenährt und gut gekleidet, sei dann gekommen und habe sich zahlreiche Nummern von Kranken notiert, die seiner Meinung nach gesund gewesen seien. Ella Lingens: »Ich hatte auch den Eindruck, daß er ... weniger aus Bösartigkeit als aus medizinischer Ahnungslosigkeit die Kranken aus dem Revier weg zur Arbeit und damit in den sicheren Tod schicken wollte.«[133]

Ella Lingens zufolge hat der fremde Arzt in den Krankenblocks mit ausschließlich jüdischen Frauen über alle Patientinnen Notizen gemacht, für jede eine Prognose erstellt und seine Aufzeichnungen einem SS-Arzt gegeben, der sie als Grundlage einer Selektion benutzte. Lingens: »Da alle meine Kolleginnen diese Methode, sie zur Selektion zu mißbrauchen, sabotierten, kam dieser ›Herr Doktor‹ aus dem Männerlager. Woher er kam, weiß ich nicht, aber jedenfalls nicht aus dem Frauenlager und auch nicht aus dem Stammlager. Es kann also durchaus Monowitz gewesen sein.«[134]

Häftlingsärzte, die Menschenleben retten wollen, kommen notgedrungen in die Lage, selbst zu selektieren. Ella Lingens: »Es bestand immer die Gefahr, daß bei Verabreichung von Medikamenten an die Schwerkranken diese trotzdem starben und die unbehandelten leichter Kranken durch die Verweigerung der für sie chancenreichen Medikation sich verschlechterten und ebenfalls starben. Selbst bei einer Beschränkung der Medikamentenverteilung an aussichtsreiche Fälle (in der Regel an

---

Schonungslager zu bringen. Er meinte dabei die Gaskammer, denn ein Schonungslager gab es nicht.« Aussage Vera Alexander vom 3. 5. 1963. Verfahren 4 Js 1031/61 LG Ffm.

133 Brief Dr. Ella Lingens vom 15. 4. 1969 an das LG Ffm. Ebd., Bl. 345 f.

134 Ebd.

Kranke zwischen dem 20. und dem 35. Lebensjahr) mußten auswählende Entscheidungen getroffen werden.«[135]

> »Ich sah Mithäftlinge, die an Grausamkeit und sadistischen Regungen jeden SS-Mann übertrafen, ich sah hochgebildete Kameraden, die alles an Bildung, Erziehung und Charakter sowie die eigene Selbstkontrolle, die ihnen die menschliche Gesellschaft für das *Leben* gegeben hatte, angesichts des Massentodes abgeworfen hatten und nur das rein Animalische, Tierische, den allerprimitivsten Selbsterhaltungstrieb beibehalten hatten und dem noch schwächeren, noch elenderen Mithäftling wie Hyänen den letzten winzigen Bissen Brot vom Munde raubten ... ich sah aber auch und bewunderte sie, andere Mithäftlinge, die trotz Qualen und peinigendem, nicht fortzudenkendem Hunger fest und aufrecht blieben und dadurch stark waren, die trotz eigenem Leid und Qualen noch anderen helfen konnten und halfen, weil sie *Menschen* geblieben waren.«
>
> Dr. Rudolf Vitek, am 10. Juli 1964 in einem Brief an Generalstaatsanwalt Fritz Bauer.[136]

Die in Auschwitz inhaftierten Mediziner stehen vor der Frage: Dürfen Häftlingsärzte selektieren?

Den Konflikt beschreibt Otto Wolken: Als Wolken Leitender Arzt der Ambulanz im Arbeitslager Birkenau ist, verlangt Lagerarzt Dr. Helmersen eine Liste der arbeitsunfähigen Häftlinge. Wolken schreibt nur jene auf, die in kürzester Zeit ohnedies sterben sowie die Namen von Schutzhäftlingen, da ihm bekannt ist, daß diese ausdrücklich von der Vergasung ausgenommen sind. Wolken gibt eine Liste mit 40 Namen ab. Die Folge: Helmersen selektiert selbst, und zwar 300 Opfer. Wolkens Kollegen werfen ihm daraufhin vor, hätte er Helmersen mit einer Liste von 100 Häftlingsnamen zufriedengestellt, wären die anderen gerettet gewesen. Wolken: »Bei dieser Auseinandersetzung erklärte ich ausdrücklich, daß ich mich meinerseits nicht bereitfinden könne, Menschen wissentlich in den Tod zu schicken.«[137]

---

135 Aussage Ella Lingens vom 28. 9. 1970. Ebd., Bl. 884.
136 Mengele-Verfahren, Bd. 27, Bl. 3.
137 Aussage Otto Wolken vom 29. 9. 1970. Ebd., Bl. 888ff.

Ella Lingens: »Die jüdische Häftlingsärztin Dr. Ella Klein pflegte, wenn in ihrem Krankenblock eine Selektion stattfand, die kräftigeren Patientinnen zu verstecken und die Schwerkranken in das Blickfeld der Selektierenden zu legen. Aus der richtigen Überlegung, daß die Schwerkranken gestorben wären, während im Falle einer Selektierung der kräftigeren Patientinnen sich die Zahl der Toten verdoppelt hätte ... Andere Ärzte haben es falsch gemacht und haben die todkranken Häftlinge versteckt, wodurch andere Häftlinge selektiert wurden.«[138]

Dr. Adelaide Hautval: »Es kam vor, daß Häftlingsärzte sich beim ersten Male weigerten, eine Aussonderung vorzunehmen; in der Folgezeit taten sie es meistens, damit einzig Kranke geopfert wurden, die keine Überlebenschance besaßen und dadurch verhindert wurde, daß diejenigen, die überleben konnten, nicht in den Tod geschickt wurden.«[139]

Das Beispiel der Häftlingsärztin Hautval zeigt allerdings, daß eine Verweigerung auch lebensrettend sein kann. Hautval ignoriert einen Befehl Mengeles, über alle ihre Patientinnen eine Liste mit Diagnosen und Prognosen zu erstellen. Ella Lingens: »Auf diese Weise hat sie es vermieden, an der Vorbereitung einer Selektion durch Dr. Mengele mitzuwirken, während in den anderen Krankenblocks fast alle Kranken mit einer voraussichtlichen Krankheitsdauer von über drei Wochen von Mengele selektiert wurden.«[140]

Ella Lingens ist in Auschwitz eine Ausnahmeerscheinung. Sie hatte polnischen Juden zur Flucht in die Schweiz verhelfen wollen, war jedoch durch einen Spitzel der Gestapo verraten worden.[141] Sie wird am 13. Oktober 1942 verhaftet, am 20. Februar 1943, ohne Gerichtsurteil, nach Birkenau überstellt und sofort als Ärztin eingesetzt. Sie ist die einzige deutsche Häftlingsärztin, die weder als Kommunistin noch aus rassischen Gründen

138 Aussage Ella Lingens vom 28. 9. 1970. Ebd., Bl. 883.
139 Aussage Hautval vom 2. 6. 1971. Ebd., Bl. 1381 a.
140 Aussage Ella Lingens vom 28. 9. 1970. Ebd., Bl. 884.
141 Die Darstellung folgt der Aussage Lingens vom 19. 9. 1960. Ebd., Bl. 6548 ff.

verfolgt wird. Und sie hat das Glück, Dr. Rohde vorgestellt zu werden, der wie sie in Marburg/Lahn studiert hat und sie fortan beschützt.

Ella Lingens kommt in den deutschen, nach vier Wochen in den polnischen Krankenblock. Nach weiteren vier Wochen hat sie Fleckfieber. Rohde (»Ich kann dich in diesem Dreck nicht verkommen lassen«) läßt sie mit dem Sanitätswagen ins Stammlager fahren, auf Block 10. Lingens: »Dort habe ich noch 4 Wochen gelegen. Ich war so benommen und schwach, daß ich von den Vorgängen dort (Sterilisationsexperimente an Häftlingsfrauen) nichts zur Kenntnis genommen habe. Lange Zeit dachte ich, daß meine Erlebnisse in Birkenau nur ein Fiebertraum gewesen sind. Mein Gleichgewichtssinn war längere Zeit gestört, nach ein paar Schritten fiel ich wieder hin.«[142]

Die elsässische Pfarrerstochter Hautval (auch sie hatte Juden beigestanden) ist eine weitere Ausnahmeerscheinung. Sie kommt im Januar 1943 nach Birkenau und wird im April ins Stammlager auf Block 10, den Experimentierblock, versetzt: »Ich sollte zunächst Dr. Clauberg helfen. Ich lehnte dieses Ansinnen ab, weil ich schon von Birkenau her wußte, daß Clauberg Experimente im Zusammenhang mit einer Sterilisierungsaktion oder einer künstlichen Befruchtung machte. Ich wurde dann für Dr. Wirths tätig, der sich angeblich mit dem Problem der Früherkennung von Gebärmutterkrebs beschäftigte. Als ich bemerkte, daß diese Sache wissenschaftlich wertlos war und keineswegs den Sinn hatte, den Frauen zu helfen, verweigerte ich meine weitere Mitarbeit.«[143]

Der Fall Budziaszek ist Bestandteil eines Konflikts, der in Auschwitz das Leben jüdischer Häftlinge noch unerträglicher macht: Viele polnische Häftlinge, so Professor Bertold Simonsohn, verhehlen ihre Abneigung gegen jüdische Häftlinge nicht, so daß bei ihnen der Eindruck entsteht, »daß die polnischen Häftlinge kritiklos die Absichten der SS durchführten«.[144]

142 Aussage Lingens vom 19. 9. 1960. Ebd., Bl. 6553 f.
143 Aussage Dr. Adelaide Hautval vom 6. 5. 1971. Js 18/67 GStA Ffm.
144 Aussage Bertold Simonsohn vom 4. 3. 1970. 4 Js 798/64 OStA Ffm, Bl. 657.

Der Häftling Jakob Schmidt spricht sogar von Ärzten und Pflegern, denen es »ein Vergnügen war, wenn sie feststellten, daß jüdische Häftlinge Nachteile erlitten oder mißhandelt wurden«. Besonders in Erinnerung ist ihm Dr. Wladyslaw Dering, der ihm einmal gesagt habe: »Du schmutziger Jude, du kommst doch sowieso ins Krematorium.«[145] Dr. Otto Wolken flüchtet in einer kritischen Situation im Januar 1945 (!) in einen Block, »in dem Polen waren, wie ich annahm, befreundete Ärzte«. Der Kollege wirft ihn hinaus: »Hier ist ein arischer Block. Raus!«[146]

Man darf nicht vergessen: Auch Budziaszek ist ein Opfer der Nazi-Herrschaft. Er wird im Juni 1941 von der Gestapo verhaftet und im Krakauer Gefängnis Monte-Lupich mißhandelt. Seine Folterer hängen ihn mit nach hinten gekreuzten Armen auf. Er trägt Rippenbrüche und Hodenschwund durch Schläge davon, wiegt 48 kg, als er im Februar 1942 in Auschwitz eintrifft. Beim Ausladen erleidet er durch Kolbenhiebe einen Unterarmbruch, erkrankt an Fleckfieber, ist 13 Tage bewußtlos und wird im Mai 1942 mit Ödemen aus dem Krankenbau entlassen: »Ich kam nun zu dem sogenannten Außenkommando Buna. Wir mußten täglich um 4 Uhr morgens aufstehen und wurden in einem Güterzug zu der neu entstehenden Buna-Fabrik in Monowitz gefahren, wo wir beim Aufbau des Werkes arbeiteten. In einen Güterwagen wurden ca. 140 Häftlinge hineingepreßt. Es gab mehrere Todesfälle täglich durch Ersticken. Ich mußte Zement mischen und in Formen gießen.«[147]

Der griechische Häftlingsarzt Dr. Samuelidis Salomon, der selbst einer Selektion ins Gas entgangen ist, sieht keine Entschuldigung für Budziaszek, »denn kein Mensch und kein Arzt darf sich zu Selektionen hergeben«. Sein Urteil über den Häftlingskollegen: »Ich muß hinzufügen, daß sich Stephan bei eini-

---

145 Aussage Jakob Schmidt vom 9. 3. 1971. Ebd., Bl. 1040ff. Wladyslaw Dering ist nach 1945 im britischen Kolonialdienst.

146 Otto Wolken: Die Befreiung von Auschwitz-Birkenau, in: Die Auschwitz-Hefte, Bd. 2, S. 264.

147 Aussage Budziaszek vom 3. 5. 1960. Verfahren 4 Js 798/64 OStA Ffm., Bl. 5283.

gen Vorselektionen rigoroser zeigte als der SS-Neubert, den ich oft sagen hörte: ›Laß den dort‹, so daß Stephan weiterging.«[148]

Budziaszek erlebt das KZ-Ende in Buchenwald. Eine Lungen-Tbc und der Ausfall sämtlicher Zähne durch Parodontose sind die Folge der KZ-Haft. Er bleibt im Westen. Die Polnische Sozialistische Partei stellt ihm 1946 eine »Bescheinigung« aus, wonach er vielen Menschen vor Gastransporten das Leben gerettet und »Kontakt mit der geheimen Häftlingsorganisation« gehabt habe.[149] Anfangs wechselt er mehrmals die Stelle (u. a. als Schiffsarzt, als Vertretung in einer Privatklinik[150]), nimmt einen deutschen Namen an, eröffnet 1951 eine chirurgische Privatklinik. Die Vorwürfe hat er stets als Verleumdungen kommunistischer Häftlinge zu erklären versucht.[151] Ein Ermittlungsverfahren gegen Budziaszek wird Ende 1974 eingestellt.[152]

Das Dilemma hat der ehemalige Monowitzer Hilfsarbeiter und Krankenpfleger Jan Trajster 1969 auf den Punkt gebracht: »In den vergangenen Jahren war ein großer Teil der damaligen Mithäftlinge geneigt, von jeder ausdrücklichen Belastung eines früheren Mithäftlings abzusehen ... Der Gedanke, der dahinterstand, war allgemein der, das Maß an Schuld, was der SS für die Konzentrationslager zufällt, nicht irgendwie zu schmälern.«[153]

Dr. Adelaide Hautval: »Ich möchte nachdrücklich bemerken, daß Budziaszek Häftling war und sich damit in einer außergewöhnlichen Lage befunden hat.«[154] Die wirklich Verantwortlichen, so Frau Hautval, seien die SS-Ärzte, die dieses Ausrottungssystem dirigiert hätten. Diese beteuern jedoch wiederum, sich im Befehlsnotstand befunden zu haben.

---

148 Aussage Salomon vom 29. 6. 1971. Ebd., Bl. 1252ff.
149 Bescheinigung vom 8. 5. 1946, gez. J. Cyrankiewicz. Ebd., Bl. 17.
150 Aussage Budziaszek vom 3. 5. 1960. Ebd., Bl. 5282.
151 So Budziaszek in einer 23seitigen Aussage vom 22. 7. 1971. Ebd., Bl. 1270ff.
152 Beschluß LG Ffm. vom 30. 12. 1974. Ebd., Bl. 1774ff.
153 Aussage Jan Trajster vom 31. 7. 1969. Ebd., Bl. 494ff.
154 Aussage Hautval vom 2. 6. 1971. Ebd., Bl. 1381a.

Menschenversuche in Auschwitz

Die Menschenversuche in Auschwitz finden nicht in Heimlichkeit statt, wie manchmal behauptet wird. Der Leitende Zahnarzt, Dr. Willi Frank, bemerkt in einer Aussage eher nebenbei, daß z.B. Mengele mehrmals Vorträge über seine Zwillingsforschung hält und auch Clauberg seine Forschungsarbeit vor den Kollegen referiert.[155]

Mit welcher Menschenverachtung, aus einer Laune heraus, Häftlinge »verbraucht« werden, zeigt ein Versuch, in den der Lagerapotheker Capesius verwickelt ist. Dr. Fejkiel, 1944 Lagerältester für den Krankenbau: »Ich kann mich noch genau erinnern, daß es an einem Sonntag war, und zwar vormittags. Dr. Rohde suchte aus Block 19 entweder drei oder vier Häftlinge ... heraus. Die Häftlinge wurden von einem Pfleger auf Block 21 gebracht. Ich habe selbst mit den Häftlingen zusammen gewartet. Dann kamen Dr. Rohde und Dr. Weber. Dr. Weber hatte seinen Schäferhund dabei. In ihrer Begleitung befand sich Dr. Capesius. Sie gingen gemeinsam in ein Zimmer von Block 21. Dies war das sogenannte Arztzimmer.«[156]

Nacheinander werden die Häftlinge hereingerufen, bekommen mit Evipan oder Morphium versetzten Kaffee zu trinken.[157] Der erste kommt noch selbst aus dem Zimmer heraus, schwankt, fällt zu Boden, wird auf einer Tragbahre weggetragen. Die nächsten werden gleich auf einer Trage fortgeschafft. Fejkiel: »Dr. Rohde interessierte sich sehr für den Zustand der Häftlinge, und ich habe ihm am nächsten Tag gemeldet, daß die Häftlinge sehr erregt waren, später benommen und daß sie in der Nacht gestor-

155 Aussage Dr. Frank vom 18. 9. 1959. Auschwitz-Verfahren, Bl. 2105ff.
156 Aussage Fejkiel vom 7. 6. 1960. Ebd., Bl. 5798.
157 Aussage des Kapos Ignacy Golik vom 14. 10. 1959, basierend auf einer Auskunft des Häftlings Jan Sikorski. Auschwitz-Verfahren, Bl. 2397. Capesius hat in einer Aussage vom 7. 12. 1959, Bl. 3009, bestätigt, an Rohde Morphium und Evipan ausgegeben zu haben.

ben waren.« Dr. Rohdes Antwort: »Da haben sie einen lustigen Tod gehabt.«[158]

Als Capesius im Rahmen der Ermittlungen zum Auschwitz-Prozeß in Verdacht gerät, ist er Besitzer der »Markt-Apotheke« im württembergischen Göppingen. Im Briefkopf stehen seine Spezialitäten: »Homöopathie, Allopathie, Kosmetik.«[159]

Elektroschocks in Monowitz

Hinweise, wonach in Auschwitz durch Dr. König Elektroschocks angewandt wurden, sind spätestens 1974 publiziert worden.[160] Eine erste, zunächst irreführende, Aussage fand ich bei Ester Joffe, Helferin im Krankenrevier in Birkenau:

»Dr. König experimentierte mit elektrischer Schockbehandlung an Frauen. Er ließ die kranken Frauen von Birkenau nach Auschwitz holen und wieder zurückbringen ... Ich glaube, Dr. König führte zweimal wöchentlich die elektrische Schockbehandlung an kranken Frauen durch, die man später vergast hat.«[161]

Präziser ist die Aussage des ehemaligen Kapos Emil Wogul: »Ich erinnere mich, daß ein polnischer Arzt aus dem Lager Bir-

---

158 Aussage Fejkiel vom 7. 6. 1960. Auschwitz-Verfahren, Bl. 5798. Auch Dr. Münch erinnert sich, im Sommer 1944 hätten Lagerarzt Rohde und ein weiterer Arzt einen Versuch an Häftlingen mit Narkotika durchgeführt, dabei sei es zu Todesfällen gekommen. Rohde habe Schwierigkeiten mit der Lagerleitung bekommen, weil die Versuche ohne Genehmigung erfolgt seien. Aussage Münch vom 16. 3. 1960. Ebd., Bl. 4608.

159 Dr. Viktor Capesius, am 7. 2. 1907 in Reußmarkt/Kreis Hermannstadt (Rumänien) geboren, studiert Pharmazie und promoviert im Oktober 1933. Danach von Bayer-Leverkusen für Rumänien als Ärztebesucher eingestellt (»Ich arbeitete in der für die I. G.-Farbenindustrie in Rumänien gegründeten Firma Romigefa«). Auschwitz-Verfahren, Bl. 2988. Capesius erhält im Frankfurter Auschwitz-Prozeß (wegen der Selektionen an der Rampe) eine Strafe von 9 Jahren Haft.

160 Jüdischer Pressedienst, Nr. 2/1974. Nachdruck bei Walter Wuttke-Groneberg: Medizin im Nationalsozialismus. Ein Arbeitsbuch. Tübingen 1980, S. 322.

161 Aussage Joffe vom 9. 5. 1960. Auschwitz-Verfahren, Bl. 5978f.

kenau mit einem Elektroschockapparat behandelt hat. Hierbei ist eine Frau erstickt.«[162]

Eugeniusz Niedojadlo, mit dem ersten Transport am 14. Juni 1940 nach Auschwitz gekommen, über die »Behandlung« einer jungen Häftlingsfrau: »Diese Behandlungen erfolgten unter Aufsicht von Dr. Drohocki. Ich erinnere mich genau, daß man Elektroden an der Stirn, oder besser gesagt an den Schläfen, angebracht hat. Soweit ich mich erinnere, wurden solche Elektroden auch an den unteren Extremitäten angebracht. Woher dieser weibliche Häftling stammte, weiß ich nicht. Bei dieser Gelegenheit möchte ich erklären, daß sich im Lager Monowitz keine weiblichen Häftlinge befanden ...«[163]

Elektroschocks sind eine Spezialität des polnischen Psychiaters Zenon Drohocki. Drohocki hatte am Psychiatrischen Krankenhaus in Grenoble gearbeitet und war Ende 1943 nach Monowitz verschleppt worden. Zunächst ist er ein einfacher Häftling. Eines Tages kommt er als Patient in den Krankenbau. Budziaszek macht ihn zunächst zum Sanitäter, dann zum Arzt und schließlich zum Chefarzt einer neuro-psychiatrischen Abteilung im Häftlingskrankenbau. Die Bauteile für das Schock-Gerät werden zusammengestohlen.[164] Der Psychiater über sich selbst: »Ich hatte in Polen gelehrt, an der Universität Brüssel Forschungen betrieben, in Frankreich gelehrt. Ich hatte also Erfahrung. Ich betone, daß ich Spezialist auf dem Gebiet der Gehirn-Elektro-Physiologie bin.«[165]

Der Monowitzer Häftling Czeslaw Jaworski: »Nach dem Bau des Apparates für Elektro-Schocks schickte er sich an, einen Apparat für die Elektronarkose zu montieren. Bis vier Uhr morgens saß er in unserer Pflegestelle über den Büchern oder in der mechanischen Werkstatt des Krankenhauses, wo er gemeinsam

162 Aussage Wogul vom 29. 3. 1960. Ebd., Bl. 50138.

163 Aussage Niedojadlo vom 27. 11. 1973. Mengele-Verfahren Bd. 31, Bl. 134.

164 Aussage des SDG Neubert vom 21. 6. 1971. Verfahren 4 Js 798/64 OStA Ffm., Bl. 1263. Johann Snellen van Vollenhoven erinnert sich, die Einzelteile seien gestohlen worden und von einem Ingenieur von Philips zusammengebaut worden. Aussage vom 12. 5. 1971. Ebd., Bl. 1333.

165 Aussage Zenon Drohocki vom 26. 5. 1970. Ebd., Bl. 735.

mit dem Ingenieur Kaplan (aus Frankreich) und dem Dr. Budziaszek den erwähnten Apparat montierte.«[166]

Elektroschocks verusachen zu dieser Zeit schon unter normalen klinischen Bedingungen massenhaft Knochenbrüche, Wirbelfrakturen und Todesfälle. Dies behindert offenbar nicht die Experimentierfreude eines selbst inhaftierten Psychiaters. Häftlingsarzt Drohocki benutzt Auschwitz als Versuchslabor.[167] Ethische Hemmungen schwinden offenbar, wenn Forschungsobjekte zur Nutzung verfügbar sind.

Versuche zur Massensterilisierung

Am 28. März 1941 schreibt Viktor Brack, Hauptamtsleiter der Kanzlei des Führers, an Himmler. Er erbietet sich, obgleich zu dieser Zeit noch mit den Vergasung der psychisch Kranken und Behinderten (»Euthanasie«) beschäftigt, »eine Massensterilisation durch Röntgenstrahlen durchzuführen«. Sein Vorschlag: »Ein Weg der praktischen Durchführung wäre z.B. die abzufertigenden Personen vor einen Schalter treten zu lassen, an dem sie Fragen gestellt erhalten oder Formulare auszufüllen haben.« Der Beamte hinter dem Schalter könne dann die Apparatur betätigen. Die Prozedur dauere etwa zwei, drei Minuten: »In einer Anlage mit 2 Röhren könnten also demgemäß pro Tag ca. 150–200 Personen sterilisiert werden, mit 20 Anlagen also bereits 3000 bis 4000 pro Tag.«[168]

Wenige Wochen später, am 27. Mai 1941, findet eine Besprechung über eine »neue Methode zur operationslosen Unfruchtbarmachung minderwertiger Frauen« statt. Der Mediziner, der eine solche Methode entwickelt haben will, ist Prof. Carl Clauberg. Grawitz in einem Schreiben an Himmler: »Bei der uner-

---

166 Czeslaw Jaworski: Erinnerungen an Auschwitz, a.a.O., Bl. 9.

167 Es bleibt die Frage, wie es möglich ist, daß ein Häftling Häftlinge aus anderen Lagern zum Elektroschock einbestellen kann? Diese Befugnis hat nur ein SS-Arzt, z.B. Dr. König.

168 Nürnb. Dok. NO-203.

hörten Bedeutung, die ein solches Verfahren im Sinne einer negativen Bevölkerungspolitik haben würde, ... erlaube ich mir daher, Reichsführer, den Vorschlag, Prof. Clauberg ein entsprechendes Forschungsinstitut in oder bei Königshütte einzurichten und diesem ein Frauenkonzentrationslager für etwa 10 Personen anzugliedern.«[169]

Am 30. Mai 1941 erstellt Grawitz eine Liste »der mit Behandlung weiblicher Unfruchtbarkeit nach der Methode Prof. Clauberg beauftragten Fachkräfte«.[170] Es sind dies:

1) Prof. Clauberg, Königshütte/O. S., Knappschaftskrankenhaus, 2) SS-Standartenführer Prof. Dr. Günther von Wolff, Berlin 15, Meineckestr. 4, 3) SS-Sturmbannführer Prof. Dr. Karl Erhardt [Ehrhardt][171], Graz, Universitäts-Frauenklinik, 4) SS-Hauptsturmführer Prof. Dr. Günther K. F. Schultze[172], Greifswald, Universitäts-Frauenklinik.

Im Oktober 1941 unterbreitet der Hautarzt Dr. Adolf Pokorny[173] Himmler den Vorschlag, Millionen Menschen zu sterilisieren. Getragen von dem Gedanken, daß der Feind nicht nur besiegt, sondern vernichtet werden müsse, macht er Himmler auf eine Veröffentlichung aus dem Hause Madaus aufmerksam. Madaus hatte herausgefunden, daß der Saft des Schweigrohrs (Caladium seguinum) v. a. bei Tieren nach einer gewissen Zeit dauernde Sterilität erzeuge. Pokorny:

»Wenn es uns gelänge, auf Grund dieser Forschungen sobald als möglich ein Medikament herzustellen, das nach relativ kur-

---

169 Grawitz am 29. 5. 1941 an Himmler, in: Reimund Schnabel: Macht ohne Moral. Eine Dokumentation über die SS. Frankfurt am Main 1957, S. 266.

170 Bericht Menschenversuche ZSt 413 AR 1463/65, S. 7. Es darf angenommen werden, daß damit eine Behandlung zur Unfruchtbarmachung gemeint ist.

171 Karl Ehrhardt, 1937 außerordentlicher Professor der Frankfurter Universitäts-Frauenklinik, DFG-Projekt »Röntgenologische Versuche zum Studium der intrauterinen Lebensvorgänge des Kindes«, 1939–1945 Graz, nach 1945 wieder in Frankfurt am Main.

172 Schultze stirbt am 1. 5. 1945.

173 Pokorny, 1945 Gesundheitsamt München, wird im Nürnberger Ärzteprozeß 1947 freigesprochen.

zer Zeit eine unbemerkte Sterilisation bei Menschen erzeugt, so stände eine neue wirkungsvolle Waffe zur Verfügung.« Allein der Gedanke, daß die 3 Millionen kriegsgefangenen Bolschewisten als Arbeiter verfügbar seien, »aber von der Fortpflanzung ausgeschlossen wären, eröffnet weitgehendste Perspektiven«.

Pokorny schlägt vor: 1. Dr. Madaus darf keine weiteren Publikationen veröffentlichen (»Feind hört mit!«), 2. die Pflanze vermehrt zu züchten, 3. in Versuchen an Menschen (Verbrecher) die Dosis und die Dauer der »Behandlung« zu klären.[174]

Ein untauglicher Vorschlag: Das ausschließlich in Nordamerika wachsende Schweigrohr (das der Gattung der Aronstabgewächse zugehört) will trotz Unterstützung des WVHA selbst in Gewächshäusern nicht gedeihen. Versuche, das Schweigrohr synthetisch herzustellen, mißlingen offenbar.[175]

Am 7. oder 8. Juli 1942 konferieren Himmler, Gebhardt, Glücks und Clauberg im Führerhauptquartier.[176] Thema: 1. Die Sterilisierung von Männern durch Röntgenstrahlen (der Röntgenspezialist Prof. Holfelder soll hinzugezogen werden). 2. Die Sterilisierung von Jüdinnen durch Einspritzen einer Reizflüssigkeit.

Himmlers Persönlicher Referent Brandt vermerkt, der Reichsführer-SS habe SS-Brigadeführer Clauberg für seine Versuche an Menschen und an Tieren das Konzentrationslager Auschwitz zur Verfügung gestellt. Es solle ein Verfahren gefunden werden, »das die Sterilisierung bewirkt, ohne daß die Betroffenen davon etwas merken«.[177]

Am 10. Juli 1942 schreibt Brandt noch einmal an Clauberg. Der Reichsführer möchte wissen, welche Zeit für die Sterilisierung von 1000 Jüdinnen benötigt werde.[178] Die Frage wird verständlich, wenn man weiß, daß sich Brack am 23. Juni erneut an

174 Mitscherlich/Mielke, S. 237.

175 Bericht Menschenversuche ZSt 413 AR 1463/65, S. 2.

176 In einer undatierten Aktennotiz von R. Brandt wird der 7. 7., in einem Aktenvermerk Brandts vom 11. 7. 1942 (NO-215) der 8. 7. genannt.

177 Undatierter Aktenvermerk Brandts. Nürnb. Dok. NO-216.

178 R. Brandt am 10. 7. 1942 an Clauberg. Nürnb. Dok. NO-213.

Himmler gewandt hat. Die Krankenmorde mittels Giftgas sind inzwischen eingestellt, Brack sucht ein neues Betätigungsfeld:

»Bei ca. 10 Millionen europäischen Juden sind nach meinem Gefühl mindestens 2–3 Millionen sehr gut arbeitsfähiger Männer und Frauen enthalten.« Angesichts des Arbeitskräftemangels könne man diese mittels Röntgenkastration fortpflanzungsunfähig machen. Sollte sich der Reichsführer-SS »im Interesse der Erhaltung von Arbeitsmaterial« zu diesem Weg entschließen, stelle ihm die Reichskanzlei gerne die notwendigen Ärzte und sonstiges Personal zur Verfügung.[179] Es wird Dr. med. Horst Schumann sein, bis dahin Direktor der Vergasungsanstalt Sonnenstein im sächsischen Pirna. Schumann kennt Auschwitz: Er hat dort am 28. Juli 1941 insgesamt 575 Häftlinge selektiert und anschließend in Sonnenstein vergasen lassen.

Clauberg und Schumann beginnen im Herbst 1942 im Frauenlager Birkenau in einer Holzbaracke (»Block 30«).[180] Im März 1943 beziehen sie Block 10 im Stammlager.

Clauberg hat einen Assistenten mitgebracht: Dr. pharm. Johannes Paul Göbel[181], ein Mitarbeiter der Schering-Werke. Clauberg will ihn nach einem Herzinfarkt in einer Klinik in Berlin-Buch aufgestöbert haben: »Die Schering-Werke wollten ihn auf Monate beurlauben. Ich habe deshalb mit jemand bei den Schering-Werken verhandelt und ihn mir als ›Geschenk‹ ausgeliehen ... Den Schering-Werken habe ich nicht gesagt, für welche Zwecke ich Dr. Göbel angefordert hatte.«[182]

Clauberg injiziert den Frauen mehrmals Reizungsmittel in die Eileiter: »Ich bezog sie von Dr. Göbel in verschraubten Flaschen von etwa 300 ccm. Für jede Spritze wurden 10 ccm abgefüllt, von denen nur etwa 5–6 ccm im Durchschnitt gespritzt wurden.«[183]

179 Nürnb. Dok. NO-205.
180 Die Darstellung folgt der Anklage gegen Horst Schumann vom 25. 11. 1971. Verfahren Js 18/67 GStA Ffm.
181 Göbel ist am 11. 8. 1952 gestorben.
182 Aussage Clauberg vom 20. 12. 1955. Verfahren 2 Js 3484/55 OStA Kiel.
183 Ebd.

Zur Kontrolle injiziert Clauberg ein Kontrastmittel, verfolgt am Röntgenschirm, ob die Eileiter noch durchlässig sind.

Rosa Finkelstein, vorher schon Phlegmone-Versuchen unterworfen, wird bei Claubergs Experiment bewußtlos: »Nach dem Erwachen lag ich wieder auf meiner Pritsche und war im Unterleib vollkommen verblutet. Ich bekam dann so furchtbare Schmerzen, daß ich mich wand wie eine Schlange. Ich grub mir vor Schmerzen die Fingernägel in das Fleisch.« Die junge Jüdin, deren gesamte Familie im KZ umkommt, wird im Januar ins KZ Bergen-Belsen verlegt: »Dort war es für mich wie eine Erholung.«[184]

Rosaline de Leon: »Die Sterilisation wurde mit Injektionen vorgenommen vermittels einer sehr großen Injektionsspritze, die subkutan in die Vagina meines Körpers injiziert worden war, worauf die Einspritzung mit einer weißen Flüssigkeit stattfand, die so ähnlich wie Kalkwasser aussah. Wahrscheinlich wurde diese Feuchtigkeit in die Gebärmutter eingespritzt. Die Injektionsspritze war wohl 30 cm lang.« Nach der Injektion (dies berichten alle überlebenden Frauen) setzt ein fürchterlich brennendes Gefühl im Unterleib ein, »und zwar so arg, daß die [Häftlings-] Schwestern sich auf die Arme der Schlachtopfer setzen« müssen.[185]

Neben den Sterilisierungs-Versuchen experimentieren Clauberg/Göbel mit einem neuen Röntgen-Kontrastmittel, »um Jodipin, das infolge Jodmangels in Deutschland nicht mehr hergestellt werden konnte, zu ersetzen«.[186] Die Folgen: »Infolge des hohen Druckes, mit dem die Flüssigkeit in die Gebärmutter eingepreßt wurde, vielleicht auch infolge der chemischen Eigenschaften der Kontrastmasse, entstanden häufig Entzündungen der Gebärmutter, Eileiter, Eierstöcke und auch des Bauchfells.«

---

184 Aussage Rosa Finkelstein vom 12. 3. 1959. Mengele-Verfahren, Bd. 2, Bl. 389ff.

185 Aussage Rosaline de Leon vom 26. 7. 1956. Verfahren Js 18/67 GStA Ffm.

186 Undatierte Erklärung von Dr. Eduard de Wind. Ebd. Ähnlich ein undatiertes Schreiben des Rapportschreibers Dr. Tadeusz Paczula, am 12. 1. 1967 bei der GStA eingegangen (Js 18/67).

Die Qual endet in der Regel in der Gaskammer: »Solche Experimente wurden mit Unterbrechungen von 3–4 Wochen 3–6 mal an denselben Frauen durchgeführt. Diejenigen Frauen, an denen die Experimente schon beendet waren, wurden nach Birkenau zur Vernichtung geschickt.«[187]

Am 7. Juni 1943 meldet Clauberg dem Reichsführer-SS, seine Sterilisierungsmethode sei »so gut wie fertig«.[188] Der Gynäkologe hat sich nach dem Krieg verteidigt, er habe Himmler getäuscht und somit den Versuchspersonen das Leben gerettet. Die Injektionen hätten einen »bedeutungslosen Schmerz« verursacht. Außerdem habe sein Assistent Göbel durch einen Cocain-Zusatz seine »am Tier fertig ausgearbeitete Methode« der operationslosen Sterilisierung »für jede Frau (auch die empfindliche) schmerzlos« gemacht. Schäden hätten die Frauen keine davongetragen: »Die einzige Schädigung, welche die Frauen haben können, ist die der Unfruchtbarkeit.«[189]

Frauen, die Claubergs Versuche (und zumeist die Ermordung naher Angehöriger) ertragen mußten, beklagen dagegen den Verlust ihrer Zähne, ihrer Haare, sehr schmerzhafte Regelblutungen, Blasenkatarrh, Fettleibigkeit, wechselweise Verstopfung oder Durchfall, Abszesse an den Schamlippen, Unterleibskrebs. Eine Überlebende: »Ich bin ... in sexueller Beziehung vollkommen unempfindsam geworden.«[190] Eine andere: »Ende 1945 fand ich meinen Mann wieder. Wir haben nie wieder Geschlechtsverkehr haben können.«[191]

Schumann tritt in Auschwitz in der Uniform der Luftwaffe auf. Er wird allgemein als kühl und korrekt bezeichnet, sucht sich seine Versuchspersonen selbst aus. Es sind junge, gesunde, gut aussehende jüdische Frauen und Männer, vor allem

---

187 Undatierte Erklärung von Dr. Eduard de Wind. Js 18/67 GStA Ffm.

188 Nürnb. Dok. NO-212.

189 Aussage Claubergs vom 19. 11. 1955. Verfahren Js 18/67 GStA Ffm.

190 Gutachten Kaplan vom 8. 3. 1954 über eine Frau mit der Häftlingsnummer 50 386.

191 Gutachten Kaplan vom 25. 2. 1953 über eine Frau mit der Häftlingsnummer A 5567.

Griechen, Polen, Tschechen. Die Versuchspersonen werden in Gruppen von 30 bis 60 Häftlingen drei- bis viermal die Woche bestrahlt.

Nach der Bestrahlung ist den Versuchspersonen übel, viele erbrechen. Nach einigen Tagen röten sich Genitalien, Unterleib, Oberschenkel, manchmal verfärben sie sich schwarz. Die Stellen eitern. »Ich mußte feststellen«, so die Häftlingsärztin Adelaide Hautval, »daß Schumann mit den Strahlen nicht nur die Geschlechtsteile, sondern die Gedärme getroffen hatte.«[192]

Schumann nimmt vorwiegend griechische Mädchen im Alter von etwa 16 Jahren, denen die Eierstöcke verbrannt werden. Ihre Schreie und Klagen sind vielen Häftlingen in Erinnerung: »Während die Wunden dieser Mädchen verbunden wurden, schrien dieselben vor Schmerzen, daß es kaum anzuhören war. Sie hatten große Löcher im Bauch ...«[193]

Viele werden nach der Operation wieder zur Arbeit geschickt. Sie sterben an ihren eiternden Wunden. Buena Bitram stirbt z.B. in Birkenau, wo sie trotz offener Wunden Steine schleppen muß. Gabriele Gropova hat Brandwunden im Unterleib, erblindet und verendet nach monatelangem Siechtum. Schumann bestrahlt sogar Kinder aus dem Zigeunerlager[194] und polnische jüdische Knaben: »Sie fielen dadurch auf, daß ihre Hoden mehr als ein Hühnerei groß angeschwollen waren.«[195]

Zur Kontrolle der Wirksamkeit der »Strahlenbehandlung« bei Männern dient die »Samenprobe«: Ein mit einem Gummischlauch bespannter Knüppel wird in den Mastdarm gesteckt und die Drüsen so lange gereizt, bis es zum Samenerguß kommt. Die Prozedur ist äußerst schmerzhaft und bei dem elen-

---

192 Aussage Dr. Adelaide Hautval vom 6. 5. 1971. Verfahren Js 18/67 GStA Ffm.

193 Erklärung Frederika de Waal-Springer vom 12. 2. 1956. Ebd.

194 Artin Rablin, der im Sommer 1943 »ca. 10–15 Zigeunerkinder, im Alter von 6–10 Jahren« aus dem Zigeunerlager abholt und Zeuge ihrer Bestrahlung ist. Aussage vom 15. 12. 1970. Ebd.

195 Aussage Albin Ossowski vom 2. 11. 1972. Mengele-Verfahren, Bd. 13, Bl. 29.

den Zustand der Häftlinge sehr langwierig. Das Ejakulat wird dann auf Sperma untersucht.

Damit nicht genug, läßt Schumann den Bestrahlten Hoden oder Eierstöcke entfernen (die im Gerichtsmedizinischen Institut der Universität Breslau histologisch untersucht werden). Ein 18jähriger griechischer Jude will sich dagegen wehren. Er bekommt von Häftlingsarzt Dering gesagt: »Wenn ich dir deine Eier nicht ausschneide, dann wird man mir die meinen ausschneiden!«[196]

Als Operateure arbeiten die Häftlingsärzte Dering, Grabczynski, Sobieszczanski und Samuel. Ein Häftling, der bei den Operationen assistiert, nennt weiterhin Dr. Rohde, Dr. Entress und Schumann selbst.[197]

An Dr. Max Samuel wird noch einmal die Problematik von Häftlingsärzten deutlich. Samuel, vor Auschwitz ein geachteter Gynäkologe in Köln, soll »mit großem Eifer« bei den Krebsversuchen Wirths Teile des Gebärmutterhalses herausgeschnitten haben.[198] Die Häftlingsärztin Hautval berichtet, Samuel habe das Lager mit einem Passierschein von Wirths ohne Begleitung verlassen können und begründet seine Dienstbarkeit: »Dr. Samuel war von der Angst beherrscht und dem Wunsch, ›ihnen‹ zu gefallen. Er schwitzte deswegen. Für ihn als Juden war die Lage viel gefährlicher als für mich. Zudem befand sich, wie man sagte, seine Tochter im Lager. Ohne Zweifel sagte er sich, daß er sie vielleicht retten könnte, wenn er seinen Herren blind gehorchte.«[199] Der jüdische Arzt Wolken: »Mitarbeiter von Dr. Samuel war Ing. Max Ippe, Elektromechaniker aus Prag, der einen Apparat für intravaginale Aufnahmen konstruiert hatte. Diese Aufnahmen waren sehr qualvoll, da sie eine Stunde dauerten und mehrmals wiederholt werden mußten. Ippe war jüdischer Herkunft, ca. 30 Jahre alt.«[200] Dr. Max Samuel wird 1944 als Mitwisser liquidiert.

196 Aussage Esformes vom 25. 9. 1962. Auschwitz-Verfahren, Bl. 13952.
197 Aussage Zenon Lawski vom 20. 4. 1969. Verfahren Js 18/67 GStA Ffm.
198 Undatierte Erklärung Dr. Eduard de Wind. Ebd.
199 Hautval, S. 46.
200 Aussage Wolken vom 8. 7. 1945. Auschwitz-Verfahren, Bl. 8567.

Die Zahl der Opfer ist nicht bekannt. Einen Hinweis gibt jedoch die Aussage von Ludwig Gehr, Leiter des Siemens-Büros in Gleiwitz. Er wartet in Auschwitz die medizinischen Anlagen und hat auch die Röntgenapparate aufgestellt. Gehr zufolge war Schumann Ende Dezember 1942 an Gelbfieber erkrankt und im Frühjahr 1943 zurückgekehrt. Der Vertreter der Firma Siemens erfährt von Schumann, »daß die zuerst behandelte Gruppe von 350 Personen in vollem Umfang nach der Röntgenbehandlung ums Leben gekommen ist«. Gehr: »Allgemein kann ich in Bezug auf die Ärzte sagen, daß viele außerhalb des Lagers daran interessiert waren, aus dem Lager Häftlinge für Experimentierzwecke zu bekommen.«[201]

Schumanns Versuche enden 1944. Am 29. April teilt Bracks Vertreter Blankenburg dem Reichsführer-SS lakonisch mit, daß die operative Kastration »zuverlässiger und schneller« zu bewerkstelligen sei als die Kastration mit Röntgenstrahlen.[202]

Die Überlebenden sind für ihr Leben ruiniert.

Ein Häftling – 1943 ist ihm von Schumann der linke Hoden entfernt worden – heiratet im Dezember 1945. 1948 bringt seine Frau ein Kind zur Welt. Es ist körperlich und geistig behindert. Im medizinischen Gutachten von 1954 steht: »Penis von subnormaler Größe ... Es handelt sich um einen jetzt 34 Jahre alten Mann, der nach einer Röntgenkastration der Hoden eine linksseitige Hodenexstirpation durchgemacht hat. Der übriggebliebene rechte Hoden ist deutlich funktionsgeschwächt, wie die Laboratoriumsuntersuchungen der Spermaflüssigkeit, der Spermatozoen sowie die Hormonbestimmung zeigt. Als Folge dieser Schädigung ist die Geburt einer geistig und körperlich zurückgebliebenen Tochter anzusehen.«[203]

---

201 Aussage Ludwig Gehr vom 14. 8. 1964. Verfahren Js 18/67 GStA Ffm. Gehr einschränkend: »Ich kann allerdings nicht mit absoluter Sicherheit sagen, ob die Röntgenbehandlung bei diesen Leuten für den Tod kausal war, denn es herrschte während dieser Zeit auch eine Fleckfieberepidemie im Lager.«

202 DC-Unterlagen Philipp Bouhler.

203 Gutachten des Vertrauensarztes der deutschen Botschaft in Paris, Kaplan, vom 8. 2. 1954. Der Geschädigte hat die Häftlingsnummer 28614.

Auschwitz-Häftling Nr. 27815 ist 31 Jahre alt, als er wegen einer Entschädigung 1954 untersucht wird. Er leidet an Fettsucht: »Diese endokrine Störung ist begleitet von einer Demineralisierung, die zu einer Dekalzikation der Wirbelsäule geführt und damit zu einer Skoliose geführt hat.« Es besteht Selbstmordgefahr.[204]

Einem 20jährigen Polen sind nach der Röntgenkastration beide Hoden entfernt worden. Ein Professor hat ihm nach dem Krieg Nachahmungen von Hoden aus Kunstharz in den Hodensack eingenäht. Seine Verbrennungen sind so schwer, daß eine Hautübertragung vom Oberschenkel auf den Penis vorgenommen wird. Die Hautentnahmestellen sind wulstartig verändert und schmerzen. Zudem ist der Harnweg verbrannt. Im ärztlichen Gutachten (1955) heißt es: »Es handelt sich um einen jetzt 32jährigen Mann, der an den Folgen einer Kastration, totaler Impotenz bei dauernder Hormoneinpflanzung und außerdem an den Folgen einer sehr schweren Röntgenverbrennung mit Striktur [Verengung] der Harnröhre ... leidet.« Der selbstmordgefährdete Patient, dessen gesamte Familie ermordet wurde: »Trotz der Behandlung des Prof. Abulker konnte die Harnröhrenstriktur nicht beseitigt werden und ich uriniere durch eine Harnfistel des Dammes. Prof. Abulker schlägt aber, da auch diese Fistel schlecht funktioniert, eine erneute Operation vor: er möchte den Harnausgang in den Mastdarm verlegen.«[205]

Am 17. Januar 1945 flieht die deutsche KZ-Mannschaft überstürzt aus Auschwitz.[206] Im Stammlager bleiben 1200, in Monowitz 600 und in Birkenau 5800 Kranke (davon 4000 Frauen)

204 Gutachten Kaplan vom 9. 3. 1954.

205 Gutachten Kaplan vom 30. 9. 1955.

206 Clauberg gerät in russische Kriegsgefangenschaft, kehrt 1955 zurück, stirbt zwei Jahre später. Schumann ist bis 1951 Knappschaftsarzt in Gladbeck, flieht, wird 1966 von Ghana an die BRD ausgeliefert, aber nie verurteilt: Arztkollegen bescheinigen ihm, verhandlungsunfähig zu sein. Entlassung aus der Haft 1972.

zurück. Die Russen errichten zunächst zwei Militärhospitäler. Mehr als 1000 Häftlinge sterben in den ersten Wochen nach der Befreiung.[207]

> »Den Silvesterabend habe ich ruhig und still bei Bärs[208] verbracht, die sonst niemand mehr eingeladen hatten, und so konnte ich mit meinen Gedanken so lieb und schön bei Dir sein. Die Bilder von Dir und den Kinderle habe ich ihnen gezeigt und ihnen von Euch erzählt ... Als dann die Mitternachtsstunde herangekommen war, ich mein Glas Dir zugetrunken hatte und wir still in Gedanken versunken saßen, hatten die beiden Tränen in den Augen und waren arg traurig.«
>
> Standortarzt Wirths in einem Brief an seine Ehefrau, Auschwitz, den 1. 1. 1945.[209]

Eduard Wirths, KZ-Arzt in Dachau, Neuengamme, Auschwitz und Nordhausen, wohnt nach der Kapitulation bei seinem Bruder in Hamburg. Er wird dort von den Briten verhaftet und in Neuengamme festgesetzt. Von Eduard Wirths gibt es eine umfangreiche Niederschrift von 1945, wonach er sich als gläubiger Christ fast schon als Retter der Gefangenen darstellt. Am 24. Mai 1945 schreibt er seiner Frau aus der Haft:

»Wie lange mag es wohl noch dauern, bis ich endlich einmal wieder bei Dir und unseren lieben Kinderle sein darf? Ach es ist eine so unsagbare schwere Zeit, diese Fortsetzung des furchtbaren Krieges und doch muß sie tapfer und stark durchgehalten werden, zumal wir uns mit dem besten Gewissen vor unserem Herrgott und vor den Menschen verantworten können.«

Wirths behauptet, »daß es Gottes Wille war, daß alles so bisher von mir und uns gemacht wurde« und stellt die Frage: »Was nur habe ich verbrochen? Ich weiß es wirklich nicht!«

207 Aussage Wolken vom 8. 7. 1945. Auschwitz-Verfahren, Bl. 8564.

208 Richard Baer ist ab Mai 1944 Kommandant von Auschwitz, lebt nach 1945 unter dem Namen »Karl Neumann« als Waldarbeiter.

209 Auszüge der Briefe Wirths an seine Frau: Auschwitz-Verfahren, Bl. 12035.

Der Standortarzt von Auschwitz wird in die Staumühle bei Paderborn gebracht und von den Amerikanern verhört. Wirths versucht sich zu erhängen, wird abgeschnitten. Er stirbt an einer Lungenentzündung, ohne zu Bewußtsein gekommen zu sein.[210]

210 Aussage Helmut Wirths vom 2. 4. 1962. Ebd., Bl. 12032.

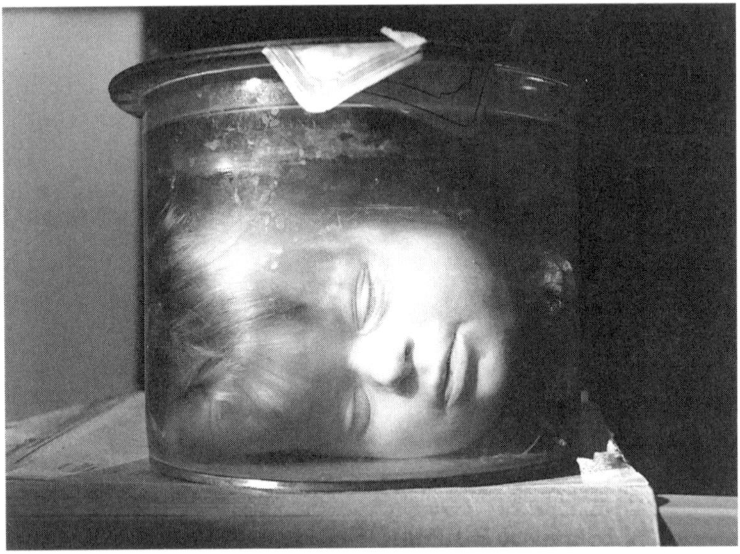

X Mengele – Ein Humangenetiker in Auschwitz

Auschwitz: Skelette, Augen, Embryonen und abgeschnittene Kinderköpfe schickt Dr. med. Mengele an das Kaiser-Wilhelm-Institut für Anthropologie, menschliche Erblehre und Eugenik in Berlin. Aufnahme eines Kinderkopfes in der Pathologie des Psychiatrischen Krankenhauses der Stadt Wien.

Medizin als Menschenführung

Professor Otmar Freiherr von Verschuer ist am 16. Juli 1896 in Richelsdorfer Hütte, Kreis Rotenburg/Fulda geboren. Er habilitiert sich 1927 in Tübingen mit einer Arbeit über Zwillingsforschung. Im selben Jahr wird er Abteilungsleiter bei Eugen Fischer, Direktor des Kaiser-Wilhelm-Institutes (KWI) für Anthropologie, menschliche Erblehre und Eugenik in Berlin.

1933 wird Verschuer außerordentlicher Professor, 1934 Herausgeber der Zeitschrift »Der Erbarzt«, die zunächst als Beilage zum »Deutschen Ärzteblatt« erscheint (ab Juli 1939 als selbständige Zeitschrift im Georg Thieme-Verlag Leipzig). Die Deutsche Forschungsgemeinschaft finanziert Verschuers Zwillingsforschung: »Er hat wohl das größte Zwillingsmaterial gesammelt, das überhaupt als in einem Institut befindlich bekannt ist«, so die Begründung 1934 von Lothar Loeffler, Königsberg.[1]

Zum 1. April 1935 erfolgt Verschuers Berufung als Direktor des neugegründeten Instituts für Erbbiologie und Rassenhygiene an der Medizinischen Fakultät der Johann Wolfgang Goethe-Universität in Frankfurt am Main. In einem Gutachten des Leiters des Rassenpolitischen Amtes der NSDAP, Prof. Dr. Walter Gross, wird Verschuer als unpolitisch bezeichnet. Er stehe dem Nationalsozialismus aber »mit einer völlig ehrlichen Loyalität« gegenüber und trage »zur Festigung wichtigster Grundlagen der nationalsozialistischen Gedankenwelt« bei: »Ich kann mir außerdem denken, daß die sachliche und vorwiegend wissenschaftliche unpolitische Art Verschuers ... gerade besonders überzeugend wirken kann, so daß auch im pro-

1 Gutachten Loefflers vom 12. 10. 1934. BA R 73/15341 fol 1, Bl. 95.

pagandistischen und werbenden Sinne seine Berufung wertvoll sein könnte.«[2]

Verschuer bezieht das zweite Obergeschoß im »Haus der Volksgesundheit« in der Gartenstraße 140, direkt am Main. Eine Bettenstation ermöglicht die stationäre Aufnahme der Forschungsobjekte. Die Leitung hat Oberschwester Emmi Nierhaus vom Diakonie-Verband, die den Erbforscher als Mitarbeiterin begleiten wird.[3] Verschuer und seine Mitarbeiter beginnen mit der erbbiologischen Erfassung der Bevölkerung der oberhessischen Schwalm. In Frankfurt ermittelt eine Mitarbeiterin (anhand der Geburtsregister) 1911 Zwillingspaare oder zumindest einen noch lebenden »Paarling«.[4]

1938 meldet Verschuer: »Die Untersuchung der lebenden Bevölkerung in den Schwalmdörfern ist zum Abschluß gebracht. Die Kirchenbücherauszüge sind zu Sippentafeln zusammengestellt. Die Identifizierung der Krankheitskartei ist durchgeführt.«[5] Verschuer listet Personengruppen auf, die zu erfassen sind: Paarlinge mit Gelenkrheumatismus, angeborene und erworbene Herzfehler, Staublunge, perniziöse Anämie (Blutarmut), Leukämie, Magenulkus, allergische Krankheiten, Blutersippen, Zuckerkranke, Bechterewsche Krankheit, Astheniker, Kleinwuchs.[6]

Verschuer und seine Mitarbeiter[7] qualifizieren nahezu alle Behinderungen, selbst Krankheiten wie Staublunge, sogar Berufs-

---

2 Universitäts-Archiv Münster, Kurator-Pers. Nr. 3651, Bd. 2, zitiert nach Koch, S. 81 f.

3 Ebd., S. 83.

4 1938 meldet Verschuer der DFG: »Fräulein [Leonore] Liebenam hat in nunmehr jahrelanger Arbeit sämtliche Zwillingspaare aus dem Stadtbezirk Frankfurt a. M. zurück bis zum Jahre 1898 erfaßt und fast vollständig untersucht.« BA R 73/15342.

5 Überblick 1938/39, III. Heft, S. 58.

6 Ebd. Verschuers Berichte an die DFG mit einer Auflistung der Forschungsprojekte: BA R 73/15342, Bl. 162 ff.

7 Prof. Dr. med. Ferdinand Claussen, 1935 Oberarzt bei Verschuer, 1939 außerordentlicher Professor und Direktor des Instituts für Erbbiologie und Rassenhygiene in Köln. 1948 Chefarzt der Inneren Abteilung am Kreiskrankenhaus Waldbröl.

unfälle als erbbedingt. Verschuer 1938 auf dem VIII. Internationalen Kongreß für Unfallmedizin und Berufskrankheiten in Frankfurt:

»Die Annahme einer Hervorrufung lediglich durch eine äußere Einwirkung (Unfall oder Berufsschädigung) kann nur bei den selteneren Erkrankungen infrage kommen ... Sonst werden Unfall und Berufsschädigung ursächlich gegebenenfalls nur die Rolle einer Mitursache spielen, die ein Erbleiden hervorruft ... In Deutschland sind die Ergebnisse der erbbiologischen Forschung bereits in die Maßnahmen der Volksgesundheitspflege eingebaut worden. Die Prophylaxe der Erbkrankheiten durch Sterilisierung, Eheverbot und Eheberatung ist in besonderen Gesetzen geregelt.«[8]

Eine tiefe Freundschaft[9] verbindet Verschuer mit Eugen Fischer[10], dem »Bahnbrecher für die wissenschaftliche Unterbauung der Erb- und Rassenpflege des nationalsozialistischen Staates«.[11] Fischer ist Begründer und Leiter des »Kaiser-Wilhelm-Instituts für Anthropologie, menschliche Erblehre und Eugenik«. Sein Ruhm gründet sich auf einer Forschungsreise 1908 nach Namibia, wo er in Rehoboth, südlich von Windhuk, Mischlinge von Buren und Hottentotten untersucht (1913 er-

---

Prof. Dr. med. Heinrich Schade, Assistent und Oberarzt bei Verschuer, 1939 Habil. über erbbiologische Erfassung der Schwalm. Oberarzt am KWI. 1954 außerplanmäßiger Professor für Humangenetik in Münster, 1966 o. Professor in Düsseldorf.

8 Referat »Anlage und Abnutzung in ihrer Bedeutung für Unfall und Berufsschädigung«, zit. n. Gine Elsner: Arbeitsmedizin im Nationalsozialismus: einige Aspekte und ihre Kontinuität, in: Gine Elsner u.a.: Muß Arbeit krank machen? Für eine andere Arbeitsmedizin. Hamburg 1986.

9 Willibald Scholz: Otmar Frhr. von Verschuer zum 70. Geburtstag, in: Münchener Medizinische Wochenschrift, 1966, Nr. 29, S. 1469f.

10 Eugen Fischer (1874–1967), Professor der Anthropologie, 1927–1942 Direktor des KWI für Anthropologie. 1933 Rektor der Berliner Universität. Am 18. 8. 1942 von Hitler zum ordentl. Mitgl. des wiss. Senats des Heeres-Sanitätswesens ernannt.

11 Verschuer: Eugen Fischer 70 Jahre alt am 5. Juni 1944, in: Forschungen und Fortschritte, 1944, Nr. 16–18. Eugen Fischer, der Rassist der Vor-Nazi-Zeit, wird 1946 Mitglied des Senats der Kaiser-Wilhelm-Gesellschaft. Vierhaus/vom Brocke, S. 467.

scheint sein Buch »Die Rehobother Bastards und das Bastardisierungsproblem beim Menschen«).

1940 entwirft Fischer ein Grundsatzprogramm für das KWI für Anthropologie.[12] Er sieht die Erb- und Rassenkunde und das Prestige seines Institutes auf dem Höhepunkt der Entwicklung: »Daß heute die Zwillingsforschung (v. Verschuer) die besondere Methode für die menschliche Erbforschung überhaupt ist, darf im wesentlichen als Verdienst des Dahlemer Institutes gebucht werden.«

Die wahren Forschungsziele müssen nun nicht mehr vernebelt werden: »Bei der Gründung wurde das Institut gegliedert in die Abteilungen für Anthropologie, für menschliche Erblehre und Eugenik. Die Worte Rasse und Rassenhygiene konnten gegenüber der sozialistisch-centrum-beherrschten Regierung nicht verwendet werden. Die eugenische Abteilung wurde seit ihrer Übernahme durch Professor Lenz stillschweigend in rassenhygienische umbenannt.«[13]

»Das kommende siegreiche Kriegsende und der gewaltige Ausbau des Großdeutschen Reiches stellen auch unsere Forschungsanstalten vor große neue Aufgaben. Wenn bisher vor allen Stücken die kriegswichtigen Betriebe, Physik, Chemie, Technik im Vordergrund standen, dürfte für die allernächste Zukunft alles von außergewöhnlicher Bedeutung sein, was sozusagen für die Menschenführung von Belang ist, Fragen der Erbgesundheit, der Rasse, der menschlichen Auslese, der Umweltwirkungen. So treten an unser Institut gewaltige neue Aufgaben heran, die in manchen Punkten eine neue Planung des Institutes verlangen.«

Prof. Eugen Fischer 1940 über die Aufgaben des KWI für Anthropologie[14]

12 Eugen Fischer: Bericht über die Neueinrichtung einer Abteilung für experimentelle Erbpathologie. Mengele-Verfahren, Bd. 36, Bl. 29 ff.

13 Fritz Lenz, Professor der Rassenhygiene, 1934 bis 1945 Leiter der Abteilung für Rassenhygiene, Mithg. »Archiv für Rassen- und Gesellschaftsbiologie«. 1946–1957 Leiter des Instituts für menschliche Erblehre in Göttingen.

14 Fischer: Bericht über die Neueinrichtung einer Abteilung, a. a. O. Die Forschung, so Fischer, muß »*unmittelbar* in den Dienst des Volkes, des Krieges, der Politik gestellt werden«.

Bisher, so Fischer, dominiere bei der Erbforschung das Tierexperiment, »da wir menschliches embryonales Material mit *sicheren* krankhaft bestimmten Anlagen nur *ganz* beschränkt erhalten können«. Tierisches Modellmaterial habe Professor Hans Nachtsheim gezüchtet: »epileptische Kaninchen, solche mit einer Art Veitstanz, mit Augenkrankheit, Hasenscharte, Wolfsrachen und anderen Mißbildungen«. Fischer: »Die Forschung am Kaninchen bleibt zunächst [!] im Vordergrund.« Einige Sätze weiter folgt der Zusatz: »aber dann auch an menschlichen Embryonen«.

Eugen Fischer (»keine Schranken für die Forschung«) entwirft, in Andeutungen, wie er schreibt, den Aufbau einer »Erbbiologischen Centralsammlung« und die Einrichtung einer »Abteilung für experimentelle Erbpathologie«. Fischer selbst hat bereits Schnittserien durch »Embryonen von Haubenhuhn und Haubenhuhnbastarden«, durch Embryonalschädel verschiedener Schweinerassen und »mikroskopische Präparate von Augen verschiedener Menschenrassen« zu sammeln begonnen.

Fischers Vorhaben, »Doppelmißbildungen aller Art«, Embryonen (»Früchte«) sowie Neugeborene von ein- (EZ) und zweieiigen Zwillingen (ZZ) zu beforschen, ist für die Berliner Erbforscher (Genetiker) ein verlockender Gedanke: Nun sind nicht mehr die fernen Hottentotten, sondern generell die »Minderwertigen« an der Reihe, ihre Körper den Genetikern zwangsweise zu übereignen.

Erbbiologische Centralsammlung

– Phaenogenetik von Mensch und Säugetieren –

I. Zwillinge
   1. Früchte und Neugeborene von EZ und ZZ
   2. Organe kindlicher und Erwachsener. EZ und ZZ
   3. Doppelmißbildungen aller Art
   4. Tierische Mehrlinge und Doppelmißbildungen

II. Europäische Rassen: Früchte, Neugeborene und Organe
   1. von den Rassen des Deutschen Volkes
   2. aus anderen Völkern Europas
   3. Juden

III. Außereuropäische Rassen: wie oben
   1. Asien
   2. Afrika
   3. Südsee und Australien
   4. Amerika
   5. Arktisches Gebiet

IV. Erbkrankheiten: Früchte, Neugeborene und Organe aus Sippen mit bestimmten erbpathologischen Anlagen (Gliederung später nach Krankheiten)

V. Haustierrassen: Früchte und Organe

VI. Tierische Erbkrankheiten: Früchte, Neugeborene und Organe aus Stämmen mit bestimmten erbpathologischen Anlagen.

1942 übernimmt Verschuer die Leitung des KWI für Anthropologie.[15] Es wird nicht mehr lange dauern, daß einer seiner Assistenten zur Forschung nach Auschwitz versetzt und die Erbbiologische Zentralsammlung massenhaft mit erbpathologischen Kostbarkeiten beliefern wird: Skelette verwachsener Menschen, abgeschnittene Kinderköpfe, abgetriebene Föten, kistenweise Augen. Auschwitz-Birkenau wird zum weltweit einmaligen Forschungslabor des KWI für Anthropologie, menschliche Erblehre und Eugenik.

Ein gebildeter, kalter Wissenschaftler

Josef Mengele ist am 16. März 1911 als der älteste von drei Söhnen des Fabrikbesitzers Karl Mengele geboren. In seiner Heimatstadt Günzburg (Donau) besucht er Volksschule und Gymnasium. 1935 promoviert er am Anthropologischen Institut der Universität München (Prof. Theodor Mollison) zum Dr. phil., Thema: »Rassenmorphologische Untersuchungen des vorderen

15 Neben Verschuer arbeitet als selbständiger Direktor der Abteilung Rassenhygiene Prof. Fritz Lenz. Abteilungsleiter sind Wolfgang Abel (Rassenkunde), Kurt Gottschaldt (Erbpsychologie), Hans Nachtsheim (Experimentelle Erbpathologie). Karl Diehl ist Leiter der Außenstelle für Tbc-Erbforschung.

Unterkieferabschnitts bei vier rassischen Gruppen.« Das Staatsexamen besteht er im Sommer 1936. Sein Medizinalpraktikum absolviert er an der Leipziger Universitätsklinik. In Leipzig lernt er seine spätere Ehefrau Irene kennen. Ab Januar 1937 ist er in Frankfurt am Main am Universitätsinstitut für Erbbiologie und Rassenhygiene, ab dem 1. September als Assistent Verschuers.[16]

Mengele tritt 1938 der NSDAP und der SS bei. Am 30. März 1939 erfolgt die Promotion zum Dr. med. über Menschen mit Hasenscharten (»Sippenuntersuchungen bei Lippen-Kiefer-Gaumenspalte«). Im Juli 1939 heiratet er, 1940 meldet er sich zur Waffen-SS.[17] 1942 wird Mengele als Truppenarzt bei der SS-Division Wiking geführt. Dennoch gutachtet er im selben Jahr für Verschuers KWI für Anthropologie.[18] Ende Mai 1943 wird Mengele dem WVHA, Amtsgruppe D, unterstellt. Das ist die Dienststelle aller KZ-Ärzte.

Mengeles erster Arbeitstag in Auschwitz wird oft falsch datiert. Dabei ist er aktenkundig: Es ist der 30. Mai 1943.[19]

Vom Dienstantritt Mengeles berichtet der Häftling Josef Neumann, Kind eines jüdischen Bäckers im slowakischen Snina: »Wir alle dachten, daß ab heute, als wir Dr. Mengele als Lagerarzt haben, hatte sich die Situation der Häftlinge gebessert.«[20]

---

16 DC-Unterlagen Mengele.

17 Eingesetzt wird er bei der Sanitätsinspektion der Waffen-SS (August bis Oktober 1940), beim Sippenamt des Rasse- und Siedlungshauptamtes (November 1940 bis Januar 1942), Sanitätskorps der SS-Division Wiking (Februar bis Juli 1942), beim Reichsarzt-SS (Juli 1942 bis Februar 1943) und beim SS-Infanterie-Ersatzbataillon »Ost« (Februar bis Ende Mai 1943).

18 Brief Verschuers über die im Rechnungsjahr 1942 für Gutachten vereinnahmten Beträge an die Kaiser-Wilhelm-Gesellschaft vom 29. 6. 1943. Mengele-Verfahren, Bd. 34, Bl. 26.

19 »SS-Hauptsturmführer Dr. Josef Mengele«, heißt es in einer dienstlichen Beurteilung des SS-Standortarztes vom 19. 8. 1944, »versieht seinen Dienst bei der Dienststelle SS-Standortarzt Auschwitz seit dem 30. 5. 1943.« Dieses Datum findet sich in weiteren DC-Unterlagen Mengeles, z. B. im Versetzungsbefehl des SS-Führungshauptamtes, Amtsgruppe D, gez. Dr. Liebrich, vom 24. 5. 1943.

20 Bericht Neumanns von November 1984. Mengele-Verfahren, Bd. 42, Bl. 1 ff.

Häftlingsarzt Dr. Aron Bejlin bestätigt diese Version indirekt: »An sich fing alles verhältnismäßig milde und leger an. Mengele interessierte sich für Diagnostik und hat auch mit uns jüdischen Häftlingsärzten und mit den polnischen Häftlingsärzten gelegentlich Diagnosen beraten.«[21]

> »Kennwort: Spezifische Eiweißkörper
>
> Als Mitarbeiter in diesem Forschungszweig ist mein Assistent Dr. med. et Dr. phil. Mengele eingetreten. Er ist als Hauptsturmführer und Lagerarzt im Konzentrationslager Auschwitz eingesetzt. Mit Genehmigung des Reichsführers SS werden anthropologische Untersuchungen an den verschiedensten Rassengruppen dieses Konzentrationslagers durchgeführt und die Blutproben zur Bearbeitung an mein Laboratorium geschickt.«
>
> Prof. von Verschuer in einem Bericht vom 20. 3. 1944 an die DFG.[22]

Mengeles Menschenexperimente in Auschwitz werden von der Deutschen Forschungsgemeinschaft gefördert. So schickt z. B. der Leiter der Kriegswirtschaftsstelle im Reichsforschungsrat dem DFG-Fachspartenleiter Prof. Ferdinand Sauerbruch sieben Berichte Verschuers über die laufenden Forschungsprojekte.[23] Sie stehen alle in Anführungszeichen: »Erbpatholog. Forschung«, »Tuberkulose«[24], »Spezifische Eiweißkörper«, »Augenfarbe«, »Zwillingslager«[25], »Rassenhygiene« und »Erbbiologische Bestandsaufnahme«.

Über das in Auschwitz durchgeführte Forschungsvorhaben »Spezifische Eiweißkörper« berichtet Verschuer an die DFG: »Blutproben von über 200 Personen verschiedenster rassischer

---

21 Aussage Bejlin vom 28. 8. 1962. Verfahren 4 Js 1031/61 OStA Ffm., Bl. 13366f.

22 BA R 73/15342, Bl. 64.

23 Schreiben vom 31. 10. 1944. BA R 73/15342, Bl. 36.

24 Verschuer: »Für die Fortführung dieser Untersuchungen ist mit Herrn Professor Butenandt Verbindung aufgenommen worden.« BA R 73/15342, Bl. 48.

25 Das KWI für Anthropologie hatte 1936 erstmals zwei Zwillingslager zur Beobachtung von Zwillingen (eines auf Norderney) durchgeführt. Dies war Aufgabe des Erbpsychologen Kurt Gottschaldt.

Zugehörigkeit wurden verarbeitet und Substrate des Blutplasmas hergestellt. Die weitere Forschung wird zusammen mit Dr. Hillmann, Mitarbeiter des Kaiser-Wilhelm-Instituts für Biochemie, fortgeführt. Dr. Hillmann ist biochemischer Spezialist für Eiweißforschung ... so daß nunmehr mit den eigentlichen Versuchen an den Kaninchen begonnen werden kann.«[26]

Dr. Ing. Günther Hillmann ist Abteilungsleiter[27] des KWI für Biochemie und wird nach dem Krieg Dozent und Leiter der chemischen Abteilung der Universitäts-Klinik in Tübingen. Sein Chef zur Zeit der Forschung in Auschwitz ist Prof. Adolf Butenandt, Nobelpreisträger (1939), 1942 korrespondierendes Mitglied der Deutschen Akademie für Luftfahrtforschung, 1956 Leiter des Max-Planck-Instituts für Biochemie in München, Senator der Max-Planck-Gesellschaft 1949 bis 1972, Präsident 1960 bis 1972, danach Ehrenpräsident.

Die Personenbeschreibung Mengeles weicht von vielen Vorstellungen über ihn ab. Er hat in Birkenau größten Wert auf ein gepflegtes Äußeres gelegt, leistet sich einen Häftlings-Masseur.[28] Der Niederländer Antonius van Velsen, Blockältester im »Zigeunerlager«: »Er sah sehr gut aus, hierzu paßte seine sorgfältig geschneiderte Uniform, seine Stiefel waren immer auf Hochglanz poliert.«[29] Jacques Rachmann, als Hals-Nasen-Ohren-Arzt zu Mengeles Zwillingsforschung herangezogen: »Er war eher ein südländischer als ein germanischer Typ.«[30] Die Ärztin Margita Schwalbova: »Er machte den Eindruck eines eleganten und schönen Mannes mit ausgewählten Manieren.«[31]

---

26 BA R 73/15342, Bl. 47.

27 Vierhaus/vom Brocke, S. 425.

28 Aussage Artur Radvasky, persönlicher Diener von Standortarzt Wirths und Masseur Mengeles, vom 11. 2. 1967. Mengele-Verfahren, Bd. 25, Bl. 201.

29 Aussage van Velsen vom 29. 5. 1973. Ebd., Bd. 16, Bl. 96.

30 Aussage Rachmann vom 15. 6. 1972. Ebd., Bd. 10, Bl. 239.

31 Aussage Schwalbova vom 7. 2. 1967. Ebd., Bd. 26, Bl. 70.

Die Häftlingsfrau Janina Golebiowska begutachtet Mengele: »gut gebaut, mit äußerst einnehmendem Gesichtsausdruck«.[32] Pädagogik-Professor Vladimir Hanak: »Mengele trat aufs Auge fast wie ein Menschenfreund auf.«[33] Die Pflegerin Regina Krzyzanowska: »Seine Augen verursachten einen merkwürdigen Eindruck und wir alle hatten große Angst vor ihm.«[34] Die Häftlingsärztin Odette Abadi erinnert sich, er habe das Benehmen eines Filmschauspielers gehabt, ziemlich oft mit einem Stock in der Hand gespielt und niemandem in die Augen sehen können.[35] Die Ärztin Gisella Perl: »Er war immer sehr adrett, sehr sauber, parfümiert«, der Kontrast zu den Gefangenen, die in Abfall und Schmutz leben mußten, habe nicht extremer sein können.[36]

Ella Lingens, Häftlingsärztin in Birkenau: »Er war ein auffallend hübscher und eleganter Mann. Er war auch sehr intelligent und ist durch sein Benehmen von den übrigen SS-Ärzten sehr abgestochen. Charakteristisch für ihn war, daß er vielfach im Lager weiße Handschuhe trug. Gelegentlich trug er eine Reitpeitsche, mit der er sich leicht gegen den Stiefelschaft schlug. Wenn Mengele durch das Lager ging, hat er auch öfters irgendeine Melodie gepfiffen«. Ella Lingens Kurzfassung: »Ein hochintelligenter und gebildeter kalter Zyniker.«[37]

Sie begründet ihr Urteil u.a. mit Mengeles Methode, Fleckfieber zu bekämpfen: »Hierzu schickte Mengele sämtliche Insassen eines Blockes ins Gas.«[38] Die Häftlingsärztin Margita Schwalbova: »In einem Fall im Dezember 1943 hat er einen ganzen Transport holländischer Jüdinnen ausselektiert, von denen das Gerücht ging, daß bei einigen von ihnen [Kinder-]Lähmungen aufgetreten sind. Ich habe bei diesen Frauen keine Erkran-

32 Aussage Golebiowska vom 19. 6. 1973. Ebd., Bd. 29, Bl. 100.
33 Aussage Hanak vom 11. 5. 1967. Ebd., Bd. 25, Bl. 91.
34 Aussage Krzyzanowska vom 20. 11. 1973. Ebd., Bd. 31, Bl. 56.
35 Aussage Abadi vom 9. 6. 1972. Ebd., Bd. 10, Bl. 100.
36 Aussage Perl vom 9. 3. 1973. Ebd., Bd. 15, Bl. 224.
37 Aussage Lingens vom 22. 2. 1972. Ebd., Bd. 8, Bl. 24.
38 Ebd.

kungen feststellen können.«[39] Der niederländische Lagerleiter hatte die Polio-Falschmeldung verbreitet, um den Abtransport der Frauen nach Polen hinauszuzögern.[40]

SS-Arzt Dr. Hans Münch, Mengeles Gesprächspartner in Auschwitz: »Mengele war vollkommen davon überzeugt, daß die Juden vernichtet werden müßten ... Mengele räumte zwar ein, daß zunächst die arbeitsfähigen Juden noch am Leben zu bleiben hätten. Es müsse indes verhindert werden, daß sich die Juden noch weiter vermehrten.«[41] Der französische Häftlingsarzt Milo Horeau: »Wahrscheinlich im Februar 1944 hieß mich Mengele, eine ungefähr 25 Jahre alte, gesunde Zigeunerin zu narkotisieren, an der er die Kastrierung einüben wollte ... In meiner Gegenwart hat Mengele die Eierstöcke dieser Frau entfernt. Er fragte Dr. Levy, wie er sich da anstellen müsse, denn Mengele war Arzt und nicht Chirurg.«[42]

Mengele wird bis zu seinem Lebensende Biologist und Rassist bleiben. Seine Tagebuchaufzeichnungen nach 1945 zeigen einen Mann, der immer noch Ehetauglichkeitsbescheinigungen und eine Abkehr von frauenrechtlicher Gleichberechtigung fordert. Für ihn erhält das Selektionsprinzip (Auslese und Ausmerze) den Gesamtorganismus funktions- und lebenstüchtig. Behinderte, Schwachbegabte, Träger minderwertigen Erbgutes sind diesem Prinzip zufolge nicht zu erhalten, sondern zu eliminieren. Mengele hält sein eigenes Weltbild für idealistisch-herrisch. Da ist kein Platz für Schuldgefühle. Er bedauert nichts. Die Gaskammern in Auschwitz dienen in diesem Sinne der Artverbesserung.

In seinen letzten Lebensjahren in Brasilien liest Mengele Tolstoi, Ringelnatz, auch mal eine Hitler-Rede. Der 1938 emigrierte Schriftsteller Carl Zuckmayer (»Des Teufels General«) wird als rassischer Mischling abgetan. Gerne hört Mengele Beethoven. Er liebt Hunde, ißt gerne Apfelstrudel, führt Buch über verstopf-

39 Aussage Schwalbova vom 14. 9. 1972. Ebd., Bd. 26, Bl. 182.
40 Aussage Schwalbova vom 7. 2. 1967. Ebd., Bd. 26, Bl. 70.
41 Aussage Münch vom 24. 3. 1972. Ebd., Bd. 8, Bl. 118.
42 Aussage Horeau vom 4. 10. 1973. Ebd., Bd. 18, Bl. 4.

te Brauseköpfe und Waschbecken, über Stromausfälle, Staubsaugerreparatur und seinen defekten Fernseher. Der Mann, der Abertausende ins Gas selektierte, notiert nun pingelig seine Unpäßlichkeiten: Migräne, Kopfschmerzen, Schwindelgefühle, Durchfall, Bandscheibe, Rheuma, Blasenleiden.

Das »Zigeunerlager«

Im Februar 1943 treffen im sogenannten Zigeunerlager in Birkenau die ersten Transporte ein. Nach einer polnischen Untersuchung[43] werden 1943/44 insgesamt 22696 Menschen antransportiert. 1700 Personen eines Transports aus Bialystok kommen ohne Aufnahmeformalitäten im März 1943 in die Gaskammer, weil Flecktyphuskranke unter ihnen sind. 20996 bekommen eine Häftlingsnummer eintätowiert. Vor der Nummer steht ein »Z«. Im Durchschnitt leben 10000 Menschen im Lager. Der erste Lagerarzt ist Dr. med. Benno Adolph, der sich 1938 freiwillig zur SS meldete, da er gehört hatte, »daß man bei der Waffen-SS den Facharzttitel auf Staatskosten erwerben konnte«.[44] Sein Nachfolger wird Dr. Orth.[45]

Von außen gesehen unterscheiden sich die Lebensbedingungen von denen der anderen KZ-Häftlinge: Die Familien dürfen zusammenbleiben, ihre bewegliche Habe behalten, sogar Wertsachen. Sie tragen ihre eigene Kleidung, die Haare werden nicht geschoren. Dr. Adolph: »Es befanden sich dabei deutsche Zi-

43 Tadeusz Szymanski, Danuta Szymanska, Tadeusz Snieszko: Über den »Krankenbau« im Familienlager für Zigeuner in Auschwitz-Birkenau. Ärztliche Umschau, Krakau, Nr. 1/1965.

44 Aussage Adolph vom 30. 5. 1961. Auschwitz-Verfahren, Bl. 9023. Adolph hat nach eigener Aussage im KL Gusen 1942 begonnen, seine Stationen nach Auschwitz: Flossenbürg, Buchenwald, Bergen-Belsen und Neuengamme. 1953 wechselte er »in die Ostzone, da dort Ärzte gesucht wurden«. Adolph beginnt auf der gynäkologischen Abteilung des Städtischen Krankenhauses in Brandenburg/Havel, geht aber 1958 zurück in den Westen.

45 Aussage Dr. Tadeusz Snieszko vom 29. 11. 1973. Mengele-Verfahren, Bd. 29, Bl. 219.

geuner in Wehrmachtsuniform und Kriegsauszeichnungen. Teilweise wurden diese Zigeuner direkt von der Front in das KL Auschwitz gebracht.«[46] Im Lager gibt es eine Gesangs- und Tanzgruppe, eine Kapelle. Der Häftling Tadeusz Joachimowski: »Sie zwangen sie nicht zu arbeiten, sie schlugen sie nicht, sie bemerkten sie überhaupt nicht oder mieden sie.«[47]

Hermann Langbein, Häftlingsschreiber bei Standortarzt Wirths, beschreibt einen Besuch im Lager: Ein Barackenmeer, bodenloser Dreck, man versinkt auf der Straße knöcheltief. Die Bewohner tragen zwar Zivilkleider, können sie jedoch nicht waschen. Mütter mit ausgezehrten Augen, vom Hunger aufgetriebenen Bäuchen. Ein Berg Leichen hinter der Krankenbaracke, Säuglinge, Kinder, Halbwüchsige: »Darüber huschen Ratten.«[48] Im Lager geborene Kinder werden kaum älter als vier Wochen.[49]

Schon bald grassiert eine Fleckfieberepidemie. Am 26. Mai 1943 werden 1035 vorwiegend Fleckfieberkranke oder -verdächtige vergast. Der Befehl wird von Zeitzeugen und in Publikationen Mengele angelastet,[50] der ist zu dieser Zeit jedoch noch nicht im Lager. Viele sterben infolge ungenügender Ernährung und Auszehrung an Hungerdiarrhöe. Im Krankenbau werden Wasserleitung, Waschräume und Aborte erst im Sommer 1943 installiert. Häftlingsarzt Rudolf Diem: »Die Menschen lagen auf Pritschen vollkommen nackt ... zum Zudecken hatten sie schmutzige Decken.«[51]

Das »Zigeunerlager« grenzt an die Rampe in Birkenau und liegt in der Nähe der Krematorien. Adolph: »Auch hat es entsetzlich nach verbranntem Menschenfleisch gerochen.«[52] Die Arztschreiberin Danuta Szymanska: »Alles in der ganzen Umgebung roch nach verbranntem Fleisch, die Kleider, das Essen und

46 Aussage Adolph vom 30. 5. 1961. Auschwitz-Verfahren, Bl. 9028.
47 Joachimowski in einer »Erklärung« für das Staatliche Museum in Auschwitz. Bd. 6, Bl. 85 des Mengele-Verfahrens.
48 Aussage Langbein vom 1. 10. 1959. Mengele-Verfahren, Bd. 3, Bl. 555 ff.
49 Brief Vitek vom 10. 7. 1964 an GStA Fritz Bauer. Ebd., Bd. 27, Bl. 4.
50 So Szymanski/Szymanska/Snieszko, a. a. O.
51 Aussage Diem vom 14. 6. 1973. Mengele-Verfahren, Bd. 29, Bl. 58.
52 Aussage Adolph vom 30. 5. 1961. Auschwitz-Verfahren, Bl. 9023.

sogar die Wände in den Baracken. Die entsetzlichen Schreie im Krematorium, der Feuerschein der Öfen und die Gräben neben dem Krematorium, von dem die ganze Umgebung im Zigeunerlager beleuchtet wurde, gehörte zu den Alpträumen, an die man nicht glauben kann, wenn man es selbst nicht gesehen hat.«[53] Dr. Lucie Adelsberger, 1933 als Jüdin aus dem Robert-Koch-Institut entfernt, im Mai 1943 nach Birkenau verschleppt: »In dieser Zeit spielten die Kinder im Zigeunerlager ›Juden verbrennen‹ ...«[54]

Mengele kommt gewöhnlich um 9 Uhr ins Lager, geht in sein Dienstzimmer, zieht sich den Arztkittel an und besucht die einzelnen Blocks.[55] Er wird mit »Vater«, »Väterchen« oder »Onkel« angeredet.[56] Der polnische Medizinstudent Czeslaw Glowacki, Blockältester des Häftlingskrankenbaus: »Ich betone, daß die Kinder Mengele sehr gerne hatten und ihn Onkel oder sogar Papa nannten.«[57] Mengeles Popularität steigt, als er einen Kindergarten einrichtet und für die Kinder eine Sonderverpflegung organisiert.

Der »Kindergarten« befindet sich in Block 31, wird auch »Zwillingsblock« genannt, weil Mengele hier die Zwillingskinder des Zigeunerlagers konzentriert. »Die Lebensbedingungen«, so der Häftlingsarzt Stanislaw Czelny, »und die Ernährung jener Kinder waren gut.«[58] Der niederländische Blockälteste Antonius van Velsen lobt Mengele, daß er den gegebenen Möglichkeiten nach die hygienischen Verhältnisse und die Kinderernährung verbesserte: »Praktisch bedeutete dies, daß auf seine Veranlassung Milch, Butter und Weißbrot für die Kinderernährung zur Verfügung gestellt wurde.«[59]

---

53 Aussage Szymanska vom 20. 10. 1966. Mengele-Verfahren, Bd. 27, Bl. 106.
54 Lucie Adelsberger: Medical Observations in Auschwitz Concentration Camp, in: The Lancet, 2. 3. 1946.
55 Der im »Zigeunerlager« eingesetzte polnische Häftlingsarzt Dr. Stanislaw Czelny, Aussage vom 28. 11. 1973. Mengele-Verfahren, Bd. 31, Bl. 170.
56 Szymanski/Szymanska/Snieszko, a. a. O.
57 Aussage Glowacki vom 13. 4. 1972. Mengele-Verfahren, Bd. 10, Bl. 155.
58 Aussage Czelny vom 28. 11. 1973. Ebd., Bd. 31, Bl. 174.
59 Aussage van Velsen vom 29. 5. 1973. Ebd., Bd. 16, Bl. 97.

Im Widerspruch dazu steht, daß die 20000 Menschen innerhalb eines Jahres durch die Lebensbedingungen auf 6000 dezimiert werden. Häftlingsarzt Rudolf Diem: »Die Zigeuner ... erlagen allmählich den Seuchenkrankheiten und der Unterernährung.«[60]

Den Betroffenen ist Mengele trotz allem erstaunlich positiv in Erinnerung. Ein Häftling: »Dr. Mengele war bei uns sehr beliebt, weil er sich für die Zigeuner besonders einsetzte. Gerade für die Kinder hat er sehr gesorgt, vor allem, daß sie regelmäßig und ausreichend zu essen bekamen. Als er in das Zigeunerlager kam, wurden die Verhältnisse schlagartig besser. In diesem Zusammenhang möchte ich erwähnen, daß wir sogar auf seine Anweisung unsere Haare wieder wachsen lassen durften. Ich habe des öfteren erlebt, daß Dr. Mengele helfend eingriff, wenn ein Zigeuner verprügelt werden sollte. Er hat sich auch darum gekümmert, daß wir Sport wie z.B. Fußball treiben durften. Bei den Judenselektionen auf der Rampe in Birkenau habe ich ihn nie gesehen.«[61]

Ein Blockältester, noch 1960: »Ich empfand und empfinde ihn heute noch als einen feinen Menschen.«[62] Mengele wird sehr positiv bewertet: »Dr. Mengele war im Zigeunerlager allgemein beliebt und jeder konnte mit seinen Anliegen zu ihm kommen ... In diesem Zusammenhang möchte ich erwähnen, daß die Häftlingsärzte und das Pflegepersonal nur Polen waren. An Namen kann ich mich nicht mehr erinnern. Jedenfalls haben sie sich uns Zigeunern gegenüber sehr schlecht verhalten.«[63]

---

60 Aussage Diem vom 8. 8. 1966. Ebd., Bd. 27, Bl. 23.

61 Aussage Adam Strauß vom 9. 11. 1959. Auschwitz-Verfahren, Bl. 2750. Ähnlich die Aussage von Paul Morgenstern vom 26. 1. 1960: »Etwas Nachteiliges kann ich über Dr. Mengele nicht sagen, im Gegenteil, er sorgte sehr für die Lebensmittel zur besseren Erhaltung und Ernährung der Häftlingskinder. Auch sorgte er für die Sauberkeit des Lagers.« Auschwitz-Verfahren, Bl. 4041.

62 Aussage Heinrich Schenck vom 18. 8. 1960. Auschwitz-Verfahren, Bl. 6425.

63 Aussage Josef Köhler vom 10. 11. 1959. Ebd., S. 2760.

Häftlingsarzt Dr. Rudolf Diem, seit Januar 1941 in Auschwitz, seit August 1943 im »Zigeunerlager«, über Mengele: »Er interessierte sich überhaupt nicht für die Patienten, es sei denn, daß sie ein Objekt für seine Experimente darstellten. Ich kann mich noch erinnern, daß Mengele sich für den Wasserkrebs (Noma) interessierte. Diese Krankheit kennzeichnet eine Wasserschwellung an der Wange und die völlige Zerstörung des Organismus, schließlich verfault ein Teil der Wange.«[64] Der polnische Häftlingsarzt Dr. Tadeusz Sliwinski: »Obwohl ich seit 1923 ununterbrochen eine ärztliche Praxis betreibe, bin ich mit dieser Krankheit nie konfrontiert worden. Sie trat nur im Lager in Erscheinung.«[65]

Noma entsteht als Folge von Mangelernährung: Die Weichgewebe der Wange schwinden, so daß Zähne und Kieferknochen zum Vorschein kommen. Mengele läßt die Wunden der Kinder fotografieren, der tschechische Häftling Wlodzimierz Zzlamala fertigt Aquarellzeichnungen von den Wasserkrebskindern.[66] Danuta Szymanska, Arztschreiberin im Experimentierblock Mengeles (Block 22): »Die Wasserkrebskranken wurden mit pharmakologischen Mitteln behandelt und bekamen eine Sonderkost.« Mengele interessiert als Forscher nur das Krankheitsbild, nicht die endgültige Heilung der Versuchsobjekte. So wird teilweise geheilten Kindern die Sonderkost wieder entzogen: »Danach kam es zum Krankheitsrückfall, die Öffnung auf der Wange öffnete sich wieder.«[67]

Ella Lingens: »Von der Häftlingsärztin Ella Klein, die aus Prag war, habe ich erfahren, daß Mengele eine größere Anzahl von Kindern, die an Noma erkrankt waren, durch längere Zeit behandelt hat. Er ließ ihnen Vitamine und Sulfonamide verabreichen, wobei ein gewisser Heilerfolg erzielt werden konnte. Nach einigen Wochen dieses Behandlungsversuches ließ Mengele plötzlich die Therapie abbrechen und alle Kinder vom Block

64 Aussage Diem vom 8. 8. 1966. Mengele-Verfahren, Bd. 27, Bl. 23.
65 Aussage Sliwinski vom 7. 7. 1967. Ebd., Bd. 27, Bl. 159.
66 Aussage Dr. Tadeusz Paczula vom 24. 4. 1972. Ebd., Bd. 9, Bl. 172.
67 Aussage Szymanska vom 20. 10. 1966. Ebd., Bd. 27, Bl. 106.

wegbringen«.[68] Vergeblich hatten sich der Häftlingsarzt Professor Berthold Epstein (ein bekannter Kinderarzt aus Prag) und sein Assistent Dr. Rudolf Weißkopf (der seinen Namen nach 1945 in Vitek ändert) um die Heilung der Kinder bemüht: Mengele bricht die Behandlung ab, schickt sie zur »Weiterbehandlung« in die Gaskammer.[69]

Zweimal taucht er längere Zeit nicht auf. Der polnische Arzt Tadeusz Sieszko, bis zur Liquidierung des »Zigeunerlagers« in den Krankenblocks beschäftigt: »Insbesondere im Spätherbst 1943 übte Mengele seinen Dienst im Zigeunerlager ein paar Wochen nicht aus. Später, etwa gegen Ende Januar oder Februar 1944, gab es Dr. Mengele einige Wochen lang nicht.«[70] Er wird von den Ärzten Thilo, Rohde, Fürstenberg, Fischer und Lucas vertreten. Man spricht im Lager davon, daß er an Fleckfieber erkrankt ist.[71]

Am 31. Juli 1944 beginnt die Liquidierung des Lagers. Wer sich arbeitsfähig fühlt, gleich ob Mann oder Frau, kann sich für einen Transport melden (»Ihr kommt in bessere Lebensbedingungen«).[72] Ein Transportzug wird auf die Birkenauer Rampe geschoben, direkt am Lager. 2383 Personen werden einwaggoniert.[73] Stundenlang steht der Zug auf dem Gleis. Sogar der Starkstrom am Lagerdraht wird abgeschaltet, damit die Familien Abschied nehmen können. Als der Zug abgefahren ist, kommt der Befehl strengste Lagersperre. Die SS stürmt das Lager und schafft die verbliebenen Alten und Kinder zum Krematorium.

Lucie Adelsberger, als Häftlingsärztin eingesetzt, erinnert sich 1963 in einer Aussage, »daß diese Nacht eine der grauenhaftesten in meinem ganzen Leben war und daß sie noch heute so gegenwärtig ist, daß ich oft mitten in der Nacht aufwache ... Am meisten beeindruckt mich noch immer das Bild der betenden

---

68 Aussage Lingens vom 22. 2. 1972. Ebd., Bd. 8, Bl. 26.
69 Brief Vitek vom 10. 7. 1964 an GStA Fritz Bauer. Ebd., Bd. 27, Bl. 4.
70 Aussage Snieszko vom 29. 11. 1973. Ebd., Bd. 29, Bl. 223 f.
71 Ebd., Bl. 224.
72 Brief Vitek vom 10. 7. 1964 an GStA Fritz Bauer. Ebd., Bd. 27, Bl. 5.
73 Szymanski, Szymanska und Snieszko, a. a. O.

Zigeunerfrauen, die wußten, daß sie zum Tode verdammt waren.«[74] »Die Schreie«, so die Polin Romana Krzesinska im Jahre 1973, »waren so schrecklich, daß ich sie bis zum heutigen Tage nicht vergessen kann.«[75] Etwa 3300 Menschen werden in der Nacht vom 31. Juli zum 1. August 1944 vergast.[76] Kommentar Mengele: »Schade um die Romantik des Zigeunerlagers.«[77]

> »Am 1. August 1944 begrüßte uns morgens das Lager mit eisiger Stille, der gewohnte Trubel war verstummt, die Ruhe ungewohnt. Nur die Krematorien qualmten gewaltig, mächtige dunkle Rauchsäulen, durchdrungen von roten Flammen stiegen zum Himmel, unerträglicher Gestank von verbranntem Fett, Haaren und Fleisch machte das Atmen unmöglich, wir hörten das Surren der Ventilatoren aus den Krematorien. Sonst Stille ... War das Lager wirklich leer? Wir hörten Kindergejammer. Zwei kleine Zigeunerchen hatten sich auf der dritten Etage unter alten Matratzen versteckt und waren der suchenden SS entgangen, bald stöberte ein Kapo eine Zigeunerin auf, die im Einstiegsschacht der Kanalisation Zuflucht gefunden und die Nacht im scheußlichen Gestank überlebt hatte ... Bald erschien ein Militär-Sanitätsauto mit dem *Roten Kreuz* auf dem Dach, ein SS-Sanitäter holte die Kinder ab und fuhr sie zum Krematorium. Ob die SS dort eine neue Dose Cyklon B öffnete? Kaum anzunehmen, die Preise der I. G. Farben waren nicht gerade billig, das wäre unökonomisch, da genügte doch völlig ein Nackenschuß.«
>
> Dr. Rudolf Vitek in einem Brief vom 10. Juli 1964 an Generalstaatsanwalt Dr. Fritz Bauer.[78]

74 Aussage Adelsberger vom 9. 12. 1963. Verfahren 50 Js 9200/79 StA Ffm.

75 Aussage Romana Krzesinska vom 15. 6. 1973. Mengele-Verfahren, Bd. 29, Bl. 48.

76 Lagerkommandant Höß gibt die Zahl mit »ca. 4000« an. Kommandant in Auschwitz. Autobiographische Aufzeichnungen des Rudolf Höß, München 1981, S. 109.

77 Aussage Bejlin vom 28. 8. 1962. Verfahren 4 Js 1031/61 OStA Ffm., Bl. 13369.

78 Mengele-Verfahren, Bd. 27, Bl. 6.

Der Höhepunkt der Selektionsmedizin

Die Häftlingsärztin Odette Abadi beschreibt Mengeles Visiten: »Er ging vorbei, ohne Halt zu machen und ohne etwas zu sagen, es sei denn, daß er den für Ordnung Zuständigen anschnauzte ... Ich habe nie gesehen, daß er einen Kranken untersuchte oder behandelte. Ich habe niemals in Birkenau einen deutschen Arzt gesehen, der einen Kranken behandelt hat.«[79] Dr. Jerzy Tabeau, Blockschreiber im Krankenblock des »Zigeunerlagers«: »Er beschäftigte sich nicht mit kranken Häftlingen.«[80] Häftling Julian Rybka: »Er hielt sich weit von den Kranken entfernt, und ich sah ihn niemals irgendeinen kranken Häftling berühren.«[81]

Mengele, darin unterscheidet er sich in nichts von anderen KZ-Ärzten, behandelt nicht, er selektiert Arbeitsunfähige ins Gas. Eine Selektion im Krankenbau kündigt sich dadurch an, daß eine Blocksperre verhängt wird, d.h. daß kein Häftling die Baracke verlassen darf. Nackt müssen die Frauen an ihm vorbeigehen, oder er schreitet die Reihen ab. Maria Zombirt, Schreiberin im Krankenrevier: »Die Kranken auf dem Revier warteten stundenlang auf die Ankunft Mengeles.«[82] Eine Betroffene: »Man mußte sich zeigen, indem man die Arme hob und sich drehte. Auf diese Weise erfaßte die Untersuchung alle Stellen des Körpers.«[83] Eine Bürokraft der Politischen Abteilung: »Ich habe bemerkt, daß manche Frauen, die älter waren und schlechter aussahen, sich in die Wangen kniffen, damit sie rote Backen bekamen, sich gerade hielten und sich sogar mit einem Lächeln

79 Aussage Abadi vom 9. 6. 1972. Ebd., Bd. 10, Bl. 100.

80 Aussage Tabeau vom 22. 11. 1973. Ebd., Bd. 31, Bl. 91. Die Häftlingsärztin Katarzyna Laniewska: »Mengele sah die Häftlinge überhaupt nicht, sprach nicht mit ihnen.« Aussage vom 27. 11. 1973. Mengele-Verfahren, Bd. 31, Bl. 149.

81 Aussage Rybka vom 19. 11. 1973. Ebd., Bd. 31, Bl. 43.

82 Aussage Zombirt vom 19. 6. 1973. Ebd., Bd. 29, Bl. 135f.

83 Aussage Jeanne Israel vom 6. 6. 1972. Ebd., Bd. 10, Bl. 218.

Mengele näherten.«[84] Eine Häftlingsfrau: »Natürlich waren wir bestrebt, möglichst gesund auszusehen ... So erklärt es sich, daß wir uns die Wangen rieben, um hierdurch eine frische Hautfarbe vorzutäuschen.«[85]

Mengele zeigt jeweils auf eine Kranke, die Blockälteste liest die Häftlingsnummer vom Arm ab, die Schreiberin notiert sie. Danach werden die Selektierten zum »Todesblock« gebracht, bis sie zur Vergasung abgeholt werden. Dies kann bis zu drei Tagen dauern. In dieser Zeit bekommen die kranken Frauen weder zu essen noch zu trinken.[86] Viele sind am ganzen Körper mit Kot beschmutzt, weil man ihnen keine Nachttöpfe mehr reicht.[87] Nackt, auch im Winter, werden sie zum Krematorium gefahren. »Die Abfahrt eines jeden Wagens«, so eine Häftlingspflegerin, »begleitete ein schreckliches Geschrei der Frauen, die sich auf den Plattformen des Wagens befanden und sich bewußt waren, daß es sich um ihren letzten Weg handelte.«[88]

Rosa Finkelstein übersteht eine Selektion: Von 900 jüdischen Frauen werden gerade siebzig für arbeitsfähig befunden, die Selektierten in der Nacht zum Krematorium gefahren. Sie singen die Hatikwa (»Die Hoffnung«), das Lied von der Hoffnung Israels auf ein freies Volk im eigenen Land.

Rosa Finkelstein: »Die Mädchen wußten schon alle, was mit ihnen geschieht, und die SS ließ sie auch dieses Lied singen. Viele Freundinnen waren von mir dabei. Es war so furchtbar, daß man es gar nicht schildern kann.«[89] Die Überlebende Hani Weisz, deren Mann und deren Zwillingskinder umkommen, 1972 in einer Aussage: »Diese Selektionen waren eine derartig

84 Aussage Janina Golebiowska vom 19. 6. 1973. Ebd., Bd. 29, Bl. 100.
85 Aussage Ester Goldstein vom 10. 9. 1974. Ebd., Bd. 21, Bl. 190.
86 Aussage Maria Zombirt vom 19. 6. 1973. Ebd., Bd. 29, Bl. 135f. Ebenso die Aussage der russischen Ärztin Alexandra Lodejschtschinowa vom 10. 4. 1960. Ebd., Bd. 4, Bl. 759.
87 Judith Sternberg: In der Hölle von Auschwitz, Ms., Auschwitz-Verfahren, Bl. 3982.
88 Aussage Barbara Kaminska-Sadowska vom 18. 6. 1973. Mengele-Verfahren, Bd. 29, Bl. 119.
89 Aussage Finkelstein vom 12. 3. 1959. Ebd., Bd. 2, Bl. 401.

grausame Veranstaltung, daß ich mich heute außerstande sehe, ungeachtet des zeitlichen Abstandes von 28 Jahren, sie dem Gericht zu beschreiben.«[90]

Medizin in der NS-Zeit bedeutet immer und zuerst Selektion. Die biologisch Minderwertigen werden aus dem Volkskörper eliminiert, stets unter dem Versprechen einer besseren biologischen Zukunft des Volkes. Der einzelne Mensch zählt nichts, er wird gnadenlos sterilisiert, euthanasiert, medizinisch hingerichtet. Auschwitz ist der Höhepunkt der Selektionsmedizin, keine Entgleisung. So ist es auch konsequent, daß an der Rampe Ärzte stehen, die Männer ab 50 Jahren, Frauen ab 45 Jahren für die Gaskammer aussondern. Keiner wird häufiger an der Rampe gesehen als Josef Mengele. Er ist das Sinnbild der deutschen Selektionsmedizin.

Mengele zelebriert seine Selektionen: »Er hatte immer eine Hand an seiner Uniformjacke«, so eine Augenzeugin, »während er mit der anderen Hand jeweils in die eine oder andere Richtung zeigte, womit er im Ergebnis über Leben und Tod entschied.«[91] Wenn die Menschen an der Rampe ankommen, meiden sie die SS-Schergen und wenden sich Mengele zu, der »infolge seines Aussehens und seines Benehmens das Vertrauen der Menschen gewann«. Mengele selektiert »wie ein guter Dirigent«.[92] Eine ungarische Jüdin, die als Mutter eines Zwillingspaares bei der Ankunft sogleich zur Seite gestellt wird: »Ich sah, daß die Reihe der Deportierten vor einem großen feschen Offizier vorbeizog, der wie ein Orchesterdirigent wortlos mit Handzeichen die Gefangenen in die verschiedenen Gruppen einwies.«[93]

---

90 Aussage Weisz vom 18. 5. 1972. Ebd., Bd. 9, Bl. 32.

91 Aussage Antonius van Velsen vom 29. 5. 1973. Ebd., Bd. 16, Bl. 100f. Fast wortgleich die Aussage von Hersz Kugelmann am 3. 5. 1973. Ebd., Bd. 15, Bl. 176.

92 Aussage Janina Golebiowska vom 19. 6. 1973. Ebd., Bd. 29, Bl. 102.

93 Aussage Erzsebet Fried vom 22. 5. 1972. Ebd., Bd. 23, Bl. 184.

Keiner selektiert so lustvoll wie Mengele. Camille Bentata: »Er lächelte, pfiff oder sang, auch in den schlimmsten Augenblicken ... Ich muß im übrigen noch sagen, daß er schon bei dieser ersten Selektion von 2000 Personen nur etwa 100 für ein vorläufiges Überleben bestimmt hat.«[94] Der französische Häftlingsarzt Claude Lehmann: »Er war ein schlanker Mann, wie aus dem Ei gepellt, spielte mit einer Gerte in der Hand und pfiff die Humoresken von Dvorak während der Selektionen.«[95] Die niederländische Ärztin Dr. Marie Stoppelmann: »Im Gegensatz zu anderen SS-Ärzten, die gelegentlich auch grausam sein konnten und vor Tötungshandlungen nicht zurückschreckten, war bei Mengele auffällig, daß er bei Selektionen in besonders guter, fast fröhlicher Stimmung war. Ich kann mich daran erinnern, daß er irgendwelche Melodien pfiff und ein regelrecht heiteres Wesen zeigte. Erkennbar bereitete ihm das Treffen dieser Entscheidungen Vergnügen.«[96]

Mengele selektiert sogar in seiner Freizeit an der Rampe.[97] Aus seiner Sicht ist das allzu verständlich: Auschwitz-Birkenau ist das größte Genetiklabor der Welt, tagtäglich werden die menschlichen Meerschweinchen angeliefert: Zwillingspaare, Kleinwüchsige, Verkrüppelte, allesamt Objekte für die Erbbiologische Zentralsammlung des KWI in Berlin.

---

94 Aussage Bentata vom 17. 1. 1974. Ebd., Bd. 19, Bl. 189.

95 Aussage Lehmann vom 8. 5. 1974. Ebd., Bd. 21, Bl. 114.

96 Aussage Stoppelmann vom 30. 5. 1973. Ebd., Bd. 16, Bl. 106. Dr. Margita Schwalbova: »Bei den Selektionen hielt Dr. Mengele größtenteils den Daumen zwischen den Knöpfen seines Soldatenrocks und mit dem Daumen zeigte er, welche Frauen er zum Tod durch das Gas bestimmte. Sehr häufig pfiff er dabei Arien aus verschiedenen Opern.« Aussage vom 7. 2. 1967. Mengele-Verfahren, Bd. 26, Bl. 71.

97 In einer Beurteilung des SS-Standortarztes vom 19. 8. 1944 (DC-Unterlagen Mengele) wird ausdrücklich hervorgehoben, Mengele habe »eifrigst [!] die kurze ihm verbliebene dienstfreie Zeit« für die anthropologische Wissenschaft benutzt.

Genetik-Labor Auschwitz

Mengele sucht auf der Rampe in Birkenau Zwillinge, sozusagen als Zugabe bekommt er auch »Zwerge«, wie kleinwüchsige Menschen in der Lagersprache genannt werden. Über das Schicksal der Kleinwüchsigen ist wenig bekannt. Die meisten stammen aus Ungarn.[98] Mengeles Arzthelferin Maria Zombirt berichtet von einer Gruppe von etwa zehn ungarischen »Liliputanern«: »Als einer von ihnen starb, wurde sein Skelett präpariert und in das Museum in Berlin geschickt.«[99]

Die Beforschung kleinwüchsiger Menschen ist eigentlich die Spezialität von Verschuers Assistenten Hans Grebe (»Ich habe über Zwerge etc. gearbeitet«).[100] Sicher ist, daß Mengele die kleinwüchsigen Häftlinge in Birkenau den gleichen Untersuchungen unterwirft wie die Zwillinge.[101] Zu den spärlichen Zeugnissen gehören Aussagen, Mengele habe Aufnahmen von ihnen machen lassen, die ihre Gestalt nackt oder einzelne Körperteile (Geschlechtsteile) zeigen. Die Ärztin Katarzyna Laniewska erinnert sich an sieben bis acht deutschsprechende »Liliputaner« in Zivilkleidung auf Block 23. Mengele sei öfter gekommen, habe mit ihnen gesprochen und gescherzt: »Eines Tages ... wurden

98 So z.B. eine Aussage von Dr. Marie Stoppelmann vom 30. 5. 1973. Mengele-Verfahren, Bd. 16, Bl. 107. Ähnlich Hani Weisz, Aussage vom 18. 5. 1972. Ebd. Bd. 9, Bl. 33.

99 Aussage Zombirt vom 19. 6. 1973. Mengele-Verfahren, Bd. 29, Bl. 139.

100 Müller-Hill, S. 161.
Grebe, seit 1942 Dozent für Erbbiologie und Rassenhygiene (MMW 1942, S. 962), Ende 1944 noch außerordentlicher Professor und Direktor des neugegründeten Universitäts-Instituts für Erbbiologie und Rassenhygiene in Rostock geworden, übernimmt 1953–1957 einen Lehrauftrag für Humangenetik an der Marburger Universität. 1957 wird er Präsident des Deutschen Sportärzte-Verbandes, von 1958 bis 1976 ist er Präsident der Ärztekommission des Deutschen Amateur-Box-Verbandes. Catalogus professorum academiae Marburgensis, Bd. 2, bearb. von Inge Auerbach, Marburg 1979 (Veröffentlichungen der Historischen Kommission für Hessen), S. 433f.

101 Aussage der Anthropologin Martina Puzyna vom 31. 10. 1972. Mengele-Verfahren, Bd. 13, Bl. 17.

diese Liliputaner vom Block 23 abgeholt. Ich weiß nicht, was mit ihnen später geschah.«[102] Nach ihrem Tod werden die Kleinwüchsigen seziert.[103]

Einer der wenigen, der mit ihnen Kontakt hat, ist der Röntgenologe Dr. Sigismond Hirsch. Hirsch, als französischer Widerstandskämpfer verhaftet und als Jude deportiert, kommt am 21. November 1943 in Auschwitz an. Dr. Thilo selektiert die Ehefrau ins Gas und notiert sich Hirschs Namen, weil er Arzt ist und deutsch spricht. Hirsch erkrankt bald an Typhus. Bewußtlos wird er auf einen Lkw verfrachtet, um zum Krematorium gefahren zu werden. SS-Männer holen ihn wieder herunter: Mengele braucht ihn als Röntgenfachmann.

Hirschs Hauptaufgabe ist die Interpretation von Röntgenaufnahmen: »Es handelte sich großenteils um Knochenmißbildungen oder Tuberkulose bei Zwillingen.« Im Block befinden sich aber auch etwa 100 (!) kleinwüchsige Menschen: »Diese Personen wurden von deutschen Unteroffizieren herausgeholt, die sie dann wegführten. Nach einer gewissen Anzahl von Abgängen wurden diese Leute direkt ins Krematorium geschickt.« Sie bekommen verschiedene Spritzen, die zu Abszessen, Phlegmone oder schweren Augenentzündungen führen. Hirsch zufolge werden sie röntgenkastriert, manche leiden an Verbrennungen schwersten Grades »und machten in einigen Fällen die Amputation der Hoden erforderlich, die in Berlin untersucht wurden, wo ein Forschungszentrum bestand«.[104]

Über Jahrhunderte haben kleinwüchsige Menschen überlebt, indem sie sich als Possenreißer, als Hofnarren verdingten. Auch in Auschwitz. Eine Häftlingspflegerin erinnerte sich noch 1973, daß »Liliputaner« durch kleine Zirkusnummern Mengele zu gefallen suchten.[105] Der 115 cm kleine (als Häftling privilegierte) Tscheche Ludovit Feld, der in Mengeles Auftrag Mithäftlinge

102 Aussage Laniewska vom 27. 11. 1973. Ebd., Bd. 31, Bl. 153.

103 Aussage Filipp Müller vom 9. 3. 1973. Ebd., Bd. 14, Bl. 149. Müller gehört zum Sonderkommando im Krematorium.

104 Aussage Hirsch vom 22. 3. 1973. Ebd., Bd. 15, Bl. 112f.

105 Aussage Regina Krzyzanowska vom 20. 11. 1973. Ebd., Bd. 31, Bl. 58f.

porträtiert: »Auch wenn unsere Lebensbedingungen wesentlich besser waren, erlebten wir große seelische Qualen, da wir davon wußten, daß wir früher oder später getötet werden und unsere Skelette in einem biologischen Museum aufgestellt werden.«[106]

Am 19. Mai 1944 trifft mit einem ungarischen Transport eine Familie mit vorwiegend Kleinwüchsigen ein. Elisabeth Ovici, 90 cm klein, damals dreißig Jahre alt: »Auf der Rampe fand eine Selektion statt. Da wir eine bekannte Artistenfamilie waren, gab mein Bruder Fotografien von unserer Liliputanertruppe an SS-Leute.« In grotesker Verkennung der Situation sagt sie 1968 dazu aus: »Diese mußten unsere Truppe irgendwie gekannt haben, denn sie sagten sinngemäß, wartet, bis Dr. Mengele kommt.«[107] Mengele kommt. Als er seine Forschungsbeute sieht, sagt er: »Diese Familie wird mir für 20 Jahre Arbeit geben.«

Die Gruppe wird einmal SS-Größen vorgeführt. Elisabeth Ovici glaubt (fälschlich), Himmler sei dabei gewesen. Ansonsten werden die Ovicis Experimenten unterworfen: zahllose Blutentnahmen, Spritzen in nahezu alle Organe, Augentropfen, die sie tagelang nahezu blind machen, Knochenmark-Entnahmen.[108] Elisabeth Ovici: »Wir fühlten uns oft übel und elend und mußten uns übergeben.«[109]

Am 22. Januar 1944 kommt die französische Musikerin Fanny Goldstein, genannt Fania Fénelon, mit einem Transport nach Auschwitz. Sie wird dem Frauenorchester in Birkenau zugewiesen, das vorwiegend mit Mandolinen, Gitarren und Akkordeons besetzt ist. Fanny Goldstein behauptet in einer Aussage, etwa im Juni 1944 sei für das Frauenorchester ein Sonderkonzert angesetzt gewesen:

---

106 Aussage Ludovit Feld vom 12. 6. 1967. Ebd., Bd. 25, Bl. 52. Feld spricht von insgesamt 109 Kleinwüchsigen, verneint aber Menschenversuche.

107 Aussage Elisabeth Ovici vom 9. 12. 1968. Mengele-Verfahren, Bd. 22, Bl. 69f.

108 Angaben aus dem Entschädigungsantrag vom 11. 4. 1962. Ebd., Bd. 42, Bl. 157.

109 Aussage Ovici, a.a.O., Bl. 70. Die Ovicis bleiben bis zum 27. 1. 1945 in Birkenau und betreiben später in Haifa ein Kino.

»Als Publikum hatten wir Mengele, umgeben von etwa fünfzig Zwergen ... Diese Zwerge waren herausgeputzt mit grotesken Kleidern, Schmuck. Mengele allein thronte in ihrer Mitte, eine Zigarettenspitze, eine Zigarette zwischen den Lippen mit einem versteckten Lächeln. Wir haben zwei Stunden lang gespielt. Die Zwerge applaudierten. Mengele wandte sich an uns und sagte auf seine ironische Art: ›Sie haben ein gutes Publikum.‹ In derselben Nacht brachte er sie zu Fuß, nicht im Wagen, ins Krematorium.«[110]

In Auschwitz ist alles möglich. Dieser Bericht wird jedoch durch keine andere Aussage gedeckt. So makaber es klingt: Es liegt auch nicht in der Logik Mengeles, 50 kleinwüchsige Menschen (kostbare Versuchsobjekte) auf einmal töten zu lassen. 50 Leichen hätte die Anatomie nicht »bearbeiten« können.

Es ist ein Problem vieler Auschwitz-Berichte: Die Zeitzeugen verwechseln begreiflicherweise Daten, sie projizieren Taten auf Täter, die wohl Mörder waren, aber gerade diese Tat nicht begangen haben konnten. Bei Mengele kommt hinzu, daß er einer der prominenten Nazi-Täter ist, nach 1945 nicht greifbar. Und so versuchen viele – psychologisch allzu verständlich – ihr nichtbeachtetes anonymes Schicksal interessant zu machen, indem sie wenigstens Opfer oder Zeuge spektakulärer Aktionen des bekannten Nazi-Monsters gewesen sein wollen.

Im Juli 1944 trifft Imre Heimler mit ihren Zwillingskindern Pal und György nach dreitägigem Transport in Birkenau ein. Als sich die Waggontüren öffnen, wird sie zur Eile angetrieben. Sie antwortet, zuerst müsse sie ihre Zwillinge anziehen. Ein Häftling an der Rampe beglückwünscht sie: »Meine Dame, Sie haben großes Glück und können froh sein, daß Sie Zwillinge haben.«[111]

Die Chance des Überlebens besteht für Kinder darin, Zwilling zu sein. Leona Fatman überlebt, weil Mengele sie und ihre jün-

---

110 Aussage Goldstein vom 30. 6. 1972. Mengele-Verfahren, Bd. 11, Bl. 159 ff.
111 Aussage Heimler vom 2. 5. 1972. Mengele-Verfahren, Bd. 24, Bl. 73.

gere Schwester Elsa irrtümlich für Zwillinge hält.[112] Klara Kasztner wird von ihrer Mutter bei der Selektion geistesgegenwärtig als Zwilling ausgegeben.[113] Margit Fabian und ihre drei Jahre ältere Schwester Jolan selektiert Mengele ebenfalls zu den Zwillingen.[114]

Sie leben, den Auschwitz-Umständen entsprechend privilegiert, dürfen ihre Kleider behalten, bekommen die Haare nicht geschoren. Nicht alle schildern Mengele als schrecklich. Sara Weiss nennt ihn noch 1972 einen »Gentleman«.[115] Jehudit Malek: »Es war ein schöner Mann, der auch freundlich mit uns sprach.«[116] Sie wissen jedoch, daß sie Versuchsobjekte sind: »Wir Zwillinge wurden im Lager ›Kaninchen‹ genannt.«[117] Die Französin Camille Bentata begegnet eines Tages einem polnischen Zwillingspärchen. Eines der Kinder sagt ihr: »Wir kommen aus dem Warschauer Ghetto, und wir wissen, daß wir hier sterben müssen.«[118]

Die Anthropologin Erzsebet Fleischmann schildert den Forschungsaufwand: »Wir hatten bei jedem Zwilling eine Kartei mit 96 Punkten auszufüllen.«[119] Alle werden abschnittsweise nackt fotografiert (sofern vorhanden: auch ihre Mütter). Die Aufnahmen von Zwillingen, »Zwergen« und »Verwachsenen« macht der polnische Häftling Wilhelm Brasse vom Erkennungsdienst.[120] Mengeles Assistenzärzte vermessen den Schädel, vermerken die Form von Ohr und Nase, die Farbe der Augen. Sie nehmen Abdrücke von Fingern, Handflächen, Füßen, vom Ge-

112 Aussage Fetman vom 8. 5. 1972. Ebd., Bd. 24, Bl. 188. Auch der damals zehnjährige Kun György und sein jüngerer Bruder überleben, weil sie für Zwillinge gehalten werden. Aussage vom 3. 5. 1972. Ebd., Bd. 24, Bl. 124.

113 Aussage Kasztner vom 22. 5. 1972. Ebd., Bd. 24, Bl 45f.

114 Aussage Fabian vom 22. 5. 1972. Ebd., Bd. 23, Bl. 126.

115 Aussage Weiss vom 9. 10. 1972. Ebd., Bd. 23, Bl. 55.

116 Aussage Jehudit Malek vom 10. 10. 1972. Ebd., Bd. 23, Bl. 26.

117 Aussage Irena Zucker vom 21. 1. 1968. Ebd., Bd. 22, Bl. 116.

118 Aussage Bentata vom 17. 1. 1974. Ebd., Bd. 19, Bl. 191.

119 Aussage Fleischmann vom Mai 1972 (Datum unleserlich). Ebd., Bd. 24, Bl. 23.

120 Aussage Brasse vom 28. 11. 1973. Ebd., Bd. 29, Bl. 19ff.

biß. Es werden künstliche Wunden infiziert, um die Reaktionen zu testen. Häftlingsarzt Johann Cespiva: »Ich habe selbst beobachtet, wie er im Revier des Zigeunerlagers die Zwillinge mit Typhus infizierte, um zu beobachten, ob die Zwillinge verschieden oder gleichartig reagierten.«[121]

Liquor wird punktiert, Blut in großen Mengen abgenommen. Es wird wechselweise Zwillingen übertragen oder zu serologischen Untersuchungen nach Berlin geschickt. Die Überlebenden berichten übereinstimmend, unzählige Injektionen bekommen zu haben, Mädchen und junge Frauen auch in die Gebärmutter.[122] Vera Alexander berichtet, sie habe sich erfolgreich bemüht, von Mengeles Zwillingsblock wegzukommen, da sie den Anblick der Versuchsobjekte nicht ertragen konnte. Das schrecklichste sei ein drei- oder vierjähriges Kinderpaar gewesen, ein Mädchen und ein Junge mit einem buckligen Rücken, der erhebliche Schnittwunden von Versuchen aufwies: »Außerdem hatte man ... die Kinder im Bereich der Pulsadern zusammengenäht. Der Sinn des Versuches war offenbar der, einen gemeinsamen Blutkreislauf herzustellen. Die beiden Kinder sind noch während meiner Anwesenheit im sogenannten Zwillingsblock verstorben.«[123]

Kazimierz Smolen[124] hat Auschwitz überlebt und sein Leben der Aufklärung der Verbrechen gewidmet, ohne zu verbittern – was eine normale Reaktion wäre. Im Juli 1996 hat mir der langjährige Direktor des Auschwitz-Museums Untersuchungsbögen herausgesucht, die Mengele seinen Häftlingsärzten an die Hand gab. Erhalten ist z.B. das Schema für eine allgemeine Anamnese, in dem u.a. »Geselligkeit, Anpassungsfähigkeit, Tempera-

---

121 Aussage Cespiva vom 5. 4. 1960. Auschwitz-Verfahren, S. 4829f.

122 Olga Weisz am 12. 5. 1972: »Als Folge der Wirkung dieser Injektionen wurde mir 1954 die Gebärmutter entfernt. Auch meine Schwester mußte an sich einen derartigen Eingriff vornehmen lassen.« Mengele-Verfahren, Bd. 24, Bl. 196. Die Aussage steht für viele andere.

123 Aussage Alexander vom 3. 5. 1963. Verfahren 4 Js 1031/61 LG Ffm.

124 Kazimierz Smolen ist am 6. 7. 1940 als politischer Häftling nach Auschwitz gekommen und arbeitet ab Mai 1941 als Schreiber in der Aufnahmeabteilung der Politischen Abteilung.

ment« zu ermitteln sind. Im Schema für orthopädische Untersuchungen wird nach »Zwerg- oder Riesenwuchs« in der Familie gefragt, bei den dermatologischen Untersuchungen nach dem »Ernährungszustand der Haut«. Die Zahnärzte müssen die »Bissart (Deckbiss, Überbiss, Kopfbiss, Scherenbiss, offener Biss usw.)« feststellen. Im Fragebogen zur Nase wird erfragt: »Berufsschädigung durch Gase?«

Die Neurologen haben Reflexe sowie »musikalisches Empfinden« zu erheben. Auch das »Schema einer Klinisch-psychiatrischen Untersuchung bei einem Zwilling« ist erhalten. Um »Schüchternheiten« vorzubeugen, wird mit den Untersuchungsobjekten sogar gespielt. Es werden sogenannte Intelligenzfragen gestellt. Vor dem Hintergrund der rauchenden Krematorien und der herumliegenden Leichen verhungerter Häftlinge lautet eine der Prüfungsfragen: »Ein Vater hat 6 Kinder. Ein Kuchen hat 5 Teile. Wie macht es der Vater, damit jedes Kind einen gleichen Anteil bekommt?«

Anna Stefanska, in der Verwaltung des Krankenbaus eingesetzt: »Nachdem alle Untersuchungen abgeschlossen waren, holte man diese Kinder mit dem Sanitätswagen und brachte sie in Richtung Krematorium. Bezüglich der fortgebrachten Zwillinge erhielten wir in der Verwaltung eine schriftliche Anordnung, in der Kartothek zu vermerken, daß der betreffende Zwilling ›überstellt‹ wurde, was der Tötung entsprach. Am darauffolgenden Tag, nach dem Fortschaffen jener Zwillinge, kam Mengele mit den Protokollen der Obduktion dieser Zwillinge, und diese Protokolle wurden in die Mappen der einzelnen Zwillinge hineingelegt. Diese Mappen und die sich darin befindlichen Obduktionsprotokolle habe ich persönlich gesehen.«[125] Maria Zombirt, in der Schreibstube des Krankenreviers beschäftigt: »Es fiel mir auf, daß im Falle eines natürlichen Todes eines der Zwillinge eine Meldung über den Tod des zweiten Zwillings nach ein paar Stunden zu mir kam.«[126]

125 Aussage Stefanska vom 20. 4. 1972. Mengele-Verfahren, Bd. 11, Bl. 48.
126 Aussage Zombirt vom 19. 6. 1973. Ebd., Bd. 29, Bl. 137.

Viele Augenzeugen berichten, daß nicht nur Zwillingskindern von Mengele Augentropfen verabreicht werden. Die Augen schwellen an, eitern. Manche können »einige Tage nicht mehr sehen«.[127] Eine Häftlingsfrau, im August 1944 mit der Betreuung der überlebenden Kinder des Warschauer Aufstands beauftragt: »Mengele sprach davon, daß er über die Möglichkeit einer Veränderung der Irisfarbe arbeitete.«[128] Häftlingsarzt Diem: »Ich weiß, daß in diesen Tropfen Adrenalin war, wovon er mir selbst erzählte. Er rechnete damit, daß die Anwendung solcher Tropfen die Irisfärbung bewirkt.«[129]

Die Pflegerin Barbara Kaminska-Sadowska wird im Sommer 1944 von Mengele darauf angesprochen, ob sie wisse, daß die Pupille ihres linken Auges zweifarbig sei. Er befielt ihr, sich bei der ungarischen Anthropologin Puzyna auf Block 20 zu melden. Sie geht hin, bemerkt, daß diese erschrickt: »Sie sagte mir, daß sie vorläufig meine Nummer nicht notieren würde.« Wörtlich sagt sie: »Vielleicht wirst du Glück haben und er vergißt dich.« Mengele vergißt, daß Kaminska-Sadowskas linkes Auge zum Teil blau, zum Teil grünlich ist.[130]

Was andere vermuten, sieht SS-Oberscharführer Erich Mussfeld mit eigenen Augen. Er trifft drei Häftlingsärzte beim Sezieren von acht Zigeunerzwillingen, die Mengele per Giftinjektion getötet hat: »Es ging vor allem um die Augenfarbe. Er hatte nämlich festgestellt, daß von den Zwillingspaaren jeder Zwilling ein blaues und ein graues Auge hatte. Bei der Sektion wurden die Augäpfel entfernt und als Ausstellungsstücke nach Berlin geschickt. In einem anderen Fall wurden Ausstellungsstücke eines Vaters und Sohnes vorbereitet. Der Vater hatte eine besonders verbildete Wirbelsäule. Mengele tötete den Vater und den Sohn, präparierte ihre Skelette, die dann nach Berlin geschickt wurden.«[131]

---

127 Aussage Lea Feuerstein vom 3. 10. 1972. Ebd., Bd. 23, Bl. 34.
128 Aussage Romualda Ciesielska vom 14. 4. 1972. Ebd., Bd. 10, Bl. 192.
129 Aussage Rudolf Diem vom 14. 6. 1973. Ebd., Bd. 29, Bl. 60.
130 Aussage Barbara Kaminska-Sadowska vom 18. 6. 1973. Ebd., Bd. 29, Bl. 122.
131 Aussage Erich Mussfeld vom 19. 8. 1947. Ebd., Bd. 41 Bl. 8f.

Mengeles Zwillingsforschung beginnt im großen Stil 1944. Er verfügt über Häftlingsärzte aller Fachrichtungen. Vergeblich bemüht er sich jedoch um einen Mediziner, der »im Fach der pathologischen Anatomie besondere Kenntnisse« aufweist.[132] Am 29. Mai 1944 trifft der Arzt Miklós Nyiszli, zusammen mit seiner Frau Margareta und der 15jährigen Tochter Zsuzsana mit einem Transport ungarischer Juden in Auschwitz ein. Mengele selektiert an der Rampe, ruft Ärzte gesondert auf. Es sind etwa 50. Mengele sagt, es sollten sich Ärzte melden, die Sektionen durchführen könnten und gerichtsmedizinische Kenntnisse hätten.

Einer meldet sich: Nyiszli, der im Gerichtsmedizinischen Institut der Friedrich-Wilhelm-Universität Breslau seinen Doktortitel erworben hat. Mengele winkt ihm, in seinen Wagen einzusteigen. Zusammen fahren sie los. Der Gerichtsmediziner, ein ungarischer Jude mit rumänischer Staatsbürgerschaft, darf seine Zivilkleidung anbehalten. Mengele weist ihm bald seinen Arbeitsplatz im Krematoriumsgebäude zu, eine neu errichtete Sektionsabteilung: »Ein modernes, großstädtisches gerichtsmedizinisches Institut könnte nicht besser ausgerüstet sein.«[133] So schildert Miklós Nyiszli seinen Beginn in Auschwitz. Seine Schilderung hat einen Fehler: Sie hat so nicht stattgefunden.

Nyiszli kommt, anders als in seinem Buch geschildert, einen Tag nach seiner Ankunft nach Monowitz, wird bei Bauarbeiten eingesetzt. Erst am 27. Juni verfügt der Lagerarzt in Monowitz Nyiszlis Verlegung nach Birkenau. Er wird nach Block 12 des Häftlingskrankenbaulagers B II f gebracht, wo sich in einem Anbau ein schäbiger Sektionsraum befindet. Hier arbeitet Nyiszli bis Ende August 1944 als Obduzent Mengeles. Danach übersiedelt er zum Sonderkommando im Krematorium II.[134] Hier kann sich Mengeles Seziergehilfe innerhalb der vier Krematorien frei

---

132 Aussage Dr. Moshe Berner vom 18. 10. 1972. Ebd., Bd. 23, Bl. 16.

133 Miklós Nyiszli: Im Jenseits der Menschlichkeit. Ein Gerichtsmediziner in Auschwitz. Berlin 1992, S. 27.

134 Friedrich Herber: Der Lebensweg des Dr. Miklós Nyiszli, im Anhang zu Nyiszlis Buch, a. a. O., S. 180f.

bewegen. Er wird aus der SS-Küche verpflegt, kann sich vom Häftlings-Friseur rasieren lassen, ist vom Zählappell ausgenommen und so privilegiert, daß er sogar Frau und Tochter im Frauenlager aufsuchen darf.

> »Ich schnitt das Fleisch aus den Körpern gesunder Mädchen für Dr. Mengeles Bakterienkulturen. Ich badete die Leichen von Krüppeln und Zwergen in Kalziumchlorid-Lösung und kochte sie in Bottichen, damit die sachgemäß präparierten Skelette in die Museen des Dritten Reiches gelangen konnten, um dort zukünftigen Generationen als Beweis für die Notwendigkeit der Ausrottung ›niederer Rassen‹ zu dienen.«
>
> Miklós Nyiszli, Obduzent bei Mengele.[135]

Nyiszli stirbt am 5. Mai 1956, im Alter von 54 Jahren. Was er gesehen hatte, vielleicht auch, was er hatte tun müssen, ermöglichte kein Leben mehr.[136] Im selben Jahr wird der tschechische Arzt Johann Cespiva befragt, der für Mengele im Sezierraum von Krematorium II u.a. Kinder aus dem Zigeunerlager obduzierte: »Ich mußte ihnen die Köpfe abtrennen und präparieren.« Dr. Cespiva (Jahrgang 1911) ist nach drei Herzinfarkten bereits 1956 Invalide.[137]

Im Vorwort von Nyiszlis Buch, im März 1946 verfaßt, heißt es: »Als Arzt beim Auschwitzer Krematorium angestellt, formulierte ich ungezählte ärztliche und gerichtsmedizinische Protokolle über Sektionen von Leichen ... Anschließend wurden diese Dokumente von dem mir vorgesetzten SS-Arzt Dr. Mengele signiert und gelangten mit der Post an folgende Adresse: ›Institut für Anthropologie, menschliche Erblehre und Eugenik, Berlin-Dah-

135 Nyiszli, a.a.O., S. 153f.

136 Nach einem Bericht des Häftlings Josef Neumann soll Mengele einem Häftlingsarzt namens Koblenz-Levi angeboten haben: »Sie haben hier die Möglichkeit an den toten Häftlingen Ihre Forschung fortzusetzen. Sie können auch jeden lebendigen Häftling nehmen und Forschungen durchführen.« Koblenz-Levi habe beim Sezieren geweint wie ein Kind und sich selbst umgebracht. Handschriftlicher Bericht Neumanns vom November 1984, Mengele-Verfahren, Bd. 42.

137 Aussage Cespiva vom 5.4.1960. Auschwitz-Verfahren, S. 4822ff.

lem‹ – also an eines der bekanntesten medizinischen Institute der Welt.«[138]

Zumindest ein Mitarbeiter des Kaiser-Wilhelm-Instituts für Anthropologie[139] ist unbestreitbar in Auschwitz gewesen: Dr. med. Siegfried Liebau, Sturmbannführer am SS-Sanitätsamt in Berlin, im Dezember 1942 zur »fachlichen Ausbildung auf dem Gebiete der Anthropologie, der menschlichen Erblehre und Rassenhygiene« an Verschuers Institut abkommandiert.[140] Seine Version: »Ich habe in dem Berliner Institut einmal ein Zwillings-Paar untersucht. Dieses Paar sollte in Landsberg/Pommern nachuntersucht werden. Bevor es dazu kam, wurde es jedoch in das Lager Auschwitz eingewiesen. Anläßlich eines Kur-Aufenthaltes bin ich einmal am Lager Auschwitz vorbeigefahren und habe die Nachuntersuchung vorgenommen. Außerdem wurden Fotografien angefertigt ... Diese Fotografien nahm ich auf meinem Rückweg nach Berlin aus Auschwitz mit.«[141]

Der Richter, der Liebau vernimmt, scheint mit der Situation in Auschwitz nicht vertraut gewesen zu sein. Er hätte dem Zwillingsforscher sonst vorgehalten, daß niemand einfach an Auschwitz vorbeifahren, hineinspazieren und Häftlinge fotografieren konnte.[142]

Eine Orgie verbrauchender Forschung

Die Gynäkologin Gisella Perl praktiziert bis Frühjahr 1944 in der ungarischen Kleinstadt Sighetul Marmatiei (heute Rumänien). Im Mai 1944 wird sie mit ihrem Mann, ihren Eltern und ihrem jüngeren Bruder nach Birkenau verfrachtet. Am Bahngleis steht Mengele, der wortlos mit einem Finger nach rechts und

138 Nyiszli, a.a.O., S. 7.
139 Mengele-Verfahren, Bd. 25, Bl. 53ff.
140 Brief SS-Führungshauptamt vom 12. 11. 1942 an KWI. Ebd., Bl. 54.
141 Aussage Dr. Liebau vom 3. 9. 1981. Ebd., Bd. 34, Bl. 106ff.
142 Ohne Genehmigung des Lagerkommandanten ist kein Zutritt möglich, Standort-Befehl Nr. 6/42 vom 5. 2. 1942 (Höß). Ordner Kommandanturbefehle, Auschwitz-Verfahren.

nach links zeigt (»Auf diese Weise habe ich meine ganze Familie verloren«). Im Herbst 1944 schickt Mengele die Gynäkologin ins Frauenkonzentrationslager. Gisella Perl: »In diesem Lager, so hat er mir gesagt, ›verlange ich einen lebenden Embryo‹ für Forschungszwecke. Es muß nach Berlin geschickt werden. Ich mußte daher eine große Anzahl von Abtreibungen ausführen, um Embryos zu bekommen.«

»Eines Nachts«, erinnert sich die Ärztin, »habe ich von einem Mädchen einen Embryo abgetrieben, der in sehr gutem Zustand war. Zu diesem Zeitpunkt kam Mengele ins Revier und entdeckte, daß wir in einem Ofen, der für Sterilisierungszwecke gebraucht wurde, einige Kartoffeln gekocht haben. Er verfiel in einen Wutanfall, warf mich auf den Boden und hat mir in den Rücken getreten, so daß ich zwei oder drei Monate Blut in meinem Urin hatte. Als ich zögernd und mit letzten Kräften sagte: ›Herr Obersturmführer, ich habe etwas Wunderbares für Sie‹ und ihm in einem Glas den Embryo übergab, änderte sich der Mann vollständig. Er wurde glücklich und vollständig gefesselt verließ er das Revier, ohne irgendwelche Selektionen oder andere Reaktionen zu tätigen.«

An dieser Stelle hat der Untersuchungsrichter nachgefragt. Die Frage ist nicht protokolliert, aber die Antwort: »Ich möchte aussagen, daß ich Mengele viele Embryos gegeben habe, nicht nur einen.«[143]

Dr. Otto Wolken: »Im Herbst 1944 wurde in Block 2 ein Zimmer für Abtreibungen eingerichtet, wo auf Mengeles Befehl die Häftlingsärzte Stern, Herman und Cohen die Eingriffe durchführten.«[144] Die rumänische Gynäkologin Anna Rosenfeld kommt auf eine Baracke, »in der ausschließlich Häftlingsfrauen betreut wurden ... bei denen die Schwangerschaft unterbrochen werden mußte«.[145] Waren früher in Auschwitz schwangere Frauen sofort ins Gas geschickt worden, werden sie nun der Wissen-

143 Aussage Dr. Gisella Perl, Lehrerin für Gynäkologie der Mt. Sinai Medical School in New York, 9. 3. 1973. Mengele-Verfahren, Bd. 15, Bl. 222ff.

144 Aussage Wolken vom 8. 7. 1945. Auschwitz-Verfahren, Bl. 8563.

145 Aussage Rosenfeld vom 12. 3. 1985. Mengele-Verfahren, Bd. 43, Bl. 48.

schaft dienstbar gemacht. Das KWI für Anthropologie, menschliche Erblehre und Eugenik kann nun den Bedarf an Embryos decken, dank Mengele.

Eine der aufschlußreichsten Aussagen stammt von Martina Puzyna, Doktorin der Anthropologie. Sie wird im August 1943 von Lemberg nach Auschwitz verschleppt, muß in einem Arbeitskommando Steine schleppen. Puzyna bekommt Phlegmone, im Krankenrevier steckt sie sich mit Typhus an. Sie liegt mehrere Monate darnieder. Im März 1944 steht ihr ein unbekannter Arzt gegenüber, der kein nordisches Aussehen hat, sondern »mehr zu der dinarischen Rasse zu gehören schien«. Eine Häftlingsärztin macht Mengele darauf aufmerksam, daß die Kranke Schülerin von Professor Czekanowski von der Universität Lemberg sei, einer weltbekannten Kapazität der Anthropologie.

Mengele bestellt Puzyna zu sich. Sie ist so schwach, daß sie zwei Häftlingsfrauen am nächsten Tag hinführen müssen. Im Arztzimmer sitzen Dr. König und Mengele. Sie lachen, daß die Anthropologin Steine schleppen mußte. Mengele ordnet eine bessere Unterbringung und zusätzliche Verpflegung an. Puzyna erhält die notwendigen Meßgeräte, einen eigenen Raum, ein Häftlingsmädchen als Schreibkraft und eine Studentin der Anthropologie als Assistentin. Die Häftlingskleidung tauscht sie mit einem weißen Kittel.

Puzyna beginnt, nach ihrer Erinnerung im Frühjahr 1944, ehe die großen Transporte ungarischer Juden eintreffen: »Als diese Transporte einsetzten, war es mir möglich, Mengele in Birkenau auf der Rampe stehen zu sehen, und ich konnte ihn rufen hören: Zwillinge raus! Er schien mir wie von Sinnen zu sein, wenn er auf der Rampe herumlief und Zwillinge suchte. Immerhin kamen auf diese Weise aus den Ungarntransporten 250 Zwillingspaare etwa zusammen, eine für die bisherige Zwillingsforschung unglaublich hohe Zahl, die auf diese Weise erfaßt werden konnte.«[146]

146 Der Häftling Moskowicz berichtet, daß die Häftlingskommandos eigens das ungarische Wort für Zwillinge lernen müssen. Aussage vom 19. 6. 1960. Auschwitz-Verfahren, Bl. 6123.

Martina Puzyna fasziniert die Möglichkeit, in Birkenau Zwillinge in einem bisher nie gekannten Ausmaß untersuchen zu können. In der zweiten Hälfte des Jahres 1944 vertraut ihr Mengele eine Holzkiste an. Er legt besonderen Wert darauf, daß sie die Kiste am nächsten Tag zur Lagerpost bringt: »Als ich allein war, drängte es mich, den Inhalt dieser Kiste, die Mengele so wichtig erschien, kennen zu lernen. Ich öffnete die Kiste und stellte fest, daß sie Gläser enthielt, in denen sich herauspräparierte menschliche Augen befanden. Ich war zutiefst erschüttert, weil mir in diesem Augenblick klar wurde, daß Mengele offenbar fähig war, Menschen umzubringen, um irgendwelche Untersuchungsergebnisse zu erlangen.«[147]

Puzyna berichtet dies bald drei Jahrzehnte nach ihrer Tätigkeit in Birkenau.[148] Sie ist siebzig Jahre alt. Der Schluß ihrer Aussage: »Auch bei kritischster Würdigung der Arbeiten von Mengele muß ich einräumen, daß die Ergebnisse dieser Arbeiten für die Wissenschaft der Anthropologie unstreitig von höchstem Wert waren. Ich erkannte dies damals durchaus und versuchte, diese Erkenntnis für mich selbst zu verwerten. Ich begann Abschriften herzustellen und diese in Behältern zu verbergen. Ich habe diese Behälter in der Nähe der Baracke, in der ich arbeitete, dann vergraben.«[149]

---

147 Die Augen müßten in Berlin an die Zoologin Dr. Karin Magnussen gegangen sein, Mitarbeiterin Verschuers von 1940 bis 1945. Magnussen arbeitet über Vererbung von Augenfarben. 1945 taucht sie mit dem Karnickelbock »Daniel«, einem Stammvater aus Nachtsheims »Weißen Wiener«, bei Verwandten in Göttingen auf, reist nach Bremen, wird dort Studienrätin. Sie experimentiert weiterhin mit Kaninchen. Als sie 1990 altersbedingt in ein Pflegeheim übersiedeln muß, befinden sich in ihrem Haus noch »gläserweise« Augen, die »entsorgt« werden. Karin Magnussen hatte auch sonst Berliner Material nach Bremen überführt. Die Augen von Auschwitz hatten offenbar bis 1990 in Bremen gelagert. Gespräch mit einem Mitglied der Familie am 31. 10. 1996. Magnussen ist am 19. 2. 1997 im Alter von 89 Jahren gestorben.

148 Aussage Martina Puzyna vom 31. 10. 1972. Mengele-Verfahren, Bd. 13, Bl. 12 ff.

149 Ich habe die Originale von Puzynas Aufzeichnungen 1996 in Auschwitz gesehen, es sind lange Listen mit Namen, Alter etc. ohne jeden Wert.

Dreizehn Jahre später (Juni 1985) wird sie von den Fernsehreportern Posner und Ware interviewt, die auf der Jagd nach Mengele sind. Nun liefert Puzyna das erwünschte Abziehbild: »Ich hielt Mengele gewissermaßen für das Abbild des Manischen. Er stellte die Wahrheit auf den Kopf ... Er war Rassist und Nazi.«[150] Ihre eigene Begeisterung hat sie verdrängt, statt dessen Mengele pathologisiert.

Es gibt viele Aussagen, die Mengele sadistischer Morde, z. B. der Erschießung von Kindern, bezichtigen. Mengele ist, je länger er gesucht und nicht gefunden wird, zum SS-Monster schlechthin stilisiert worden, der in Birkenau, in Monowitz, im Stammlager Auschwitz und den Nebenlagern nahezu zeitgleich und allgegenwärtig mordete, sterilisierte, selektierte.

Dagegen stehen Aussagen wie diese: »Körperlich mißhandelt hat er die Kranken nicht.«[151] Der Hilfspfleger Kazimierz Czelny, der Mengele nie schlagen noch mißhandeln sah: »Er machte sich seine Hände nicht schmutzig.«[152] Der polnische Häftlingsarzt Snieszko, 1943/44 im »Zigeunerlager: »Ich habe nie gesehen, wie Mengele jemanden geschlagen oder direkt jemanden getötet hätte.«[153] Orli Wald, Lagerälteste im Krankenbau in Birkenau, begleitet Mengele bei Visiten. Sie berichtet, daß Mengele bei Selektionen »immer weit über die vorgeschriebene Zahl hinausging«, aber von eigenhändigen Mordtaten hat sie nie etwas erfahren, »und zwar weder aus eigenem Erleben noch von

150 Gerald L. Posner/John Ware: Mengele. Die Jagd auf den Todesengel. Berlin und Weimar 1993, S. 65.

151 Irena Bialowna: Aus der Geschichte des Reviers im Frauenlager in Birkenau. Die Auschwitz-Hefte, S. 178.

152 Aussage Kazimierz Czelny vom 30. 10. 1972. Mengele-Verfahren, Bd. 13, Bl. 3.

153 Aussage Dr. Tadeusz Snieszko vom 29. 11. 1973. Ebd., Bd. 29, Bl. 225. Der jüdische Häftlingsarzt Dr. Iancu Vexler: »Persönlich habe ich niemals gesehen, daß Doktor Mengele Gewalt anwendete oder Gewalt anordnete ... Er war ein Verfechter der Hitler-Ordnung ... Im übrigen war er meistens ein höflicher Mensch. Es geschah indessen, daß er in Wut geriet, aber er erschien mir niemals herablassend.« Aussage vom 13. 3. 1973. Ebd., Bd. 15, Bl. 8.

Hörensagen«. Ihre Begründung: »Als Dr. Mengele in unser Lager kam, war die sogenannte Abspritzzeit schon vorüber.«[154]

Mengele ist nicht aus Mordlust in Auschwitz, sondern als Genetiker. Als Forscher des Kaiser-Wilhelm-Instituts für Anthropologie, menschliche Erblehre und Eugenik. Sein Vorgesetzter Verschuer ist der berühmteste Zwillingsforscher seiner Zeit. Das KWI für Biochemie kooperiert bei den Auschwitz-Versuchen, Leiter dieses KWI ist Adolf Butenandt, 1939 mit dem Nobelpreis für Chemie ausgezeichnet. Auschwitz ist das ideale Experimentierfeld. Nirgends ist der Zugriff auf menschliche Meerschweinchen leichter, nirgends stehen mehr Menschenobjekte zur Verfügung.

Mengele, der sogar als Putzfrau einen Zwilling beschäftigt,[155] ist immer und zuerst Forscher. Die Arztschreiberin Maria Zombirt, die in Birkenau für Mengele Tabellen und Diagramme fertigt und mit Wasserfarben menschliche Augen malt: »Die Zwillinge waren sein A und O, und ich weiß es daher, weil ich eine äußerst genaue Liste führen mußte, und ich erinnere mich daher, daß die höchste Anzahl der Zwillingspaare ca. 350 war, und im Januar 1945, als ich bereits in der Evakuierungskolonne stand, waren es 72 Paare.«[156]

Begeistert schreibt Otmar Freiherr von Verschuer am 4. Oktober 1944 an den Leiter der Frankfurter Universitäts-Kinderklinik, Professor Bernhard de Rudder: »Von über 200 Menschen verschiedener Rassen, Zwillingspaaren und einigen Sippen sind Plasmasubstrate hergestellt. [...] Das Ziel unserer verschiedenen Bemühungen ist, nun nicht mehr festzustellen, *daß* der Erbein-

154 Aussage Orli Wald vom 2. 11. 1959. Ebd., Bd. 3, Bl. 609ff.

155 Die in Budapest geborene Magda Spiegel, Personalbogen. Ebd., Bd. 42, Bl. 176.

156 Aussage Maria Zombirt vom 19. 6. 1973. Ebd., Bd. 29, Bl. 137. Die Krankenschwester Elzbieta Piekut: »Nachdem ich auf den Zwillingsblock im August 1944 kam, begann man die Zwillinge dorthin zu bringen, wobei es insgesamt 350, also 700 Personen waren, ihr Alter schwankte von 5–17 Jahren.« Aussage vom 21. 11. 1973. Ebd., Bd. 31, Bl. 253.

fluß bei manchen Infektionskrankheiten von Bedeutung ist, sondern in welcher Weise.«[157]

Am 6. Januar 1945 freut sich Verschuer in einem Brief an de Rudder, »daß nun endlich meine [!] Forschungen über die spezifischen Eiweißkörper in ein entscheidendes Stadium getreten sind.«[158] Wenige Tage später packt Mengele wortlos und »wie ein Wilder« seine Aufzeichnungen zusammen, verschwindet ohne ein Wort zu sagen.[159]

Von Miklós Nyiszli gibt es eine Aussage, aufgenommen im Juli 1945 im Amtsgebäude der Landeskommission zur Fürsorge deportierter ungarischer Juden (keine Ortsangabe). Hier schildert er, daß er zuerst nach Buna zum Betonkommando Nr. 197 gebracht wird und dann, zusammen mit einem Kollegen von der Straßburger Fakultät, nach Birkenau kommt. Danach sei Mengele erschienen, der sie mit Arbeit versorgt habe:

»Diese Arbeit bestand aus der ärztlichen Untersuchung derjenigen (lebenden) Personen, die wegen ihrer anormalen körperlichen Entwicklung aus den Transporten selektiert worden waren. Wir nahmen an ihnen Vermessungen vor, dann tötete sie Oberscharführer Mussfeldt mit dem Kleinkaliber, d.h. mit dem 6 mm-Gewehr durch Genickschuß. Danach erhielten wir Befehl, die Leichen zu sezieren und ein sehr genaues Protokoll über die Sektion herzustellen. Sodann ätzten wir die Leichen der anormalen Personen mit Chlorkalk und stellten die sauberen Knochen in Paketen zusammen und schickten diese dem anthropologischen Institut in Berlin-Dahlem.«

Eines Nachts gegen 24 Uhr habe sie ein SS-Unteroffizier geweckt und in den Sektionsraum befohlen:

---

157 Universitäts-Archiv Münster, Nachlaß v. Verschuer, zit. nach Müller-Hill, S. 74.

158 Ebd.

159 Aussage der Anthropologin Martina Puzyna vom 31. 10. 1972. Mengele-Verfahren, Bd. 13, Bl. 19. Mengele verläßt Auschwitz wohl am 18. Januar 1945. Danach ist er in Groß-Rosen (Einstellungsverfügung wegen Verdachts des Mordes, begangen im KZ Groß-Rosen vom 31. 8. 1981, Verfahren 50 Js 4328/81 StA Ffm.).

»In dem Arbeitsraum neben dem Sektionssaal warteten 14 Zigeunerzwillinge unter Bewachung von SS, bitter weinend. Dr. Mengele sagte kein Wort zu uns, bereitete eine 10 ccm und eine 5 ccm Spritze vor. Aus einer Schachtel legte er Evipan, aus einer anderen Chloroform, das sich in 20 ccm Gläschen befand, auf den Operationstisch. Danach führten sie den ersten Zwilling herein, es war ein 14 Jahre altes Mädchen. Dr. Mengele befahl mir, das Mädchen zu entkleiden und auf den Seziertisch zu legen. Danach spritzte er in dessen rechten Arm intravenös Evipan ein. Nachdem das Kind eingeschlafen war, tastete er die linke Herzkammer aus und injizierte 10 ccm Chloroform. Das Kind war nach einigen Zuckungen tot, worauf Dr. Mengele es in die Leichenkammer bringen ließ. In dieser Weise folgte in dieser Nacht die Tötung aller Zwillinge. Dr. Mengele fragte uns, wieviel Leichen wir täglich sezieren könnten. Er dachte, wir könnten 7 bis 8 erledigen. Wir antworteten darauf, daß wir im Durchschnitt 4 Leichen sezieren könnten, wenn er präzise wissenschaftliche Arbeit von uns erwarte. Damit war er einverstanden.«[160]

Mengele mordet, medizinisch.

Nach der Befreiung:

Mengele flieht nach Südamerika, bereut nichts.

Verschuer wird 1951 Professor für Genetik in Münster, 1952 Vorsitzender der Deutschen Gesellschaft für Anthropologie[161]

---

160 Protokoll 32, aufgenommen am 28. 7. 1945 im Amtsgebäude der Landeskommission zur Fürsorge deportierter ungarischer Juden. Mengele-Verfahren, Bd. 13, Bl. 57ff. Mengeles Häftlingsröntgenologe Sigismond Hirsch bestätigt Jahre später diese Aussage: »Ich habe von Nyiszli erfahren, daß er selbst gesehen hat, daß Mengele mit eigener Hand den Tod von Deportierten verursachte, denen er intrakardiale Phenol- oder Chloroform-Injektionen gab.« Aussage vom 22. 3. 1973. Ebd., Bd. 15, Bl. 113.

161 Am 7. 9. 1953 gibt es in Rom eine internationale Tagung, das Primum Symposium Internationale Geneticae Medica. Am 7. 9. werden die Teilnehmer in Privataudienz bei Papst Pius XII. empfangen. Unter den Teilnehmern: Verschuer. Gerhard Koch: Inhaltsreiche Jahre eines Humangenetikers. Mein Lebensweg in Bildern und Dokumenten. Erlangen 1982, S. 258f.

und 1954 Dekan der Medizinischen Fakultät. 1954 veröffentlicht er sein Werk »Genetik des Menschen«, »das in konsequenter Fortführung aus der in drei Auflagen erschienenen ›Erbpathologie‹ (1934) entwickelt ist«.[162]

Die anthropologischen Institute nennen sich fortan humangenetische Institute, die Kaiser-Wilhelm-Institute heißen Max-Planck-Institute.

Die Deutsche Forschungsgemeinschaft, das zentrale Selbstverwaltungsorgan der Wissenschaft, beklagt 1996 in einer Denkschrift Behinderungen der Forschung, speziell bei Gentechnik und Embryonenforschung. Titel der Denkschrift: »Forschungsfreiheit.«[163]

Das Kaiser-Wilhelm-Institut für menschliche Erblehre hatte »keine Schranken« für die Forschung gefordert.

In Auschwitz wurde dieser Traum erfüllt:

Der absolute Zugriff auf lebende und auf werdende Menschen.

Eine Orgie verbrauchender Forschung.

Auschwitz war die Hölle für die Häftlinge und der Himmel für die Forschung, die sich hemmungslos des »Menschenmaterials« bediente.

---

162 Heinrich Schade: Professor O. von Verschuer zum 70. Geburtstag, in: Deutsche Medizinische Wochenschrift, Nr. 28/1966, Sonderdruck. Die Schriftleitung hat Franz Grosse-Brockhoff, u. a. Teilnehmer der Tagung »Seenot / Winternot« über die Dachauer Kälteversuche.

163 Deutsche Forschungsgemeinschaft: Forschungsfreiheit. Ein Plädoyer für bessere Rahmenbedingungen der Forschung in Deutschland. Weinheim/Basel/Cambridge/New York/Tokio 1996.

Anhang

Dank

Ohne Hilfe und Hinweise von vielen Menschen hätte dieses Buch nicht entstehen können. Insbesondere danke ich: Barbara Distel (Dachau), Willi Dreßen, Volker Rieß und Alfred Streim (Ludwigsburg), Gine Elsner (Frankfurt am Main), Jürgen Hess und Hans Klein, Dieter Liebold und Franz Schönig (StA Frankfurt am Main), Michael Hubenstorf (Berlin), Bernd Martin (Freiburg), Gisela Mokry und Gregor Pickro (Bundesarchiv), Marion Neiss und Wolfgang Benz (Zentrum für Antisemitismusforschung Berlin), Walter H. Pehle (Frankfurt am Main), Jürgen Peiffer (Tübingen), Christian Pross (Berlin), Wolfram Schäfer (Marburg), Siegfried Schmidt (GStA Frankfurt am Main), Kazimierz Smolen (Auschwitz), Sabine Stein (Buchenwald) sowie Christine Teller, deren Recherchen z.B. das Kapitel über Stieve ermöglichten.

Abkürzungen

BA	Bundesarchiv
BDC	Berlin Document Center, Bestandteil des Bundesarchivs in Berlin
BGA	Bundesgesundheitsamt
DC	Document Center
DFG	Deutsche Forschungsgemeinschaft
Ffm.	Frankfurt am Main
FU	Freie Universität Berlin
GStA	Generalstaatsanwaltschaft
KWG	Kaiser-Wilhelm-Gesellschaft
KWI	Kaiser-Wilhelm-Institut
MA	Militärarchiv (Freiburg)
OStA	Oberstaatsanwaltschaft
RFR	Reichsforschungsrat
RGA	Reichsgesundheitsamt
RGBl	Reichsgesetzblatt
RKI	Robert-Koch-Institut
RKPA	Reichskriminalpolizeiamt
RMI	Reichsministerium des Innern
RMK	Reichs-Medizinal-Kalender
RML	Reichsministerium für Luftfahrt
RSHA	Reichssicherheitshauptamt
SDG	Sanitätsdienstgrad
StA	Staatsanwaltschaft
TH	Technische Hochschule
TU	Technische Universität Berlin
WVHA	(SS-)Wirtschafts-Verwaltungshauptamt
ZSt	Zentrale Stelle der Landesjustizverwaltungen (zur Verfolgung von NS-Verbrechen) in Ludwigsburg

In Abkürzung zitierte Quellen und Literatur

Auschwitz-Anklage gegen Baer u.a. vom 16. 4. 1963, 4 Js 444/59 OStA Ffm.

Auschwitz-Urteil gegen Mulka u.a. vom 20. 8. 1965, 4 Ks 2/63 LG Ffm.

Auschwitz-Verfahren: Verf. 4 Js 444/59 OStA Ffm.

Die Auschwitz-Hefte. Band 1 und 2. Texte der polnischen Zeitschrift »Przeglad Lekarski« über historische, psychische und medizinische Aspekte des Lebens und Sterbens in Auschwitz, hg. vom Hamburger Institut für Sozialforschung. Weinheim und Basel 1987.

Blaha, Franz: Medizin auf schiefer Ebene, Manuskript o.J., Archiv der Gedenkstätte Dachau.

Bussche, Hendrik van der (Hg.): Medizinische Wissenschaft im »Dritten Reich«. Kontinuität, Anpassung und Opposition an der Hamburger Medizinischen Fakultät. Berlin/Hamburg 1989.

Dachauer Hefte. Studien und Dokumente zur Geschichte der nationalsozialistischen Konzentrationslager. Im Auftrag des Comité International de Dachau, Brüssel, hg. von Wolfgang Benz und Barbara Distel. Heft 4: Medizin im NS-Staat. Täter, Opfer, Handlanger. Dachau 1988.

Deichmann, Ute: Biologen unter Hitler. Porträt einer Wissenschaft im NS-Staat. Frankfurt am Main 1995: Fischer Tb. 12597.

Das Diensttagebuch des deutschen Generalgouverneurs in Polen 1935–1945. Hg. von Werner Präg und Wolfgang Jacobmeyer. Stuttgart 1975.

Ebbinghaus, Angelika/Kaupen-Haas, Heidrun/Roth, Karl Heinz: Heilen und Vernichten im Mustergau Hamburg. Bevölkerungs- und Gesundheitspolitik im Dritten Reich. Hamburg 1984.

Fischer, Hubert: Der deutsche Sanitätsdienst 1921–1945. Bd. 3, Osnabrück 1984. Bd. 4, 1985.

Freund, Florian: Arbeitslager Zement. Das Konzentrationslager Ebensee und die Raketenrüstung. Wien 1991.

Fußgänger-Verfahren: 3 Js 240/60 StA Limburg.

Groehler, Olaf: Der lautlose Tod. Einsatz und Entwicklung deutscher Giftgase von 1914 bis 1945. Reinbek 1989.

Hautval, Adelaide: Médecine et crimes contre l'humanité – Témoignage. Übersetzung Hermann Unterhinnigshofen, Manuskript 1996.

Hubenstorf, Michael: »Aber es kommt mir doch so vor, als ob Sie dabei nichts verloren hätten. Zum Exodus von Wissenschaftlern aus den staatlichen Forschungsinstituten Berlins im Bereich des öffentlichen Gesundheitswesens, in: Exodus von Wissenschaften aus Berlin. Akademie der Wissenschaften zu Berlin, Forschungsbericht 7, Hg. von Wolfram Fischer u. a., Berlin, New York 1994, S. 355ff.

Kaplan, Siegesmund Pierre. Gutachten als Vertrauensarzt der Deutschen Botschaft in Paris in Entschädigungsfällen. Archiv Dr. Christian Pross.

Klee, Ernst: »Euthanasie« im NS-Staat. Die »Vernichtung lebensunwerten Lebens«. Frankfurt am Main 1995. Fischer Tb. 4326.

Koch, Gerhard: Humangenetik und Neuro-Psychiatrie in meiner Zeit (1932–1978). Jahre der Entscheidung. Erlangen und Jena 1993.

Kogon, Eugen: Der SS-Staat. Das System der deutschen Konzentrationslager. München 1979.

Labisch, Alfons/Tennstedt, Florian: Der Weg zum »Gesetz über die Vereinheitlichung des Gesundheitswesens« vom 3. Juli 1934. Teil 2. Düsseldorf 1985.

Marsalek, Hans: Die Geschichte des Konzentrationslagers Mauthausen. Wien, Linz 1995.

Meinel, Christoph/Voswinckel, Peter (Hg.): Medizin, Naturwissenschaft, Technik und Nationalsozialismus. Kontinuitäten und Diskontinuitäten. Stuttgart 1994.

Mengele-Verfahren: 50/4 Js 340/68 StA Ffm.

Mennecke, Friedrich: Innenansichten eines medizinischen Täters im Nationalsozialismus. Eine Edition seiner Briefe 1935–1947. Hg. vom Hamburger Institut für Sozialforschung, bearbeitet von Peter Chroust. 2 Bände, Hamburg 1987.

Mitscherlich, Alexander/Mielke, Fred: Medizin ohne Menschlichkeit. Dokumente des Nürnberger Ärzteprozesses. Frankfurt am Main 1978. Fischer Tb. Nr. 2003.

Müller-Hill, Benno: Tödliche Wissenschaft. Die Aussonderung von Juden, Zigeunern und Geisteskranken 1933–1945. Reinbek 1984.

Neff, Walter: Der Arzt des Todes. Ms. o. J., Gedenkstätte Dachau.

Neff, Walter: Recht oder Unrecht. Ms. o. J., Gedenkstätte Dachau.

nicht mißhandeln. Das Krankenhaus Moabit. Hg. im Auftrag der Berliner Gesellschaft für Geschichte der Medizin von Christian Pross und Rolf Wienau. Berlin 1984.

Raim, Edith: Die Dachauer KZ-Außenkommandos Kaufering und Mühldorf. Rüstungsbauten und Zwangsarbeit im letzten Kriegsjahr 1944/45. Landsberg am Lech 1992.

Schneider, Ulrich/Stein, Harry: IG-Farben – Buchenwald – Menschenversuche. Ein dokumentarischer Bericht. Buchenwaldheft 16, Weimar-Buchenwald 1986.

Seidler, Eduard: Die Medizinische Fakultät der Albert-Ludwigs-Universität Freiburg im Breisgau. Grundlagen und Entwicklungen. Berlin, Heidelberg, New York 1993.

Überblick über die vom Reichsforschungsrat unterstützten wissenschaftlichen Arbeiten unter Beifügung der von der Deutschen Forschungsgemeinschaft auf den geisteswissenschaftlichen Gebieten geförderten Arbeiten. Als Manuskript gedruckt, vertraulich!

Vierhaus, Rudolf/Brocke, Bernhard von (Hg.): Forschung im Spannungsfeld von Politik und Gesellschaft. Geschichte und Struktur der Kaiser-Wilhelm-/Max-Planck-Gesellschaft. Stuttgart 1990.

Vondra, Hana: Malariaexperimente in Konzentrationslagern und Heilanstalten während der Zeit des Nationalsozialismus. Dissertation, Hannover 1989.

Weber, Matthias M.: Ernst Rüdin. Eine kritische Biographie. Berlin, Heidelberg 1993.

Wechsler, Patrick: La Faculté de Médecine de la »Reichsuniversität Straßburg« (1941–1945). A l'heure nationale-socialiste. Université Louis Pasteur, Faculté de Médecine de Strasbourg. Dissertation 1991.

Der Wert des Menschen. Medizin in Deutschland 1918–1945. Hg. von der Ärztekammer Berlin in Zusammenarbeit mit der Bundesärztekammer. Redaktion Christian Pross/Götz Aly. Berlin 1989.

Zierold, Kurt: Forschungsförderung in drei Epochen. Deutsche Forschungsgemeinschaft. Wiesbaden 1968.

ZUV 46: Verfahren gegen Kurt Heißmeyer, I BS 4/66 Bezirksgericht Magdeburg. Der Bundesbeauftragte für die Unterlagen des Staatssicherheitsdienstes der ehemaligen Deutschen Demokratischen Republik.

Fotonachweis

Auschwitz, Museum: S. 392
Bundesarchiv: S. 94
Bundesarchiv-Militärarchiv Freiburg: S. 275
Dachau, Gedenkstätte: S. 221, 232
Imperial War Museum, London: S. 278
National Archives Washington: S. 60, 112, 136, 155
Ansonsten: Archiv Ernst Klee

Sachregister

Personenregister